国家统计局贸易外经统计司 编
Compiled by
Department of Trade and External Economic Relations Statistics,
National Bureau of Statistics of China

2023

中国贸易外经统计年鉴

CHINA TRADE AND EXTERNAL ECONOMIC STATISTICAL YEARBOOK

中国统计出版社
China Statistics Press

图书在版编目（CIP）数据

中国贸易外经统计年鉴. 2023 = China Trade and External Economic Statistical Yearbook 2023 : 汉英对照 / 国家统计局贸易外经统计司编. -- 北京 : 中国统计出版社, 2023.12
ISBN 978-7-5230-0375-6

Ⅰ. ①中… Ⅱ. ①国… Ⅲ. ①对外贸易－统计资料－中国－2023－年鉴－汉、英 Ⅳ. ①F752-54

中国国家版本馆 CIP 数据核字(2023)第 236197 号

中国贸易外经统计年鉴 2023
China Trade and External Economic Statistical Yearbook 2023

作　　者/国家统计局贸易外经统计司
责任编辑/许立舫
封面设计/李雪燕
出版发行/中国统计出版社
通信地址/北京市丰台区西三环南路甲 6 号　邮政编码/100073
发行电话/邮购（010）63376909　书店（010）68783171
网　　址/http://www.zgtjcbs.com/
印　　刷/三河市双峰印刷装订有限公司
经　　销/新华书店
开　　本/880mm×1230mm　1/16
字　　数/1468 千字
印　　张/45
版　　别/2023 年 12 月第 1 版
版　　次/2023 年 12 月第 1 次印刷
定　　价/420.00 元

《中国贸易外经统计年鉴 2023》
编辑委员会

CHINA TRADE AND EXTERNAL ECONOMIC STATISTICAL YEARBOOK 2023

Editorial Staff

Editor-in-Chief: Dong Lihua

Associate Editor-in-Chief: Liu Xiaodong Liu Jinzhong Yu Bingbin Zhang Min

Editorial Staff:(in order of the number of strokes the Chinese character of the surname)

Wang Yuexiang Wang Xiaoyu Shen Junli Fu Yuan
Fu Jiaqi Liu Yang Liu Ying Liu Xuling Li Dan
Li Min He Rundong Zhang Lei Chen Qunlin Hu Chunlin
Yao Hu Yuan Yan Geng Mingchao Xue Yuan

English Translator: She Jingxiong

编者说明

一、《中国贸易外经统计年鉴 2023》是一部全面反映中国国内贸易、对外经济贸易和旅游业发展情况的资料性年刊。本年鉴收录了2022年中国国内消费品市场、批发和零售业、住宿和餐饮业、国际收支、对外贸易、利用外资、对外投资与经济合作和国内旅游的主要统计数据，以及分省、自治区、直辖市和一些重要历史年份的相关统计数据。

二、本年鉴正文内容分为9个部分：1.综合篇；2.消费品市场篇；3.批发和零售业篇；4.住宿和餐饮业篇；5.国际收支篇；6.对外贸易篇；7.利用外资篇；8.对外投资与经济合作篇；9.旅游篇。为便于读者使用，本年鉴对所用略语和主要统计指标的含义、统计范围和统计方法作了简要说明。

三、本年鉴中所涉及的全国性统计数据,均未包括香港、澳门特别行政区和台湾省数据。

四、本年鉴所列对外经济贸易和旅游统计资料由国家统计局贸易外经司根据商务部、海关总署、国家外汇管理局、公安部、文化和旅游部、国家市场监督管理总局等部门的资料加工整理，由于各部门职能不同，统计口径、范围和方法亦有所不同，因此书中有些数据可能不一致，使用统计数据时请参看附录。

五、本年鉴资料中行业分类按《国民经济行业分类》（GB/T 4754-2017）标准划分；企业规模划分按《统计上大中小微型企业划分办法（2017）》标准执行。

六、本年鉴表中所使用的度量衡单位，均为国际统一标准计量单位。

七、年鉴表中的“空格”表示该项统计指标数据不足本表最小单位数、不详或无该项数据；“#”表示其中的主要项；“*”或“①”表示本表下有注释。

八、年鉴中没有标明年份的表均为2022年的数据。

PREFACE

I. *China Trade and External Economic Statistical Yearbook 2023* reflects the situation of China in the development of the domestic and foreign trade, the external economic transactions and the tourism synthetically. The yearbook covers the main data of the domestic trade, balance of payments, foreign trade, utilization of foreign capital, overseas direct investment and economic cooperation, and tourism of China in 2022, and embodies the data from national level and all the provinces, autonomous regions and municipalities. It also lists the time series relative data of important indicators by years.

II. The yearbook contains the following 9 chapters: 1.Integration; 2.Consumer Goods Market; 3.Wholsale and Retail Trades; 4.Hotels and Catering Services; 5. Balance of Payments; 6. Foreign Trade; 7. Utilization of Foreign Capital; 8.Overseas Direct Investment and Economic Cooperation; 9.Tourism. In addition, Explanatory Notes on Main Statistical Indicators are provided at the end of book.

III. The national data in the book do not include that of Hongkong Special Administrative Region, Macao Special Administrative Region and Taiwan Province.

IV. The major sources of data except that in the domestic trade are the regular statistical reporting forms provided by the relevant departments such as the Ministry of Commerce, the General Administration of Customs, the State Administration of Foreign Exchange, the Ministry of Public Security, the Ministry of Culture and Tourism, the State Administration for Market Regulation. The book is edited by the Department of Trade and External Economic Relation Statistics of the National Bureau of Statistics. Since the functions of departments mentioned above are different, the requirement, the scope, the calculating specification and the method of statistics are not in the same, and some of the figures may not be in conformity. Readers who want to use the data please consult the explanatory note.

V. Data by branch of industry in this book are based on the *National Industrial Classification of all Economic Activities* (GB/T 4754-2017), and data by size of enterprise are based on the 2017's *standards of Enterprises by size.*

VI. The units of measurement used in this yearbook are internationally standard measurement units.

VII. Notations used in the yearbook: (blank space) indicates that the figure is not large enough to be measured with the smallest unit in the table, or data are unknown or are not available; " # " indicates a major breakdown of the total; and " * " or " ① " indicates footnotes at the end of the table.

VIII. Some tables of the yearbook do not indicate the year, which means the data of the tables belong to 2022.

目　录

CONTENTS

第 1 篇　综合

Integration

第 2 篇　消费品市场

Consumer Goods Market

第 3 篇 批发和零售业
Wholesale and Retail Trades

第 4 篇 住宿和餐饮业
Hotels and Catering Services

第 5 篇　国际收支
Balance of Payments

第 6 篇　对外贸易
Foreign Trade

第 7 篇 利用外资
Utilization of Foreign Capital

第 8 篇 对外投资与经济合作

Overseas Direct Investment and Economic Cooperation

第 9 篇 旅游

Tourism

附　录

APPENDIX

综　合

INTEGRATION

第1篇

1-1 国内生产总值指数
Indices of Gross Domestic Product

(不变价，上年=100；Constant Price，Preceding Year=100)

年 份 Year	国民总收入 Gross National Income	国内生产总值 Gross Domestic Product	第一产业 Primary Industry	第二产业 Secondary Industry	第三产业 Tertiary Industry	#批发与零售业 Wholesale and Retail Trades	人均国内生产总值 Per Capita GDP
1978	111.7	111.7	104.1	115.0	113.6	123.1	110.2
1980	107.8	107.8	98.5	113.5	106.1	98.1	106.5
1981	105.1	105.1	107.0	101.9	109.6	129.5	103.8
1982	109.2	109.0	111.5	105.6	112.7	99.3	107.4
1983	111.0	110.8	108.3	110.4	114.6	121.2	109.2
1984	115.3	115.2	112.9	114.4	119.4	124.7	113.7
1985	113.2	113.4	101.8	118.4	118.1	133.5	111.9
1986	108.6	108.9	103.3	110.2	112.3	109.4	107.3
1987	111.6	111.7	104.7	113.6	114.7	114.7	109.9
1988	111.3	111.2	102.5	114.3	113.2	111.8	109.4
1989	104.3	104.2	103.1	103.7	105.8	89.3	102.6
1990	104.1	103.9	107.3	103.2	102.7	94.7	102.4
1991	109.2	109.3	102.4	113.8	109.2	105.2	107.8
1992	114.1	114.2	104.7	121.0	112.6	110.5	112.8
1993	113.6	113.9	104.6	119.7	112.2	108.6	112.6
1994	113.1	113.0	103.9	118.1	111.4	108.2	111.8
1995	109.4	111.0	104.9	113.8	110.1	108.2	109.8
1996	110.1	109.9	105.0	112.1	109.2	107.6	108.8
1997	109.6	109.2	103.4	110.5	110.4	108.8	108.1
1998	107.3	107.8	103.4	108.9	108.4	106.5	106.8
1999	108.0	107.7	102.7	108.2	109.2	108.7	106.7
2000	108.6	108.5	102.3	109.5	109.8	109.4	107.6
2001	108.1	108.3	102.6	108.5	110.3	109.1	107.6
2002	109.6	109.1	102.7	109.9	110.5	108.8	108.4
2003	110.5	110.0	102.4	112.7	109.5	109.9	109.4
2004	110.5	110.1	106.1	111.1	110.1	106.6	109.5
2005	110.9	111.4	105.1	112.1	112.4	113.0	110.7
2006	113.3	112.7	104.8	113.5	114.1	119.5	112.1
2007	114.7	114.2	103.5	115.1	116.1	120.2	113.6
2008	110.1	109.7	105.2	109.8	110.5	115.9	109.1
2009	108.5	109.4	104.0	110.3	109.6	111.9	108.9
2010	110.3	110.6	104.3	112.7	109.7	114.6	110.1
2011	109.0	109.6	104.2	110.7	109.5	112.5	109.0
2012	108.6	107.9	104.5	108.4	108.0	110.3	107.1
2013	107.1	107.8	103.8	108.0	108.3	110.5	107.1
2014	108.4	107.4	104.1	107.2	108.3	110.3	106.8
2015	106.4	107.0	103.9	105.9	108.8	106.7	106.4
2016	106.8	106.8	103.3	106.0	108.1	107.7	106.2
2017	107.3	106.9	104.0	105.9	108.3	107.8	106.3
2018	106.4	106.7	103.5	105.8	108.0	106.7	106.3
2019	106.1	106.0	103.1	104.9	107.2	105.6	105.6
2020	101.7	102.2	103.1	102.5	101.9	99.1	102.0
2021	108.6	108.4	107.1	108.7	108.5	111.0	108.4
2022	102.6	103.0	104.1	103.8	102.3	100.9	103.0

1-2 国内生产总值构成
Composition of Gross Domestic Product

(按当年价格计算，Current Price)

年份 Year	国内生产总值 Gross Domestic Product (%)	第一产业 Primary Industry	第二产业 Secondary Industry	第三产业 Tertiary Industry	#批发与零售业 Wholesale and Retail Trades
1978	100	27.7	47.7	24.6	6.6
1980	100	29.6	48.1	22.3	4.2
1981	100	31.3	46.0	22.7	4.7
1982	100	32.8	44.6	22.6	3.2
1983	100	32.6	44.2	23.2	3.3
1984	100	31.5	42.9	25.5	5.0
1985	100	27.9	42.7	29.4	8.8
1986	100	26.6	43.5	29.8	8.2
1987	100	26.3	43.3	30.4	8.7
1988	100	25.2	43.5	31.2	9.8
1989	100	24.6	42.5	32.9	8.9
1990	100	26.6	41.0	32.4	6.7
1991	100	24.0	41.5	34.5	8.3
1992	100	21.3	43.1	35.6	8.8
1993	100	19.3	46.2	34.5	7.9
1994	100	19.5	46.2	34.4	7.8
1995	100	19.6	46.8	33.7	7.8
1996	100	19.3	47.1	33.6	7.8
1997	100	17.9	47.1	35.0	7.9
1998	100	17.2	45.8	37.0	8.1
1999	100	16.1	45.4	38.6	8.3
2000	100	14.7	45.5	39.8	8.1
2001	100	14.0	44.8	41.2	8.2
2002	100	13.3	44.5	42.2	8.2
2003	100	12.3	45.6	42.0	8.1
2004	100	12.9	45.9	41.2	7.7
2005	100	11.6	47.0	41.3	7.5
2006	100	10.6	47.6	41.8	7.5
2007	100	10.2	46.9	42.9	7.8
2008	100	10.2	47.0	42.9	8.2
2009	100	9.6	46.0	44.4	8.3
2010	100	9.3	46.5	44.2	8.7
2011	100	9.2	46.5	44.3	9.0
2012	100	9.1	45.4	45.5	9.3
2013	100	8.9	44.2	46.9	9.5
2014	100	8.6	43.1	48.3	9.8
2015	100	8.4	40.8	50.8	9.8
2016	100	8.1	39.6	52.4	9.9
2017	100	7.5	39.9	52.7	9.8
2018	100	7.0	39.7	53.3	9.7
2019	100	7.1	38.6	54.3	9.7
2020	100	7.7	37.8	54.5	9.5
2021	100	7.2	39.3	53.5	9.6
2022	100	7.3	39.9	52.8	9.5

1—3 三次产业贡献率

Share of the Contributions of the Three Strata of Industry to the Increase of GDP

(按不变价格计算，Data in this table are calculated at constant prices)

年 份 Year	国内生产总值 Gross Domestic Product (%)	第一产业 Primary Industry	第二产业 Secondary Industry	第三产业 Tertiary Industry
1990	100	40.2	39.8	20.0
1991	100	6.8	61.1	32.2
1992	100	8.1	63.2	28.7
1993	100	7.6	64.4	28.0
1994	100	6.3	66.3	27.4
1995	100	8.7	62.8	28.5
1996	100	9.3	62.2	28.5
1997	100	6.5	59.0	34.5
1998	100	7.2	59.7	33.0
1999	100	5.6	56.9	37.4
2000	100	4.1	59.6	36.2
2001	100	4.6	46.4	49.0
2002	100	4.1	49.4	46.5
2003	100	3.1	57.9	39.0
2004	100	7.3	51.8	40.8
2005	100	5.2	50.5	44.3
2006	100	4.4	49.7	45.9
2007	100	2.7	50.1	47.3
2008	100	5.2	48.6	46.2
2009	100	4.0	52.3	43.7
2010	100	3.6	57.4	39.0
2011	100	4.1	52.0	43.9
2012	100	5.0	50.0	45.0
2013	100	4.2	48.5	47.2
2014	100	4.5	45.6	49.9
2015	100	4.4	39.7	55.9
2016	100	4.0	36.0	60.0
2017	100	4.6	34.2	61.1
208	100	4.1	34.4	61.5
2019	100	3.9	32.6	63.5
2020	100	10.4	43.3	46.3
2021	100	6.4	38.9	54.7
2022	100	10.5	47.7	41.8

注：产业贡献率指各产业增加值增量与GDP增量之比。

Note: Share of the three industries refers to the proportion of the increment of every industrial value added to the increment of GDP.

1-4 三大需求对国内生产总值增长的贡献率和拉动
Share and Contribution of the Three Components of GDP by Expenditure Approach to the Growth of GDP

(按不变价格计算，Data in value terms in this table are calculated at constant prices)

年 份 Year	最终消费支出 Final Consumption Expenditure		资本形成总额 Gross Capital Formation		货物和服务净出口 Net Exports of Goods and Services	
	贡献率 Share (%)	拉动(百分点) Contribution (percentage points)	贡献率 Share (%)	拉动(百分点) Contribution (percentage points)	贡献率 Share (%)	拉动(百分点) Contribution (percentage points)
1978	38.7	4.5	66.7	7.8	-5.4	-0.6
1980	78.1	6.1	20.1	1.6	1.8	0.1
1981	89.4	4.6	-1.7	-0.1	12.3	0.6
1982	56.7	5.1	22.6	2.0	20.7	1.9
1983	75.0	8.1	33.0	3.6	-8.0	-0.9
1984	69.3	10.5	41.3	6.3	-10.6	-1.6
1985	71.9	9.7	79.6	10.7	-51.5	-6.9
1986	50.6	4.5	15.2	1.4	34.2	3.1
1987	41.5	4.8	25.9	3.0	32.6	3.8
1988	43.8	4.9	55.3	6.2	0.9	0.1
1989	79.4	3.3	0.0	0.0	20.6	0.9
1990	89.0	3.5	-69.4	-2.7	80.5	3.2
1991	61.2	5.7	37.2	3.4	1.6	0.2
1992	56.9	8.1	52.3	7.4	-9.2	-1.3
1993	58.5	8.1	54.8	7.6	-13.3	-1.9
1994	35.1	4.6	33.7	4.4	31.2	4.1
1995	46.7	5.1	46.1	5.0	7.2	0.8
1996	62.3	6.2	33.8	3.4	3.8	0.4
1997	42.6	3.9	14.5	1.3	42.9	4.0
1998	65.6	5.1	27.7	2.2	6.7	0.5
1999	88.7	6.8	21.2	1.6	-9.9	-0.8
2000	78.8	6.7	21.7	1.8	-0.5	0.0
2001	50.0	4.2	63.5	5.3	-13.5	-1.1
2002	58.1	5.3	40.0	3.7	1.9	0.2
2003	36.1	3.6	68.8	6.9	-4.9	-0.5
2004	42.9	4.3	62.0	6.3	-4.9	-0.5
2005	56.8	6.5	33.1	3.8	10.1	1.1
2006	43.2	5.5	42.5	5.4	14.3	1.8
2007	47.9	6.8	44.2	6.3	7.8	1.1
2008	44.0	4.2	53.3	5.1	2.7	0.3
2009	57.6	5.4	85.3	8.0	-42.8	-4.0
2010	47.4	5.0	63.4	6.7	-10.8	-1.1
2011	65.7	6.3	41.1	3.9	-6.8	-0.6
2012	55.4	4.4	42.1	3.3	2.5	0.2
2013	50.2	3.9	53.1	4.1	-3.3	-0.3
2014	56.3	4.2	45.0	3.3	-1.3	-0.1
2015	69.0	4.9	22.6	1.6	8.4	0.6
2016	66.0	4.5	45.7	3.1	-11.7	-0.8
2017	55.9	3.9	39.5	2.7	4.7	0.3
2018	64.0	4.3	43.2	2.9	-7.2	-0.5
2019	58.6	3.5	28.9	1.7	12.6	0.7
2020	-6.8	-0.2	81.5	1.8	25.3	0.6
2021	58.3	4.9	19.8	1.7	21.9	1.9
2022	32.8	1.0	50.1	1.5	17.1	0.5

注：1.三大需求指支出法国内生产总值的三大构成项目，即最终消费支出、资本形成总额、货物和服务净出口。
2.贡献率指三大需求增量与支出法国内生产总值增量之比。
3.拉动指国内生产总值增长速度与三大需求贡献率的乘积。

Note: a) Three components of GDP by expenditure approach are final consumption expenditure, gross capital formation and net exports of goods and services.
b) Contribution share of the three components refers to the proportion of the increment of the each component of GDP to the increment of GDP.
c) Contribution of the three components refers to the growth rate of GDP multiplies the constribution share of the three components.

1–5 人口数及构成
Population and Its Composition

单位：万人
Unit: 10 000 persons

年份 Year	年底人口数 Total Population (year-end)	按性别分 by Sex				按城乡分 by Residence			
		男 Male		女 Female		城镇 Urban		乡村 Rural	
		人口数 Population	比重(%) Structure	人口数 Population	比重(%) Structure	人口数 Population	比重(%) Structure	人口数 Population	比重(%) Structure
1978	96259	49567	51.49	46692	48.51	17245	17.92	79014	82.08
1980	98705	50785	51.45	47920	48.55	19140	19.39	79565	80.61
1981	100072	51519	51.48	48553	48.52	20171	20.16	79901	79.84
1982	101654	52352	51.50	49302	48.50	21480	21.13	80174	78.87
1983	103008	53152	51.60	49856	48.40	22274	21.62	80734	78.38
1984	104357	53848	51.60	50509	48.40	24017	23.01	80340	76.99
1985	105851	54725	51.70	51126	48.30	25094	23.71	80757	76.29
1986	107507	55581	51.70	51926	48.30	26366	24.52	81141	75.48
1987	109300	56290	51.50	53010	48.50	27674	25.32	81626	74.68
1988	111026	57201	51.52	53825	48.48	28661	25.81	82365	74.19
1989	112704	58099	51.55	54605	48.45	29540	26.21	83164	73.79
1990	114333	58904	51.52	55429	48.48	30195	26.41	84138	73.59
1991	115823	59466	51.34	56357	48.66	31203	26.94	84620	73.06
1992	117171	59811	51.05	57360	48.95	32175	27.46	84996	72.54
1993	118517	60472	51.02	58045	48.98	33173	27.99	85344	72.01
1994	119850	61246	51.10	58604	48.90	34169	28.51	85681	71.49
1995	121121	61808	51.03	59313	48.97	35174	29.04	85947	70.96
1996	122389	62200	50.82	60189	49.18	37304	30.48	85085	69.52
1997	123626	63131	51.07	60495	48.93	39449	31.91	84177	68.09
1998	124761	63940	51.25	60821	48.75	41608	33.35	83153	66.65
1999	125786	64692	51.43	61094	48.57	43748	34.78	82038	65.22
2000	126743	65437	51.63	61306	48.37	45906	36.22	80837	63.78
2001	127627	65672	51.46	61955	48.54	48064	37.66	79563	62.34
2002	128453	66115	51.47	62338	48.53	50212	39.09	78241	60.91
2003	129227	66556	51.50	62671	48.50	52376	40.53	76851	59.47
2004	129988	66976	51.52	63012	48.48	54283	41.76	75705	58.24
2005	130756	67375	51.53	63381	48.47	56212	42.99	74544	57.01
2006	131448	67728	51.52	63720	48.48	58288	44.34	73160	55.66
2007	132129	68048	51.50	64081	48.50	60633	45.89	71496	54.11
2008	132802	68357	51.47	64445	48.53	62403	46.99	70399	53.01
2009	133450	68647	51.44	64803	48.56	64512	48.34	68938	51.66
2010	134091	68748	51.27	65343	48.73	66978	49.95	67113	50.05
2011	134916	69161	51.26	65755	48.74	69927	51.83	64989	48.17
2012	135922	69660	51.25	66262	48.75	72175	53.10	63747	46.90
2013	136726	70063	51.24	66663	48.76	74502	54.49	62224	45.51
2014	137646	70522	51.23	67124	48.77	76738	55.75	60908	44.25
2015	138326	70857	51.22	67469	48.78	79302	57.33	59024	42.67
2016	139232	71307	51.21	67925	48.79	81924	58.84	57308	41.16
2017	140011	71650	51.17	68361	48.83	84343	60.24	55668	39.76
2018	140541	71864	51.13	68677	48.87	86433	61.50	54108	38.50
2019	141008	72039	51.09	68969	48.91	88426	62.71	52582	37.29
2020	141212	72357	51.24	68855	48.76	90220	63.89	50992	36.11
2021	141260	72311	51.19	68949	48.81	91425	64.72	49835	35.28
2022	141175	72206	51.15	68969	48.85	92071	65.22	49104	34.78

1-6 居民消费价格指数和商品零售价格指数
Consumer Price Indices and Retail Price Indices

(上年价格=100，Preceding Year=100)

年 份 Year	居民消费价格指数 Consumer Price Index	城 市 Urban Areas	农 村 Rural Areas	商品零售价格指数 Retail Price Index
1978	100.7	100.7		100.7
1980	107.5	107.5		106.0
1981	102.5	102.5		102.4
1982	102.0	102.0		101.9
1983	102.0	102.0		101.5
1984	102.7	102.7		102.8
1985	109.3	111.9	107.6	108.8
1986	106.5	107.0	106.1	106.0
1987	107.3	108.8	106.2	107.3
1988	118.8	120.7	117.5	118.5
1989	118.0	116.3	119.3	117.8
1990	103.1	101.3	104.5	102.1
1991	103.4	105.1	102.3	102.9
1992	106.4	108.6	104.7	105.4
1993	114.7	116.1	113.7	113.2
1994	124.1	125.0	123.4	121.7
1995	117.1	116.8	117.5	114.8
1996	108.3	108.8	107.9	106.1
1997	102.8	103.1	102.5	100.8
1998	99.2	99.4	99.0	97.4
1999	98.6	98.7	98.5	97.0
2000	100.4	100.8	99.9	98.5
2001	100.7	100.7	100.8	99.2
2002	99.2	99.0	99.6	98.7
2003	101.2	100.9	101.6	99.9
2004	103.9	103.3	104.8	102.8
2005	101.8	101.6	102.2	100.8
2006	101.5	101.5	101.5	101.0
2007	104.8	104.5	105.4	103.8
2008	105.9	105.6	106.5	105.9
2009	99.3	99.1	99.7	98.8
2010	103.3	103.2	103.6	103.1
2011	105.4	105.3	105.8	104.9
2012	102.6	102.7	102.5	102.0
2013	102.6	102.6	102.8	101.4
2014	102.0	102.1	101.8	101.0
2015	101.4	101.5	101.3	100.1
2016	102.0	102.1	101.9	100.7
2017	101.6	101.7	101.3	101.1
2018	102.1	102.1	102.1	101.9
2019	102.9	102.8	103.2	102.0
2020	102.5	102.3	103.0	101.4
2021	100.9	101.0	100.7	101.6
2022	102.0	102.0	102.0	102.7

1−7 居民人均可支配收入与支出
Per Capita Disposable Income and Consumption Expenditure Nationalwide

单位：元
unit：yuan

项　目	Item	2020年	2021年	2022年
全国居民人均可支配收入	**Per Capita Disposable Income Nationalwide**	**32188.8**	**35128.1**	**36883.3**
工资性收入	Income of Wages and Salaries	17917.4	19629.4	20590.3
经营净收入	Net Business Income	5306.8	5892.7	6174.5
财产净收入	Income from Properties	2791.5	3075.5	3226.5
转移性收入	Income from Transfer	6173.2	6530.5	6891.9
全国居民人均消费支出	**Per Capita Consumption Expenditure Nationalwide**	**21209.9**	**24100.1**	**24538.2**
#服务性消费	Per Capita Consumption Expenditure On Services	9037.3	10644.5	10590.0
食品烟酒	Food,Tobacco and Liquor	6397.3	7178.1	7481.0
衣着	Clothing	1238.4	1418.7	1364.6
居住	Residence	5215.3	5641.1	5882.0
生活用品及服务	Household Facilities, Articles and Services	1259.5	1423.2	1431.8
交通通信	Transport and Communications	2761.8	3155.6	3194.8
教育文化娱乐	Education, Culture and Recreation	2032.2	2598.9	2468.7
医疗保健	Health Care and Medical Services	1843.1	2115.1	2119.9
其他用品及服务	Miscellaneous Goods and Services	462.2	569.4	595.4

1−8 城镇居民人均可支配收入与支出
Per Capita Disposable Income and Expenditure of Urban Households

单位：元
unit：yuan

项　目	Item	2020年	2021年	2022年
人均可支配收入	**Per Capita Disposable Income**	**43833.8**	**47411.9**	**49282.9**
工资性收入	Income of Wages and Salaries	26380.7	28480.8	29577.9
经营净收入	Net Business Income	4710.8	5381.9	5584.5
财产净收入	Income from Properties	4626.5	5052.0	5238.2
转移性收入	Income from Transfer	8115.8	8497.3	8882.4
人均消费支出	**Per Capita Consumption Expenditure**	**27007.4**	**30307.2**	**30390.8**
#服务性消费	Per Capita Consumption Expenditure On Services	12012.8	14058.5	13722.8
食品烟酒	Food,Tobacco and Liquor	7880.5	8678.1	8958.3
衣着	Clothing	1644.8	1842.8	1735.2
居住	Residence	6957.7	7405.3	7643.5
生活用品及服务	Household Facilities, Articles and Services	1640.0	1819.6	1800.5
交通通信	Transport and Communications	3474.3	3932.0	3908.8
教育文化娱乐	Education, Culture and Recreation	2591.7	3322.0	3050.2
医疗保健	Health Care and Medical Services	2172.2	2521.3	2480.7
其他用品及服务	Miscellaneous Goods and Services	646.2	786.1	813.7

1-9 农村居民人均可支配收入与支出

Per Capita Disposable Income and Expenditure of Rural Households

单位：元
unit：yuan

项　目	Item	2020年	2021年	2022年
人均可支配收入	**Per Capita Disposable Income**	**17131.5**	**18930.9**	**20132.8**
工资性收入	Income of Wages and Salaries	6973.9	7958.1	8449.2
经营净收入	Net Business Income	6077.4	6566.2	6971.5
财产净收入	Net Income from Property	418.8	469.4	509.0
转移净收入	Net Income from Transfers	3661.3	3937.2	4203.1
人均消费支出	**Per Capita Consumption Expenditure**	**13713.4**	**15915.6**	**16632.1**
#服务性消费	Per Capita Consumption Expenditure On Services	5189.9	6142.9	6357.9
食品烟酒	Food, Tobacco and Liquor	4479.4	5200.2	5485.4
衣着	Clothing	712.8	859.5	864.0
居住	Residence	2962.4	3314.7	3502.5
生活用品及服务	Household Facilities, Articles and Services	767.5	900.5	933.8
交通通信	Transport and Communications	1840.6	2131.8	2230.3
教育文化娱乐	Education, Culture and Recreation	1308.7	1645.5	1683.1
医疗保健	Health Care and Medical Services	1417.5	1579.6	1632.5
其他用品及服务	Miscellaneous Goods and Services	224.4	283.8	300.5

消费品市场

CONSUMER GOODS MARKET

第2篇

2-1 历年社会消费品零售总额
Total Retail Sales of Consumer Goods

年 份 Year	社会消费品零售总额(亿元) Total Retail Sales of Consumer Goods (100 million yuan)	比上年增长(%) Increase Over the Previous Year (%)
1952	276.8	
1963	604.5	0.1
1964	638.2	5.6
1965	670.3	5.0
1966	732.8	9.3
1967	770.5	5.1
1968	737.3	-4.3
1969	801.5	8.7
1970	858.0	7.0
1971	929.2	8.3
1972	1023.3	10.1
1973	1106.7	8.2
1974	1163.6	5.1
1975	1271.1	9.2
1976	1339.4	5.4
1977	1432.8	7.0
1978	1558.6	8.8
1979	1800.0	15.5
1980	2140.0	18.9
1981	2350.0	9.8
1982	2570.0	9.4
1983	2849.4	10.9
1984	3376.4	18.5
1985	4305.0	27.5
1986	4950.0	15.0
1987	5820.0	17.6
1988	7440.0	27.8
1989	8101.4	8.9
1990	8300.1	2.5
1991	9415.6	13.4
1992	10993.7	16.8
1993	14240.1	29.5
1994	18544.0	30.2
1995	23463.9	26.5
1996	28120.4	19.8
1997	30922.9	10.0
1998	32955.6	6.6
1999	35122.0	6.6
2000	38447.1	9.5
2001	42240.4	9.9
2002	47124.6	11.6
2003	51303.9	8.9
2004	58004.1	13.1
2005	66491.7	14.6
2006	76827.2	15.5
2007	90638.4	18.0
2008	110994.6	22.5
2009	128331.3	15.6
2010	152083.1	18.5
2011	179803.8	18.2
2012	205517.3	14.3
2013	232252.6	13.0
2014	259487.3	11.7
2015	286587.8	10.4
2016	315806.2	10.2
2017	347326.7	10.0
2018	377783.1	8.8
2019	408017.2	8.0
2020	391980.6	-3.9
2021	440823.2	12.5
2022	439732.5	-0.2

注：根据第四次全国经济普查结果及有关制度规定对1993—2019年社会消费品零售总额数据进行修订。

Note: The Retail Sales of Consumer Goods in 1993-2019 were rcvised according to the result of the Fourth Economic Census and the revelant regulations.

2−2 历年社会消费品零售总额构成
Composition of Total Retail Sales of Consumer Goods

年 份 Year	社会消费品零售总额(亿元) Total Retail Sales of Consumer Goods (100 million yuan)	城镇 City	乡村 Village	比上年增长(%) Increase Over the Previous Year(%)	城镇 City	乡村 Village
1993	14240.1	10734.4	3505.8	29.5	28.9	31.4
1994	18544.0	13906.5	4637.5	30.2	29.6	32.3
1995	23463.9	18554.4	4909.5	26.5	33.4	5.9
1996	28120.4	22498.5	5621.8	19.8	21.3	14.5
1997	30922.9	25143.5	5779.4	10.0	11.8	2.8
1998	32955.6	27161.0	5794.6	6.6	8.0	0.3
1999	35122.0	29313.7	5808.2	6.6	7.9	0.2
2000	38447.1	32203.2	6243.8	9.5	9.9	7.5
2001	42240.4	35596.3	6644.2	9.9	10.5	6.4
2002	47124.6	40061.8	7062.8	11.6	12.5	6.3
2003	51303.9	43858.5	7445.4	8.9	9.5	5.4
2004	58004.1	49826.8	8177.3	13.1	13.6	9.8
2005	66491.7	57337.1	9154.6	14.6	15.1	12.0
2006	76827.2	66433.5	10393.6	15.5	15.9	13.5
2007	90638.4	78615.1	12023.3	18.0	18.3	15.7
2008	110994.6	96599.6	14394.9	22.5	22.9	19.7
2009	128331.3	111774.7	16556.7	15.6	15.7	15.0
2010	152083.1	132916.5	19166.6	18.5	18.9	15.8
2011	179803.8	156812.2	22991.7	18.2	18.0	20.0
2012	205517.3	179875.4	25641.9	14.3	14.7	11.5
2013	232252.6	202804.0	29448.6	13.0	12.7	14.8
2014	259487.3	226380.0	33107.3	11.7	11.6	12.4
2015	286587.8	249132.6	37455.2	10.4	10.0	13.1
2016	315806.2	274461.9	41344.2	10.2	10.2	10.4
2017	347326.7	301297.7	46029.0	10.0	9.8	11.3
2018	377783.1	327258.8	50524.3	8.8	8.6	9.8
2019	408017.2	353407.9	54609.3	8.0	8.0	8.1
2020	391980.6	339118.9	52861.7	-3.9	-4.0	-3.2
2021	440823.2	381558.4	59264.8	12.5	12.5	12.1
2022	439732.5	380447.7	59284.8	-0.2	-0.3	0.0

2-3 各地区社会消费品零售总额

Total Retail Sales of Consumer Goods by Region

单位：亿元

Unit: 100 million yuan

地区	Region	2021 社会消费品零售总额(亿元) Total Retail Sales of Consumer Goods	2021 比上年增长(%) Increase Over the Previous Year	2022 社会消费品零售总额(亿元) Total Retail Sales of Consumer Goods	2022 比上年增长(%) Increase Over the Previous Year
北　京	Beijing	14867.7	8.4	13794.2	-7.2
天　津	Tianjin	3769.8	5.2	3572.0	-5.2
河　北	Hebei	13509.9	6.3	13720.1	1.6
山　西	Shanxi	7747.3	14.8	7562.7	-2.4
内蒙古	Inner Mongolia	5060.3	6.3	4971.4	-1.8
辽　宁	Liaoning	9783.9	9.2	9526.2	-2.6
吉　林	Jilin	4216.6	10.3	3807.7	-9.7
黑龙江	Heilongjiang	5542.9	8.8	5210.0	-6.0
上　海	Shanghai	18079.3	13.5	16442.1	-9.1
江　苏	Jiangsu	42702.6	15.1	42752.1	0.1
浙　江	Zhejiang	29210.5	9.7	30467.2	4.3
安　徽	Anhui	21471.2	17.1	21518.4	0.2
福　建	Fujian	20373.1	9.4	21050.1	3.3
江　西	Jiangxi	12206.7	17.7	12853.5	5.3
山　东	Shandong	33714.5	15.3	33236.2	-1.4
河　南	Henan	24381.7	8.3	24407.4	0.1
湖　北	Hubei	21561.4	19.9	22164.8	2.8
湖　南	Hunan	18596.9	14.4	19050.7	2.4
广　东	Guangdong	44187.7	9.9	44882.9	1.6
广　西	Guangxi	8538.5	9.0	8539.1	0.0
海　南	Hainan	2497.6	26.5	2268.4	-9.2
重　庆	Chongqing	13967.7	18.5	13926.1	-0.3
四　川	Sichuan	24133.2	15.9	24104.6	-0.1
贵　州	Guizhou	8904.3	13.7	8507.1	-4.5
云　南	Yunnan	10731.8	9.6	10838.8	1.0
西　藏	Tibet	810.3	8.7	726.5	-10.3
陕　西	Shaanxi	10250.5	6.7	10401.6	1.5
甘　肃	Gansu	4037.1	11.1	3922.2	-2.8
青　海	Qinghai	947.8	8.0	842.1	-11.2
宁　夏	Ningxia	1335.1	2.6	1338.4	0.2
新　疆	Xinjiang	3584.6	17.0	3240.5	-9.6

2-4 各地区社会消费品零售总额构成

Composition of Total Retail Sales of Consumer Goods by Region

单位：亿元
Unit: 100 million yuan

地区	Region	社会消费品零售总额 Total Retail Sales of Consumer Goods	城镇 City	城区 Urban	镇区 Town	乡村 Village
全国	**National Total**	**439732.5**	**380447.7**	**272013.8**	**108433.9**	**59284.8**
北京	Beijing	13794.2	13162.8	11085.2	2077.6	631.4
天津	Tianjin	3572.0	3440.7	2838.6	602.0	131.3
河北	Hebei	13720.1	11731.3	6117.4	5613.9	1988.8
山西	Shanxi	7562.7	6242.6	4311.6	1931.0	1320.1
内蒙古	Inner Mongolia	4971.4	4390.0	3112.5	1277.5	581.4
辽宁	Liaoning	9526.2	8085.9	5982.9	2102.9	1440.4
吉林	Jilin	3807.7	3389.7	2229.0	1160.7	418.1
黑龙江	Heilongjiang	5210.0	4565.3	3339.7	1225.6	644.7
上海	Shanghai	16442.1	16174.2	15226.1	948.2	267.9
江苏	Jiangsu	42752.1	37341.1	26348.6	10992.5	5411.1
浙江	Zhejiang	30467.2	25940.5	19113.7	6826.7	4526.7
安徽	Anhui	21518.4	18094.4	11633.6	6460.8	3424.0
福建	Fujian	21050.1	18290.7	12897.8	5392.9	2759.4
江西	Jiangxi	12853.5	10813.0	6325.6	4487.4	2040.5
山东	Shandong	33236.2	27957.5	19735.1	8222.4	5278.7
河南	Henan	24407.4	20330.4	12583.6	7746.8	4077.0
湖北	Hubei	22164.8	19023.9	13122.1	5901.8	3140.9
湖南	Hunan	19050.7	16466.4	11460.6	5005.7	2584.3
广东	Guangdong	44882.9	39286.7	32776.8	6509.9	5596.2
广西	Guangxi	8539.1	7364.2	5112.3	2251.9	1174.9
海南	Hainan	2268.4	1896.1	1323.6	572.5	372.3
重庆	Chongqing	13926.1	11910.1	8459.1	3451.1	2015.9
四川	Sichuan	24104.6	20122.5	13472.4	6650.1	3982.1
贵州	Guizhou	8507.1	7400.9	5048.5	2352.4	1106.3
云南	Yunnan	10838.8	9435.2	6194.2	3241.0	1403.7
西藏	Tibet	726.5	599.9	432.0	167.9	126.6
陕西	Shaanxi	10401.6	9071.3	6316.3	2755.0	1330.3
甘肃	Gansu	3922.2	3216.2	2310.2	906.0	706.0
青海	Qinghai	842.1	685.5	442.4	243.1	156.6
宁夏	Ningxia	1338.4	1162.8	811.4	351.4	175.6
新疆	Xinjiang	3240.5	2797.4	1845.8	951.6	443.1

2–5 分地区网上零售额(2022年)

Online Retail Sales by Region (2022)

地 区	Region	网上零售额(亿元) Online Retail Sales (100 million yuan)	增 长(%) Growth Rate (%)	其中：实物商品网上零售额(亿元) Online Retail Sales in Goods (100 million yuan)	增 长(%) Growth Rate (%)
全 国	**National Total**	**137853.2**	**4.0**	**119642.1**	**6.2**
北 京	Beijing	11153.3	-1.2	8190.0	-0.6
天 津	Tianjin	1851.4	13.1	1634.6	14.4
河 北	Hebei	4192.5	16.4	3891.5	16.8
山 西	Shanxi	847.4	15.2	701.3	21.1
内蒙古	Inner Mongolia	500.2	0.5	344.4	-1.2
辽 宁	Liaoning	2145.8	15.2	1818.1	14.2
吉 林	Jilin	555.3	-7.4	408.4	-9.5
黑龙江	Heilongjiang	744.0	4.5	618.0	4.9
上 海	Shanghai	11760.6	-10.0	9991.5	-10.9
江 苏	Jiangsu	12208.9	5.1	10782.8	7.0
浙 江	Zhejiang	19476.6	1.6	17306.7	9.8
安 徽	Anhui	3435.6	9.5	3019.0	11.4
福 建	Fujian	7738.0	9.3	7142.2	9.7
江 西	Jiangxi	2598.5	18.1	2311.8	17.5
山 东	Shandong	6698.7	7.5	5957.1	9.6
河 南	Henan	3665.5	13.1	3088.8	16.7
湖 北	Hubei	3744.2	7.2	3216.0	6.7
湖 南	Hunan	2549.0	11.3	2116.7	14.5
广 东	Guangdong	29478.4	5.6	27144.8	5.9
广 西	Guangxi	1056.9	8.4	785.9	15.0
海 南	Hainan	572.4	10.9	443.8	23.0
重 庆	Chongqing	1352.2	6.3	1002.8	11.0
四 川	Sichuan	4161.1	2.3	3419.0	5.5
贵 州	Guizhou	564.5	14.0	383.8	13.3
云 南	Yunnan	1080.5	5.1	810.1	7.3
西 藏	Tibet	91.4	-4.9	75.4	-4.9
陕 西	Shaanxi	1643.6	8.7	1378.1	12.2
甘 肃	Gansu	293.4	1.7	224.2	14.4
青 海	Qinghai	82.8	3.8	53.1	6.2
宁 夏	Ningxia	167.3	-2.3	108.2	19.3
新 疆	Xinjiang	344.5	-7.7	257.9	-6.5
不分地区	Not Classified by Region	1098.9		1016.2	

2-6 亿元以上商品交易市场基本情况
Basic Statistics on Commodity Exchange Markets of Transaction Value over 100 Million Yuan

市　场	Market	市场数量（个）Number of Markets (unit)	摊位数（个）Number of Booths (unit)	营业面积（万平方米）Operational Area (10 000 sq.m)	成交额（亿元）Turnover (100 million yuan)
总　计	**Total**	**3659**	**2665088**	**29471.2**	**106316.3**
综合市场	**Integrated Markets**	**1107**	**981808**	**8738.3**	**26401.1**
生产资料综合市场	Production Comprehensive Markets	37	54221	1121.8	1368.7
工业消费品综合市场	Industrial Consumable Comprehensive Markets	174	309957	2618.5	6583.9
农产品综合市场	Farm Produce Comprehensive Markets	619	352784	2678.7	14125.7
其他综合市场	Other Comprehensive Markets	277	264846	2319.3	4322.8
专业市场	**Special Markets**	**2552**	**1683280**	**20732.9**	**79915.2**
生产资料市场	Production Markets	453	233937	5238.6	27942.5
农业生产用具市场	Agricultural Production Equipment Markets	8	3595	83.2	174.1
农用生产资料市场	Agricultural Production Markets	10	1752	30.5	30.3
煤炭市场	Coal and Charcoal Markets	1	32	304.8	48.0
木材市场	Wood Markets	25	7673	195.9	235.2
建材市场	Building Material Markets	177	101851	2084.4	1910.3
化工材料及制品市场	Chemical Materials and Products Markets	19	15116	169.5	4700.7
金属材料市场	Metal Materials Markets	146	65771	1921.3	18591.5
机械设备市场	Mechanical Equipments Markets	38	22129	272.7	710.0
其他生产资料市场	Others	29	16018	176.3	1542.3
农产品市场	Farm Produce Markets	737	426723	4255.1	19660.5
粮油市场	Grain and Oil Markets	72	16644	288.5	1391.6
肉禽蛋市场	Meat, Poultry and Eggs Markets	85	38732	366.6	1932.9
水产品市场	Aquatic Products Markets	123	56356	456.2	3404.3
蔬菜市场	Vegetables Markets	199	138008	1466.0	3819.6
干鲜果品市场	Dried and Fresh Melons and Fruits Markets	106	70436	782.0	5023.0
棉麻土畜、烟叶市场	Cotton, Local & Livestock Products, and Tobacco Markets	9	16253	117.6	475.9
其他农产品市场	Others	143	90294	778.1	3613.1
食品、饮料及烟酒市场	Food, Beverages, Tobacco and Liquor Markets	88	37586	346.5	1098.3
食品饮料市场	Food and Beverages Markets	23	8244	73.0	228.4
茶叶市场	Tea Markets	27	11369	126.6	353.9
烟酒市场	Tobacco and Liquor Markets	6	1325	22.0	46.3
其他食品饮料及烟酒市场	Others	32	16648	124.9	469.8

2-6 续表　Continued

市　　场	Market	市场数量(个) Number of Markets (unit)	摊位数(个) Number of Booths (unit)	营业面积(万平方米) Operational Area (10 000 sq.m)	成交额(亿元) Turnover (100 million yuan)
纺织、服装、鞋帽市场	Textiles, Clothing, Shoes and Hats Markets	347	476168	3609.6	15570.4
布料及纺织品市场	Cloth and Textiles Markets	46	86875	1072.6	8752.5
服装市场	Clothing Markets	234	316543	2000.5	5822.1
鞋帽市场	Shoes and Hats Markets	26	16208	107.6	236.0
其他纺织服装鞋帽市场	Others	41	56542	428.9	759.7
日用品及文化用品市场	Daily Use Articles and Cultural Goods Markets	61	47620	334.4	884.0
小商品市场	Merchandise Markets	28	21989	127.1	348.1
箱包市场	Luggage Markets	4	8749	74.1	211.4
玩具市场	Toys Markets	3	1288	32.3	21.0
文具市场	Stationary Markets	1	480	6.0	4.9
图书、报刊杂志市场	Books, Newspapers and Magazines Markets	5	802	6.8	32.2
音像制品及电子出版物市场	Video Products and E-journal Markets	1	106	0.7	4.4
体育用品市场	Sports Markets				
其他日用品及文化用品市场	Others	19	14206	87.5	262.1
黄金、珠宝、玉器等首饰市场	Gold, Jeweller, Jade Markets	19	15622	191.1	950.7
电器、通讯器材、电子设备市场	Electrical Appliances, Communication Appliances and Electronical Appliances Markets	82	34643	272.3	567.9
家电市场	Household Appliances Markets	19	7843	133.3	128.7
通讯器材市场	Communication Appliances Markets	14	6745	24.6	88.6
照相、摄像器材市场	Cameras and Video Equipments Markets	3	504	3.3	5.9
计算机及辅助设备市场	Computer and Auxillary Equipments Markets	42	17386	101.3	318.4
其他电器、通讯器材、电子设备市场	Others	4	2165	9.8	26.2
医药、医疗用品及器材市场	Medicine, Medical Materials and Medical Instruments Markets	24	52691	335.6	1954.2
中药材市场	Chinese Medicine Markets	22	52174	320.5	1911.6
其他医药、医疗用品及器材市场	Others	2	517	15.1	42.6
家具、五金及装饰材料市场	Furniture, Hardware and Decoration Materials Markets	445	244427	4230.5	4352.1
家具市场	Furniture Markets	143	68688	1607.8	1344.9
装饰材料市场	Decoration Materials Markets	163	80569	1345.0	1303.6
灯具市场	Lamps Markets	9	5741	88.2	199.8
厨具、盥洗设备市场	Kitchen Utensils, Washing Equipments Markets	2	210	3.8	2.6
五金材料市场	Hardware Materials Markets	65	50612	608.9	1071.6
其他装修市场	Others	63	38607	576.7	429.6
汽车、摩托车及零配件市场	Cars, Motorcycles and Spare Parts Markets	235	69100	1339.9	5440.9
汽车市场	Cars Markets	177	43481	1015.4	4719.1
摩托车市场	Motocycles Markets	4	1910	18.0	14.1
机动车零配件市场	Vehicle Spare Parts Markts	54	23709	306.5	707.7
花、鸟、鱼、虫市场	Flower, Bird, Fish and Insects Markets	21	20960	254.7	679.2
花卉市场	Flower Markets	18	20237	249.6	661.4
鸟市场	Bird Markets				
观赏鱼市场	Fish Markets				
其他花鸟鱼虫市场	Others	3	723	5.1	17.8
旧货市场	Second Hand Markets	5	1825	8.8	14.6
古玩、古董、字画市场	Antiques,Calligraphy and Painting Markets	1	385	1.3	1.1
邮票、硬币市场	Stamps and Coins Markets				
其他旧货市场	Others	4	1440	7.5	13.5
其他专业市场	Others	35	21978	315.8	800.0

2-7 按营业状态分亿元以上商品交易市场基本情况
Basic Statistics on Commodity Exchange Markets of Transaction Value over 100 Million Yuan by Operating Status

#常年营业

Perennial Open

市 场	Market	市场数量（个）Number of Markets (unit)	摊位数（个）Number of Booths (unit)	营业面积（万平方米）Operational Area (10 000 sq.m)	成交额（亿元）Turnover (100 million yuan)
总 计	**Total**	**3612**	**2649661**	**29124.9**	**105770.1**
1.综合市场	**Integrated Markets**	**1102**	**979665**	**8724.6**	**26390.1**
生产资料综合市场	Production Comprehensive Markets	37	54221	1121.8	1368.7
工业消费品综合市场	Industrial Consumable Comprehensive Markets	174	309957	2618.5	6583.9
农产品综合市场	Farm Produce Comprehensive Markets	616	351613	2672.1	14122.3
其他综合市场	Other Comprehensive Markets	275	263874	2312.2	4315.2
2.专业市场	**Special Markets**	**2510**	**1669996**	**20400.3**	**79380.1**
生产资料市场	Production Markets	450	233551	5230.6	27932.3
农业生产用具市场	Agricultural Production Equipment Markets	8	3595	83.2	174.1
农用生产资料市场	Agricultural Production Markets	10	1752	30.5	30.3
煤炭市场	Coal and Charcoal Markets	1	32	304.8	48.0
木材市场	Wood Markets	24	7540	192.0	227.5
建材市场	Building Material Markets	175	101598	2080.3	1907.8
化工材料及制品市场	Chemical Materials and Products Markets	19	15116	169.5	4700.7
金属材料市场	Metal Materials Markets	146	65771	1921.3	18591.5
机械设备市场	Mechanical Equipments Markets	38	22129	272.7	710.0
其他生产资料市场	Others	29	16018	176.3	1542.3
农产品市场	Farm Produce Markets	706	416818	3958.9	19243.9
粮油市场	Grain and Oil Markets	71	16635	275.2	1389.8
肉禽蛋市场	Meat, Poultry and Eggs Markets	85	38732	366.6	1932.9
水产品市场	Aquatic Products Markets	120	55986	454.8	3397.8
蔬菜市场	Vegetables Markets	180	132465	1253.2	3474.3
干鲜果品市场	Dried and Fresh Melons and Fruits Markets	99	66601	721.0	4967.2
棉麻土畜、烟叶市场	Cotton, Local & Livestock Products, and Tobacco Markets	9	16253	117.6	475.9
其他农产品市场	Others	142	90146	770.6	3606.0
食品、饮料及烟酒市场	Food, Beverages, Tobacco and Liquor Markets	85	36823	337.9	1026.6
食品饮料市场	Food and Beverages Markets	21	7793	71.4	222.0
茶叶市场	Tea Markets	26	11057	119.7	288.5
烟酒市场	Tobacco and Liquor Markets	6	1325	22.0	46.3
其他食品饮料及烟酒市场	Others	32	16648	124.9	469.8
纺织、服装、鞋帽市场	Textiles, Clothing, Shoes and Hats Markets	345	474858	3591.2	15543.7
布料及纺织品市场	Cloth and Textiles Markets	46	86875	1072.6	8752.5
服装市场	Clothing Markets	232	315233	1982.1	5795.5
鞋帽市场	Shoes and Hats Markets	26	16208	107.6	236.0
其他纺织服装鞋帽市场	Others	41	56542	428.9	759.7
日用品及文化用品市场	Daily Use Articles and Cultural Goods Markets	61	47620	334.4	884.0
小商品市场	Merchandise Markets	28	21989	127.1	348.1
箱包市场	Luggage Markets	4	8749	74.1	211.4

2-7 续表 1 Continued 1

#常年营业

Perennial Open

市 场	Market	市场数量（个）Number of Markets (unit)	摊位数（个）Number of Booths (unit)	营业面积（万平方米）Operational Area (10 000 sq.m)	成交额（亿元）Turnover (100 million yuan)
玩具市场	Toys Markets	3	1288	32.3	21.0
文具市场	Stationary Markets	1	480	6.0	4.9
图书、报刊杂志市场	Books, Newspapers and Magazines Markets	5	802	6.8	32.2
音像制品及电子出版物市场	Video Products and E-journal Markets	1	106	0.7	4.4
体育用品市场	Sports Markets				
其他日用品及文化用品市场	Others	19	14206	87.5	262.1
黄金、珠宝、玉器等首饰市场	Gold, Jeweller, Jade Markets	19	15622	191.1	950.7
电器、通讯器材、电子设备市场	Electrical Appliances, Communication Appliances and Electronical Appliances Markets	82	34643	272.3	567.9
家电市场	Household Appliances Markets	19	7843	133.3	128.7
通讯器材市场	Communication Appliances Markets	14	6745	24.6	88.6
照相、摄像器材市场	Cameras and Video Equipments Markets	3	504	3.3	5.9
计算机及辅助设备市场	Computer and Auxillary Equipments Markets	42	17386	101.3	318.4
其他电器、通讯器材、电子设备市场	Others	4	2165	9.8	26.2
医药、医疗用品及器材市场	Medicine, Medical Materials and Medical Instruments Markets	23	52663	335.4	1953.1
中药材市场	Chinese Medicine Markets	21	52146	320.4	1910.5
其他医药、医疗用品及器材市场	Others	2	517	15.1	42.6
家具、五金及装饰材料市场	Furniture, Hardware and Decoration Materials Markets	443	243535	4229.1	4343.3
家具市场	Furniture Markets	143	68688	1607.8	1344.9
装饰材料市场	Decoration Materials Markets	162	80222	1344.6	1299.9
灯具市场	Lamps Markets	9	5741	88.2	199.8
厨具、盥洗设备市场	Kitchen Utensils, Washing Equipments Markets	2	210	3.8	2.6
五金材料市场	Hardware Materials Markets	64	50067	607.9	1066.6
其他装修市场	Others	63	38607	576.7	429.6
汽车、摩托车及零配件市场	Cars, Motorcycles and Spare Parts Markets	235	69100	1339.9	5440.9
汽车市场	Cars Markets	177	43481	1015.4	4719.1
摩托车市场	Motocycles Markets	4	1910	18.0	14.1
机动车零配件市场	Vehicle Spare Parts Markts	54	23709	306.5	707.7
花、鸟、鱼、虫市场	Flower, Bird, Fish and Insects Markets	21	20960	254.7	679.2
花卉市场	Flower Markets	18	20237	249.6	661.4
鸟市场	Bird Markets				
观赏鱼市场	Fish Markets				
其他花鸟鱼虫市场	Others	3	723	5.1	17.8
旧货市场	Second Hand Markets	5	1825	8.8	14.6
古玩、古董、字画市场	Antiques,Calligraphy and Painting Markets	1	385	1.3	1.1
邮票、硬币市场	Stamps and Coins Markets				
其他旧货市场	Others	4	1440	7.5	13.5
其他专业市场	Others	35	21978	315.8	800.0

2–7 续表 2 Continued 2

#季节性营业
Seasonal Open

市 场	Market	市场数量（个）Number of Markets (unit)	摊位数（个）Number of Booths (unit)	营业面积（万平方米）Operational Area (10 000 sq.m)	成交额（亿元）Turnover (100 million yuan)
总 计	**Total**	**44**	**14209**	**339.5**	**529.5**
1.综合市场	**Integrated Markets**	**4**	**1397**	**11.8**	**5.7**
生产资料综合市场	Production Comprehensive Markets				
工业消费品综合市场	Industrial Consumable Comprehensive Markets				
农产品综合市场	Farm Produce Comprehensive Markets	3	1171	6.6	3.4
其他综合市场	Other Comprehensive Markets	1	226	5.3	2.3
2.专业市场	**Special Markets**	**40**	**12812**	**327.7**	**523.8**
生产资料市场	Production Markets	2	253	4.1	2.5
农业生产用具市场	Agricultural Production Equipment Markets				
农用生产资料市场	Agricultural Production Markets				
煤炭市场	Coal and Charcoal Markets				
木材市场	Wood Markets				
建材市场	Building Material Markets	2	253	4.1	2.5
化工材料及制品市场	Chemical Materials and Products Markets				
金属材料市场	Metal Materials Markets				
机械设备市场	Mechanical Equipments Markets				
其他生产资料市场	Others				
农产品市场	Farm Produce Markets	31	9905	296.1	416.7
粮油市场	Grain and Oil Markets	1	9	13.3	1.8
肉禽蛋市场	Meat, Poultry and Eggs Markets				
水产品市场	Aquatic Products Markets	3	370	1.4	6.6
蔬菜市场	Vegetables Markets	19	5543	212.8	345.3
干鲜果品市场	Dried and Fresh Melons and Fruits Markets	7	3835	61.1	55.9
棉麻土畜、烟叶市场	Cotton, Local & Livestock Products, and Tobacco Markets				
其他农产品市场	Others	1	148	7.5	7.1
食品、饮料及烟酒市场	Food, Beverages, Tobacco and Liquor Markets	2	424	7.5	68.1
食品饮料市场	Food and Beverages Markets	1	112	0.6	2.8
茶叶市场	Tea Markets	1	312	6.9	65.4
烟酒市场	Tobacco and Liquor Markets				
其他食品饮料及烟酒市场	Others				
纺织、服装、鞋帽市场	Textiles, Clothing, Shoes and Hats Markets	2	1310	18.4	26.6
布料及纺织品市场	Cloth and Textiles Markets				
服装市场	Clothing Markets	2	1310	18.4	26.6
鞋帽市场	Shoes and Hats Markets				
其他纺织服装鞋帽市场	Others				
日用品及文化用品市场	Daily Use Articles and Cultural Goods Markets				
小商品市场	Merchandise Markets				
箱包市场	Luggage Markets				

2-7 续表 3 Continued 3

#季节性营业

Seasonal Open

市 场	Market	市场数量(个) Number of Markets (unit)	摊位数(个) Number of Booths (unit)	营业面积(万平方米) Operational Area (10 000 sq.m)	成交额(亿元) Turnover (100 million yuan)
玩具市场	Toys Markets				
文具市场	Stationary Markets				
图书、报刊杂志市场	Books, Newspapers and Magazines Markets				
音像制品及电子出版物市场	Video Products and E-journal Markets				
体育用品市场	Sports Markets				
其他日用品及文化用品市场	Others				
黄金、珠宝、玉器等首饰市场	Gold, Jeweller, Jade Markets				
电器、通讯器材、电子设备市场	Electrical Appliances, Communication Appliances and Electronical Appliances Markets				
家电市场	Household Appliances Markets				
通讯器材市场	Communication Appliances Markets				
照相、摄像器材市场	Cameras and Video Equipments Markets				
计算机及辅助设备市场	Computer and Auxillary Equipments Markets				
其他电器、通讯器材、电子设备市场	Others				
医药、医疗用品及器材市场	Medicine, Medical Materials and Medical Instruments Markets	1	28	0.2	1.1
中药材市场	Chinese Medicine Markets	1	28	0.2	1.1
其他医药、医疗用品及器材市场	Others				
家具、五金及装饰材料市场	Furniture, Hardware and Decoration Materials Markets	2	892	1.4	8.7
家具市场	Furniture Markets				
装饰材料市场	Decoration Materials Markets	1	347	0.4	3.7
灯具市场	Lamps Markets				
厨具、盥洗设备市场	Kitchen Utensils, Washing Equipments Markets				
五金材料市场	Hardware Materials Markets	1	545	1.0	5.0
其他装修市场	Others				
汽车、摩托车及零配件市场	Cars, Motorcycles and Spare Parts Markets				
汽车市场	Cars Markets				
摩托车市场	Motocycles Markets				
机动车零配件市场	Vehicle Spare Parts Markts				
花、鸟、鱼、虫市场	Flower, Bird, Fish and Insects Markets				
花卉市场	Flower Markets				
鸟市场	Bird Markets				
观赏鱼市场	Fish Markets				
其他花鸟鱼虫市场	Others				
旧货市场	Second Hand Markets				
古玩、古董、字画市场	Antiques,Calligraphy and Painting Markets				
邮票、硬币市场	Stamps and Coins Markets				
其他旧货市场	Others				
其他专业市场	Others				

2-8 按经营方式分亿元以上商品交易市场基本情况
Basic Statistics on Commodity Exchange Markets of Transaction Value over 100 Million Yuan by Operating Mode

批发为主
Wholesale

市 场	Market	市场数量（个）Number of Markets (unit)	摊位数（个）Number of Booths (unit)	营业面积（万平方米）Operational Area (10 000 sq.m)	成交额（亿元）Turnover (100 million yuan)
总 计	**Total**	**2165**	**1998214**	**23292.3**	**95455.4**
1.综合市场	**Integrated Markets**	**494**	**672635**	**6977.5**	**23358.8**
生产资料综合市场	Production Comprehensive Markets	31	49619	1079.4	1329.0
工业消费品综合市场	Industrial Consumable Comprehensive Markets	92	230861	1988.5	5949.4
农产品综合市场	Farm Produce Comprehensive Markets	249	223501	2231.6	12595.3
其他综合市场	Other Comprehensive Markets	122	168654	1678.0	3485.2
2.专业市场	**Special Markets**	**1671**	**1325579**	**16314.8**	**72096.5**
生产资料市场	Production Markets	415	218447	4931.0	27756.0
农业生产用具市场	Agricultural Production Equipment Markets	8	3595	83.2	174.1
农用生产资料市场	Agricultural Production Markets	10	1752	30.5	30.3
煤炭市场	Coal and Charcoal Markets	1	32	304.8	48.0
木材市场	Wood Markets	25	7673	195.9	235.2
建材市场	Building Material Markets	139	86361	1776.8	1723.8
化工材料及制品市场	Chemical Materials and Products Markets	19	15116	169.5	4700.7
金属材料市场	Metal Materials Markets	146	65771	1921.3	18591.5
机械设备市场	Mechanical Equipments Markets	38	22129	272.7	710.0
其他生产资料市场	Others	29	16018	176.3	1542.3
农产品市场	Farm Produce Markets	549	359489	3984.1	18872.4
粮油市场	Grain and Oil Markets	63	15311	280.7	1377.7
肉禽蛋市场	Meat, Poultry and Eggs Markets	43	20242	315.7	1755.3
水产品市场	Aquatic Products Markets	94	46305	429.1	3311.4
蔬菜市场	Vegetables Markets	181	133343	1419.3	3716.8
干鲜果品市场	Dried and Fresh Melons and Fruits Markets	105	70274	781.8	5020.0
棉麻土畜、烟叶市场	Cotton, Local & Livestock Products, and Tobacco Markets	6	14947	101.1	455.9
其他农产品市场	Others	57	59067	656.3	3235.2
食品、饮料及烟酒市场	Food, Beverages, Tobacco and Liquor Markets	64	31056	297.2	1008.5
食品饮料市场	Food and Beverages Markets	16	5793	61.6	205.5
茶叶市场	Tea Markets	22	9944	106.3	319.1
烟酒市场	Tobacco and Liquor Markets	4	1095	14.7	41.4
其他食品饮料及烟酒市场	Others	22	14224	114.6	442.5
纺织、服装、鞋帽市场	Textiles, Clothing, Shoes and Hats Markets	237	395991	3215.0	15051.7
布料及纺织品市场	Cloth and Textiles Markets	42	84144	1059.4	8748.3
服装市场	Clothing Markets	149	261706	1694.3	5441.4
鞋帽市场	Shoes and Hats Markets	26	16208	107.6	236.0
其他纺织服装鞋帽市场	Others	20	33933	353.7	626.0
日用品及文化用品市场	Daily Use Articles and Cultural Goods Markets	52	43956	313.2	841.9
小商品市场	Merchandise Markets	23	19181	109.8	329.2
箱包市场	Luggage Markets	4	8749	74.1	211.4

2-8 续表 1 Continued 1

批发为主
Wholesale

市 场	Market	市场数量(个) Number of Markets (unit)	摊位数(个) Number of Booths (unit)	营业面积(万平方米) Operational Area (10 000 sq.m)	成交额(亿元) Turnover (100 million yuan)
玩具市场	Toys Markets	3	1288	32.3	21.0
文具市场	Stationary Markets	1	480	6.0	4.9
图书、报刊杂志市场	Books, Newspapers and Magazines Markets	3	281	4.3	14.4
音像制品及电子出版物市场	Video Products and E-journal Markets				
体育用品市场	Sports Markets				
其他日用品及文化用品市场	Others	18	13977	86.7	261.0
黄金、珠宝、玉器等首饰市场	Gold, Jeweller, Jade Markets	12	7955	113.7	914.4
电器、通讯器材、电子设备市场	Electrical Appliances, Communication Appliances and Electronical Appliances Markets	37	18303	173.2	267.6
家电市场	Household Appliances Markets	14	6985	125.5	114.5
通讯器材市场	Communication Appliances Markets	9	4293	12.4	80.3
照相、摄像器材市场	Cameras and Video Equipments Markets	2	391	1.9	3.2
计算机及辅助设备市场	Computer and Auxillary Equipments Markets	9	4874	24.7	45.0
其他电器、通讯器材、电子设备市场	Others	3	1760	8.8	24.6
医药、医疗用品及器材市场	Medicine, Medical Materials and Medical Instruments Markets	22	49156	319.6	1874.0
中药材市场	Chinese Medicine Markets	20	48639	304.5	1831.4
其他医药、医疗用品及器材市场	Others	2	517	15.1	42.6
家具、五金及装饰材料市场	Furniture, Hardware and Decoration Materials Markets	172	133359	2072.9	2907.5
家具市场	Furniture Markets	26	32145	709.2	863.4
装饰材料市场	Decoration Materials Markets	57	28950	484.8	643.5
灯具市场	Lamps Markets	6	5354	81.2	194.7
厨具、盥洗设备市场	Kitchen Utensils, Washing Equipments Markets	1	183	1.8	1.5
五金材料市场	Hardware Materials Markets	59	48238	579.4	1038.0
其他装修市场	Others	23	18489	216.5	166.4
汽车、摩托车及零配件市场	Cars, Motorcycles and Spare Parts Markets	69	34366	417.8	1204.6
汽车市场	Cars Markets	27	13849	185.2	553.7
摩托车市场	Motocycles Markets	1	745	5.0	2.9
机动车零配件市场	Vehicle Spare Parts Markts	41	19772	227.6	648.0
花、鸟、鱼、虫市场	Flower, Bird, Fish and Insects Markets	13	16441	198.4	631.1
花卉市场	Flower Markets	11	15928	194.6	619.7
鸟市场	Bird Markets				
观赏鱼市场	Fish Markets				
其他花鸟鱼虫市场	Others	2	513	3.9	11.5
旧货市场	Second Hand Markets				
古玩、古董、字画市场	Antiques,Calligraphy and Painting Markets				
邮票、硬币市场	Stamps and Coins Markets				
其他旧货市场	Others				
其他专业市场	Others	29	17060	278.6	766.9

2-8 续表 2 Continued 2

零售为主
Retail

市 场	Market	市场数量(个) Number of Markets (unit)	摊位数(个) Number of Booths (unit)	营业面积(万平方米) Operational Area (10 000 sq.m)	成交额(亿元) Turnover (100 million yuan)
总 计	**Total**	**1494**	**666874**	**6178.9**	**10860.9**
1.综合市场	**Integrated Markets**	**613**	**309173**	**1760.8**	**3042.3**
生产资料综合市场	Production Comprehensive Markets	6	4602	42.4	39.7
工业消费品综合市场	Industrial Consumable Comprehensive Markets	82	79096	630.0	634.5
农产品综合市场	Farm Produce Comprehensive Markets	370	129283	447.1	1530.5
其他综合市场	Other Comprehensive Markets	155	96192	641.3	837.5
2.专业市场	**Special Markets**	**881**	**357701**	**4418.1**	**7818.6**
生产资料市场	Production Markets	38	15490	307.6	186.5
农业生产用具市场	Agricultural Production Equipment Markets				
农用生产资料市场	Agricultural Production Markets				
煤炭市场	Coal and Charcoal Markets				
木材市场	Wood Markets				
建材市场	Building Material Markets	38	15490	307.6	186.5
化工材料及制品市场	Chemical Materials and Products Markets				
金属材料市场	Metal Materials Markets				
机械设备市场	Mechanical Equipments Markets				
其他生产资料市场	Others				
农产品市场	Farm Produce Markets	188	67234	270.9	788.2
粮油市场	Grain and Oil Markets	9	1333	7.8	13.9
肉禽蛋市场	Meat, Poultry and Eggs Markets	42	18490	50.9	177.6
水产品市场	Aquatic Products Markets	29	10051	27.1	92.9
蔬菜市场	Vegetables Markets	18	4665	46.7	102.8
干鲜果品市场	Dried and Fresh Melons and Fruits Markets	1	162	0.2	3.0
棉麻土畜、烟叶市场	Cotton, Local & Livestock Products, and Tobacco Markets	3	1306	16.5	20.0
其他农产品市场	Others	86	31227	121.8	377.9
食品、饮料及烟酒市场	Food, Beverages, Tobacco and Liquor Markets	24	6530	49.3	89.8
食品饮料市场	Food and Beverages Markets	7	2451	11.4	22.9
茶叶市场	Tea Markets	5	1425	20.3	34.7
烟酒市场	Tobacco and Liquor Markets	2	230	7.3	4.8
其他食品饮料及烟酒市场	Others	10	2424	10.3	27.3
纺织、服装、鞋帽市场	Textiles, Clothing, Shoes and Hats Markets	110	80177	394.6	518.7
布料及纺织品市场	Cloth and Textiles Markets	4	2731	13.2	4.2
服装市场	Clothing Markets	85	54837	306.2	380.8
鞋帽市场	Shoes and Hats Markets				
其他纺织服装鞋帽市场	Others	21	22609	75.2	133.7
日用品及文化用品市场	Daily Use Articles and Cultural Goods Markets	9	3664	21.2	42.1
小商品市场	Merchandise Markets	5	2808	17.3	18.9
箱包市场	Luggage Markets				

2-8 续表 3 Continued 3

零售为主
Retail

市 场	Market	市场数量(个) Number of Markets (unit)	摊位数(个) Number of Booths (unit)	营业面积(万平方米) Operational Area (10 000 sq.m)	成交额(亿元) Turnover (100 million yuan)
玩具市场	Toys Markets				
文具市场	Stationary Markets				
图书、报刊杂志市场	Books, Newspapers and Magazines Markets	2	521	2.5	17.8
音像制品及电子出版物市场	Video Products and E-journal Markets	1	106	0.7	4.4
体育用品市场	Sports Markets				
其他日用品及文化用品市场	Others	1	229	0.8	1.0
黄金、珠宝、玉器等首饰市场	Gold, Jeweller, Jade Markets	7	7667	77.4	36.3
电器、通讯器材、电子设备市场	Electrical Appliances, Communication Appliances and Electronical Appliances Markets	45	16340	99.0	300.3
家电市场	Household Appliances Markets	5	858	7.7	14.3
通讯器材市场	Communication Appliances Markets	5	2452	12.3	8.3
照相、摄像器材市场	Cameras and Video Equipments Markets	1	113	1.4	2.7
计算机及辅助设备市场	Computer and Auxillary Equipments Markets	33	12512	76.6	273.4
其他电器、通讯器材、电子设备市场	Others	1	405	1.0	1.7
医药、医疗用品及器材市场	Medicine, Medical Materials and Medical Instruments Markets	2	3535	16.0	80.2
中药材市场	Chinese Medicine Markets	2	3535	16.0	80.2
其他医药、医疗用品及器材市场	Others				
家具、五金及装饰材料市场	Furniture, Hardware and Decoration Materials Markets	273	111068	2157.6	1444.6
家具市场	Furniture Markets	117	36543	898.7	481.6
装饰材料市场	Decoration Materials Markets	106	51619	860.2	660.0
灯具市场	Lamps Markets	3	387	7.0	5.1
厨具、盥洗设备市场	Kitchen Utensils, Washing Equipments Markets	1	27	2.0	1.1
五金材料市场	Hardware Materials Markets	6	2374	29.5	33.6
其他装修市场	Others	40	20118	360.2	263.2
汽车、摩托车及零配件市场	Cars, Motorcycles and Spare Parts Markets	166	34734	922.1	4236.3
汽车市场	Cars Markets	150	29632	830.2	4165.3
摩托车市场	Motocycles Markets	3	1165	13.0	11.2
机动车零配件市场	Vehicle Spare Parts Markts	13	3937	78.9	59.8
花、鸟、鱼、虫市场	Flower, Bird, Fish and Insects Markets	8	4519	56.2	48.0
花卉市场	Flower Markets	7	4309	55.0	41.7
鸟市场	Bird Markets				
观赏鱼市场	Fish Markets				
其他花鸟鱼虫市场	Others	1	210	1.2	6.3
旧货市场	Second Hand Markets	5	1825	8.8	14.6
古玩、古董、字画市场	Antiques,Calligraphy and Painting Markets	1	385	1.3	1.1
邮票、硬币市场	Stamps and Coins Markets				
其他旧货市场	Others	4	1440	7.5	13.5
其他专业市场	Others	6	4918	37.3	33.1

2-9 按经营环境分亿元以上商品交易市场基本情况

Basic Statistics on Commodity Exchange Markets of Transaction Value over 100 Million Yuan by Operating Circumstance

露天式

Outdoor

市　场	Market	市场数量(个) Number of Markets (unit)	摊位数(个) Number of Booths (unit)	营业面积(万平方米) Operational Area (10 000 sq.m)	成交额(亿元) Turnover (100 million yuan)
总　计	**Total**	**479**	**250906**	**3988.9**	**13041.7**
1.综合市场	**Integrated Markets**	**92**	**60030**	**654.3**	**2765.6**
生产资料综合市场	Production Comprehensive Markets	2	4463	16.4	21.3
工业消费品综合市场	Industrial Consumable Comprehensive Markets	7	2878	19.8	15.7
农产品综合市场	Farm Produce Comprehensive Markets	62	40196	484.3	2525.6
其他综合市场	Other Comprehensive Markets	21	12493	133.8	203.0
2.专业市场	**Special Markets**	**387**	**190876**	**3334.6**	**10276.1**
生产资料市场	Production Markets	100	38620	1466.7	5329.0
农业生产用具市场	Agricultural Production Equipment Markets	3	2005	39.0	137.0
农用生产资料市场	Agricultural Production Markets	1	318	0.7	1.3
煤炭市场	Coal and Charcoal Markets				
木材市场	Wood Markets	9	1740	80.0	121.1
建材市场	Building Material Markets	19	10536	253.5	522.7
化工材料及制品市场	Chemical Materials and Products Markets	3	1733	32.2	518.6
金属材料市场	Metal Materials Markets	58	18946	1030.4	3779.2
机械设备市场	Mechanical Equipments Markets	4	1892	22.3	197.6
其他生产资料市场	Others	3	1450	8.6	51.7
农产品市场	Farm Produce Markets	162	94189	980.6	2640.3
粮油市场	Grain and Oil Markets	12	1603	58.9	55.6
肉禽蛋市场	Meat, Poultry and Eggs Markets	12	4853	32.9	53.2
水产品市场	Aquatic Products Markets	21	11005	92.0	457.2
蔬菜市场	Vegetables Markets	66	33975	463.8	1024.1
干鲜果品市场	Dried and Fresh Melons and Fruits Markets	25	13096	129.4	511.0
棉麻土畜、烟叶市场	Cotton, Local & Livestock Products, and Tobacco Markets	5	12945	58.3	114.8
其他农产品市场	Others	21	16712	145.2	424.3
食品、饮料及烟酒市场	Food, Beverages, Tobacco and Liquor Markets	3	1575	18.5	33.1
食品饮料市场	Food and Beverages Markets	2	738	4.3	8.2
茶叶市场	Tea Markets	1	837	14.2	24.8
烟酒市场	Tobacco and Liquor Markets				
其他食品饮料及烟酒市场	Others				
纺织、服装、鞋帽市场	Textiles, Clothing, Shoes and Hats Markets	9	7818	62.5	426.8
布料及纺织品市场	Cloth and Textiles Markets	1	1800	20.0	360.0
服装市场	Clothing Markets	4	4028	8.9	16.1
鞋帽市场	Shoes and Hats Markets	3	1260	11.6	44.3
其他纺织服装鞋帽市场	Others	1	730	22.0	6.4
日用品及文化用品市场	Daily Use Articles and Cultural Goods Markets	4	2157	15.0	52.0
小商品市场	Merchandise Markets	2	1099	8.8	4.8
箱包市场	Luggage Markets				

露天式

Outdoor

市 场	Market	市场数量（个）Number of Markets (unit)	摊位数（个）Number of Booths (unit)	营业面积（万平方米）Operational Area (10 000 sq.m)	成交额（亿元）Turnover (100 million yuan)
玩具市场	Toys Markets				
文具市场	Stationary Markets				
图书、报刊杂志市场	Books, Newspapers and Magazines Markets				
音像制品及电子出版物市场	Video Products and E-journal Markets				
体育用品市场	Sports Markets				
其他日用品及文化用品市场	Others	2	1058	6.2	47.2
黄金、珠宝、玉器等首饰市场	Gold, Jeweller, Jade Markets				
电器、通讯器材、电子设备市场	Electrical Appliances, Communication Appliances and Electronical Appliances Markets				
家电市场	Household Appliances Markets				
通讯器材市场	Communication Appliances Markets				
照相、摄像器材市场	Cameras and Video Equipments Markets				
计算机及辅助设备市场	Computer and Auxillary Equipments Markets				
其他电器、通讯器材、电子设备市场	Others				
医药、医疗用品及器材市场	Medicine, Medical Materials and Medical Instruments Markets	2	4046	16.5	82.2
中药材市场	Chinese Medicine Markets	2	4046	16.5	82.2
其他医药、医疗用品及器材市场	Others				
家具、五金及装饰材料市场	Furniture, Hardware and Decoration Materials Markets	20	7507	144.4	159.6
家具市场	Furniture Markets	2	241	32.2	3.1
装饰材料市场	Decoration Materials Markets	10	2747	43.0	121.9
灯具市场	Lamps Markets				
厨具、盥洗设备市场	Kitchen Utensils, Washing Equipments Markets				
五金材料市场	Hardware Materials Markets	6	3621	45.0	30.8
其他装修市场	Others	2	898	24.2	3.9
汽车、摩托车及零配件市场	Cars, Motorcycles and Spare Parts Markets	63	16187	327.3	1072.6
汽车市场	Cars Markets	54	13521	282.0	1025.1
摩托车市场	Motocycles Markets	1	75	2.7	1.1
机动车零配件市场	Vehicle Spare Parts Markts	8	2591	42.5	46.5
花、鸟、鱼、虫市场	Flower, Bird, Fish and Insects Markets	3	3877	58.8	214.4
花卉市场	Flower Markets	2	3667	57.6	208.1
鸟市场	Bird Markets				
观赏鱼市场	Fish Markets				
其他花鸟鱼虫市场	Others	1	210	1.2	6.3
旧货市场	Second Hand Markets				
古玩、古董、字画市场	Antiques,Calligraphy and Painting Markets				
邮票、硬币市场	Stamps and Coins Markets				
其他旧货市场	Others				
其他专业市场	Others	21	14900	244.3	266.1

2-9 续表 2 Continued 2

封闭式

Indoor

市　　场	Market	市场数量（个）Number of Markets (unit)	摊位数（个）Number of Booths (unit)	营业面积（万平方米）Operational Area (10 000 sq.m)	成交额（亿元）Turnover (100 million yuan)
总　计	**Total**	**2733**	**2102865**	**21476.9**	**77320.4**
1.综合市场	**Integrated Markets**	**847**	**762787**	**6443.6**	**19776.7**
生产资料综合市场	Production Comprehensive Markets	27	24284	405.8	526.5
工业消费品综合市场	Industrial Consumable Comprehensive Markets	150	274544	2369.6	6249.9
农产品综合市场	Farm Produce Comprehensive Markets	468	250209	1685.2	9411.5
其他综合市场	Other Comprehensive Markets	202	213750	1983.0	3588.8
2.专业市场	**Special Markets**	**1886**	**1340078**	**15033.4**	**57543.7**
生产资料市场	Production Markets	303	166471	3135.8	16265.3
农业生产用具市场	Agricultural Production Equipment Markets	4	1117	39.0	31.8
农用生产资料市场	Agricultural Production Markets	9	1434	29.7	29.0
煤炭市场	Coal and Charcoal Markets	1	32	304.8	48.0
木材市场	Wood Markets	9	3727	66.7	41.4
建材市场	Building Material Markets	140	78078	1450.2	1195.5
化工材料及制品市场	Chemical Materials and Products Markets	14	10466	123.1	2770.4
金属材料市场	Metal Materials Markets	69	37765	707.6	11206.6
机械设备市场	Mechanical Equipments Markets	34	20237	250.4	512.5
其他生产资料市场	Others	23	13615	164.3	430.1
农产品市场	Farm Produce Markets	450	267101	2466.0	13524.1
粮油市场	Grain and Oil Markets	51	13940	177.3	1104.7
肉禽蛋市场	Meat, Poultry and Eggs Markets	60	26897	270.9	1534.0
水产品市场	Aquatic Products Markets	83	37905	315.5	2636.0
蔬菜市场	Vegetables Markets	93	85258	736.9	2149.0
干鲜果品市场	Dried and Fresh Melons and Fruits Markets	60	41642	390.5	3284.2
棉麻土畜、烟叶市场	Cotton, Local & Livestock Products, and Tobacco Markets	2	2752	49.5	351.6
其他农产品市场	Others	101	58707	525.5	2464.6
食品、饮料及烟酒市场	Food, Beverages, Tobacco and Liquor Markets	73	31754	267.1	918.6
食品饮料市场	Food and Beverages Markets	15	5879	53.2	200.6
茶叶市场	Tea Markets	25	9406	87.7	266.1
烟酒市场	Tobacco and Liquor Markets	5	1067	14.0	45.1
其他食品饮料及烟酒市场	Others	28	15402	112.2	406.9
纺织、服装、鞋帽市场	Textiles, Clothing, Shoes and Hats Markets	322	452668	3424.0	14803.3
布料及纺织品市场	Cloth and Textiles Markets	39	79439	994.8	8218.9
服装市场	Clothing Markets	220	302469	1926.3	5639.3
鞋帽市场	Shoes and Hats Markets	23	14948	96.0	191.7
其他纺织服装鞋帽市场	Others	40	55812	406.9	753.3
日用品及文化用品市场	Daily Use Articles and Cultural Goods Markets	54	42786	286.9	705.5
小商品市场	Merchandise Markets	25	18989	112.7	251.2
箱包市场	Luggage Markets	4	8749	74.1	211.4

封闭式
Indoor

市场	Market	市场数量(个) Number of Markets (unit)	摊位数(个) Number of Booths (unit)	营业面积(万平方米) Operational Area (10 000 sq.m)	成交额(亿元) Turnover (100 million yuan)
玩具市场	Toys Markets	2	648	7.3	18.8
文具市场	Stationary Markets	1	480	6.0	4.9
图书、报刊杂志市场	Books, Newspapers and Magazines Markets	5	802	6.8	32.2
音像制品及电子出版物市场	Video Products and E-journal Markets	1	106	0.7	4.4
体育用品市场	Sports Markets				
其他日用品及文化用品市场	Others	16	13012	79.5	182.6
黄金、珠宝、玉器等首饰市场	Gold, Jeweller, Jade Markets	16	13432	120.6	944.3
电器、通讯器材、电子设备市场	Electrical Appliances, Communication Appliances and Electronical Appliances Markets	79	30152	168.2	492.3
家电市场	Household Appliances Markets	16	3352	29.3	53.2
通讯器材市场	Communication Appliances Markets	14	6745	24.6	88.6
照相、摄像器材市场	Cameras and Video Equipments Markets	3	504	3.3	5.9
计算机及辅助设备市场	Computer and Auxillary Equipments Markets	42	17386	101.3	318.4
其他电器、通讯器材、电子设备市场	Others	4	2165	9.8	26.2
医药、医疗用品及器材市场	Medicine, Medical Materials and Medical Instruments Markets	19	46914	277.2	1738.7
中药材市场	Chinese Medicine Markets	18	46829	266.7	1714.0
其他医药、医疗用品及器材市场	Others	1	85	10.6	24.7
家具、五金及装饰材料市场	Furniture, Hardware and Decoration Materials Markets	397	222308	3798.2	3994.7
家具市场	Furniture Markets	138	66292	1523.2	1330.7
装饰材料市场	Decoration Materials Markets	142	73147	1215.3	1128.6
灯具市场	Lamps Markets	7	4686	69.1	154.1
厨具、盥洗设备市场	Kitchen Utensils, Washing Equipments Markets	2	210	3.8	2.6
五金材料市场	Hardware Materials Markets	51	42677	478.4	992.6
其他装修市场	Others	57	35296	508.4	386.2
汽车、摩托车及零配件市场	Cars, Motorcycles and Spare Parts Markets	142	45827	865.5	3313.0
汽车市场	Cars Markets	99	25082	607.3	2676.1
摩托车市场	Motocycles Markets	2	1090	10.3	10.2
机动车零配件市场	Vehicle Spare Parts Markts	41	19655	247.9	626.7
花、鸟、鱼、虫市场	Flower, Bird, Fish and Insects Markets	15	11914	154.9	303.7
花卉市场	Flower Markets	13	11401	151.0	292.2
鸟市场	Bird Markets				
观赏鱼市场	Fish Markets				
其他花鸟鱼虫市场	Others	2	513	3.9	11.5
旧货市场	Second Hand Markets	4	1810	7.7	8.6
古玩、古董、字画市场	Antiques,Calligraphy and Painting Markets	1	385	1.3	1.1
邮票、硬币市场	Stamps and Coins Markets				
其他旧货市场	Others	3	1425	6.4	7.5
其他专业市场	Others	12	6941	61.2	531.4

2–9 续表 4 Continued 4

其他
Others

市 场	Market	市场数量（个） Number of Markets (unit)	摊位数（个） Number of Booths (unit)	营业面积（万平方米） Operational Area (10 000 sq.m)	成交额（亿元） Turnover (100 million yuan)
总 计	**Total**	**447**	**311317**	**4005.4**	**15954.2**
1.综合市场	**Integrated Markets**	**168**	**158991**	**1640.4**	**3858.8**
生产资料综合市场	Production Comprehensive Markets	8	25474	699.5	820.9
工业消费品综合市场	Industrial Consumable Comprehensive Markets	17	32535	229.2	318.3
农产品综合市场	Farm Produce Comprehensive Markets	89	62379	509.1	2188.7
其他综合市场	Other Comprehensive Markets	54	38603	202.6	531.0
2.专业市场	**Special Markets**	**279**	**152326**	**2365.0**	**12095.4**
生产资料市场	Production Markets	50	28846	636.1	6348.2
农业生产用具市场	Agricultural Production Equipment Markets	1	473	5.3	5.4
农用生产资料市场	Agricultural Production Markets				
煤炭市场	Coal and Charcoal Markets				
木材市场	Wood Markets	7	2206	49.1	72.7
建材市场	Building Material Markets	18	13237	380.8	192.1
化工材料及制品市场	Chemical Materials and Products Markets	2	2917	14.2	1411.8
金属材料市场	Metal Materials Markets	19	9060	183.4	3605.7
机械设备市场	Mechanical Equipments Markets				
其他生产资料市场	Others	3	953	3.3	1060.6
农产品市场	Farm Produce Markets	125	65433	808.5	3496.2
粮油市场	Grain and Oil Markets	9	1101	52.4	231.3
肉禽蛋市场	Meat, Poultry and Eggs Markets	13	6982	62.8	345.7
水产品市场	Aquatic Products Markets	19	7446	48.7	311.1
蔬菜市场	Vegetables Markets	40	18775	265.3	646.5
干鲜果品市场	Dried and Fresh Melons and Fruits Markets	21	15698	262.1	1227.8
棉麻土畜、烟叶市场	Cotton, Local & Livestock Products, and Tobacco Markets	2	556	9.8	9.5
其他农产品市场	Others	21	14875	107.5	724.2
食品、饮料及烟酒市场	Food, Beverages, Tobacco and Liquor Markets	12	4257	60.9	146.6
食品饮料市场	Food and Beverages Markets	6	1627	15.5	19.5
茶叶市场	Tea Markets	1	1126	24.7	63.0
烟酒市场	Tobacco and Liquor Markets	1	258	8.0	1.2
其他食品饮料及烟酒市场	Others	4	1246	12.7	62.9
纺织、服装、鞋帽市场	Textiles, Clothing, Shoes and Hats Markets	16	15682	123.1	340.2
布料及纺织品市场	Cloth and Textiles Markets	6	5636	57.8	173.6
服装市场	Clothing Markets	10	10046	65.3	166.7
鞋帽市场	Shoes and Hats Markets				
其他纺织服装鞋帽市场	Others				
日用品及文化用品市场	Daily Use Articles and Cultural Goods Markets	3	2677	32.5	126.4
小商品市场	Merchandise Markets	1	1901	5.6	92.0
箱包市场	Luggage Markets				

2-9 续表 5 Continued 5

其他
Others

市　　场	Market	市场数量(个) Number of Markets (unit)	摊位数(个) Number of Booths (unit)	营业面积(万平方米) Operational Area (10 000 sq.m)	成交额(亿元) Turnover (100 million yuan)
玩具市场	Toys Markets	1	640	25.0	2.2
文具市场	Stationary Markets				
图书、报刊杂志市场	Books, Newspapers and Magazines Markets				
音像制品及电子出版物市场	Video Products and E-journal Markets				
体育用品市场	Sports Markets				
其他日用品及文化用品市场	Others	1	136	1.9	32.2
黄金、珠宝、玉器等首饰市场	Gold, Jeweller, Jade Markets	3	2190	70.5	6.4
电器、通讯器材、电子设备市场	Electrical Appliances, Communication Appliances and Electronical Appliances Markets	3	4491	104.0	75.6
家电市场	Household Appliances Markets	3	4491	104.0	75.6
通讯器材市场	Communication Appliances Markets				
照相、摄像器材市场	Cameras and Video Equipments Markets				
计算机及辅助设备市场	Computer and Auxillary Equipments Markets				
其他电器、通讯器材、电子设备市场	Others				
医药、医疗用品及器材市场	Medicine, Medical Materials and Medical Instruments Markets	3	1731	41.9	133.2
中药材市场	Chinese Medicine Markets	2	1299	37.4	115.3
其他医药、医疗用品及器材市场	Others	1	432	4.5	17.9
家具、五金及装饰材料市场	Furniture, Hardware and Decoration Materials Markets	28	14612	287.9	197.8
家具市场	Furniture Markets	3	2155	52.5	11.2
装饰材料市场	Decoration Materials Markets	11	4675	86.7	53.2
灯具市场	Lamps Markets	2	1055	19.1	45.7
厨具、盥洗设备市场	Kitchen Utensils, Washing Equipments Markets				
五金材料市场	Hardware Materials Markets	8	4314	85.5	48.2
其他装修市场	Others	4	2413	44.1	39.5
汽车、摩托车及零配件市场	Cars, Motorcycles and Spare Parts Markets	30	7086	147.1	1055.3
汽车市场	Cars Markets	24	4878	126.1	1017.9
摩托车市场	Motocycles Markets	1	745	5.0	2.9
机动车零配件市场	Vehicle Spare Parts Markts	5	1463	16.1	34.5
花、鸟、鱼、虫市场	Flower, Bird, Fish and Insects Markets	3	5169	41.0	161.1
花卉市场	Flower Markets	3	5169	41.0	161.1
鸟市场	Bird Markets				
观赏鱼市场	Fish Markets				
其他花鸟鱼虫市场	Others				
旧货市场	Second Hand Markets	1	15	1.1	6.0
古玩、古董、字画市场	Antiques,Calligraphy and Painting Markets				
邮票、硬币市场	Stamps and Coins Markets				
其他旧货市场	Others	1	15	1.1	6.0
其他专业市场	Others	2	137	10.4	2.5

2-10 亿元以上商品交易市场摊位分类情况

Classification of Booths of Commodity Exchange Markets of Transaction Value over 100 Million Yuan

类　　别	Classification	摊位数（个）Number of Booths (unit)	成交额（亿元）Turnover (100 million yuan)
总　计	**Total**	**2665088**	**106316.3**
粮油、食品类	Grain and Oil, Food	794161	34227.5
#粮油类	Grain and Oil	74971	4035.1
肉禽蛋类	Meat, Poultry and Eggs	110811	4568.6
水产品类	Aquatic Products	115771	6342.5
蔬菜类	Vegetables	276867	8855.9
干鲜果品类	Dried and Fresh Melons and Fruits	153419	8685.3
饮料类	Beverages	36412	1161.3
烟酒类	Tobacco and Liquor	23764	882.4
服装鞋帽、针、纺织品类	Clothing, Shoes, Hats and Textiles	645537	17794.2
服装类	Clothing	401173	6425.5
鞋帽类	Footwear and Hats	83084	1189.5
针、纺织品类	Knitwear and Textiles	161280	10179.2
化妆品类	Cosmetics	17473	263.5
金银珠宝类	Gold, Silver and Jewellery	25194	1240.2
日用品类	Articles for Daily Use	121850	2450.4
五金、电料类	Hardware & Electrical Materials	106565	2297.0
体育、娱乐用品类	Sports & Recreational Articles	8705	143.5
#照相器材类	Photographic Equipment	633	16.6
书报杂志类	Newspapers and Magazines	2093	55.6
电子出版物及音像制品类	E-journal and Video Products	2173	49.8
家用电器和音像器材类	Household Appliances and Video Equipments	27787	536.1
中西药品类	Traditional Chinese and Western Medicine	37799	1995.4
#西药类	Western Medicine	768	37.4
中草药及中成药类	Traditional Chinese	35453	1897.4
文化办公用品类	Cultural and Official Goods	39203	748.9
#计算机及其配套产品	Computer and Corollary Equipment	14222	196.3
家具类	Furniture	97754	1797.9
通讯器材类	Communication Appliances	14213	299.5
煤炭及制品类	Coal and Related Products	300	241.2
木材及制品类	Wood and Wooden Products	18304	468.5
石油及制品类	Petroleum and Related Products	907	1274.0
化工材料及制品类	Raw Chemical Materials and Related Products	21773	4855.7
#化肥类	Fertilizer	2032	28.4
金属材料类	Metal Materials	76945	18786.1
建筑及装潢材料类	Building and Decoration Materials	238576	4028.9
机电产品及设备类	Mechanical & Electrical Products	48412	1324.3
#农机类	Agricultural Machinery	4083	195.6
汽车类	Automobile	76155	5619.9
种子饲料类	Seed and Feedstuff	4259	81.4
棉麻类	Cotton and Hemp	1234	172.6
其他类	Others	177540	3520.6

2-11 按营业状态分亿元以上商品交易市场摊位分类情况

Classification of Booths of Commodity Exchange Markets of Transaction Value over 100 Million Yuan by Operating Status

#常年营业
Perennial Open

类　　别	Classification	摊位数（个）Number of Booths (unit)	成交额（亿元）Turnover (100 million yuan)
总　计	**Total**	**2649661**	**105770.1**
1.粮油、食品类	Grain and Oil, Food	782667	33808.8
其中：粮油类	Grain and Oil	74962	4033.3
肉禽蛋类	Meat, Poultry and Eggs	110811	4568.6
水产品类	Aquatic Products	115401	6335.9
蔬菜类	Vegetables	271123	8509.6
干鲜果品类	Dried and Fresh Melons and Fruits	149805	8630.5
2.饮料类	Beverages	35955	1092.4
3.烟酒类	Tobacco and Liquor	23733	882.2
4.服装、鞋帽、针纺织品类	Clothing, Shoes, Hats and Textiles	643975	17766.6
(1)服装类	Clothing	399873	6398.4
(2)鞋帽类	Footwear and Hats	83000	1189.2
(3)针纺织品类	Knitwear and Textiles	161102	10178.9
5.化妆品类	Cosmetics	17470	263.5
6.金银珠宝类	Gold, Silver and Jewellery	25193	1240.2
7.日用品类	Articles for Daily Use	121754	2449.8
8.五金、电料类	Hardware & Electrical Materials	105958	2291.4
9.体育、娱乐用品类	Sports & Recreational Articles	8690	143.4
其中：照相器材类	Photographic Equipment	633	16.6
10.书报杂志类	Newspapers and Magazines	2093	55.6
11.电子出版物及音像制品类	E-journal and Video Products	2148	49.7
12.家用电器和音像器材类	Household Appliances and Video Equipments	27787	536.1
13.中西药品类	Traditional Chinese and Western Medicine	37769	1994.3
其中：西药类	Western Medicine	768	37.4
中草药及中成药类	Traditional Chinese	35425	1896.3
14.文化办公用品类	Cultural and Official Goods	39178	748.8
其中：计算机及其配套产品	Computer and Corollary Equipment	14222	196.3
15.家具类	Furniture	97736	1797.8
16.通讯器材类	Communication Appliances	14213	299.5
17.煤炭及制品类	Coal and Related Products	288	241.1
18.木材及制品类	Wood and Wooden Products	18148	460.4
19.石油及制品类	Petroleum and Related Products	907	1274.0
20.化工材料及制品类	Raw Chemical Materials and Related Products	21754	4855.3
其中：化肥类	Fertilizer	2020	28.3
21.金属材料类	Metal Materials	76896	18785.9
22.建筑及装潢材料类	Building and Decoration Materials	237976	4022.7
23.机电产品及设备类	Mechanical & Electrical Products	48380	1323.7
其中：农机类	Agricultural Machinery	4051	195.0
24.汽车类	Automobile	76155	5619.9
25.种子饲料类	Seed and Feedstuff	4226	80.9
26.棉麻类	Cotton and Hemp	1232	172.5
27.其他类	Others	177380	3513.4

2-11 续表 1 Continued 1

#季节性营业

Seasonal Open

类　　别	Classification	摊位数 (个) Number of Booths (unit)	成交额 (亿元) Turnover (100 million yuan)
总　计	**Total**	**14209**	**529.5**
1.粮油、食品类	Grain and Oil, Food	10903	412.9
其中：粮油类	Grain and Oil	9	1.8
肉禽蛋类	Meat, Poultry and Eggs		
水产品类	Aquatic Products	370	6.6
蔬菜类	Vegetables	5744	346.3
干鲜果品类	Dried and Fresh Melons and Fruits	3614	54.8
2.饮料类	Beverages	425	68.1
3.烟酒类	Tobacco and Liquor	20	0.0
4.服装、鞋帽、针纺织品类	Clothing, Shoes, Hats and Textiles	1323	27.3
(1)服装类	Clothing	1145	26.8
(2)鞋帽类	Footwear and Hats	38	0.2
(3)针纺织品类	Knitwear and Textiles	140	0.2
5.化妆品类	Cosmetics		
6.金银珠宝类	Gold, Silver and Jewellery	1	0.0
7.日用品类	Articles for Daily Use	60	0.3
8.五金、电料类	Hardware & Electrical Materials	554	5.1
9.体育、娱乐用品类	Sports & Recreational Articles	15	0.0
其中：照相器材类	Photographic Equipment		
10.书报杂志类	Newspapers and Magazines		
11.电子出版物及音像制品类	E-journal and Video Products		
12.家用电器和音像器材类	Household Appliances and Video Equipments		
13.中西药品类	Traditional Chinese and Western Medicine	28	1.1
其中：西药类	Western Medicine		
中草药及中成药类	Traditional Chinese	28	1.1
14.文化办公用品类	Cultural and Official Goods		
其中：计算机及其配套产品	Computer and Corollary Equipment		
15.家具类	Furniture	18	0.2
16.通讯器材类	Communication Appliances		
17.煤炭及制品类	Coal and Related Products		
18.木材及制品类	Wood and Wooden Products	9	0.1
19.石油及制品类	Petroleum and Related Products		
20.化工材料及制品类	Raw Chemical Materials and Related Products	12	0.1
其中：化肥类	Fertilizer	12	0.1
21.金属材料类	Metal Materials	49	0.2
22.建筑及装潢材料类	Building and Decoration Materials	600	6.2
23.机电产品及设备类	Mechanical & Electrical Products	32	0.6
其中：农机类	Agricultural Machinery	32	0.6
24.汽车类	Automobile		
25.种子饲料类	Seed and Feedstuff		
26.棉麻类	Cotton and Hemp		
27.其他类	Others	160	7.2

2-12 按经营方式分亿元以上商品交易市场摊位分类情况

Classification of Booths of Commodity Exchange Markets of Transaction Value over 100 Million Yuan by Operating Mode

批发为主

Wholesale

类　别	Classification	摊位数（个）Number of Booths (unit)	成交额（亿元）Turnover (100 million yuan)
总　计	**Total**	**1998214**	**95455.4**
1.粮油、食品类	Grain and Oil, Food	583933	31757.6
其中：粮油类	Grain and Oil	56203	3833.3
肉禽蛋类	Meat, Poultry and Eggs	64425	3840.1
水产品类	Aquatic Products	77447	5777.2
蔬菜类	Vegetables	210746	8325.6
干鲜果品类	Dried and Fresh Melons and Fruits	133614	8470.7
2.饮料类	Beverages	28782	1084.4
3.烟酒类	Tobacco and Liquor	17090	808.6
4.服装、鞋帽、针纺织品类	Clothing, Shoes, Hats and Textiles	505414	16965.0
(1)服装类	Clothing	301751	5825.7
(2)鞋帽类	Footwear and Hats	61028	1055.0
(3)针纺织品类	Knitwear and Textiles	142635	10084.2
5.化妆品类	Cosmetics	12265	223.3
6.金银珠宝类	Gold, Silver and Jewellery	16058	1172.6
7.日用品类	Articles for Daily Use	92595	2222.5
8.五金、电料类	Hardware & Electrical Materials	89939	2104.7
9.体育、娱乐用品类	Sports & Recreational Articles	5667	109.1
其中：照相器材类	Photographic Equipment	227	2.6
10.书报杂志类	Newspapers and Magazines	1162	40.4
11.电子出版物及音像制品类	E-journal and Video Products	1288	36.9
12.家用电器和音像器材类	Household Appliances and Video Equipments	20472	447.4
13.中西药品类	Traditional Chinese and Western Medicine	33419	1886.7
其中：西药类	Western Medicine	496	15.9
中草药及中成药类	Traditional Chinese	31678	1815.7
14.文化办公用品类	Cultural and Official Goods	24069	543.4
其中：计算机及其配套产品	Computer and Corollary Equipment	4166	39.5
15.家具类	Furniture	50214	1192.2
16.通讯器材类	Communication Appliances	8498	223.3
17.煤炭及制品类	Coal and Related Products	199	239.9
18.木材及制品类	Wood and Wooden Products	14483	404.4
19.石油及制品类	Petroleum and Related Products	825	1272.9
20.化工材料及制品类	Raw Chemical Materials and Related Products	19979	4828.8
其中：化肥类	Fertilizer	1107	25.4
21.金属材料类	Metal Materials	74862	18727.6
22.建筑及装潢材料类	Building and Decoration Materials	157576	3010.4
23.机电产品及设备类	Mechanical & Electrical Products	44191	1288.6
其中：农机类	Agricultural Machinery	3633	187.4
24.汽车类	Automobile	42876	1347.4
25.种子饲料类	Seed and Feedstuff	3521	76.2
26.棉麻类	Cotton and Hemp	951	166.8
27.其他类	Others	147886	3274.4

2-12 续表 Continued

零售为主

Retail

类　　别	Classification	摊位数（个）Number of Booths (unit)	成交额（亿元）Turnover (100 million yuan)
总　计	**Total**	**666874**	**10860.9**
1.粮油、食品类	Grain and Oil, Food	210228	2469.9
其中：粮油类	Grain and Oil	18768	201.8
肉禽蛋类	Meat, Poultry and Eggs	46386	728.5
水产品类	Aquatic Products	38324	565.2
蔬菜类	Vegetables	66121	530.3
干鲜果品类	Dried and Fresh Melons and Fruits	19805	214.6
2.饮料类	Beverages	7630	76.9
3.烟酒类	Tobacco and Liquor	6674	73.8
4.服装、鞋帽、针纺织品类	Clothing, Shoes, Hats and Textiles	140123	829.2
(1)服装类	Clothing	99422	599.7
(2)鞋帽类	Footwear and Hats	22056	134.5
(3)针纺织品类	Knitwear and Textiles	18645	95.0
5.化妆品类	Cosmetics	5208	40.3
6.金银珠宝类	Gold, Silver and Jewellery	9136	67.6
7.日用品类	Articles for Daily Use	29255	227.9
8.五金、电料类	Hardware & Electrical Materials	16626	192.3
9.体育、娱乐用品类	Sports & Recreational Articles	3038	34.3
其中：照相器材类	Photographic Equipment	406	14.0
10.书报杂志类	Newspapers and Magazines	931	15.3
11.电子出版物及音像制品类	E-journal and Video Products	885	12.9
12.家用电器和音像器材类	Household Appliances and Video Equipments	7315	88.8
13.中西药品类	Traditional Chinese and Western Medicine	4380	108.7
其中：西药类	Western Medicine	272	21.5
中草药及中成药类	Traditional Chinese	3775	81.7
14.文化办公用品类	Cultural and Official Goods	15134	205.5
其中：计算机及其配套产品	Computer and Corollary Equipment	10056	156.7
15.家具类	Furniture	47540	605.7
16.通讯器材类	Communication Appliances	5715	76.2
17.煤炭及制品类	Coal and Related Products	101	1.3
18.木材及制品类	Wood and Wooden Products	3821	64.0
19.石油及制品类	Petroleum and Related Products	82	1.1
20.化工材料及制品类	Raw Chemical Materials and Related Products	1794	26.8
其中：化肥类	Fertilizer	925	3.0
21.金属材料类	Metal Materials	2083	58.4
22.建筑及装潢材料类	Building and Decoration Materials	81000	1018.5
23.机电产品及设备类	Mechanical & Electrical Products	4221	35.7
其中：农机类	Agricultural Machinery	450	8.2
24.汽车类	Automobile	33279	4272.5
25.种子饲料类	Seed and Feedstuff	738	5.2
26.棉麻类	Cotton and Hemp	283	5.9
27.其他类	Others	29654	246.2

2—13 按经营环境分亿元以上商品交易市场摊位分类情况

Basic Statistics on Booths of Commodity Exchange Markets of Transaction Value over 100 Million Yuan by Operating Circumstance

露天式

Outdoor

类　　别	Classification	摊位数（个） Number of Booths (unit)	成交额（亿元） Turnover (100 million yuan)
总　计	**Total**	**250906**	**13041.7**
1.粮油、食品类	Grain and Oil, Food	114055	5001.7
其中：粮油类	Grain and Oil	8697	354.8
肉禽蛋类	Meat, Poultry and Eggs	12453	341.6
水产品类	Aquatic Products	14916	541.5
蔬菜类	Vegetables	47807	2039.2
干鲜果品类	Dried and Fresh Melons and Fruits	24391	1658.1
2.饮料类	Beverages	2446	66.0
3.烟酒类	Tobacco and Liquor	2326	47.6
4.服装、鞋帽、针纺织品类	Clothing, Shoes, Hats and Textiles	12418	448.4
(1)服装类	Clothing	5611	28.4
(2)鞋帽类	Footwear and Hats	3307	52.5
(3)针纺织品类	Knitwear and Textiles	3500	367.6
5.化妆品类	Cosmetics	1605	11.3
6.金银珠宝类	Gold, Silver and Jewellery	31	0.4
7.日用品类	Articles for Daily Use	4255	69.6
8.五金、电料类	Hardware & Electrical Materials	5159	47.0
9.体育、娱乐用品类	Sports & Recreational Articles	172	1.3
其中：照相器材类	Photographic Equipment	13	0.0
10.书报杂志类	Newspapers and Magazines	92	0.5
11.电子出版物及音像制品类	E-journal and Video Products	142	1.1
12.家用电器和音像器材类	Household Appliances and Video Equipments	692	5.4
13.中西药品类	Traditional Chinese and Western Medicine	3768	115.0
其中：西药类	Western Medicine	35	0.1
中草药及中成药类	Traditional Chinese	3641	81.8
14.文化办公用品类	Cultural and Official Goods	532	4.7
其中：计算机及其配套产品	Computer and Corollary Equipment	12	0.0
15.家具类	Furniture	1024	11.4
16.通讯器材类	Communication Appliances	104	4.1
17.煤炭及制品类	Coal and Related Products	92	9.9
18.木材及制品类	Wood and Wooden Products	2384	127.0
19.石油及制品类	Petroleum and Related Products	5	0.1
20.化工材料及制品类	Raw Chemical Materials and Related Products	2961	439.1
其中：化肥类	Fertilizer	985	2.0
21.金属材料类	Metal Materials	19107	3779.6
22.建筑及装潢材料类	Building and Decoration Materials	14437	639.0
23.机电产品及设备类	Mechanical & Electrical Products	3491	268.9
其中：农机类	Agricultural Machinery	1283	110.6
24.汽车类	Automobile	17854	1142.6
25.种子饲料类	Seed and Feedstuff	804	5.2
26.棉麻类	Cotton and Hemp	54	0.6
27.其他类	Others	40896	794.2

2-13 续表 1 Continued 1

封闭式

Indoor

类　　别	Classification	摊位数 (个) Number of Booths (unit)	成交额 (亿元) Turnover (100 million yuan)
总　计	**Total**	**2102865**	**77320.4**
1.粮油、食品类	Grain and Oil, Food	545739	23382.4
其中：粮油类	Grain and Oil	54166	2937.2
肉禽蛋类	Meat, Poultry and Eggs	77979	3322.9
水产品类	Aquatic Products	80648	4895.1
蔬菜类	Vegetables	180565	5283.1
干鲜果品类	Dried and Fresh Melons and Fruits	101823	5337.6
2.饮料类	Beverages	28562	936.2
3.烟酒类	Tobacco and Liquor	18017	747.4
4.服装、鞋帽、针纺织品类	Clothing, Shoes, Hats and Textiles	596817	16834.8
(1)服装类	Clothing	374985	6184.1
(2)鞋帽类	Footwear and Hats	74243	1075.2
(3)针纺织品类	Knitwear and Textiles	147589	9575.5
5.化妆品类	Cosmetics	14432	187.8
6.金银珠宝类	Gold, Silver and Jewellery	22632	1223.0
7.日用品类	Articles for Daily Use	105713	2144.6
8.五金、电料类	Hardware & Electrical Materials	87119	1980.7
9.体育、娱乐用品类	Sports & Recreational Articles	7768	132.9
其中：照相器材类	Photographic Equipment	587	16.4
10.书报杂志类	Newspapers and Magazines	1689	54.4
11.电子出版物及音像制品类	E-journal and Video Products	1821	47.4
12.家用电器和音像器材类	Household Appliances and Video Equipments	23073	409.0
13.中西药品类	Traditional Chinese and Western Medicine	32393	1760.9
其中：西药类	Western Medicine	588	35.3
中草药及中成药类	Traditional Chinese	30409	1699.6
14.文化办公用品类	Cultural and Official Goods	35492	669.7
其中：计算机及其配套产品	Computer and Corollary Equipment	14088	195.0
15.家具类	Furniture	90644	1664.6
16.通讯器材类	Communication Appliances	13237	283.1
17.煤炭及制品类	Coal and Related Products	159	230.7
18.木材及制品类	Wood and Wooden Products	12074	233.1
19.石油及制品类	Petroleum and Related Products	521	214.4
20.化工材料及制品类	Raw Chemical Materials and Related Products	15374	2979.7
其中：化肥类	Fertilizer	929	25.5
21.金属材料类	Metal Materials	46693	11270.0
22.建筑及装潢材料类	Building and Decoration Materials	197771	2985.6
23.机电产品及设备类	Mechanical & Electrical Products	39222	899.5
其中：农机类	Agricultural Machinery	2376	77.9
24.汽车类	Automobile	51101	3414.0
25.种子饲料类	Seed and Feedstuff	2831	72.2
26.棉麻类	Cotton and Hemp	824	170.5
27.其他类	Others	111147	2391.7

2-13 续表 2 Continued 2

其他

Others

类 别	Classification	摊位数（个）Number of Booths (unit)	成交额（亿元）Turnover (100 million yuan)
总 计	**Total**	**311317**	**15954.2**
1.粮油、食品类	Grain and Oil, Food	134367	5843.4
其中：粮油类	Grain and Oil	12108	743.1
肉禽蛋类	Meat, Poultry and Eggs	20379	904.1
水产品类	Aquatic Products	20207	905.8
蔬菜类	Vegetables	48495	1533.6
干鲜果品类	Dried and Fresh Melons and Fruits	27205	1689.6
2.饮料类	Beverages	5404	159.1
3.烟酒类	Tobacco and Liquor	3421	87.4
4.服装、鞋帽、针纺织品类	Clothing, Shoes, Hats and Textiles	36302	510.9
(1)服装类	Clothing	20577	213.0
(2)鞋帽类	Footwear and Hats	5534	61.8
(3)针纺织品类	Knitwear and Textiles	10191	236.1
5.化妆品类	Cosmetics	1436	64.4
6.金银珠宝类	Gold, Silver and Jewellery	2531	16.9
7.日用品类	Articles for Daily Use	11882	236.2
8.五金、电料类	Hardware & Electrical Materials	14287	269.3
9.体育、娱乐用品类	Sports & Recreational Articles	765	9.2
其中：照相器材类	Photographic Equipment	33	0.2
10.书报杂志类	Newspapers and Magazines	312	0.7
11.电子出版物及音像制品类	E-journal and Video Products	210	1.2
12.家用电器和音像器材类	Household Appliances and Video Equipments	4022	121.7
13.中西药品类	Traditional Chinese and Western Medicine	1638	119.5
其中：西药类	Western Medicine	145	2.0
中草药及中成药类	Traditional Chinese	1403	116.0
14.文化办公用品类	Cultural and Official Goods	3179	74.4
其中：计算机及其配套产品	Computer and Corollary Equipment	122	1.2
15.家具类	Furniture	6086	121.9
16.通讯器材类	Communication Appliances	872	12.2
17.煤炭及制品类	Coal and Related Products	49	0.5
18.木材及制品类	Wood and Wooden Products	3846	108.4
19.石油及制品类	Petroleum and Related Products	381	1059.6
20.化工材料及制品类	Raw Chemical Materials and Related Products	3438	1436.8
其中：化肥类	Fertilizer	118	0.8
21.金属材料类	Metal Materials	11145	3736.5
22.建筑及装潢材料类	Building and Decoration Materials	26368	404.3
23.机电产品及设备类	Mechanical & Electrical Products	5699	155.9
其中：农机类	Agricultural Machinery	424	7.2
24.汽车类	Automobile	7200	1063.3
25.种子饲料类	Seed and Feedstuff	624	3.9
26.棉麻类	Cotton and Hemp	356	1.6
27.其他类	Others	25497	334.7

2-14 各地区亿元以上商品交易市场基本情况
Basic Statistics on Commodity Exchange Markets of Transaction Value over 100 Million Yuan by Region

年份 Year	地区 Region	市场数量(个) Number of Markets (unit)	摊位数(个) Number of Booths (unit)	营业面积(万平方米) Operational Area (10 000 sq.m)	成交额(亿元) Turnover (100 million yuan)	批发 Wholesale Value	零售 Retail Value
2000		3087	2115115	8261.6	16358.9	11648.0	4710.9
2001		3273	2200662	9397.3	17719.1	12562.5	5156.5
2002		3258	2190814	10313.2	19840.0	15450.9	4389.2
2003		3265	2148866	10984.0	21514.5	16832.6	4681.9
2004		3365	2229818	12477.5	26102.7	21116.9	4985.8
2005		3323	2248803	13140.8	30020.9	24544.2	5476.7
2006		3876	2527987	18072.3	37137.5	29679.9	7457.5
2007		4121	2681630	19814.6	44085.1	35871.5	8213.6
2008		4567	2839070	21225.2	52458.0	43120.0	9337.9
2009		4687	2994781	23230.3	57963.8	48308.2	9655.5
2010		4940	3193365	24832.3	72703.5	60954.9	11748.6
2011		5075	3334787	26234.5	82017.3	69390.8	12626.5
2012		5194	3494122	27899.4	93023.8	80141.8	12882.0
2013		5089	3488170	28868.3	98365.1	84628.3	13736.8
2014		5023	3534757	29567.9	100309.9	86323.7	13986.2
2015		4952	3468638	30065.7	100133.8	85836.9	14296.8
2016		4861	3457899	30023.4	102139.7	87859.3	14280.4
2017		4617	3347936	29691.8	108247.6	93996.9	14250.7
2018		4296	3178423	29190.6	109373.3	95323.2	14050.1
2019		4037	3045931	28447.4	112016.8	98733.4	13283.4
2020		3891	2877393	29114.7	105748.7	93874.6	11874.1
2021		3753	2794347	29134.6	115462.2	103547.7	11914.4
2022		3659	2665088	29471.2	106316.3	95455.4	10860.9
北 京	Beijing	65	43058	519.4	2759.7	2145.7	614.0
天 津	Tianjin	44	27044	478.6	1328.9	1270.4	58.5
河 北	Hebei	161	214544	2363.5	5834.5	5689.2	145.3
山 西	Shanxi	32	20504	239.6	563.6	529.8	33.9
内蒙古	Inner Mongolia	38	22999	631.8	555.7	512.2	43.5
辽 宁	Liaoning	122	106993	1024.2	2744.3	2454.2	290.1
吉 林	Jilin	39	32662	302.5	338.4	275.0	63.4
黑龙江	Heilongjiang	30	16798	210.3	409.7	381.8	27.9
上 海	Shanghai	97	41442	353.6	7956.2	7486.2	470.0
江 苏	Jiangsu	378	294523	3578.7	21591.2	20211.3	1379.8
浙 江	Zhejiang	598	350949	3149.7	17178.0	14752.4	2425.6
安 徽	Anhui	93	95924	1227.1	2668.3	2309.6	358.8
福 建	Fujian	99	40112	273.8	1141.8	937.6	204.2
江 西	Jiangxi	107	81871	901.8	2400.6	2160.0	240.6
山 东	Shandong	446	260543	3664.5	9216.1	8386.5	829.5
河 南	Henan	96	81128	1167.1	2969.3	2650.8	318.5
湖 北	Hubei	98	60671	698.4	2093.2	1750.9	342.4
湖 南	Hunan	255	159226	1153.7	5874.8	4902.8	972.0
广 东	Guangdong	256	170103	1762.4	5174.4	4627.7	546.7
广 西	Guangxi	59	54909	345.8	1122.4	908.4	214.0
海 南	Hainan	6	4625	85.1	145.0	121.2	23.8
重 庆	Chongqing	131	81730	780.0	3312.3	2973.2	339.1
四 川	Sichuan	105	136226	1204.7	3273.3	3102.1	171.3
贵 州	Guizhou	47	33866	581.8	1118.0	971.1	146.9
云 南	Yunnan	26	38799	207.5	407.8	365.9	41.9
西 藏	Tibet	3	2349	3.9	18.2	14.3	3.9
陕 西	Shaanxi	47	40597	561.1	1164.7	1066.4	98.3
甘 肃	Gansu	32	25301	256.4	408.5	303.5	105.0
青 海	Qinghai	8	6335	49.4	94.4	88.1	6.3
宁 夏	Ningxia	33	23480	253.9	322.1	298.9	23.3
新 疆	Xinjiang	108	95777	1440.9	2130.7	1808.2	322.5

批发和零售业

WHOLESALE AND RETAIL TRADES

第3篇

3-1-1 限额以上批发和零售业企业基本情况

Basic Conditions of Enterprises above Designated Size of Wholesale and Retail Trades

项　　目	Item	法人单位数（个）Number of Corporation Enterprises (unit)	年末从业人数（人）Engaged Persons at Year-end (person)
总　　计	**Total**	**364480**	**13060938**
一、批发业	**Wholesale Trade**	**230637**	**6550065**
#国有控股	State-controlled Enterprises	13558	1159674
(一)按登记注册类型分	**by Type of Registration**		
1.内资企业	**Domestic Funded Enterprises**	**220992**	**5532478**
国有企业	State-owned Enterprises	2250	301076
集体企业	Collective-owned Enterprises	221	7709
股份合作企业	Cooperative Enterprises	167	4481
联营企业	Joint Ownership Enterprises	56	1911
国有联营企业	State Joint Ownership Enterprises	36	1322
集体联营企业	Collective Joint Ownership Enterprises	8	144
国有与集体联营企业	Joint State-collective Enterprises	6	372
其他联营企业	Other Joint Ownership Enterprises	6	73
有限责任公司	Limited Liability Corporations	31263	1492270
国有独资公司	State Sole Funded Corporations	2863	168980
其他有限责任公司	Other Limited Liability Corporations	28400	1323290
股份有限公司	Share-holding Corporations Ltd.	1614	254350
私营企业	Private Enterprises	184696	3454846
私营独资企业	Private-funded Enterprises	2726	36241
私营合伙企业	Private Partnership Enterprises	301	4132
私营有限责任公司	Private Limited Liability Corporations	180001	3316414
私营股份有限公司	Private Share-holding Corporations Ltd.	1668	98059
其他企业	Other Enterprises	725	15835
2.港、澳、台商投资企业	**Enterprises with Funds from Hongkong, Macao and Taiwan**	**4019**	**424773**
合资经营企业	Joint-venture Enterprises	612	39420
合作经营企业	Cooperative Enterprises	25	2208
独资经营企业	Enterprises with Sole Investment	3189	353554
投资股份有限公司	Share-holding Corporations Ltd. with Investment	99	23720
其他港澳台商投资企业	Other Enterprises with Funds from Hongkong, Macao and Taiwan	94	5871
3.外商投资企业	**Foreign Funded Enterprises**	**5626**	**592814**
中外合资经营企业	Joint-venture Enterprises	825	91164
中外合作经营企业	Cooperative Enterprises	22	1455
外资企业	Enterprises with Sole Foreign Investment	4608	473508
外商投资股份有限公司	Share-holding Corporations Ltd. with Foreign Investment	95	20688
其他外商投资企业	Other Foreign Funded Enterprises	76	5999

注：NA表示小于或等于3(下表同)。
Note:NA refers to less than or equal to three. The same applies to the tables following.

3-1-1 续表 1 Continued 1

项 目	Item	法人单位数(个) Number of Corporation Enterprises (unit)	年末从业人数(人) Engaged Persons at the Year-end (person)
(二)按国民经济行业分	**by Sector**		
农、林、牧、渔产品批发	Wholesale of Agricultural, Forestry, Livestock and Fishery Products	9325	195802
食品、饮料及烟草制品批发	Wholesale of Food, Beverages and Tobaccos	23393	1256656
米、面制品及食用油批发	Wholesale of Rice, Flour and Edible Oil	3641	132884
肉、禽、蛋、奶及水产品批发	Wholesale of Meal, Fowls, Eggs, Milk and Aquatic Products	4843	177689
酒、饮料及茶叶批发	Wholesale of Wine, Beverages and Teas	4752	321783
烟草制品批发	Wholesale of Tobaccos	500	245002
纺织、服装及家庭用品批发	Wholesale of Textiles, Wearing Apparel and Household Articles	23970	945944
服装批发	Wholesale of Garments	4370	261073
鞋帽批发	Wholesale of Shoes and Hats	1272	69785
日用家电批发	Wholesale of Household Electrical Appliances	2934	134099
文化、体育用品及器材批发	Wholesale of Culture, Sports Appliances and Equipments	6208	242613
文具用品批发	Wholesale of Stationeries	2496	50247
体育用品及器材批发	Wholesale of Sports Appliances and Equipments	479	21841
图书批发	Wholesale of Books	606	48262
医药及医疗器材批发	Wholesale of Medicines and Medical Appliances	15848	946288
西药批发	Wholesale of Western Medicine	5372	491457
中药批发	Wholesale of Chinese Traditional Medicine	2037	165976
矿产品、建材及化工产品批发	Wholesale of Mineral Products, Building Materials and Chemical Products	105450	1593650
煤炭及制品批发	Wholesale of Coal and Related Products	9803	178318
石油及制品批发	Wholesale of Petroleum and Related Products	8865	290140
金属及金属矿批发	Wholesale of Metal Materials	37811	409196
建材批发	Wholesale of Building Materials	19013	269669
化肥批发	Wholesale of Chemical Fertilizer	1937	45065
农药批发	Wholesale of Pesticides	692	26720
机械设备、五金产品及电子产品批发	Wholesale of Machinery, Hardware and Electronic Products	38941	1192092
汽车及零配件批发	Wholesale of Motor Vehicles and Their Parts	7270	206118
计算机、软件及辅助设备批发	Wholesale of Computer, Software and Assistant Appliances	3593	126518
通讯设备批发	Wholesale of Communication Equipments	2065	91281
贸易经纪与代理	Trade Broker and Agency	1185	28359
其他批发业	Other Wholesale Industries	6317	148661

3-1-1 续表 2 Continued 2

项 目	Item	法人单位数(个) Number of Corporation Enterprises (unit)	年末从业人数(人) Engaged Persons at the Year-end (person)	年末零售营业面积(平方米) Business Area of Retail Trade at the Year-end (m²)
二、零售业	**Retail Trade**	**133843**	**6510873**	**412461244**
#国有控股	State-controlled Enterprises	6212	779662	77277939
(一)按登记注册类型分	**by Type of Registration**			
1.内资企业	**Domestic Funded Enterprises**	**130522**	**5661374**	**352889728**
国有企业	State-owned Enterprises	808	70715	5680642
集体企业	Collective-owned Enterprises	637	21293	1270715
股份合作企业	Cooperative Enterprises	274	7624	585424
联营企业	Joint Ownership Enterprises	95	1706	235586
国有联营企业	State Joint Ownership Enterprises	32	780	146137
集体联营企业	Collective Joint Ownership Enterprises	14	184	19529
国有与集体联营企业	Joint State-collective Enterprises	21	332	22233
其他联营企业	Other Joint Ownership Enterprises	28	410	47687
有限责任公司	Limited Liability Corporations	20259	1570270	107421606
国有独资公司	State Sole Funded Corporations	1003	71979	3842704
其他有限责任公司	Other Limited Liability Corporations	19256	1498291	103578902
股份有限公司	Share-holding Corporations Ltd.	1043	333642	40031131
私营企业	Private Enterprises	106918	3648180	197173986
私营独资企业	Private-funded Enterprises	8315	120359	9030315
私营合伙企业	Private Partnership Enterprises	896	13577	1155393
私营有限责任公司	Private Limited Liability Corporations	96935	3388236	182411544
私营股份有限公司	Private Share-holding Corporations Ltd.	772	126008	4576734
其他企业	Other Enterprises	488	7944	490638
2.港、澳、台商投资企业	**Enterprises with Funds from Hongkong, Macao and Taiwan**	**1685**	**435722**	**25246440**
合资经营企业	Joint-venture Enterprises	291	63457	5257196
合作经营企业	Cooperative Enterprises	33	4398	254158
独资经营企业	Enterprises with Sole Investment	1287	341399	18788335
投资股份有限公司	Share-holding Corporations Ltd. with Investment	29	20283	811249
其他港澳台商投资企业	Other Enterprises with Funds from Hongkong, Macao and Taiwan	43	6065	135502
3.外商投资企业	**Foreign Funded Enterprises**	**1630**	**413245**	**34325076**
中外合资经营企业	Joint-venture Enterprises	310	108768	9980515
中外合作经营企业	Cooperative Enterprises	21	3217	256221
外资企业	Enterprises with Sole Foreign Investment	1185	267862	19491757
外商投资股份有限公司	Share-holding Corporations Ltd. with Foreign Investment	74	26527	4337731
其他外商投资企业	Other Foreign Funded Enterprises	39	6822	258552

3-1-1 续表 3 Continued 3

项 目	Item	法人单位数(个) Number of Corporation Enterprises (unit)	年末从业人数(人) Engaged Persons at the Year-end (person)	年末零售营业面积(平方米) Business Area of Retail Trade at the Year-end (m²)
(二)按国民经济行业分	**by Sector**			
综合零售	Integrated Retail	15291	1861518	148142979
百货零售	Retail of General Merchandise	6176	675737	79419298
超级市场零售	Retail of Supermarkets	7280	1080089	63455024
食品、饮料及烟草制品专门零售	Special Retail of Food, Beverages and Tobaccos	13949	417716	14137217
粮油零售	Retail of Cereal and Oil	1563	27238	1929982
肉、禽、蛋、奶及水产品零售	Retail of Meat, Poultry, Eggs, Milk and Aquatic Products	2381	76358	2722405
酒、饮料及茶叶零售	Retail of Wine, Beverages and Teas	3760	75175	1933454
烟草制品零售	Retail of Tobaccos	394	13469	328326
纺织、服装及日用品专门零售	Special Retail of Textiles, Garments and Daily Consumer Articles	6188	487561	20488792
服装零售	Retail of Garments	2691	284045	14595596
文化、体育用品及器材专门零售	Special Retail of Culture, Sports Appliances and Equipments	5686	250563	8904930
体育用品及器材零售	Retail of Sports Appliances and Equipments	282	15967	1224201
图书、报刊零售	Retail of Books, Newspapers and Magazines	1360	111888	3861648
医药及医疗器材专门零售	Special Retail of Medicines and Medical Appliances	6317	807005	22930612
西药零售	Retail of Western Medicines	5128	744700	21107479
汽车、摩托车、零配件和燃料及其他动力销售	Retail of Motor Vehicles, Motorcycles, Parts, Fuel and Other Powers	49148	1774306	160113903
汽车新车零售	Retail of New Motor Vehicles	33387	1304545	89686716
机动车燃油零售	Retail of Fuel Oil of Motor Vehicles	12454	402633	63626111
家用电器及电子产品专门零售	Special Retail of Household Electric Appliances and Electronic Products	14214	340137	16069781
日用家电零售	Retail of Household Electric Appliances	5809	124557	9491679
计算机、软件及辅助设备零售	Retail of Computer, Software and Assistant Appliances	3036	62817	882018
通信设备零售	Retail of Communication Equipments	2512	87478	1679536
五金、家具及室内装饰材料专门零售	Special Retail of Hardware, Furniture and Interior Decoration Materials	7307	129949	9927631
货摊、无店铺及其他零售业	Stalls, Non-shop and Other Retails	15743	442118	11745399
互联网零售	Retail on the Internet	13376	372766	6765351
(三)按零售业态分	**by Mode of Business Operation**			
有店铺零售	Store-based Retailing	116045	6013880	402161031
超市	Supermarket	12338	1499980	96393491
百货店	Department Store	8340	812056	88376074
专业店	Speciality Store	52116	2136783	132420582
品牌专卖店	Brand Store	43158	1894461	113461711
集合店	Collection Store	3093	69141	4575598
无店铺零售	Non-Store Selling	21815	1034115	40053394

3-1-2 各地区限额以上批发业企业基本情况
Basic Conditions of Enterprises above Designated Size of Wholesale Trade by Region

地区	Region	批发业 Wholesale Trade		#国有控股 State-controlled Enterprises	
		法人单位数（个） Number of Corporation Enterprises (unit)	年末从业人数（人） Engaged Persons at the Year-end (person)	法人单位数（个） Number of Corporation Enterprises (unit)	年末从业人数（人） Engaged Persons at the Year-end (person)
全国	**National Total**	**230637**	**6550065**	**13558**	**1159674**
北京	Beijing	8132	428994	903	100851
天津	Tianjin	8402	170563	416	21668
河北	Hebei	4161	111036	269	23057
山西	Shanxi	3922	115354	407	47617
内蒙古	Inner Mongolia	1592	48436	166	15141
辽宁	Liaoning	4505	93955	288	26535
吉林	Jilin	1185	47924	128	14948
黑龙江	Heilongjiang	1693	56875	241	23112
上海	Shanghai	13364	727003	822	64694
江苏	Jiangsu	29920	617042	1040	67783
浙江	Zhejiang	24665	571153	788	49655
安徽	Anhui	4691	146307	329	35362
福建	Fujian	13638	286209	691	38759
江西	Jiangxi	4321	119447	332	31866
山东	Shandong	21334	422489	1085	74232
河南	Henan	7676	210313	380	45924
湖北	Hubei	5299	184640	355	37012
湖南	Hunan	3780	142186	255	34691
广东	Guangdong	40854	1127327	1087	117632
广西	Guangxi	3385	93012	420	26902
海南	Hainan	1171	32460	148	8351
重庆	Chongqing	3410	118192	315	23577
四川	Sichuan	6543	228264	743	51761
贵州	Guizhou	2114	75303	364	32314
云南	Yunnan	2490	93810	312	36228
西藏	Tibet	91	8020	23	1300
陕西	Shaanxi	3156	110986	377	40913
甘肃	Gansu	1053	45929	170	17445
青海	Qinghai	267	12124	63	6296
宁夏	Ningxia	410	15363	42	6767
新疆	Xinjiang	3413	89349	599	37281

3-1-3 各地区限额以上批发业企业基本情况(按登记注册类型分)

Basic Conditions of Enterprises above Designated Size of Wholesale Trade by Region and Type of Registration

地区	Region	内资企业 Domestic Funded Enterprises		#国有企业 State-owned Enterprises	
		法人单位数(个) Number of Corporation Enterprises (unit)	年末从业人数(人) Engaged Persons at the Year-end (person)	法人单位数(个) Number of Corporation Enterprises (unit)	年末从业人数(人) Engaged Persons at the Year-end (person)
全　国	**National Total**	**220992**	**5532478**	**2250**	**301076**
北　京	Beijing	7467	293363	25	2836
天　津	Tianjin	8095	120560	36	2636
河　北	Hebei	4142	109231	42	9859
山　西	Shanxi	3912	114855	20	6913
内蒙古	Inner Mongolia	1586	48290	24	5374
辽　宁	Liaoning	4376	88617	59	10183
吉　林	Jilin	1176	47491	10	4404
黑龙江	Heilongjiang	1686	56780	66	8788
上　海	Shanghai	9808	307955	16	1631
江　苏	Jiangsu	29082	549079	333	19133
浙　江	Zhejiang	24011	514569	58	10730
安　徽	Anhui	4651	139110	55	11655
福　建	Fujian	13265	264445	33	10618
江　西	Jiangxi	4304	118436	109	10938
山　东	Shandong	21032	408087	214	10588
河　南	Henan	7653	208052	86	24014
湖　北	Hubei	5218	157751	88	16293
湖　南	Hunan	3755	139334	56	19287
广　东	Guangdong	38547	958247	246	13419
广　西	Guangxi	3341	88168	38	7883
海　南	Hainan	1134	31058	35	2847
重　庆	Chongqing	3369	109269	76	7084
四　川	Sichuan	6483	223190	110	17494
贵　州	Guizhou	2103	73877	39	16547
云　南	Yunnan	2471	90482	68	19312
西　藏	Tibet	88	6346	11	677
陕　西	Shaanxi	3114	105839	104	13459
甘　肃	Gansu	1048	44712	48	6047
青　海	Qinghai	264	11239	15	1252
宁　夏	Ningxia	410	15363	13	1638
新　疆	Xinjiang	3401	88683	117	7537

地 区	Region	集体企业 Collective-owned Enterprises		股份合作企业 Cooperative Enterprises	
		法人单位数 (个) Number of Corporation Enterprises (unit)	年末从业人数 (人) Engaged Persons at the Year-end (person)	法人单位数 (个) Number of Corporation Enterprises (unit)	年末从业人数 (人) Engaged Persons at the Year-end (person)
全 国	**National Total**	**221**	**7709**	**167**	**4481**
北 京	Beijing	13	372	34	993
天 津	Tianjin	8	65	10	316
河 北	Hebei	9	166	4	223
山 西	Shanxi	6	1580	NA	14
内 蒙 古	Inner Mongolia				
辽 宁	Liaoning	4	112	4	90
吉 林	Jilin				
黑 龙 江	Heilongjiang	NA	37		
上 海	Shanghai	8	156	NA	44
江 苏	Jiangsu	24	498	9	270
浙 江	Zhejiang	6	170	26	487
安 徽	Anhui	NA	23	NA	45
福 建	Fujian	19	391	NA	5
江 西	Jiangxi	7	140	5	109
山 东	Shandong	12	865	6	104
河 南	Henan	10	451	NA	130
湖 北	Hubei	5	180	NA	29
湖 南	Hunan	NA	114	NA	12
广 东	Guangdong	30	734	38	776
广 西	Guangxi	4	284		
海 南	Hainan			NA	11
重 庆	Chongqing	4	206	NA	119
四 川	Sichuan	10	227	6	400
贵 州	Guizhou	8	127		
云 南	Yunnan	10	284	NA	42
西 藏	Tibet				
陕 西	Shaanxi	8	229	4	176
甘 肃	Gansu	NA	40	NA	83
青 海	Qinghai	NA	71		
宁 夏	Ningxia				
新 疆	Xinjiang	5	187	NA	NA

3-1-3 续表 2 Continued 2

地 区	Region	联营企业 Joint Ownership Enterprises 法人单位数(个) Number of Corporation Enterprises (unit)	联营企业 Joint Ownership Enterprises 年末从业人数(人) Engaged Persons at the Year-end (person)	有限责任公司 Limited Liability Corporations 法人单位数(个) Number of Corporation Enterprises (unit)	有限责任公司 Limited Liability Corporations 年末从业人数(人) Engaged Persons at the Year-end (person)
全 国	**National Total**	**56**	**1911**	**31263**	**1492270**
北 京	Beijing	NA	97	1938	141499
天 津	Tianjin			1197	38479
河 北	Hebei			567	27388
山 西	Shanxi			656	52081
内蒙古	Inner Mongolia			303	16715
辽 宁	Liaoning	NA	305	645	22827
吉 林	Jilin			195	11616
黑龙江	Heilongjiang			449	22488
上 海	Shanghai	NA	17	2063	100831
江 苏	Jiangsu	7	98	1699	91063
浙 江	Zhejiang	5	55	2205	105511
安 徽	Anhui			727	42470
福 建	Fujian			958	36590
江 西	Jiangxi	5	123	816	42657
山 东	Shandong	10	343	2801	115555
河 南	Henan	NA	9	1013	53169
湖 北	Hubei			1059	45062
湖 南	Hunan	NA	26	488	28804
广 东	Guangdong	9	420	5426	215243
广 西	Guangxi	NA	2	728	28571
海 南	Hainan			529	15531
重 庆	Chongqing	NA	105	373	18931
四 川	Sichuan	8	283	1527	77205
贵 州	Guizhou	NA	28	561	24855
云 南	Yunnan			508	23627
西 藏	Tibet			39	2890
陕 西	Shaanxi			668	34970
甘 肃	Gansu			296	16838
青 海	Qinghai			66	2652
宁 夏	Ningxia			45	2974
新 疆	Xinjiang			718	33178

地 区	Region	股份有限公司 Share-holding Corporations Ltd.		私营企业 Private Enterprises	
		法人单位数(个) Number of Corporation Enterprises (unit)	年末从业人数(人) Engaged Persons at the Year-end (person)	法人单位数(个) Number of Corporation Enterprises (unit)	年末从业人数(人) Engaged Persons at the Year-end (person)
全 国	**National Total**	**1614**	**254350**	**184696**	**3454846**
北 京	Beijing	84	16164	5368	131352
天 津	Tianjin	50	2895	6792	76167
河 北	Hebei	15	1543	3502	69916
山 西	Shanxi	13	2031	3215	52206
内蒙古	Inner Mongolia	12	1351	1247	24850
辽 宁	Liaoning	40	3943	3607	50795
吉 林	Jilin	11	2650	960	28821
黑龙江	Heilongjiang	31	5305	1128	20080
上 海	Shanghai	113	23397	7602	181841
江 苏	Jiangsu	160	23748	26453	407520
浙 江	Zhejiang	119	17794	21581	379684
安 徽	Anhui	34	4403	3823	80213
福 建	Fujian	17	2574	12233	214234
江 西	Jiangxi	49	4179	3306	60163
山 东	Shandong	120	14387	17806	265155
河 南	Henan	37	6592	6500	123630
湖 北	Hubei	49	8620	3989	86320
湖 南	Hunan	35	5475	3160	85193
广 东	Guangdong	298	61109	32481	666153
广 西	Guangxi	23	4857	2535	45175
海 南	Hainan	22	833	547	11836
重 庆	Chongqing	41	3684	2867	79112
四 川	Sichuan	51	8354	4760	118483
贵 州	Guizhou	8	410	1485	31910
云 南	Yunnan	38	6110	1801	40479
西 藏	Tibet			38	2779
陕 西	Shaanxi	41	7847	2262	48292
甘 肃	Gansu	17	1959	678	19688
青 海	Qinghai	10	3268	172	3996
宁 夏	Ningxia	11	3237	341	7514
新 疆	Xinjiang	65	5631	2457	41289

3-1-3 续表 4 Continued 4

地 区	Region	港、澳、台商投资企业 Enterprises with Funds from Hongkong, Macao and Taiwan		外商投资企业 Foreign Funded Enterprises	
		法人单位数 (个) Number of Corporation Enterprises (unit)	年末从业人数 (人) Engaged Persons at the Year-end (person)	法人单位数 (个) Number of Corporation Enterprises (unit)	年末从业人数 (人) Engaged Persons at the Year-end (person)
全 国	**National Total**	**4019**	**424773**	**5626**	**592814**
北 京	Beijing	179	44915	486	90716
天 津	Tianjin	120	37715	187	12288
河 北	Hebei	5	189	14	1616
山 西	Shanxi	NA	233	7	266
内蒙古	Inner Mongolia	4	89	NA	57
辽 宁	Liaoning	34	1433	95	3905
吉 林	Jilin	NA	50	7	383
黑龙江	Heilongjiang	4	17	NA	78
上 海	Shanghai	1067	145012	2489	274036
江 苏	Jiangsu	357	25674	481	42289
浙 江	Zhejiang	235	20804	419	35780
安 徽	Anhui	20	3586	20	3611
福 建	Fujian	207	8590	166	13174
江 西	Jiangxi	10	523	7	488
山 东	Shandong	118	4300	184	10102
河 南	Henan	11	1261	12	1000
湖 北	Hubei	39	12677	42	14212
湖 南	Hunan	10	2232	15	620
广 东	Guangdong	1480	100221	827	68859
广 西	Guangxi	15	434	29	4410
海 南	Hainan	24	621	13	781
重 庆	Chongqing	17	4793	24	4130
四 川	Sichuan	23	1610	37	3464
贵 州	Guizhou	9	1245	NA	181
云 南	Yunnan	6	942	13	2386
西 藏	Tibet	NA	1674		
陕 西	Shaanxi	9	3105	33	2042
甘 肃	Gansu	NA	262	NA	955
青 海	Qinghai			NA	885
宁 夏	Ningxia				
新 疆	Xinjiang	6	566	6	100

3-1-4 各地区限额以上批发业企业基本情况(按国民经济行业分)

Basic Conditions of Enterprises above Designated Size of Wholesale Trade by Region and Sector

地区	Region	农、林、牧、渔产品批发 Wholesale of Agricultural, Forestry, Livestock and Fishery Products		食品、饮料及烟草制品批发 Wholesale of Food, Beverages and Tobaccos	
		法人单位数(个) Number of Corporation Enterprises (unit)	年末从业人数(人) Engaged Persons at the Year-end (person)	法人单位数(个) Number of Corporation Enterprises (unit)	年末从业人数(人) Engaged Persons at the Year-end (person)
全　国	**National Total**	**9325**	**195802**	**23393**	**1256656**
北　京	Beijing	169	6197	1028	65113
天　津	Tianjin	276	3194	698	31256
河　北	Hebei	210	3357	456	22019
山　西	Shanxi	71	2423	270	17452
内蒙古	Inner Mongolia	250	4640	120	9899
辽　宁	Liaoning	370	5402	465	20512
吉　林	Jilin	176	4986	124	10884
黑龙江	Heilongjiang	520	9451	190	15368
上　海	Shanghai	161	4325	1252	83589
江　苏	Jiangsu	1099	26052	2045	85224
浙　江	Zhejiang	328	4673	1247	75584
安　徽	Anhui	257	4656	727	40415
福　建	Fujian	424	7883	1510	66217
江　西	Jiangxi	151	4728	416	21477
山　东	Shandong	1248	16274	1870	83525
河　南	Henan	534	11717	727	49959
湖　北	Hubei	397	7965	782	51930
湖　南	Hunan	175	5180	545	46100
广　东	Guangdong	846	16528	4251	200475
广　西	Guangxi	135	2249	543	24405
海　南	Hainan	46	770	115	5176
重　庆	Chongqing	68	2334	583	27102
四　川	Sichuan	216	7451	1393	72388
贵　州	Guizhou	71	1527	412	38083
云　南	Yunnan	188	4188	510	36204
西　藏	Tibet			16	975
陕　西	Shaanxi	76	1794	492	23147
甘　肃	Gansu	107	2581	186	13182
青　海	Qinghai	6	86	45	2125
宁　夏	Ningxia	26	566	25	2766
新　疆	Xinjiang	724	22625	350	14105

3-1-4 续表 1 Continued 1

地 区	Region	纺织、服装及家庭用品批发 Wholesale of Textiles, Wearing Apparel and Household Articles		文化、体育用品及器材批发 Wholesale of Culture, Sports Appliances and Equipments	
		法人单位数 (个) Number of Corporation Enterprises (unit)	年末从业人数 (人) Engaged Persons at the Year-end (person)	法人单位数 (个) Number of Corporation Enterprises (unit)	年末从业人数 (人) Engaged Persons at the Year-end (person)
全 国	**National Total**	**23970**	**945944**	**6208**	**242613**
北 京	Beijing	665	57865	424	26508
天 津	Tianjin	417	39054	161	3321
河 北	Hebei	202	7690	70	1973
山 西	Shanxi	63	2358	48	1449
内蒙古	Inner Mongolia	18	1950	12	558
辽 宁	Liaoning	217	7168	60	2838
吉 林	Jilin	34	1374	16	887
黑龙江	Heilongjiang	43	2359	24	915
上 海	Shanghai	1689	155913	468	28447
江 苏	Jiangsu	3410	124199	841	21250
浙 江	Zhejiang	5892	159626	990	26111
安 徽	Anhui	332	14673	83	3078
福 建	Fujian	2674	59298	344	8769
江 西	Jiangxi	239	5002	83	1528
山 东	Shandong	1218	43003	459	19174
河 南	Henan	306	10869	139	5368
湖 北	Hubei	234	10605	92	3493
湖 南	Hunan	252	8872	162	5029
广 东	Guangdong	5160	191630	1438	62362
广 西	Guangxi	153	4467	46	1431
海 南	Hainan	41	1447	17	1042
重 庆	Chongqing	106	6800	39	5880
四 川	Sichuan	287	14622	62	2509
贵 州	Guizhou	49	1817	13	539
云 南	Yunnan	60	1372	22	914
西 藏	Tibet	5	67		
陕 西	Shaanxi	105	8225	55	4119
甘 肃	Gansu	14	838	11	1321
青 海	Qinghai	5	99	NA	319
宁 夏	Ningxia	8	133	6	247
新 疆	Xinjiang	72	2549	22	1234

3-1-4 续表 2 Continued 2

地区	Region	医药及医疗器材批发 Wholesale of Medicines and Medical Appliances		矿产品、建材及化工产品批发 Wholesale of Mineral Products, Building Material and Chemical Products	
		法人单位数(个) Number of Corporation Enterprises (unit)	年末从业人数(人) Engaged Persons at the Year-end (person)	法人单位数(个) Number of Corporation Enterprises (unit)	年末从业人数(人) Engaged Persons at the Year-end (person)
全国	**National Total**	**15848**	**946288**	**105450**	**1593650**
北京	Beijing	1047	58484	1842	71122
天津	Tianjin	307	13406	4746	44276
河北	Hebei	457	26010	2089	34553
山西	Shanxi	275	16951	2558	59490
内蒙古	Inner Mongolia	167	10317	763	15032
辽宁	Liaoning	379	16530	2304	28672
吉林	Jilin	286	14759	306	6625
黑龙江	Heilongjiang	218	12266	465	11213
上海	Shanghai	779	99696	4958	116000
江苏	Jiangsu	1105	68602	15705	169816
浙江	Zhejiang	811	44201	11226	134664
安徽	Anhui	506	27512	1817	26621
福建	Fujian	485	20746	5959	75975
江西	Jiangxi	637	35181	1859	33047
山东	Shandong	1111	58491	11953	134329
河南	Henan	747	44762	3892	56014
湖北	Hubei	747	44795	2135	39389
湖南	Hunan	419	32879	1578	27374
广东	Guangdong	2378	116513	15985	250112
广西	Guangxi	306	17738	1699	30443
海南	Hainan	145	10139	692	10399
重庆	Chongqing	429	24192	1619	28580
四川	Sichuan	882	51756	2903	50966
贵州	Guizhou	219	12667	1133	15924
云南	Yunnan	200	17862	1270	25112
西藏	Tibet	27	6007	28	507
陕西	Shaanxi	313	19959	1561	39504
甘肃	Gansu	175	9474	434	14567
青海	Qinghai	32	2096	149	6649
宁夏	Ningxia	31	2264	281	8429
新疆	Xinjiang	228	10033	1541	28246

3-1-4 续表 3 Continued 3

地区	Region	机械设备、五金产品及电子产品批发 Wholesale of Machinery, Hardware and Electronic Products		贸易经纪与代理 Trade Broker and Agency		其他批发业 Other Wholesale not Classified Elsewhere	
		法人单位数（个） Number of Corporation Enterprises (unit)	年末从业人数（人） Engaged Persons at the Year-end (person)	法人单位数（个） Number of Corporation Enterprises (unit)	年末从业人数（人） Engaged Persons at the Year-end (person)	法人单位数（个） Number of Corporation Enterprises (unit)	年末从业人数（人） Engaged Persons at the Year-end (person)
全 国	**National Total**	**38941**	**1192092**	**1185**	**28359**	**6317**	**148661**
北 京	Beijing	2779	132699	44	3075	134	7931
天 津	Tianjin	1545	31465	53	486	199	4105
河 北	Hebei	560	13526	13	333	104	1575
山 西	Shanxi	546	13123	5	30	86	2078
内蒙古	Inner Mongolia	214	4725			48	1315
辽 宁	Liaoning	580	11050	18	303	112	1480
吉 林	Jilin	225	7695			18	714
黑龙江	Heilongjiang	200	4733	14	161	19	409
上 海	Shanghai	3699	226997	227	6702	131	5334
江 苏	Jiangsu	4588	101368	183	3084	944	17447
浙 江	Zhejiang	3466	104776	51	1144	654	20374
安 徽	Anhui	704	25043	20	363	245	3946
福 建	Fujian	1525	34421	46	1269	671	11631
江 西	Jiangxi	535	11829	47	656	354	5999
山 东	Shandong	2954	58941	50	1129	471	7623
河 南	Henan	1071	26008	18	532	242	5084
湖 北	Hubei	738	22215	9	86	165	4162
湖 南	Hunan	507	12231	17	286	125	4235
广 东	Guangdong	9462	256213	329	8054	1005	25440
广 西	Guangxi	400	10280	5	65	98	1934
海 南	Hainan	96	3203			19	284
重 庆	Chongqing	460	20161	10	79	96	3064
四 川	Sichuan	654	22062	NA	84	143	6426
贵 州	Guizhou	190	4140	NA	5	26	601
云 南	Yunnan	181	6541	8	79	51	1538
西 藏	Tibet	13	360			NA	104
陕 西	Shaanxi	469	12138	7	131	78	1969
甘 肃	Gansu	113	3718	NA	36	11	212
青 海	Qinghai	26	603			NA	147
宁 夏	Ningxia	29	855			4	103
新 疆	Xinjiang	412	8973	5	187	59	1397

3−1−5 各地区限额以上零售业企业基本情况

Basic Conditions of Enterprises above Designated Size of Retail Trade by Region

地 区	Region	零售业 Retail Trade		#国有控股 State-controlled Enterprises	
		法人单位数 (个) Number of Corporation Enterprises (unit)	年末从业人数 (人) Engaged Persons at the Year-end (person)	法人单位数 (个) Number of Corporation Enterprises (unit)	年末从业人数 (人) Engaged Persons at the Year-end (person)
全 国	**National Total**	**133843**	**6510873**	**6212**	**779662**
北 京	Beijing	2570	215949	363	47758
天 津	Tianjin	1234	67547	143	12370
河 北	Hebei	3611	265756	131	30186
山 西	Shanxi	3073	134104	149	19455
内蒙古	Inner Mongolia	1284	77670	66	18233
辽 宁	Liaoning	2333	154611	138	28041
吉 林	Jilin	1349	77207	121	15413
黑龙江	Heilongjiang	1900	91896	124	12567
上 海	Shanghai	2857	367848	385	58991
江 苏	Jiangsu	14961	534890	369	42069
浙 江	Zhejiang	7613	366318	666	33548
安 徽	Anhui	5480	240785	161	25036
福 建	Fujian	7857	293338	204	24679
江 西	Jiangxi	5916	194005	119	21191
山 东	Shandong	7973	429544	297	39568
河 南	Henan	9086	359548	270	26137
湖 北	Hubei	7406	313566	213	51437
湖 南	Hunan	7405	297111	148	26377
广 东	Guangdong	10921	674797	595	82100
广 西	Guangxi	3431	142044	163	12833
海 南	Hainan	576	45593	53	17119
重 庆	Chongqing	3956	182925	161	26067
四 川	Sichuan	6173	333153	255	26612
贵 州	Guizhou	2582	103223	205	15403
云 南	Yunnan	3076	150486	174	19474
西 藏	Tibet	224	7466	27	2365
陕 西	Shaanxi	5154	202636	245	18032
甘 肃	Gansu	1383	72518	89	13081
青 海	Qinghai	286	15429	20	1623
宁 夏	Ningxia	371	23050	24	1937
新 疆	Xinjiang	1802	75860	134	9960

3-1-6 各地区限额以上零售业企业基本情况(按登记注册类型分)

Basic Conditions of Enterprises above Designated Size of Retail Trade by Region and Type of Registration

地区	Region	内资企业 Domestic Funded Enterprises		#国有企业 State-owned Enterprises	
		法人单位数(个) Number of Corporation Enterprises (unit)	年末从业人数(人) Engaged Persons at the Year-end (person)	法人单位数(个) Number of Corporation Enterprises (unit)	年末从业人数(人) Engaged Persons at the Year-end (person)
全国	**National Total**	**130522**	**5661374**	**808**	**70715**
北京	Beijing	2374	168606	16	622
天津	Tianjin	1179	51344	12	341
河北	Hebei	3572	254273	13	349
山西	Shanxi	3050	129069	8	666
内蒙古	Inner Mongolia	1268	76006	NA	214
辽宁	Liaoning	2246	137482	32	1238
吉林	Jilin	1316	72907	NA	149
黑龙江	Heilongjiang	1864	86293	24	2578
上海	Shanghai	2376	179656	8	144
江苏	Jiangsu	14649	456171	75	3691
浙江	Zhejiang	7276	316574	27	1059
安徽	Anhui	5395	221662	13	1766
福建	Fujian	7643	248420	4	123
江西	Jiangxi	5877	185586	35	2900
山东	Shandong	7813	402194	55	4831
河南	Henan	9029	343165	47	4755
湖北	Hubei	7336	292582	60	9485
湖南	Hunan	7339	266272	39	4198
广东	Guangdong	10352	537253	92	9708
广西	Guangxi	3384	131094	15	1039
海南	Hainan	563	43619	11	4365
重庆	Chongqing	3897	171440	17	2193
四川	Sichuan	6053	287871	29	542
贵州	Guizhou	2539	94974	12	435
云南	Yunnan	3030	139719	31	1581
西藏	Tibet	222	7390	12	587
陕西	Shaanxi	5067	175888	62	4539
甘肃	Gansu	1372	71315	16	4421
青海	Qinghai	284	15116	NA	261
宁夏	Ningxia	367	22701	5	277
新疆	Xinjiang	1790	74732	30	1658

3-1-6 续表 1 Continued 1

地区	Region	集体企业 Collective-owned Enterprises 法人单位数(个) Number of Corporation Enterprises (unit)	集体企业 Collective-owned Enterprises 年末从业人数(人) Engaged Persons at the Year-end (person)	股份合作企业 Cooperative Enterprises 法人单位数(个) Number of Corporation Enterprises (unit)	股份合作企业 Cooperative Enterprises 年末从业人数(人) Engaged Persons at the Year-end (person)
全国	**National Total**	**637**	**21293**	**274**	**7624**
北京	Beijing	39	1167	37	584
天津	Tianjin	27	342	6	176
河北	Hebei	21	458	11	1340
山西	Shanxi	24	526	NA	4
内蒙古	Inner Mongolia	NA	33	NA	21
辽宁	Liaoning	14	511	5	80
吉林	Jilin	4	37	NA	84
黑龙江	Heilongjiang	10	526	16	530
上海	Shanghai	10	649	6	103
江苏	Jiangsu	82	1581	25	689
浙江	Zhejiang	20	816	47	834
安徽	Anhui	12	172	8	204
福建	Fujian	40	820	NA	22
江西	Jiangxi	8	186	5	131
山东	Shandong	34	1355	16	643
河南	Henan	29	485	NA	86
湖北	Hubei	17	4782	NA	113
湖南	Hunan	25	1713	NA	194
广东	Guangdong	90	2428	25	553
广西	Guangxi	11	141	NA	56
海南	Hainan	NA	34	NA	46
重庆	Chongqing	6	171	7	172
四川	Sichuan	17	300	11	253
贵州	Guizhou	10	108	NA	184
云南	Yunnan	17	323	15	315
西藏	Tibet			NA	2
陕西	Shaanxi	56	1325	7	106
甘肃	Gansu	6	183	NA	94
青海	Qinghai	NA	7		
宁夏	Ningxia	NA	14		
新疆	Xinjiang	4	100	NA	5

3-1-6 续表 2 Continued 2

地 区	Region	联营企业 Joint Ownership Enterprises		有限责任公司 Limited Liability Corporations	
		法人单位数 (个) Number of Corporation Enterprises (unit)	年末从业人数 (人) Engaged Persons at the Year-end (person)	法人单位数 (个) Number of Corporation Enterprises (unit)	年末从业人数 (人) Engaged Persons at the Year-end (person)
全 国	**National Total**	**95**	**1706**	**20259**	**1570270**
北 京	Beijing	4	45	1023	95225
天 津	Tianjin	6	81	310	20556
河 北	Hebei			664	82836
山 西	Shanxi			403	30882
内 蒙 古	Inner Mongolia			270	26101
辽 宁	Liaoning	4	26	428	45973
吉 林	Jilin			252	23836
黑 龙 江	Heilongjiang	NA	25	444	25336
上 海	Shanghai	12	186	811	82791
江 苏	Jiangsu	10	126	898	78273
浙 江	Zhejiang	9	135	1356	79503
安 徽	Anhui	NA	49	733	64879
福 建	Fujian	NA	25	420	31250
江 西	Jiangxi	NA	76	833	48137
山 东	Shandong	NA	31	1285	116963
河 南	Henan			1082	75356
湖 北	Hubei	NA	14	1177	96431
湖 南	Hunan			568	40955
广 东	Guangdong	26	682	2414	164487
广 西	Guangxi			602	42304
海 南	Hainan	NA	48	262	23731
重 庆	Chongqing	NA	14	235	28487
四 川	Sichuan	NA	52	1103	76233
贵 州	Guizhou	NA	10	485	30200
云 南	Yunnan	NA	65	521	42205
西 藏	Tibet			86	2453
陕 西	Shaanxi	NA	8	853	43692
甘 肃	Gansu	NA	8	323	23416
青 海	Qinghai			65	5067
宁 夏	Ningxia			56	7984
新 疆	Xinjiang			297	14728

3-1-6 续表 3 Continued 3

地　区	Region	股份有限公司 Share-holding Corporations Ltd. 法人单位数 (个) Number of Corporation Enterprises (unit)	股份有限公司 Share-holding Corporations Ltd. 年末从业人数 (人) Engaged Persons at the Year-end (person)	私营企业 Private Enterprises 法人单位数 (个) Number of Corporation Enterprises (unit)	私营企业 Private Enterprises 年末从业人数 (人) Engaged Persons at the Year-end (person)
全　国	**National Total**	**1043**	**333642**	**106918**	**3648180**
北　京	Beijing	25	17018	1226	53868
天　津	Tianjin	16	2562	802	27286
河　北	Hebei	25	15485	2837	153800
山　西	Shanxi	19	3782	2584	92895
内蒙古	Inner Mongolia	18	9136	976	40501
辽　宁	Liaoning	32	15749	1719	73649
吉　林	Jilin	8	6722	1047	42079
黑龙江	Heilongjiang	32	6723	1326	50471
上　海	Shanghai	20	9935	1509	85848
江　苏	Jiangsu	111	13927	13162	353814
浙　江	Zhejiang	41	8217	5770	225904
安　徽	Anhui	35	10962	4587	143547
福　建	Fujian	11	3766	7160	212349
江　西	Jiangxi	36	7681	4933	126016
山　东	Shandong	92	31156	6289	246629
河　南	Henan	53	22044	7814	240401
湖　北	Hubei	64	22721	6003	158541
湖　南	Hunan	43	12039	6660	207051
广　东	Guangdong	108	32935	7593	326432
广　西	Guangxi	16	3761	2736	83772
海　南	Hainan	9	1768	273	13624
重　庆	Chongqing	36	22567	3592	117807
四　川	Sichuan	41	21023	4837	189224
贵　州	Guizhou	19	5838	2008	58188
云　南	Yunnan	45	5754	2378	89163
西　藏	Tibet	8	1197	115	3151
陕　西	Shaanxi	31	2494	4040	123310
甘　肃	Gansu	25	4041	996	39116
青　海	Qinghai	5	999	210	8782
宁　夏	Ningxia	4	2287	299	12127
新　疆	Xinjiang	15	9353	1437	48835

地　区	Region	港、澳、台商投资企业 Enterprises with Funds from Hongkong, Macao and Taiwan		外商投资企业 Foreign Funded Enterprises	
		法人单位数（个） Number of Corporation Enterprises (unit)	年末从业人数（人） Engaged Persons at the Year-end (person)	法人单位数（个） Number of Corporation Enterprises (unit)	年末从业人数（人） Engaged Persons at the Year-end (person)
全　国	**National Total**	**1685**	**435722**	**1630**	**413245**
北　京	Beijing	79	17417	117	29926
天　津	Tianjin	30	8971	25	7232
河　北	Hebei	15	2475	24	9008
山　西	Shanxi	6	619	15	4189
内蒙古	Inner Mongolia	9	1131	7	533
辽　宁	Liaoning	55	11037	32	6092
吉　林	Jilin	20	3366	13	934
黑龙江	Heilongjiang	23	3749	13	1854
上　海	Shanghai	282	101729	198	86382
江　苏	Jiangsu	185	49177	127	29542
浙　江	Zhejiang	111	24764	226	24980
安　徽	Anhui	55	13162	30	5961
福　建	Fujian	83	14497	131	30421
江　西	Jiangxi	17	4066	22	4353
山　东	Shandong	86	12474	74	14876
河　南	Henan	24	12699	32	3597
湖　北	Hubei	32	10518	38	10466
湖　南	Hunan	30	22424	36	8415
广　东	Guangdong	334	69837	235	67707
广　西	Guangxi	31	5362	16	5588
海　南	Hainan	9	1273	4	701
重　庆	Chongqing	31	6099	28	5386
四　川	Sichuan	50	16539	70	28743
贵　州	Guizhou	17	2088	26	6161
云　南	Yunnan	20	3958	26	6809
西　藏	Tibet			NA	76
陕　西	Shaanxi	35	14479	50	12132
甘　肃	Gansu	6	824	5	379
青　海	Qinghai	NA	313		
宁　夏	Ningxia	NA	266	NA	83
新　疆	Xinjiang	5	409	7	719

3-1-7 各地区限额以上零售业企业基本情况(按国民经济行业分)

Basic Conditions of Enterprises above Designated Size of Retail Trade by Region and Sector

地区	Region	综合零售 Integrated Retail		食品、饮料及烟草制品专门零售 Special Retail of Food, Beverages and Tobaccos	
		法人单位数(个) Number of Corporation Enterprises (unit)	年末从业人数(人) Engaged Persons at the Year-end (person)	法人单位数(个) Number of Corporation Enterprises (unit)	年末从业人数(人) Engaged Persons at the Year-end (person)
全国	**National Total**	**15291**	**1861518**	**13949**	**417716**
北京	Beijing	248	58334	238	16101
天津	Tianjin	94	18663	79	3714
河北	Hebei	571	129185	174	4163
山西	Shanxi	438	34698	242	6453
内蒙古	Inner Mongolia	138	18729	57	1708
辽宁	Liaoning	261	43792	165	6846
吉林	Jilin	158	20230	94	3040
黑龙江	Heilongjiang	218	28311	231	3635
上海	Shanghai	257	75886	197	27409
江苏	Jiangsu	893	134992	1844	40647
浙江	Zhejiang	611	85068	573	20448
安徽	Anhui	856	81599	531	15139
福建	Fujian	682	52707	996	26806
江西	Jiangxi	755	54263	707	18727
山东	Shandong	856	159857	687	14849
河南	Henan	1310	111950	759	19709
湖北	Hubei	917	115184	1277	31951
湖南	Hunan	845	101022	672	17475
广东	Guangdong	759	125624	707	43726
广西	Guangxi	467	39432	487	9296
海南	Hainan	111	21562	29	1624
重庆	Chongqing	392	57160	618	15955
四川	Sichuan	1030	110568	635	20929
贵州	Guizhou	334	28033	330	9266
云南	Yunnan	516	33725	548	13380
西藏	Tibet	28	2455	16	173
陕西	Shaanxi	977	64191	648	14570
甘肃	Gansu	270	22860	137	3298
青海	Qinghai	55	5907	28	605
宁夏	Ningxia	31	8139	41	1207
新疆	Xinjiang	213	17392	202	4867

3-1-7 续表 1 Continued 1

地区	Region	纺织、服装及日用品专门零售 Special Retail of Textiles, Garments and Daily Consumer Articles 法人单位数(个) Number of Corporation Enterprises (unit)	纺织、服装及日用品专门零售 年末从业人数(人) Engaged Persons at the Year-end (person)	文化、体育用品及器材专门零售 Special Retail of Culture, Sports Appliances and Equipments 法人单位数(个) Number of Corporation Enterprises (unit)	文化、体育用品及器材专门零售 年末从业人数(人) Engaged Persons at the Year-end (person)
全国	**National Total**	**6188**	**487561**	**5686**	**250563**
北京	Beijing	244	21979	207	17417
天津	Tianjin	75	6194	61	1769
河北	Hebei	84	4541	73	8200
山西	Shanxi	125	7124	97	4424
内蒙古	Inner Mongolia	58	2963	37	2412
辽宁	Liaoning	107	7546	108	3904
吉林	Jilin	31	1052	75	2736
黑龙江	Heilongjiang	49	3481	95	2914
上海	Shanghai	490	138748	174	21326
江苏	Jiangsu	1067	32385	1283	29904
浙江	Zhejiang	215	14845	240	10884
安徽	Anhui	199	9374	183	7090
福建	Fujian	318	50411	223	6831
江西	Jiangxi	202	6171	193	9030
山东	Shandong	316	14427	287	9762
河南	Henan	364	13094	352	16158
湖北	Hubei	362	15714	336	12894
湖南	Hunan	268	9192	234	14903
广东	Guangdong	686	69456	460	25731
广西	Guangxi	110	3276	125	4102
海南	Hainan	33	1089	26	942
重庆	Chongqing	192	13222	88	5686
四川	Sichuan	229	17830	200	10854
贵州	Guizhou	24	1849	44	1717
云南	Yunnan	65	4395	117	5805
西藏	Tibet	NA	52	5	57
陕西	Shaanxi	182	11530	266	7056
甘肃	Gansu	36	2711	20	2637
青海	Qinghai	10	749	11	394
宁夏	Ningxia	5	92	17	440
新疆	Xinjiang	40	2069	49	2584

3-1-7 续表 2 Continued 2

地 区	Region	医药及医疗器材专门零售 Special Retail of Medicines and Medical Appliances 法人单位数(个) Number of Corporation Enterprises (unit)	医药及医疗器材专门零售 年末从业人数(人) Engaged Persons at the Year-end (person)	汽车、摩托车、零配件和燃料及其他动力销售 Retail of Motor Vehicles, Motorcycles, Parts and Fuel and Other Powers 法人单位数(个) Number of Corporation Enterprises (unit)	汽车、摩托车、零配件和燃料及其他动力销售 年末从业人数(人) Engaged Persons at the Year-end (person)
全 国	**National Total**	**6317**	**807005**	**49148**	**1774306**
北 京	Beijing	121	8584	879	52270
天 津	Tianjin	49	4501	626	25448
河 北	Hebei	267	36837	1811	70097
山 西	Shanxi	182	23954	1343	44481
内 蒙 古	Inner Mongolia	112	17537	703	30167
辽 宁	Liaoning	193	38504	1117	44549
吉 林	Jilin	131	19490	610	25940
黑 龙 江	Heilongjiang	183	20799	798	26524
上 海	Shanghai	158	12631	821	44329
江 苏	Jiangsu	539	57799	3970	135447
浙 江	Zhejiang	346	32595	3200	123382
安 徽	Anhui	218	28604	1618	55933
福 建	Fujian	225	23589	1609	61759
江 西	Jiangxi	183	20672	1593	46263
山 东	Shandong	398	71313	3580	119040
河 南	Henan	391	43566	3761	106818
湖 北	Hubei	351	33831	1878	61389
湖 南	Hunan	329	37860	3155	77350
广 东	Guangdong	457	71535	4834	228345
广 西	Guangxi	186	27239	1256	40701
海 南	Hainan	16	2613	268	14399
重 庆	Chongqing	155	19967	1245	45601
四 川	Sichuan	361	41118	2215	91353
贵 州	Guizhou	103	15301	1443	41802
云 南	Yunnan	108	35923	1228	45100
西 藏	Tibet	7	247	142	3952
陕 西	Shaanxi	296	26562	1551	50651
甘 肃	Gansu	79	14182	641	22899
青 海	Qinghai	19	1305	126	5255
宁 夏	Ningxia	37	3947	180	7146
新 疆	Xinjiang	117	14400	947	25916

3-1-7 续表 3 Continued 3

地区	Region	家用电器及电子产品专门零售 Special Retail of Household Electric Appliances and Electronic Products		五金、家具及室内装饰材料专门零售 Special Retail of Hardware, Furniture and Interior Decoration Materials		货摊、无店铺及其他零售业 Stall, Non-shop and Other Retails	
		法人单位数 (个) Number of Corporation Enterprises (unit)	年末从业人数 (人) Engaged Persons at the Year-end (person)	法人单位数 (个) Number of Corporation Enterprises (unit)	年末从业人数 (人) Engaged Persons at the Year-end (person)	法人单位数 (个) Number of Corporation Enterprises (unit)	年末从业人数 (人) Engaged Persons at the Year-end (person)
全 国	**National Total**	**14214**	**340137**	**7307**	**129949**	**15743**	**442118**
北 京	Beijing	217	17325	87	7775	329	16164
天 津	Tianjin	91	2649	40	1333	119	3276
河 北	Hebei	419	9045	51	640	161	3048
山 西	Shanxi	432	6277	74	2075	140	4618
内蒙古	Inner Mongolia	144	3452	9	137	26	565
辽 宁	Liaoning	249	6393	48	1092	85	1985
吉 林	Jilin	162	3408	34	536	54	775
黑龙江	Heilongjiang	161	4027	43	943	122	1262
上 海	Shanghai	205	11406	114	7094	441	29019
江 苏	Jiangsu	1594	36317	1392	15107	2379	52292
浙 江	Zhejiang	603	17695	127	3429	1698	57972
安 徽	Anhui	628	14281	260	4373	987	24392
福 建	Fujian	588	11493	571	9472	2645	50270
江 西	Jiangxi	735	11388	639	8027	909	19464
山 东	Shandong	955	20008	256	4223	638	16065
河 南	Henan	1273	24908	493	9137	383	14208
湖 北	Hubei	975	19067	674	9043	636	14493
湖 南	Hunan	733	15060	471	7455	698	16794
广 东	Guangdong	1091	34384	432	10763	1495	65233
广 西	Guangxi	437	10300	156	1913	207	5785
海 南	Hainan	55	1709	11	166	27	1489
重 庆	Chongqing	456	11494	432	5446	378	8394
四 川	Sichuan	717	18898	344	5423	442	16180
贵 州	Guizhou	188	3243	48	533	68	1479
云 南	Yunnan	235	7301	140	2464	119	2393
西 藏	Tibet	15	396	NA	15	8	119
陕 西	Shaanxi	511	10191	296	6482	427	11403
甘 肃	Gansu	134	2398	21	369	45	1164
青 海	Qinghai	25	909	NA	85	9	220
宁 夏	Ningxia	41	1530			19	549
新 疆	Xinjiang	145	3185	40	4399	49	1048

3-2-1 限额以上批发和零售业企业商品购、销、存情况

项　目	Item	商品购进额 Total Purchases Value	#进口 Imports
总　计	**Total**	**11321634137**	**695124229**
一、批发业	**Wholesale Trade**	**9983268479**	**659476895**
#国有控股	State-controlled Enterprises	3607441546	240294219
(一)按登记注册类型分	**by Type of Registration**		
1.内资企业	**Domestic Funded Enterprises**	**8707917678**	**397514787**
国有企业	State-owned Enterprises	352798876	7017605
集体企业	Collective-owned Enterprises	4586090	11298
股份合作企业	Cooperative Enterprises	5474482	329475
联营企业	Joint Ownership Enterprises	7412090	57720
国有联营企业	State Joint Ownership Enterprises	6172656	21236
集体联营企业	Collective Joint Ownership Enterprises	147463	11668
国有与集体联营企业	Joint State-collective Enterprises	223429	9024
其他联营企业	Other Joint Ownership Enterprises	868544	15792
有限责任公司	Limited Liability Corporations	3788903031	247822539
国有独资公司	State Sole Funded Corporations	630933870	38945653
其他有限责任公司	Other Limited Liability Corporations	3157969167	208876885
股份有限公司	Share-holding Corporations Ltd.	569032544	21798226
私营企业	Private Enterprises	3975405648	120462935
私营独资企业	Private-funded Enterprises	37023792	563946
私营合伙企业	Private Partnership Enterprises	5578901	110065
私营有限责任公司	Private Limited Liability Corporations	3851595843	114870118
私营股份有限公司	Private Share-holding Corporations Ltd.	81207111	4918810
其他企业	Other Enterprises	4304926	14999
2.港、澳、台商投资企业	**Enterprises with Funds from Hongkong, Macao and Taiwan**	**436264540**	**55889185**
合资经营企业	Joint-venture Enterprises	64377158	4255500
合作经营企业	Cooperative Enterprises	2635612	4380
独资经营企业	Enterprises with Sole Investment	348282594	48771305
投资股份有限公司	Share-holding Corporations Ltd. with Investment	16751343	2731667
其他港澳台商投资企业	Other Enterprises with Funds from Hongkong, Macao and Taiwan	4217831	126335
3.外商投资企业	**Foreign Funded Enterprises**	**839086263**	**206072923**
中外合资经营企业	Joint-venture Enterprises	252513274	9131550
中外合作经营企业	Cooperative Enterprises	196288	21166
外资企业	Enterprises with Sole Foreign Investment	561585334	195240983
外商投资股份有限公司	Share-holding Corporations Ltd. with Foreign Investment	19828886	645312
其他外商投资企业	Other Foreign Funded Enterprises	4962477	1033915

注：部分数据合计数由于单位取舍不同而产生的计算误差，未做机械调整(下表同)。
Note:Statistical discrepancies on totals figures due to rounding are not adjusted. The same applies to the tables following.

Total Purchases, Sales and Inventory of Enterprises above Designated Size of Wholesale and Retail Trades

单位：万元

Unit: 10 000 yuan

商品销售额 Total Sales Value	#出口 Exports	期末商品库存额 Inventory (year-end)
12017934657	**375134250**	**575739043**
10475694950	**374383179**	**450055566**
3733319610	77281147	156745277
9092376687	**304529295**	**359133414**
416060235	2737734	21785326
4925357	84358	310204
5643095	36636	206128
7351058	190250	130773
6098896	152882	96368
150225	37368	5702
227335		8511
874601		20192
3930230743	103341391	161497260
664020280	14788437	24592700
3266210460	88552955	136904558
566251019	15237278	21161719
4157119863	182896108	153879601
38674771	1074533	1655863
5953285	51192	277564
4025544951	178453980	146817022
86946856	3316401	5129156
4795329	5544	162409
478912253	**15009605**	**35274585**
63987359	2221935	3942793
2847503	70117	80342
388883743	12361261	30247006
18672352	87498	792428
4521297	268793	212017
904406006	**54844284**	**55647572**
241010009	4592329	6798687
233187	46168	45506
641103662	49405592	46788757
16587667	707268	1450923
5471487	92928	563698

项　目	Item	商品购进额 Total Purchases Value	#进口 Imports
(二)按国民经济行业分	by Sector		
农、林、牧、渔产品批发	Wholesale of Agricultural, Forestry, Livestock and Fishery Products	302298786	34005652
食品、饮料及烟草制品批发	Wholesale of Food, Beverages and Tobaccos	670886096	43691503
米、面制品及食用油批发	Wholesale of Rice, Flour and Edible Oil	124409717	12063499
肉、禽、蛋、奶及水产品批发	Wholesale of Meal, Fowls, Eggs and Aquatic Products	100352658	17421044
酒、饮料及茶叶批发	Wholesale of Wine, Beverages and Teas	120441310	2461689
烟草制品批发	Wholesales of Tobaccos	152776244	324142
纺织、服装及家庭用品批发	Wholesale of Textiles, Wearing Apparel and Household Articles	588786381	30170235
服装批发	Wholesale of Garments	93743536	6813595
鞋帽批发	Wholesale of Shoes and Hats	24557959	2059339
日用家电批发	Wholesale of Household Electrical Appliances	163719921	1122956
文化、体育用品及器材批发	Wholesale of Culture, Sports Appliances and Equipments	149481155	7142031
文具用品批发	Wholesale of Stationeries	52478845	1882963
体育用品及器材批发	Wholesale of Sports Appliances and Equipments	16559113	477261
图书批发	Wholesale of Books	11431893	66683
医药及医疗器材批发	Wholesale of Medicines and Medical Appliances	418422038	29436071
西药批发	Wholesale of Western Medicines	255625822	12265032
中药批发	Wholesale of Chinese Traditional Medicines	54585310	502098
矿产品、建材及化工产品批发	Wholesale of Mineral Products, Building Materials and Chemical Products	6358326419	311688338
煤炭及制品批发	Wholesale of Coal and Related Products	826272579	26946303
石油及制品批发	Wholesale of Petroleum and Related Products	1094403285	82069463
金属及金属矿批发	Wholesale of Metal Materials	2944174486	123352473
建材批发	Wholesale of Building Materials	330194240	9305250
化肥批发	Wholesale of Chemical Fertilizer	86239356	8731102
农药批发	Wholesale of Pesticides	11801467	242793
机械设备、五金产品及电子产品批发	Wholesale of Machinery, Hardware and Electronic Products	1255908409	183164650
汽车及零配件批发	Wholesale of Motor Vehicles and Their Parts	462573116	55287644
计算机、软件及辅助设备批发	Wholesale of Computer, Software and Assistant Appliances	149872520	53677378
通讯设备批发	Wholesale of Communication Equipments	147260956	2992217
贸易经纪与代理	Trade Broker and Agency	50329308	14576527
其他批发业	Other Wholesale Industries	188829890	5601901

单位：万元
Unit: 10 000 yuan

商品销售额 Total Sales Value	#出口 Exports	期末商品库存额 Inventory (year-end)
312586202	2083485	32391331
790550148	11117637	59081729
132744051	1606855	16491063
106016868	2400594	7966942
146278771	731673	14942767
217817234	607299	9884499
646145007	105082473	46504419
104514091	33447017	10546435
29478633	9467224	2920268
169226955	5613598	12865850
162151599	10203838	16913277
55241814	2364887	2677406
18450374	1771470	1252406
12713514	73718	2540335
472114775	6276090	44619271
278634753	3860157	25415388
63278782	242212	5182292
6489787265	91858674	162938505
855999466	3182082	20084628
1081392091	14119048	35490153
2992437388	31688568	61691937
359445373	8375012	12642083
89002424	3866432	7296432
12807275	2531453	1037043
1348323136	129311126	78683185
495989693	29291694	28636506
158258549	12232358	8354245
152100996	9981831	5534735
52765688	8576933	2053919
201271130	9872924	6869929

项 目	Item	商品购进额 Total Purchases Value	#进 口 Imports
二、零售业	**Retail Trade**	**1338365655**	**35647332**
#国有控股	State-controlled Enterprises	214072402	6318908
(一)按登记注册类型分	**by Type of Registration**		
1.内资企业	**Domestic Funded Enterprises**	**1079246129**	**21237972**
国有企业	State-owned Enterprises	16474268	955033
集体企业	Collective-owned Enterprises	3001039	163
股份合作企业	Cooperative Enterprises	1181696	
联营企业	Joint Ownership Enterprises	556787	292
国有联营企业	State Joint Ownership Enterprises	279679	
集体联营企业	Collective Joint Ownership Enterprises	52813	
国有与集体联营企业	Joint State-collective Enterprises	139196	292
其他联营企业	Other Joint Ownership Enterprises	85100	
有限责任公司	Limited Liability Corporations	363832244	10066069
国有独资公司	State Sole Funded Corporations	15813705	1684310
其他有限责任公司	Other Limited Liability Corporations	348018541	8381760
股份有限公司	Share-holding Corporations Ltd.	90155160	174886
私营企业	Private Enterprises	602872303	9987935
私营独资企业	Private-funded Enterprises	16480407	193515
私营合伙企业	Private Partnership Enterprises	2070600	4716
私营有限责任公司	Private Limited Liability Corporations	572787529	9681772
私营股份有限公司	Private Share-holding Corporations Ltd.	11533766	107929
其他企业	Other Enterprises	1172633	53599
2.港、澳、台商投资企业	**Enterprises with Funds from Hongkong, Macao and Taiwan**	**101291654**	**5701799**
合资经营企业	Joint-venture Enterprises	14274288	1086751
合作经营企业	Cooperative Enterprises	736218	927
独资经营企业	Enterprises with Sole Investment	81612821	4241464
投资股份有限公司	Share-holding Corporations Ltd. with Investment	3161301	330072
其他港澳台商投资企业	Other Enterprises with Funds from Hongkong, Macao and Taiwan	1507026	42585
3.外商投资企业	**Foreign Funded Enterprises**	**157827872**	**8707561**
中外合资经营企业	Joint-venture Enterprises	32122169	2106981
中外合作经营企业	Cooperative Enterprises	656090	163311
外资企业	Enterprises with Sole Foreign Investment	113774686	6313352
外商投资股份有限公司	Share-holding Corporations Ltd. with Foreign Investment	9918069	62407
其他外商投资企业	Other Foreign Funded Enterprises	1356858	61510

单位：万元
Unit: 10 000 yuan

商品销售额 Total Sales Value	#出口 Exports	期末商品库存额 Inventory (year-end)
1542239707	**751069**	**125683474**
279824994	62174	17468467
1215530308	**672081**	**100732634**
20833306	502	1654637
3302685	4269	144391
1339326		76817
650701		22960
326010		14281
63595		628
159428		5707
101672		2344
403858967	125691	32859862
18596280	6764	2134157
385262691	118927	30725708
124476974	3177	5207313
659732566	538446	60692625
18638607	4628	1076032
2318609		105127
624844738	515919	58134691
13930616	17899	1376783
1335783	-2	74044
120467526	**23480**	**9942643**
16933717	3769	1293694
830680		56650
97652857	18835	7893908
3020245	74	461711
2030027	802	236680
206241873	**55508**	**15008197**
38089317	2307	5655205
754475		72593
143043126	53186	8413715
22288081	15	756690
2066874		109994

项　目	Item	商品购进额 Total Purchases Value	#进口 Imports
(二)按国民经济行业分	**by Sector**		
综合零售	Integrated Retail	191566855	4745629
百货零售	Retail of General Merchandise	83701882	4630773
超级市场零售	Retail of Supermarkets	97929924	95810
食品、饮料及烟草制品专门零售	Special Retail of Food, Beverages and Tobaccos	50250102	327780
粮油零售	Retail of Cereal and Oil	4551349	85225
肉、禽、蛋、奶及水产品零售	Retail of Meat, Poultry, Eggs, Milk and Aquatic Products	8236798	64270
酒、饮料及茶叶零售	Retail of Wine, Beverages and Teas	15835427	59577
烟草制品零售	Retail of Tobaccos	2044095	8052
纺织、服装及日用品专门零售	Special Retail of Textiles, Garments and Daily Consumer Articles	45593514	4496849
服装零售	Retail of Garments	24585266	3393315
文化、体育用品及器材专门零售	Special Retail of Culture, Sports Appliances and Equipments	37472477	1431713
体育用品及器材零售	Retail of Sports Appliances and Equipments	1687488	151291
图书、报刊零售	Retail of Books, Newspaper and Magazines	12560856	581739
医药及医疗器材专门零售	Special Retail of Medicines and Medical Appliances	46494685	265934
西药零售	Retail of Western Medicines	42650436	177691
汽车、摩托车、零配件和燃料及其他动力销售	Retail of Motor Vehicles, Motorcycles, Parts, Fuel and Other Powers	637076878	21725975
汽车新车零售	Retail of New Motor Vehicles	459119146	21367156
机动车燃油零售	Retail of Fuel Oil of Motor Vehicles	161441052	14975
家用电器及电子产品专门零售	Special Retail of Household Electric Appliances and Electronic Products	73483948	273971
日用家电零售	Retail of Household Electric Appliances	27012109	140804
计算机、软件及辅助设备零售	Retail of Computer, Software and Assistant Appliances	19734171	11269
通信设备零售	Retail of Communication Equipments	14839141	34546
五金、家具及室内装饰材料专门零售	Special Retail of Hardware, Furniture and Interior Decoration Materials	16937192	211235
货摊、无店铺及其他零售业	Stall, Non-shop and Other Retails	239490011	2168248
互联网零售	Retail on the Internet	229316660	2001801
(三)按零售业态分	**by Mode of Business Operation**		
有店铺零售	Store-based Retailing	1090562410	33170565
超市	Supermarket	137181528	170485
百货店	Department Store	98077036	5279616
专业店	Speciality Store	397605236	6015030
品牌专卖店	Brand Store	485165916	22962663
集合店	Collection Store	10615781	169846
无店铺零售	Non-Store Selling	359042610	6970701

3-2-1 Continued 3

单位：万元
Unit: 10 000 yuan

商品销售额 Total Sales Value	#出 口 Exports	期末商品库存额 Inventory (year-end)
223606880	35666	17215340
105551982	1719	8039466
106438674	28143	8396524
59495117	14455	5073351
4950703	2034	457688
9396474	2144	737187
18678985	1042	2306250
2382444		518455
71669504	69360	11353328
38757421	34677	6987950
44737657	42861	7805550
2469931	2239	384829
14706925	11613	2390501
58196884	6326	7108972
52860884	167	6491535
715824416	152913	57191194
463055119	139843	46910476
234735706	47	8874142
80711738	55349	6515901
29293213	3924	2592082
22513381	4278	1232391
15807429	23906	1513351
20261842	258548	1997329
267735673	115598	11422518
255861750	114651	10844241
1264453770	332076	112689244
151417766	32145	12344943
122439959	13579	10153154
479082414	121830	39064506
537823156	165430	54687146
12103213	2961	1423407
410467962	479126	23607892

3-2-2 各地区限额以上批发业企业商品购、销、存情况
Total Purchases, Sales and Inventory of Enterprises above Designated Size of Wholesale Trade by Region

单位：万元
Unit: 10 000 yuan

地区	Region	商品购进额 Total Purchases Value	#进口 Imports	商品销售额 Total Sales Value	#出口 Exports	期末商品库存额 Inventory (year-end)
全国	**National Total**	**9983268479**	**659476895**	**10475694950**	**374383179**	**450055566**
北京	Beijing	763682328	125653133	799027098	19854833	63498746
天津	Tianjin	419089669	11059767	432004222	6644281	13856097
河北	Hebei	185280707	1082342	197909448	1800584	6468501
山西	Shanxi	191234243	1826712	211980555	627837	5528948
内蒙古	Inner Mongolia	69841464	2742349	74523347	987395	4254337
辽宁	Liaoning	212111031	4952422	225198962	3537299	7746011
吉林	Jilin	33998517	300011	37774252	131472	2737991
黑龙江	Heilongjiang	76201535	14913094	85170485	464657	4755763
上海	Shanghai	1337174367	194104164	1419755897	58315743	74362124
江苏	Jiangsu	923520361	44915833	962379886	52499331	37152367
浙江	Zhejiang	1213871934	52690271	1244731637	81825651	35473519
安徽	Anhui	156094304	6241624	172073876	4875854	6999735
福建	Fujian	615672778	40995293	639096539	27701689	20809240
江西	Jiangxi	97676063	426916	107483976	3183066	3695925
山东	Shandong	662237142	27082985	688765876	23960205	28690607
河南	Henan	164186674	2367089	176051494	2395932	7663200
湖北	Hubei	169681313	2393415	183603109	4353730	7437156
湖南	Hunan	99723127	5375279	99766721	3983172	5226410
广东	Guangdong	1268977588	67084848	1316466429	51777257	55591700
广西	Guangxi	149339260	4619597	152443246	2157347	4419749
海南	Hainan	161175309	10614852	166069282	4842560	3921703
重庆	Chongqing	146408014	6175255	158883311	5440010	6096181
四川	Sichuan	207410878	3715296	222683175	2870318	11875626
贵州	Guizhou	64871923	588326	75505373	949254	4356192
云南	Yunnan	116682279	4442446	127563971	3006660	6662138
西藏	Tibet	6387199		7757426		371672
陕西	Shaanxi	198419648	4870457	206507213	4009526	5927648
甘肃	Gansu	88839837	422215	92102820	201108	2601574
青海	Qinghai	16803549	209491	18599222	36490	526732
宁夏	Ningxia	17872725	111153	18047067	17248	647340
新疆	Xinjiang	148802713	17500260	155769035	1932670	10700634

3-2-2 续表 Continued

国有控股 单位：万元

State-controlled Enterprises Unit: 10 000 yuan

地　区	Region	商品购进额 Total Purchases Value	#进口 Imports	商品销售额 Total Sales Value	#出口 Exports	期末商品库存额 Inventory (year-end)
全　国	**National Total**	**3607441546**	**240294219**	**3733319610**	**77281147**	**156745277**
北　京	Beijing	408366177	76097385	417196397	11712555	32114162
天　津	Tianjin	137506293	2415269	139689629	2283855	4808694
河　北	Hebei	50557801	697498	54066422	234073	2003360
山　西	Shanxi	102805755	1202283	118542551	119424	2270137
内蒙古	Inner Mongolia	38694619	543232	40901912	657974	1713834
辽　宁	Liaoning	113759050	2869847	121704091	1094527	3392122
吉　林	Jilin	21140153	18060	23378214	48739	1537923
黑龙江	Heilongjiang	43512084	13761983	46591055	99767	2776681
上　海	Shanghai	445942295	13721531	455266161	12687318	14432154
江　苏	Jiangsu	179339894	14354680	176389617	9643395	10665063
浙　江	Zhejiang	265450596	21060818	275339116	8211422	10112365
安　徽	Anhui	64203420	4390180	68156828	2853999	2631474
福　建	Fujian	277890761	32575185	282439551	6355659	10635294
江　西	Jiangxi	40997445	156631	45410630	717352	1446556
山　东	Shandong	172362797	6936455	179018850	4994690	8156441
河　南	Henan	57128200	873562	61005496	306175	3018287
湖　北	Hubei	79183463	1167365	84274960	1059148	3091265
湖　南	Hunan	42639062	2956042	37898176	1916230	2387260
广　东	Guangdong	345256695	12266005	347553157	5086006	10244688
广　西	Guangxi	76735865	3290118	74251655	117569	1821266
海　南	Hainan	64621791	3754542	65634199	905999	2231716
重　庆	Chongqing	40994826	766674	45297515	1370709	1763496
四　川	Sichuan	100901642	2362333	108161974	921283	5001725
贵　州	Guizhou	40968142	479418	49587976	817272	3111813
云　南	Yunnan	78014204	2946799	85782297	1236593	4545818
西　藏	Tibet	1010390		1365871		196994
陕　西	Shaanxi	120252104	1170958	124249980	1421089	3012706
甘　肃	Gansu	73113679	319509	75203393	68855	1444732
青　海	Qinghai	11273289	140532	12636908	4232	355410
宁　夏	Ningxia	9844037	74241	9528989		286503
新　疆	Xinjiang	102975017	16925084	106796040	335238	5535338

3−2−3 各地区限额以上批发业企业商品购、销、存情况（按登记注册类型分）

Total Purchases, Sales and Inventory of Enterprises above Designated Size of Wholesale Trade by Region and Type of Registration

内资企业　　　　单位：万元

Domestic Funded Enterprises　　　　Unit: 10 000 yuan

地　区	Region	商品购进额 Total Purchases Value	#进口 Imports	商品销售额 Total Sales Value	#出口 Exports	期末商品库存额 Inventory (year-end)
全　国	**National Total**	**8707917678**	**397514787**	**9092376687**	**304529295**	**359133414**
北　京	Beijing	522807898	84757996	540115297	15765412	43585274
天　津	Tianjin	350082507	6034777	358082560	5874629	11568394
河　北	Hebei	180383763	1072008	192790651	1778742	6402560
山　西	Shanxi	190669291	1805974	211353399	607863	5506631
内蒙古	Inner Mongolia	69307524	2719881	73978020	987395	4195923
辽　宁	Liaoning	201853357	3956392	213476871	3271996	7433876
吉　林	Jilin	33747619	297514	37389927	131472	2723111
黑龙江	Heilongjiang	76065883	14892343	81746298	464657	4741996
上　海	Shanghai	891311758	30305092	917348962	29245647	31629641
江　苏	Jiangsu	835467715	26777867	877507348	38836659	31218070
浙　江	Zhejiang	1102778890	47556752	1136008706	77375057	31813797
安　徽	Anhui	137034541	6238063	146923282	4693031	6002246
福　建	Fujian	592485848	40346148	613547320	26436924	19003999
江　西	Jiangxi	96162975	390889	105783243	2473847	3618376
山　东	Shandong	619122203	22745025	644096095	20407689	27015589
河　南	Henan	163497403	2275241	174431944	2306336	7539870
湖　北	Hubei	135406122	1884435	146478147	4075658	6505251
湖　南	Hunan	97872759	5201950	97452969	3546613	5082843
广　东	Guangdong	1152063553	53295505	1187251773	45982662	47873671
广　西	Guangxi	139939117	4434013	144040883	2093484	4223622
海　南	Hainan	135704538	8393433	140062107	1898778	3460613
重　庆	Chongqing	135986099	4010005	147580579	5228684	5290490
四　川	Sichuan	200014178	3479757	214656641	2764404	11274658
贵　州	Guizhou	64446025	580311	74966751	949254	4340707
云　南	Yunnan	115621897	4431432	126151514	2981847	6621508
西　藏	Tibet	6154028		7340349		356837
陕　西	Shaanxi	190504375	1396742	198306306	2172938	5688065
甘　肃	Gansu	88577650	422215	91842975	201108	2579019
青　海	Qinghai	16599417	209491	18308701	36490	526263
宁　夏	Ningxia	17872725	111153	18047067	17248	647340
新　疆	Xinjiang	148376020	17492383	155310002	1922771	10663174

3-2-3 续表 1 Continued 1

国有企业
State-owned Enterprises

单位：万元
Unit: 10 000 yuan

地 区	Region	商品购进额 Total Purchases Value	#进 口 Imports	商品销售额 Total Sales Value	#出 口 Exports	期末商品库存额 Inventory (year-end)
全 国	**National Total**	**352798876**	**7017605**	**416060235**	**2737734**	**21785326**
北 京	Beijing	6865800	1105764	7905366	46562	121893
天 津	Tianjin	8524392	65857	9169396	27666	327871
河 北	Hebei	8062775	7706	10532642	18317	413475
山 西	Shanxi	3363596		4646131		211191
内 蒙 古	Inner Mongolia	2433241	15	3457992	2411	97535
辽 宁	Liaoning	7268147	20774	9267622	8402	484307
吉 林	Jilin	1916053	2204	2746207		98858
黑 龙 江	Heilongjiang	9334167	73000	10744685	78	625173
上 海	Shanghai	2769872	1246	3064338	1385	189855
江 苏	Jiangsu	24744915	570736	29485418	845132	2770043
浙 江	Zhejiang	20282284	232728	25074306	146462	738743
安 徽	Anhui	10839061	31913	13449655	4371	345054
福 建	Fujian	6369820	31103	9085769	79786	1604850
江 西	Jiangxi	9756702	72251	11588613	83198	528875
山 东	Shandong	24548870	130536	25933261	189822	893949
河 南	Henan	11162577	1935	15231863		1151706
湖 北	Hubei	16417290	166953	19548338	21891	953113
湖 南	Hunan	9329642	35673	12652814	166459	403690
广 东	Guangdong	28179121	624539	30098101	786261	1447170
广 西	Guangxi	5682714	28131	7534065		263140
海 南	Hainan	20177403	1720853	20641093	166755	702332
重 庆	Chongqing	9860090	49116	13452623		336216
四 川	Sichuan	12801519	28823	16561575	62327	1012459
贵 州	Guizhou	7051640	175922	9207584	7475	893033
云 南	Yunnan	15809991	200973	20736215	22175	2329364
西 藏	Tibet	863883		1156968		151038
陕 西	Shaanxi	41328511	864119	43387501	46865	1253249
甘 肃	Gansu	12111072	138	13432443		384246
青 海	Qinghai	1283211	17408	1645151		55277
宁 夏	Ningxia	1358914		1634870		57373
新 疆	Xinjiang	12301603	757189	12987630	3934	940248

3-2-3 续表 2 Continued 2

集体企业 单位：万元

Collective-owned Enterprises Unit: 10 000 yuan

地 区	Region	商品购进额 Total Purchases Value	#进口 Imports	商品销售额 Total Sales Value	#出口 Exports	期末商品库存额 Inventory (year-end)
全 国	**National Total**	**4586090**	**11298**	**4925357**	**84358**	**310204**
北 京	Beijing	82146	2098	88220		6775
天 津	Tianjin	39243	1140	42515		921
河 北	Hebei	55804		63318		6187
山 西	Shanxi	992754		1130593		47589
内蒙古	Inner Mongolia					
辽 宁	Liaoning	81047		84293		2962
吉 林	Jilin					
黑龙江	Heilongjiang	21220	3379	32376		3279
上 海	Shanghai	180404		177671		20099
江 苏	Jiangsu	1481111		1549389	16980	92406
浙 江	Zhejiang	68517		70496		6812
安 徽	Anhui	4864		5844		65
福 建	Fujian	162324		196294	14503	19224
江 西	Jiangxi	36408		37395		1264
山 东	Shandong	125832	84	141267	45	2620
河 南	Henan	380245		387632		993
湖 北	Hubei	42757		47885		2212
湖 南	Hunan	95952		109260		3762
广 东	Guangdong	218478		230235	27983	16376
广 西	Guangxi	16932		17336		622
海 南	Hainan					
重 庆	Chongqing	22387		27791		887
四 川	Sichuan	190988	2590	192887	18349	5598
贵 州	Guizhou	22438		23713		3316
云 南	Yunnan	109766	2007	114359	6471	12792
西 藏	Tibet					
陕 西	Shaanxi	64930		69140	27	2176
甘 肃	Gansu	11614		14581		4273
青 海	Qinghai	2396		3016		292
宁 夏	Ningxia					
新 疆	Xinjiang	75533		67851		46702

3-2-3 续表 3 Continued 3

股份合作企业 单位：万元

Cooperative Enterprises Unit: 10 000 yuan

地　区	Region	商品购进额 Total Purchases Value	#进　口 Imports	商品销售额 Total Sales Value	#出　口 Exports	期末商品库存额 Inventory (year-end)
全　国	**National Total**	**5474482**	**329475**	**5643095**	**36636**	**206128**
北　京	Beijing	429166	13315	453591	1273	51190
天　津	Tianjin	306901		314064		12083
河　北	Hebei	34529		36709		6214
山　西	Shanxi	1700		1839		82
内蒙古	Inner Mongolia					
辽　宁	Liaoning	28300		30272		4116
吉　林	Jilin					
黑龙江	Heilongjiang					
上　海	Shanghai	18389	5287	21157		251
江　苏	Jiangsu	2450744	59079	2473556	29385	34115
浙　江	Zhejiang	226174	3616	232878		26726
安　徽	Anhui	17331		20839		8560
福　建	Fujian	33138		33479		
江　西	Jiangxi	12920		14113		1899
山　东	Shandong	161470	112	168710	5978	4509
河　南	Henan	14421		15649		202
湖　北	Hubei	20624		20593		32
湖　南	Hunan	2061		2869		23
广　东	Guangdong	295434	3595	313141		14534
广　西	Guangxi					
海　南	Hainan	404915	244457	447882		3186
重　庆	Chongqing	586449		592228		25400
四　川	Sichuan	42430	14	50592		4109
贵　州	Guizhou					
云　南	Yunnan	1206		2074		1562
西　藏	Tibet					
陕　西	Shaanxi	335839		350756		5974
甘　肃	Gansu	44625		40327		1204
青　海	Qinghai					
宁　夏	Ningxia					
新　疆	Xinjiang	5716		5777		157

3-2-3 续表 4 Continued 4

联营企业 单位：万元

Joint Ownership Enterprises Unit: 10 000 yuan

地 区	Region	商品购进额 Total Purchases Value	#进口 Imports	商品销售额 Total Sales Value	#出口 Exports	期末商品库存额 Inventory (year-end)
全 国	**National Total**	**7412090**	**57720**	**7351058**	**190250**	**130773**
北 京	Beijing	7307		7321		71
天 津	Tianjin					
河 北	Hebei					
山 西	Shanxi					
内蒙古	Inner Mongolia					
辽 宁	Liaoning	231315		255096		19927
吉 林	Jilin					
黑龙江	Heilongjiang					
上 海	Shanghai	3954		4396		51
江 苏	Jiangsu	414897	20796	423448	39140	21275
浙 江	Zhejiang	917468	27460	921097	37368	19085
安 徽	Anhui					
福 建	Fujian					
江 西	Jiangxi	2452167		2291919		1022
山 东	Shandong	721592	9024	730066		16793
河 南	Henan	71731		76840		
湖 北	Hubei					
湖 南	Hunan	6314		6192		657
广 东	Guangdong	435529	440	460632	113742	16712
广 西	Guangxi	3156		2934		338
海 南	Hainan					
重 庆	Chongqing	1560222		1576964		25155
四 川	Sichuan	460723		467267		8800
贵 州	Guizhou	125715		126886		887
云 南	Yunnan					
西 藏	Tibet					
陕 西	Shaanxi					
甘 肃	Gansu					
青 海	Qinghai					
宁 夏	Ningxia					
新 疆	Xinjiang					

有限责任公司
Limited Liability Corporations

单位：万元
Unit: 10 000 yuan

地 区	Region	商品购进额 Total Purchases Value	#进 口 Imports	商品销售额 Total Sales Value	#出 口 Exports	期末商品库存额 Inventory (year-end)
全 国	**National Total**	**3788903031**	**247822539**	**3930230743**	**103341391**	**161497260**
北 京	Beijing	410467547	75472116	419132359	13355033	34078264
天 津	Tianjin	133642094	2422846	136803610	1673257	5555785
河 北	Hebei	77095350	793796	83767473	341044	2570543
山 西	Shanxi	115130220	1201511	130324581	202948	2497126
内 蒙 古	Inner Mongolia	43718805	1561950	45562913	722744	2279254
辽 宁	Liaoning	47082069	3025635	50903399	1571247	2663187
吉 林	Jilin	20188702	27028	21527463	68905	1644362
黑 龙 江	Heilongjiang	48914374	13968216	51470263	174394	2710073
上 海	Shanghai	461292728	16178263	469280991	15637246	17956744
江 苏	Jiangsu	242306540	15138801	252507952	11262125	9593742
浙 江	Zhejiang	367114923	22126257	377340275	19420941	11561232
安 徽	Anhui	71877391	4165190	76199893	2120864	3137330
福 建	Fujian	265085457	28928590	268359535	6417043	9305546
江 西	Jiangxi	40052291	106598	42805104	1478010	1287608
山 东	Shandong	240832074	8902008	249805089	4951939	9533062
河 南	Henan	64947111	1012302	67078464	791209	2728628
湖 北	Hubei	60674884	1180978	63928050	3045766	2850882
湖 南	Hunan	36349956	4032726	37627520	2545551	2254405
广 东	Guangdong	394794521	16388132	412692268	9532494	13098925
广 西	Guangxi	84040068	3561605	85146380	699968	1803531
海 南	Hainan	88537008	4860762	91056952	1307268	1882586
重 庆	Chongqing	43893804	804439	46107575	1839436	1460385
四 川	Sichuan	114141678	2815412	119562348	1633016	5867716
贵 州	Guizhou	41959503	335526	48954591	116996	2458598
云 南	Yunnan	60694898	2801988	62387868	1482329	2364264
西 藏	Tibet	593917		1022409		114891
陕 西	Shaanxi	92996950	371616	94737607	525749	2646074
甘 肃	Gansu	42369494	345490	42855643	110374	847904
青 海	Qinghai	7935118	123124	8206610	19470	257885
宁 夏	Ningxia	2623352	6019	2864703		84728
新 疆	Xinjiang	67550204	15163615	70210855	294025	4402000

3-2-3 续表 6 Continued 6

股份有限公司 单位：万元

Share-holding Corporations Ltd. Unit: 10 000 yuan

地区	Region	商品购进额 Total Purchases Value	#进口 Imports	商品销售额 Total Sales Value	#出口 Exports	期末商品库存额 Inventory (year-end)
全国	**National Total**	**569032544**	**21798226**	**566251019**	**15237278**	**21161719**
北京	Beijing	33820435	3762653	34981837	602769	2777393
天津	Tianjin	9371815	441897	9659507	1098543	264127
河北	Hebei	4673083	852	4780203	61843	137353
山西	Shanxi	6696511		7030286		115533
内蒙古	Inner Mongolia	2788388	2596	3042981		59893
辽宁	Liaoning	76650304	2522	79137782	47837	852340
吉林	Jilin	1821610		2074131		35052
黑龙江	Heilongjiang	2353440	31419	2787097		150383
上海	Shanghai	65917606	270123	71187299	1377832	1783410
江苏	Jiangsu	32717949	1730499	31743106	1484004	1995634
浙江	Zhejiang	50039466	4852140	49124559	4222314	2065486
安徽	Anhui	6805188	1727231	5502509	1367472	260289
福建	Fujian	34003179	6040095	35155209	173133	1053344
江西	Jiangxi	2136434	637	3317692	20245	200490
山东	Shandong	10054207	348125	10912964	1934495	1584074
河南	Henan	6832246	40563	6018502	37439	281765
湖北	Hubei	2180810		2659678	16735	132324
湖南	Hunan	11110004	34518	2823526	13601	440288
广东	Guangdong	94390856	1120959	84320646	982975	2868374
广西	Guangxi	5454188	1014	4709547	2249	323849
海南	Hainan	989052	2212	986816	34911	99517
重庆	Chongqing	5245534		5435585	6876	380903
四川	Sichuan	11494391	188369	12399871	5403	392754
贵州	Guizhou	831571		865369	734248	46325
云南	Yunnan	9778095	56	11817963	31476	514929
西藏	Tibet					
陕西	Shaanxi	12759506	1346	13841375	900402	94381
甘肃	Gansu	22926820		23574672		761308
青海	Qinghai	2806730		3620012		83576
宁夏	Ningxia	6532087	68222	5747573		169059
新疆	Xinjiang	35851039	1130178	36992722	80476	1237566

3-2-3 续表 7 Continued 7

私营企业 单位：万元

Private Enterprises Unit: 10 000 yuan

地　区	Region	商品购进额 Total Purchases Value	#进口 Imports	商品销售额 Total Sales Value	#出口 Exports	期末商品库存额 Inventory (year-end)
全　国	**National Total**	**3975405648**	**120462935**	**4157119863**	**182896108**	**153879601**
北　京	Beijing	71118166	4402050	77528587	1759775	6549279
天　津	Tianjin	198196415	3103037	202091476	3075164	5407608
河　北	Hebei	90448875	269653	93593518	1357538	3268386
山　西	Shanxi	64481931	604464	68216927	404915	2635000
内蒙古	Inner Mongolia	20367091	1155320	21914133	262240	1759241
辽　宁	Liaoning	70251770	907461	73529623	1644509	3406212
吉　林	Jilin	9821255	268283	11042127	62567	944839
黑龙江	Heilongjiang	15382522	816330	16638302	290184	1246033
上　海	Shanghai	361127295	13850174	373611032	12229184	11679021
江　苏	Jiangsu	529190969	9252926	556953816	25154349	16648066
浙　江	Zhejiang	664089372	20314551	683201589	53547971	17394489
安　徽	Anhui	47267062	313729	51472060	1200324	2243376
福　建	Fujian	286815861	5346361	300700267	19752458	7020962
江　西	Jiangxi	41665103	211405	45676462	892393	1596585
山　东	Shandong	342316922	13355136	356009531	13325411	14952955
河　南	Henan	80071266	1220440	85601467	1477688	3374568
湖　北	Hubei	55758843	536504	59899088	991267	2562945
湖　南	Hunan	40907149	1099033	44149164	821003	1978664
广　东	Guangdong	633666700	35157840	659054592	34539207	30401763
广　西	Guangxi	44730199	843264	46620447	1391266	1831947
海　南	Hainan	25596160	1565150	26929364	389844	772992
重　庆	Chongqing	74817128	3156450	80387373	3382373	3061544
四　川	Sichuan	60831484	444550	65365928	1045309	3982042
贵　州	Guizhou	14455159	68863	15788609	90536	938550
云　南	Yunnan	28961080	1416914	30788506	1439397	1394024
西　藏	Tibet	4696227		5160973		90908
陕　西	Shaanxi	42841657	159661	45714423	699896	1678904
甘　肃	Gansu	11094813	76588	11900373	90735	579910
青　海	Qinghai	4571963	68959	4833912	17020	129233
宁　夏	Ningxia	7358372	36912	7799921	17248	336181
新　疆	Xinjiang	32506839	440927	34946273	1544337	4013374

3-2-3 续表 8 Continued 8

其他企业 单位：万元

Other Enterprises Unit: 10 000 yuan

地 区	Region	商品购进额 Total Purchases Value	#进口 Imports	商品销售额 Total Sales Value	#出口 Exports	期末商品库存额 Inventory (year-end)
全 国	**National Total**	**4304926**	**14999**	**4795329**	**5544**	**162409**
北 京	Beijing	17332		18017		408
天 津	Tianjin	1647		1991		
河 北	Hebei	13345		16789		402
山 西	Shanxi	2579		3042		110
内蒙古	Inner Mongolia					
辽 宁	Liaoning	260405		268785		825
吉 林	Jilin					
黑龙江	Heilongjiang	60160		73575		7055
上 海	Shanghai	1511		2078		209
江 苏	Jiangsu	2160591	5030	2370664	5544	62790
浙 江	Zhejiang	40685		43507		1226
安 徽	Anhui	223645		272483		7572
福 建	Fujian	16070		16768		73
江 西	Jiangxi	50950		51947		634
山 东	Shandong	361237		395207		27625
河 南	Henan	17806		21526		2007
湖 北	Hubei	310916		374515		3744
湖 南	Hunan	71680		81623		1354
广 东	Guangdong	82914		82159		9817
广 西	Guangxi	11860		10174		196
海 南	Hainan					
重 庆	Chongqing	487		441		
四 川	Sichuan	50964		56172		1180
贵 州	Guizhou					
云 南	Yunnan	266862	9495	304529		4574
西 藏	Tibet					
陕 西	Shaanxi	176982		205505		7307
甘 肃	Gansu	19212		24937		175
青 海	Qinghai					
宁 夏	Ningxia					
新 疆	Xinjiang	85086	474	98895		23126

3-2-3 续表 9 Continued 9

港、澳、台商投资企业 单位：万元

Enterprises with Funds from Hongkong, Macao and Taiwan Unit: 10 000 yuan

地 区	Region	商品购进额 Total Purchases Value	#进 口 Imports	商品销售额 Total Sales Value	#出 口 Exports	期末商品库存额 Inventory (year-end)
全 国	**National Total**	**436264540**	**55889185**	**478912253**	**15009605**	**35274585**
北 京	Beijing	102285906	4942936	104429970	321016	7220552
天 津	Tianjin	12932912	558347	14739600	152263	1039722
河 北	Hebei	1215372		1307162	8077	7615
山 西	Shanxi	386775		426449		8531
内蒙古	Inner Mongolia	525406	22468	525849		57159
辽 宁	Liaoning	6295971	45499	6510369	81666	75227
吉 林	Jilin	2576		3602		555
黑龙江	Heilongjiang	129349	20751	131028		9893
上 海	Shanghai	131137808	32180732	145272761	3271971	14790697
江 苏	Jiangsu	26896550	2482040	30317002	468649	1849034
浙 江	Zhejiang	19684645	1359161	22580457	1008102	863516
安 徽	Anhui	9614648	1872	14726183	163723	503502
福 建	Fujian	9222103	474437	10361124	386899	733078
江 西	Jiangxi	1264967	35673	1218345	610342	18333
山 东	Shandong	16855241	3654153	17513101	3082475	1068161
河 南	Henan	436543		967980	15106	51636
湖 北	Hubei	3529593	39538	5058954	49313	197118
湖 南	Hunan	1007560	167176	1247842	347440	100629
广 东	Guangdong	57836884	6868325	65194758	1940333	4984071
广 西	Guangxi	1283162	174678	1319305	43746	25589
海 南	Hainan	21671768	2184604	22135773	2927208	432170
重 庆	Chongqing	4452840	436111	4819017		614410
四 川	Sichuan	5246907	231407	5236370	92266	446210
贵 州	Guizhou	415253	8015	523103		14082
云 南	Yunnan	661819	1262	684569	2355	9169
西 藏	Tibet	233171		417077		14836
陕 西	Shaanxi	673610		846016	36655	98652
甘 肃	Gansu	27692		44218		8709
青 海	Qinghai					
宁 夏	Ningxia					
新 疆	Xinjiang	337509		354269		31729

3-2-3 续表 10 Continued 10

外商投资企业
Foreign Funded Enterprises

单位：万元
Unit: 10 000 yuan

地区	Region	商品购进额 Total Purchases Value	#进口 Imports	商品销售额 Total Sales Value	#出口 Exports	期末商品库存额 Inventory (year-end)
全国	**National Total**	**839086263**	**206072923**	**904406006**	**54844284**	**55647572**
北京	Beijing	138588524	35952201	154481831	3768405	12692921
天津	Tianjin	56074249	4466644	59182062	617388	1247981
河北	Hebei	3681572	10334	3811634	13766	58326
山西	Shanxi	178178	20738	200707	19974	13786
内蒙古	Inner Mongolia	8534		19478		1255
辽宁	Liaoning	3961703	950531	5211722	183638	236909
吉林	Jilin	248321	2497	380723		14326
黑龙江	Heilongjiang	6303		3293159		3874
上海	Shanghai	314724802	131618340	357134174	25798125	27941786
江苏	Jiangsu	61156095	15655926	54555535	13194023	4085263
浙江	Zhejiang	91408399	3774358	86142473	3442492	2796206
安徽	Anhui	9445115	1690	10424410	19101	493987
福建	Fujian	13964827	174708	15188095	877867	1072163
江西	Jiangxi	248122	354	482387	98878	59216
山东	Shandong	26259697	683806	27156680	470040	606858
河南	Henan	252728	91848	651571	74491	71694
湖北	Hubei	30745598	469442	32066008	228759	734787
湖南	Hunan	842809	6153	1065910	89119	42938
广东	Guangdong	59077151	6921019	64019898	3854262	2733957
广西	Guangxi	8116981	10906	7083058	20117	170538
海南	Hainan	3799004	36815	3871403	16574	28920
重庆	Chongqing	5969076	1729139	6483715	211327	191281
四川	Sichuan	2149793	4132	2790165	13647	154758
贵州	Guizhou	10645		15518		1403
云南	Yunnan	398562	9751	727887	22459	31461
西藏	Tibet					
陕西	Shaanxi	7241664	3473714	7354892	1799933	140932
甘肃	Gansu	234495		215626		13846
青海	Qinghai	204132		290521		469
宁夏	Ningxia					
新疆	Xinjiang	89184	7877	104764	9899	5731

3-2-4 各地区限额以上批发业企业商品购、销、存情况（按国民经济行业分）

Total Purchases, Sales and Inventory of Enterprises above Designated Size of Wholesale Trade by Region and Sector

农、林、牧、渔产品批发　　单位：万元

Wholesale of Agricultural, Forestry, Livestock and Fishery Products　　Unit: 10 000 yuan

地　区	Region	商品购进额 Total Purchases Value	#进口 Imports	商品销售额 Total Sales Value	#出口 Exports	期末商品库存额 Inventory (year-end)
全　国	**National Total**	**302298786**	**34005652**	**312586202**	**2083485**	**32391331**
北　京	Beijing	46471137	12525522	44008552	7749	4636683
天　津	Tianjin	12870523	242332	13055246	43092	1172960
河　北	Hebei	4481075	50919	4899195	12666	274963
山　西	Shanxi	617593	5023	704989	29	164677
内蒙古	Inner Mongolia	4079637	220277	4323232	108994	962472
辽　宁	Liaoning	15054831	186591	16054921	85807	1294688
吉　林	Jilin	3715664	1125	4148384	11232	784545
黑龙江	Heilongjiang	14445663	204120	15594739	36732	2582909
上　海	Shanghai	22746487	1778298	23625579	78968	1640705
江　苏	Jiangsu	31380813	9423993	32509243	97618	3181956
浙　江	Zhejiang	12305201	283807	12459386	149650	492773
安　徽	Anhui	3115036	15922	3229133	37607	199055
福　建	Fujian	21314300	4301662	22357920	280519	1618688
江　西	Jiangxi	1567121	8975	1667256	60680	220589
山　东	Shandong	21421350	1068412	22260930	376537	1758284
河　南	Henan	10041296	99987	10433414	136178	1613262
湖　北	Hubei	5552217	26885	5717666	15952	364856
湖　南	Hunan	4104320	402904	4296807	28994	266980
广　东	Guangdong	22945811	2159044	23430373	272599	1775634
广　西	Guangxi	4139497	258070	4169213	52094	221009
海　南	Hainan	3436718	135372	3512433	4365	252673
重　庆	Chongqing	1296898	153228	1346017	15064	95957
四　川	Sichuan	8667412	65006	8744205	31662	586913
贵　州	Guizhou	763766		808745		171690
云　南	Yunnan	2422904	291027	2592556	29777	350691
西　藏	Tibet					
陕　西	Shaanxi	669006	6971	772951	14395	132542
甘　肃	Gansu	1278355	4060	1362609	91900	240039
青　海	Qinghai	156830		185511		5423
宁　夏	Ningxia	1404632	12063	1490995		25831
新　疆	Xinjiang	19832693	74057	22794002	2625	5301884

3-2-4 续表 1 Continued 1

食品、饮料及烟草制品批发
Wholesale of Food, Beverages and Tobaccos

单位：万元
Unit: 10 000 yuan

地区	Region	商品购进额 Total Purchases Value	#进口 Imports	商品销售额 Total Sales Value	#出口 Exports	期末商品库存额 Inventory (year-end)
全国	**National Total**	**670886096**	**43691503**	**790550148**	**11117637**	**59081729**
北京	Beijing	39339826	5735483	44558522	845903	7683262
天津	Tianjin	23647354	1831485	26963548	273009	1888962
河北	Hebei	10151731	104071	13106285	93756	767925
山西	Shanxi	7574689	31	10054300	65621	1114036
内蒙古	Inner Mongolia	4004487	613238	5110293		490623
辽宁	Liaoning	11183968	484533	13164629	67650	1049561
吉林	Jilin	3463174	45968	4707237	4799	223216
黑龙江	Heilongjiang	8360110	101267	10479399	75426	496225
上海	Shanghai	85948935	13049025	92349359	656862	6704036
江苏	Jiangsu	44638574	1899122	53754955	527599	4391870
浙江	Zhejiang	45810385	1805648	51584947	1358340	3393282
安徽	Anhui	16671287	1865868	21038644	141323	1142880
福建	Fujian	32628582	2079416	37405576	1531775	2581025
江西	Jiangxi	7239030	14916	9530612	11822	307014
山东	Shandong	41481125	2693664	47888559	1727903	2683354
河南	Henan	17519317	708381	22879626	215631	1157341
湖北	Hubei	20948493	313300	26968595	35588	1497928
湖南	Hunan	15148011	193641	19351738	94139	679721
广东	Guangdong	98106893	8101399	109031663	1755605	7433757
广西	Guangxi	21220084	364921	23231302	232455	682209
海南	Hainan	4864377	16798	5546836	10069	259991
重庆	Chongqing	15066300	441664	19389806	7416	582361
四川	Sichuan	31277169	440415	38038761	144390	4157206
贵州	Guizhou	22744973	206010	31912736	30815	2702294
云南	Yunnan	18286794	333755	23529599	1065024	2914415
西藏	Tibet	836807		1135707		172611
陕西	Shaanxi	8974397	9371	11234924	30292	638649
甘肃	Gansu	3511711	12665	4628623	21845	320139
青海	Qinghai	1381405	4163	1680716		81451
宁夏	Ningxia	1627677		2036680		74528
新疆	Xinjiang	7228431	221285	8255971	92580	809857

纺织、服装及家庭用品批发
Wholesale of Textiles, Wearing Apparel and Household Articles

单位：万元
Unit: 10 000 yuan

地区	Region	商品购进额 Total Purchases Value	#进口 Imports	商品销售额 Total Sales Value	#出口 Exports	期末商品库存额 Inventory (year-end)
全国	**National Total**	**588786381**	**30170235**	**646145007**	**105082473**	**46504419**
北京	Beijing	91183015	2885535	93902691	721519	7744303
天津	Tianjin	10569765	327959	11821170	1753320	1160410
河北	Hebei	3189076	17682	3243231	418141	441500
山西	Shanxi	731532		765933	17565	63492
内蒙古	Inner Mongolia	286135		346584		87185
辽宁	Liaoning	2859512	95473	3093958	938936	231887
吉林	Jilin	225757		255888	9071	42329
黑龙江	Heilongjiang	574505	486	782491	48012	87305
上海	Shanghai	60990844	12854620	80310960	9471238	11680034
江苏	Jiangsu	98937358	5044925	105158179	15988862	6209375
浙江	Zhejiang	106785968	3260757	113638536	35837322	4818929
安徽	Anhui	14336625	565515	16522175	1602756	1077205
福建	Fujian	64903042	827558	71415754	13694360	2090854
江西	Jiangxi	2566771	13646	2822111	345519	153692
山东	Shandong	27924286	522187	29220652	5369615	2265119
河南	Henan	3457234	35781	3822186	386231	320563
湖北	Hubei	3472015	2558	3734507	497652	383716
湖南	Hunan	3022878	13138	3391150	308056	225099
广东	Guangdong	64839291	1742386	72143631	16076091	5586975
广西	Guangxi	3925193	4796	4001296	505302	181494
海南	Hainan	3435055	1843695	3693999	27706	292656
重庆	Chongqing	7261876	39087	7871087	11343	405500
四川	Sichuan	6495174	21473	6877845	581933	372401
贵州	Guizhou	385865		410367	30420	52900
云南	Yunnan	1860120	5644	1882781	177748	57861
西藏	Tibet	74594		158584		17579
陕西	Shaanxi	1804725	40177	2054603	238002	277878
甘肃	Gansu	146010		150543		35981
青海	Qinghai	46481		46480	14262	2508
宁夏	Ningxia	135140		152143		5350
新疆	Xinjiang	2360539	5157	2453492	11491	132339

文化、体育用品及器材批发
Wholesale of Culture, Sports Appliances and Equipments

单位：万元
Unit: 10 000 yuan

地区	Region	商品购进额 Total Purchases Value	#进口 Imports	商品销售额 Total Sales Value	#出口 Exports	期末商品库存额 Inventory (year-end)
全国	**National Total**	**149481155**	**7142031**	**162151599**	**10203838**	**16913277**
北京	Beijing	14939641	950066	16642419	153643	2719194
天津	Tianjin	3089083	48452	3101322	111383	231755
河北	Hebei	1079712		1124073	35530	94328
山西	Shanxi	959472		1034281	55589	113238
内蒙古	Inner Mongolia	246040		214846		17565
辽宁	Liaoning	927548	5209	1020967	49755	83007
吉林	Jilin	233432		286294		34927
黑龙江	Heilongjiang	333068	2924	354947		21588
上海	Shanghai	21640012	2229481	25382391	695995	3852196
江苏	Jiangsu	11352937	154699	12249025	1185078	956497
浙江	Zhejiang	20314238	699991	21305970	4190934	1291958
安徽	Anhui	3983759	1233768	4240237	468059	255139
福建	Fujian	13480568	859095	13950516	830584	488441
江西	Jiangxi	918192	417	1027007	77832	51933
山东	Shandong	10643840	269907	11313132	455965	792663
河南	Henan	2918073	2277	2798264	81485	453321
湖北	Hubei	2086698	35545	2431115	132	99974
湖南	Hunan	1568573	12868	1721431	160689	139283
广东	Guangdong	28162892	568986	30563418	1340238	4105705
广西	Guangxi	948604	20559	1008411	40262	55744
海南	Hainan	3126753		3276408	223859	131073
重庆	Chongqing	1510787	3740	1842692		383161
四川	Sichuan	1875880	12709	1924585	4156	158494
贵州	Guizhou	338432		274474		74237
云南	Yunnan	458911	10316	534425	37	62958
西藏	Tibet					
陕西	Shaanxi	1400345	21022	1542584	42633	82347
甘肃	Gansu	332686		367595		47666
青海	Qinghai	26108		20912		4296
宁夏	Ningxia	103422		100499		19369
新疆	Xinjiang	481449		497359		91220

3-2-4 续表 4 Continued 4

医药及医疗器材批发 单位：万元

Wholesale of Medicines and Medical Appliances Unit: 10 000 yuan

地区	Region	商品购进额 Total Purchases Value	#进口 Imports	商品销售额 Total Sales Value	#出口 Exports	期末商品库存额 Inventory (year-end)
全国	**National Total**	**418422038**	**29436071**	**472114775**	**6276090**	**44619271**
北京	Beijing	33794869	5349771	37765396	446306	4795563
天津	Tianjin	7939796	283582	8692549	105077	682293
河北	Hebei	13963610	36927	14689197	54888	1412980
山西	Shanxi	6592931	20995	7204622	22587	657715
内蒙古	Inner Mongolia	3001543	600	3241836		348838
辽宁	Liaoning	8946319	86567	9877301	51051	770513
吉林	Jilin	4687087	15658	5360246	8270	456677
黑龙江	Heilongjiang	4766760	5294	5257397	4009	440482
上海	Shanghai	49304429	14644232	58329305	2258458	8149196
江苏	Jiangsu	34108050	1124787	40059495	742666	3175817
浙江	Zhejiang	26078257	558037	28532311	1393388	2240997
安徽	Anhui	10808668	337608	12987397	69779	1029041
福建	Fujian	10232947	62818	11117740	27939	900183
江西	Jiangxi	11711894	44027	14565940	48256	877529
山东	Shandong	27588384	157412	30427695	249057	2279168
河南	Henan	17306201	160860	18980142	11336	1334307
湖北	Hubei	17053441	98173	18709403	127649	1395890
湖南	Hunan	12176705	27428	13119716	64389	1117872
广东	Guangdong	49638214	3431192	55534075	497421	5032781
广西	Guangxi	7869916	49885	8514962	1151	574678
海南	Hainan	2978546	119442	3940286	3325	234411
重庆	Chongqing	11682509	2373210	13765771	21723	1636539
四川	Sichuan	18231964	170065	20279299	33141	1581112
贵州	Guizhou	4274982	34534	4678898		425947
云南	Yunnan	7000677	46050	7836524	4118	935728
西藏	Tibet	984155		1797694		65518
陕西	Shaanxi	7765877	76776	8234508	27291	827600
甘肃	Gansu	2540235	6396	2788856	2725	479625
青海	Qinghai	483069		532304		65134
宁夏	Ningxia	695976	74241	769801	90	82480
新疆	Xinjiang	4214027	39504	4524109		612657

3-2-4 续表 5 Continued 5

矿产品、建材及化工产品批发 单位：万元

Wholesale of Mineral Products, Building Materials and Chemical Products Unit: 10 000 yuan

地区	Region	商品购进额 Total Purchases Value	#进口 Imports	商品销售额 Total Sales Value	#出口 Exports	期末商品库存额 Inventory (year-end)
全国	**National Total**	**6358326419**	**311688338**	**6489787265**	**91858674**	**162938505**
北京	Beijing	346302228	61548203	354162838	9482529	18245986
天津	Tianjin	321389439	3893989	326603615	2275000	6181382
河北	Hebei	140485981	787748	148291727	635227	2545379
山西	Shanxi	163844139	1736936	180767924	344208	2845412
内蒙古	Inner Mongolia	54113262	1878875	56890173	775449	1994551
辽宁	Liaoning	162795041	3665580	170067303	1762273	3564048
吉林	Jilin	9099313	210430	9799713	38205	365422
黑龙江	Heilongjiang	43343353	14374515	44813996	101043	867927
上海	Shanghai	807982938	55608528	829475441	14239659	20755722
江苏	Jiangsu	583016272	11173509	587930454	9632224	11963955
浙江	Zhejiang	840415741	40012357	848000614	19028720	17675739
安徽	Anhui	65491911	439884	66087308	424431	1475671
福建	Fujian	428156521	31624675	434621364	5492704	11054172
江西	Jiangxi	55571341	228849	58954172	233015	1556950
山东	Shandong	479259693	20450800	490445467	7751284	15164682
河南	Henan	95412150	1290428	98533896	990867	2080196
湖北	Hubei	97016338	664939	100875327	1085324	2498095
湖南	Hunan	53529020	2351928	46759109	1150936	1773791
广东	Guangdong	695061396	20371161	696853969	7080140	18982735
广西	Guangxi	94481989	3677710	94128266	437259	2243954
海南	Hainan	137874027	7903823	140399518	3080764	2535254
重庆	Chongqing	66712197	996298	68593050	147678	1619212
四川	Sichuan	118172381	2768850	123451727	1660263	3640528
贵州	Guizhou	33860654	339768	34675458	831726	730306
云南	Yunnan	83442169	3697908	87767550	1489448	2099053
西藏	Tibet	279338		334704		41971
陕西	Shaanxi	166045095	2338618	170517888	521015	3182334
甘肃	Gansu	77569758	340098	79127942	45279	1366685
青海	Qinghai	14445961	205328	15834457	22228	349045
宁夏	Ningxia	13577022	24849	13149738	17157	401720
新疆	Xinjiang	109579751	17081754	111872557	1082619	3136628

3-2-4 续表 6 Continued 6

机械设备、五金产品及电子产品批发 单位：万元

Wholesale of Machinery, Hardware and Electronic Products Unit: 10 000 yuan

地 区	Region	商品购进额 Total Purchases Value	#进 口 Imports	商品销售额 Total Sales Value	#出 口 Exports	期末商品库存额 Inventory (year-end)
全 国	**National Total**	**1255908409**	**183164650**	**1348323136**	**129311126**	**78683185**
北 京	Beijing	181234115	34667312	196744134	6547048	16454166
天 津	Tianjin	30307775	4179050	32316769	1745178	2113026
河 北	Hebei	7233541	38895	7732000	445717	588849
山 西	Shanxi	6142416	37450	6560786	72368	545154
内蒙古	Inner Mongolia	2226475	15528	2315616	95777	317895
辽 宁	Liaoning	8624556	371781	10111175	512351	654776
吉 林	Jilin	12379621	26382	12969798	49051	820636
黑龙江	Heilongjiang	2674191	57226	6111593	160854	215584
上 海	Shanghai	276211680	92260410	296702462	28780355	20943692
江 苏	Jiangsu	87244079	14791340	94864269	21212723	5811727
浙 江	Zhejiang	134194353	4671012	139659240	18423533	4729037
安 徽	Anhui	31699662	633424	37488941	2016213	1605143
福 建	Fujian	28863192	1070098	30535414	2459050	1667159
江 西	Jiangxi	7451077	30032	7546825	2061422	303934
山 东	Shandong	44293647	1270220	46994664	7271738	3345319
河 南	Henan	11673246	62066	12380785	366788	637579
湖 北	Hubei	17293324	1241623	18431765	2488448	1106969
湖 南	Hunan	7171004	1873983	7891242	1822040	920003
广 东	Guangdong	268634512	20521420	285599747	20737995	11249796
广 西	Guangxi	7121513	194603	7453859	869074	400078
海 南	Hainan	3960435	345904	4099410	1492472	153495
重 庆	Chongqing	38876487	2130401	41957329	5214378	1273505
四 川	Sichuan	15093868	231021	15392218	358508	1179304
贵 州	Guizhou	2039629	8015	2200640	56294	195992
云 南	Yunnan	2672885	24489	2861115	235427	197756
西 藏	Tibet	4206959		4322050		72853
陕 西	Shaanxi	10535940	2330718	10898454	3050034	460138
甘 肃	Gansu	1415849	2862	1531106	38330	94719
青 海	Qinghai	99009		127664		18629
宁 夏	Ningxia	250193		265199		32573
新 疆	Xinjiang	4083176	77385	4256867	727960	573699

贸易经纪与代理 单位：万元

Trade Broker and Agency Unit: 10 000 yuan

地 区	Region	商品购进额 Total Purchases Value	#进口 Imports	商品销售额 Total Sales Value	#出口 Exports	期末商品库存额 Inventory (year-end)
全 国	**National Total**	**50329308**	**14576527**	**52765688**	**8576933**	**2053919**
北 京	Beijing	2917083	1364125	3022595	345876	253817
天 津	Tianjin	672245	3457	701120	176949	43897
河 北	Hebei	162162	46100	185434	90736	8469
山 西	Shanxi	33667	18838	36786	5844	450
内蒙古	Inner Mongolia					
辽 宁	Liaoning	94670	10082	100348	15985	6111
吉 林	Jilin					
黑龙江	Heilongjiang	70655	40422	85876	28357	5711
上 海	Shanghai	8273028	1202536	8958580	1945325	402678
江 苏	Jiangsu	5993576	428108	6606471	1234874	256860
浙 江	Zhejiang	936717	32523	945996	579059	82614
安 徽	Anhui	1221459	1120035	1301019	62035	80637
福 建	Fujian	2052519	89870	2121221	766497	35487
江 西	Jiangxi	1149243	59486	1255025	162954	70787
山 东	Shandong	1890294	371124	2008807	429610	98222
河 南	Henan	310767		318829	102977	4538
湖 北	Hubei	135245	7851	142787	69452	7965
湖 南	Hunan	651691	332420	666483	8702	12059
广 东	Guangdong	22369967	9359958	22895116	2420481	616307
广 西	Guangxi	23376		21658	11857	10559
海 南	Hainan					
重 庆	Chongqing	1107227	18167	1101960	18724	23531
四 川	Sichuan	13544	2167	13902	4417	626
贵 州	Guizhou	15121		15213		
云 南	Yunnan	25894	10752	37277	197	14599
西 藏	Tibet					
陕 西	Shaanxi	124419	2372	137573	81065	8210
甘 肃	Gansu	65409	56134	64824	1030	5620
青 海	Qinghai					
宁 夏	Ningxia					
新 疆	Xinjiang	19330		20788	13930	4165

其他批发业　　　　　　　　　　　　　　　　单位：万元

Other Wholesale not Classified Elsewhere　　　　　　　　Unit: 10 000 yuan

地　区	Region	商品购进额 Total Purchases Value	#进口 Imports	商品销售额 Total Sales Value	#出口 Exports	期末商品库存额 Inventory (year-end)
全　国	**National Total**	**188829890**	**5601901**	**201271130**	**9872924**	**6869929**
北　京	Beijing	7500415	627116	8219951	1304259	965772
天　津	Tianjin	8603689	249462	8748883	161272	381412
河　北	Hebei	4533819		4638304	13924	334108
山　西	Shanxi	4737805	7439	4850934	44026	24773
内蒙古	Inner Mongolia	1883884	13831	2080766	7175	35208
辽　宁	Liaoning	1624586	46606	1708359	53492	91420
吉　林	Jilin	194470	448	246691	10844	10238
黑龙江	Heilongjiang	1633230	126842	1690046	10224	38030
上　海	Shanghai	4076016	477036	4621819	188883	233866
江　苏	Jiangsu	26848702	875350	29247795	1877686	1204310
浙　江	Zhejiang	27031074	1366138	28604639	864705	748190
安　徽	Anhui	8765897	29600	9179022	53652	134965
福　建	Fujian	14041106	80101	15571035	2618260	373231
江　西	Jiangxi	9501394	26570	10115027	181566	153496
山　东	Shandong	7734523	279260	8205969	328494	303797
河　南	Henan	5548388	7310	5904352	104440	62093
湖　北	Hubei	6123541	2540	6561945	33532	81763
湖　南	Hunan	2350928	166970	2569044	345227	91602
广　东	Guangdong	19218612	829302	20414437	1596687	808009
广　西	Guangxi	9609086	49053	9914280	7894	50024
海　南	Hainan	1499399	249819	1600393		62149
重　庆	Chongqing	2893734	19461	3015600	3684	76414
四　川	Sichuan	7583487	3591	7960634	51848	199041
贵　州	Guizhou	448501		528841		2827
云　南	Yunnan	511924	22505	522142	4886	29077
西　藏	Tibet	5346		8687		1141
陕　西	Shaanxi	1099844	44431	1113730	4799	317951
甘　肃	Gansu	1979823		2080724		11101
青　海	Qinghai	164687		171178		246
宁　夏	Ningxia	78664		82012		5489
新　疆	Xinjiang	1003316	1120	1093891	1465	38186

3-2-5 各地区限额以上零售业企业商品购、销、存情况
Total Purchases, Sales and Inventory of Enterprises above Designated Size of Retail Trade by Region

单位：万元
Unit: 10 000 yuan

地区	Region	商品购进额 Total Purchases Value	#进口 Imports	商品销售额 Total Sales Value	#出口 Exports	期末商品库存额 Inventory (year-end)
全国	**National Total**	**1338365655**	**35647332**	**1542239707**	**751069**	**125683474**
北京	Beijing	98167455	2208996	106744947	10673	8471856
天津	Tianjin	20313795	363001	21478178	13518	1630747
河北	Hebei	39332404	501817	42819041	9470	3985200
山西	Shanxi	20872758	340013	23819719	312	2659717
内蒙古	Inner Mongolia	13081873	149326	15135001		1310671
辽宁	Liaoning	29943921	560209	34110798	6131	2503317
吉林	Jilin	11061235	321612	14322270	5722	1252245
黑龙江	Heilongjiang	14699578	208223	16585820	42	1455927
上海	Shanghai	96004195	8626608	122133220	40532	13331889
江苏	Jiangsu	127620228	2800051	145323841	47372	10591326
浙江	Zhejiang	102870168	3559439	123032045	132944	8973887
安徽	Anhui	40846475	471753	47307298	189	3953857
福建	Fujian	59592786	1097265	66964726	19170	4100135
江西	Jiangxi	30281013	447663	36777492	26541	2427239
山东	Shandong	75434262	1358666	82872230	7618	8478929
河南	Henan	52096222	854505	58424539	1734	4492008
湖北	Hubei	58826837	917008	66968098	7504	4045489
湖南	Hunan	42491660	711015	53940356	25749	3096068
广东	Guangdong	152420231	3627004	179839010	86429	13240933
广西	Guangxi	19802454	290797	21154307	32826	2118819
海南	Hainan	12313693	2736332	14197858	355	2355927
重庆	Chongqing	34751003	716818	39338265	217377	2542140
四川	Sichuan	73086743	1438967	78540165	23894	4992464
贵州	Guizhou	20220447	253386	25328107		1981601
云南	Yunnan	23095015	372517	29077229	32361	2126435
西藏	Tibet	1660412	4079	2173043		159888
陕西	Shaanxi	39868925	492613	43258821	2596	6324126
甘肃	Gansu	10781264	76720	12109523	10	829657
青海	Qinghai	1776513	19209	2044445		364073
宁夏	Ningxia	3702286	11106	3808247		414831
新疆	Xinjiang	11349804	110614	12611068		1472073

国有控股
State-controlled Enterprises

单位：万元
Unit: 10 000 yuan

地　区	Region	商品购进额 Total Purchases Value	#进口 Imports	商品销售额 Total Sales Value	#出口 Exports	期末商品库存额 Inventory (year-end)
全　国	**National Total**	**214072402**	**6318908**	**279824994**	**62174**	**17468467**
北　京	Beijing	14389496	886728	15559491	7477	1939441
天　津	Tianjin	4522101	3676	4644780		319681
河　北	Hebei	5919369	6307	6517471		529828
山　西	Shanxi	3039273	66796	4267151		340316
内蒙古	Inner Mongolia	5151501		6837870		221904
辽　宁	Liaoning	6369158	1669	8542200		311061
吉　林	Jilin	1845714	46178	4145035		181719
黑龙江	Heilongjiang	3382154	136	4375063		252177
上　海	Shanghai	16967647	1461590	19244780	857	1384245
江　苏	Jiangsu	15566491	83345	19972475	412	1208724
浙　江	Zhejiang	12608801	359651	16115729	36013	860429
安　徽	Anhui	8539325	15624	11167950		413130
福　建	Fujian	11355508	122976	12425318	3363	638990
江　西	Jiangxi	3427925	59353	6187262		443197
山　东	Shandong	7057485	152559	9841995		640406
河　南	Henan	6664400	62368	8489348		457147
湖　北	Hubei	9603648	35675	12788990		739609
湖　南	Hunan	5168785	39897	10226916	15	327085
广　东	Guangdong	17353396	321591	29461625	5224	1562630
广　西	Guangxi	3049593	3564	3393602		225072
海　南	Hainan	6444977	2508735	7842208		1770578
重　庆	Chongqing	8030250	8702	10157495		466529
四　川	Sichuan	12568600	1610	13884775	8766	588774
贵　州	Guizhou	5267506	27354	8190309		477549
云　南	Yunnan	6183459	1018	10299100	47	274262
西　藏	Tibet	828065		1255561		40419
陕　西	Shaanxi	4112270	14153	4540850		306104
甘　肃	Gansu	4456274	22253	4975745		147767
青　海	Qinghai	328730	5143	430471		147462
宁　夏	Ningxia	760350		761728		23763
新　疆	Xinjiang	3110151	257	3281701		228469

3-2-6 各地区限额以上零售业企业商品购、销、存情况（按登记注册类型分）

Total Purchases, Sales and Inventory of Enterprises above Designated Size of Retail Trade by Region and Type of Registration

内资企业

Domestic Funded Enterprises

地区	Region	商品购进额 Total Purchases Value	#进口 Imports	商品销售额 Total Sales Value	#出口 Exports	期末商品库存额 Inventory (year-end)
全　国	**National Total**	**1078987356**	**21189970**	**1215260447**	**672083**	**100699877**
北　京	Beijing	49883434	1578666	54385022	9699	6113694
天　津	Tianjin	15947629	234296	16709674	13434	1286335
河　北	Hebei	33098978	419467	35511895	9470	3639426
山　西	Shanxi	19185451	277905	21187674	312	2573183
内蒙古	Inner Mongolia	12396125	136340	14533699		1267855
辽　宁	Liaoning	27265881	348693	31058385	6131	2260027
吉　林	Jilin	10398736	253850	12811091	5722	1204824
黑龙江	Heilongjiang	13884400	207197	15246334	42	1408420
上　海	Shanghai	56919251	632026	63792880	20320	5483428
江　苏	Jiangsu	105503046	2239167	119122556	42428	9191362
浙　江	Zhejiang	81954102	2549042	92278647	126930	7379290
安　徽	Anhui	37723792	380301	40822855	189	3733846
福　建	Fujian	46583015	829171	52669492	14318	3437790
江　西	Jiangxi	28919382	358130	33980851	26541	2342617
山　东	Shandong	68232092	965205	74050085	7544	7760218
河　南	Henan	48595197	812018	54215278	1734	4308200
湖　北	Hubei	52191823	491687	59597107	7504	3705341
湖　南	Hunan	39927736	575676	46817214	25734	2821896
广　东	Guangdong	112215798	2266605	133267184	74022	10718924
广　西	Guangxi	17170958	201689	18531384	3416	1822945
海　南	Hainan	11854906	2691585	13702992	355	2328480
重　庆	Chongqing	30309361	533827	34850269	217377	2370212
四　川	Sichuan	62281571	1170230	66431207	23894	4312159
贵　州	Guizhou	17817957	247399	19262048		1678638
云　南	Yunnan	21201432	312531	26532682	32361	1939187
西　藏	Tibet	1627480	4079	2134836		155501
陕　西	Shaanxi	28962087	256726	31933062	2596	2458366
甘　肃	Gansu	10546546	76679	11830901	10	797355
青　海	Qinghai	1746519	19209	1998944		359244
宁　夏	Ningxia	3604062	11106	3695752		409222
新　疆	Xinjiang	11038609	109468	12298447		1431892

3-2-6 续表 1 Continued 1

国有企业
State-owned Enterprises

单位：万元
Unit: 10 000 yuan

地 区	Region	商品购进额 Total Purchases Value	#进口 Imports	商品销售额 Total Sales Value	#出口 Exports	期末商品库存额 Inventory (year-end)
全 国	**National Total**	**16474268**	**955033**	**20833306**	**502**	**1654637**
北 京	Beijing	224204		253818		15596
天 津	Tianjin	43498		46192		7982
河 北	Hebei	65110	3367	64121		5198
山 西	Shanxi	292741		298951		5697
内蒙古	Inner Mongolia	170120		175012		5559
辽 宁	Liaoning	619432		669537		18170
吉 林	Jilin	3636		6362		13
黑龙江	Heilongjiang	160690		204990		29192
上 海	Shanghai	25440		31978		15136
江 苏	Jiangsu	3333858	28052	2905083		103512
浙 江	Zhejiang	172572		193194		15025
安 徽	Anhui	1076586	2671	1107711		20913
福 建	Fujian	6689		6159		1194
江 西	Jiangxi	338129		906402		31254
山 东	Shandong	695970	141	762175		62156
河 南	Henan	798926		915668		49635
湖 北	Hubei	1756504	469	2285319		225771
湖 南	Hunan	337331		1464555	15	18168
广 东	Guangdong	1423305	26485	2113675	487	202584
广 西	Guangxi	84244		110390		12948
海 南	Hainan	1585525	893220	2185602		415715
重 庆	Chongqing	456480		1044922		26831
四 川	Sichuan	155922		131767		37580
贵 州	Guizhou	36182		43010		3808
云 南	Yunnan	649238	115	662324		27768
西 藏	Tibet	149361		199552		6683
陕 西	Shaanxi	676636	513	818705		62332
甘 肃	Gansu	657021		665556		30918
青 海	Qinghai	164713		234280		132473
宁 夏	Ningxia	64254		71394		7589
新 疆	Xinjiang	249951		254902		57237

3-2-6 续表 2 Continued 2

集体企业
Collective-owned Enterprises

单位：万元
Unit: 10 000 yuan

地 区	Region	商品购进额 Total Purchases Value	#进口 Imports	商品销售额 Total Sales Value	#出口 Exports	期末商品库存额 Inventory (year-end)
全 国	**National Total**	**3001039**	**163**	**3302685**	**4269**	**144391**
北 京	Beijing	185423		204334		15891
天 津	Tianjin	90461		101580		3125
河 北	Hebei	63586		70408		5257
山 西	Shanxi	39107		43466		1316
内 蒙 古	Inner Mongolia	405		1170		150
辽 宁	Liaoning	26978		30392		3372
吉 林	Jilin	2673		3024		208
黑 龙 江	Heilongjiang	18360		18921		10301
上 海	Shanghai	41430	163	62899		7397
江 苏	Jiangsu	319324		367516	256	10978
浙 江	Zhejiang	152576		164276		5173
安 徽	Anhui	29794		32009		282
福 建	Fujian	69156		73174		1450
江 西	Jiangxi	36835		40357		2554
山 东	Shandong	120472		140630		9017
河 南	Henan	44071		50263		7634
湖 北	Hubei	482071		495722		20181
湖 南	Hunan	113850		120132		2842
广 东	Guangdong	459685		529188		25190
广 西	Guangxi	12434		15748		305
海 南	Hainan	4644		5655		225
重 庆	Chongqing	45897		46640		645
四 川	Sichuan	49259		56700		1197
贵 州	Guizhou	14478		17983		420
云 南	Yunnan	36847		41461	4013	2700
西 藏	Tibet					
陕 西	Shaanxi	466169		493249		4454
甘 肃	Gansu	11466		12197		311
青 海	Qinghai	974		684		151
宁 夏	Ningxia	2586		3071		46
新 疆	Xinjiang	60028		59836		1619

股份合作企业
Cooperative Enterprises

单位：万元
Unit: 10 000 yuan

地区	Region	商品购进额 Total Purchases Value	#进口 Imports	商品销售额 Total Sales Value	#出口 Exports	期末商品库存额 Inventory (year-end)
全　国	**National Total**	**1181696**		**1339326**		**76817**
北　京	Beijing	107208		126266		10713
天　津	Tianjin	18143		21998		777
河　北	Hebei	19906		19831		8092
山　西	Shanxi	793		962		6
内蒙古	Inner Mongolia	5145		5881		59
辽　宁	Liaoning	16881		20208		279
吉　林	Jilin	10728		13746		478
黑龙江	Heilongjiang	45387		43462		4786
上　海	Shanghai	15364		16618		688
江　苏	Jiangsu	105039		113401		6281
浙　江	Zhejiang	226463		258489		7221
安　徽	Anhui	13890		15479		2871
福　建	Fujian	3886		4239		65
江　西	Jiangxi	18248		18610		379
山　东	Shandong	147912		198248		12790
河　南	Henan	2923		3673		68
湖　北	Hubei	12574		15891		326
湖　南	Hunan	11942		12516		448
广　东	Guangdong	144343		159302		8358
广　西	Guangxi	1518		1811		53
海　南	Hainan	12575		15651		620
重　庆	Chongqing	24734		27725		498
四　川	Sichuan	34607		38624		1677
贵　州	Guizhou	6607		10094		215
云　南	Yunnan	141411		141494		7499
西　藏	Tibet	1057		1088		24
陕　西	Shaanxi	27898		29163		468
甘　肃	Gansu	4470		4771		1075
青　海	Qinghai					
宁　夏	Ningxia					
新　疆	Xinjiang	44		85		3

3-2-6 续表 4 Continued 4

联营企业
Joint Ownership Enterprises

单位：万元
Unit: 10 000 yuan

地 区	Region	商品购进额 Total Purchases Value	#进 口 Imports	商品销售额 Total Sales Value	#出 口 Exports	期末商品库存额 Inventory (year-end)
全 国	**National Total**	**556787**	**292**	**650701**		**22960**
北 京	Beijing	7917		9162		386
天 津	Tianjin	55300		65491		653
河 北	Hebei					
山 西	Shanxi					
内 蒙 古	Inner Mongolia					
辽 宁	Liaoning	7672		8360		182
吉 林	Jilin					
黑 龙 江	Heilongjiang	9127		9515		37
上 海	Shanghai	83158		91952		3221
江 苏	Jiangsu	43243		47394		420
浙 江	Zhejiang	80225		97043		1476
安 徽	Anhui	7284		9229		46
福 建	Fujian	3945		3717		100
江 西	Jiangxi	6884		7712		321
山 东	Shandong	24591		25499		1079
河 南	Henan					
湖 北	Hubei	6440		7660		472
湖 南	Hunan					
广 东	Guangdong	181914		221370		13651
广 西	Guangxi					
海 南	Hainan	1604	292	2711		576
重 庆	Chongqing	6906		7263		34
四 川	Sichuan	3643		4087		145
贵 州	Guizhou	498		584		44
云 南	Yunnan	21296		26365		61
西 藏	Tibet					
陕 西	Shaanxi	740		750		55
甘 肃	Gansu	4400		4837		1
青 海	Qinghai					
宁 夏	Ningxia					
新 疆	Xinjiang					

3-2-6 续表 5 Continued 5

有限责任公司
Limited Liability Corporations

单位：万元
Unit: 10 000 yuan

地 区	Region	商品购进额 Total Purchases Value	#进口 Imports	商品销售额 Total Sales Value	#出口 Exports	期末商品库存额 Inventory (year-end)
全 国	**National Total**	**363832244**	**10066069**	**403858967**	**125691**	**32859862**
北 京	Beijing	32949282	1346211	35764307	9319	3401565
天 津	Tianjin	4313896	52992	4649936		378112
河 北	Hebei	11866286	280783	12681474		1146511
山 西	Shanxi	5372657	131309	5833722		670934
内蒙古	Inner Mongolia	3150363	72590	3552438		323763
辽 宁	Liaoning	6851520	186466	7956841		660023
吉 林	Jilin	2703636	92957	3181941		325125
黑龙江	Heilongjiang	4634069	61334	4915535		498784
上 海	Shanghai	33233959	427301	37337103	880	2230154
江 苏	Jiangsu	25970048	697357	30179546	412	2131274
浙 江	Zhejiang	27474604	724622	29817358	63703	1968664
安 徽	Anhui	12449168	193987	13701162	40	1092923
福 建	Fujian	6901628	141301	7530360	3363	600930
江 西	Jiangxi	9339256	117044	11188784		905636
山 东	Shandong	22718489	349959	24152954	152	2274136
河 南	Henan	14513879	542954	15833650		1202191
湖 北	Hubei	18956182	295421	20930518		1366761
湖 南	Hunan	7549419	134945	8045506	14575	747334
广 东	Guangdong	38757563	1095412	43106859	9440	3544814
广 西	Guangxi	7387340	90249	7934429	3076	676011
海 南	Hainan	6144732	1743877	7069622	355	1585972
重 庆	Chongqing	6198150	70404	6992415		505121
四 川	Sichuan	22687658	617734	24221453	19538	1605776
贵 州	Guizhou	7231764	186073	7667751		662553
云 南	Yunnan	6853689	156730	9768448	628	632722
西 藏	Tibet	390603		726052		58729
陕 西	Shaanxi	8604061	131450	9638054	210	871407
甘 肃	Gansu	3137028	37268	3656715		264165
青 海	Qinghai	451205	13034	557511		58968
宁 夏	Ningxia	1262555		1307518		117066
新 疆	Xinjiang	3777555	74305	3959005		351738

3-2-6 续表 6 Continued 6

股份有限公司 Share-holding Corporations Ltd.

单位：万元 Unit: 10 000 yuan

地区	Region	商品购进额 Total Purchases Value	#进口 Imports	商品销售额 Total Sales Value	#出口 Exports	期末商品库存额 Inventory (year-end)
全国	**National Total**	**90155160**	**174886**	**124476974**	**3177**	**5207313**
北京	Beijing	5910918	25223	6474912		852278
天津	Tianjin	741561		773929		69841
河北	Hebei	2698647		2858624		164933
山西	Shanxi	1205967		1596889		39958
内蒙古	Inner Mongolia	3925151		4847574		126599
辽宁	Liaoning	4738594		6485984		144069
吉林	Jilin	992440		2467904		67195
黑龙江	Heilongjiang	2008355		2668023		45042
上海	Shanghai	2504652	2389	2676839	3177	359353
江苏	Jiangsu	4870550	52576	6720003		221885
浙江	Zhejiang	2661133	8978	5162047		282977
安徽	Anhui	4041907		4518638		179607
福建	Fujian	1913505		2215155		174209
江西	Jiangxi	604743		1663908		143665
山东	Shandong	5954534	58880	7658976		469686
河南	Henan	3628774	4588	5106399		280429
湖北	Hubei	4326496	35	5955157		157725
湖南	Hunan	2966438	6855	5304228		80401
广东	Guangdong	8537183	9469	18254399		407057
广西	Guangxi	337555	252	498164		34015
海南	Hainan	2041013		2140380		37471
重庆	Chongqing	5576151		6800580		233109
四川	Sichuan	8091400	286	8908459		239893
贵州	Guizhou	1893635		2281531		61036
云南	Yunnan	2847399		4567330		51022
西藏	Tibet	631263		694534		22092
陕西	Shaanxi	342989	382	419173		18120
甘肃	Gansu	2419106		2657739		46876
青海	Qinghai	110267		111706		7345
宁夏	Ningxia	475024		443461		16473
新疆	Xinjiang	1157810	4973	1544329		172952

私营企业
Private Enterprises

单位：万元
Unit: 10 000 yuan

地区	Region	商品购进额 Total Purchases Value	#进口 Imports	商品销售额 Total Sales Value	#出口 Exports	期末商品库存额 Inventory (year-end)
全国	**National Total**	**602872303**	**9987935**	**659732566**	**538446**	**60692625**
北京	Beijing	10488808	207233	11541337	380	1817120
天津	Tianjin	10684770	181304	11050549	13434	825845
河北	Hebei	18382861	135316	19814838	9470	2309411
山西	Shanxi	12213073	146595	13347785	312	1854929
内蒙古	Inner Mongolia	5144942	63750	5951624		811725
辽宁	Liaoning	14950415	159680	15831427	6131	1431735
吉林	Jilin	6685623	160893	7138114	5722	811805
黑龙江	Heilongjiang	6981509	145863	7355744	42	819502
上海	Shanghai	21015249	202173	23575490	16263	2867480
江苏	Jiangsu	70467277	1458727	78288475	41760	6701638
浙江	Zhejiang	51176469	1815442	56575769	63227	5098486
安徽	Anhui	20091004	183642	21419604	149	2435167
福建	Fujian	37680655	687870	42831632	10955	2659758
江西	Jiangxi	18534335	241086	20105522	26541	1257130
山东	Shandong	38497296	555631	41038772	7392	4922567
河南	Henan	29591393	264476	32288954	1734	2768048
湖北	Hubei	26604474	195763	29858759	7504	1932821
湖南	Hunan	28947614	433876	31868242	11145	1972636
广东	Guangdong	62707931	1135240	68878051	64095	6517084
广西	Guangxi	9347166	111189	9969722	340	1099613
海南	Hainan	2063765	54197	2282233		287317
重庆	Chongqing	17998968	463423	19928445	217377	1603953
四川	Sichuan	31246757	552210	33054656	4356	2425154
贵州	Guizhou	8633735	61327	9240159		949678
云南	Yunnan	10596384	155686	11263578	27721	1216301
西藏	Tibet	455195	4079	513610		67972
陕西	Shaanxi	18780028	124382	20463248	2386	1500532
甘肃	Gansu	4309541	39411	4825298	10	453964
青海	Qinghai	1019359	6175	1094763		160308
宁夏	Ningxia	1786502	11106	1858533		267231
新疆	Xinjiang	5789205	30190	6477633		845715

3-2-6· 续表 8　Continued 8

其他企业　　　　　　　　　　　　　　　　单位：万元

Other Enterprises　　　　　　　　　　　　Unit: 10 000 yuan

地　区	Region	商品购进额 Total Purchases Value	#进口 Imports	商品销售额 Total Sales Value	#出口 Exports	期末商品库存额 Inventory (year-end)
全　国	**National Total**	**913860**	**5597**	**1065922**		**41287**
北　京	Beijing	9674		10886		146
天　津	Tianjin					
河　北	Hebei	2583		2600		24
山　西	Shanxi	61113		65899		343
内蒙古	Inner Mongolia					
辽　宁	Liaoning	54388	2547	55636		2198
吉　林	Jilin					
黑龙江	Heilongjiang	26903		30145		777
上　海	Shanghai					
江　苏	Jiangsu	393707	2456	501138		15375
浙　江	Zhejiang	10060		10469		269
安　徽	Anhui	14159		19023		2038
福　建	Fujian	3551		5056		85
江　西	Jiangxi	40953		49556		1678
山　东	Shandong	72829	594	72832		8788
河　南	Henan	15231		16671		195
湖　北	Hubei	47080		48081		1284
湖　南	Hunan	1141		2034		68
广　东	Guangdong	3874		4340		184
广　西	Guangxi	700		1120		
海　南	Hainan	1047		1138		586
重　庆	Chongqing	2078		2278		21
四　川	Sichuan	12326		15461		737
贵　州	Guizhou	1057		935		885
云　南	Yunnan	55168		61683		1116
西　藏	Tibet					
陕　西	Shaanxi	63566		70721		998
甘　肃	Gansu	3515		3788		45
青　海	Qinghai					
宁　夏	Ningxia	13141		11775		818
新　疆	Xinjiang	4016		2657		2629

3-2-6 续表 9 Continued 9

港、澳、台商投资企业
Enterprises with Funds from Hong Kong, Macao and Taiwan

单位：万元
Unit: 10 000 yuan

地区	Region	商品购进额 Total Purchases Value	#进口 Imports	商品销售额 Total Sales Value	#出口 Exports	期末商品库存额 Inventory (year-end)
全国	**National Total**	**101291654**	**5701799**	**120467526**	**23480**	**9942643**
北京	Beijing	5452308	222937	6801437		663020
天津	Tianjin	1466747	118620	1828037		166130
河北	Hebei	808103	20518	850785		67005
山西	Shanxi	201662		225391		7979
内蒙古	Inner Mongolia	225628	11634	224797		26784
辽宁	Liaoning	1600552	154319	1847732		158249
吉林	Jilin	427490	62078	611230		32206
黑龙江	Heilongjiang	454311		486285		32922
上海	Shanghai	25109576	2541326	34677746	9423	4234351
江苏	Jiangsu	11827204	352305	12086624	1512	631546
浙江	Zhejiang	8721474	271705	10299825	6013	655936
安徽	Anhui	2303975	91453	2730395		138484
福建	Fujian	2342166	82274	2668543		209219
江西	Jiangxi	794835		966376		41541
山东	Shandong	3101349	285627	3359587		299541
河南	Henan	2620376	31506	2841045		107987
湖北	Hubei	2827027		3181765		175351
湖南	Hunan	1734086	104423	2120399		194515
广东	Guangdong	16321416	856444	18911626	6532	1330172
广西	Guangxi	939737	89107	969692		75264
海南	Hainan	348617	44747	377154		22985
重庆	Chongqing	1212207	120719	1313848		92755
四川	Sichuan	2546507	152691	2867658		223175
贵州	Guizhou	371741		412844		17533
云南	Yunnan	1055934	51502	1195269		88891
西藏	Tibet					
陕西	Shaanxi	6106066	35823	6189791		197193
甘肃	Gansu	93033	41	115124		20420
青海	Qinghai	29995		45501		4829
宁夏	Ningxia	92770		103831		5608
新疆	Xinjiang	154762		157189		21052

3-2-6 续表 10 Continued 10

外商投资企业 单位：万元

Foreign Funded Enterprises Unit: 10 000 yuan

地区	Region	商品购进额 Total Purchases Value	#进口 Imports	商品销售额 Total Sales Value	#出口 Exports	期末商品库存额 Inventory (year-end)
全国	**National Total**	**157827872**	**8707561**	**206241873**	**55508**	**15008197**
北京	Beijing	42831713	407393	45558487	974	1695142
天津	Tianjin	2899418	10085	2940467	84	178281
河北	Hebei	5425323	61832	6456361		278768
山西	Shanxi	1350064	19869	2272005		61258
内蒙古	Inner Mongolia	460120	1352	376505		16031
辽宁	Liaoning	1077488	57197	1204680		85042
吉林	Jilin	235009	5684	899949		15215
黑龙江	Heilongjiang	360867	1026	853200		14586
上海	Shanghai	13969605	5447493	23651065	10790	3609571
江苏	Jiangsu	10289979	208579	14114660	3432	768418
浙江	Zhejiang	12194592	738692	20453573	1	938662
安徽	Anhui	818709		3754047		81527
福建	Fujian	10667606	185820	11626691	4852	453125
江西	Jiangxi	566797	89533	1830265		43081
山东	Shandong	4100820	107834	5462559	74	419171
河南	Henan	842351	10981	1327905		71420
湖北	Hubei	3807988	425321	4189226		164797
湖南	Hunan	829838	30916	5002743	15	79657
广东	Guangdong	23883017	503955	27660200	5876	1191837
广西	Guangxi	1691758		1653231	29410	220610
海南	Hainan	110170		117713		4461
重庆	Chongqing	3229435	62272	3174149		79172
四川	Sichuan	8258665	116046	9241299		457130
贵州	Guizhou	2030749	5987	5653216		285430
云南	Yunnan	837649	8484	1349277		98357
西藏	Tibet	32932		38207		4388
陕西	Shaanxi	4721635	200064	5052599		3662048
甘肃	Gansu	141686		163498		11882
青海	Qinghai					
宁夏	Ningxia	5455		8664		1
新疆	Xinjiang	156434	1146	155432		19129

3-2-7 各地区限额以上零售业企业商品购、销、存情况（按国民经济行业分）

Total Purchases, Sales and Inventory of Enterprises above Designated Size of Retail Trade by Region and Sector

综合零售
Integrated Retail

单位：万元
Unit: 10 000 yuan

地区	Region	商品购进额 Total Purchases Value	#进口 Imports	商品销售额 Total Sales Value	#出口 Exports	期末商品库存额 Inventory (year-end)
全国	**National Total**	**191566855**	**4745629**	**223606880**	**35666**	**17215340**
北京	Beijing	11372790	307695	13170495		790489
天津	Tianjin	1556480		1941869		171631
河北	Hebei	7925848	81	9459008		875472
山西	Shanxi	2624673		3529124		309046
内蒙古	Inner Mongolia	1089042	40	1424235		130185
辽宁	Liaoning	4296203	3734	5367133		367028
吉林	Jilin	1338857	1444	2051128		147443
黑龙江	Heilongjiang	2498608	6176	2910375	42	179473
上海	Shanghai	15502247	2383687	17919514		1259253
江苏	Jiangsu	19097868	9749	21913485	2643	1305841
浙江	Zhejiang	12126814	7226	13742784	485	978229
安徽	Anhui	6918547	7001	7720538		630124
福建	Fujian	5987562	4267	6753174	56	323904
江西	Jiangxi	4552398	9463	5541242	15	314428
山东	Shandong	14551115	62566	17523071	155	1689871
河南	Henan	7806897	15771	8809636		638656
湖北	Hubei	11613563	11987	13338978	303	839854
湖南	Hunan	6509477	36275	7626107	15	347312
广东	Guangdong	14817400	2696	17106933		1269341
广西	Guangxi	2585030	3037	2959043		241051
海南	Hainan	3394403	1842600	4410272		1616339
重庆	Chongqing	6418383	2534	7366055		464265
四川	Sichuan	10557595	14266	11977297		810753
贵州	Guizhou	2292048	5114	2448094		252637
云南	Yunnan	2750798	6468	3004883	31942	272809
西藏	Tibet	183630		223198		20622
陕西	Shaanxi	7724822	661	8965420		572129
甘肃	Gansu	1223280	1076	1550415	10	128357
青海	Qinghai	289105		402729		40634
宁夏	Ningxia	764454		807634		82893
新疆	Xinjiang	1196918	15	1643011		145271

3-2-7 续表 1 Continued 1

食品、饮料及烟草制品专门零售 单位：万元

Special Retail of Food, Beverages and Tobaccos Unit: 10 000 yuan

地区	Region	商品购进额 Total Purchases Value	#进口 Imports	商品销售额 Total Sales Value	#出口 Exports	期末商品库存额 Inventory (year-end)
全国	**National Total**	**50250102**	**327780**	**59495117**	**14455**	**5073351**
北京	Beijing	1837912	15063	2364895		480545
天津	Tianjin	456095	4246	645096		36631
河北	Hebei	835626	601	945454	1395	128181
山西	Shanxi	943448	755	1002482	312	113688
内蒙古	Inner Mongolia	262414		302629		46098
辽宁	Liaoning	760487	3201	883757		53181
吉林	Jilin	351937	2625	422109		58910
黑龙江	Heilongjiang	555810	13078	627401		64392
上海	Shanghai	1708861	64961	2540059	103	175498
江苏	Jiangsu	5070980	52607	6031488	6862	410086
浙江	Zhejiang	2567004	66455	2889685		204750
安徽	Anhui	2257923	42	2516103	93	549622
福建	Fujian	3475500	14512	4142370	96	296053
江西	Jiangxi	1917121	16522	2275812	1210	99961
山东	Shandong	1965608	6324	2208936		232435
河南	Henan	2064892	1951	2603478	159	244235
湖北	Hubei	3768941	13359	4264520	2936	219571
湖南	Hunan	2231527	985	2537909	482	132005
广东	Guangdong	4462398	22771	5689157	264	527519
广西	Guangxi	1339854	4128	1540600		105474
海南	Hainan	141846		167063		40735
重庆	Chongqing	1783624	154	2044039		99182
四川	Sichuan	1740084	8417	2005553	28	123571
贵州	Guizhou	3077450		3583804		241915
云南	Yunnan	1625153	7924	1833150	305	122505
西藏	Tibet	20618		23959		2747
陕西	Shaanxi	1900317	7094	2149710	210	141885
甘肃	Gansu	398453		442583		39376
青海	Qinghai	57301		64478		8993
宁夏	Ningxia	167365		196597		9296
新疆	Xinjiang	503553	5	550241		64311

3-2-7 续表 2 Continued 2

纺织、服装及日用品专门零售 单位：万元

Special Retail of Textiles, Garments and Daily Consumer Articles Unit: 10 000 yuan

地 区	Region	商品购进额 Total Purchases Value	#进口 Imports	商品销售额 Total Sales Value	#出口 Exports	期末商品库存额 Inventory (year-end)
全 国	**National Total**	**45593514**	**4496849**	**71669504**	**69360**	**11353328**
北 京	Beijing	1628679	68780	2847804	2141	696829
天 津	Tianjin	601698	2937	883963	84	67632
河 北	Hebei	492286	1043	570785		79925
山 西	Shanxi	445913	316	603948		113949
内蒙古	Inner Mongolia	149386		190889		38052
辽 宁	Liaoning	721956	216	879816		198823
吉 林	Jilin	49049		72472		18424
黑龙江	Heilongjiang	273769	136	323157		30093
上 海	Shanghai	17535556	4264333	33356203	28574	5829825
江 苏	Jiangsu	3271946	11368	4202896	14855	563705
浙 江	Zhejiang	1720818	5060	2285665	11	433410
安 徽	Anhui	725997		914262		161397
福 建	Fujian	3762122	15643	5097258	4852	224331
江 西	Jiangxi	705128	374	785489	2730	68671
山 东	Shandong	1264302	12648	1568266	1383	309015
河 南	Henan	950972	1917	1203744		123182
湖 北	Hubei	1239276	4916	2264025		181398
湖 南	Hunan	978131	55	1142443		98760
广 东	Guangdong	4698765	105099	7020940	14730	1351092
广 西	Guangxi	245250	174	295128		49643
海 南	Hainan	65048		84733		27953
重 庆	Chongqing	932855	10	1118610		170967
四 川	Sichuan	1302936	931	1619207		241225
贵 州	Guizhou	124485		155414		26814
云 南	Yunnan	366027	736	465516		59269
西 藏	Tibet	2214		3939		202
陕 西	Shaanxi	1007082	157	1308228		130847
甘 肃	Gansu	138324		161086		24808
青 海	Qinghai	67275		77854		12924
宁 夏	Ningxia	5420		6582		8131
新 疆	Xinjiang	120849		159182		12032

3-2-7 续表 3 Continued 3

文化、体育用品及器材专门零售 单位：万元
Special Retail of Culture, Sports Appliances and Equipments Unit: 10 000 yuan

地区	Region	商品购进额 Total Purchases Value	#进口 Imports	商品销售额 Total Sales Value	#出口 Exports	期末商品库存额 Inventory (year-end)
全国	**National Total**	**37472477**	**1431713**	**44737657**	**42861**	**7805550**
北京	Beijing	3965116	631057	4846608	7553	1427388
天津	Tianjin	119785	4202	172315		52300
河北	Hebei	645558		727582		143255
山西	Shanxi	347841	1374	433337		120870
内蒙古	Inner Mongolia	230554		247704		53309
辽宁	Liaoning	550956		609938	3717	116577
吉林	Jilin	221869		248298	366	81508
黑龙江	Heilongjiang	222487		255226		130559
上海	Shanghai	8393769	724790	10043240	982	1477570
江苏	Jiangsu	4380021	9958	5627671	4725	1092782
浙江	Zhejiang	1048310	5064	1330692	1282	343362
安徽	Anhui	1019839		1056824	24	150732
福建	Fujian	1263923	15131	1371394	8233	178723
江西	Jiangxi	1141260	1771	1482287	486	89692
山东	Shandong	1404744	1888	1546029	183	352661
河南	Henan	1321761		1486146		170067
湖北	Hubei	1319314	6581	1862222	765	200201
湖南	Hunan	1538370	23541	1619037		207939
广东	Guangdong	3593192	3008	4401385	13620	537211
广西	Guangxi	640396		692231		123942
海南	Hainan	72510		84586	355	20774
重庆	Chongqing	670177	50	700694		164987
四川	Sichuan	1125288	2389	1533664	570	184255
贵州	Guizhou	257969		260722		26823
云南	Yunnan	603230	316	634730		59490
西藏	Tibet	11852		13901		802
陕西	Shaanxi	783517	593	862298		137312
甘肃	Gansu	217542		222549		14554
青海	Qinghai	15122		16798		4108
宁夏	Ningxia	39781		38552		22461
新疆	Xinjiang	306424		308997		119336

医药及医疗器材专门零售
Special Retail of Medicines and Medical Appliances

单位：万元
Unit: 10 000 yuan

地 区	Region	商品购进额 Total Purchases Value	#进 口 Imports	商品销售额 Total Sales Value	#出 口 Exports	期末商品库存额 Inventory (year-end)
全 国	**National Total**	**46494685**	**265934**	**58196884**	**6326**	**7108972**
北 京	Beijing	884638	59788	1055992	17	189953
天 津	Tianjin	310465		375622		51100
河 北	Hebei	1500868	33	1927587		297715
山 西	Shanxi	1067207	42423	1301414		186001
内蒙古	Inner Mongolia	661252		848207		142562
辽 宁	Liaoning	1729239	94680	2314251		329774
吉 林	Jilin	861047		1128354		161649
黑龙江	Heilongjiang	988563	1018	1174520		177440
上 海	Shanghai	1175115		1454628		148826
江 苏	Jiangsu	4176326	5472	5341610		584066
浙 江	Zhejiang	2903339		3561842		401570
安 徽	Anhui	1405793	11354	1627389		222768
福 建	Fujian	1238894	1	1459061		161800
江 西	Jiangxi	1273899	7797	1599951	5730	162250
山 东	Shandong	4195455	1646	4657615	416	693213
河 南	Henan	2537435	5660	2949310		353076
湖 北	Hubei	2827813	8323	3483633		348610
湖 南	Hunan	2116687	798	2682460		234822
广 东	Guangdong	3897847	17673	5663666	59	664687
广 西	Guangxi	1117122	4455	1413829		177857
海 南	Hainan	67281		110508		26103
重 庆	Chongqing	1345503		1603460		160585
四 川	Sichuan	2653589	2776	3050102	23	306534
贵 州	Guizhou	626247		809021		113986
云 南	Yunnan	1167353		2070206	68	262730
西 藏	Tibet	21690		26628		5505
陕 西	Shaanxi	2104712	2022	2461563	13	234541
甘 肃	Gansu	490850		633724		96610
青 海	Qinghai	51985		69524		18046
宁 夏	Ningxia	133762	15	174836		33601
新 疆	Xinjiang	962709		1166371		160992

3-2-7 续表 5 Continued 5

汽车、摩托车、零配件和燃料及其他动力销售 单位：万元

Retail of Motor Vehicles, Motorcycles, Parts and Fuel and Other Powers Unit: 10 000 yuan

地区	Region	商品购进额 Total Purchases Value	#进口 Imports	商品销售额 Total Sales Value	#出口 Exports	期末商品库存额 Inventory (year-end)
全国	**National Total**	**637076878**	**21725975**	**715824416**	**152913**	**57191194**
北京	Beijing	22171054	911466	22338758	498	2240158
天津	Tianjin	10902972	348191	10821177		1000113
河北	Hebei	22308416	497525	23477635	1032	2155465
山西	Shanxi	12784603	293446	14170305		1588850
内蒙古	Inner Mongolia	10053278	149286	11427331		804955
辽宁	Liaoning	16378018	457865	18300548	2414	1235756
吉林	Jilin	7248388	314182	9365656	5356	695546
黑龙江	Heilongjiang	8415116	180118	9471528		746987
上海	Shanghai	24095264	912975	24222300	6185	2390245
江苏	Jiangsu	60276326	2633569	66599585	2429	4780735
浙江	Zhejiang	57615962	3183842	68184453	72332	4335706
安徽	Anhui	20776837	348941	24532009		1695421
福建	Fujian	26535673	980290	27758129		1747882
江西	Jiangxi	13417988	366468	17187773	50	1191848
山东	Shandong	37893713	1202117	40285378	574	3961559
河南	Henan	30732046	795598	33908729		2473553
湖北	Hubei	22837305	532019	25571135	3500	1681261
湖南	Hunan	21740952	638339	30024351	2305	1755610
广东	Guangdong	74716194	3189093	87260175	14605	6221917
广西	Guangxi	10926034	278249	11089555	30852	1214858
海南	Hainan	5982065	223864	6309298		378261
重庆	Chongqing	16110602	614602	18615828		1196492
四川	Sichuan	39350034	1398615	40839865	10734	2711191
贵州	Guizhou	12192228	248272	16309051		1197284
云南	Yunnan	15046157	348115	19437818	47	1165930
西藏	Tibet	1312724	4079	1768311		111836
陕西	Shaanxi	16439302	467798	16680719		4811318
甘肃	Gansu	7757931	75644	8467418		474933
青海	Qinghai	1186386	14696	1269558		264528
宁夏	Ningxia	2345229	11091	2318973		213597
新疆	Xinjiang	7528081	105620	7811067		747399

3-2-7 续表 6 Continued 6

家用电器及电子产品专门零售 单位：万元

Special Retail of Household Electric Appliances and Electronic Products Unit: 10 000 yuan

地 区	Region	商品购进额 Total Purchases Value	#进 口 Imports	商品销售额 Total Sales Value	#出 口 Exports	期末商品库存额 Inventory (year-end)
全 国	**National Total**	**73483948**	**273971**	**80711738**	**55349**	**6515901**
北 京	Beijing	14961605	40140	17039789		673317
天 津	Tianjin	661663		717283		49853
河 北	Hebei	1397256	16	1428129	3805	214270
山 西	Shanxi	1067146	500	1138898		158527
内蒙古	Inner Mongolia	460282		504177		86021
辽 宁	Liaoning	1361837		1436426		132089
吉 林	Jilin	465534	1779	512403		56649
黑龙江	Heilongjiang	838733		890664		80582
上 海	Shanghai	3960643	116306	4406643	447	358919
江 苏	Jiangsu	7470688	10087	8498078	3922	651617
浙 江	Zhejiang	3085950	7218	3320290	2975	375073
安 徽	Anhui	2522737	4698	2630829	33	213385
福 建	Fujian	1840016		2169508		156049
江 西	Jiangxi	1804184	2502	2005196	594	155120
山 东	Shandong	3470121	17061	3739507		412837
河 南	Henan	3164649	636	3453166		334531
湖 北	Hubei	3680993	8669	3909300		353401
湖 南	Hunan	2462064	4147	2600470	14575	157228
广 东	Guangdong	7110882	52634	7608021	18224	858943
广 西	Guangxi	1252863	331	1313072	1634	147418
海 南	Hainan	206160		224829		42633
重 庆	Chongqing	2483564	1489	2683612	339	111351
四 川	Sichuan	3327299	5264	3691675	8801	201905
贵 州	Guizhou	421698		456280		64488
云 南	Yunnan	1108596	44	1143883		138424
西 藏	Tibet	38759		40423		10021
陕 西	Shaanxi	1835591	450	2031534		151142
甘 肃	Gansu	356276		400759		42883
青 海	Qinghai	88009		115799		13086
宁 夏	Ningxia	201793		206668		42029
新 疆	Xinjiang	376357		394427		72110

3-2-7 续表 7 Continued 7

五金、家具及室内装饰材料专门零售 单位：万元

Special Retail of Hardware, Furniture and Interior Decoration Materials Unit: 10 000 yuan

地 区	Region	商品购进额 Total Purchases Value	#进 口 Imports	商品销售额 Total Sales Value	#出 口 Exports	期末商品库存额 Inventory (year-end)
全 国	**National Total**	**16937192**	**211235**	**20261842**	**258548**	**1997329**
北 京	Beijing	585982	33654	922164		174216
天 津	Tianjin	150781	1361	191507		33707
河 北	Hebei	396714		409320	542	24882
山 西	Shanxi	247853		263100		18784
内蒙古	Inner Mongolia	8243		9797		1778
辽 宁	Liaoning	130556	230	151702		23379
吉 林	Jilin	41011	26	51425		16459
黑龙江	Heilongjiang	78019		92116		13123
上 海	Shanghai	812898	71524	1168831		322760
江 苏	Jiangsu	2675581	20509	3045368	6313	179190
浙 江	Zhejiang	420053	43363	541590	20623	82092
安 徽	Anhui	454626		526276		28372
福 建	Fujian	1349549		1557561		236565
江 西	Jiangxi	977603	8954	1104481	211	51660
山 东	Shandong	476253	9737	536575	942	73109
河 南	Henan	727439	681	880104		57440
湖 北	Hubei	1482842	4824	1671236		82169
湖 南	Hunan	1065138	5147	1273907	7700	52625
广 东	Guangdong	1180842	5529	1565600	7984	168104
广 西	Guangxi	207026	236	233372	85	28845
海 南	Hainan	19913		22760		6648
重 庆	Chongqing	1066551	485	1177462	211886	39904
四 川	Sichuan	567023		675050		43755
贵 州	Guizhou	37214		44387		9145
云 南	Yunnan	245236	2	276181		36254
西 藏	Tibet	996		1097		
陕 西	Shaanxi	1301493		1432097	2262	45210
甘 肃	Gansu	40860		42427		4425
青 海	Qinghai	9768		10308		655
宁 夏	Ningxia					
新 疆	Xinjiang	179129	4973	384041		142074

3-2-7 续表 8 Continued 8

货摊、无店铺及其他零售业

Stalls, Non-shop and Other Retails

单位：万元

Unit: 10 000 yuan

地区	Region	商品购进额 Total Purchases Value	#进口 Imports	商品销售额 Total Sales Value	#出口 Exports	期末商品库存额 Inventory (year-end)
全国	**National Total**	**239490011**	**2168248**	**267735673**	**115598**	**11422518**
北京	Beijing	40759679	141352	42158443	464	1798963
天津	Tianjin	5553856	2064	5729345	13434	167781
河北	Hebei	3829833	2519	3873541	2696	66034
山西	Shanxi	1344074	1199	1377111		50001
内蒙古	Inner Mongolia	167422		180033		7711
辽宁	Liaoning	4014670	284	4167227		46710
吉林	Jilin	483544	1556	470425		15658
黑龙江	Heilongjiang	828474	7697	840832		33277
上海	Shanghai	22819842	88031	27021801	4242	1368993
江苏	Jiangsu	21200492	46732	24063660	5625	1023303
浙江	Zhejiang	21381917	241212	27175045	35235	1819696
安徽	Anhui	4764176	99717	5783069	40	302037
福建	Fujian	14139546	67419	16656271	5933	774828
江西	Jiangxi	4491432	33812	4795261	15515	293609
山东	Shandong	10212950	44680	10806853	3965	754230
河南	Henan	2790129	32290	3130226	1575	97269
湖北	Hubei	10056791	326330	10603051		139024
湖南	Hunan	3849314	1729	4433671	673	109767
广东	Guangdong	37942711	228502	43523133	16945	1642120
广西	Guangxi	1488879	189	1617477	255	29731
海南	Hainan	2364469	669868	2783811		196483
重庆	Chongqing	3939744	97495	4028504	5152	134406
四川	Sichuan	12462894	6309	13147752	3738	369275
贵州	Guizhou	1191109		1261334		48510
云南	Yunnan	182466	8911	210863		9024
西藏	Tibet	67930		71587		8154
陕西	Shaanxi	6772089	13838	7367251	111	99742
甘肃	Gansu	157750		188562		3710
青海	Qinghai	11562	4513	17398		1099
宁夏	Ningxia	44481		58405		2824
新疆	Xinjiang	175786		193731		8549

3-3-1 限额以上批发和零售业企业年末资产负债

项　　目	Item	流动资产合　计 Total Current Assets	#存 货 Stock
总　　计	**Total**	**4108357202**	**576154194**
一、批发业	**Wholesale Trade**	**3585535607**	**453909898**
#国有控股	State-controlled Enterprises	1219746131	161911631
(一)按登记注册类型分	**by Type of Registration**		
1.内资企业	**Domestic Funded Enterprises**	**3035181660**	**365898355**
国有企业	State-owned Enterprises	149867645	22349066
集体企业	Collective-owned Enterprises	2381888	313113
股份合作企业	Cooperative Enterprises	2006758	214258
联营企业	Joint Ownership Enterprises	2382631	126964
国有联营企业	State Joint Ownership Enterprises	1758899	95687
集体联营企业	Collective Joint Ownership Enterprises	40118	5093
国有与集体联营企业	Joint State-collective Enterprises	145485	7493
其他联营企业	Other Joint Ownership Enterprises	438129	18694
有限责任公司	Limited Liability Corporations	1370739980	166793260
国有独资公司	State Sole Funded Corporations	238761088	29693951
其他有限责任公司	Other Limited Liability Corporations	1131978893	137099312
股份有限公司	Share-holding Corporations Ltd.	194538868	20094175
私营企业	Private Enterprises	1311921905	155814580
私营独资企业	Private-funded Enterprises	10423370	1424050
私营合伙企业	Private Partnership Enterprises	1346367	271809
私营有限责任公司	Private Limited Liability Corporations	1259987153	148663817
私营股份有限公司	Private Share-holding Corporations Ltd.	40165018	5454903
其他企业	Other Enterprises	1341990	192943
2.港、澳、台商投资企业	**Enterprises with Funds from Hongkong, Macao and Taiwan**	**226955060**	**33223343**
合资经营企业	Joint-venture Enterprises	30878425	3790315
合作经营企业	Cooperative Enterprises	1538367	86921
独资经营企业	Enterprises with Sole Investment	181670327	28347052
投资股份有限公司	Share-holding Corporations Ltd. with Investment	10815277	763299
其他港澳台商投资企业	Other Enterprises with Funds from Hongkong, Macao and Taiwan	2052669	235757
3.外商投资企业	**Foreign Funded Enterprises**	**323398882**	**54788203**
中外合资经营企业	Joint-venture Enterprises	57982904	7065680
中外合作经营企业	Cooperative Enterprises	231400	48955
外资企业	Enterprises with Sole Foreign Investment	246321906	45924509
外商投资股份有限公司	Share-holding Corporations Ltd. with Foreign Investment	16139909	1213572
其他外商投资企业	Other Foreign Funded Enterprises	2722768	535489

注：限额以上批发和零售业企业中包含视同法人企业，部分视同法人企业资产不等于负债与所有者权益之和(下表同)。

Assets and Liabilities of Enterprises above Designated Size of Wholesale and Retail Trades at the Year-end

单位：万元

Unit: 10 000 yuan

固定资产原价 Original Value of Fixed Assets	累计折旧 Accumulated Depreciation	#本年折旧 Current Year Depreciation	资产总计 Total Assets	负债合计 Total Liabilities	所有者权益合计 Total Owners' Equities	实收资本 Paicl-up Capitals
339901230	**144216297**	**21718864**	**5354468611**	**3907723098**	**1450920553**	**881150070**
202159665	**84095393**	**13131312**	**4589505139**	**3345492133**	**1245633056**	**689517765**
83854007	35066212	3919517	1711499862	1166541763	547254927	255970291
169001042	**68604518**	**9777968**	**3902756920**	**2876396382**	**1024852475**	**581914866**
18514102	9828065	938527	182239937	104419235	78176493	17024849
366290	169555	8939	3069903	2542427	527037	269840
129517	63014	4732	2188092	1809450	378644	227153
95983	32608	4206	3264224	2314127	950096	413231
71102	18253	3646	2582055	1778949	803105	283110
3235	1310	72	42442	29129	13314	9331
21322	12773	344	201540	77002	124538	112589
323	271	143	438186	429048	9139	8202
66669797	24166000	3218207	1827391161	1337949192	489590256	289843033
18099862	5583379	701285	401994779	262302201	139608726	66031379
48569937	18582622	2516922	1425396387	1075646992	349981530	223811657
16883738	7910510	853834	330636073	199432086	130200657	36282256
66104120	26363325	4737213	1552323751	1226869536	324447286	237647038
579349	186117	51023	11320855	9524994	1790729	3013668
55211	19726	4483	1455308	1127727	326286	137686
62681823	25061744	4508105	1477316862	1183598223	292735036	225757588
2787734	1095740	173606	62230733	32618594	29595230	8738099
237498	71445	12314	1643772	1060330	582022	207479
10553605	**4902073**	**934137**	**280405532**	**193973817**	**86459841**	**59018271**
1590992	641329	81783	39394673	24688345	14706327	5466737
23508	16656	1505	2032630	1448632	583997	363307
8346359	3985763	796612	218854463	158102243	60780357	50060625
506361	232387	50048	17824544	8361304	9463241	2536701
86388	25941	4190	2299229	1373298	925926	590897
22605020	**10588802**	**2419204**	**406342691**	**275121934**	**134320737**	**48584627**
4204805	2168405	248987	74654706	58636167	19229909	9097845
91298	62353	2617	298741	241471	57270	189778
16814622	7717283	2074375	298748592	201011448	97625758	34615968
1442635	616952	84716	29714811	13045550	16669263	3953483
51661	23807	8514	2925841	2187300	738542	727553

Note: For the financial data of Wholesale and Retail Trades enterprises above designated size, total assets may not equal to liabities plus total owner's equities, due to the fact that there are some establishments which are regarded as enterprises. The same applies to the tables following.

项　目	Item	流动资产合　计 Total Current Assets	#存 货 Stock
(二)按国民经济行业分	**by Sector**		
农、林、牧、渔产品批发	Wholesale of Agricultural, Forestry, Livestock and Fishery Products	142180795	33825987
食品、饮料及烟草制品批发	Wholesale of Food, Beverages and Tobaccos	341346737	60708238
米、面制品及食用油批发	Wholesale of Rice, Flour and Edible Oil	62243383	17400084
肉、禽、蛋、奶及水产品批发	Wholesale of Meal, Fowls, Eggs, Milk and Aquatic Products	42731964	8474979
酒、饮料及茶叶批发	Wholesale of Wine, Beverages and Teas	88512049	14594289
烟草制品批发	Wholesale of Tobaccos	65930321	9928466
纺织、服装及家庭用品批发	Wholesale of Textiles, Wearing Apparel and Household Articles	275360144	44448293
服装批发	Wholesale of Garments	49829980	10497571
鞋帽批发	Wholesale of Shoes and Hats	15385223	2911868
日用家电批发	Wholesale of Household Electrical Appliances	79066752	11196099
文化、体育用品及器材批发	Wholesale of Culture, Sports Appliances and Equipments	81198907	16402452
文具用品批发	Wholesale of Stationeries	22034930	2766352
体育用品及器材批发	Wholesale of Sports Appliances and Equipments	9615516	1160574
图书批发	Wholesale of Books	13993915	2422960
医药及医疗器材批发	Wholesale of Medicines and Medical Appliances	289006191	43657785
西药批发	Wholesale of Western Medicines	164714860	24797502
中药批发	Wholesale of Chinese Traditional Medicines	36759830	5154418
矿产品、建材及化工产品批发	Wholesale of Mineral Products, Building Materials and Chemical Products	1750108887	167159219
煤炭及制品批发	Wholesale of Coal and Related Products	268240611	20276279
石油及制品批发	Wholesale of Petroleum and Related Products	225531126	36394603
金属及金属矿批发	Wholesale of Metal Materials	714473464	61612385
建材批发	Wholesale of Building Materials	217090163	14750768
化肥批发	Wholesale of Chemical Fertilizer	34431222	7025782
农药批发	Wholesale of Pesticides	7204116	1057564
机械设备、五金产品及电子产品批发	Wholesale of Machinery, Hardware and Electronic Products	601646496	78802596
汽车及零配件批发	Wholesale of Motor Vehicles and Their Parts	207275504	28202805
计算机、软件及辅助设备批发	Wholesale of Computer, Software and Assistant Appliances	57282143	8328105
通讯设备批发	Wholesale of Communication Equipments	45554981	5525314
贸易经纪与代理	Trade Broker and Agency	42044908	1989057
其他批发业	Other Wholesale not Classified Elsewhere	62642537	6916280

3-3-1 Continued 1

单位：万元

Unit: 10 000 yuan

固定资产原价 Original Value of Fixed Assets	累计折旧 Accumulated Depreciation	#本年折旧 Current Year Depreciation	资产总计 Total Assets	负债合计 Total Liabilities	所有者权益合计 Total Owners' Equities	实收资本 Paicl-up Capitals
13159450	4231714	623541	190089106	144177897	45797824	31083965
33474342	15394450	1862434	437446068	278557870	158898283	48716927
5930686	1802681	244018	98844656	74723733	24112076	10508792
3503512	1258203	206359	51336472	41934746	9396824	6329800
3994216	1709043	313404	104617188	68288410	36319429	15270767
13180552	8161134	692413	78857275	18795102	60062234	1584681
16530099	7247815	1071647	341042567	251111771	89807357	44728982
4460333	2071351	288381	63326594	42994094	20291449	7768790
969925	493576	89720	17634661	12812952	4822641	1293006
2113187	839105	109398	93442906	75501432	17931158	7509656
4653573	1882094	257510	100129028	69339667	30791545	13889815
986979	417456	55374	25803053	20011154	5791213	3617307
415361	160808	27984	10778825	7895619	2882769	663548
1583756	520715	65795	19975821	11358665	8617159	2165722
15640040	7213172	1226996	339118928	248639153	90456557	39761984
6939689	2841037	442241	195608785	144399515	51203759	21876791
2106695	741750	110429	42684304	33082155	9601247	4635667
87045719	35256534	4848891	2327692309	1715601326	613911226	407883742
12120998	4268215	650136	406607172	276453905	130720841	66461297
35451654	16250844	1886181	311378082	229338755	84469010	49950951
17304420	6308496	963832	912850497	696917096	215002456	159119335
8764979	2979746	543652	259934409	203364396	56414294	69369438
1394904	459949	61788	45941339	34152812	11771378	6854325
388742	174539	26808	9689932	7050814	2639122	2120343
26618662	11068941	2931237	721550510	540748174	180831954	86283599
6122846	2674751	582397	249883541	200488938	49496121	27581581
1193645	600789	120716	63420071	49570714	13840592	6658573
809726	371226	56447	51951843	39547829	12397283	5680181
1145377	439602	57978	49250492	38091411	11146444	5111816
3292407	1361069	251079	83186132	59224859	23991871	12056950

项 目	Item	流动资产合 计 Total Current Assets	#存 货 Stock
二、零售业	**Retail Trade**	**522821598**	**122244296**
#国有控股	State-controlled Enterprises	84302115	17155399
(一)按登记注册类型分	**by Type of Registration**		
1.内资企业	**Domestic Funded Enterprises**	**420057034**	**101260515**
国有企业	State-owned Enterprises	6603841	1518836
集体企业	Collective-owned Enterprises	916433	141440
股份合作企业	Cooperative Enterprises	365279	92256
联营企业	Joint Ownership Enterprises	179096	24458
国有联营企业	State Joint Ownership Enterprises	116271	16185
集体联营企业	Collective Joint Ownership Enterprises	8298	607
国有与集体联营企业	Joint State-collective Enterprises	27099	5478
其他联营企业	Other Joint Ownership Enterprises	27429	2189
有限责任公司	Limited Liability Corporations	148888101	31991431
国有独资公司	State Sole Funded Corporations	10089910	2074749
其他有限责任公司	Other Limited Liability Corporations	138798192	29916688
股份有限公司	Share-holding Corporations Ltd.	37509713	5641459
私营企业	Private Enterprises	225232999	61760117
私营独资企业	Private-funded Enterprises	3922378	1064799
私营合伙企业	Private Partnership Enterprises	577790	105594
私营有限责任公司	Private Limited Liability Corporations	212916573	58965885
私营股份有限公司	Private Share-holding Corporations Ltd.	7816263	1623838
其他企业	Other Enterprises	361571	90515
2.港、澳、台商投资企业	**Enterprises with Funds from Hongkong, Macao and Taiwan**	**44431158**	**9315609**
合资经营企业	Joint-venture Enterprises	7404466	1197664
合作经营企业	Cooperative Enterprises	352803	33621
独资经营企业	Enterprises with Sole Investment	32126499	7442672
投资股份有限公司	Share-holding Corporations Ltd. with Investment	3545075	426714
其他港澳台商投资企业	Other Enterprises with Funds from Hongkong, Macao and Taiwan	1002315	214938
3.外商投资企业	**Foreign Funded Enterprises**	**58333406**	**11668172**
中外合资经营企业	Joint-venture Enterprises	10527054	1973693
中外合作经营企业	Cooperative Enterprises	225165	61150
外资企业	Enterprises with Sole Foreign Investment	39510698	8413942
外商投资股份有限公司	Share-holding Corporations Ltd. with Foreign Investment	7471980	1066413
其他外商投资企业	Other Foreign Funded Enterprises	598509	152974

3-3-1 Continued 2

单位：万元
Unit: 10 000 yuan

固定资产原价 Original Value of Fixed Assets	累计折旧 Accumulated Depreciation	#本年折旧 Current Year Depreciation	资产总计 Total Assets	负债合计 Total Liabilities	所有者权益合计 Total Owners' Equities	实收资本 Paicl-up Capitals
137741565	**60120904**	**8587557**	**764963476**	**562230968**	**205287496**	**191632309**
38062238	16975270	1898419	161107254	92014219	71133015	33323366
108600226	**46078345**	**6787419**	**607261517**	**443434965**	**165346405**	**163925147**
2813625	1116794	151309	11206264	8662115	5321951	1408340
353508	170617	16592	1265324	668235	577929	107497
170973	72633	12144	547486	295144	250624	112186
36832	18621	3183	290217	164501	123425	58918
15777	6825	1813	213109	134374	78735	46290
3791	2074	165	10217	5549	4669	1030
10297	5553	818	35021	16357	16378	8876
6965	4169	389	31870	8226	23643	2724
36781830	15424618	2184716	220979156	164866975	55970768	55123442
2526978	998575	134463	16124020	9083526	7015042	2505667
34254850	14426044	2050255	204855137	155783450	48955730	52617771
19780388	9599463	903647	78074093	41133749	36270383	6206997
48471501	19615803	3500666	294308186	227349463	66541438	100769685
1889178	548699	121977	5904713	3238094	2619264	1615503
248595	74742	14096	870991	495402	371707	683957
43644941	17879008	3248406	273626568	215064211	58191518	96251242
2688789	1113356	116189	13905915	8551760	5358949	2218984
191575	59791	15169	590797	294789	289900	138084
11489407	**5977485**	**768075**	**66295649**	**50424593**	**15922543**	**13334774**
2331561	1162407	135519	12249562	8069427	4187537	1519182
154639	105417	6388	525116	259591	265525	136162
8721902	4566701	602771	47600885	38291153	9353819	10948184
235066	117508	18204	4660346	3014123	1646225	495897
46239	25452	5193	1259740	790299	469437	235349
17651932	**8065074**	**1032063**	**91406310**	**68371410**	**24018548**	**14372388**
4938789	2096261	263536	20934555	14026349	7102106	4496490
204615	147891	8360	378995	224171	154825	195902
9126000	4369602	582439	55989060	46663394	9958618	8156058
3243504	1392473	158451	13349980	6905945	6600823	1367425
139024	58847	19277	753720	551551	202176	156513

项　目	Item	流动资产合计 Total Current Assets	#存 货 Stock
(二)按国民经济行业分	**by Sector**		
综合零售	Integrated Retail	108075040	16917090
百货零售	Retail of General Merchandise	62135492	7825737
超级市场零售	Retail of Supermarkets	40690851	8290105
食品、饮料及烟草制品专门零售	Special Retail of Food, Beverages and Tobaccos	27688528	5465635
粮油零售	Retail of Cereal and Oil	2554772	585624
肉、禽、蛋、奶及水产品零售	Retail of Meat, Poultry, Eggs, Milk and Aquatic Products	3866654	525679
酒、饮料及茶叶零售	Retail of Wine, Beverages and Teas	9205044	2523244
烟草制品零售	Retail of Tobaccos	1581060	500260
纺织、服装及日用品专门零售	Special Retail of Textiles, Garments and Daily Consumer Articles	34543408	11960536
服装零售	Retail of Garments	20865715	7661277
文化、体育用品及器材专门零售	Special Retail of Culture, Sports Appliances and Equipments	29820022	7718797
体育用品及器材零售	Retail of Sports Appliances and Equipments	994086	358779
图书、报刊零售	Retail of Books, Newspapers and Magazines	14894749	2156246
医药及医疗器材专门零售	Special Retail of Medicines and Medical Appliances	28984339	7605802
西药零售	Retail of Western Medicines	26111884	6943858
汽车、摩托车、零配件和燃料及其他动力销售	Retail of Motor Vehicles, Motorcycles, Parts, Fuel and Other Powers	182465039	52283059
汽车新车零售	Retail of New Motor Vehicles	139610366	44348698
机动车燃油零售	Retail of Fuel Oil of Motor Vehicles	35184180	6438900
家用电器及电子产品专门零售	Special Retail of Household Electric Appliances and Electronic Products	32678462	7070294
日用家电零售	Retail of Household Electric Appliances	16191447	2932246
计算机、软件及辅助设备零售	Retail of Computer, Software and Assistant Appliances	5726052	1122792
通信设备零售	Retail of Communication Equipments	5268280	1636128
五金、家具及室内装饰材料专门零售	Special Retail of Hardware, Furniture and Interior Decoration Materials	9007576	2143819
货摊、无店铺及其他零售业	Stalls, Non-shop and Other Retails	69559181	11079251
互联网零售	Retail on the Internet	64647812	10468481
(三)按零售业态分	**by Mode of Business Operation**		
有店铺零售	Store-based Retailing	444658421	109548206
超市	Supermarket	60783524	12037708
百货店	Department Store	69123648	9923582
专业店	Speciality Store	157115387	37661444
品牌专卖店	Brand Store	169560255	53809398
集合店	Collection Store	4910981	1361084
无店铺零售	Non-Store Selling	129745512	23485364

3-3-1 Continued 3

单位：万元
Unit: 10 000 yuan

固定资产原价 Original Value of Fixed Assets	累计折旧 Accumulated Depreciation	#本年折旧 Current Year Depreciation	资产总计 Total Assets	负债合计 Total Liabilities	所有者权益合计 Total Owners' Equities	实收资本 Paicl-up Capitals
47072139	21949092	2350314	193683723	148422076	45441205	34470916
28887245	12979960	1252322	116824678	79331234	37338145	17194607
16730163	8404230	972182	68921308	61771612	7416449	14119588
5949456	2001927	371746	38496784	23275250	15027378	9529766
657140	191088	41356	3727195	2446580	1274581	2616817
1053123	322303	66366	5855741	3582534	2254518	986641
1665190	493518	89360	11908628	7047073	4752820	2755171
231443	134160	10335	1966562	745016	1220258	414270
5955250	2768385	572606	46596357	34828800	11787145	9731547
4008120	1743238	298854	29106217	21920346	7213064	5652798
5892823	2462285	288240	41142184	25049958	16136472	6037224
365565	183100	14752	1553496	1293198	262657	380367
3987780	1596645	157111	20989237	11805070	9183335	2570212
2839547	1237637	221628	38155424	29599230	8516345	14213014
2530754	1115486	196405	34499219	26902007	7566753	13706139
57779155	25209705	4024357	272923845	192979202	82654318	90172869
28329688	12356952	2396584	177788338	141731966	35872085	75021933
27086967	11879531	1443251	84347734	44351057	43520348	10937268
2951946	1267540	192010	38834055	29388813	9393464	10948024
1386318	559183	70422	19366935	14471082	4901183	4567648
460433	247465	47634	6854444	4441855	2397645	1181933
311486	153791	23863	5896949	4924649	963810	3790666
3323757	1126509	183506	14137994	10629969	3446267	4683724
5977497	2097822	383150	80993117	68057684	12884904	11845225
3347632	1059436	230143	73183809	63356896	9819435	10178573
132461255	58258636	8165578	674655838	486628833	190598221	177096036
25599952	12222145	1405072	104634195	87693260	17261462	19040683
31101579	13800372	1367443	126856774	86877662	39785377	19085350
45681646	19208297	2802264	237416661	158517447	80743750	62125644
37515437	16376089	2823354	230180870	169709988	61020288	77802036
995013	354512	77965	6452899	5387868	1013674	1585299
14018528	5952239	974360	166541431	131923790	34743463	24411970

3-3-2 各地区限额以上批发业企业年末资产负债

Assets and Liabilities of Enterprises above Designated Size of Wholesale Trade by Region at the Year-end

单位：万元

Unit: 10 000 yuan

地 区	Region	资产总计 Total Assets	#流动资产合计 Total Current Assets	#固定资产净额 Net Value of Fixed Assets	负债合计 Total Liabilities	所有者权益合计 Total Owners' Equities
全 国	**National Total**	**4589505139**	**3585535607**	**107241494**	**3345492133**	**1245633056**
北 京	Beijing	568862844	387402055	9112538	376130379	192818519
天 津	Tianjin	158611224	117036485	2113619	120597223	38007795
河 北	Hebei	70477556	58133370	1597391	52046990	18422640
山 西	Shanxi	125489512	100057657	3127908	97569943	27886646
内蒙古	Inner Mongolia	45097031	27795280	1600486	29074902	15994545
辽 宁	Liaoning	67634361	54976405	5241278	55684258	11783047
吉 林	Jilin	24045029	18498036	1482754	17741692	6302815
黑龙江	Heilongjiang	45666129	38216670	1438767	36871250	8790201
上 海	Shanghai	533194011	435756763	7989192	372349515	160409868
江 苏	Jiangsu	396353217	321495741	11233939	298172931	101308209
浙 江	Zhejiang	441648439	352870222	8571131	334598713	107660882
安 徽	Anhui	82283281	69957163	2101962	63474921	18795554
福 建	Fujian	243783106	180755262	4136307	173207237	70529524
江 西	Jiangxi	48347939	41072510	1552619	36063953	12265690
山 东	Shandong	313044526	258694098	9157131	249769809	63005891
河 南	Henan	83908073	71008572	2236680	61725571	22151949
湖 北	Hubei	76515011	59355292	2923226	56701354	19735768
湖 南	Hunan	42510579	33637517	1654812	30154968	12907963
广 东	Guangdong	590608333	480601036	11294715	447886699	142360850
广 西	Guangxi	73923892	55368983	1929435	53320145	19827615
海 南	Hainan	48533437	36856625	722180	34109726	14401580
重 庆	Chongqing	61173697	51388372	1917658	43374409	17617197
四 川	Sichuan	120871595	94554101	3327782	82114723	38749851
贵 州	Guizhou	51867493	43434615	947252	34878303	16939524
云 南	Yunnan	66503822	47624258	1946237	41540180	24953238
西 藏	Tibet	3639537	3238409	85310	2008106	1629192
陕 西	Shaanxi	69750813	56706635	1785270	51060350	18742615
甘 肃	Gansu	29867143	15730019	1395356	18440203	11355600
青 海	Qinghai	17804701	7769460	414412	8658636	9142801
宁 夏	Ningxia	5874279	4323618	493023	3973442	1941613
新 疆	Xinjiang	81614529	61220378	3711124	62191602	19193874

3-3-2 续表 Continued

国有控股
State-controlled Enterprises

单位：万元
Unit: 10 000 yuan

地　区	Region	资产总计 Total Assets	#流动资产合计 Total Current Assets	#固定资产净额 Net Value of Fixed Assets	负债合计 Total Liabilities	所有者权益合计 Total Owners' Equities
全　国	**National Total**	**1711499862**	**1219746131**	**45079565**	**1166541763**	**547254927**
北　京	Beijing	337419169	204128807	5734567	211013893	126390464
天　津	Tianjin	32143771	27455006	624637	24482404	7661367
河　北	Hebei	27898385	20887978	390337	19144764	8753620
山　西	Shanxi	91627724	72828576	2062274	71170574	20453763
内蒙古	Inner Mongolia	14640632	8871969	626128	8340612	6274612
辽　宁	Liaoning	22060474	18288063	915139	18845413	3065124
吉　林	Jilin	14247489	10569055	1104441	10143326	4104163
黑龙江	Heilongjiang	27409092	22988709	1010349	22639353	4775435
上　海	Shanghai	130848297	97700521	1725220	91242487	39508772
江　苏	Jiangsu	113648410	91166865	3359418	87596306	29298244
浙　江	Zhejiang	90719355	69481740	1835669	61879109	28819964
安　徽	Anhui	33497286	26663237	985109	22501443	10989841
福　建	Fujian	105292601	67324136	960935	69103189	36189071
江　西	Jiangxi	25040700	20392506	982104	18418324	6622448
山　东	Shandong	95500853	74262575	3722550	72577871	22920670
河　南	Henan	27117762	21209315	806788	17384447	9730069
湖　北	Hubei	32433235	23554705	1479313	24933891	7433692
湖　南	Hunan	18910777	13674777	743842	12759606	6710800
广　东	Guangdong	121313788	82726698	4745948	79751142	41551379
广　西	Guangxi	35924153	24829856	964589	23594289	11581763
海　南	Hainan	17721306	13226135	251815	10586239	7135067
重　庆	Chongqing	22759548	16735809	1141614	14379059	8176161
四　川	Sichuan	58806145	45459202	2001546	38768760	20037385
贵　州	Guizhou	38459698	31767945	652211	24463472	13961968
云　南	Yunnan	49449452	33073262	1228976	28109698	21339753
西　藏	Tibet	1153454	937112	61507	532123	621331
陕　西	Shaanxi	39359585	29794066	1104745	26802908	12617027
甘　肃	Gansu	22327832	9553843	884014	12723711	9604121
青　海	Qinghai	15613903	6211159	303882	7014132	8596500
宁　夏	Ningxia	2061765	1400201	308050	1258584	839426
新　疆	Xinjiang	46093221	32582303	2361848	34380634	11490927

3-3-3 各地区限额以上批发业企业年末资产负债(按登记注册类型分)

Assets and Liabilities of Enterprises above Designated Size of Wholesale Trade by Region and Type of Registration at the Year-end

内资企业
Domestic Funded Enterprises

单位：万元
Unit: 10 000 yuan

地区	Region	资产总计 Total Assets	#流动资产合计 Total Current Assets	#固定资产净额 Net Value of Fixed Assets	负债合计 Total Liabilities	所有者权益合计 Total Owners' Equities
全国	**National Total**	**3902756920**	**3035181660**	**90337753**	**2876396382**	**1024852475**
北京	Beijing	413786351	270126062	7552428	273472105	140403637
天津	Tianjin	138836448	98972242	1649937	106235942	32525317
河北	Hebei	68308221	56630824	1547683	50988714	17311581
山西	Shanxi	124139433	99560851	3123664	96968522	27137988
内蒙古	Inner Mongolia	44708721	27475646	1580314	28752053	15929083
辽宁	Liaoning	59305526	51235204	1747428	50107695	9031339
吉林	Jilin	23809916	18344912	1458836	17499298	6310095
黑龙江	Heilongjiang	45184511	37735333	1438629	36438589	8741243
上海	Shanghai	303076737	241365789	4251893	217784475	84934344
江苏	Jiangsu	356843898	290323154	9662261	271872727	84863605
浙江	Zhejiang	390161859	311450827	7449328	296547429	94228109
安徽	Anhui	65423872	54456757	1808980	47639647	17771419
福建	Fujian	226906885	166087028	3528990	161180552	65680312
江西	Jiangxi	47534043	40469985	1506508	35488416	12027332
山东	Shandong	288780029	238412035	8586886	234055857	54487987
河南	Henan	82871812	70232842	2173182	61146487	21695630
湖北	Hubei	62339160	49274555	2484265	45964731	16296540
湖南	Hunan	41674571	32914290	1631331	29343617	12883306
广东	Guangdong	512874963	421008030	9699799	397199998	115396923
广西	Guangxi	70998249	53757516	1571585	51391888	18830228
海南	Hainan	44197388	33055782	452169	31168811	13006446
重庆	Chongqing	56922784	48183269	1694533	40669581	16047775
四川	Sichuan	115342133	90451582	3130554	78102047	37233064
贵州	Guizhou	51508690	43196590	942403	34672751	16786274
云南	Yunnan	65745475	47018027	1906896	41003970	24731101
西藏	Tibet	3267941	2918844	81298	1893401	1372301
陕西	Shaanxi	64599503	52433400	1744966	46306112	18345543
甘肃	Gansu	29699134	15643774	1361062	18343650	11284144
青海	Qinghai	17256111	7315197	384808	8278677	8974170
宁夏	Ningxia	5874279	4323618	493023	3973442	1941613
新疆	Xinjiang	80778277	60807695	3692114	61905198	18644026

3-3-3 续表 1 Continued 1

国有企业
State-owned Enterprises

单位：万元
Unit: 10 000 yuan

地　区	Region	资产总计 Total Assets	#流动资产合计 Total Current Assets	#固定资产净额 Net Value of Fixed Assets	负债合计 Total Liabilities	所有者权益合计 Total Owners' Equities
全　国	**National Total**	**182239937**	**149867645**	**7961868**	**104419235**	**78176493**
北　京	Beijing	3890506	3561356	107804	1971531	1918975
天　津	Tianjin	3603800	3118721	78250	2265970	1337829
河　北	Hebei	2927177	2496026	145487	1257636	1669541
山　西	Shanxi	1663612	1464677	136206	619993	1043619
内蒙古	Inner Mongolia	1017366	897040	82668	135538	881829
辽　宁	Liaoning	3521618	2492649	161718	1198659	2322899
吉　林	Jilin	760208	625008	99581	178422	581785
黑龙江	Heilongjiang	9563605	9122585	214155	8379802	1183803
上　海	Shanghai	1173117	959026	25705	910705	262612
江　苏	Jiangsu	24346231	20415520	1019588	16222234	8142854
浙　江	Zhejiang	8505587	7609828	233002	4111774	4393813
安　徽	Anhui	4583852	4153105	205732	1944884	2634077
福　建	Fujian	7186919	3562133	225253	2931303	4255616
江　西	Jiangxi	6143130	5276690	237066	3954120	2188794
山　东	Shandong	12006431	10205391	383186	9025428	2981004
河　南	Henan	4715139	3946053	378537	2185696	2529444
湖　北	Hubei	8390396	6651018	546876	5092733	3297663
湖　南	Hunan	3802681	2657628	474672	1289068	2513613
广　东	Guangdong	14515505	11179990	460719	8462581	6052925
广　西	Guangxi	2416604	1956917	167517	1284588	1203003
海　南	Hainan	4517776	3570766	46970	2459503	2058273
重　庆	Chongqing	5618055	3882388	481644	3225580	2673875
四　川	Sichuan	7320514	6034425	406267	3392590	3927924
贵　州	Guizhou	4535503	3780031	222370	1747115	2788388
云　南	Yunnan	12460711	11091750	466490	4624674	7836037
西　藏	Tibet	722887	641988	45800	303937	418950
陕　西	Shaanxi	11766831	9893294	283633	8565800	3201031
甘　肃	Gansu	3132980	2700790	191988	1768636	1364344
青　海	Qinghai	587048	491921	19462	159609	415014
宁　夏	Ningxia	686444	553694	37123	279236	407208
新　疆	Xinjiang	6157704	4875237	376399	4469890	1689751

3-3-3 续表 2 Continued 2

集体企业
Collective-owned Enterprises

单位：万元
Unit: 10 000 yuan

地 区	Region	资产总计 Total Assets	#流动资产合计 Total Current Assets	#固定资产净额 Net Value of Fixed Assets	负债合计 Total Liabilities	所有者权益合计 Total Owners' Equities
全 国	**National Total**	**3069903**	**2381888**	**181629**	**2542427**	**527037**
北 京	Beijing	117980	74414	25760	102443	15537
天 津	Tianjin	47771	30151	13051	22817	24954
河 北	Hebei	237109	140616	33490	184818	52291
山 西	Shanxi	334150	300250	32407	292493	41657
内 蒙 古	Inner Mongolia					
辽 宁	Liaoning	14027	12809	1133	10069	3958
吉 林	Jilin					
黑 龙 江	Heilongjiang	26635	17278	2337	32128	-5493
上 海	Shanghai	63105	51374	610	42031	20634
江 苏	Jiangsu	1278942	1104910	13982	1122946	155996
浙 江	Zhejiang	33153	23585	6232	20072	13082
安 徽	Anhui	1246	1032	234	152	1094
福 建	Fujian	69064	59123	2666	54747	14317
江 西	Jiangxi	8406	6812	1738	1577	6828
山 东	Shandong	139414	94027	7633	181582	-42168
河 南	Henan	75838	62301	5596	40748	35090
湖 北	Hubei	37298	30312	1453	11654	25645
湖 南	Hunan	6711	2490	4434	3216	3495
广 东	Guangdong	142538	92745	5984	94824	47714
广 西	Guangxi	6415	5658	143	5530	885
海 南	Hainan					
重 庆	Chongqing	4511	4421	88	2990	1520
四 川	Sichuan	215326	90176	5950	144377	70949
贵 州	Guizhou	29862	19603	3439	24835	5027
云 南	Yunnan	21124	17430	1552	19063	2061
西 藏	Tibet					
陕 西	Shaanxi	21979	17576	3167	15409	6571
甘 肃	Gansu	26984	25868	539	27136	-152
青 海	Qinghai	5254	2218	3006	1131	4123
宁 夏	Ningxia					
新 疆	Xinjiang	105061	94709	5005	83639	21422

3-3-3 续表 3 Continued 3

股份合作企业
Cooperative Enterprises

单位：万元
Unit: 10 000 yuan

地　区	Region	资产总计 Total Assets	#流动资产合计 Total Current Assets	#固定资产净额 Net Value of Fixed Assets	负债合计 Total Liabilities	所有者权益合计 Total Owners' Equities
全　国	**National Total**	**2188092**	**2006758**	**63870**	**1809450**	**378644**
北　京	Beijing	259551	229906	6844	194772	64779
天　津	Tianjin	136379	124694	5675	88097	48282
河　北	Hebei	73432	53179	5669	38858	34574
山　西	Shanxi	1860	877	938	2045	-185
内蒙古	Inner Mongolia					
辽　宁	Liaoning	19790	19123	613	18833	957
吉　林	Jilin					
黑龙江	Heilongjiang					
上　海	Shanghai	11722	11682	40	8764	2958
江　苏	Jiangsu	535459	516691	3007	501021	34438
浙　江	Zhejiang	96742	87672	6052	66619	30123
安　徽	Anhui	18218	13631	594	15343	2875
福　建	Fujian	7252	7246	6	7151	100
江　西	Jiangxi	5963	5809	124	3248	2715
山　东	Shandong	359364	341835	2098	347508	11856
河　南	Henan	1025	652	41	2116	-1091
湖　北	Hubei	1854	1200		750	1104
湖　南	Hunan	489	195		235	254
广　东	Guangdong	176383	166152	3778	142920	33464
广　西	Guangxi					
海　南	Hainan	123768	123767	1	120551	3217
重　庆	Chongqing	122596	111177	8995	87591	35005
四　川	Sichuan	42190	36213	4435	30187	12003
贵　州	Guizhou					
云　南	Yunnan	6965	3650	1332	4648	2318
西　藏	Tibet					
陕　西	Shaanxi	155410	131328	10631	107038	48372
甘　肃	Gansu	29075	17482	2996	19163	9913
青　海	Qinghai					
宁　夏	Ningxia					
新　疆	Xinjiang	2605	2597	1	1992	613

3-3-3 续表 4 Continued 4

联营企业
Joint Ownership Enterprises

单位：万元
Unit: 10 000 yuan

地区	Region	资产总计 Total Assets	#流动资产合计 Total Current Assets	#固定资产净额 Net Value of Fixed Assets	负债合计 Total Liabilities	所有者权益合计 Total Owners' Equities
全国	**National Total**	**3264224**	**2382631**	**62497**	**2314127**	**950096**
北京	Beijing	138306	84058	8182	32300	106006
天津	Tianjin					
河北	Hebei					
山西	Shanxi					
内蒙古	Inner Mongolia					
辽宁	Liaoning	100808	97804	234	71207	29601
吉林	Jilin					
黑龙江	Heilongjiang					
上海	Shanghai	351	140		36	315
江苏	Jiangsu	158045	152938	162	127105	30940
浙江	Zhejiang	731643	711021	239	711494	20149
安徽	Anhui					
福建	Fujian					
江西	Jiangxi	444728	433690	92	380631	64096
山东	Shandong	162763	158546	1793	78041	84722
河南	Henan	8448	8448		3883	4565
湖北	Hubei					
湖南	Hunan	5359	5018	30	3563	1795
广东	Guangdong	195760	130906	27593	115111	80649
广西	Guangxi	1590	1590		1204	386
海南	Hainan					
重庆	Chongqing	1191112	494755	6489	701706	489407
四川	Sichuan	48352	41629	4756	26295	22057
贵州	Guizhou	76959	62088	12927	61551	15408
云南	Yunnan					
西藏	Tibet					
陕西	Shaanxi					
甘肃	Gansu					
青海	Qinghai					
宁夏	Ningxia					
新疆	Xinjiang					

有限责任公司
Limited Liability Corporations

单位：万元
Unit: 10 000 yuan

地　区	Region	资产总计 Total Assets	#流动资产合计 Total Current Assets	#固定资产净额 Net Value of Fixed Assets	负债合计 Total Liabilities	所有者权益合计 Total Owners' Equities
全　国	**National Total**	**1827391161**	**1370739980**	**38864648**	**1337949192**	**489590256**
北　京	Beijing	321783472	205638877	6098737	216006101	105874994
天　津	Tianjin	42512367	36644158	717922	36605800	5880572
河　北	Hebei	24359318	22242251	350552	20588189	3768382
山　西	Shanxi	92345870	74077332	2243674	72753328	19581876
内蒙古	Inner Mongolia	30309495	16115630	827337	19608180	10701572
辽　宁	Liaoning	22241650	19148108	758526	17431478	4789093
吉　林	Jilin	14864869	11370448	963912	11216574	3648295
黑龙江	Heilongjiang	23213800	19924344	713548	19573510	3644244
上　海	Shanghai	139720702	111170766	1681346	101331619	38283602
江　苏	Jiangsu	120968600	93880612	2435120	93698778	27205923
浙　江	Zhejiang	129048212	102973657	2186962	96796603	33089582
安　徽	Anhui	33342954	27641457	834766	25602299	7739321
福　建	Fujian	91485864	63240269	795812	62999749	28475793
江　西	Jiangxi	21294042	18476921	680006	16498420	4795907
山　东	Shandong	118866951	92640390	4203374	90011379	28677665
河　南	Henan	30817023	24765573	664151	22256115	8549891
湖　北	Hubei	33551215	25605949	970941	26340852	7205313
湖　南	Hunan	19531431	16235922	303279	15410109	4100078
广　东	Guangdong	172999499	141868029	3303832	135973391	36899993
广　西	Guangxi	46682815	32751968	850540	32937223	13758650
海　南	Hainan	27477210	20260585	310663	19120204	8341853
重　庆	Chongqing	17443224	15105339	429946	13446121	3996544
四　川	Sichuan	68927137	55166783	1636104	49174553	19750991
贵　州	Guizhou	38093923	31394415	526827	25875313	12183823
云　南	Yunnan	37829486	23629384	580454	24520275	13299662
西　藏	Tibet	1270908	1066134	21129	862062	406607
陕　西	Shaanxi	33480758	25541470	801071	22137733	11401475
甘　肃	Gansu	20304004	7897096	739002	12419895	7885685
青　海	Qinghai	14173408	5364104	147563	6426790	7755772
宁　夏	Ningxia	970942	747936	131205	688613	282330
新　疆	Xinjiang	37480012	28154073	1956347	29637936	7614768

3-3-3 续表 6 Continued 6

股份有限公司 单位：万元

Share-holding Corporations Ltd. Unit: 10 000 yuan

地 区	Region	资产总计 Total Assets	#流动资产合计 Total Current Assets	#固定资产净额 Net Value of Fixed Assets	负债合计 Total Liabilities	所有者权益合计 Total Owners' Equities
全 国	**National Total**	**330636073**	**194538868**	**8279787**	**199432086**	**130200657**
北 京	Beijing	43043664	21708461	195917	22702646	20341018
天 津	Tianjin	8209162	3427300	57952	3019082	5190080
河 北	Hebei	11977135	6007821	68244	6093303	5883832
山 西	Shanxi	6665057	4441090	31582	4855738	1809319
内蒙古	Inner Mongolia	1086445	654881	52559	553639	507399
辽 宁	Liaoning	3942115	3203350	226143	6361898	-2553586
吉 林	Jilin	2126903	1125307	91023	1356572	770330
黑龙江	Heilongjiang	4771130	1770749	267314	2461898	2310975
上 海	Shanghai	35473729	21579762	739315	20060259	15413470
江 苏	Jiangsu	34637697	22781209	841521	22238887	12390307
浙 江	Zhejiang	29656944	17649277	578968	15757667	13895252
安 徽	Anhui	7007151	4706528	148532	4429298	2577853
福 建	Fujian	20342428	10930217	36081	11612002	8730426
江 西	Jiangxi	3898515	2177522	157183	2363432	1535083
山 东	Shandong	19920235	15960480	289213	18008418	1911817
河 南	Henan	4207118	2557897	114513	2644574	1562544
湖 北	Hubei	1669746	1090982	101202	1161180	447965
湖 南	Hunan	2898985	1185392	89553	1489277	1989638
广 东	Guangdong	50010694	27587215	2218237	29358772	20651205
广 西	Guangxi	3038643	1914664	135313	786453	1417807
海 南	Hainan	1558806	779684	15586	746255	812587
重 庆	Chongqing	5002786	3808710	128336	3436412	1080647
四 川	Sichuan	5816545	4331469	243196	3175230	2641315
贵 州	Guizhou	319521	289730	10235	246735	72785
云 南	Yunnan	3882891	2266353	372524	2496670	1386221
西 藏	Tibet					
陕 西	Shaanxi	3204516	2400680	191219	2694473	509030
甘 肃	Gansu	1322488	988486	120140	421108	831102
青 海	Qinghai	953348	364163	159837	560895	392453
宁 夏	Ningxia	607826	247690	172154	435655	208418
新 疆	Xinjiang	13383850	6601799	426195	7903658	5483365

3-3-3 续表 7 Continued 7

私营企业 单位：万元

Private Enterprises Unit: 10 000 yuan

地区	Region	资产总计 Total Assets	#流动资产合计 Total Current Assets	#固定资产净额 Net Value of Fixed Assets	负债合计 Total Liabilities	所有者权益合计 Total Owners' Equities
全国	**National Total**	**1552323751**	**1311921905**	**34799225**	**1226869536**	**324447286**
北京	Beijing	44540562	38820851	1105514	32455066	12077265
天津	Tianjin	84326295	55626545	777086	64234175	20042926
河北	Hebei	28730279	25688804	943160	22824662	5900438
山西	Shanxi	23126367	19274723	677600	18444140	4659971
内蒙古	Inner Mongolia	12295414	9808096	617751	8454696	3838284
辽宁	Liaoning	29357094	26159027	594283	24920306	4425237
吉林	Jilin	6057936	5224150	304321	4747729	1309685
黑龙江	Heilongjiang	7573879	6871443	236173	5962095	1601410
上海	Shanghai	126632548	107591911	1804541	95430525	30949829
江苏	Jiangsu	174161014	150796828	5318687	137419959	36687032
浙江	Zhejiang	222072175	182382239	4436638	179071719	42780187
安徽	Anhui	20331679	17836025	608860	15546933	4778424
福建	Fujian	107814141	88287174	2468819	83574996	24203446
江西	Jiangxi	15685594	14043658	425718	12280768	3386462
山东	Shandong	137195045	118903209	3691551	116313362	20823406
河南	Henan	43044399	38889559	1010156	34012307	9013414
湖北	Hubei	18615281	15865587	848928	13336399	5266645
湖南	Hunan	15415796	12822097	757440	11144603	4264858
广东	Guangdong	274808088	239959337	3677357	223035021	51621866
广西	Guangxi	18842795	17120593	414469	16376054	2440946
海南	Hainan	10519827	8320980	78950	8722298	1790516
重庆	Chongqing	27540323	24776465	638974	19769110	7770672
四川	Sichuan	32951608	24733813	828007	22152637	10793544
贵州	Guizhou	8452922	7650723	166605	6717201	1720843
云南	Yunnan	11470039	9956337	479093	9299538	2169963
西藏	Tibet	1274147	1210722	14370	727402	546745
陕西	Shaanxi	15906946	14414160	438145	12763841	3138454
甘肃	Gansu	4872735	4003259	306316	3680403	1189694
青海	Qinghai	1537053	1092791	54939	1130252	406809
宁夏	Ningxia	3609065	2774299	152540	2569938	1043658
新疆	Xinjiang	23562705	21016500	922234	19751401	3804657

3-3-3 续表 8 Continued 8

其他企业
Other Enterprises

单位：万元
Unit: 10 000 yuan

地 区	Region	资产总计 Total Assets	#流动资产合计 Total Current Assets	#固定资产净额 Net Value of Fixed Assets	负债合计 Total Liabilities	所有者权益合计 Total Owners' Equities
全 国	**National Total**	**1643772**	**1341990**	**124235**	**1060330**	**582022**
北 京	Beijing	12311	8140	3670	7247	5064
天 津	Tianjin	674	674			674
河 北	Hebei	3771	2126	1081	1249	2523
山 西	Shanxi	2516	1902	1256	785	1731
内蒙古	Inner Mongolia					
辽 宁	Liaoning	108424	102334	4778	95244	13180
吉 林	Jilin					
黑龙江	Heilongjiang	35462	28935	5101	29158	6305
上 海	Shanghai	1463	1127	336	537	926
江 苏	Jiangsu	757912	674446	30196	541796	216116
浙 江	Zhejiang	17402	13548	1235	11481	5921
安 徽	Anhui	138773	104978	10263	100738	37775
福 建	Fujian	1218	865	353	604	614
江 西	Jiangxi	53666	48884	4581	6218	47447
山 东	Shandong	129825	108156	8038	90139	39686
河 南	Henan	2821	2359	188	1048	1773
湖 北	Hubei	73370	29508	14866	21164	52206
湖 南	Hunan	13119	5549	1923	3545	9574
广 东	Guangdong	26494	23656	2299	17379	9108
广 西	Guangxi	9387	6126	3603	836	8552
海 南	Hainan					
重 庆	Chongqing	177	14	61	71	106
四 川	Sichuan	20460	17074	1838	6179	14282
贵 州	Guizhou					
云 南	Yunnan	74258	53123	5452	39102	34840
西 藏	Tibet					
陕 西	Shaanxi	63061	34892	17101	21818	40610
甘 肃	Gansu	10868	10793	82	7310	3559
青 海	Qinghai					
宁 夏	Ningxia					
新 疆	Xinjiang	86340	62781	5934	56682	29450

3-3-3 续表 9 Continued 9

港、澳、台商投资企业 单位：万元

Enterprises with Funds from Hong Kong,Macao and Taiwan Unit: 10 000 yuan

地 区	Region	资产总计 Total Assets	#流动资产合计 Total Current Assets	#固定资产净额 Net Value of Fixed Assets	负债合计 Total Liabilities	所有者权益合计 Total Owners' Equities
全 国	**National Total**	**280405532**	**226955060**	**5418366**	**193973817**	**86459841**
北 京	Beijing	61916511	50342677	639973	49991557	11924954
天 津	Tianjin	9432800	8622103	175456	6550061	2951721
河 北	Hebei	1260930	896468	2612	582905	678025
山 西	Shanxi	1187886	364785	1554	536971	650916
内蒙古	Inner Mongolia	365419	313403	4632	293510	71909
辽 宁	Liaoning	1091088	987274	18394	819605	271483
吉 林	Jilin	87764	87764		70286	17478
黑龙江	Heilongjiang	82765	82649	88	44508	38257
上 海	Shanghai	74112693	61664809	1251379	48756308	25354196
江 苏	Jiangsu	17569422	13044680	676004	10380414	7189008
浙 江	Zhejiang	16884594	14321836	390878	11209417	5675177
安 徽	Anhui	9820246	8670816	258355	8865449	954796
福 建	Fujian	7253016	6001845	321419	4397323	2855601
江 西	Jiangxi	506122	442839	24303	450790	55331
山 东	Shandong	14257239	11184107	252011	9516324	4714833
河 南	Henan	810085	631458	51203	417619	392466
湖 北	Hubei	5566579	4324897	90131	3734326	1832254
湖 南	Hunan	408836	357988	20215	342060	66776
广 东	Guangdong	46976630	35092500	854986	29374817	17589320
广 西	Guangxi	827599	809608	456	658287	169311
海 南	Hainan	3762982	3256246	265673	2773207	989775
重 庆	Chongqing	2231176	1907985	53765	1446337	784839
四 川	Sichuan	2165742	2025469	33453	1734343	431399
贵 州	Guizhou	284697	165767	3033	193433	91264
云 南	Yunnan	420311	336665	2621	298225	122086
西 藏	Tibet	371596	319565	4012	114705	256891
陕 西	Shaanxi	562823	533778	5954	248304	314519
甘 肃	Gansu	36592	26297	7456	20711	15882
青 海	Qinghai					
宁 夏	Ningxia					
新 疆	Xinjiang	151389	138782	8350	152015	-626

外商投资企业　　　　　　　　　　　　　　　　单位：万元

Foreign Funded Enterprises　　　　　　　　　　Unit: 10 000 yuan

地　区	Region	资产总计 Total Assets	#流动资产合计 Total Current Assets	#固定资产净额 Net Value of Fixed Assets	负债合计 Total Liabilities	所有者权益合计 Total Owners' Equities
全　国	**National Total**	**406342691**	**323398882**	**11485376**	**275121934**	**134320737**
北　京	Beijing	93159983	66933316	920137	52666717	40489928
天　津	Tianjin	10341977	9442140	288226	7811220	2530757
河　北	Hebei	908405	606078	47096	475370	433034
山　西	Shanxi	162193	132020	2691	64451	97742
内蒙古	Inner Mongolia	22892	6231	15540	29339	-6447
辽　宁	Liaoning	7237747	2753927	3475456	4756958	2480225
吉　林	Jilin	147350	65360	23917	172108	-24759
黑龙江	Heilongjiang	398854	398689	51	388153	10701
上　海	Shanghai	156004581	132726164	2485921	105808731	50121327
江　苏	Jiangsu	21939897	18127907	895674	15919791	9255596
浙　江	Zhejiang	34601987	27097559	730925	26841866	7757597
安　徽	Anhui	7039163	6829590	34627	6969825	69338
福　建	Fujian	9623205	8666388	285898	7629362	1993611
江　西	Jiangxi	307774	159685	21807	124747	183027
山　东	Shandong	10007257	9097956	318234	6197628	3803071
河　南	Henan	226175	144272	12295	161465	63853
湖　北	Hubei	8609272	5755839	348829	7002297	1606975
湖　南	Hunan	427172	365239	3266	469292	-42119
广　东	Guangdong	30756740	24500506	739930	21311884	9374607
广　西	Guangxi	2098044	801859	357394	1269969	828075
海　南	Hainan	573067	544596	4339	167708	405359
重　庆	Chongqing	2019737	1297118	169361	1258491	784582
四　川	Sichuan	3363721	2077049	163775	2278333	1085388
贵　州	Guizhou	74106	72258	1816	12120	61986
云　南	Yunnan	338036	269566	36720	237985	100050
西　藏	Tibet					
陕　西	Shaanxi	4588487	3739457	34350	4505934	82553
甘　肃	Gansu	131417	59949	26837	75842	55575
青　海	Qinghai	548590	454263	29604	379959	168631
宁　夏	Ningxia					
新　疆	Xinjiang	684862	273901	10660	134389	550474

3-3-4 各地区限额以上批发业企业年末资产负债(按国民经济行业分)

Assets and Liabilities of Enterprises above Designated Size of Wholesale Trade by Region and Sector at the Year-end

农、林、牧、渔产品批发　　　　单位：万元

Wholesale of Agricultural, Forestry, Livestock and Fishery Products　　　　Unit: 10 000 yuan

地　区	Region	资产总计 Total Assets	#流动资产合计 Total Current Assets	#固定资产净额 Net Value of Fixed Assets	负债合计 Total Liabilities	所有者权益合计 Total Owners' Equities
全　国	**National Total**	**190089106**	**142180795**	**8021688**	**144177897**	**45797824**
北　京	Beijing	39476807	26081626	276574	27007694	12470378
天　津	Tianjin	4217099	3947272	94712	3563869	652445
河　北	Hebei	3023729	2549485	112292	2609180	414220
山　西	Shanxi	741702	581167	47212	388890	352811
内蒙古	Inner Mongolia	3772946	2188375	405768	2709850	1063096
辽　宁	Liaoning	5765649	4776076	246656	4947649	812500
吉　林	Jilin	3737648	2100874	263293	2899866	837483
黑龙江	Heilongjiang	16565607	13234458	689243	13174631	3389297
上　海	Shanghai	10642643	9035211	79055	8365701	2278817
江　苏	Jiangsu	12902422	10528006	846111	10433594	2472258
浙　江	Zhejiang	7272033	5224182	268310	5315885	1956148
安　徽	Anhui	1937189	1323586	130722	1195287	737011
福　建	Fujian	8968927	7158521	173992	6918850	2050077
江　西	Jiangxi	917560	614907	118042	577570	339990
山　东	Shandong	10509213	7673268	894293	8251684	2257882
河　南	Henan	8714733	7520688	256109	7264898	1447988
湖　北	Hubei	2888205	1981577	266437	2225833	662372
湖　南	Hunan	2417998	1589628	180881	1601535	816462
广　东	Guangdong	11013261	7009715	460259	6928872	4084409
广　西	Guangxi	1937049	1464519	122199	1473740	463724
海　南	Hainan	1175777	906689	7848	882910	292867
重　庆	Chongqing	742220	455114	100908	453658	288562
四　川	Sichuan	5083653	3890468	313237	3904332	1179321
贵　州	Guizhou	1473219	917657	88027	1091985	381234
云　南	Yunnan	1427608	933222	183344	942702	484715
西　藏	Tibet					
陕　西	Shaanxi	647566	511172	46181	363584	283982
甘　肃	Gansu	1180432	868837	135656	771798	338356
青　海	Xinjiang	159907	61696	6340	54257	105650
宁　夏	Ningxia	215352	192110	14496	173597	41755
新　疆	Xinjiang	20560952	16860689	1193491	17683996	2842014

3-3-4 续表 1 Continued 1

食品、饮料及烟草制品批发 单位：万元

Wholesale of Food, Beverages and Tobaccos Unit: 10 000 yuan

地区	Region	资产总计 Total Assets	#流动资产合计 Total Current Assets	#固定资产净额 Net Value of Fixed Assets	负债合计 Total Liabilities	所有者权益合计 Total Owners' Equities
全国	**National Total**	**437446068**	**341346737**	**16215690**	**278557870**	**158898283**
北京	Beijing	37909329	30936112	684969	29342725	8566053
天津	Tianjin	34438387	10379233	180332	22737890	11772179
河北	Hebei	4936159	4188120	248449	2754958	2181192
山西	Shanxi	4807783	4270042	213360	2592568	2215197
内蒙古	Inner Mongolia	1934122	1689306	106616	887482	1046640
辽宁	Liaoning	6001425	4801845	359926	3538750	2462675
吉林	Jilin	1530495	1266470	124461	744675	785820
黑龙江	Heilongjiang	8790083	7791007	191831	7245658	1544425
上海	Shanghai	46320053	36157327	963330	30987412	15335780
江苏	Jiangsu	28330349	23728958	1605201	17821928	10493365
浙江	Zhejiang	26645610	22336862	1178001	16785462	9810152
安徽	Anhui	11502720	9817720	366319	6766037	4736004
福建	Fujian	23637408	18000595	862741	14616775	9007461
江西	Jiangxi	4393942	3600173	321442	2334741	2055822
山东	Shandong	20120200	16466163	1163111	13718204	6390738
河南	Henan	7834918	6231587	504425	3917192	3916075
湖北	Hubei	13471200	11206266	793889	8628541	4840345
湖南	Hunan	6812458	4536751	584395	3035436	3776080
广东	Guangdong	55734919	46269786	1829278	39091516	16639550
广西	Guangxi	12045187	9930945	274908	9114975	2975701
海南	Hainan	1837303	1636160	73701	844523	992780
重庆	Chongqing	7082477	5459606	617260	3156216	3926325
四川	Sichuan	22579037	19539862	672698	14202164	8375237
贵州	Guizhou	19996489	18398106	410799	10577064	9418501
云南	Yunnan	13170477	11153935	645494	4973067	8200853
西藏	Tibet	772443	576875	56282	230161	542282
陕西	Shaanxi	5247566	4194627	305101	2626104	2617916
甘肃	Gansu	2156719	1483613	300653	1043863	1112321
青海	Xinjiang	758637	639046	23363	313010	445626
宁夏	Ningxia	800518	657092	38479	341986	458532
新疆	Xinjiang	5847655	4002547	514876	3586787	2256656

3-3-4 续表 2 Continued 2

纺织、服装及家庭用品批发 单位：万元

Wholesale of Textiles, Wearing Apparel and Household Articles Unit: 10 000 yuan

地区	Region	资产总计 Total Assets	#流动资产合计 Total Current Assets	#固定资产净额 Net Value of Fixed Assets	负债合计 Total Liabilities	所有者权益合计 Total Owners' Equities
全国	**National Total**	**341042567**	**275360144**	**8678830**	**251111771**	**89807357**
北京	Beijing	47806190	38824458	481843	36135085	11658930
天津	Tianjin	5311523	4683092	208621	4152436	1149950
河北	Hebei	2316621	2025098	55082	1441249	875371
山西	Shanxi	415228	378269	3894	394835	20393
内蒙古	Inner Mongolia	394170	313109	7170	355211	38959
辽宁	Liaoning	1378866	1222609	45032	967553	416299
吉林	Jilin	215720	170008	23352	181186	34533
黑龙江	Heilongjiang	552854	405246	5921	262529	290325
上海	Shanghai	51997554	41785630	1530856	33582658	18400267
江苏	Jiangsu	61932434	46103421	2058317	44207315	17725126
浙江	Zhejiang	51073022	43041945	1256129	40003458	11044811
安徽	Anhui	7283529	6668948	92755	6950716	332813
福建	Fujian	26477305	19835730	1220557	17364861	9099826
江西	Jiangxi	1424426	1359046	13030	1182867	241525
山东	Shandong	17731135	15781337	327837	15368409	2362726
河南	Henan	2302052	2105502	49947	1841591	459573
湖北	Hubei	1742302	1579435	62657	1452380	289447
湖南	Hunan	1331175	1157875	71282	997503	332192
广东	Guangdong	44648398	36875717	955043	34695834	9908747
广西	Guangxi	1253806	1175149	30007	1094032	159774
海南	Hainan	3649187	1665613	58657	1510079	2139427
重庆	Chongqing	2206607	2113140	21422	1777149	429458
四川	Sichuan	2723664	2455156	55838	2014426	709238
贵州	Guizhou	135356	118382	3860	105313	30043
云南	Yunnan	810970	765288	11471	713424	89368
西藏	Tibet	367524	344021	5	91290	276234
陕西	Shaanxi	1259746	1159102	10685	900266	359319
甘肃	Gansu	64632	55338	8564	39190	25442
青海	Xinjiang	608654	206847	188	259274	349381
宁夏	Ningxia	33240	32957	254	30392	2847
新疆	Xinjiang	1594677	952676	8554	1039260	555013

3-3-4 续表 3 Continued 3

文化、体育用品及器材批发 单位：万元

Wholesale of Culture, Sports Appliances and Equipments Unit: 10 000 yuan

地区	Region	资产总计 Total Assets	#流动资产合计 Total Current Assets	#固定资产净额 Net Value of Fixed Assets	负债合计 Total Liabilities	所有者权益合计 Total Owners' Equities
全　国	**National Total**	**100129028**	**81198907**	**2638196**	**69339667**	**30791545**
北　京	Beijing	16694607	12060244	463445	10187722	6506884
天　津	Tianjin	1985179	1824775	41677	1003115	982064
河　北	Hebei	918586	655661	19024	551201	367385
山　西	Shanxi	735525	549187	25403	475520	260005
内蒙古	Inner Mongolia	453133	370312	18076	212539	240594
辽　宁	Liaoning	343224	321032	6816	246248	96976
吉　林	Jilin	205575	163095	16004	141515	64060
黑龙江	Heilongjiang	691955	343941	53904	303562	388392
上　海	Shanghai	15685290	13519572	255671	11053795	4631438
江　苏	Jiangsu	9424845	6973297	453603	6201264	3223081
浙　江	Zhejiang	9825994	8733798	236432	7687723	2138271
安　徽	Anhui	3725080	3114298	49554	2453430	1271650
福　建	Fujian	3670195	2822159	60446	2715592	954643
江　西	Jiangxi	399682	368350	10475	260406	139246
山　东	Shandong	7561438	5547345	321803	5636169	1925269
河　南	Henan	1404406	980171	45876	890388	514018
湖　北	Hubei	1181071	1083264	16255	738278	442792
湖　南	Hunan	682348	565141	51792	406062	276286
广　东	Guangdong	15734632	13882583	240307	11777224	3936804
广　西	Guangxi	1193203	918769	17102	826281	366922
海　南	Hainan	926076	812370	28434	554901	371174
重　庆	Chongqing	1274010	1200764	10628	836635	460712
四　川	Sichuan	2462438	2270055	19180	2273270	189169
贵　州	Guizhou	408795	351215	25326	345593	63202
云　南	Yunnan	746719	516490	24869	404665	342054
西　藏	Tibet					
陕　西	Shaanxi	754397	576976	29918	490632	263765
甘　肃	Gansu	150306	148235	913	130035	20271
青　海	Xinjiang	67720	49381	12925	48282	19439
宁　夏	Ningxia	174144	121084	17149	137394	36750
新　疆	Xinjiang	648455	355343	65189	350226	298229

3-3-4 续表 4 Continued 4

医药及医疗器材批发　　　　　　　　　　　　　　　　　　　　　　　　　单位：万元

Wholesale of Medicines and Medical Appliances　　　　　　　　　　　　　　　　Unit: 10 000 yuan

地　区	Region	资产总计 Total Assets	#流动资产合计 Total Current Assets	#固定资产净额 Net Value of Fixed Assets	负债合计 Total Liabilities	所有者权益合计 Total Owners' Equities
全　国	**National Total**	**339118928**	**289006191**	**7724822**	**248639153**	**90456557**
北　京	Beijing	33921745	26909823	374990	22105906	11815589
天　津	Tianjin	5534240	4983474	155823	4189640	1344600
河　北	Hebei	8639785	7819577	199909	7032272	1604276
山　西	Shanxi	4861567	4523295	85137	3892120	969447
内蒙古	Inner Mongolia	2401993	2226432	55687	1839198	563373
辽　宁	Liaoning	6656713	6024512	104817	5183084	1473569
吉　林	Jilin	4059628	3856502	71549	3332768	726861
黑龙江	Heilongjiang	3884054	3627191	75314	3262508	621546
上　海	Shanghai	48944633	37904248	1319154	33094327	15842745
江　苏	Jiangsu	22989059	20944970	490260	18273659	4715400
浙　江	Zhejiang	16691078	13627578	413519	11276552	5420944
安　徽	Anhui	8409125	7507862	213094	6522426	1883770
福　建	Fujian	5808446	4951569	215514	4173054	1634150
江　西	Jiangxi	8412729	7786152	191629	6710388	1701069
山　东	Shandong	22301552	19535124	545763	18243547	4057452
河　南	Henan	17773923	16597067	236288	15077360	2695800
湖　北	Hubei	17853627	13873914	240018	12923153	4929987
湖　南	Hunan	8246238	7305158	262789	6253404	1992079
广　东	Guangdong	35673550	30292670	720971	25190663	10482196
广　西	Guangxi	5741803	5117235	196272	4329016	1411328
海　南	Hainan	3579191	2892196	32173	2579708	996460
重　庆	Chongqing	10886252	9101440	165298	6840877	4045375
四　川	Sichuan	12769541	10864494	719029	8993172	3776370
贵　州	Guizhou	3843333	3328229	99577	2769153	1071897
云　南	Yunnan	5246521	4455339	147279	3891185	1353888
西　藏	Tibet	1506181	1403033	7713	1061903	442038
陕　西	Shaanxi	5764117	5443525	124243	4781453	982664
甘　肃	Gansu	2036576	1837587	85130	1491813	544763
青　海	Xinjiang	446025	412386	9163	354782	91243
宁　夏	Ningxia	469531	416918	31857	345341	124190
新　疆	Xinjiang	3766172	3436691	134863	2624721	1141488

3-3-4 续表 5 Continued 5

矿产品、建材及化工产品批发 单位：万元

Wholesale of Mineral Products, Building Materials and Chemical Products Unit: 10 000 yuan

地 区	Region	资产总计 Total Assets	#流动资产合计 Total Current Assets	#固定资产净额 Net Value of Fixed Assets	负债合计 Total Liabilities	所有者权益合计 Total Owners' Equities
全 国	**National Total**	**2327692309**	**1750108887**	**46520575**	**1715601326**	**613911226**
北 京	Beijing	231462866	126495579	4868638	142395626	89059701
天 津	Tianjin	82525160	70217858	784880	66343823	16115329
河 北	Hebei	45636980	36381022	828855	33529094	12105159
山 西	Shanxi	108920571	85788768	2557078	86002792	22885100
内 蒙 古	Inner Mongolia	33585479	18953691	808863	20880282	12677557
辽 宁	Liaoning	35487877	30836533	895169	32776999	2544763
吉 林	Jilin	9645089	6976888	894123	6869892	2774972
黑 龙 江	Heilongjiang	11380216	10132676	315194	9751427	1625934
上 海	Shanghai	201722389	161424501	2239983	143987254	57389027
江 苏	Jiangsu	194641315	156217180	4274395	150768319	47037189
浙 江	Zhejiang	259085855	201034881	3966967	196369759	63397861
安 徽	Anhui	23737069	18143266	661058	16574889	7159365
福 建	Fujian	156064003	111575954	1139898	113039935	43018961
江 西	Jiangxi	25426214	21165301	756423	19418277	5995521
山 东	Shandong	199187283	163739058	4879247	159073115	39856927
河 南	Henan	38756511	31647324	886035	27557826	11178502
湖 北	Hubei	25872192	19655228	1149953	18855471	6948417
湖 南	Hunan	17428408	13649359	397659	13023810	4961226
广 东	Guangdong	263071978	208444278	5226917	203663444	59144088
广 西	Guangxi	40697868	29871969	1208296	28577453	11257234
海 南	Hainan	33288055	25020212	505152	24311637	8956990
重 庆	Chongqing	22291181	17961061	664654	16097845	5988449
四 川	Sichuan	61998530	45879081	1340256	41967440	20025841
贵 州	Guizhou	24496328	19091132	293138	18745841	5705298
云 南	Yunnan	43368479	28426284	806201	29316478	14047971
西 藏	Tibet	561087	506121	11552	383376	177711
陕 西	Shaanxi	49987693	39460612	1067053	37107168	12875152
甘 肃	Gansu	23397670	10582864	811924	14268411	9128731
青 海	Xinjiang	15620052	6299705	356518	7525332	8091457
宁 夏	Ningxia	3960749	2698243	381071	2756158	1245366
新 疆	Xinjiang	44387162	31832258	1543425	33662153	10535427

3-3-4 续表 6 Continued 6

机械设备、五金产品及电子产品批发 单位：万元

Wholesale of Machinery, Hardware and Electronic Products Unit: 10 000 yuan

地 区	Region	资产总计 Total Assets	#流动资产合计 Total Current Assets	#固定资产净额 Net Value of Fixed Assets	负债合计 Total Liabilities	所有者权益合计 Total Owners' Equities
全 国	**National Total**	**721550510**	**601646496**	**14500903**	**540748174**	**180831954**
北 京	Beijing	131924324	100838031	1667157	84373138	47661373
天 津	Tianjin	19687825	16407941	606077	14386767	5299141
河 北	Hebei	3619308	3215758	79905	2889098	728761
山 西	Shanxi	4127799	3339286	166516	3253340	874233
内蒙古	Inner Mongolia	1867304	1564403	114993	1589021	277761
辽 宁	Liaoning	10235044	5352637	3556896	7179137	3055563
吉 林	Jilin	4470050	3836197	73682	3438875	1031175
黑龙江	Heilongjiang	3486434	2391714	100802	2585116	901174
上 海	Shanghai	149782953	129813933	1470217	106262903	43454072
江 苏	Jiangsu	51921554	44501537	1188203	39590431	12305543
浙 江	Zhejiang	62439696	51214870	1060785	50692861	11746912
安 徽	Anhui	22132574	20340766	375297	19945741	2185864
福 建	Fujian	14934205	13250042	268851	11557000	3365185
江 西	Jiangxi	4384394	3580004	98841	3234909	1148319
山 东	Shandong	31614562	26684385	818492	26195762	5418675
河 南	Henan	5527763	4681605	169682	4026452	1497223
湖 北	Hubei	8482644	7248447	176976	7727624	748713
湖 南	Hunan	4662174	4047844	75117	4155431	505645
广 东	Guangdong	137951580	118789156	1497472	109072966	28860693
广 西	Guangxi	9550053	5551427	69225	6411625	3137853
海 南	Hainan	3207353	3100048	11536	2931558	275795
重 庆	Chongqing	15534427	14228857	267646	13400139	2134287
四 川	Sichuan	6870769	6194196	130971	5557610	1313022
贵 州	Guizhou	1337281	1089815	25222	1124331	211680
云 南	Yunnan	1446280	1147225	110923	1091457	354824
西 藏	Tibet	424929	402676	8552	238768	186161
陕 西	Shaanxi	5490521	4944234	101678	4315876	1235785
甘 肃	Gansu	626239	574535	27771	502671	123568
青 海	Xinjiang	115855	91303	4023	84370	31485
宁 夏	Ningxia	156293	143321	8106	136896	19397
新 疆	Xinjiang	3538323	3080303	169289	2796301	742072

3-3-4 续表 7 Continued 7

贸易经纪与代理 单位：万元

Trade Broker and Agency Unit: 10 000 yuan

地 区	Region	资产总计 Total Assets	#流动资产合计 Total Current Assets	#固定资产净额 Net Value of Fixed Assets	负债合计 Total Liabilities	所有者权益合计 Total Owners' Equities
全 国	**National Total**	**49250492**	**42044908**	**647945**	**38091411**	**11146444**
北 京	Beijing	21710690	19565715	193587	18115481	3595208
天 津	Tianjin	426997	314410	9080	296463	130534
河 北	Hebei	52608	49512	1341	42538	9897
山 西	Shanxi	24616	20652	557	10828	13788
内 蒙 古	Inner Mongolia					
辽 宁	Liaoning	1145699	1100693	2960	408604	737070
吉 林	Jilin					
黑 龙 江	Heilongjiang	35687	29097	1602	29319	6368
上 海	Shanghai	5516470	4205629	53796	3334162	2176998
江 苏	Jiangsu	2550889	2228435	55778	2014394	537984
浙 江	Zhejiang	392346	367788	6215	338712	53634
安 徽	Anhui	239579	233678	3870	168258	71320
福 建	Fujian	839030	628441	12209	638756	198099
江 西	Jiangxi	623124	517540	3573	461147	161977
山 东	Shandong	1542755	1135315	77726	1316691	226064
河 南	Henan	120243	116278	2744	80498	39745
湖 北	Hubei	42365	37428	2650	29910	12455
湖 南	Hunan	285227	228093	726	227032	58195
广 东	Guangdong	13110754	10792431	190325	10086909	3017450
广 西	Guangxi	21929	20967	911	23803	-1874
海 南	Hainan					
重 庆	Chongqing	344767	289332	44	315552	29169
四 川	Sichuan	15146	10639	451	8407	6739
贵 州	Guizhou	11691	11691		10667	1024
云 南	Yunnan	88034	57290	5154	60311	27723
西 藏	Tibet					
陕 西	Shaanxi	61568	60069	286	48985	12583
甘 肃	Gansu	12238	11910	328	7583	4655
青 海	Xinjiang					
宁 夏	Ningxia					
新 疆	Xinjiang	36040	11875	22032	16401	19639

3-3-4 续表 8 Continued 8

其他批发业
Other Wholesale not Classified Elsewhere

单位：万元
Unit: 10 000 yuan

地 区	Region	资产总计 Total Assets	#流动资产合计 Total Current Assets	#固定资产净额 Net Value of Fixed Assets	负债合计 Total Liabilities	所有者权益合计 Total Owners' Equities
全 国	**National Total**	**83186132**	**62642537**	**2292847**	**59224859**	**23991871**
北 京	Beijing	7956285	5690466	101334	6467000	1484403
天 津	Tianjin	4484815	4278429	32417	3923220	561553
河 北	Hebei	1333779	1249138	52533	1197400	136378
山 西	Shanxi	854722	606990	28751	559051	295671
内蒙古	Inner Mongolia	687884	489652	83314	601319	86565
辽 宁	Liaoning	619864	540468	23005	436233	183633
吉 林	Jilin	180826	128001	16291	132914	47912
黑龙江	Heilongjiang	279239	261340	4956	256499	22740
上 海	Shanghai	2582026	1910711	77130	1681302	900724
江 苏	Jiangsu	11660350	10269935	262071	8862028	2798264
浙 江	Zhejiang	8222804	7288317	184774	6128301	2092151
安 徽	Anhui	3316416	2807039	209293	2898137	417757
福 建	Fujian	3383587	2532251	182097	2182414	1201123
江 西	Jiangxi	2365868	2081037	39164	1883648	482220
山 东	Shandong	2476387	2132103	128859	1966229	510158
河 南	Henan	1473523	1128350	85574	1069366	403025
湖 北	Hubei	4981403	2689734	214391	4120162	861241
湖 南	Hunan	644553	557667	30172	454754	189798
广 东	Guangdong	13669260	8244699	174143	7379272	6286913
广 西	Guangxi	1482995	1318003	10514	1469220	56954
海 南	Hainan	870496	823336	4680	494409	376087
重 庆	Chongqing	811757	579058	69798	496338	314860
四 川	Sichuan	6368817	3450149	76123	3193903	3174915
贵 州	Guizhou	165001	128388	1304	108355	56646
云 南	Yunnan	198734	169186	11502	146893	51842
西 藏	Tibet	7373	5683	1206	2608	4765
陕 西	Shaanxi	537640	356319	100124	426282	111447
甘 肃	Gansu	242332	167101	24418	184839	57494
青 海	Xinjiang	27851	9098	1893	19329	8521
宁 夏	Ningxia	64452	61893	1610	51677	12775
新 疆	Xinjiang	1235093	687996	59406	431757	803336

3-3-5 各地区限额以上零售业企业年末资产负债

Assets and Liabilities of Enterprises above Designated Size of Retail Trade by Region at the Year-end

单位：万元

Unit: 10 000 yuan

地区	Region	资产总计 Total Assets	#流动资产合计 Total Current Assets	#固定资产净额 Net Value of Fixed Assets	负债合计 Total Liabilities	所有者权益合计 Total Owners' Equities
全国	**National Total**	**764963476**	**522821598**	**65540127**	**562230968**	**205287496**
北京	Beijing	51686466	39055967	2263011	39320074	12209544
天津	Tianjin	11145800	7763323	1002991	9945901	1190773
河北	Hebei	21219429	14057231	2882173	15349490	5598385
山西	Shanxi	11946410	8246305	1314722	10428413	1549815
内蒙古	Inner Mongolia	6560667	4153317	1105263	5510738	959472
辽宁	Liaoning	20078938	13244979	1759581	15878523	4129888
吉林	Jilin	10764360	7160999	1592881	7530539	3237748
黑龙江	Heilongjiang	8865625	6251835	1221712	7365691	1487849
上海	Shanghai	65326996	48351577	2994097	51458617	14054623
江苏	Jiangsu	72240560	49213122	6779503	52376988	19827031
浙江	Zhejiang	52437749	35936261	4610156	39464678	13071879
安徽	Anhui	21320443	14467277	2070572	14139456	7092451
福建	Fujian	26791373	17227873	2207193	18528339	8065280
江西	Jiangxi	20263618	13167686	1560088	13876782	6399709
山东	Shandong	46908756	33379614	4583064	40280385	7884173
河南	Henan	27993173	19732599	2503873	19994373	9014224
湖北	Hubei	30476064	18968440	3144697	22017884	8395520
湖南	Hunan	28669663	15006518	2747328	17677517	10804881
广东	Guangdong	90491855	67365300	4430492	63766176	26825732
广西	Guangxi	11613601	8270027	1061591	8599943	3030613
海南	Hainan	8337202	5920102	614990	5740572	2598298
重庆	Chongqing	16815550	10340483	2071570	11574497	6692506
四川	Sichuan	32590856	20640773	3243166	22661195	9886968
贵州	Guizhou	16140841	10020551	1616977	11015059	5570085
云南	Yunnan	14014809	8728454	1456702	9023790	4662141
西藏	Tibet	1122018	767610	192805	756487	389520
陕西	Shaanxi	19744572	13286273	1875683	14187136	5521539
甘肃	Gansu	6169225	3892016	805982	4192213	1887558
青海	Qinghai	1514001	969322	236088	1199319	309258
宁夏	Ningxia	2581188	1441104	277411	1742215	839469
新疆	Xinjiang	9131668	5794660	1313765	6627978	2100564

3-3-5 续表 Continued

国有控股 单位：万元

State-controlled Enterprises Unit: 10 000 yuan

地区	Region	资产总计 Total Assets	#流动资产合计 Total Current Assets	#固定资产净额 Net Value of Fixed Assets	负债合计 Total Liabilities	所有者权益合计 Total Owners' Equities
全　国	**National Total**	**161107254**	**84302115**	**18902154**	**92014219**	**71133015**
北　京	Beijing	14215390	8114253	1010307	7418158	6577138
天　津	Tianjin	2408011	944200	431948	1439641	967603
河　北	Hebei	4323420	2525708	624948	2014746	2030808
山　西	Shanxi	2076698	924175	416659	1828735	247963
内蒙古	Inner Mongolia	1569710	501496	559110	1591853	-22143
辽　宁	Liaoning	3375618	1678622	404021	1986287	1304042
吉　林	Jilin	2981296	1595526	738001	1343386	1637910
黑龙江	Heilongjiang	1603405	868615	299472	1239497	363212
上　海	Shanghai	11466950	6495626	983280	7495340	3937472
江　苏	Jiangsu	10135504	5854370	1343749	6492047	3619856
浙　江	Zhejiang	8118398	3665532	763250	4628639	3489922
安　徽	Anhui	5030830	2374016	647136	1778426	3209614
福　建	Fujian	6329062	3085574	664858	3321828	2995515
江　西	Jiangxi	5833501	2459438	438443	3423792	2410456
山　东	Shandong	8307951	5137442	891794	7174579	2218755
河　南	Henan	3449015	1617464	517505	2182218	2379348
湖　北	Hubei	9957053	4908240	1210267	7427792	2526729
湖　南	Hunan	5055703	1961555	645502	2584495	2339281
广　东	Guangdong	18052379	10878886	1368635	5390641	12657221
广　西	Guangxi	2374303	1433611	316271	1456551	950344
海　南	Hainan	5114380	3227932	380553	3420555	1691538
重　庆	Chongqing	4891991	2729487	737995	2771060	3584870
四　川	Sichuan	6635213	3164054	826371	3558147	3078002
贵　州	Guizhou	6864350	3153048	739473	3913865	2914314
云　南	Yunnan	3946852	1546317	638350	1978611	1648021
西　藏	Tibet	457660	241469	139589	352303	129345
陕　西	Shaanxi	2904435	1582977	310630	1678708	1225728
甘　肃	Gansu	1441401	628809	371143	762773	595291
青　海	Qinghai	200782	85077	59867	159037	41744
宁　夏	Ningxia	207809	85541	24151	112542	95268
新　疆	Xinjiang	1778184	833055	398876	1087967	287848

3-3-6 各地区限额以上零售业企业年末资产负债(按登记注册类型分)

Assets and Liabilities of Enterprises above Designated Size of Retail Trade by Region and Type of Registration at the Year-end

内资企业
Domestic Funded Enterprises

单位：万元
Unit: 10 000 yuan

地区	Region	资产总计 Total Assets	#流动资产合计 Total Current Assets	#固定资产净额 Net Value of Fixed Assets	负债合计 Total Liabilities	所有者权益合计 Total Owners' Equities
全国	**National Total**	**607187261**	**420014515**	**52719942**	**443393966**	**165313156**
北京	Beijing	35474175	25439591	1898983	25836245	9415909
天津	Tianjin	8483043	6511221	578644	7411934	1067666
河北	Hebei	18854362	13012591	2500933	14672380	3901050
山西	Shanxi	11034376	7855259	1110326	9136545	1929649
内蒙古	Inner Mongolia	6363271	4088581	1081633	5341088	931727
辽宁	Liaoning	17275701	11758791	1493478	13723838	3478044
吉林	Jilin	9887596	6658708	1501816	6780795	3110729
黑龙江	Heilongjiang	8159904	5907414	1035991	6704402	1438872
上海	Shanghai	32139677	23391951	1604902	25441938	6856745
江苏	Jiangsu	56369288	39779681	4935671	40869824	15449972
浙江	Zhejiang	40886497	27984104	3507281	31003768	9981853
安徽	Anhui	18637847	12771023	1790967	12701349	5843762
福建	Fujian	20174772	13770215	1594172	13986786	5950100
江西	Jiangxi	17093474	10762037	1430920	11127426	5940433
山东	Shandong	41326968	30034011	3951784	35447426	6982513
河南	Henan	25669233	18588176	2160657	18166970	8470072
湖北	Hubei	27366345	17583288	2692733	19534818	7765930
湖南	Hunan	22671610	11732212	2165816	13928720	8539303
广东	Guangdong	66688898	50997103	3227850	45956594	20738579
广西	Guangxi	10373979	7588732	876681	7545038	2845896
海南	Hainan	8135008	5757075	598937	5613926	2522750
重庆	Chongqing	15166821	9519765	1771613	10508333	6105035
四川	Sichuan	27214387	18117398	2431431	19238119	7952182
贵州	Guizhou	13926654	9137235	1241878	9486254	4393483
云南	Yunnan	12440718	7763471	1289531	8084738	4027349
西藏	Tibet	1109208	760134	192442	747757	385439
陕西	Shaanxi	15183399	10854446	1465420	10818706	4284982
甘肃	Gansu	6053406	3844182	778665	4097968	1865984
青海	Qinghai	1503550	964234	232474	1193225	304901
宁夏	Ningxia	2559401	1429429	271751	1731282	828615
新疆	Xinjiang	8963693	5652457	1304562	6555774	2003632

3-3-6 续表 1 Continued 1

国有企业 State-owned Enterprises

单位：万元 Unit: 10 000 yuan

地 区	Region	资产总计 Total Assets	#流动资产合计 Total Current Assets	#固定资产净额 Net Value of Fixed Assets	负债合计 Total Liabilities	所有者权益合计 Total Owners' Equities
全 国	**National Total**	**11206264**	**6603841**	**1543733**	**8662115**	**5321951**
北 京	Beijing	90662	83949	5854	30063	60600
天 津	Tianjin	30227	25382	1617	22153	8074
河 北	Hebei	27594	15438	7867	8361	19233
山 西	Shanxi	85706	21989	31953	198353	-112647
内 蒙 古	Inner Mongolia	33486	7598	12543	32027	1459
辽 宁	Liaoning	189356	104102	9902	75753	113603
吉 林	Jilin	4500	4367	112	3270	1230
黑 龙 江	Heilongjiang	145035	115179	17454	119266	25769
上 海	Shanghai	49892	43926	5937	8358	41534
江 苏	Jiangsu	1134004	537903	183594	952295	158138
浙 江	Zhejiang	132062	99726	11696	103129	28933
安 徽	Anhui	358272	110634	50492	94651	221347
福 建	Fujian	2439	1803	70	1821	619
江 西	Jiangxi	477937	208467	54369	267761	210175
山 东	Shandong	486680	334665	69872	387474	99206
河 南	Henan	325728	133231	38261	1125658	190970
湖 北	Hubei	2751618	2337586	204175	2395997	354172
湖 南	Hunan	746785	191174	112707	206993	539792
广 东	Guangdong	1435792	648704	207118	174200	1260980
广 西	Guangxi	50643	30711	5283	28901	21742
海 南	Hainan	1062581	866169	112939	782041	280539
重 庆	Chongqing	-689819	-811308	54708	230664	934323
四 川	Sichuan	259943	189129	12353	213891	46052
贵 州	Guizhou	86552	63163	13718	57478	29075
云 南	Yunnan	281897	146489	59448	179555	102342
西 藏	Tibet	119857	93660	19342	92514	27343
陕 西	Shaanxi	565575	452477	37296	290916	274659
甘 肃	Gansu	532775	358531	70418	336647	196128
青 海	Qinghai	42785	6185	23720	37686	5100
宁 夏	Ningxia	45121	22820	14669	26143	18978
新 疆	Xinjiang	340579	159992	94246	178096	162483

3-3-6 续表 2 Continued 2

集体企业

Collective-owned Enterprises

单位：万元

Unit: 10 000 yuan

地　区	Region	资产总计 Total Assets	#流动资产合计 Total Current Assets	#固定资产净额 Net Value of Fixed Assets	负债合计 Total Liabilities	所有者权益合计 Total Owners' Equities
全　国	**National Total**	**1265324**	**916433**	**137172**	**668235**	**577929**
北　京	Beijing	92091	74422	11527	71008	21083
天　津	Tianjin	40539	35332	2062	10694	19845
河　北	Hebei	21687	18449	2747	17217	4470
山　西	Shanxi	25310	17065	4659	16315	8994
内蒙古	Inner Mongolia	1373	1371	2	14	1359
辽　宁	Liaoning	13196	11278	940	10292	2904
吉　林	Jilin	1275	1061	54	-52	1327
黑龙江	Heilongjiang	14639	12341	1150	9269	5370
上　海	Shanghai	166129	93845	2427	21224	144905
江　苏	Jiangsu	208634	176467	20176	150374	58260
浙　江	Zhejiang	69045	52932	11576	35100	33946
安　徽	Anhui	3422	1704	283	1401	2021
福　建	Fujian	24577	8581	4085	6836	17425
江　西	Jiangxi	10229	8126	1382	5299	4930
山　东	Shandong	67570	46614	13211	46303	21267
河　南	Henan	33853	27883	1375	25416	8438
湖　北	Hubei	108534	70364	16014	67935	40374
湖　南	Hunan	52721	22838	13194	20422	32299
广　东	Guangdong	171123	133088	11111	81406	82232
广　西	Guangxi	11714	9834	1352	2413	9301
海　南	Hainan	1022	838	133	-81	1103
重　庆	Chongqing	14700	8222	2223	4663	10037
四　川	Sichuan	22574	19932	1707	8408	13903
贵　州	Guizhou	5297	2742	992	1885	3412
云　南	Yunnan	21173	17418	2506	15105	6068
西　藏	Tibet					
陕　西	Shaanxi	43216	30198	5049	27725	14619
甘　肃	Gansu	6437	3680	1954	4238	2199
青　海	Qinghai	613	529		261	352
宁　夏	Ningxia	1490	1421	69	263	1227
新　疆	Xinjiang	11141	7858	3212	6882	4259

3-3-6 续表 3 Continued 3

股份合作企业 单位：万元

Cooperative Enterprises Unit: 10 000 yuan

地 区	Region	资产总计 Total Assets	#流动资产合计 Total Current Assets	#固定资产净额 Net Value of Fixed Assets	负债合计 Total Liabilities	所有者权益合计 Total Owners' Equities
全 国	**National Total**	**547486**	**365279**	**73835**	**295144**	**250624**
北 京	Beijing	50215	43524	3808	34839	15376
天 津	Tianjin	11041	9972	968	5299	5742
河 北	Hebei	50559	24571	23435	16291	33631
山 西	Shanxi	177	130	47	155	21
内蒙古	Inner Mongolia	1082	406	345	136	946
辽 宁	Liaoning	9071	7774	556	2387	6684
吉 林	Jilin	5124	1174	3850	4538	586
黑龙江	Heilongjiang	45914	28827	3504	33141	12453
上 海	Shanghai	17210	16214	216	8883	8327
江 苏	Jiangsu	35057	25920	4194	20699	14358
浙 江	Zhejiang	94213	63091	7841	41702	52511
安 徽	Anhui	10047	8040	860	4483	5564
福 建	Fujian	356	295	28	112	244
江 西	Jiangxi	11081	9732	475	8335	2746
山 东	Shandong	65994	43394	6903	43094	22900
河 南	Henan	2409	197	1174	512	1897
湖 北	Hubei	5117	1413	810	1937	3180
湖 南	Hunan	5563	3681	539	3927	1636
广 东	Guangdong	60235	34447	3179	27648	32588
广 西	Guangxi	701	337	143	375	326
海 南	Hainan	7222	4986	2178	989	6233
重 庆	Chongqing	5752	1476	1578	1159	4358
四 川	Sichuan	11996	10323	1564	5819	6178
贵 州	Guizhou	14808	6340	1158	12387	2421
云 南	Yunnan	16720	10812	3028	10252	5940
西 藏	Tibet	256	256		135	121
陕 西	Shaanxi	6811	5312	1338	4570	2241
甘 肃	Gansu	2131	2022	109	1043	1089
青 海	Qinghai					
宁 夏	Ningxia					
新 疆	Xinjiang	624	613	7	297	327

3-3-6 续表 4 Continued 4

联营企业
Joint Ownership Enterprises

单位：万元
Unit: 10 000 yuan

地　区	Region	资产总计 Total Assets	#流动资产合计 Total Current Assets	#固定资产净额 Net Value of Fixed Assets	负债合计 Total Liabilities	所有者权益合计 Total Owners' Equities
全　国	**National Total**	**290217**	**179096**	**15818**	**164501**	**123425**
北　京	Beijing	5158	4205	836	4861	297
天　津	Tianjin	18852	13579	1184	3485	15367
河　北	Hebei					
山　西	Shanxi					
内蒙古	Inner Mongolia					
辽　宁	Liaoning	961	659	262	399	561
吉　林	Jilin					
黑龙江	Heilongjiang	749	517	169	63	686
上　海	Shanghai	15744	11666	2588	8538	7206
江　苏	Jiangsu	14614	5909	2949	5058	9556
浙　江	Zhejiang	13895	11260	1748	3069	10826
安　徽	Anhui	3597	3595		903	2693
福　建	Fujian	1474	742	189	274	1201
江　西	Jiangxi	2488	2050	487	585	1903
山　东	Shandong	2846	1930	655	1023	1824
河　南	Henan					
湖　北	Hubei	2616	955	669	85	2530
湖　南	Hunan					
广　东	Guangdong	73893	62741	2428	37130	36762
广　西	Guangxi					
海　南	Hainan	6744	4230	707	5556	-1099
重　庆	Chongqing	1183	853	201	56	1127
四　川	Sichuan	1899	849	200	634	1264
贵　州	Guizhou	178	90	31	80	98
云　南	Yunnan	119724	49863	316	91234	28490
西　藏	Tibet					
陕　西	Shaanxi	417	409	8	362	54
甘　肃	Gansu	3185	2994	191	1106	2079
青　海	Qinghai					
宁　夏	Ningxia					
新　疆	Xinjiang					

有限责任公司 单位：万元
Limited Liability Corporations Unit: 10 000 yuan

地区	Region	资产总计 Total Assets	#流动资产合计 Total Current Assets	#固定资产净额 Net Value of Fixed Assets	负债合计 Total Liabilities	所有者权益合计 Total Owners' Equities
全国	**National Total**	**220979156**	**148888101**	**18980016**	**164866975**	**55970768**
北京	Beijing	21579977	16421967	1144555	17010096	4564265
天津	Tianjin	3370670	2371085	273608	3147955	228500
河北	Hebei	7117883	4924202	959801	5403199	1707881
山西	Shanxi	2821480	1857995	326536	2058328	760641
内蒙古	Inner Mongolia	2789275	1825521	422740	2137211	563638
辽宁	Liaoning	6750748	4321755	488355	5755992	1001351
吉林	Jilin	4600535	2699986	917548	2743332	1858885
黑龙江	Heilongjiang	3485291	2484579	476872	2745068	734744
上海	Shanghai	16077311	11347336	841513	12904905	3143217
江苏	Jiangsu	14136166	9462262	1296645	10458099	3661618
浙江	Zhejiang	15155653	8947528	1432144	10826047	4402623
安徽	Anhui	7187826	4758788	634017	5376754	1802755
福建	Fujian	4059810	2490871	410344	2566103	1479007
江西	Jiangxi	8022975	4417532	593629	5334036	2701347
山东	Shandong	12446726	8647616	1385970	9982643	2473105
河南	Henan	7681168	5378788	571937	5763442	1882103
湖北	Hubei	9127797	6112067	852634	7131129	1990545
湖南	Hunan	4390408	2995940	451466	3166938	1217864
广东	Guangdong	22025880	16505488	1064075	16539162	5489157
广西	Guangxi	4561907	3087822	358012	3176641	1368841
海南	Hainan	5449925	3781725	260221	3637491	1811366
重庆	Chongqing	3511096	2287246	319250	2102940	1411269
四川	Sichuan	11166085	7537035	799433	8624445	2545123
贵州	Guizhou	7087927	4175525	685574	4631369	2470414
云南	Yunnan	4758385	2800797	470881	3216484	1516430
西藏	Tibet	311398	225550	42482	219939	115448
陕西	Shaanxi	5602702	3737779	599445	4304154	1271932
甘肃	Gansu	1950315	1125590	261395	1346886	601227
青海	Qinghai	626324	310395	141999	545733	80224
宁夏	Ningxia	736650	416376	68497	512995	223944
新疆	Xinjiang	2388863	1430955	428438	1497459	891304

3-3-6 续表 6 Continued 6

股份有限公司
Share-holding Corporations Ltd.

单位：万元
Unit: 10 000 yuan

地区	Region	资产总计 Total Assets	#流动资产合计 Total Current Assets	#固定资产净额 Net Value of Fixed Assets	负债合计 Total Liabilities	所有者权益合计 Total Owners' Equities
全国	**National Total**	**78074093**	**37509713**	**9263098**	**41133749**	**36270383**
北京	Beijing	7639849	3501851	469193	3464616	3954871
天津	Tianjin	334989	105785	65737	171565	163163
河北	Hebei	2430979	1369175	286356	1714477	438006
山西	Shanxi	727061	251276	208808	840555	-113494
内蒙古	Inner Mongolia	709178	65366	344548	840950	-131772
辽宁	Liaoning	2714013	1239263	388225	1427105	1201619
吉林	Jilin	1042511	655885	178534	755917	286594
黑龙江	Heilongjiang	792159	372128	177941	898703	-107405
上海	Shanghai	3789063	2173579	365785	1448040	2341023
江苏	Jiangsu	6285405	2582805	517634	2851936	3433396
浙江	Zhejiang	2020791	888337	117208	960466	1060325
安徽	Anhui	2218015	958979	372959	924946	1293069
福建	Fujian	869139	277335	103429	280310	588829
江西	Jiangxi	714089	259229	154567	388967	325054
山东	Shandong	9101362	6276823	739350	8775042	1406818
河南	Henan	1839015	774653	293694	329250	1631299
湖北	Hubei	4752589	1237068	638267	2943316	1807210
湖南	Hunan	3923952	959449	508964	1685039	2108536
广东	Guangdong	10562463	6850124	642632	1978796	8591236
广西	Guangxi	532773	238585	169987	345209	234417
海南	Hainan	463167	122791	159383	261473	201694
重庆	Chongqing	4676946	2629413	733127	2423305	1864025
四川	Sichuan	3266435	1330430	518524	1651936	1614306
贵州	Guizhou	1524657	546594	177495	864355	624280
云南	Yunnan	1207294	311421	267801	339804	570762
西藏	Tibet	279339	123443	100808	191260	88079
陕西	Shaanxi	497124	345080	19233	182124	314698
甘肃	Gansu	674447	255195	173867	449379	141731
青海	Qinghai	90214	31225	26749	92422	-2208
宁夏	Ningxia	641305	158994	59796	408951	232354
新疆	Xinjiang	1753770	617432	282497	1243535	107868

私营企业 单位：万元

Private Enterprises Unit: 10 000 yuan

地 区	Region	资产总计 Total Assets	#流动资产合计 Total Current Assets	#固定资产净额 Net Value of Fixed Assets	负债合计 Total Liabilities	所有者权益合计 Total Owners' Equities
全 国	**National Total**	**294308186**	**225232999**	**22611356**	**227349463**	**66541438**
北 京	Beijing	6013471	5308075	262503	5219606	797823
天 津	Tianjin	4676725	3950085	233469	4050783	626975
河 北	Hebei	9205633	6660728	1220728	7512813	1697825
山 西	Shanxi	7349916	5685470	536773	6018116	1366129
内蒙古	Inner Mongolia	2828877	2188320	301454	2330750	496097
辽 宁	Liaoning	7584507	6064770	601772	6444122	1145259
吉 林	Jilin	4233651	3296235	401718	3273790	962108
黑龙江	Heilongjiang	3664974	2887635	354280	2892790	762212
上 海	Shanghai	12024329	9705385	386438	11041991	1170533
江 苏	Jiangsu	34348951	26868271	2870489	26345324	7997789
浙 江	Zhejiang	23393803	17916353	1923442	19029958	4389951
安 徽	Anhui	8821532	6900117	731879	6268679	2512021
福 建	Fujian	15214383	10989072	1074979	11131125	3860389
江 西	Jiangxi	7837287	5847624	621967	5115456	2683877
山 东	Shandong	19099600	14638522	1729822	16170455	2942597
河 南	Henan	15774939	12261498	1254152	10911625	4754312
湖 北	Hubei	10579229	7807068	965144	6982285	3541207
湖 南	Hunan	13550587	7558411	1078045	8844928	4638054
广 东	Guangdong	32355825	26759318	1297297	27115033	5245154
广 西	Guangxi	5215372	4220812	341906	3991453	1211099
海 南	Hainan	1142961	976048	63087	924988	222997
重 庆	Chongqing	7646107	5403350	660501	5745211	1879375
四 川	Sichuan	12463655	9023625	1095309	8727463	3709080
贵 州	Guizhou	5206537	4342202	362811	3918668	1263118
云 南	Yunnan	6007482	4415285	478253	4220072	1781507
西 藏	Tibet	398358	317224	29811	243909	154449
陕 西	Shaanxi	8450149	6273890	798850	6000432	2398376
甘 肃	Gansu	2882151	2095226	270349	1957766	920471
青 海	Qinghai	743615	615900	40005	517124	221433
宁 夏	Ningxia	1129543	824721	128526	777831	351919
新 疆	Xinjiang	4464037	3431759	495597	3624917	837302

3-3-6 续表 8 Continued 8

其他企业
Other Enterprises

单位：万元
Unit: 10 000 yuan

地 区	Region	资产总计 Total Assets	#流动资产合计 Total Current Assets	#固定资产净额 Net Value of Fixed Assets	负债合计 Total Liabilities	所有者权益合计 Total Owners' Equities
全 国	**National Total**	**516541**	**319052**	**94927**	**253790**	**256651**
北 京	Beijing	2752	1598	707	1156	1596
天 津	Tianjin					
河 北	Hebei	27	27		22	5
山 西	Shanxi	24727	21334	1551	4722	20005
内 蒙 古	Inner Mongolia					
辽 宁	Liaoning	13850	9190	3466	7788	6063
吉 林	Jilin					
黑 龙 江	Heilongjiang	11144	6208	4623	6102	5042
上 海	Shanghai					
江 苏	Jiangsu	206456	120144	39991	86039	116858
浙 江	Zhejiang	7036	4876	1627	4298	2738
安 徽	Anhui	35137	29166	477	29532	4293
福 建	Fujian	2593	1516	1049	208	2385
江 西	Jiangxi	17389	9277	4045	6988	10401
山 东	Shandong	56188	44446	6000	41392	14796
河 南	Henan	12121	11925	63	11068	1054
湖 北	Hubei	38846	16767	15021	12134	26712
湖 南	Hunan	1595	720	901	472	1122
广 东	Guangdong	3688	3196	10	3218	470
广 西	Guangxi	868	632		45	170
海 南	Hainan	1386	288	288	1469	-82
重 庆	Chongqing	857	512	26	335	522
四 川	Sichuan	21800	6077	2340	5524	16276
贵 州	Guizhou	697	579	100	32	665
云 南	Yunnan	28043	11387	7298	12232	15811
西 藏	Tibet					
陕 西	Shaanxi	17405	9300	4201	8423	8404
甘 肃	Gansu	1965	943	383	904	1061
青 海	Qinghai					
宁 夏	Ningxia	5292	5097	195	5098	194
新 疆	Xinjiang	4679	3847	565	4589	90

港、澳、台商投资企业
Enterprises with Funds from Hong Kong, Macao and Taiwan

单位：万元
Unit: 10 000 yuan

地 区	Region	资产总计 Total Assets	#流动资产合计 Total Current Assets	#固定资产净额 Net Value of Fixed Assets	负债合计 Total Liabilities	所有者权益合计 Total Owners' Equities
全 国	**National Total**	**66295649**	**44431158**	**4410308**	**50424593**	**15922543**
北 京	Beijing	4442260	3442808	152556	3771919	701702
天 津	Tianjin	1092574	740407	55431	1345091	-258200
河 北	Hebei	241565	125716	54831	140348	101217
山 西	Shanxi	85517	50678	5995	57578	27939
内蒙古	Inner Mongolia	69275	35155	18636	49499	19776
辽 宁	Liaoning	1716444	825645	196835	1265333	451111
吉 林	Jilin	642653	455597	50522	630382	12271
黑龙江	Heilongjiang	396773	243429	105059	403129	-6356
上 海	Shanghai	20002579	14993255	781799	16385548	3614739
江 苏	Jiangsu	6900475	4167359	730615	5087232	1813244
浙 江	Zhejiang	4564996	2904948	457385	3080266	1484730
安 徽	Anhui	1153411	845655	87367	753365	399749
福 建	Fujian	1592010	933242	117423	1017849	571783
江 西	Jiangxi	567679	123305	32652	538119	30827
山 东	Shandong	1347593	872606	176272	900633	442855
河 南	Henan	1739056	972859	175939	1382936	356709
湖 北	Hubei	791034	411995	154419	640473	153498
湖 南	Hunan	3957698	2539914	170927	2753867	1203831
广 东	Guangdong	9579558	6206655	384385	6565646	3014132
广 西	Guangxi	413379	253208	104760	248590	164789
海 南	Hainan	122787	102248	8641	73759	49028
重 庆	Chongqing	649628	442643	65115	422150	232384
四 川	Sichuan	1216943	847223	126704	819646	378690
贵 州	Guizhou	316415	146897	38427	205104	110960
云 南	Yunnan	666198	523816	41572	343301	322897
西 藏	Tibet					
陕 西	Shaanxi	1917253	1148056	97316	1474707	485304
甘 肃	Gansu	40805	29761	7092	25671	15134
青 海	Qinghai	10451	5088	3614	6094	4357
宁 夏	Ningxia	17145	7845	4953	10261	6884
新 疆	Xinjiang	41495	33145	3066	26097	16559

3-3-6 续表 10 Continued 10

外商投资企业
Foreign Funded Enterprises

单位：万元
Unit: 10 000 yuan

地区	Region	资产总计 Total Assets	#流动资产合计 Total Current Assets	#固定资产净额 Net Value of Fixed Assets	负债合计 Total Liabilities	所有者权益合计 Total Owners' Equities
全国	**National Total**	**91406310**	**58333406**	**8398346**	**68371410**	**24018548**
北京	Beijing	11770030	10173568	211471	9711910	2091933
天津	Tianjin	1570183	511695	368916	1188876	381307
河北	Hebei	2123502	918925	326409	536763	1596118
山西	Shanxi	795578	320224	192999	1216158	-420580
内蒙古	Inner Mongolia	128121	29581	4994	120152	7970
辽宁	Liaoning	1086793	660543	69268	889352	200733
吉林	Jilin	234110	46694	40543	119363	114748
黑龙江	Heilongjiang	308947	100993	80662	258160	55333
上海	Shanghai	13171306	9958172	607238	9626670	3574168
江苏	Jiangsu	8970797	5266082	1113216	6419932	2563816
浙江	Zhejiang	6986255	5047208	645490	5380644	1605297
安徽	Anhui	1529185	850599	192239	684742	848940
福建	Fujian	5024592	2524416	495597	3523703	1543397
江西	Jiangxi	2602466	2282343	96515	2211237	428449
山东	Shandong	4234195	2472997	455009	3932326	458805
河南	Henan	574649	166787	163676	440196	181479
湖北	Hubei	2318685	973157	297545	1842593	476091
湖南	Hunan	2040355	734391	410586	994930	1061747
广东	Guangdong	14223398	10161541	818257	11243936	3073021
广西	Guangxi	826244	428086	80149	806316	19928
海南	Hainan	79407	60779	7412	52886	26521
重庆	Chongqing	999101	378075	234843	644015	355086
四川	Sichuan	4159526	1676151	685032	2603430	1556096
贵州	Guizhou	1897772	736418	336673	1323700	1065643
云南	Yunnan	907893	441168	125600	595751	311895
西藏	Tibet	12810	7476	363	8730	4080
陕西	Shaanxi	2624274	1274375	310574	1879586	745744
甘肃	Gansu	75013	18072	20225	68574	6439
青海	Qinghai					
宁夏	Ningxia	4643	3831	707	672	3970
新疆	Xinjiang	126480	109059	6138	46107	80374

3-3-7 各地区限额以上零售业企业年末资产负债(按国民经济行业分)

Assets and Liabilities of Enterprises above Designated Size of Retail Trade by Region and Sector at the Year-end

综合零售　　单位：万元

Integrated Retail　　Unit: 10 000 yuan

地　区	Region	资产总计 Total Assets	#流动资产合计 Total Currents Assets	#固定资产净额 Net Value of Fixed Assets	负债合计 Total Liabilities	所有者权益合计 Total Owners' Equities
全　国	**National Total**	**193683723**	**108075040**	**20729316**	**148422076**	**45441205**
北　京	Beijing	14190112	7603819	857730	9187295	4782284
天　津	Tianjin	2131925	1087943	254671	2627713	-501471
河　北	Hebei	7402668	4089295	1591956	5925926	1484461
山　西	Shanxi	2824239	1870963	249535	2536126	350051
内蒙古	Inner Mongolia	1796154	1108032	286112	1410504	297224
辽　宁	Liaoning	8406788	4381782	794403	6350812	2057996
吉　林	Jilin	3914726	2015495	933139	2948958	969487
黑龙江	Heilongjiang	2881127	1934779	454296	2596139	281304
上　海	Shanghai	13628256	7554431	1020208	11261492	2488267
江　苏	Jiangsu	20231688	10780579	2043205	14404543	5863499
浙　江	Zhejiang	13314532	7341728	1676246	9828394	3555046
安　徽	Anhui	4854760	2732194	660493	3874676	981602
福　建	Fujian	3801107	2016010	324412	3184243	642000
江　西	Jiangxi	3044856	1355659	307468	2466200	622755
山　东	Shandong	19077308	13007337	2158882	15922863	3157158
河　南	Henan	5501966	3421776	483080	4463649	1055035
湖　北	Hubei	9757137	4057540	1228388	6852840	2897615
湖　南	Hunan	8183090	2847983	748169	5399339	2788104
广　东	Guangdong	15988425	9876746	888319	12576562	3520701
广　西	Guangxi	2507675	1391373	409119	1980561	529195
海　南	Hainan	4983535	3386769	239303	3226294	1760104
重　庆	Chongqing	3807058	1796439	463196	2951592	859348
四　川	Sichuan	6608622	3959504	730346	5064970	1528003
贵　州	Guizhou	2128315	1399505	179427	1691807	444345
云　南	Yunnan	1895867	1252474	160806	1323730	570002
西　藏	Tibet	187464	165854	5155	157244	30220
陕　西	Shaanxi	5386191	3009377	722750	4043284	1342815
甘　肃	Gansu	1737653	1017108	211409	1283748	452787
青　海	Qinghai	409372	163109	109573	409783	-1711
宁　夏	Ningxia	1111693	404370	118539	798873	313300
新　疆	Xinjiang	1989414	1045067	418981	1671916	319679

食品、饮料及烟草制品专门零售

Special Retail of Food, Beverages and Tobaccos

单位：万元

Unit: 10 000 yuan

地区	Region	资产总计 Total Assets	#流动资产合计 Total Currents Assets	#固定资产净额 Net Value of Fixed Assets	负债合计 Total Liabilities	所有者权益合计 Total Owners' Equities
全国	**National Total**	**38496784**	**27688528**	**3265103**	**23275250**	**15027378**
北京	Beijing	2644173	2296735	126327	1711995	932426
天津	Tianjin	510470	442212	23166	275858	234612
河北	Hebei	540447	465185	32083	358663	180581
山西	Shanxi	613014	469782	41055	360774	252241
内蒙古	Inner Mongolia	256137	192904	17482	157429	98708
辽宁	Liaoning	419341	313966	21114	308657	110684
吉林	Jilin	344911	264304	38283	266128	78602
黑龙江	Heilongjiang	344917	295651	31102	230968	111185
上海	Shanghai	1764162	1298694	48444	1293759	464260
江苏	Jiangsu	3364580	2375640	362343	2220863	1137015
浙江	Zhejiang	1911250	1314138	277106	1255506	655701
安徽	Anhui	905378	725134	54470	549733	352886
福建	Fujian	1768648	1092567	225530	782610	874013
江西	Jiangxi	1122553	710126	136698	455415	658485
山东	Shandong	1544042	1185901	151999	1125063	415572
河南	Henan	1413129	990024	106451	850317	558692
湖北	Hubei	2501341	1798828	219992	1559784	935922
湖南	Hunan	1111219	612576	97077	521166	584951
广东	Guangdong	5278149	4012339	225442	2596938	2675558
广西	Guangxi	977875	769794	45690	654641	302001
海南	Hainan	126587	108909	7156	133549	-7652
重庆	Chongqing	811232	539978	98434	454574	356724
四川	Sichuan	1761696	1103139	99978	1152827	606098
贵州	Guizhou	3037032	2064955	360723	1758834	1279783
云南	Yunnan	1375870	900290	170724	1013199	361620
西藏	Tibet	27608	17171	7319	17140	10467
陕西	Shaanxi	962532	617388	103306	494242	464925
甘肃	Gansu	235944	177895	36250	155267	80677
青海	Qinghai	72703	49419	6072	51458	20879
宁夏	Ningxia	86091	66231	7894	43339	42752
新疆	Xinjiang	663753	416653	85393	464554	197010

3-3-7 续表 2 Continued 2

纺织、服装及日用品专门零售

Special Retail of Textiles, Garments and Daily Consumer Articles

单位：万元

Unit: 10 000 yuan

地 区	Region	资产总计 Total Assets	#流动资产合计 Total Working Capitals	#固定资产净额 Net Value of Fixed Assets	负债合计 Total Liabilities	所有者权益合计 Total Owners' Equities
全 国	**National Total**	**46596357**	**34543408**	**2655287**	**34828800**	**11787145**
北 京	Beijing	1986391	1640878	73239	1889560	90489
天 津	Tianjin	581514	462034	61442	488186	98916
河 北	Hebei	522307	294474	44748	517516	3889
山 西	Shanxi	434778	338101	38331	325748	108997
内蒙古	Inner Mongolia	136810	109824	15753	120167	17273
辽 宁	Liaoning	791223	678722	39057	640939	157105
吉 林	Jilin	67999	48985	2301	51234	16642
黑龙江	Heilongjiang	293359	160353	93772	180094	111436
上 海	Shanghai	20974976	16169410	649969	15102826	5868867
江 苏	Jiangsu	2418985	1684332	342157	1895831	538529
浙 江	Zhejiang	1773281	1281051	113043	1195145	577820
安 徽	Anhui	564800	376196	66186	410129	153684
福 建	Fujian	2357011	1348753	140106	1921872	435746
江 西	Jiangxi	547624	378982	30987	378605	168780
山 东	Shandong	1374313	923479	98524	912948	475697
河 南	Henan	771664	491093	87126	553110	207799
湖 北	Hubei	1116667	786261	146584	733789	380277
湖 南	Hunan	319464	245037	20401	212003	105432
广 东	Guangdong	5463309	4313705	124397	4244731	1218609
广 西	Guangxi	244765	123437	3891	210218	34638
海 南	Hainan	81518	68042	10912	64605	16494
重 庆	Chongqing	862727	615502	151130	650252	214778
四 川	Sichuan	980999	798833	37343	747355	236068
贵 州	Guizhou	168016	50083	63811	101364	66653
云 南	Yunnan	449446	338934	6955	347994	100800
西 藏	Tibet	2369	1671		1531	838
陕 西	Shaanxi	751724	449558	90663	483216	264291
甘 肃	Gansu	264270	207762	17269	151946	117273
青 海	Qinghai	71357	24065	20391	71269	89
宁 夏	Ningxia	11240	10636	537	10526	714
新 疆	Xinjiang	211451	123215	64262	214091	-1478

文化、体育用品及器材专门零售

Special Retail of Culture, Sports Appliances and Equipments

单位：万元

Unit: 10 000 yuan

地 区	Region	资产总计 Total Assets	#流动资产合计 Total Current Assets	#固定资产净额 Net Value of Fixed Assets	负债合计 Total Liabilities	所有者权益合计 Total Owners' Equities
全 国	**National Total**	**41142184**	**29820022**	**3107906**	**25049958**	**16136472**
北 京	Beijing	4485499	3619613	128212	2871836	1613693
天 津	Tianjin	187268	144421	30182	166751	20517
河 北	Hebei	797817	611598	82591	335312	462505
山 西	Shanxi	512247	380238	70994	300251	211996
内 蒙 古	Inner Mongolia	366134	291065	41001	280986	85149
辽 宁	Liaoning	542860	392680	32689	403420	139314
吉 林	Jilin	276880	228947	28942	217515	59364
黑 龙 江	Heilongjiang	369864	252472	79538	236919	137491
上 海	Shanghai	3861311	3003416	163462	2948884	975630
江 苏	Jiangsu	4368292	3599943	368419	2856869	1507853
浙 江	Zhejiang	1503353	1105825	219150	937254	566198
安 徽	Anhui	892367	736759	35592	493266	398526
福 建	Fujian	1504659	1057825	83364	843613	651985
江 西	Jiangxi	3670006	1758968	179095	1869359	1800489
山 东	Shandong	1243495	891730	72774	817443	426052
河 南	Henan	964708	670242	117827	470872	491017
湖 北	Hubei	2658159	2324386	172614	2083957	572590
湖 南	Hunan	1367270	1044624	110516	854050	509185
广 东	Guangdong	3890610	2805402	239517	2220335	1674839
广 西	Guangxi	555806	449101	50492	280179	275606
海 南	Hainan	184131	123778	43213	155928	28203
重 庆	Chongqing	1237515	775728	100625	579926	656742
四 川	Sichuan	2824671	1519541	221735	1407123	1417543
贵 州	Guizhou	545579	429689	92023	264541	280610
云 南	Yunnan	519887	332577	82787	211270	307530
西 藏	Tibet	9783	8513	1233	2921	6862
陕 西	Shaanxi	801692	579153	120087	423787	374054
甘 肃	Gansu	403129	291965	34633	231357	171771
青 海	Qinghai	34347	24564	7122	20739	13608
宁 夏	Ningxia	87680	48077	24661	52139	35541
新 疆	Xinjiang	475165	317182	72816	211156	264009

3-3-7 续表 4 Continued 4

医药及医疗器材专门零售 单位：万元

Special Retail of Medicines and Medical Appliances Unit: 10 000 yuan

地区	Region	资产总计 Total Assets	#流动资产合计 Total Current Assets	#固定资产净额 Net Value of Fixed Assets	负债合计 Total Liabilities	所有者权益合计 Total Owners' Equities
全国	**National Total**	**38155424**	**28984339**	**1200034**	**29599230**	**8516345**
北京	Beijing	645887	549739	10847	573246	77516
天津	Tianjin	179381	143026	5704	161965	17380
河北	Hebei	1110172	901815	26921	825490	278876
山西	Shanxi	750581	553857	19092	583560	167020
内蒙古	Inner Mongolia	469698	373855	18315	377910	90926
辽宁	Liaoning	1144717	946529	37682	939146	206683
吉林	Jilin	926482	786046	35603	804379	120944
黑龙江	Heilongjiang	645223	569451	20097	534101	111338
上海	Shanghai	1112723	788701	25972	892186	221037
江苏	Jiangsu	3288374	2538184	109115	2562681	729897
浙江	Zhejiang	1584581	1313807	39568	1239624	345383
安徽	Anhui	1074469	798175	30101	803920	264082
福建	Fujian	799227	595564	30442	571718	220221
江西	Jiangxi	964683	718664	55437	721379	239768
山东	Shandong	2814251	2253884	85588	2385799	428078
河南	Henan	2036979	1746619	66489	1648338	383874
湖北	Hubei	1682467	1359220	66312	1449874	222300
湖南	Hunan	4500187	2910280	108287	3008118	1490910
广东	Guangdong	3828343	2947246	73543	3099753	725606
广西	Guangxi	897155	615554	40067	685932	210402
海南	Hainan	111148	69888	7149	78479	32709
重庆	Chongqing	712194	501515	40236	590950	120603
四川	Sichuan	1550553	1081004	36963	1186599	363117
贵州	Guizhou	884694	725370	31678	761200	123330
云南	Yunnan	1730854	1023547	67863	949751	780793
西藏	Tibet	29809	23476	2860	14514	15296
陕西	Shaanxi	1307460	1078599	43294	1060661	243438
甘肃	Gansu	453139	296569	19235	328533	124606
青海	Qinghai	52856	36214	5600	37177	15680
宁夏	Ningxia	136076	99523	14165	108891	27109
新疆	Xinjiang	731061	638418	25809	613356	117423

3-3-7 续表 5 Continued 5

汽车、摩托车、零配件和燃料及其他动力销售 单位：万元

Retail of Motor Vehicles, Motorcycles, Parts and Fuel and Other Powers Unit: 10 000 yuan

地 区	Region	资产总计 Total Assets	#流动资产合计 Total Current Assets	#固定资产净额 Net Value of Fixed Assets	负债合计 Total Liabilities	所有者权益合计 Total Owners' Equities
全 国	**National Total**	**272923845**	**182465039**	**28523185**	**192979202**	**82654318**
北 京	Beijing	9952685	7433482	828193	7768438	2184628
天 津	Tianjin	5158842	3328537	526660	3536138	1613725
河 北	Hebei	9520690	6525438	1052306	6272915	2967985
山 西	Shanxi	5684734	3734273	778690	5474218	203217
内蒙古	Inner Mongolia	3106263	1765216	670383	2847137	258143
辽 宁	Liaoning	6916374	4921610	707906	5573752	1262358
吉 林	Jilin	4690548	3349727	530556	2831020	1861567
黑龙江	Heilongjiang	3623573	2498741	453493	3046838	573881
上 海	Shanghai	10026095	7464171	674675	7760614	2269068
江 苏	Jiangsu	24406041	16227427	2704311	17323279	7010930
浙 江	Zhejiang	20254096	13071802	1865750	14764211	5493324
安 徽	Anhui	9388546	6130072	993656	5404512	3925291
福 建	Fujian	10437870	6412377	975505	6811061	3586394
江 西	Jiangxi	7865607	5847918	633986	5877821	1968143
山 东	Shandong	15826226	11117069	1624381	15081912	2023356
河 南	Henan	13998981	9882948	1305857	9813574	5236110
湖 北	Hubei	8059591	5013890	1029541	5994451	2053993
湖 南	Hunan	10508892	5406261	1467474	6211254	4146489
广 东	Guangdong	35833135	26062971	2415946	21449452	14381840
广 西	Guangxi	4862409	3721363	383205	3652539	1247627
海 南	Hainan	1914203	1247004	303873	1309513	604690
重 庆	Chongqing	7110426	4451591	1049652	4762945	3797140
四 川	Sichuan	13979583	8208683	1807300	9221024	4742388
贵 州	Guizhou	6824735	3899974	875495	4682235	2579779
云 南	Yunnan	6938349	4003323	895901	4287338	2329889
西 藏	Tibet	795957	492797	171454	519491	300454
陕 西	Shaanxi	7413878	5057767	636402	5289045	2114183
甘 肃	Gansu	2651423	1571423	452284	1786216	775350
青 海	Qinghai	722623	543695	78470	504250	214615
宁 夏	Ningxia	929425	655498	105619	583952	345570
新 疆	Xinjiang	3522045	2417991	524261	2538057	582191

3-3-7 续表 6 Continued 6

家用电器及电子产品专门零售

Special Retail of Household Electric Appliances and Electronic Products

单位：万元

Unit: 10 000 yuan

地 区	Region	资产总计 Total Assets	#流动资产合计 Total Current Assets	#固定资产净额 Net Value of Fixed Assets	负债合计 Total Liabilities	所有者权益合计 Total Owners' Equities
全 国	**National Total**	**38834055**	**32678462**	**1323394**	**29388813**	**9393464**
北 京	Beijing	5853852	5101246	51975	3361961	2490328
天 津	Tianjin	432003	403246	4104	952579	-520576
河 北	Hebei	776580	679252	33480	652947	133635
山 西	Shanxi	580860	528942	18191	450097	131364
内蒙古	Inner Mongolia	376888	266740	53699	272254	104634
辽 宁	Liaoning	1003546	883447	43361	871873	130876
吉 林	Jilin	351707	300963	12380	268748	82591
黑龙江	Heilongjiang	372369	296204	33964	268566	99326
上 海	Shanghai	2187496	1739044	28080	1673441	513253
江 苏	Jiangsu	5116810	4324457	224419	3991981	1121454
浙 江	Zhejiang	1832777	1509631	86853	1446693	408530
安 徽	Anhui	1292742	1070640	72532	1017155	268325
福 建	Fujian	843534	688511	26982	508608	330907
江 西	Jiangxi	923607	800749	22350	671085	249235
山 东	Shandong	2070141	1694221	112023	1725462	340656
河 南	Henan	1825955	1552882	92699	1321194	489786
湖 北	Hubei	1769525	1425996	73789	1185639	568950
湖 南	Hunan	819706	610567	46451	548056	264765
广 东	Guangdong	4361413	3896710	83438	3819786	540703
广 西	Guangxi	841298	708534	23612	652071	188100
海 南	Hainan	160906	148418	2061	129564	31342
重 庆	Chongqing	798113	643431	51399	579797	216460
四 川	Sichuan	1264900	909130	55522	847833	412335
贵 州	Guizhou	383678	308696	5763	283311	98937
云 南	Yunnan	649901	590108	11962	533027	115628
西 藏	Tibet	38906	30817	3217	22607	16299
陕 西	Shaanxi	972771	754475	34869	691387	276796
甘 肃	Gansu	256835	228564	2563	175253	81054
青 海	Qinghai	96981	86287	1064	66052	30930
宁 夏	Ningxia	178131	134783	3343	125573	52553
新 疆	Xinjiang	400124	361771	7249	274213	124288

五金、家具及室内装饰材料专门零售

Special Retail of Hardware, Furniture and Interior Decoration Materials

单位：万元

Unit: 10 000 yuan

地 区	Region	资产总计 Total Assets	#流动资产合计 Total Current Assets	#固定资产净额 Net Value of Fixed Assets	负债合计 Total Liabilities	所有者权益合计 Total Owners' Equities
全 国	**National Total**	**14137994**	**9007576**	**1810548**	**10629969**	**3446267**
北 京	Beijing	1036641	565328	68001	817811	219697
天 津	Tianjin	209529	93811	73571	203502	6549
河 北	Hebei	84198	78008	2203	58998	23764
山 西	Shanxi	168464	123621	13455	111014	34120
内 蒙 古	Inner Mongolia	9662	9388	157	7384	2279
辽 宁	Liaoning	136852	74612	45577	161042	-23491
吉 林	Jilin	53467	47777	1909	34691	18776
黑 龙 江	Heilongjiang	136996	62997	45656	134624	2372
上 海	Shanghai	1338483	874712	222004	1221089	123042
江 苏	Jiangsu	1680282	1316411	223210	1349352	326901
浙 江	Zhejiang	421650	294093	78010	384932	37588
安 徽	Anhui	314256	195891	64005	200410	104605
福 建	Fujian	778172	504271	100318	514224	244400
江 西	Jiangxi	745154	492495	106878	523403	228971
山 东	Shandong	585296	351971	83027	445517	138313
河 南	Henan	629994	414909	102206	373458	252547
湖 北	Hubei	954606	629118	75787	646632	304033
湖 南	Hunan	442169	290531	25863	248298	191568
广 东	Guangdong	1026119	701331	153447	852852	171324
广 西	Guangxi	267694	151543	48379	214443	52696
海 南	Hainan	14802	14288	106	14673	130
重 庆	Chongqing	575808	314420	55269	384034	190062
四 川	Sichuan	315541	182691	62774	215738	97732
贵 州	Guizhou	170444	100778	1907	151860	19247
云 南	Yunnan	318830	187406	46458	262194	56595
西 藏	Tibet	1465	1465		1154	311
陕 西	Shaanxi	776085	526665	52434	578778	194811
甘 肃	Gansu	20912	17580	331	13185	7727
青 海	Qinghai	27462	23638	2990	22863	4599
宁 夏	Ningxia					
新 疆	Xinjiang	896961	365827	54616	481814	414999

货摊、无店铺及其他零售业
Stalls, Non-shop and Other Retails

单位：万元
Unit: 10 000 yuan

地 区	Region	资产总计 Total Assets	#流动资产合计 Total Currents Assets	#固定资产净额 Net Value of Fixed Assets	负债合计 Total Liabilities	所有者权益合计 Total Owners' Equities
全 国	**National Total**	**80993117**	**69559181**	**2925349**	**68057684**	**12884904**
北 京	Beijing	10891226	10245127	118486	11137931	-181519
天 津	Tianjin	1754868	1658094	23490	1533210	221121
河 北	Hebei	464549	412166	15884	401724	62688
山 西	Shanxi	377494	246527	85378	286624	90811
内 蒙 古	Inner Mongolia	42922	36293	2363	36969	5138
辽 宁	Liaoning	717236	651631	37792	628883	88362
吉 林	Jilin	137641	118756	9767	107867	29774
黑 龙 江	Heilongjiang	198196	181187	9793	137443	59515
上 海	Shanghai	10433495	9458997	161282	9304325	1131200
江 苏	Jiangsu	7365509	6366149	402324	5771591	1590953
浙 江	Zhejiang	9842229	8704185	254430	8412918	1432290
安 徽	Anhui	2033124	1702215	93538	1385656	643449
福 建	Fujian	4501146	3511995	300534	3390389	1079614
江 西	Jiangxi	1379528	1104125	87188	913516	463084
山 东	Shandong	2373684	1954022	195866	1863378	479291
河 南	Henan	849797	562106	142138	499862	339363
湖 北	Hubei	1976570	1573201	131690	1510919	459840
湖 南	Hunan	1417667	1038658	123090	675234	723478
广 东	Guangdong	14822351	12748849	226442	12905768	1916552
广 西	Guangxi	458925	339327	57136	269358	190349
海 南	Hainan	760372	753007	1216	627969	132279
重 庆	Chongqing	900478	701880	61630	620426	280649
四 川	Sichuan	3304293	2878249	191206	2817724	483684
贵 州	Guizhou	1998348	1041501	6151	1319907	677401
云 南	Yunnan	135804	99795	13246	95288	39284
西 藏	Tibet	28658	25845	1566	19887	8771
陕 西	Shaanxi	1372241	1213290	71877	1122737	246227
甘 肃	Gansu	145919	83151	32007	66708	76313
青 海	Qinghai	26300	18330	4807	15730	10570
宁 夏	Ningxia	40853	21987	2652	18922	21931
新 疆	Xinjiang	241694	108536	60380	158821	82442

3-4-1 限额以上批发和零售业企业损益及分配

项　　目	Item	营业收入 Business Revenue	营业成本 Business Cost
总　　计	**Total**	**10758529199**	**10108325355**
一、批发业	**Wholesale Trade**	**9367994480**	**8900085333**
#国有控股	State-controlled Enterprises	3283028811	3146493528
(一)按登记注册类型分	**by Type of Registration**		
1.内资企业	**Domestic Funded Enterprises**	**8106892082**	**7761031280**
国有企业	State-owned Enterprises	375070974	322161116
集体企业	Collective-owned Enterprises	4484273	4318056
股份合作企业	Cooperative Enterprises	5045292	4874578
联营企业	Joint Ownership Enterprises	6540909	6456165
国有联营企业	State Joint Ownership Enterprises	5431445	5357914
集体联营企业	Collective Joint Ownership Enterprises	137330	133396
国有与集体联营企业	Joint State-collective Enterprises	204188	198212
其他联营企业	Other Joint Ownership Enterprises	767947	766645
有限责任公司	Limited Liability Corporations	3466890502	3350147184
国有独资公司	State Sole Funded Corporations	579258866	564318385
其他有限责任公司	Other Limited Liability Corporations	2887631636	2785828803
股份有限公司	Share-holding Corporations Ltd.	508796607	492864252
私营企业	Private Enterprises	3735472625	3576071513
私营独资企业	Private-funded Enterprises	35047429	33428525
私营合伙企业	Private Partnership Enterprises	5281143	4882622
私营有限责任公司	Private Limited Liability Corporations	3629704772	3477847845
私营股份有限公司	Private Share-holding Corporations Ltd.	65439282	59912521
其他企业	Other Enterprises	4590906	4138431
2.港、澳、台商投资企业	**Enterprises with Funds from Hongkong, Macao and Taiwan**	**438724070**	**394575408**
合资经营企业	Joint-venture Enterprises	57732913	54259572
合作经营企业	Cooperative Enterprises	2617194	2451428
独资经营企业	Enterprises with Sole Investment	357209275	318849367
投资股份有限公司	Share-holding Corporations Ltd. with Investment	17056666	15362034
其他港澳台商投资企业	Other Enterprises with Funds from Hongkong, Macao and Taiwan	4108026	3653011
3.外商投资企业	**Foreign Funded Enterprises**	**822378330**	**744478647**
中外合资经营企业	Joint-venture Enterprises	221265534	210338128
中外合作经营企业	Cooperative Enterprises	221862	176892
外资企业	Enterprises with Sole Foreign Investment	580505621	516002588
外商投资股份有限公司	Share-holding Corporations Ltd. with Foreign Investment	15397326	13421451
其他外商投资企业	Other Foreign Funded Enterprises	4987990	4539598

Income and Distribution of Enterprises above Designated Size of Wholesale and Retail Trades

单位：万元

Unit: 10 000 yuan

税金及附加 Taxes and Other Charges	其他业务利润 Profits from Other Business	销售费用 Selling Expenses	管理费用 Administrative Expenses
38054890	**24354646**	**300857408**	**146358679**
33466378	**12547155**	**189111396**	**104510986**
26082190	3402284	33576785	22720409
31205385	**8600634**	**128005940**	**76135631**
19996894	350730	5738055	8436223
8362	7159	66777	79296
3834	7910	64358	46489
7536	1224	24210	29974
6826	173	20156	22618
111		1762	683
320	-45	1628	5310
280	1096	663	1363
6870946	3909207	45257119	21493562
1801569	406813	4542956	3594178
5069375	3502393	40714164	17899381
442208	822106	7309879	3446107
3867930	3501234	69464774	42513142
54847	13815	599453	402969
7253	3778	65442	53191
3700575	3327724	66739905	40847501
105250	155918	2059973	1209483
7688	1068	80782	90840
671165	**1020880**	**22051505**	**13609108**
89527	60881	1411647	948306
4335	326	89499	28943
546023	936339	19044172	12202885
26507	20118	1153016	343991
4779	3215	353177	84990
1589830	**2925643**	**39053958**	**14766243**
227750	479035	6021691	1284030
704	2320	25872	23064
1320365	2349061	31257656	13000130
34976	87862	1470152	397795
6031	7366	278585	61226

项　　目	Item	财务费用 Financial Expenses	#利息支出 Interest Expense
总　　计	**Total**	**30942354**	**32524493**
一、批发业	**Wholesale Trade**	**24022368**	**28623900**
#国有控股	State-controlled Enterprises	9114262	14711534
(一)按登记注册类型分	**by Type of Registration**		
1.内资企业	**Domestic Funded Enterprises**	**22170335**	**26090062**
国有企业	State-owned Enterprises	-768730	947386
集体企业	Collective-owned Enterprises	22848	20947
股份合作企业	Cooperative Enterprises	16324	14530
联营企业	Joint Ownership Enterprises	26330	27945
国有联营企业	State Joint Ownership Enterprises	28983	26338
集体联营企业	Collective Joint Ownership Enterprises	102	23
国有与集体联营企业	Joint State-collective Enterprises	-2245	255
其他联营企业	Other Joint Ownership Enterprises	-507	1329
有限责任公司	Limited Liability Corporations	11309841	14679942
国有独资公司	State Sole Funded Corporations	3017431	3292378
其他有限责任公司	Other Limited Liability Corporations	8292410	11387568
股份有限公司	Share-holding Corporations Ltd.	2132798	3116459
私营企业	Private Enterprises	9423183	7279877
私营独资企业	Private-funded Enterprises	66153	31155
私营合伙企业	Private Partnership Enterprises	5273	4556
私营有限责任公司	Private Limited Liability Corporations	9006275	6880609
私营股份有限公司	Private Share-holding Corporations Ltd.	345482	363560
其他企业	Other Enterprises	7753	2981
2.港、澳、台商投资企业	**Enterprises with Funds from Hongkong, Macao and Taiwan**	**618712**	**1003353**
合资经营企业	Joint-venture Enterprises	207821	185622
合作经营企业	Cooperative Enterprises	15153	18345
独资经营企业	Enterprises with Sole Investment	368866	689218
投资股份有限公司	Share-holding Corporations Ltd. With Investment	18671	101432
其他港澳台商投资企业	Other Enterprises with Funds from Hongkong, Macao and Taiwan	8209	8741
3.外商投资企业	**Foreign Funded Enterprises**	**1233317**	**1530490**
中外合资经营企业	Joint-venture Enterprises	172285	350940
中外合作经营企业	Cooperative Enterprises	5782	1734
外资企业	Enterprises with Sole Foreign Investment	931318	1009023
外商投资股份有限公司	Share-holding Corporations Ltd. With Foreign Investment	117578	163415
其他外商投资企业	Other Foreign Funded Enterprises	6354	5375

单位：万元
Unit: 10 000 yuan

营业利润 Operating Profits	利润总额 Total Profits	应交所得税 Income Tax Payable	应付职工薪酬 Payables to Employees	应交增值税 VAT Payable
180265920	**187244289**	**36630928**	**159334471**	**74087197**
162504375	**168103076**	**31484071**	**104541915**	**59202796**
71757068	72811029	13935700	28165522	21558270
121143385	**125467859**	**23141817**	**73428808**	**49296549**
20110912	20200903	5274529	8866782	7103036
22395	29867	4870	62191	31971
18344	13973	4670	41087	16739
78759	82778	8027	26487	17851
76988	76756	7217	20845	10661
1972	1627	96	856	-450
705	3074	676	3946	6381
-905	1323	36	841	1261
52584041	54229476	9847183	25768476	18068359
10873187	11273081	1364107	3866410	2763879
41710854	42956395	8483073	21902068	15304479
10732366	10926433	1303484	5222108	2670135
37426306	39816209	6694700	33368902	21371764
482503	519943	72082	294108	265389
269912	284778	5136	38737	50704
33987721	36294107	6283612	31648114	20484265
2686172	2717380	333873	1387946	571403
170267	168228	4358	72771	16700
12873675	**13532020**	**2163466**	**11298468**	**3393695**
1039430	1093526	241737	790335	447412
36187	38045	7058	49777	26266
10742971	11306278	1816601	9865215	2725079
1076306	1111472	83231	479924	164957
-21214	-17297	14841	113221	29985
28487312	**29103195**	**6178792**	**19814645**	**6512547**
3988347	4010609	869148	1868050	1037583
-15834	-11365	1167	21418	2434
22918224	23485553	5195759	17257704	5239308
1447317	1460499	87708	594975	207069
149257	157901	25010	72507	26154

项 目	Item	营业收入 Business Revenue	营业成本 Business Cost
(二)按国民经济行业分	**by Sector**		
农、林、牧、渔产品批发	Wholesale of Agricultural, Forestry, Livestock and Fishery Products	286627210	278314448
食品、饮料及烟草制品批发	Wholesale of Food, Beverages and Tobaccos	717999491	607176425
米、面制品及食用油批发	Wholesale of Rice, Flour and Edible Oil	122078325	116062842
肉、禽、蛋、奶及水产品批发	Wholesale of Meal, Fowls, Eggs, Milk and Aquatic Products	100106035	93655920
酒、饮料及茶叶批发	Wholesale of Wine, Beverages and Teas	131516658	101958355
烟草制品批发	Wholesale of Tobaccos	194118202	140871921
纺织、服装及家庭用品批发	Wholesale of Textiles, Wearing Apparel and Household Articles	595725966	531033909
服装批发	Wholesale of Garments	96926696	83436913
鞋帽批发	Wholesale of Shoes and Hats	27542309	23141050
日用家电批发	Wholesale of Household Electrical Appliances	155815806	143405970
文化、体育用品及器材批发	Wholesale of Culture, Sports Appliances and Equipments	147697320	134778806
文具用品批发	Wholesale of Stationeries	49505791	47174291
体育用品及器材批发	Wholesale of Sports Appliances and Equipments	16788115	14916874
图书批发	Wholesale of Books	12278801	9906567
医药及医疗器材批发	Wholesale of Medicines and Medical Appliances	428453563	371690388
西药批发	Wholesale of Western Medicines	251946196	224988880
中药批发	Wholesale of Chinese Traditional Medicines	57453443	49256633
矿产品、建材及化工产品批发	Wholesale of Mineral Products, Building Materials and Chemical Products	5756688656	5636760667
煤炭及制品批发	Wholesale of Coal and Related Products	751106013	729238845
石油及制品批发	Wholesale of Petroleum and Related Products	988225989	966737054
金属及金属矿批发	Wholesale of Metal Materials	2620367786	2589678653
建材批发	Wholesale of Building Materials	322886661	308847390
化肥批发	Wholesale of Chemical Fertilizer	79710303	76709426
农药批发	Wholesale of Pesticides	12455730	11219185
机械设备、五金产品及电子产品批发	Wholesale of Machinery, Hardware and Electronic Products	1203034970	1120274597
汽车及零配件批发	Wholesale of Motor Vehicles and Their Parts	440286615	415157836
计算机、软件及辅助设备批发	Wholesale of Computer, Software and Assistant Appliances	143683540	134855295
通讯设备批发	Wholesale of Communication Equipments	123141838	118010475
贸易经纪与代理	Trade Broker and Agency	47728413	45092944
其他批发业	Other Wholesale not Classified Elsewhere	184038899	174963161

3-4-1 Continued 2

单位：万元
Unit: 10 000 yuan

税金及附加 Taxes and Other Charges	其他业务利润 Profits from Other Business	销售费用 Selling Expenses	管理费用 Administrative Expenses
274159	477498	2664432	2408841
23798009	2177664	32498203	18700880
169242	303363	3571288	1528461
104408	106801	3781710	1634114
505149	415321	12246191	3192950
22761777	154961	4486238	8354259
807015	1289269	36664394	17758934
157603	284920	7452616	3785848
35066	16638	1736745	1932910
148488	171659	7076634	5039747
287382	338590	5705569	3280025
51653	71977	970539	687153
32175	56968	820978	448965
21882	58787	792780	723584
1053652	1535764	30011876	12004297
576666	861782	14270011	5197890
144857	161528	5448758	1346208
4784645	4005739	42901949	27516434
985438	517202	7771677	4040114
776518	1143048	9571616	3977150
1640238	1056851	8465696	7907589
519349	437969	4706401	3551199
75913	51289	1070977	534641
13370	27692	622671	261082
1908328	2297859	33811098	20161238
919864	454092	13378797	3887407
141110	162562	3025442	1592409
110422	385487	2518441	1109026
46293	122198	734003	671585
506881	302590	4119880	2008748

项　目	Item	财务费用 Financial Expenses	#利息支出 Interest Expenses
(二)按国民经济行业分	**by Sector**		
农、林、牧、渔产品批发	Wholesale of Agricultural, Forestry, Livestock and Fishery Produ	1830291	1710851
食品、饮料及烟草制品批发	Wholesale of Food, Beverages and Tobaccos	-411613	1859359
米、面制品及食用油批发	Wholesale of Rice, Flour and Edible Oil	359920	684043
肉、禽、蛋、奶及水产品批发	Wholesale of Meal, Fowls, Eggs, Milk and Aquatic Products	322773	275797
酒、饮料及茶叶批发	Wholesale of Wine, Beverages and Teas	-104009	343448
烟草制品批发	Wholesale of Tobaccos	-1631226	11857
纺织、服装及家庭用品批发	Wholesale of Textiles, Wearing Apparel and Household Articles	894796	1270565
服装批发	Wholesale of Garments	175579	293461
鞋帽批发	Wholesale of Shoes and Hats	42219	23296
日用家电批发	Wholesale of Household Electrical Appliances	-134950	195225
文化、体育用品及器材批发	Wholesale of Culture, Sports Appliances and Equipments	278981	417547
文具用品批发	Wholesale of Stationeries	129326	111235
体育用品及器材批发	Wholesale of Sports Appliances and Equipments	-14471	23301
图书批发	Wholesale of Books	-76605	70532
医药及医疗器材批发	Wholesale of Medicines and Medical Appliances	2026847	2253848
西药批发	Wholesale of Western Medicines	1253459	1552085
中药批发	Wholesale of Chinese Traditional Medicines	225643	231903
矿产品、建材及化工产品批发	Wholesale of Mineral Products, Building Materials and Chemical Products	16834608	17649750
煤炭及制品批发	Wholesale of Coal and Related Products	3133065	4080988
石油及制品批发	Wholesale of Petroleum and Related Products	2149129	2148869
金属及金属矿批发	Wholesale of Metal Materials	6905756	6774404
建材批发	Wholesale of Building Materials	1912840	1773057
化肥批发	Wholesale of Chemical Fertilizer	314671	341032
农药批发	Wholesale of Pesticides	53488	69904
机械设备、五金产品及电子产品批发	Wholesale of Machinery, Hardware and Electronic Products	2075992	2765196
汽车及零配件批发	Wholesale of Motor Vehicles and Their Parts	117934	832196
计算机、软件及辅助设备批发	Wholesale of Computer, Software and Assistant Appliances	714268	218186
通讯设备批发	Wholesale of Communication Equipments	212498	350761
贸易经纪与代理	Trade Broker and Agency	138505	253126
其他批发业	Other Wholesale not Classified Elsewhere	353952	443662

3-4-1 Continued 3

单位：万元
Unit: 10 000 yuan

营业利润 Operating Profits	利润总额 Total Profits	应交所得税 Income Tax Payable	应付职工薪酬 Payables to Employees	应交增值税 VAT Payable
2227132	2726541	452038	1900743	922097
41690580	42123603	10018333	21011708	12574622
911252	1184865	231676	1831455	500207
639622	705284	150829	1772869	518502
15352074	15400654	3534251	4481813	3367986
21252950	21139641	5472542	8852535	6850631
14080643	14774868	2431557	14268518	4648724
2275325	2482203	527684	3513730	857074
779944	902123	185886	829292	254668
3167556	3233398	180869	2423113	775716
4452627	4631702	615991	3863955	953258
576866	605278	126318	629211	253857
1229248	1277283	145204	672746	195821
1042570	1043444	72126	773929	26355
13804139	14047426	2684052	14185228	7019592
7338500	7359644	1228614	6257850	3487139
1246102	1274373	262810	1676436	960153
53659918	55721230	8382605	23967203	20340249
17692664	18138043	1846099	2816546	4786839
8438460	8575404	1750517	5259971	4527614
11062060	11829673	1913338	5911706	4955316
4029459	4277649	674435	2840550	2209698
1538704	1570845	239257	578334	344160
344199	372439	55722	425389	38163
28319732	29264806	6223413	22943477	8557469
8475587	8710021	2271617	4257242	2508224
2754666	2807490	717041	2719365	802525
1699225	1798838	213590	1416308	611660
1302850	1329844	241424	585360	296273
2966751	3483056	434654	1815732	3890508

项　　目	Item	营业收入 Business Revenue	营业成本 Business Cost
二、零售业	**Retail Trade**	**1390534721**	**1208240022**
#国有控股	State-controlled Enterprises	247620532	221791283
(一)按登记注册类型分	**by Type of Registration**		
1.内资企业	**Domestic Funded Enterprises**	**1099652859**	**966848313**
国有企业	State-owned Enterprises	18659763	17293412
集体企业	Collective-owned Enterprises	2951551	2552311
股份合作企业	Cooperative Enterprises	1197933	1041775
联营企业	Joint Ownership Enterprises	586482	505804
国有联营企业	State Joint Ownership Enterprises	295770	253993
集体联营企业	Collective Joint Ownership Enterprises	56643	47547
国有与集体联营企业	Joint State-collective Enterprises	142324	125089
其他联营企业	Other Joint Ownership Enterprises	91745	79175
有限责任公司	Limited Liability Corporations	364952387	320589252
国有独资公司	State Sole Funded Corporations	17146325	14603803
其他有限责任公司	Other Limited Liability Corporations	347806066	305985448
股份有限公司	Share-holding Corporations Ltd.	106643420	96113891
私营企业	Private Enterprises	603408833	527660021
私营独资企业	Private-funded Enterprises	16308793	13986003
私营合伙企业	Private Partnership Enterprises	2132684	1827219
私营有限责任公司	Private Limited Liability Corporations	572214280	501585253
私营股份有限公司	Private Share-holding Corporations Ltd.	12753072	10261542
其他企业	Other Enterprises	1252495	1091852
2.港、澳、台商投资企业	**Enterprises with Funds from Hongkong, Macao and Taiwan**	**110695032**	**88160326**
合资经营企业	Joint-venture Enterprises	15117924	12436368
合作经营企业	Cooperative Enterprises	775488	648208
独资经营企业	Enterprises with Sole Investment	90112859	71827026
投资股份有限公司	Share-holding Corporations Ltd. with Investment	2817833	1998514
其他港澳台商投资企业	Other Enterprises with Funds from Hongkong, Macao and Taiwan	1870928	1250210
3.外商投资企业	**Foreign Funded Enterprises**	**180186830**	**153231383**
中外合资经营企业	Joint-venture Enterprises	34495766	29462653
中外合作经营企业	Cooperative Enterprises	698597	601685
外资企业	Enterprises with Sole Foreign Investment	123203221	103771995
外商投资股份有限公司	Share-holding Corporations Ltd. with Foreign Investment	19858828	17797953
其他外商投资企业	Other Foreign Funded Enterprises	1930418	1597097

单位：万元
Unit: 10 000 yuan

税金及附加 Taxes and Other Charges	其他业务利润 Profits from Other Business	销售费用 Selling Expenses	管理费用 Administrative Expenses
4588514	**11807490**	**111746014**	**41847699**
802103	1739391	14849615	4617747
3470490	**9172223**	**79152028**	**32761467**
73956	54375	1136888	406675
12033	14193	148148	142091
3468	5105	63972	49861
1909	675	28440	11853
1276		13862	5235
153		4590	1433
309	616	6147	2261
171	59	3843	2927
1199283	4333086	28728326	9639539
120143	87300	1062285	603835
1079138	4245788	27666044	9035700
339755	807736	6618605	1864221
1835088	3953124	42383805	20612074
90551	25391	760454	587943
12684	4812	99855	95244
1693359	3767638	40011238	19512032
38490	155286	1512256	416857
5004	3935	43850	35163
608720	**1335456**	**14581316**	**4155295**
110986	296411	1678888	531737
3728	8596	100687	17921
477870	986257	11693117	3395780
10118	29213	640134	136920
6018	14979	468490	72937
509304	**1299811**	**18012670**	**4930937**
87054	357589	3524808	988912
7964	13201	59195	22867
382671	847542	13282715	3610511
25490	72320	858119	227736
6125	9159	287833	80911

项　目	Item	财务费用 Financial Expenses	#利息支出 Interest Expenses
二、零售业	**Retail Trade**	**6919984**	**3900590**
#国有控股	State-controlled Enterprises	985897	823618
(一)按登记注册类型分	**by Type of Registration**		
1.内资企业	**Domestic Funded Enterprises**	**5657890**	**3219679**
国有企业	State-owned Enterprises	74696	46161
集体企业	Collective-owned Enterprises	5260	3486
股份合作企业	Cooperative Enterprises	6182	3720
联营企业	Joint Ownership Enterprises	1024	727
国有联营企业	State Joint Ownership Enterprises	676	583
集体联营企业	Collective Joint Ownership Enterprises	69	1
国有与集体联营企业	Joint State-collective Enterprises	111	102
其他联营企业	Other Joint Ownership Enterprises	171	41
有限责任公司	Limited Liability Corporations	1961363	1335874
国有独资公司	State Sole Funded Corporations	111242	69313
其他有限责任公司	Other Limited Liability Corporations	1850119	1266564
股份有限公司	Share-holding Corporations Ltd.	357877	308202
私营企业	Private Enterprises	3247336	1519687
私营独资企业	Private-funded Enterprises	86362	28062
私营合伙企业	Private Partnership Enterprises	8738	3471
私营有限责任公司	Private Limited Liability Corporations	3068145	1431523
私营股份有限公司	Private Share-holding Corporations Ltd.	84089	56637
其他企业	Other Enterprises	4154	1828
2.港、澳、台商投资企业	**Enterprises with Funds from Hongkong, Macao and Taiwan**	**489909**	**215117**
合资经营企业	Joint-venture Enterprises	91861	66822
合作经营企业	Cooperative Enterprises	3319	3157
独资经营企业	Enterprises with Sole Investment	380355	133448
投资股份有限公司	Share-holding Corporations Ltd. with Investment	11299	6435
其他港澳台商投资企业	Other Enterprises with Funds from Hongkong, Macao and Taiwan	3075	5255
3.外商投资企业	**Foreign Funded Enterprises**	**772185**	**465794**
中外合资经营企业	Joint-venture Enterprises	230718	168691
中外合作经营企业	Cooperative Enterprises	423	681
外资企业	Enterprises with Sole Foreign Investment	476465	256004
外商投资股份有限公司	Share-holding Corporations Ltd. with Foreign Investment	56758	35240
其他外商投资企业	Other Foreign Funded Enterprises	7821	5178

3-4-1 Continued 5

单位：万元

Unit: 10 000 yuan

营业利润 Operating Profits	利润总额 Total Profits	应交所得税 Income Tax Payable	应付职工薪酬 Payables to Employees	应交增值税 VAT payable
17761548	**19141209**	**5146854**	**54792559**	**14884402**
6122495	6268223	981339	9069371	2731158
12236087	**13198209**	**3117405**	**42614250**	**11287033**
-210630	-200229	39449	716339	209934
72928	77014	10553	123359	40679
34932	36128	7109	49222	14750
35730	36163	7498	18182	10661
16372	16469	3776	7957	5755
2895	2901	514	1470	1185
9025	9223	2110	5290	2163
7439	7570	1097	3466	1558
3933355	4207715	1403846	14473063	3723538
835336	880848	109924	886167	126015
3098020	3326868	1293922	13586897	3597524
2032052	2074189	211342	3746078	1184952
6283110	6910369	1435284	23445774	6097512
726009	725307	61581	551614	193682
81266	81285	6252	66645	32873
5093306	5702106	1303073	21946556	5728045
382529	401673	64384	880961	142916
54613	56868	2327	42237	5005
2898867	**3077226**	**1123969**	**6315284**	**1545130**
375378	388908	127722	766789	186279
24482	25358	5476	43502	13402
2430896	2590796	964594	5159215	1259835
35647	35803	12970	244421	41811
32464	36361	13207	101357	43803
2626594	**2865774**	**905480**	**5863025**	**2052239**
-152759	-110438	100482	1379566	430968
-6267	-5200	3579	38491	7831
1861710	2051061	761883	4070704	1392043
971975	974731	28177	310082	198318
-48065	-44380	11359	64182	23079

项　　目	Item	营业收入 Business Revenue	营业成本 Business Cost
(二)按国民经济行业分	**by Sector**		
综合零售	Integrated Retail	196313266	158467660
百货零售	Retail of General Merchandise	85584442	67373681
超级市场零售	Retail of Supermarkets	99782731	82581707
食品、饮料及烟草制品专门零售	Special Retail of Food, Beverages and Tobaccos	54858399	45140245
粮油零售	Retail of Cereal and Oil	4656783	4191990
肉、禽、蛋、奶及水产品零售	Retail of Meat, Poultry, Eggs, Milk and Aquatic Products	8567942	7371035
酒、饮料及茶叶零售	Retail of Wine, Beverages and Teas	16975944	13844437
烟草制品零售	Retail of Tobaccos	2195318	1823339
纺织、服装及日用品专门零售	Special Retail of Textiles, Garments and Daily Consumer Articles	64280804	40357187
服装零售	Retail of Garments	34782983	21572007
文化、体育用品及器材专门零售	Special Retail of Culture, Sports Appliances and Equipments	41468242	32871215
体育用品及器材零售	Retail of Sports Appliances and Equipments	2218335	1417399
图书、报刊零售	Retail of Books, Newspapers and Magazines	14347246	10762680
医药及医疗器材专门零售	Special Retail of Medicines and Medical Appliances	52877401	40863308
西药零售	Retail of Western Medicines	47925799	37107066
汽车、摩托车、零配件和燃料及其他动力销售	Retail of Motor Vehicles, Motorcycles, Parts, Fuel and Other Powers	646155602	598773914
汽车新车零售	Retail of New Motor Vehicles	427304055	398246546
机动车燃油零售	Retail of Fuel Oil of Motor Vehicles	202145032	185553749
家用电器及电子产品专门零售	Special Retail of Household Electric Appliances and Electronic Products	71804177	64696150
日用家电零售	Retail of Household Electric Appliances	26039396	23526760
计算机、软件及辅助设备零售	Retail of Computer, Software and Assistant Appliances	19648399	17742925
通信设备零售	Retail of Communication Equipments	14727307	13345489
五金、家具及室内装饰材料专门零售	Special Retail of Hardware, Furniture and Interior Decoration Materials	18513325	15068742
货摊、无店铺及其他零售业	Stalls, Non-shop and Other Retails	244263510	212001602
互联网零售	Retail on the Internet	233248455	202889133
(三）按零售业态分	**by Mode of Business Operation**		
有店铺零售	Store-based Retailing	1135940942	988105986
超市	Supermarket	137506980	113411115
百货店	Department Store	100598512	78145941
专业店	Speciality Store	428402321	377792577
品牌专卖店	Brand Store	488860741	432292228
集合店	Collection Store	10955164	9693200
无店铺零售	Non-Store Selling	374046444	319712551

单位：万元

Unit: 10 000 yuan

税金及附加 Taxes and Other Charges	其他业务利润 Profits from Other Business	销售费用 Selling Expenses	管理费用 Administrative Expenses
1202749	6136802	23668272	9289173
872079	3214211	8964154	5132803
297608	2658444	12949163	3382916
180850	200496	4626612	2407431
10908	11297	200832	173463
19993	39906	615058	363562
75048	61365	896774	581735
7476	7186	157391	114719
358065	366476	15655334	4482717
176938	265140	8798331	2729542
311206	253751	4387859	2372297
10556	3125	536013	191488
45591	172014	1561593	1151309
143971	350448	7917139	2453142
128484	323072	7230329	2176259
1711723	3394588	25730340	12217546
1305896	2977601	16298975	9606588
366721	380523	8600668	2123532
148706	253573	4136252	2146179
55300	97591	1770021	839866
40748	14142	895458	456649
19003	110165	824193	446865
108836	71191	1629514	1114338
422405	780170	23994693	5364879
386544	700906	23051034	4823434
4153702	11002537	86037851	35854303
498330	3374576	17110790	5366791
956501	3457201	11793707	5890129
1175882	1981733	27085813	11956724
1742704	3865884	33264023	13804850
26426	54161	769479	400118
829777	2196524	39328904	10023829

项 目	Item	财务费用 Financial Expense	#利息支出 Interest Expenses
(二)按国民经济行业分	**by Sector**		
综合零售	Integrated Retail	2120044	1067416
百货零售	Retail of General Merchandise	1130094	699575
超级市场零售	Retail of Supermarkets	918516	330905
食品、饮料及烟草制品专门零售	Special Retail of Food, Beverages and Tobaccos	234787	135710
粮油零售	Retail of Cereal and Oil	30003	15670
肉、禽、蛋、奶及水产品零售	Retail of Meat, Poultry, Eggs, Milk and Aquatic Products	34478	21849
酒、饮料及茶叶零售	Retail of Wine, Beverages and Teas	72339	36049
烟草制品零售	Retail of Tobaccos	169	3966
纺织、服装及日用品专门零售	Special Retail of Textiles, Garments and Daily Consumer Articles	430956	218718
服装零售	Retail of Garments	287293	160996
文化、体育用品及器材专门零售	Special Retail of Culture, Sports Appliances and Equipments	111367	93938
体育用品及器材零售	Retail of Sports Appliances and Equipments	20337	9050
图书、报刊零售	Retail of Books, Newspapers and Magazines	-46189	19799
医药及医疗器材专门零售	Special Retail of Medicines and Medical Appliances	291389	154225
西药零售	Retail of Western Medicines	256444	129372
汽车、摩托车、零配件和燃料及其他动力销售	Retail of Motor Vehicles, Motorcycles, Parts, Fuel and Other Powers	2855819	1705549
汽车新车零售	Retail of New Motor Vehicles	2099886	1297179
机动车燃油零售	Retail of Fuel Oil of Motor Vehicles	680914	372579
家用电器及电子产品专门零售	Special Retail of Household Electric Appliances and Electronic Products	335463	183001
日用家电零售	Retail of Household Electric Appliances	135900	60477
计算机、软件及辅助设备零售	Retail of Computer, Software and Assistant Appliances	31251	31304
通信设备零售	Retail of Communication Equipments	68819	31440
五金、家具及室内装饰材料专门零售	Special Retail of Hardware, Furniture and Interior Decoration Materials	171273	117854
货摊、无店铺及其他零售业	Stalls, Non-shop and Other Retails	368884	224176
互联网零售	Retail on the Internet	331186	202425
(三)按零售业态分	**by Mode of Business Operation**		
有店铺零售	Store-based Retailing	6495794	3621816
超市	Supermarket	1185517	483441
百货店	Department Store	1201076	721278
专业店	Speciality Store	1963939	1130988
品牌专卖店	Brand Store	2292923	1351938
集合店	Collection Store	68285	50026
无店铺零售	Non-Store Selling	987815	578533

单位：万元
Unit: 10 000 yuan

营业利润 Operating Profits	利润总额 Total Profits	应交所得税 Income Tax Payable	应付职工薪酬 Payables to Employees	应交增值税 VAT payable
2406128	2677947	992482	13165059	2341334
3189608	3282001	803137	5020931	1183921
-555080	-359718	172586	7442905	1027915
2563883	2659068	419145	2793904	733321
44423	78822	8025	153737	38443
132229	145006	14071	449168	77485
1773310	1796774	281588	516613	302252
125800	138427	21578	148736	31882
3021487	3229019	1101438	5988192	1562955
1239685	1382524	594276	3644070	720156
1626658	1663778	194865	2950172	450484
35162	31092	20883	200054	65785
1068957	1071363	32152	1589115	71517
1384769	1459652	303808	5140371	886834
1200181	1269161	277436	4706828	785351
4491035	4794544	1428602	16268521	5624328
-514563	-140022	793805	11738693	3237545
4808609	4719759	599518	3995717	2239982
222268	289483	144983	2578207	639650
-266114	-248670	22393	939412	187749
437674	448392	90181	632701	219191
5614	27590	12247	579802	120465
316513	334031	51484	973612	295497
1728816	2033690	510053	4934524	2349992
1412171	1687500	454260	4364452	2207348
16276863	17326003	4609582	49187722	12265781
-29859	186472	310381	9990202	1466141
3594029	3705843	946863	6101598	1505702
8326065	8591720	1391033	16765496	4592160
5689562	6160322	2257499	18497892	4963640
111669	125498	22307	470780	139212
2692790	3131596	1104757	12385641	3911396

3-4-2 各地区限额以上批发业企业损益及分配

地区	Region	营业收入 Business Revenue	营业成本 Business Cost	税金及附加 Taxes and Other Charges	其他业务利润 Profits from Other Business	销售费用 Selling Expenses	管理费用 Administr-ative Expenses
全国	**National Total**	**9367994480**	**8900085333**	**33466378**	**12547155**	**189111396**	**104510986**
北京	Beijing	689081395	645553369	1177777	2643596	18191236	13373639
天津	Tianjin	382388157	371579004	924697	197813	5105716	2426225
河北	Hebei	177554080	170001449	1137869	135371	1966550	1244852
山西	Shanxi	188945445	180801996	829390	319031	2402966	1915037
内蒙古	Inner Mongolia	67240534	63220959	499560	336843	1434633	799280
辽宁	Liaoning	203674095	197336198	790221	48254	2122933	1400488
吉林	Jilin	30343097	27785842	386525	46702	1199093	549137
黑龙江	Heilongjiang	76719393	72938564	492382	101728	1780175	693393
上海	Shanghai	1259493486	1175568815	1761618	2006091	41212622	18854450
江苏	Jiangsu	864403222	820685428	2449340	686651	15780401	9977946
浙江	Zhejiang	1125826280	1087515263	2384014	1186750	17046488	8378610
安徽	Anhui	155120787	144255811	1203286	131969	5393933	2127843
福建	Fujian	557100366	537304646	1326727	546176	6889355	3889434
江西	Jiangxi	98599608	90895376	866216	100892	3232610	1285981
山东	Shandong	620040660	598475534	1796166	469026	8870550	5179678
河南	Henan	159849605	149650058	1595371	87292	3141874	2299515
湖北	Hubei	164651518	153219917	1204184	387403	4061579	1941025
湖南	Hunan	90342281	81944980	1488030	83694	2663147	1668786
广东	Guangdong	1196093209	1139502236	3192362	1678325	24537665	15439430
广西	Guangxi	135998137	131293496	851531	90699	1634754	1099844
海南	Hainan	147718673	143166765	370362	115307	1259191	716261
重庆	Chongqing	145063767	133824844	1216560	183567	3550978	1427190
四川	Sichuan	197731013	183867497	1560269	401133	5028814	2300758
贵州	Guizhou	68061293	57142471	864313	72248	2131490	1076463
云南	Yunnan	114740858	107506641	1015139	142397	2101276	1132172
西藏	Tibet	6973677	5745036	129632	2677	716674	182558
陕西	Shaanxi	183397678	176260341	838231	151803	2635401	1386066
甘肃	Gansu	86533901	83983365	420971	51957	878451	497195
青海	Qinghai	17395470	16651244	113379	19178	299022	138127
宁夏	Ningxia	16296777	15584285	148351	13579	311097	154244
新疆	Xinjiang	140616018	136823903	431905	109003	1530722	955359

Income and Distribution of Enterprises above Designated Size of Wholesale Trade by Region

单位：万元
Unit: 10 000 yuan

财务费用 Financial Expenses	#利息支出 Interest Expenses	营业利润 Operating Profits	利润总额 Total Profits	应交所得税 Income Tax Payable	应付职工薪酬 Payables to Employees	应交增值税 VAT Payable
24022368	**28623900**	**162504375**	**168103076**	**31484071**	**104541915**	**59202796**
2353813	4158927	24275403	24409773	2975683	12459411	5046390
757397	633345	3195849	3375091	640426	2713349	1796885
516388	516516	2305819	2381442	491429	1135840	1179347
801026	1396231	3894840	3926705	628220	1347755	1147404
305520	418074	2207873	2228759	270412	678922	636631
565711	511268	1326506	1402343	370732	1128753	960629
194259	190032	222135	301796	116156	585236	272953
168188	400750	865679	933497	179324	797019	661126
2503564	2116619	25873048	27184102	6017726	21992788	6375071
2226491	1852838	13464704	13957517	2501965	8269269	5504777
2147546	3268949	14681934	15702853	3166180	8700632	4717446
344141	414039	2061506	2257402	763877	2002815	1870276
1795155	1740744	7855948	8214207	1123000	3146849	2294624
291016	294935	1896138	2090484	412066	1119436	1370857
1887629	1767077	3442073	3771383	1046666	4702411	3378269
474701	439352	2723135	2860705	587267	2028335	1645825
363352	524086	3725104	3747498	723276	2356275	1564297
287200	275306	2464154	2551589	529967	1512374	1355512
2592371	3038428	15017831	15287845	2881666	16258351	6615147
685511	1038398	1270175	1314749	314428	1050334	1350432
112913	171815	2597146	2751215	426068	706519	608326
179732	372414	3418309	3536246	571617	1354911	1086938
622982	836230	5921328	5989493	1019600	2717460	2108940
11758	256184	7472329	7489838	1822424	1119827	1460067
310800	461043	3354014	3341059	685128	1345556	919332
5996	20126	243512	254648	29683	142554	149876
422437	484666	3123534	3158709	452808	1287696	1303456
237715	275716	1110340	1128996	102170	584173	579339
156931	30646	1187436	1156898	345210	174431	136592
22981	28070	122079	117712	36090	164308	116402
677144	691076	1184494	1278522	252807	958326	989630

3-4-2 续表

国有控股

State-controlled Enterprises

地 区	Region	营业收入 Business Revenue	营业成本 Business Cost	税金及附加 Taxes and Other Charges	其他业务利润 Profits from Other Business	销售费用 Selling Expenses	管理费用 Administrative Expenses
全 国	**National Total**	**3283028811**	**3146493528**	**26082190**	**3402284**	**33576785**	**22720409**
北 京	Beijing	344827135	333579891	759121	1132234	4013048	3012736
天 津	Tianjin	121982188	120058452	315061	9508	549308	426247
河 北	Hebei	48158159	45065916	1006064	21823	354918	432952
山 西	Shanxi	105835584	101191905	735800	215908	753491	1141785
内蒙古	Inner Mongolia	36383859	34936051	437839	38575	276840	343733
辽 宁	Liaoning	109774605	106927365	680256	16096	618735	454079
吉 林	Jilin	17161329	15928105	361040	21767	442167	239125
黑龙江	Heilongjiang	41841269	40179510	447023	36278	471659	365861
上 海	Shanghai	396197143	387280667	745280	222930	4082215	1581978
江 苏	Jiangsu	157363509	147944959	1706484	87828	1722041	1192350
浙 江	Zhejiang	241263251	233147924	1767689	125642	1706010	1165326
安 徽	Anhui	61083136	56888768	1007936	46073	1255781	636023
福 建	Fujian	231441843	225988859	963030	298460	1138001	759054
江 西	Jiangxi	40757405	38061545	716178	40955	485927	436611
山 东	Shandong	160165929	153906144	1373389	72095	1447539	1307955
河 南	Henan	54644013	50349983	1367346	33647	645434	996162
湖 北	Hubei	75757558	71837462	1006129	53712	918815	605932
湖 南	Hunan	34472191	30625154	1253299	27678	615031	736875
广 东	Guangdong	325452164	311254604	2331249	315933	4640995	1790719
广 西	Guangxi	64933739	62633331	751483	33594	498000	495459
海 南	Hainan	57777139	56411991	274198	14642	188843	289278
重 庆	Chongqing	42483426	37868559	1070616	46309	669502	602137
四 川	Sichuan	94043190	88001451	1356840	141409	1283433	786663
贵 州	Guizhou	44640203	35748348	825640	38024	1127577	679537
云 南	Yunnan	76886437	71706396	969136	80609	1017288	676591
西 藏	Tibet	1257653	957576	114616	645	51884	71486
陕 西	Shaanxi	108931913	105190792	735621	110842	1146276	588895
甘 肃	Gansu	71190066	69473967	399211	27797	412286	302007
青 海	Qinghai	12021564	11451685	108200	8314	187656	86734
宁 夏	Ningxia	8571561	8240254	118258	4856	125337	78196
新 疆	Xinjiang	95729650	93655914	378158	78101	730748	437923

单位：万元

Unit: 10 000 yuan

财务费用 Financial Expenses	#利息支出 Interest Expenses	营业利润 Operating Profits	利润总额 Total Profits	应交所得税 Income Tax Payable	应付职工薪酬 Payables to Employees	应交增值税 VAT Payable
9114262	**14711534**	**71757068**	**72811029**	**13935700**	**28165522**	**21558270**
1832964	2975761	12859801	12845612	1114926	3735280	2568404
233124	282336	644173	749019	168676	554304	317724
210861	287397	910736	918929	231185	487612	500776
586795	1206349	2605412	2594159	426185	919479	646012
-3338	125493	690068	694923	137006	378131	314225
180833	266665	890080	934213	228493	562643	490268
81586	114999	101925	175283	78130	290767	135859
43837	309621	570686	593319	132425	517335	404070
535307	872191	4659552	4786656	745903	1939333	751218
549421	733637	5001178	5158582	1155079	1444273	1271187
345740	803371	5096393	5223424	1110496	1508939	1272156
54506	309859	1439348	1473011	364178	833287	696410
940126	1039581	3218010	3248286	566448	942376	695397
144755	182128	909445	943396	221678	542121	407512
698063	703089	1514393	1607730	403437	1474309	968488
108777	213010	1250729	1257521	327019	968091	527518
105723	238241	1072360	1096095	339045	924888	695930
88824	156968	1400655	1415080	374486	684603	607544
588116	1052845	6196971	6278717	1411482	3238175	1954308
339176	424586	1001665	1020311	247291	558056	699514
39419	104220	1427291	1435574	141480	319712	126002
81445	230360	989750	1001953	181269	481807	410668
244168	455716	2496898	2525000	616551	1128580	928847
-56574	196740	6966576	6969792	1695630	755489	1187768
221804	391125	3025489	3004186	634802	965947	674576
-8298	322	87564	85154	9047	65476	40855
271803	363230	1871563	1872147	263071	727842	918106
161250	226905	1017088	1027744	83938	403377	477900
145704	20649	1137189	1108186	339828	130744	113615
-1342	9871	46155	43202	25749	108517	70615
349687	414269	657925	723825	160767	574029	684798

3-4-3 各地区限额以上批发业企业损益及分配(按登记注册类型分)

内资企业

Domestic Funded Enterprises

地 区	Region	营业收入 Business Revenue	营业成本 Business Cost	税金及附加 Taxes and Other Charges	其他业务利润 Profits from Other Business	销售费用 Selling Expenses	管理费用 Administr-ative Expenses
全 国	**National Total**	**8106892082**	**7761031280**	**31205385**	**8600634**	**128005940**	**76135631**
北 京	Beijing	459717384	438550974	887669	1567794	8463263	6100218
天 津	Tianjin	317382665	309727007	489742	96188	3144414	1930109
河 北	Hebei	172933194	165554077	1132350	118153	1900448	1223403
山 西	Shanxi	188375331	180262136	828798	318905	2392930	1904823
内蒙古	Inner Mongolia	66754088	62760625	498539	335732	1412886	797097
辽 宁	Liaoning	193117976	187315364	771651	46193	1889115	1307782
吉 林	Jilin	29993734	27436418	386067	46584	1186283	544917
黑龙江	Heilongjiang	73696027	69918313	490565	101728	1778111	692602
上 海	Shanghai	798378093	774554603	967691	606206	10480185	6464739
江 苏	Jiangsu	787720719	752449562	2318788	560543	12033422	7382471
浙 江	Zhejiang	1017891363	984946846	2281147	916975	13604726	7597851
安 徽	Anhui	132608615	123225917	1165276	124818	4327605	1660811
福 建	Fujian	533453241	516418266	1275656	447250	5687866	3437213
江 西	Jiangxi	96981730	89358871	864574	99587	3188248	1264815
山 东	Shandong	579526867	558972779	1760833	441284	8383077	4900919
河 南	Henan	158324113	148378896	1591388	87309	3025927	2257912
湖 北	Hubei	131012767	121842667	1166285	114345	2904045	1680901
湖 南	Hunan	88272963	80206320	1482347	83683	2312489	1640067
广 东	Guangdong	1080208015	1034745324	2963792	1212626	19084533	12643484
广 西	Guangxi	128334848	123937508	842858	76116	1467183	1040850
海 南	Hainan	124208595	120034562	348384	78388	1197991	668117
重 庆	Chongqing	134632519	124000618	1197124	177819	3205479	1354014
四 川	Sichuan	190413174	176994872	1547037	385975	4782890	2224890
贵 州	Guizhou	67577722	56735734	863007	71511	2086530	1071173
云 南	Yunnan	113454756	106365799	1013101	141497	2015256	1111237
西 藏	Tibet	6591478	5561876	126764	1109	572450	179732
陕 西	Shaanxi	175412660	168573752	831195	151128	2510312	1331988
甘 肃	Gansu	86287358	83784893	420338	51498	838302	487442
青 海	Qinghai	17131624	16385664	113129	17527	292509	135688
宁 夏	Ningxia	16296777	15584285	148351	13579	311097	154244
新 疆	Xinjiang	140201686	136446752	430939	108584	1526368	944122

Income and Distribution of Enterprises above Designated Size of Wholesale TrAEe by Region and Type of Registration

单位：万元
Unit: 10 000 yuan

财务费用 Financial Expenses	#利息支出 Interest Expenses	营业利润 Operating Profits	利润总额 Total Profits	应交所得税 Income Tax Payable	应付职工薪酬 Payables to Employees	应交增值税 VAT Payable
22170335	**26090062**	**121143385**	**125467859**	**23141817**	**73428808**	**49296549**
2424977	3499895	13541313	13579594	1433348	6789064	3590838
772686	581905	2412368	2621802	483585	1721836	1171397
515038	511906	1982874	2055875	476151	1097725	1159424
799550	1395056	3886810	3918588	626392	1340615	1139982
304294	414972	2209008	2229327	269340	676716	636626
433634	393494	1236996	1314567	329058	1036752	892358
193149	188509	245071	324363	113641	581932	269703
167667	400708	867740	935301	179213	796497	661073
1275521	1422185	8132746	8555574	1535262	6168862	2192000
2077554	1708683	11468572	11878114	2166493	6572745	4882341
2123785	3012939	12671631	13616871	2803951	7442023	4101260
252500	448801	2241109	2429976	725535	1722912	1741141
1782550	1695453	6769064	7097437	894812	2775191	2019535
283892	288833	1885978	2078568	409969	1095778	1369401
1875290	1686846	3554538	3880770	964930	4418924	3239058
469857	437755	2574918	2711331	565002	1969435	1625427
293269	383962	2954909	2970837	593133	1895206	1413764
285640	274319	2531145	2617281	520028	1458369	1267727
2460923	2753206	10117711	10340739	2178947	12773753	5477666
670315	1024990	1175574	1220363	291248	967516	1311118
121728	165580	2295872	2422737	380162	663733	513734
168454	360783	3209285	3305238	533088	1209793	1028338
597978	805160	5846398	5907404	1001078	2634040	2022775
9523	253262	7447281	7464645	1815134	1108746	1454124
307001	457750	3323424	3311446	680466	1313101	906006
7798	20121	184002	195064	24303	125831	127744
392835	481737	2808660	2838227	417650	1225561	1268846
237113	275695	1112839	1131327	101266	567246	575366
159824	30646	1195846	1165101	345073	164846	135881
22981	28070	122079	117712	36090	164308	116402
683009	686841	1137624	1231680	247469	949752	985494

国有企业

State-owned Enterprises

地 区	Region	营业收入 Business Revenue	营业成本 Business Cost	税金及附加 Taxes and Other Charges	其他业务利润 Profits from Other Business	销售费用 Selling Expenses	管理费用 Administr-ative Expenses
全 国	**National Total**	**375070974**	**322161116**	**19996894**	**350730**	**5738055**	**8436223**
北 京	Beijing	7017987	6103930	365653	1749	153353	98224
天 津	Tianjin	8206152	7739726	166271	-10615	37780	114742
河 北	Hebei	9168311	7030513	970622	2572	128731	283127
山 西	Shanxi	4127298	2989617	526949	444	58009	236689
内 蒙 古	Inner Mongolia	3075881	2285407	391434	748	69820	169490
辽 宁	Liaoning	10030402	8471813	634371	3190	185335	265873
吉 林	Jilin	2437538	1723606	336431	62	77732	131575
黑 龙 江	Heilongjiang	9771323	8782177	411608	22744	146340	229303
上 海	Shanghai	2749366	2591656	19485	120	47967	96129
江 苏	Jiangsu	26587381	22791813	1561382	9832	314845	469447
浙 江	Zhejiang	22333003	18469375	1594325	8344	183021	375827
安 徽	Anhui	11802282	9720163	927530	1490	148354	401308
福 建	Fujian	8322127	6387199	772334	1718	126423	283279
江 西	Jiangxi	10461541	8766932	677259	6705	118257	252347
山 东	Shandong	23228420	22176859	340287	8142	138438	219857
河 南	Henan	13609616	10417957	1319100	11319	347955	815188
湖 北	Hubei	17538972	15008434	956706	11509	406123	363853
湖 南	Hunan	11557433	8532458	1210188	4117	233398	573746
广 东	Guangdong	27159310	25371639	551180	22662	283170	320125
广 西	Guangxi	6687666	5106294	666341	3923	164561	243107
海 南	Hainan	18283122	17515299	240600	922	44211	159681
重 庆	Chongqing	13575662	9882049	1027113	27195	293327	419690
四 川	Sichuan	14305645	11226339	1188960	83566	268930	426677
贵 州	Guizhou	8301723	6449139	702209	9911	316531	405829
云 南	Yunnan	18573352	14666385	912888	14617	665581	389593
西 藏	Tibet	1049744	794436	105189	645	34512	58359
陕 西	Shaanxi	38505830	36450927	655584	81123	427198	268374
甘 肃	Gansu	11949892	10994365	346438	5853	169912	140209
青 海	Qinghai	1457220	1194631	94239	270	16904	50675
宁 夏	Ningxia	1451379	1208711	112001	483	17105	50094
新 疆	Xinjiang	11745396	11311267	212217	15370	114232	123806

3-4-3 Continued 1

单位：万元
Unit: 10 000 yuan

财务费用 Financial Expenses	#利息支出 Interest Expenses	营业利润 Operating Profits	利润总额 Total Profits	应交所得税 Income Tax Payable	应付职工薪酬 Payables to Employees	应交增值税 VAT Payable
-768730	**947386**	**20110912**	**20200903**	**5274529**	**8866782**	**7103036**
-75781	3	551907	552541	111052	200932	117383
-5287	36142	171846	172276	44083	93111	64787
-19257	19207	779179	778320	202229	316510	354378
-37262	1894	358005	359850	108234	179774	146629
-29095	789	267696	267374	75335	173274	105964
-45110	16895	494599	515962	143403	271929	188456
-13312	42	181692	181573	51369	133440	95740
-20241	17493	258704	262940	86979	296023	221226
9504	7337	67891	66487	12528	41041	21808
-24644	133916	1865105	1902554	485506	438929	561297
-163023	27277	1909147	1907162	483133	432900	500511
-61687	19466	753678	754543	216707	348467	288082
-6700	8373	763854	759358	194799	307037	240438
-20942	26292	666142	680921	176157	259327	210267
67087	84897	314067	328255	84372	192359	163608
-42782	25790	766717	765274	244730	722815	395928
-18254	58277	839623	849585	242661	559869	336026
-38048	7634	1251601	1245694	318256	434610	370783
-25748	72203	872468	902878	197062	415816	284691
-7439	23433	520868	522054	133114	254925	194029
-9528	12163	403564	408404	88675	155103	82169
-43378	61565	559841	545828	126241	233725	277916
-81733	29433	1302418	1308137	335854	533909	383278
-31866	9897	808032	799467	194108	475312	284665
-138846	31048	2215661	2189764	565880	642988	514413
-10027	44	81730	76004	8142	57593	33938
114780	135670	594643	598015	154193	297716	238803
459	24436	312064	311204	67680	158742	277531
-14097	515	124388	123578	27292	45527	35979
-9599	224	108871	107517	20446	41121	28367
33126	55031	-55089	-42616	74309	151958	83946

3-4-3 续表 2

集体企业
Collective-owned Enterprises

地　区	Region	营业收入 Business Revenue	营业成本 Business Cost	税金及附加 Taxes and Other Charges	其他业务利润 Profits from Other Business	销售费用 Selling Expenses	管理费用 Administrative Expenses
全　国	**National Total**	**4484273**	**4318056**	**8362**	**7159**	**66777**	**79296**
北　京	Beijing	82976	76170	193	1221	4004	4559
天　津	Tianjin	38201	37383	48	228	241	715
河　北	Hebei	56253	59783	285		453	2170
山　西	Shanxi	1013866	991354	1814	2116	7621	11823
内蒙古	Inner Mongolia						
辽　宁	Liaoning	76026	72941	55	11	579	1440
吉　林	Jilin						
黑龙江	Heilongjiang	30887	28511	30		748	961
上　海	Shanghai	159152	153403	283	49	2059	2421
江　苏	Jiangsu	1380973	1348043	1389	599	12486	7640
浙　江	Zhejiang	63350	58973	155	298	1304	2196
安　徽	Anhui	5171	4543	13		282	181
福　建	Fujian	213968	190821	946	1182	9284	7642
江　西	Jiangxi	36591	32706	589	14	1197	1374
山　东	Shandong	125567	115294	243	92	1809	9564
河　南	Henan	345409	337599	486		6832	4162
湖　北	Hubei	45112	39387	70		2298	2191
湖　南	Hunan	98003	93328	713		739	1100
广　东	Guangdong	214686	201759	399	614	5892	9092
广　西	Guangxi	16440	15082	3		145	686
海　南	Hainan						
重　庆	Chongqing	24288	21694	29		1438	878
四　川	Sichuan	178245	172900	341	505	1658	3264
贵　州	Guizhou	21886	19246	16		912	1094
云　南	Yunnan	111914	110331	131	44	692	1086
西　藏	Tibet						
陕　西	Shaanxi	63562	59051	77	112	1908	1678
甘　肃	Gansu	13280	11928	14		614	118
青　海	Qinghai	2742	2179	4		253	517
宁　夏	Ningxia						
新　疆	Xinjiang	65725	63647	36	74	1329	744

3-4-3 Continued 2

单位：万元
Unit: 10 000 yuan

财务费用 Financial Expenses	#利息支出 Interest Expenses	营业利润 Operating Profits	利润总额 Total Profits	应交所得税 Income Tax Payable	应付职工薪酬 Payables to Employees	应交增值税 VAT Payable
22848	**20947**	**22395**	**29867**	**4870**	**62191**	**31971**
950	869	-2896	-2165	121	4954	1164
9	16	18	98	5	646	134
5591	6625	-4640	-4424	13	1209	693
2857	1685	318	378	53	9437	7129
41		982	985	202	639	320
353	51	599	647	1	232	-2
105	2	1127	1432	353	2104	755
5931	4243	14521	15033	1158	5645	9647
-60	126	841	1451	304	1980	250
2		152	152	15	89	72
332	353	2996	3328	147	3439	730
66	46	1375	1378	206	659	442
-109	7	-993	-243	40	8435	2130
211	53	5078	4089	1083	4515	1834
48	22	1119	1176	219	1916	2212
280	66	1776	1741	161	860	58
1391	1614	-2098	1747	432	7946	2431
-1		525	315	10	201	47
6	-1	242	252	21	1449	308
3483	3835	417	936	55	2717	519
363	362	223	512	19	694	629
569	559	-311	-353	33	468	116
94	64	790	1002	111	1037	179
138	138	486	374	12	97	67
5		-215	16	1	204	27
193	212	-37	10	95	619	80

3-4-3 续表 3

股份合作企业
Cooperative Enterprises

地　区	Region	营业收入 Business Revenue	营业成本 Business Cost	税金及附加 Taxes and Other Charges	其他业务利润 Profits from Other Business	销售费用 Selling Expenses	管理费用 Administr-ative Expenses
全　国	**National Total**	**5045292**	**4874578**	**3834**	**7910**	**64358**	**46489**
北　京	Beijing	412854	379618	389	3456	14426	12868
天　津	Tianjin	279167	272394	292	563	2957	1894
河　北	Hebei	32106	28532	25	541	260	2578
山　西	Shanxi	1627	1449	1		97	87
内蒙古	Inner Mongolia						
辽　宁	Liaoning	27530	25947	30		759	532
吉　林	Jilin						
黑龙江	Heilongjiang						
上　海	Shanghai	19377	18562	11		154	383
江　苏	Jiangsu	2196429	2164940	796	976	18556	4259
浙　江	Zhejiang	206960	195363	226	948	5839	4006
安　徽	Anhui	18442	17197	57		191	356
福　建	Fujian	30663	30350	21			131
江　西	Jiangxi	12791	11208	14		494	605
山　东	Shandong	164872	143058	27		316	1832
河　南	Henan	14302	13931	71		156	366
湖　北	Hubei	16542	11580	7		152	127
湖　南	Hunan	2813	1983	136		92	98
广　东	Guangdong	282269	266432	507	1219	5482	7438
广　西	Guangxi						
海　南	Hainan	397415	392482	211		541	90
重　庆	Chongqing	523383	511980	382	201	6763	1618
四　川	Sichuan	44939	37496	173	6	4196	2621
贵　州	Guizhou						
云　南	Yunnan	1646	1392	20		141	251
西　藏	Tibet						
陕　西	Shaanxi	314846	307491	391		1298	3269
甘　肃	Gansu	39019	35989	46		1484	1046
青　海	Qinghai						
宁　夏	Ningxia						
新　疆	Xinjiang	5300	5204	1		4	34

3-4-3 Continued 3

单位：万元
Unit: 10 000 yuan

财务费用 Financial Expenses	#利息支出 Interest Expenses	营业利润 Operating Profits	利润总额 Total Profits	应交所得税 Income Tax Payable	应付职工薪酬 Payables to Employees	应交增值税 VAT Payable
16324	**14530**	**18344**	**13973**	**4670**	**41087**	**16739**
962	1032	2292	-2859	511	11053	3491
1983	2616	-312	-318	33	2982	695
926	949	-216	-424	6	1091	204
63	66	-68	-68		43	90
256	257	7	-4	24	297	73
		267	276	7	432	176
4510	6721	4454	4573	1121	3869	4791
430	453	1902	2568	1075	3494	1513
798		-143	-139	7	218	278
-45		208	208		32	25
34	26	503	502	17	552	39
2342	-12	-1643	-1652	140	999	157
28	28	-249	-249	3	502	1243
136	34	1465	1465	167	206	44
85		419	419	4	74	5
438	144	2481	2715	392	8420	1597
1243		2848	3023	425	56	291
370	265	2167	2159	329	824	622
247	235	275	235	14	3246	756
	-1	-158	-185		169	34
1101	1298	1563	1592	393	1788	573
368	369	274	128	1	711	8
49	50	8	8	1	29	34

3-4-3 续表 4

联营企业

Joint Ownership Enterprises

地区	Region	营业收入 Business Revenue	营业成本 Business Cost	税金及附加 Taxes and Other Charges	其他业务利润 Profits from Other Business	销售费用 Selling Expenses	管理费用 Administr-ative Expenses
全国	**National Total**	**6540909**	**6456165**	**7536**	**1224**	**24210**	**29974**
北京	Beijing	6824	6646	153	17	24	3353
天津	Tianjin						
河北	Hebei						
山西	Shanxi						
内蒙古	Inner Mongolia						
辽宁	Liaoning	226163	215413	407		3074	4260
吉林	Jilin						
黑龙江	Heilongjiang						
上海	Shanghai	3890	3503	3		354	1
江苏	Jiangsu	380958	372960	1529		1019	1759
浙江	Zhejiang	824085	823191	610	1096	958	1227
安徽	Anhui						
福建	Fujian						
江西	Jiangxi	2034712	2024363	1226	-62	391	1406
山东	Shandong	647832	634477	623	5	5571	3363
河南	Henan	60530	60258	39		1	186
湖北	Hubei						
湖南	Hunan	5502	5185	47		142	160
广东	Guangdong	413252	386240	1224	168	8835	5945
广西	Guangxi	2934	2844			29	26
海南	Hainan						
重庆	Chongqing	1396064	1392236	1126		219	6080
四川	Sichuan	425638	417722	372		2498	1631
贵州	Guizhou	112525	111127	177		1095	577
云南	Yunnan						
西藏	Tibet						
陕西	Shaanxi						
甘肃	Gansu						
青海	Qinghai						
宁夏	Ningxia						
新疆	Xinjiang						

单位：万元
Unit: 10 000 yuan

财务费用 Financial Expenses	#利息支出 Interest Expenses	营业利润 Operating Profits	利润总额 Total Profits	应交所得税 Income Tax Payable	应付职工薪酬 Payables to Employees	应交增值税 VAT Payable
26330	**27945**	**78759**	**82778**	**8027**	**26487**	**17851**
-2780		-616	1725	333	1928	49
963		859	667	247	3601	2325
1		27	28		237	45
3146	3120	1919	1931	327	1051	1664
5371	1327	-6992	-5126	72	853	600
-338	1513	7610	7554	1942	1230	7210
1387	437	6642	6648	1633	3665	1752
-14	1	60	61	16	92	20
51	50	-49	-49		202	46
-2451	682	10867	11156	2922	8216	2468
		34	34		12	
20737	20487	55902	55603	186	2801	885
268	323	2935	2985	348	2416	754
-11	5	-439	-439	1	183	33

有限责任公司

Limited Liability Corporations

地 区	Region	营业收入 Business Revenue	营业成本 Business Cost	税金及附加 Taxes and Other Charges	其他业务利润 Profits from Other Business	销售费用 Selling Expenses	管理费用 Administr-ative Expenses
全 国	**National Total**	**3466890502**	**3350147184**	**6870946**	**3909207**	**45257119**	**21493562**
北 京	Beijing	350778065	338482986	400118	1179539	4871308	3447860
天 津	Tianjin	119676429	116828007	182365	31000	1259785	539043
河 北	Hebei	75193976	73521040	61179	30450	578550	239517
山 西	Shanxi	116444713	112304148	227627	259035	1024542	1010300
内蒙古	Inner Mongolia	40974932	39452822	68967	319894	584495	288918
辽 宁	Liaoning	45675807	44454013	64125	14578	458803	257871
吉 林	Jilin	15566319	14926541	28312	21340	407888	133782
黑龙江	Heilongjiang	46170529	44439317	47349	55033	1119466	219578
上 海	Shanghai	410981829	401549974	709177	240046	3992594	2156183
江 苏	Jiangsu	225807210	217627865	233045	134164	3290684	1148065
浙 江	Zhejiang	337242757	328571015	260775	277571	3744439	1518562
安 徽	Anhui	68640485	64961395	125772	52689	2238102	453847
福 建	Fujian	228160127	224336380	212072	231973	1164744	505580
江 西	Jiangxi	39005985	36902146	64987	37324	1012073	336241
山 东	Shandong	224290919	216457398	1096112	144893	2556892	1691166
河 南	Henan	60468326	58064557	79195	46399	953435	427937
湖 北	Hubei	56260953	53649810	76799	62906	1037811	497142
湖 南	Hunan	33438353	31743343	105347	27938	687199	267970
广 东	Guangdong	369723992	354038087	1827027	331279	6079117	2938386
广 西	Guangxi	75013065	73768022	100112	38888	509404	334922
海 南	Hainan	80567026	78449669	77794	33906	605786	308253
重 庆	Chongqing	41016469	39250223	57658	25637	1093198	197213
四 川	Sichuan	105234662	99677036	222005	80732	2243864	787442
贵 州	Guizhou	44002160	36477670	135237	29362	1065472	393493
云 南	Yunnan	55886343	54420091	62631	80052	453640	326465
西 藏	Tibet	942815	567784	14427	71	320459	43141
陕 西	Shaanxi	84361302	82175544	91407	51006	896103	459255
甘 肃	Gansu	42558912	41948275	55476	6904	307657	164553
青 海	Qinghai	6878084	6766148	6943	7740	44509	33574
宁 夏	Ningxia	2643491	2535652	4870	607	50508	23451
新 疆	Xinjiang	63284467	61800226	172036	56251	604592	343852

单位：万元
Unit: 10 000 yuan

财务费用 Financial Expenses	#利息支出 Interest Expenses	营业利润 Operating Profits	利润总额 Total Profits	应交所得税 Income Tax Payable	应付职工薪酬 Payables to Employees	应交增值税 VAT Payable
11309841	**14679942**	**52584041**	**54229476**	**9847183**	**25768476**	**18068359**
2016271	2742152	10405477	10402054	987763	4163064	2601358
362013	305161	792502	913822	211772	690421	399047
171543	178979	444998	464653	86300	281132	266476
646145	1230962	2084139	2082522	374673	792857	580811
229028	330796	1257098	1280095	125803	293417	289463
166661	162821	344900	382753	108197	284359	145363
113608	133015	-38264	38325	28905	154233	60929
114358	320350	278624	321700	48403	294206	261529
621153	855631	4281114	4478053	759136	2490537	902296
649112	628782	2536006	2737983	561347	1656736	1033634
636165	1148686	4873494	5124031	1062901	2073572	1274119
160722	256078	866185	942561	227883	656398	692470
886890	818131	1791371	1867636	396497	662695	554151
185802	177665	549118	591091	123534	383732	401055
679761	819300	1895626	2003112	474984	1820246	1129744
224262	226627	692837	708441	159308	499281	289327
156157	229993	894553	896381	225432	577528	519745
156157	167389	531531	552494	105392	317032	379826
757059	970913	4020115	4091706	1024799	3712814	1842487
557578	825077	519884	537811	123610	360712	552508
87522	104485	1368258	1439529	208451	330696	267153
97250	107021	364873	425456	85910	275463	217332
432403	541570	2235812	2263784	443679	1044068	928079
2495	206871	6234824	6252035	1528961	381429	970046
357422	331552	818558	831976	78395	342580	191707
7779	10272	-1646	13973	4307	34562	47917
164904	244434	1670234	1675946	151541	474165	743989
159781	199158	490162	504916	22984	263610	193503
165022	24602	119305	95221	5892	28494	26527
6930	8073	15568	15052	4311	30104	13095
337888	373396	246785	294364	96113	398333	292673

股份有限公司

Share-holding Corporations Ltd.

地 区	Region	营业收入 Business Revenue	营业成本 Business Cost	税金及附加 Taxes and Other Charges	其他业务利润 Profits from Other Business	销售费用 Selling Expenses	管理费用 Administrative Expenses
全 国	**National Total**	**508796607**	**492864252**	**442208**	**822106**	**7309879**	**3446107**
北 京	Beijing	30646991	29371577	36047	112019	540910	331598
天 津	Tianjin	8755876	8515653	8562	16339	52646	57865
河 北	Hebei	4205876	4076463	8199	4377	20166	26928
山 西	Shanxi	6250941	5958381	8117	-343	54233	59713
内蒙古	Inner Mongolia	2561425	2572387	1104	431	28238	18463
辽 宁	Liaoning	70436159	69881829	11785	2833	208701	51947
吉 林	Jilin	1853861	1758631	2204	2979	55983	5581
黑龙江	Heilongjiang	2428179	2316208	5431	1235	99878	30573
上 海	Shanghai	63018537	61327012	34451	77111	769064	545299
江 苏	Jiangsu	28624721	27043093	42558	21992	633596	494337
浙 江	Zhejiang	42311136	40965317	38835	95771	460544	410444
安 徽	Anhui	5066742	4807211	7213	9404	105911	57539
福 建	Fujian	22361266	22101342	13450	88670	68095	107498
江 西	Jiangxi	3050126	2802004	8237	6003	88276	38183
山 东	Shandong	9989847	9172116	22049	21252	491174	129642
河 南	Henan	5364276	5092126	9112	7326	81566	42239
湖 北	Hubei	2405503	2240405	4012	16533	88024	25384
湖 南	Hunan	2966929	2807386	4766	8889	86504	55855
广 东	Guangdong	90079414	86347940	97843	237947	2050095	571660
广 西	Guangxi	4223552	3998179	7670	3134	104917	32535
海 南	Hainan	874105	832533	1154	-24	11625	19993
重 庆	Chongqing	4914832	4764250	6655	879	51788	43417
四 川	Sichuan	11174728	10644737	12762	10939	331705	45576
贵 州	Guizhou	790286	757002	1592		8929	7390
云 南	Yunnan	10626681	10365663	6546	33515	140362	62466
西 藏	Tibet						
陕 西	Shaanxi	10386824	10050047	11861	2669	234316	35852
甘 肃	Gansu	20878681	20521535	4774	18400	39907	41573
青 海	Qinghai	4440846	4218303	7751	5195	142247	11167
宁 夏	Ningxia	5138628	5128556	2541	3764	72614	13297
新 疆	Xinjiang	32969639	32426366	14927	12867	187865	72093

单位：万元
Unit: 10 000 yuan

财务费用 Financial Expenses	#利息支出 Interest Expenses	营业利润 Operating Profits	利润总额 Total Profits	应交所得税 Income Tax Payable	应付职工薪酬 Payables to Employees	应交增值税 VAT Payable
2132798	**3116459**	**10732366**	**10926433**	**1303484**	**5222108**	**2670135**
266852	515713	1230502	1238057	117083	469596	149623
25102	30132	569215	573638	24997	54746	26102
155513	194485	28176	28625	5763	25174	20454
25465	39692	513316	512910	36686	56891	32166
-426	4033	10708	12744	161	20415	23805
130745	135124	91086	91683	4386	105049	215484
18546	3041	13796	16138	2879	33886	6898
19287	24888	128824	125302	113	89872	21861
98011	209855	670482	705938	51898	669389	153338
267179	160430	979507	1035086	217522	466907	279088
213472	329335	1229782	1289781	144286	444740	129768
20496	91845	79160	80635	5421	109089	65878
123168	295072	924203	925598	13898	94227	43685
17054	15518	61739	61346	936	52857	21882
179760	155889	94100	106095	26621	213869	145469
32440	40903	153665	152718	13213	67907	41062
10091	12382	25698	25857	2979	57987	22563
14612	21868	28426	32300	3755	100122	15456
330153	506692	1457766	1450234	264107	1419913	521485
13317	22189	75199	75152	8523	61068	75089
12400	24089	34032	34520	-4306	18155	326
26557	71731	93210	97908	2707	44251	22713
1308	26918	242219	244844	19636	114635	50573
-2650	3283	19623	19328	3235	5005	7931
26876	44466	70955	67190	5715	83451	19488
12521	31982	-66579	-59268	7192	104126	35612
17758	17696	254488	255369	181	24863	49867
1495	710	928106	919854	307441	63178	53304
4121	4125	-82936	-84016	1227	42809	32043
71575	82373	873898	890867	15229	107931	387122

3-4-3 续表 7

私营企业
Private Enterprises

地 区	Region	营业收入 Business Revenue	营业成本 Business Cost	税金及附加 Taxes and Other Charges	其他业务利润 Profits from Other Business	销售费用 Selling Expenses	管理费用 Administrative Expenses
全 国	**National Total**	**3735472625**	**3576071513**	**3867930**	**3501234**	**69464774**	**42513142**
北 京	Beijing	70753738	64113032	85115	269794	2879073	2201272
天 津	Tianjin	180424934	176331971	132205	58673	1791005	1215843
河 北	Hebei	84259882	80821722	92036	80213	1171904	668840
山 西	Shanxi	60534076	58015172	64288	57654	1248394	586155
内蒙古	Inner Mongolia	20141851	18450010	37035	14659	730333	320225
辽 宁	Liaoning	66395390	63997815	60792	25581	1030978	724612
吉 林	Jilin	10136017	9027640	19120	22203	644681	273979
黑龙江	Heilongjiang	15227668	14289580	26136	22716	407361	211211
上 海	Shanghai	321443864	308908619	204281	288880	5667970	3664219
江 苏	Jiangsu	500456374	478973940	475095	392908	7739195	5236455
浙 江	Zhejiang	614871835	595827168	386217	532947	9208174	5284782
安 徽	Anhui	46819219	43499984	104140	61235	1821203	715230
福 建	Fujian	274348323	263355966	276832	123707	4319072	2532911
江 西	Jiangxi	42328796	38771016	112245	49603	1967265	632872
山 东	Shandong	320693504	309909661	301226	266400	5182353	2839942
河 南	Henan	78442146	74374509	183372	22264	1635480	967518
湖 北	Hubei	54406935	50628220	125429	23398	1361740	784613
湖 南	Hunan	40123543	36950395	160977	42739	1301644	739162
广 东	Guangdong	592257062	568060851	485591	618738	10649816	8788539
广 西	Guangxi	42379054	41036468	68730	30171	687482	428835
海 南	Hainan	24086927	22844579	28623	43584	535827	180100
重 庆	Chongqing	73181393	68177818	104161	123907	1758742	685099
四 川	Sichuan	58998876	54771643	122412	210227	1928634	956553
贵 州	Guizhou	14349141	12921550	23776	32237	693592	262791
云 南	Yunnan	27954624	26540609	30827	13269	747859	326552
西 藏	Tibet	4598920	4199657	7148	393	217479	78232
陕 西	Shaanxi	41581132	39348327	71702	16219	944707	557380
甘 肃	Gansu	10824803	10253221	13580	20341	318672	139832
青 海	Qinghai	4352732	4204403	4193	4322	88596	39754
宁 夏	Ningxia	7063279	6711366	28940	8725	170870	67401
新 疆	Xinjiang	32036587	30754601	31706	23527	614673	402233

3-4-3 Continued 7

单位：万元
Unit: 10 000 yuan

财务费用 Financial Expenses	#利息支出 Interest Expenses	营业利润 Operating Profits	利润总额 Total Profits	应交所得税 Income Tax Payable	应付职工薪酬 Payables to Employees	应交增值税 VAT Payable
9423183	**7279877**	**37426306**	**39816209**	**6694700**	**33368902**	**21371764**
218459	240083	1354411	1389992	216484	1937240	717760
388857	207838	879084	962270	202695	879925	680603
200718	111659	735247	788911	181841	472404	517160
162278	120757	930404	962830	106740	301551	373157
104788	79355	673506	669113	68041	189610	217395
180552	78379	302873	320731	72586	370245	340320
74308	52411	87846	88326	30488	260372	106136
53470	37499	201064	224803	43711	115773	156351
546727	349340	3111784	3303352	711340	2964977	1113582
1169235	771014	5990873	6104628	896815	3963720	2981040
1431377	1505684	4662971	5296226	1112176	4483868	2194692
131863	81069	549256	662117	275454	606171	693152
778905	573525	3286295	3541172	289456	1707598	1180506
102202	67763	596245	732531	107018	396680	728500
944543	626237	1239859	1431502	376883	2173447	1795338
255670	144354	956138	1080304	146637	674123	896007
143277	82751	1147519	1151438	120722	690368	530625
152368	77299	714425	781666	92426	603205	501462
1400054	1200952	3754942	3879090	689190	7198971	2822384
106849	154282	58437	84318	25985	289277	489440
30091	24843	487170	537262	86918	159723	163795
66912	99715	2133014	2177996	317691	651217	508549
241928	202802	2061048	2085212	201492	929915	658696
41192	32845	385019	393743	88810	246122	190820
60608	50043	192049	196352	30413	240902	180197
10045	9805	103918	105087	11854	33676	45890
98884	67944	603280	616138	104167	344097	249295
58601	33890	54341	58313	10408	119076	54391
7399	4819	24262	26432	4447	27442	20043
21529	15647	80576	79159	10106	50273	42896
239494	175273	68450	85195	61706	286934	221582

其他企业

Other Enterprises

地 区	Region	营业收入 Business Revenue	营业成本 Business Cost	税金及附加 Taxes and Other Charges	其他业务利润 Profits from Other Business	销售费用 Selling Expenses	管理费用 Administr-ative Expenses
全 国	**National Total**	**4590906**	**4138431**	**7688**	**1068**	**80782**	**90840**
北 京	Beijing	17948	17016	1		166	485
天 津	Tianjin	1905	1873				6
河 北	Hebei	16791	16025	4		384	242
山 西	Shanxi	2811	2016	2		35	57
内蒙古	Inner Mongolia						
辽 宁	Liaoning	250501	195594	88		887	1249
吉 林	Jilin						
黑龙江	Heilongjiang	67440	62520	11		4319	976
上 海	Shanghai	2078	1875	1		25	104
江 苏	Jiangsu	2286673	2126908	2994	72	23042	20509
浙 江	Zhejiang	38238	36444	5		447	808
安 徽	Anhui	256274	215425	550		13563	32350
福 建	Fujian	16768	16209	1		248	172
江 西	Jiangxi	51188	48497	20		294	1787
山 东	Shandong	385905	363916	265	501	6525	5553
河 南	Henan	19507	17960	14		503	316
湖 北	Hubei	338749	264832	3263		7897	7591
湖 南	Hunan	80387	72242	174		2772	1976
广 东	Guangdong	78031	72376	22		2127	2299
广 西	Guangxi	12137	10620	4		645	739
海 南	Hainan						
重 庆	Chongqing	428	369	2		4	19
四 川	Sichuan	50441	46999	12		1406	1126
贵 州	Guizhou						
云 南	Yunnan	300197	261328	57		6982	4825
西 藏	Tibet						
陕 西	Shaanxi	199163	182366	172		4782	6180
甘 肃	Gansu	22772	19579	10		54	111
青 海	Qinghai						
宁 夏	Ningxia						
新 疆	Xinjiang	94574	85442	16	495	3675	1360

单位：万元
Unit: 10 000 yuan

财务费用 Financial Expenses	#利息支出 Interest Expenses	营业利润 Operating Profits	利润总额 Total Profits	应交所得税 Income Tax Payable	应付职工薪酬 Payables to Employees	应交增值税 VAT Payable
7753	**2981**	**170267**	**168228**	**4358**	**72771**	**16700**
45	43	237	249		297	10
8		17	17	1	5	29
5	3	130	215		205	59
6		696	167	6	63	1
-475	18	1692	1790	14	632	18
440	427	-75	-90	5	392	108
20	20	54	9	1	144	
3086	457	76187	76326	2697	35889	11180
53	51	486	778	3	617	-194
306	342	-7179	-9893	48	2480	1208
1		137	137	15	164	
14	11	3246	3246	159	741	7
521	90	6880	7053	258	5904	861
43		673	693	13	200	6
1814	503	44932	44936	952	7331	2550
136	14	3016	3016	35	2264	92
27	6	1170	1213	43	1656	123
11	8	627	679	5	1321	5
1	1	35	35	4	62	13
74	45	1275	1271		3134	121
373	82	26669	26703	29	2544	52
552	344	4729	4801	53	2633	395
8	10	1024	1024		147	
684	506	3609	3853	17	3946	56

港、澳、台商投资企业

Enterprises with Funds from Hong Kong, Macao and Taiwan

地　区	Region	营业收入 Business Revenue	营业成本 Business Cost	税金及附加 Taxes and Other Charges	其他业务利润 Profits from Other Business	销售费用 Selling Expenses	管理费用 Administr-ative Expenses
全　国	**National Total**	**438724070**	**394575408**	**671165**	**1020880**	**22051505**	**13609108**
北　京	Beijing	99166597	90522108	72898	233540	3993251	4502986
天　津	Tianjin	13586544	11970358	36255	35470	1184831	238501
河　北	Hebei	1157519	1076559	1980		34393	6338
山　西	Shanxi	390779	381421	311	114	2005	3374
内蒙古	Inner Mongolia	468109	442196	790	172	18230	1065
辽　宁	Liaoning	5803084	5624081	4294	187	81168	23933
吉　林	Jilin	7856	7655	3		1	269
黑龙江	Heilongjiang	115786	114536	72		1842	145
上　海	Shanghai	131667630	114081684	218741	372957	8751383	4360086
江　苏	Jiangsu	26608872	23550706	39355	34229	1146121	1462993
浙　江	Zhejiang	20309593	18669508	26917	53405	1176185	281550
安　徽	Anhui	13233472	12798998	19419	199	209659	349626
福　建	Fujian	9772610	8526392	30705	47047	630906	180735
江　西	Jiangxi	1172744	1136470	1267	1221	31111	9498
山　东	Shandong	16302911	15858062	14334	6161	172486	129157
河　南	Henan	1024987	810028	3106	-24	102465	34499
湖　北	Hubei	4483484	3337742	17813	17430	580141	191648
湖　南	Hunan	1118063	944548	2696		174491	18320
广　东	Guangdong	59426704	53025006	134694	183330	3256880	1690809
广　西	Guangxi	1178694	1161161	1050	934	3295	4474
海　南	Hainan	20065759	19748287	19034	29537	42271	24732
重　庆	Chongqing	4292655	4040470	10470	1728	113238	26150
四　川	Sichuan	4756552	4580135	6773	285	81681	28809
贵　州	Guizhou	469059	395017	1256	737	41474	4326
云　南	Yunnan	629373	605635	878	90	10607	4931
西　藏	Tibet	382199	183160	2869	1568	144225	2826
陕　西	Shaanxi	772674	657648	2511	486	59014	20270
甘　肃	Gansu	42139	28833	99	73	4782	1040
青　海	Qinghai						
宁　夏	Ningxia						
新　疆	Xinjiang	317622	297004	575	4	3369	6018

3-4-3 Continued 9

单位：万元
Unit: 10 000 yuan

财务费用 Financial Expenses	#利息支出 Interest Expenses	营业利润 Operating Profits	利润总额 Total Profits	应交所得税 Income Tax Payable	应付职工薪酬 Payables to Employees	应交增值税 VAT Payable
618712	**1003353**	**12873675**	**13532020**	**2163466**	**11298468**	**3393695**
-64830	237794	2719731	2800324	113875	1830112	356804
-22219	27704	294252	301815	23726	627119	225135
-1875	117	280120	281871	10016	6038	10527
1480	774	2200	2205	46	2930	5626
977	3094	2611	3143	1072	1163	-521
9528	6030	57168	64705	17586	18816	24727
19	28	-91	-135		180	36
51	43	-860	-607	111	63	52
474282	210249	4624110	4998926	1174262	4749840	1246597
108337	92101	379319	456461	95518	595665	204542
-52663	79154	712033	718741	78495	418084	126744
100868	-36557	-237120	-234906	14966	175840	49478
-421	26700	330102	347097	47732	125003	99200
5891	6069	-4822	-3237	671	10498	3748
-20702	46421	-77848	-77824	39924	93367	66315
5574	1306	115693	116849	20056	48250	20635
822	56558	506854	516008	107760	214794	46469
-403	949	-31727	-31985	-10052	38513	69277
61336	199009	2412484	2438708	327651	2116841	659745
980	3442	9635	9691	2011	5044	2931
-11513	5319	281219	308116	40945	21048	80977
7407	10525	98954	105219	16691	78925	23461
13247	19544	36505	42609	10148	45302	15580
1885	2566	27093	27259	7507	9810	5541
2378	2812	4727	4794	1081	6988	6555
-1802	5	59510	59585	5380	16723	22132
-828	612	255517	260283	13209	32066	18418
-43	9	7100	7130	10	4411	453
949	976	9206	9175	3069	5035	2511

外商投资企业
Foreign Funded Enterprises

地　区	Region	营业收入 Business Revenue	营业成本 Business Cost	税金及附加 Taxes and Other Charges	其他业务利润 Profits from Other Business	销售费用 Selling Expenses	管理费用 Administr-ative Expenses
全　国	**National Total**	**822378330**	**744478647**	**1589830**	**2925643**	**39053958**	**14766243**
北　京	Beijing	130197414	116480287	217210	842262	5734722	2770435
天　津	Tianjin	51418947	49881640	398700	66155	776472	257615
河　北	Hebei	3463367	3370813	3539	17218	31710	15111
山　西	Shanxi	179335	158438	281	12	8031	6840
内蒙古	Inner Mongolia	18337	18137	230	939	3517	1119
辽　宁	Liaoning	4753034	4396753	14276	1875	152650	68773
吉　林	Jilin	341508	341770	456	118	12809	3950
黑龙江	Heilongjiang	2907581	2905715	1745		222	646
上　海	Shanghai	329447763	286932528	575186	1026928	21981055	8029624
江　苏	Jiangsu	50073631	44685160	91197	91879	2600859	1132481
浙　江	Zhejiang	87625324	83898910	75950	216371	2265577	499209
安　徽	Anhui	9278700	8230896	18592	6952	856669	117406
福　建	Fujian	13874514	12359987	20366	51879	570584	271486
江　西	Jiangxi	445134	400034	375	84	13251	11667
山　东	Shandong	24210882	23644693	21000	21581	314987	149603
河　南	Henan	500506	461134	877	8	13482	7104
湖　北	Hubei	29155268	28039507	20085	255628	577393	68476
湖　南	Hunan	951255	794112	2988	11	176167	10398
广　东	Guangdong	56458490	51731907	93876	282369	2196252	1105137
广　西	Guangxi	6484596	6194827	7623	13649	164276	54519
海　南	Hainan	3444319	3383917	2945	7382	18930	23412
重　庆	Chongqing	6138593	5783756	8965	4019	232261	47027
四　川	Sichuan	2561287	2292491	6459	14874	164244	47059
贵　州	Guizhou	14513	11719	50		3486	964
云　南	Yunnan	656729	535208	1160	810	75413	16004
西　藏	Tibet						
陕　西	Shaanxi	7212344	7028941	4525	189	66075	33807
甘　肃	Gansu	204404	169640	533	385	35367	8713
青　海	Qinghai	263846	265580	250	1651	6512	2439
宁　夏	Ningxia						
新　疆	Xinjiang	96709	80147	391	415	985	5219

3-4-3 Continued 10

单位：万元
Unit: 10 000 yuan

财务费用 Financial Expenses	#利息支出 Interest Expenses	营业利润 Operating Profits	利润总额 Total Profits	应交所得税 Income Tax Payable	应付职工薪酬 Payables to Employees	应交增值税 VAT Payable
1233317	**1530490**	**28487312**	**29103195**	**6178792**	**19814645**	**6512547**
-6334	421238	8014358	8029855	1428460	3840236	1098748
6930	23736	489229	451474	133115	364394	400353
3225	4493	42825	43696	5262	32078	9396
-4	401	5830	5913	1782	4210	1795
249	9	-3746	-3710		1044	526
122549	111744	32342	23071	24088	73185	43544
1091	1495	-22844	-22432	2515	3124	3215
470		-1201	-1198		459	1
753761	484185	13116192	13629602	3308202	11074086	2936473
40600	52054	1616813	1622942	239954	1100860	417893
76424	176856	1298270	1367241	283734	840524	489442
-9227	1795	57517	62332	23377	104064	79656
13026	18591	756781	769672	180457	246655	175889
1233	33	14983	15153	1426	13160	-2292
33040	33810	-34617	-31563	41812	190121	72896
-731	291	32525	32525	2208	10651	-237
69261	83566	263341	260653	22383	246275	104063
1963	38	-35264	-33706	19991	15493	18508
70112	86214	2487636	2508398	375067	1367757	477736
14216	9967	84965	84694	21169	77774	36382
2697	915	20054	20361	4961	21738	13615
3871	1107	110069	125789	21838	66193	35139
11756	11526	38424	39480	8375	38117	70585
350	356	-2045	-2067	-217	1271	402
1421	482	25863	24819	3581	25467	6771
30430	2317	59357	60199	21950	30069	16192
646	11	-9599	-9462	894	12516	3520
-2894		-8410	-8203	138	9585	711
-6814	3260	37664	37667	2270	3539	1625

3-4-4 各地区限额以上批发业企业损益及分配(按国民经济行业分)

农、林、牧、渔产品批发

Wholesale of Agricultural, Forestry, Livestock and Fishery Products

地　区	Region	营业收入 Business Revenue	营业成本 Business Cost	税金及附加 Taxes and Other Charges	其他业务利润 Profits from Other Business	销售费用 Selling Expenses	管理费用 Administrative Expenses
全　国	**National Total**	**286627210**	**278314448**	**274159**	**477498**	**2664432**	**2408841**
北　京	Beijing	37532321	36031567	37883	104171	176578	287734
天　津	Tianjin	12180489	11971097	8055	4375	107134	67725
河　北	Hebei	4600866	4504095	10030	2718	50502	31248
山　西	Shanxi	683468	595353	409	1430	17919	16529
内蒙古	Inner Mongolia	4093138	3903313	4084	192775	119073	59568
辽　宁	Liaoning	14990569	14648916	9281	6715	133436	73083
吉　林	Jilin	3866515	3728697	4714	21237	97053	49925
黑龙江	Heilongjiang	14381219	13912487	15836	14332	193209	121007
上　海	Shanghai	22039146	21504635	12218	6293	190059	162483
江　苏	Jiangsu	29569916	28701279	23225	7835	166024	197122
浙　江	Zhejiang	11355626	11184422	8408	16521	68379	87687
安　徽	Anhui	3064572	2913857	3196	8692	57698	39936
福　建	Fujian	20139244	19681366	16963	4588	192658	97566
江　西	Jiangxi	1584793	1467974	1961	2717	42329	35842
山　东	Shandong	20846282	20359552	11375	11463	193785	167825
河　南	Henan	10085833	9728744	12106	15337	111216	95057
湖　北	Hubei	5180182	4869062	10364	18403	69015	66551
湖　南	Hunan	3803375	3448847	34977	5270	49086	52031
广　东	Guangdong	22082345	21468494	12529	13235	217312	254890
广　西	Guangxi	3904325	3787598	2628	779	35147	29067
海　南	Hainan	3169823	3102794	2323	4281	14078	30646
重　庆	Chongqing	1251447	1191200	2534	1360	21069	21245
四　川	Sichuan	8215683	7997870	6843	6947	53638	91081
贵　州	Guizhou	776061	727190	372	12	12539	28841
云　南	Yunnan	2510853	2386558	1568	3842	30333	31514
西　藏	Tibet						
陕　西	Shaanxi	712023	666945	683	376	17687	17190
甘　肃	Gansu	1306834	1225734	1027	940	28443	29264
青　海	Qinghai	165896	163418	123		1012	1454
宁　夏	Ningxia	1345691	1315238	2122		22695	4690
新　疆	Xinjiang	21188675	21126146	16322	854	175326	160040

Income and Distribution of Enterprises above Designated Size of Wholesale Trade by Region and Sector

单位：万元
Unit: 10 000 yuan

财务费用 Financial Expenses	#利息支出 Interest Expenses	营业利润 Operating Profits	利润总额 Total Profits	应交所得税 Income Tax Payable	应付职工薪酬 Payables to Employees	应交增值税 VAT Payable
1830291	**1710851**	**2227132**	**2726541**	**452038**	**1900743**	**922097**
447357	518639	1090715	1073632	142539	223047	88909
16176	31542	12293	66700	20505	45272	26390
28969	25991	-70429	-62661	-9255	20962	3813
2025	2209	46835	49980	266	10476	1492
30261	27130	31770	61099	3321	38477	13894
92426	60347	-15943	39924	11443	47950	25998
38519	39590	-123308	-111044	4616	41409	13428
98756	148948	115920	143386	33859	87384	68031
135455	96211	264233	276958	72470	107769	41169
141331	81665	258449	314427	19229	201107	133756
65586	55392	-24091	15558	8459	74928	17531
19120	13630	44591	53254	2428	36173	14221
87783	59727	63934	56079	5461	74504	41816
9422	5762	13701	20695	-45	24736	955
113448	94677	70737	114260	12924	137358	61833
42351	46047	77071	89760	8889	77460	16056
22131	18477	132461	143199	6949	54780	22878
23659	16824	201368	213815	34619	47248	129789
99429	71425	237342	278270	44882	197175	50219
11851	12197	43456	48590	3220	17859	5377
12315	12479	12884	12787	4614	20522	14633
4696	991	17679	22016	1789	20718	13532
34250	34032	50946	60745	4694	77154	15671
10783	10874	-8484	-7598	339	9056	7472
7819	4277	60559	63450	2541	25013	5120
5285	4130	88612	93333	746	11346	2786
4290	4154	18826	24931	1288	20409	2257
1106	1271	-472	618	14	699	129
2186	1943	-451	7	173	9782	2814
221506	210270	-484072	-429629	9061	139970	80128

食品、饮料及烟草制品批发
Wholesale of Food, Beverages and Tobaccos

地 区	Region	营业收入 Business Revenue	营业成本 Business Cost	税金及附加 Taxes and Other Charges	其他业务利润 Profits from Other Business	销售费用 Selling Expenses	管理费用 Administrative Expenses
全 国	**National Total**	**717999491**	**607176425**	**23798009**	**2177664**	**32498203**	**18700880**
北 京	Beijing	41565859	36817778	440607	557699	2576694	829808
天 津	Tianjin	22715774	20555713	264449	15193	1187869	369213
河 北	Hebei	11746247	9189128	976874	32728	365962	367637
山 西	Shanxi	9011332	6772725	543208	11349	494741	311945
内蒙古	Inner Mongolia	4595382	3675574	393889	6188	157971	200617
辽 宁	Liaoning	12111046	10375324	645164	6262	283830	350552
吉 林	Jilin	4408936	3330592	340002	4580	384741	179204
黑龙江	Heilongjiang	9405909	7686872	413250	30219	794477	262702
上 海	Shanghai	84911404	75354751	561389	181801	5226395	2344094
江 苏	Jiangsu	48793534	41445066	1626643	55076	1599845	865128
浙 江	Zhejiang	47264401	40220035	1639288	150180	2084091	954272
安 徽	Anhui	18996092	15284225	954441	16620	1058702	598064
福 建	Fujian	34718912	30515225	823803	103212	1176855	786525
江 西	Jiangxi	8772437	6826026	678816	9441	206748	330400
山 东	Shandong	44127972	39214487	1242897	89285	1393146	1035451
河 南	Henan	20979988	16778008	1339557	13970	808091	964496
湖 北	Hubei	23278549	18554575	991853	26106	1347880	699428
湖 南	Hunan	17723151	13819520	1240667	5776	827469	745985
广 东	Guangdong	98492264	87423755	2115683	544449	3928835	2693647
广 西	Guangxi	21084865	19127485	681236	27606	370232	359678
海 南	Hainan	4984343	4323199	230940	2809	95838	128235
重 庆	Chongqing	17708556	14700060	1030729	55656	549677	520961
四 川	Sichuan	34397325	27441492	1282972	159975	2146978	838410
贵 州	Guizhou	28619490	19229559	817954	12199	1563081	667043
云 南	Yunnan	21291410	17013192	915502	32325	837947	497444
西 藏	Tibet	1016547	764232	114157	763	27819	63345
陕 西	Shaanxi	10254641	8100587	648993	15252	538853	303091
甘 肃	Gansu	4216181	3315742	325034	2617	183310	146526
青 海	Qinghai	1496752	1257110	94132	284	26959	56750
宁 夏	Ningxia	1807661	1475188	113804	914	35516	54433
新 疆	Xinjiang	7502531	6589200	310076	7130	217651	175796

3–4–4 Continued 1

单位：万元

Unit: 10 000 yuan

财务费用 Financial Expenses	#利息支出 Interest Expenses	营业利润 Operating Profits	利润总额 Total Profits	应交所得税 Income Tax Payable	应付职工薪酬 Payables to Employees	应交增值税 VAT Payable
-411613	**1859359**	**41690580**	**42123603**	**10018333**	**21011708**	**12574622**
95439	310209	1418445	1433234	276585	1329954	582200
33937	65472	470316	447673	121546	541239	239168
-13341	24892	877123	880843	226462	410360	336111
-30858	4072	949033	957153	255646	292467	282769
-26810	2332	282116	282456	82579	218311	130325
-40357	15224	457806	466909	139732	341401	243786
-9441	1850	189729	189977	59590	259546	120077
-47231	85767	330231	353870	86024	372648	176765
42436	194045	2031415	2136389	556998	2141535	717307
-25783	89107	3626273	3682457	831596	1082971	933933
-200809	100307	3334971	3426971	709104	1256440	816783
-56876	58026	1271436	1287164	350180	687746	459291
189669	116488	1518026	1572078	338714	772519	430603
-23208	21999	736897	756067	187303	317004	230515
59300	123978	1204774	1218446	300794	1196326	519803
-22512	21035	1146509	1143319	334616	936176	498765
-21998	65934	1711628	1664276	413181	925652	453930
-26946	12862	1318462	1323620	325822	665628	455854
58346	166702	3356257	3419091	715608	2883592	1166347
54505	117669	521517	531805	145767	375254	229217
-22638	3253	278974	279403	64775	115542	78587
-33222	28207	937389	935269	168254	382552	327075
-23106	94979	2750177	2764430	650118	1082023	929133
-206431	20308	7151803	7156931	1737195	788556	1156886
-125040	33473	2325342	2304296	575848	759386	531690
-9614	-13	69964	66940	6768	57966	35604
5451	11955	646612	650855	176868	332274	245870
-4608	7507	263834	266138	63145	189829	83888
-13354	1023	84788	83904	17941	50570	30989
-9078	821	174742	173389	26538	48643	40120
42565	59876	253991	268250	73036	197598	91231

3-4-4 续表 2

纺织、服装及家庭用品批发

Wholesale of Textiles, Wearing Apparel and Household Articles

地区	Region	营业收入 Business Revenue	营业成本 Business Cost	税金及附加 Taxes and Other Charges	其他业务利润 Profits from Other Business	销售费用 Selling Expenses	管理费用 Administr-ative Expenses
全国	**National Total**	**595725966**	**531033909**	**807015**	**1289269**	**36664394**	**17758934**
北京	Beijing	86850662	78618787	68478	211375	3703034	4220139
天津	Tianjin	10830441	9611102	15155	15968	1096449	282353
河北	Hebei	2944723	2752217	3405	4362	95768	59912
山西	Shanxi	697196	648343	620	1610	27669	16910
内蒙古	Inner Mongolia	313545	241588	926	822	58634	9965
辽宁	Liaoning	2811773	2418345	3378	2308	145529	83154
吉林	Jilin	234704	197459	806	602	20142	11829
黑龙江	Heilongjiang	691151	509493	1968	3609	74892	14627
上海	Shanghai	73500070	54398949	209146	367271	12942408	3432140
江苏	Jiangsu	95343592	87566223	96395	139226	3524042	3243023
浙江	Zhejiang	105576027	97729292	87148	176578	4340646	1950014
安徽	Anhui	14924113	12946927	29111	19184	1671784	177306
福建	Fujian	67689807	62719837	62211	48277	1735122	907638
江西	Jiangxi	2624204	2439221	4054	3750	81931	30754
山东	Shandong	26717529	25085723	28238	38652	1043436	431059
河南	Henan	3500544	3161574	11326	3161	131439	71567
湖北	Hubei	3406414	3095364	7236	-4332	166643	85353
湖南	Hunan	3098983	2634462	16926	2757	246436	68395
广东	Guangdong	66787588	58993528	107838	220275	4579412	2295305
广西	Guangxi	3622816	3494835	2368	654	80256	36294
海南	Hainan	3494020	3254892	4779	36	110298	61716
重庆	Chongqing	7059726	6518551	9705	18149	241061	71290
四川	Sichuan	6312222	5840100	10800	3821	295782	97963
贵州	Guizhou	372365	339167	494	415	21920	8377
云南	Yunnan	1694524	1650252	1347	2259	21442	11825
西藏	Tibet	152819	93737	641	1764	25837	666
陕西	Shaanxi	1886823	1646629	3901	4676	148311	55838
甘肃	Gansu	133934	120760	139		9646	4038
青海	Qinghai	44630	41117	353	1863	2332	1089
宁夏	Ningxia	140646	134437	16787	86	1384	2438
新疆	Xinjiang	2268375	2130998	1336	91	20709	15957

3-4-4 Continued 2

单位：万元
Unit: 10 000 yuan

财务费用 Financial Expenses	#利息支出 Interest Expenses	营业利润 Operating Profits	利润总额 Total Profits	应交所得税 Income Tax Payable	应付职工薪酬 Payables to Employees	应交增值税 VAT Payable
894796	**1270565**	**14080643**	**14774868**	**2431557**	**14268518**	**4648724**
-235605	109947	3225843	3227898	112085	1470222	314070
45533	45203	-136696	-127039	14220	490425	99347
5474	7904	159597	172983	6348	58272	16434
2527	4219	-794	-256	833	12446	7343
4242	5081	-184	123	95	17466	9369
-1503	1164	115683	117914	25605	75048	27966
2311	2267	2491	2694	692	7596	3515
-490	1331	104174	103283	24471	18598	19368
269773	105919	2728730	3007376	791319	3802674	1304978
304503	198754	1536645	1675325	243849	1862247	480871
222832	362177	1479179	1666360	352361	2042258	648288
-16861	9759	86688	94311	196846	233476	180173
35191	60424	2297513	2333407	216833	636198	271575
5383	8316	30964	34734	6714	41845	19919
81405	69426	51514	72252	60752	486817	188959
4393	7239	117629	118870	20928	60851	28400
4595	4897	90837	92998	23867	90951	42357
18597	11084	121890	126541	10477	63608	37476
119449	201285	817415	796862	223948	2418832	777493
-3085	5984	6847	7065	3241	33687	13073
11089	8420	703591	704555	31644	54130	21118
-4859	5771	235329	222101	34011	54441	44511
-1592	8422	67042	75262	16119	129503	51104
731	789	1276	1749	881	14338	-1035
2214	1931	7688	8117	3730	8601	7829
-1648	61	35395	35792	3226	658	4487
3555	4880	107139	113181	2242	60014	21500
385	345	-1191	-1142	88	3826	1095
1884	3382	866	1239	395	815	3361
191	69	2069	2354	395	832	417
14182	14115	85474	87959	3342	17843	3363

文化、体育用品及器材批发

Wholesale of Culture, Sports Appliances and Equipments

地区	Region	营业收入 Business Revenue	营业成本 Business Cost	税金及附加 Taxes and Other Charges	其他业务利润 Profits from Other Business	销售费用 Selling Expenses	管理费用 Administrative Expenses
全国	**National Total**	**147697320**	**134778806**	**287382**	**338590**	**5705569**	**3280025**
北京	Beijing	15035774	13248334	25912	76866	805560	477623
天津	Tianjin	2899831	2737167	3423	25776	82937	55192
河北	Hebei	1070501	790053	954	119	49139	23922
山西	Shanxi	952855	901131	953	463	21278	19577
内蒙古	Inner Mongolia	201210	183689	703	3	4453	12383
辽宁	Liaoning	929168	838744	4652	3552	45367	25518
吉林	Jilin	254891	233577	350	448	5986	10879
黑龙江	Heilongjiang	335710	307166	713	906	7480	14360
上海	Shanghai	23248973	20013974	42667	91891	1552603	664595
江苏	Jiangsu	11209619	10335566	23904	33658	394036	250809
浙江	Zhejiang	19534423	18268870	19251	32576	558375	351807
安徽	Anhui	3665715	3515701	5738	1049	68360	37141
福建	Fujian	12449427	11914408	20372	9362	252823	112570
江西	Jiangxi	971793	891023	1398	428	34724	14964
山东	Shandong	10345816	9587267	13579	21402	256346	192484
河南	Henan	2574584	2422711	6251	1951	50817	41714
湖北	Hubei	2131293	1864722	8407	6554	77981	33210
湖南	Hunan	1601587	1422077	10968	568	61221	45842
广东	Guangdong	27841408	25713254	73899	20280	1078243	696056
广西	Guangxi	944347	866718	1204	528	32051	24000
海南	Hainan	2964192	2796229	3750	1031	35714	24907
重庆	Chongqing	1699884	1445156	10037	1214	97005	33436
四川	Sichuan	1812024	1758992	1707	1685	28196	18533
贵州	Guizhou	270838	243127	203		8444	7303
云南	Yunnan	501583	453099	918	585	14962	11570
西藏	Tibet						
陕西	Shaanxi	1394731	1247049	1746	3072	47550	54740
甘肃	Gansu	330378	308032	2441		13427	4781
青海	Qinghai	20687	13213	72	739	5201	2252
宁夏	Ningxia	93574	84645	136	171	1362	4563
新疆	Xinjiang	410504	373112	1074	1713	13928	13294

3-4-4 Continued 3

单位：万元
Unit: 10 000 yuan

财务费用 Financial Expenses	#利息支出 Interest Expenses	营业利润 Operating Profits	利润总额 Total Profits	应交所得税 Income Tax Payable	应付职工薪酬 Payables to Employees	应交增值税 VAT Payable
278981	**417547**	**4452627**	**4631702**	**615991**	**3863955**	**953258**
46651	103050	459632	462994	76922	589227	122193
9560	3525	8803	5030	10627	38223	17185
-11527	1430	45796	45860	570	22925	6767
-671	209	17930	18148	1740	16706	1692
-1878	-1	29417	30673	83	6597	563
275	452	14042	14149	3289	33994	8371
-210	236	9111	7948	712	8260	412
-4345	302	16575	16401	38	8685	1308
70129	52100	1202140	1274018	217026	735682	178661
14930	38299	347625	354387	21969	258192	89011
12104	34670	401935	424626	80200	336318	104392
7533	42708	60296	61782	-551	39636	14783
34043	21572	145847	149176	19692	97248	33262
236	769	27511	27449	2345	14286	2281
38832	44330	222421	229188	19060	237046	31600
4021	2776	69693	73066	8981	44695	6772
2906	2729	242280	242884	32625	47297	28201
6189	3437	51283	52273	4537	48295	19685
53462	46935	682719	718462	58917	1039731	213758
-1445	3813	21782	20036	1656	20417	3007
-111	1516	122011	140236	20710	20255	13634
1297	1048	121140	129199	20431	75672	28591
-3115	4745	7538	7731	1502	23519	9900
1831	1728	6994	6995	216	5191	380
-2753	1058	62712	62568	3609	14425	4203
570	1600	41575	43126	6192	45470	9993
2347	1863	-650	-566	94	9691	1665
-249		791	1536		5445	64
-268	34	3820	2998	6	3875	8
-1363	614	9858	9329	2793	16952	916

医药及医疗器材批发
Wholesale of Medicines and Medical Appliances

地 区	Region	营业收入 Business Revenue	营业成本 Business Cost	税金及附加 Taxes and Other Charges	其他业务利润 Profits from Other Business	销售费用 Selling Expenses	管理费用 Administrative Expenses
全 国	**National Total**	**428453563**	**371690388**	**1053652**	**1535764**	**30011876**	**12004297**
北 京	Beijing	35135593	29872678	82777	203454	2485608	1347669
天 津	Tianjin	7963942	7012177	17939	47528	512887	210475
河 北	Hebei	13127326	12244824	22818	14253	390696	239449
山 西	Shanxi	6422010	5775454	14486	136488	358222	150133
内蒙古	Inner Mongolia	2902618	2610886	6948	5434	110391	81934
辽 宁	Liaoning	8875078	8015079	18503	8712	363562	206009
吉 林	Jilin	4801980	4184369	15587	10283	289465	130383
黑龙江	Heilongjiang	4710574	4240963	15955	27958	291252	107492
上 海	Shanghai	54450995	44515738	128533	298048	5685606	2315626
江 苏	Jiangsu	36690284	30984400	88890	74093	3748287	741872
浙 江	Zhejiang	25682159	22732671	52270	21211	1528567	592749
安 徽	Anhui	11743868	9907907	41156	10218	1101066	360070
福 建	Fujian	10056023	9219079	23076	18417	342093	213060
江 西	Jiangxi	13449129	10504660	58432	32465	1950015	400184
山 东	Shandong	26951693	24250912	59901	70021	1405704	600485
河 南	Henan	16957988	15221911	44012	19986	762203	376077
湖 北	Hubei	16942870	14935408	42104	90364	905259	442980
湖 南	Hunan	11943796	10659379	35625	33015	549784	285881
广 东	Guangdong	49613599	43619561	106454	127814	3101740	1531189
广 西	Guangxi	7632974	6950848	16462	13743	254195	165294
海 南	Hainan	3560179	2685841	12787	22015	555743	107507
重 庆	Chongqing	12618162	10789610	37200	20615	515618	230855
四 川	Sichuan	18168415	16210266	40160	152080	958899	451705
贵 州	Guizhou	4214919	3779342	9946	7564	194593	109843
云 南	Yunnan	7017470	6220454	15892	33716	448064	129701
西 藏	Tibet	1630327	838008	11389	147	633272	99070
陕 西	Shaanxi	7435170	6741443	15185	5062	298058	172751
甘 肃	Gansu	2523875	2274103	4981	15518	102806	75798
青 海	Qinghai	475431	429451	919	4984	21637	12091
宁 夏	Ningxia	689981	621369	2283	632	23379	17705
新 疆	Xinjiang	4065135	3641597	10982	9926	123205	98260

3-4-4 Continued 4

单位：万元
Unit: 10 000 yuan

财务费用 Financial Expenses	#利息支出 Interest Expenses	营业利润 Operating Profits	利润总额 Total Profits	应交所得税 Income Tax Payable	应付职工薪酬 Payables to Employees	应交增值税 VAT Payable
2026847	**2253848**	**13804139**	**14047426**	**2684052**	**14185228**	**7019592**
48785	158384	2008719	2036690	368418	1647326	620085
38216	35584	170487	173734	40901	242469	127878
58965	68333	202093	201945	44713	189935	141787
43150	41312	86561	85660	22195	138098	108945
25275	20059	60968	60243	9869	77030	49878
61504	50908	247606	247907	52176	151730	142190
39124	39989	143955	140342	32518	108246	91773
41937	34959	-1082	-1389	864	117424	70448
167329	229230	2360054	2483090	551727	3795532	855512
90709	159133	824473	834471	173832	1339033	644540
101642	124880	1016043	1034961	240230	667139	395087
81382	66562	288367	304406	68967	252187	257396
47576	50662	255503	258499	46866	194860	107979
67282	44632	489997	531159	96015	269125	401835
131032	122887	467316	475146	84349	584657	387861
116781	94163	374122	371656	73516	317845	258674
172266	207377	601623	621037	79230	466330	276677
85091	75992	305343	309758	64077	298393	162137
154311	191194	1396975	1383769	245260	1645136	727905
50589	42229	176882	171653	26191	135277	100889
33157	37282	217044	218913	21796	140764	109257
61796	99998	1029370	1021669	146736	239635	220018
94738	83749	415755	412064	76116	468615	263926
30778	33155	92739	94933	18626	106837	82119
30919	28471	146787	145976	25744	168056	103482
5453	6973	76932	86907	11589	74334	97747
84152	58258	137307	134794	25496	166384	102880
24439	14375	36038	36698	7119	59296	29840
8901	8374	5005	107	2089	13449	6106
5164	5144	19374	19307	3367	19946	10363
24404	19600	151783	151321	23460	90140	64378

矿产品、建材及化工产品批发

Wholesale of Mineral Products, Building Materials and Chemical Products

地 区	Region	营业收入 Business Revenue	营业成本 Business Cost	税金及附加 Taxes and Other Charges	其他业务利润 Profits from Other Business	销售费用 Selling Expenses	管理费用 Administr-ative Expenses
全 国	**National Total**	**5756688656**	**5636760667**	**4784645**	**4005739**	**42901949**	**27516434**
北 京	Beijing	301250237	294859212	285999	728640	2307244	2462776
天 津	Tianjin	288664950	284797871	184340	51051	1342310	843718
河 北	Hebei	132541902	129605745	109513	72558	822750	391671
山 西	Shanxi	160909697	156252290	259430	157253	1336503	1250214
内蒙古	Inner Mongolia	51009898	48846731	86209	109458	765506	360750
辽 宁	Liaoning	153000661	150748964	87925	14871	962999	466334
吉 林	Jilin	8645166	8381405	13711	4939	116612	74592
黑龙江	Heilongjiang	40083824	39308193	37488	19937	367178	100391
上 海	Shanghai	716376338	701374284	405583	444861	5196328	4168972
江 苏	Jiangsu	524088099	510562959	411208	249078	3988154	2850408
浙 江	Zhejiang	762582335	751387790	425455	576904	4441751	2719569
安 徽	Anhui	59125815	57528646	79489	23581	590279	313944
福 建	Fujian	367768270	361746350	292777	307399	1880917	1132514
江 西	Jiangxi	53194388	51628171	77831	36990	520579	294757
山 东	Shandong	439049038	430923834	357189	179334	3385265	1916170
河 南	Henan	88819583	86269213	133976	19788	893480	508874
湖 北	Hubei	90174324	87896176	97853	22716	752387	414993
湖 南	Hunan	42156064	40777931	95499	29262	523208	311028
广 东	Guangdong	636470795	622653061	484064	422590	5872015	3488502
广 西	Guangxi	82879540	81440592	82378	35334	705160	373532
海 南	Hainan	124277632	121953174	102413	81202	411403	308062
重 庆	Chongqing	63064235	60013919	63006	12082	606536	288856
四 川	Sichuan	108300999	105026922	172782	58671	1151350	556412
贵 州	Guizhou	31313568	30498024	31361	39158	256847	204934
云 南	Yunnan	78576888	76876105	74327	66223	624875	380112
西 藏	Tibet	336772	301232	644	2	5451	10608
陕 西	Shaanxi	150374939	147083469	154342	115584	1339315	614220
甘 肃	Gansu	74727950	73586658	63904	30788	463514	212178
青 海	Qinghai	14919199	14494601	17571	11109	234232	56661
宁 夏	Ningxia	11897965	11652007	12658	10356	214099	64216
新 疆	Xinjiang	100107585	98285138	83720	74020	823702	376466

单位：万元
Unit: 10 000 yuan

财务费用 Financial Expenses	#利息支出 Interest Expenses	营业利润 Operating Profits	利润总额 Total Profits	应交所得税 Income Tax Payable	应付职工薪酬 Payables to Employees	应交增值税 VAT Payable
16834608	**17649750**	**53659918**	**55721230**	**8382605**	**23967203**	**20340249**
1955131	2267956	8471571	8549424	530177	2534236	1881156
617460	389385	1781817	1896914	301276	629517	679404
411095	359937	1011309	1049602	199131	308333	572597
758189	1320190	2721718	2719509	307640	771950	685745
256021	345254	1745854	1734366	162098	269273	384986
305663	262636	396580	396828	95305	338829	433264
123691	95114	-68877	3143	11889	65455	-20574
63214	116903	206017	212507	29712	144621	228279
1152812	1062746	7414131	7691216	1268018	3923498	1281474
1516619	1054360	4150541	4279644	737358	1892047	1997597
1903223	2276044	6201174	6651371	1211086	2267014	1692342
128923	160267	523054	575436	105211	301506	441205
1299392	1365265	2750352	2912684	421775	901915	866529
180257	176293	427250	510470	93585	296108	396471
1294147	1117319	1058830	1244905	437644	1310415	1676715
297162	238391	807689	875371	106189	367152	503487
170342	147833	684684	705215	105903	429794	513944
121441	115731	336389	384475	50458	237841	363487
1588460	1740597	3495222	3592509	727992	3643534	1993312
389650	669860	575083	601845	121687	360789	371944
95235	107864	1053763	1160385	260822	301006	297382
186882	188421	433155	467850	66492	285030	204534
414085	487903	1740601	1758505	229701	574823	545567
160174	176983	198672	207341	52502	156915	190069
388194	381922	721027	721996	64695	299819	234660
2738	4448	17520	17505	1709	5458	7457
321967	384964	1953093	1966210	211041	513470	843631
201168	238454	784439	777107	20265	268539	214446
157176	15161	1093077	1065840	324651	97993	94679
22422	18478	-75521	-78831	5274	74472	60528
351675	363071	1049704	1069888	121319	395851	703932

机械设备、五金产品及电子产品批发

Wholesale of Machinery, Hardware and Electronic Products

地 区	Region	营业收入 Business Revenue	营业成本 Business Cost	税金及附加 Taxes and Other Charges	其他业务利润 Profits from Other Business	销售费用 Selling Expenses	管理费用 Administrative Expenses
全 国	**National Total**	**1203034970**	**1120274597**	**1908328**	**2297859**	**33811098**	**20161238**
北 京	Beijing	160988964	146582592	219156	659204	5787835	3397963
天 津	Tianjin	28364787	26420336	413209	23815	680625	541765
河 北	Hebei	7140734	6696302	7935	8343	161451	110208
山 西	Shanxi	5976339	5659085	6737	10271	127684	126267
内 蒙 古	Inner Mongolia	2204159	2033612	3758	21988	66230	58039
辽 宁	Liaoning	9302679	8720046	19274	6214	163512	158766
吉 林	Jilin	7914488	7529545	10842	3855	277259	82122
黑 龙 江	Heilongjiang	5445685	5318970	5021	4032	44700	66629
上 海	Shanghai	272253129	246931525	385504	597901	9981281	5446826
江 苏	Jiangsu	86506380	80435058	113919	95844	1774990	1505317
浙 江	Zhejiang	126911264	120569879	120170	197050	3236180	1445470
安 徽	Anhui	33873276	32581799	49607	25897	782517	539245
福 建	Fujian	27833102	26183407	37662	39255	510584	470615
江 西	Jiangxi	7086934	6700594	7994	13392	204833	112915
山 东	Shandong	42667858	40138219	45416	50123	1027661	732798
河 南	Henan	11139709	10450270	17840	13820	322780	190384
湖 北	Hubei	17217983	16025796	27866	80421	592188	132174
湖 南	Hunan	7047296	6469183	35802	6991	282229	130127
广 东	Guangdong	256332936	242951556	261446	307186	5158340	3971278
广 西	Guangxi	6897897	6580002	7918	11673	144935	95531
海 南	Hainan	3804342	3627680	7110	3711	31028	49191
重 庆	Chongqing	37951949	35564435	56692	65247	1469721	230251
四 川	Sichuan	13729826	13007859	18702	11754	342724	185569
贵 州	Guizhou	1987431	1882811	2578	12900	54604	45890
云 南	Yunnan	2637863	2448314	4012	1739	115383	58969
西 藏	Tibet	3828860	3741878	2751	2	23765	8368
陕 西	Shaanxi	10180984	9677711	11718	8194	218185	146360
甘 肃	Gansu	1389703	1285871	1420	1216	70224	20457
青 海	Qinghai	121379	103373	146	199	6161	6720
宁 夏	Ningxia	248091	231180	439	1364	12090	5460
新 疆	Xinjiang	4048943	3725709	5684	14258	139399	89564

单位：万元
Unit: 10 000 yuan

财务费用 Financial Expenses	#利息支出 Interest Expenses	营业利润 Operating Profits	利润总额 Total Profits	应交所得税 Income Tax Payable	应付职工薪酬 Payables to Employees	应交增值税 VAT Payable
2075992	**2765196**	**28319732**	**29264806**	**6223413**	**22943477**	**8557469**
101605	591655	6982988	7007860	1367965	4292368	1369642
-14604	55019	765880	768415	120083	635942	460950
20085	11949	90903	92614	21652	112674	50391
22505	20680	27508	38875	24458	88972	49458
10654	9580	42748	44526	7563	40208	28176
127147	117969	110377	117280	40684	123442	64516
-2862	7810	69632	69241	6045	90195	62959
13341	11765	102457	102805	3214	42730	70706
640230	349422	9347685	9781029	2459042	7171264	1905750
131480	177414	2313348	2343224	371714	1373542	595439
10291	276494	1876868	2034284	462099	1776524	783841
142341	25858	-265720	-229297	19300	411581	190535
72456	60813	731894	750185	58813	367326	210137
28345	22369	67615	74293	9235	109602	43640
137192	159085	331768	365750	117208	670807	325449
22826	23984	123340	125517	21932	182395	74389
8867	67051	195027	205185	50486	300819	117406
50833	37657	68957	71534	30829	113557	94188
335552	419179	4328322	4386414	788868	3979002	1507541
174613	178235	-67935	-76272	9825	88795	81482
-9696	-2075	89452	90333	12442	49369	15436
-43685	38329	633473	722797	131161	270908	227395
40178	41633	73201	81581	26680	291103	88170
13864	12311	-8987	-9061	3212	33059	7939
8188	8995	23185	25453	7951	59924	19897
9067	8657	42379	46186	6178	3255	4221
-8494	8857	153318	160462	28979	141299	66913
6845	6196	3767	4582	1417	30523	9762
1630	1402	3344	3372	110	4333	1089
1393	759	-2493	-1946	282	6199	1604
23805	16144	65431	67585	13986	81760	28448

3-4-4 续表 7

贸易经纪与代理

Trade Broker and Agency

地 区	Region	营业收入 Business Revenue	营业成本 Business Cost	税金及附加 Taxes and Other Charges	其他业务利润 Profits from Other Business	销售费用 Selling Expenses	管理费用 Administrative Expenses
全 国	**National Total**	**47728413**	**45092944**	**46293**	**122198**	**734003**	**671585**
北 京	Beijing	3025582	2614664	9925	89706	90402	146991
天 津	Tianjin	651073	623253	377	677	11475	8267
河 北	Hebei	174523	160765	63	50	9445	3183
山 西	Shanxi	33945	32061	146		483	412
内蒙古	Inner Mongolia						
辽 宁	Liaoning	113474	100385	532		3621	8230
吉 林	Jilin						
黑龙江	Heilongjiang	81304	77143	72	8	2029	1977
上 海	Shanghai	8453108	7666142	10603	10427	229885	209684
江 苏	Jiangsu	5714490	5362783	4617	4467	73921	48941
浙 江	Zhejiang	962787	912181	515	671	27435	16213
安 徽	Anhui	1196197	1139532	1487	259	6043	4569
福 建	Fujian	2082929	2034082	1708	8847	19310	13509
江 西	Jiangxi	1168207	1123911	567	60	12641	11536
山 东	Shandong	1927533	1857620	1608	44	30463	11347
河 南	Henan	310800	288592	362		7015	5453
湖 北	Hubei	126410	121546	48	9	1442	1549
湖 南	Hunan	604709	591648	1147	6	5194	2345
广 东	Guangdong	19815963	19139288	11322	6933	186291	167255
广 西	Guangxi	23197	22352	33		639	768
海 南	Hainan						
重 庆	Chongqing	985427	974871	482		4709	1652
四 川	Sichuan	14428	13309	84		926	786
贵 州	Guizhou	13602	13485	1			61
云 南	Yunnan	32789	29668	102	29	962	2232
西 藏	Tibet						
陕 西	Shaanxi	131509	119550	398		5487	2275
甘 肃	Gansu	60298	54250	27		2382	596
青 海	Qinghai						
宁 夏	Ningxia						
新 疆	Xinjiang	24129	19863	67	5	1803	1754

3-4-4 Continued 7

单位：万元
Unit: 10 000 yuan

财务费用 Financial Expenses	#利息支出 Interest Expenses	营业利润 Operating Profits	利润总额 Total Profits	应交所得税 Income Tax Payable	应付职工薪酬 Payables to Employees	应交增值税 VAT Payable
138505	**253126**	**1302850**	**1329844**	**241424**	**585360**	**296273**
-102056	34017	475533	474748	70266	135728	27154
4607	4348	3237	3193	682	7755	10671
1124	955	44	691	30	2151	379
522	1	442	489	251	301	44
3327	162	4722	6256	956	2599	922
229	82	-152	530	59	828	283
22435	15993	371472	381187	72292	190050	52233
11916	12428	199049	198464	46209	39549	65554
-2252	1446	9954	11687	1517	15232	1615
702	651	38903	39095	6630	5099	3047
11629	3143	10942	12931	1607	11100	10743
8907	5084	8902	9304	1939	5149	39093
22461	25778	6224	6954	2488	14510	8782
738	143	8067	8378	1349	4823	6405
332	-23	1357	1702	247	1010	934
4518	1258	232	3189	454	1619	7313
148004	143973	165568	169497	34671	142480	56674
22	26	-618	-621	18	452	133
819	3190	-6785	-6414	-2073	919	907
-56	-12	-63	-105	11	1095	577
-1		56	56	1	56	1650
160	36	-394	-51	16	401	-139
-498	99	3381	3855	937	1295	728
98	3	2946	3050	712	363	164
818	345	-169	1779	155	796	407

3-4-4 续表 8

其他批发业

Other Wholesale not Classified Elsewhere

地区	Region	营业收入 Business Revenue	营业成本 Business Cost	税金及附加 Taxes and Other Charges	其他业务利润 Profits from Other Business	销售费用 Selling Expenses	管理费用 Administrative Expenses
全国	**National Total**	**184038899**	**174963161**	**506881**	**302590**	**4119880**	**2008748**
北京	Beijing	7696404	6907757	7038	12482	258282	202936
天津	Tianjin	8116870	7850287	17750	13430	84031	47517
河北	Hebei	4207259	4058321	6278	239	20839	17622
山西	Shanxi	4258603	4165555	3400	169	18467	23051
内蒙古	Inner Mongolia	1920583	1725565	3042	176	152375	16024
辽宁	Liaoning	1539646	1470393	1512	-379	21077	28841
吉林	Jilin	216418	200200	514	758	7835	10202
黑龙江	Heilongjiang	1584017	1577277	2077	727	4958	4208
上海	Shanghai	4260323	3808818	5974	7597	208056	110028
江苏	Jiangsu	26487309	25292094	60538	27375	511102	275326
浙江	Zhejiang	25957259	24510124	31509	15059	761064	260830
安徽	Anhui	8531140	8437218	39062	26469	57483	57568
福建	Fujian	14362651	13290894	48154	6820	778994	155437
江西	Jiangxi	9747723	9313796	35164	1650	178809	54629
山东	Shandong	7406939	7057921	35962	8702	134744	92059
河南	Henan	5480576	5329035	29940	-719	54834	45893
湖北	Hubei	6193494	5857268	18451	147163	148784	64787
湖南	Hunan	2363319	2121933	16418	48	118519	27151
广东	Guangdong	18656310	17539740	19127	15564	415479	341309
广西	Guangxi	9008178	9023065	57303	383	12140	15679
海南	Hainan	1464142	1422955	6259	224	5089	5996
重庆	Chongqing	2724382	2627042	6174	9243	45584	28645
四川	Sichuan	6780092	6570688	26218	6202	50320	60299
贵州	Guizhou	493021	429766	1404		19461	4171
云南	Yunnan	477477	429001	1472	1679	7307	8807
西藏	Tibet	8352	5950	50		531	500
陕西	Shaanxi	1026858	976957	1265	-412	21956	19601
甘肃	Gansu	1844750	1812217	21999	878	4700	3557
青海	Qinghai	151495	148961	63		1488	1110
宁夏	Ningxia	73169	70221	122	56	572	739
新疆	Xinjiang	1000140	932142	2642	1007	15000	24226

单位：万元
Unit: 10 000 yuan

财务费用 Financial Expenses	#利息支出 Interest Expenses	营业利润 Operating Profits	利润总额 Total Profits	应交所得税 Income Tax Payable	应付职工薪酬 Payables to Employees	应交增值税 VAT Payable
353952	**443662**	**2966751**	**3483056**	**434654**	**1815732**	**3890508**
-3494	65071	141957	143294	30725	237304	40981
6511	3267	119713	140471	10586	82506	135892
15544	15125	-10617	-434	1777	10230	51069
3637	3337	45608	57146	15191	16339	9917
7753	8639	15183	15273	4804	11560	19439
17230	2405	-4366	-4824	1541	13760	13616
3126	3175	-598	-505	94	4528	1363
2777	694	-8461	2104	1083	4102	25938
2964	10954	153188	152839	28834	124785	37986
40785	41678	208301	275117	56209	220583	564076
34928	37541	385900	437034	101124	264780	257568
37877	36577	13892	71250	14867	35412	309624
17415	2650	81935	169167	13238	91177	321980
14390	9711	93301	126314	14975	41580	236147
9812	9596	28488	44482	11447	64475	177268
8940	5574	-985	54769	10867	36937	252875
3912	9812	65207	71001	10788	39643	107970
3818	462	60230	66384	8693	36187	85583
35358	57138	538011	542971	41520	308869	121898
8811	8386	-6840	10648	2823	17804	545309
-6439	3077	119427	144603	9264	4931	58279
6008	6459	17559	21760	4817	25036	20374
67600	80779	816129	829280	14659	69626	204892
30	37	38259	38492	9452	5821	14587
1098	880	7108	9253	994	9931	12589
-1		1322	1318	213	883	360
10450	9925	-7504	-7107	307	16144	9155
2752	2818	2332	18199	8041	1698	236223
-163	31	37	283	10	1126	174
971	822	539	433	55	558	548
-448	7042	52496	52041	5656	17417	16828

3-4-5 各地区限额以上零售业企业损益及分配

地区	Region	营业收入 Business Revenue	营业成本 Business Cost	税金及附加 Taxes and Other Charges	其他业务利润 Profits from Other Business	销售费用 Selling Expenses	管理费用 Administrative Expenses
全　国	**National Total**	**1390534721**	**1208240022**	**4588514**	**11807490**	**111746014**	**41847699**
北　京	Beijing	97227810	85867315	301052	1353949	8195194	2527904
天　津	Tianjin	19871028	17558886	56829	214797	1646421	516381
河　北	Hebei	38581857	34038342	123141	1338988	2453795	1238572
山　西	Shanxi	21631584	19589041	45509	208997	1188723	704325
内蒙古	Inner Mongolia	13707916	12370009	33349	76887	845148	351718
辽　宁	Liaoning	29003011	25909744	103074	193307	1854965	944255
吉　林	Jilin	12865780	11368153	44183	90481	836890	534552
黑龙江	Heilongjiang	14648738	13048517	45733	147281	926147	416950
上　海	Shanghai	111089504	82877303	512795	521027	18954585	5251647
江　苏	Jiangsu	130570195	115745753	323499	1162236	8515289	3684527
浙　江	Zhejiang	103954167	90363932	324078	956146	8925792	3141278
安　徽	Anhui	41858246	36759094	119770	149849	2922179	1137592
福　建	Fujian	61610288	53035744	192822	450358	5079362	1681553
江　西	Jiangxi	33727068	29658557	111316	130212	2110022	940384
山　东	Shandong	73774602	65418286	219117	667436	5305829	2166455
河　南	Henan	53269764	46253725	191824	353867	3163813	1555826
湖　北	Hubei	59137744	51358517	208266	573134	3953912	1793054
湖　南	Hunan	49271747	42976924	270656	231887	2896106	1445200
广　东	Guangdong	165205618	143391928	521337	1201897	15148081	5108022
广　西	Guangxi	19452426	17261346	48686	180565	1459832	667554
海　南	Hainan	13160774	11269461	149457	80617	834610	409863
重　庆	Chongqing	37173847	32980675	123270	370993	2481283	882781
四　川	Sichuan	71477817	64212804	172620	490634	4605058	1575690
贵　州	Guizhou	22833209	20215198	52999	79301	1242656	549648
云　南	Yunnan	26559378	23640668	60606	156512	1797388	609007
西　藏	Tibet	2002943	1799407	3860	2848	117588	45313
陕　西	Shaanxi	39165185	34642434	135196	240149	2393478	1188381
甘　肃	Gansu	10957912	9807228	29021	68927	690744	238176
青　海	Qinghai	1833239	1645133	4349	13319	125004	64292
宁　夏	Ningxia	3364255	2958064	12389	12514	235886	98334
新　疆	Xinjiang	11547069	10217834	47711	88375	840234	378465

Income and Distribution of Enterprises above Designated Size of Retail Trade by Region

单位：万元
Unit: 10 000 yuan

财务费用 Financial Expenses	#利息支出 Interest Expenses	营业利润 Operating Profits	利润总额 Total Profits	应交所得税 Income Tax Payable	应付职工薪酬 Payables to Employees	应交增值税 VAT Payable
6919984	**3900590**	**17761548**	**19141209**	**5146854**	**54792559**	**14884402**
276592	277181	177806	244613	319366	3474916	891429
150569	93251	-111763	-82952	69075	731439	204365
243560	107972	657892	673410	84379	1545020	377833
133277	71688	-66957	-38432	36763	670571	202007
69745	40211	59107	77409	18040	557075	322304
177838	119313	99515	165790	80233	1082360	226743
152203	102942	-20679	10243	33636	472403	118630
114945	70377	120465	138386	44898	522421	298314
522543	236883	3042089	3381097	1352206	6655186	1714972
627508	289647	1173379	1227061	434276	4729076	1464799
416611	366454	982622	1199676	485303	3888849	1226119
189520	77154	552609	602996	94703	1605280	407732
272404	164737	1274004	1315341	186064	2309609	489444
140667	90830	736413	729321	83929	1178749	247425
418489	219344	383050	458484	188649	2991992	711560
329657	123711	1512982	1541901	173412	1795698	490287
306193	141887	1272396	1316290	174243	2308207	655828
275426	108874	1271792	1311411	143173	1846310	446335
710333	393626	897549	885396	493914	6938116	1938219
104007	73970	-3551	10538	41859	861534	168205
123528	47630	416324	426724	86833	446939	103254
137472	91722	545142	599323	63571	1428297	314509
302972	176452	860481	922753	127206	2553023	602178
170857	111356	856942	870161	117795	641334	232458
115320	81134	325566	345340	68879	1027406	217856
5420	4328	38448	41439	2024	67843	65683
226026	94732	478685	516791	80755	1270679	380635
60221	33850	182355	187925	31297	402573	109229
22599	15577	-16003	-11881	3551	87802	26410
42195	16971	40733	42772	5637	138586	34059
81287	56786	22155	31883	21185	563266	195581

国有控股

State-controlled Enterprises

地　区	Region	营业收入 Business Revenue	营业成本 Business Cost	税金及附加 Taxes and Other Charges	其他业务利润 Profits from Other Business	销售费用 Selling Expenses	管理费用 Administr-ative Expenses
全　国	**National Total**	**247620532**	**221791283**	**802103**	**1739391**	**14849615**	**4617747**
北　京	Beijing	13861021	12128725	74715	247059	1085124	494059
天　津	Tianjin	4379652	3987575	11326	20448	271245	96558
河　北	Hebei	5582616	4620185	20926	48656	385087	176788
山　西	Shanxi	3851290	3490254	10059	12796	277967	87512
内蒙古	Inner Mongolia	6074442	5658955	12040	6939	309219	48074
辽　宁	Liaoning	6275755	5797857	17439	19762	359218	77464
吉　林	Jilin	3493196	3084206	13867	21688	273871	97329
黑龙江	Heilongjiang	3543876	3284549	8321	6235	193518	17740
上　海	Shanghai	15879855	13985552	58483	114537	1288067	509540
江　苏	Jiangsu	17544307	16332968	22259	160191	977218	261332
浙　江	Zhejiang	13200009	11777925	48853	98006	746441	214029
安　徽	Anhui	9469849	8475116	26382	44366	479270	181556
福　建	Fujian	11747980	10701458	25064	70203	498562	146644
江　西	Jiangxi	5592160	4895562	13186	34053	303383	164245
山　东	Shandong	8082100	7088452	36023	119514	663763	154939
河　南	Henan	7679303	6261798	20126	35767	408884	131804
湖　北	Hubei	11071004	9533981	41317	252839	1041180	233400
湖　南	Hunan	9503883	8569259	28391	8944	488207	176951
广　东	Guangdong	26254474	23683068	66063	174481	1614921	472437
广　西	Guangxi	3046205	2675427	11252	20640	180428	97482
海　南	Hainan	7362705	6156992	136348	25639	405261	150066
重　庆	Chongqing	11366167	10544986	18928	63063	597153	73579
四　川	Sichuan	12519986	11507891	16857	33662	526188	164866
贵　州	Guizhou	7231127	6503411	13480	13977	275909	107610
云　南	Yunnan	9210735	8518629	15916	39491	418584	89186
西　藏	Tibet	1146080	1049972	2047	406	65126	12229
陕　西	Shaanxi	4121156	3608921	13468	7218	272766	105496
甘　肃	Gansu	4440861	4128001	8989	32355	211480	21170
青　海	Qinghai	388722	361947	606	122	22196	7702
宁　夏	Ningxia	659572	612254	1665	1825	25816	6841
新　疆	Xinjiang	3040444	2765407	7707	4509	183563	39119

3-4-5 Continued

单位：万元

Unit: 10 000 yuan

财务费用 Financial Expenses	#利息支出 Interest Expenses	营业利润 Operating Profits	利润总额 Total Profits	应交所得税 Income Tax Payable	应付职工薪酬 Payables to Employees	应交增值税 VAT Payable
985897	**823618**	**6122495**	**6268223**	**981339**	**9069371**	**2731158**
48459	85449	225961	243340	65416	834121	168706
27669	9026	-55892	-52466	16978	194615	41678
22186	13189	403378	402700	17621	275797	78954
12822	7190	-21410	-22599	11627	142710	39073
6296	5325	44364	43121	4873	199363	244430
14645	19200	82120	98176	18236	271201	51935
18192	15453	15648	17173	8429	145560	32089
8059	5034	38346	39888	7708	122538	172177
44656	67389	124881	153399	76487	752295	164581
55746	33044	-41559	-16938	50240	524094	119736
71754	75177	442435	468922	122732	434322	180783
21707	13675	249744	243456	22550	266532	85858
33681	39573	347658	350829	88332	257214	88700
22600	20230	185689	177522	21535	232475	22849
55428	44492	137976	142051	39663	386803	99092
31030	18458	749825	746306	29130	205758	70996
50989	43423	194097	192551	14694	601119	125469
17775	12193	228487	227948	32406	301492	96126
163902	107045	574484	590338	93089	1069594	278409
16557	21000	83562	82446	17815	126379	27427
89020	28706	401075	403428	74365	211048	49148
1717	10556	201582	208913	15887	326928	81164
11402	21895	465353	467331	24815	354230	69031
74706	57030	566299	570978	40636	141116	67117
29553	23660	154620	160506	20325	208147	52715
2334	2575	21335	22478	423	37701	52077
20944	12600	128251	133757	22082	171588	45495
5289	5075	117993	113584	10450	123293	32348
967	371	2429	3321	606	15228	5466
2717	348	12834	13486	1752	19321	6365
3095	5237	40930	42278	10437	116789	81164

3-4-6 各地区限额以上零售业企业损益及分配(按登记注册类型分)

内资企业

Domestic Funded Enterprises

地 区	Region	营业收入 Business Revenue	营业成本 Business Cost	税金及附加 Taxes and Other Charges	其他业务利润 Profits from Other Business	销售费用 Selling Expenses	管理费用 Administr-ative Expenses
全 国	**National Total**	**1099406951**	**966627073**	**3468257**	**9168555**	**79134236**	**32757877**
北 京	Beijing	50712629	43641561	192418	1099346	5058522	1805798
天 津	Tianjin	15309531	13578798	44034	139252	1209367	398091
河 北	Hebei	32127146	28586466	111817	1320792	2102479	1162721
山 西	Shanxi	19274093	17423520	40129	201344	1075151	644467
内蒙古	Inner Mongolia	13153459	11868386	31184	75520	812799	345988
辽 宁	Liaoning	26070374	23453021	82020	166196	1547517	828496
吉 林	Jilin	11456645	10072019	37911	86243	755204	513675
黑龙江	Heilongjiang	13367643	11890792	40017	141787	818410	390867
上 海	Shanghai	57588471	49335243	164472	301509	6346255	1868535
江 苏	Jiangsu	106843667	95028781	256898	857611	6496654	3149144
浙 江	Zhejiang	82055933	71713298	208182	675099	6829481	2430414
安 徽	Anhui	35939817	31552376	102642	136504	2435221	1048042
福 建	Fujian	48131696	41383185	159308	333970	3807806	1387142
江 西	Jiangxi	31224646	27389919	105216	111747	1962001	907884
山 东	Shandong	65594886	58275363	183242	569851	4659048	1947283
河 南	Henan	49662221	43264422	172048	200768	2938926	1392401
湖 北	Hubei	52254670	45340007	190652	390459	3448310	1573454
湖 南	Hunan	42993751	37514209	252340	157500	2355579	1252509
广 东	Guangdong	122534863	107216876	365589	746025	10245293	3772373
广 西	Guangxi	17108228	15187128	41901	149632	1195719	610589
海 南	Hainan	12714618	10884253	147591	74295	797207	396901
重 庆	Chongqing	33085366	29303128	110391	349366	2204219	746582
四 川	Sichuan	60459922	54357548	138291	393112	3778969	1325681
贵 州	Guizhou	17537597	15473761	42058	74827	1027045	483986
云 南	Yunnan	24204750	21572341	50560	124992	1610788	546919
西 藏	Tibet	1969157	1769244	3673	2848	115613	44825
陕 西	Shaanxi	29030047	25553736	103638	110539	1655112	1015787
甘 肃	Gansu	10700597	9574749	27502	67411	668931	233829
青 海	Qinghai	1790545	1607486	4291	13303	120744	63516
宁 夏	Ningxia	3261921	2865389	11656	11146	230429	97118
新 疆	Xinjiang	11248062	9950068	46586	85561	825437	372860

Income and Distribution of Enterprises above Designated Size of Retail Trade by Region and Type of Registration

单位：万元
Unit: 10 000 yuan

财务费用 Financial Expenses	#利息支出 Interest Expenses	营业利润 Operating Profits	利润总额 Total Profits	应交所得税 Income Tax Payable	应付职工薪酬 Payables to Employees	应交增值税 VAT Payable
5657259	**3219075**	**12236207**	**13198456**	**3116847**	**42606112**	**11285707**
197276	197596	-85047	-13931	173584	2474097	550623
114305	68937	-41402	-24179	52498	533285	160291
214933	97235	113747	135102	80371	1438899	308048
127221	70816	-65176	-37966	34482	624569	163765
68199	39933	48000	66781	16651	541626	319414
157430	102889	59342	118160	55664	933140	208584
127463	80698	-5070	20747	31706	442859	107147
100713	57971	150100	170312	42990	485846	282429
182697	124397	-321988	-205239	165371	2344900	502201
505433	221905	1258830	1299894	356410	3836371	1188373
385094	331523	675955	809919	328906	3108807	955556
171050	67305	442313	492967	81835	1434192	344315
216483	121276	996772	1035202	102436	1827867	358986
133647	87718	696519	698941	78266	1112515	233240
387473	187602	279045	351853	159412	2708033	617175
319490	115074	1316931	1353079	145962	1682326	450077
260521	132880	1237345	1267742	142473	2074785	593968
254929	107390	1185407	1231411	125137	1511283	378569
528019	290390	798002	729739	366818	5161141	1372182
94409	66554	60541	72510	31205	752022	164440
121845	46504	408855	418489	83961	422873	98636
118503	81129	579953	626151	57865	1311184	292205
240044	144186	873876	926732	110887	2123471	516781
153956	103792	605740	621131	113294	564173	204487
101470	74043	305185	323840	61029	936162	191959
5166	4307	37801	40796	1989	66958	65346
163323	72536	403056	425424	57567	982233	298184
59197	33371	187502	193097	30576	396078	107527
22512	15512	-15887	-11834	3438	86061	26094
42208	16959	38384	40426	4784	136079	32902
82250	56647	11576	21160	19280	552277	192203

3-4-6 续表 1

国有企业

State-owned Enterprises

地 区	Region	营业收入 Business Revenue	营业成本 Business Cost	税金及附加 Taxes and Other Charges	其他业务利润 Profits from Other Business	销售费用 Selling Expenses	管理费用 Administr-ative Expenses
全 国	**National Total**	**18659763**	**17293412**	**73956**	**54375**	**1136888**	**406675**
北 京	Beijing	231299	214807	473	1020	7343	5120
天 津	Tianjin	44976	39699	74	596	4357	1599
河 北	Hebei	58386	53301	202	47	3095	1752
山 西	Shanxi	258533	255255	342	72	10280	3283
内蒙古	Inner Mongolia	155226	149658	176		3308	906
辽 宁	Liaoning	144458	117302	366	1370	9361	11040
吉 林	Jilin	5787	3856	14		365	1639
黑龙江	Heilongjiang	187281	144515	813	3308	29352	4796
上 海	Shanghai	29024	22805	65		1607	4392
江 苏	Jiangsu	2639204	3056829	2100	2309	102330	33271
浙 江	Zhejiang	181318	154148	421	1119	12824	7025
安 徽	Anhui	971969	903727	1472	2867	43754	3584
福 建	Fujian	5617	4667	5		461	460
江 西	Jiangxi	783520	719111	1758	9617	25542	11890
山 东	Shandong	699419	626169	1929	2249	46593	19806
河 南	Henan	832110	712853	1540	1303	50522	24301
湖 北	Hubei	2118687	1770433	5881	7787	279421	72152
湖 南	Hunan	1334954	1231740	3213		51082	17808
广 东	Guangdong	1936886	1707424	4613	12554	137387	77405
广 西	Guangxi	89239	72494	225	733	10940	3419
海 南	Hainan	2021738	1741924	37319	100	93955	18627
重 庆	Chongqing	1075487	1029607	1204	862	27516	5676
四 川	Sichuan	131976	120125	256	660	6276	4241
贵 州	Guizhou	43717	40153	94		2410	3382
云 南	Yunnan	597726	549024	1163	3701	20226	8363
西 藏	Tibet	190809	177295	455	107	10810	6487
陕 西	Shaanxi	737384	648683	4056	27	43413	26664
甘 肃	Gansu	631478	582060	1732	954	59026	14075
青 海	Qinghai	205515	193025	280		10793	103
宁 夏	Ningxia	63090	51740	263	649	2371	2721
新 疆	Xinjiang	252950	198983	1452	364	30168	10688

单位：万元
Unit: 10 000 yuan

财务费用 Financial Expenses	#利息支出 Interest Expenses	营业利润 Operating Profits	利润总额 Total Profits	应交所得税 Income Tax Payable	应付职工薪酬 Payables to Employees	应交增值税 VAT Payable
74696	**46161**	**-210630**	**-200229**	**39449**	**716339**	**209934**
-990	84	4486	4659	856	8100	3231
22	2	-762	-424	7	4164	680
-11	-21	-30	297	13	2457	409
541	11	-10998	-11153	30	1117	514
27		1163	1140	2	1930	896
637	463	5758	6024	1302	7453	2007
-14		-74	537	18	1019	215
1393	852	6476	6571	1057	18948	4756
150	1	519	693	77	2808	288
8593	8843	-554463	-550937	5693	47113	20177
515	761	5946	5164	790	11945	2702
1470	191	18917	18800	279	21936	8767
14	13	10	14	1	571	37
8992	6992	18902	19658	1638	21845	4444
6629	4652	2333	3933	2044	40207	7296
2492	507	39686	39217	956	22481	19213
4136	3051	-11588	-16404	-17301	142766	27959
2257	1096	14784	14118	983	39302	9891
9990	9243	44127	46161	7051	114396	16942
314	272	4016	4395	872	8024	1286
25519	2029	94171	94219	15156	48690	29597
-271	301	13677	13288	1226	21722	15877
599	624	1298	2320	476	4302	1013
1028	876	20	716	41	2774	676
2276	2022	18717	21661	1210	11710	3958
15	549	3039	4716	262	4862	8293
-998	1251	35303	36681	8463	41176	11804
-1765	756	18539	18276	2124	36273	3197
189	4	465	425		4892	442
315		6666	7111	1820	2933	1077
632	736	8267	7895	2303	18423	2290

3-4-6 续表 2

集体企业
Collective-owned Enterprises

地　区	Region	营业收入 Business Revenue	营业成本 Business Cost	税金及附加 Taxes and Other Charges	其他业务利润 Profits from Other Business	销售费用 Selling Expenses	管理费用 Administr-ative Expenses
全　国	**National Total**	**2951551**	**2552311**	**12033**	**14193**	**148148**	**142091**
北　京	Beijing	200618	167228	948	7428	18760	12734
天　津	Tianjin	90541	80748	125		3466	2794
河　北	Hebei	65472	47173	98	324	2622	1923
山　西	Shanxi	45975	40410	63	108	1029	3395
内 蒙 古	Inner Mongolia	1038	375	6	658	562	123
辽　宁	Liaoning	27535	21794	60		3020	905
吉　林	Jilin	2703	2402	10		33	197
黑 龙 江	Heilongjiang	17936	15134	105		1619	966
上　海	Shanghai	56649	48136	577	720	6421	7400
江　苏	Jiangsu	329450	293936	761	731	11796	13042
浙　江	Zhejiang	150648	135847	453	1500	7113	5255
安　徽	Anhui	29539	27319	79		762	620
福　建	Fujian	66470	54516	417	108	2220	2509
江　西	Jiangxi	39245	35264	56	363	619	1085
山　东	Shandong	115980	100682	462	675	4390	9378
河　南	Henan	45062	38897	187		1674	1449
湖　北	Hubei	383111	347058	2446	893	10121	13213
湖　南	Hunan	116237	104765	511	113	3859	3641
广　东	Guangdong	478720	400696	1829	569	34460	14929
广　西	Guangxi	14197	11155	36		905	669
海　南	Hainan	4618	3850	6		19	531
重　庆	Chongqing	42235	40948	68		559	880
四　川	Sichuan	50767	42333	206	3	2501	3046
贵　州	Guizhou	16022	13494	31		726	1001
云　南	Yunnan	38432	34140	75		1628	2134
西　藏	Tibet						
陕　西	Shaanxi	448115	374201	2371		26026	36276
甘　肃	Gansu	11520	10188	34		665	497
青　海	Qinghai	606	457	3			61
宁　夏	Ningxia	2718	2250	5		16	150
新　疆	Xinjiang	59392	56915	5		557	1288

3-4-6 Continued 2

单位：万元
Unit: 10 000 yuan

财务费用 Financial Expenses	#利息支出 Interest Expenses	营业利润 Operating Profits	利润总额 Total Profits	应交所得税 Income Tax Payable	应付职工薪酬 Payables to Employees	应交增值税 VAT Payable
5260	**3486**	**72928**	**77014**	**10553**	**123359**	**40679**
663	371	1129	1810	194	12348	2848
11	2	3392	3388	541	2830	1264
190	1	876	991	29	1913	595
7	48	964	1166	65	2287	511
-4		-23	-23		637	82
119	87	1513	1492	201	2043	996
1		41	41	1	153	105
-53		164	158	5	1672	238
-483	31	3703	4210	30	10898	1147
1015	791	9194	9244	1466	11947	3539
-277	4	2410	3319	516	5269	1402
136		829	836	23	730	1581
44	17	2316	2418	136	2180	629
93	35	2324	2405	87	1234	201
986	846	-183	894	175	7402	1574
100	10	2578	2614	316	1887	708
-453	399	4176	5197	819	21774	2078
46	9	3239	3557	220	5396	996
1917	418	22261	21228	4312	17792	8172
9	16	1437	1440	212	739	259
4		208	216	3	186	110
-12	4	585	621	5	703	284
7	47	2632	2636	482	2745	994
36	7	745	742	37	514	244
434	118	-253	-207	113	1642	586
376	185	5874	5830	520	5179	9281
48	40	89	90	8	533	103
		85	85	2	51	13
		297	292	18	81	49
300		326	324	17	594	90

股份合作企业
Cooperative Enterprises

地 区	Region	营业收入 Business Revenue	营业成本 Business Cost	税金及附加 Taxes and Other Charges	其他业务利润 Profits from Other Business	销售费用 Selling Expenses	管理费用 Administr-ative Expenses
全 国	**National Total**	**1197933**	**1041775**	**3468**	**5105**	**63972**	**49861**
北 京	Beijing	112594	95487	160	29	7410	6677
天 津	Tianjin	19792	16286	58		964	1394
河 北	Hebei	18488	14580	213		1749	2193
山 西	Shanxi	851	732	3		36	3
内蒙古	Inner Mongolia	5205	4600	10		203	259
辽 宁	Liaoning	17963	15026	47		456	920
吉 林	Jilin	12172	9954	44		1	1994
黑龙江	Heilongjiang	42185	35022	47	47	3850	3387
上 海	Shanghai	15086	12707	24	8	917	971
江 苏	Jiangsu	103458	90285	112	1185	7116	3669
浙 江	Zhejiang	225480	191762	453	41	10078	9240
安 徽	Anhui	13743	12146	89	191	979	556
福 建	Fujian	3827	3452	7		166	66
江 西	Jiangxi	17358	15560	48		662	609
山 东	Shandong	172804	156101	895	3069	6278	5620
河 南	Henan	3747	2354	158		249	161
湖 北	Hubei	14117	12619	107	262	447	540
湖 南	Hunan	9961	9230	72		286	147
广 东	Guangdong	143061	127708	235	13	6611	2117
广 西	Guangxi	1704	1249	3	248	231	280
海 南	Hainan	13900	11197	28		931	167
重 庆	Chongqing	22198	17345	316		1154	1071
四 川	Sichuan	35508	31771	168		1574	1704
贵 州	Guizhou	9176	8618	20	12	440	1202
云 南	Yunnan	129996	114670	69		10184	4059
西 藏	Tibet	1081	1021			1	20
陕 西	Shaanxi	28133	26863	72		466	582
甘 肃	Gansu	4270	3389	10		533	211
青 海	Qinghai						
宁 夏	Ningxia						
新 疆	Xinjiang	75	41				42

3-4-6 Continued 3

单位：万元

Unit: 10 000 yuan

财务费用 Financial Expenses	#利息支出 Interest Expenses	营业利润 Operating Profits	利润总额 Total Profits	应交所得税 Income Tax Payable	应付职工薪酬 Payables to Employees	应交增值税 VAT Payable
6182	**3720**	**34932**	**36128**	**7109**	**49222**	**14750**
900	265	1961	1963	293	5540	2001
39	40	1373	1464	352	2001	453
588	560	-855	-321	3	4358	389
		78	77	2	14	34
7		126	145	8	256	95
320	17	1195	1212	180	524	352
108	105	71	76	21	345	318
14		732	889	12	2968	128
-49		632	1152	142	1580	242
204	37	3950	4040	626	6758	942
1455	603	12644	13251	2504	6227	4200
20	14	153	178	7	711	128
1		137	137	2	102	53
21	18	459	459	7	510	60
802	920	3226	2299	1175	4967	1690
61		339	339	2	594	12
26		640	647	3	766	227
81	28	146	171	9	620	26
671	536	5274	5119	1230	4333	1776
10	10	-69	-69		281	32
12	14	1566	1573	330	365	328
484	275	1086	1086	39	726	120
34	22	616	675	26	1878	490
53	57	-1157	-1084	102	646	207
314	198	313	355	20	898	128
1		38	38	1	11	7
5	1	139	136	9	417	124
		128	130	4	801	188
		-9	-9		25	

3-4-6 续表 4

联营企业

Joint Ownership Enterprises

地　区	Region	营业收入 Business Revenue	营业成本 Business Cost	税金及附加 Taxes and Other Charges	其他业务利润 Profits from Other Business	销售费用 Selling Expenses	管理费用 Administr-ative Expenses
全　国	**National Total**	**586482**	**505804**	**1909**	**675**	**28440**	**11853**
北　京	Beijing	11248	9429	25	398	690	489
天　津	Tianjin	58025	49483	130		2301	176
河　北	Hebei						
山　西	Shanxi						
内蒙古	Inner Mongolia						
辽　宁	Liaoning	7321	6716	7		517	1
吉　林	Jilin						
黑龙江	Heilongjiang	8420	8122	3		123	125
上　海	Shanghai	82668	73772	136	2	3360	1850
江　苏	Jiangsu	42274	39363	42		1324	434
浙　江	Zhejiang	85916	74260	188		2215	454
安　徽	Anhui	8247	6620	20		443	415
福　建	Fujian	3346	2751	12	57	92	214
江　西	Jiangxi	7618	6812	8		411	153
山　东	Shandong	22605	21964	27		400	362
河　南	Henan						
湖　北	Hubei	6109	5343	3		261	111
湖　南	Hunan						
广　东	Guangdong	197846	159092	461		13884	5126
广　西	Guangxi						
海　南	Hainan	2781	2376	2	218	722	527
重　庆	Chongqing	6485	6176	8		202	46
四　川	Sichuan	3828	3363	8		168	143
贵　州	Guizhou	571	476	3		59	
云　南	Yunnan	26148	24944	821		1075	1080
西　藏	Tibet						
陕　西	Shaanxi	745	632	1		32	38
甘　肃	Gansu	4281	4110	4		161	109
青　海	Qinghai						
宁　夏	Ningxia						
新　疆	Xinjiang						

3-4-6 Continued 4

单位：万元

Unit: 10 000 yuan

财务费用 Financial Expenses	#利息支出 Interest Expenses	营业利润 Operating Profits	利润总额 Total Profits	应交所得税 Income Tax Payable	应付职工薪酬 Payables to Employees	应交增值税 VAT Payable
1024	**727**	**35730**	**36163**	**7498**	**18182**	**10661**
173	151	442	403	112	380	152
125	123	5810	5813	1395	912	1043
5	5	75	75	3	137	94
20		27	27	2	136	47
86	5	3476	3688	732	2843	1110
27	23	1050	1250	27	1054	295
-6	17	10475	10479	2091	1388	1429
52		697	698	118	529	197
-2		279	328	34	193	52
12	6	225	233	10	491	238
25	1	441	379		412	121
6		386	393	98	167	100
377	294	14583	14634	3332	7081	3759
93	98	-1045	-1046	-135	603	6
-13		158	158	6	107	46
2	1	156	162	9	672	42
		47	47		45	10
-3	3	-1764	-1769	-337	952	1844
		41	41		35	5
45		171	170	1	45	71

3-4-6 续表 5

有限责任公司

Limited Liability Corporations

地区	Region	营业收入 Business Revenue	营业成本 Business Cost	税金及附加 Taxes and Other Charges	其他业务利润 Profits from Other Business	销售费用 Selling Expenses	管理费用 Administr-ative Expenses
全国	**National Total**	**364952387**	**320589252**	**1199283**	**4333086**	**28728326**	**9639539**
北京	Beijing	33715145	29224141	134537	801771	3393872	1033276
天津	Tianjin	4320341	3703943	21059	55344	438261	125659
河北	Hebei	11601399	10313913	38691	1064542	845292	401198
山西	Shanxi	5280163	4718806	15160	33413	326668	159777
内蒙古	Inner Mongolia	3269189	2778652	13479	20580	322916	121499
辽宁	Liaoning	6554275	5736466	23721	81514	505472	268247
吉林	Jilin	2767619	2240672	20017	48726	264204	217461
黑龙江	Heilongjiang	4431612	3930616	17181	59875	286128	127688
上海	Shanghai	32819931	28973468	99631	169938	2873095	847153
江苏	Jiangsu	26764617	23768493	59723	278837	1797502	560961
浙江	Zhejiang	27694562	24578996	69948	245660	2042211	562811
安徽	Anhui	12062747	10444724	41374	66599	1017632	334674
福建	Fujian	6871251	5910738	20937	57882	583406	145430
江西	Jiangxi	10287891	8943472	29415	40392	757031	292887
山东	Shandong	20976736	18557813	66449	211435	1637286	523670
河南	Henan	14237859	12580168	43650	68005	946288	359371
湖北	Hubei	18793309	16428402	54302	273313	1473847	410686
湖南	Hunan	7354868	6344075	30763	38589	512899	257271
广东	Guangdong	39414661	34325025	112974	225156	3504160	1036964
广西	Guangxi	7352217	6499844	20795	77881	601439	183792
海南	Hainan	6626881	5481456	103092	43880	477836	243152
重庆	Chongqing	6072712	5423173	14926	59410	483103	121467
四川	Sichuan	21899196	19846606	45161	124161	1367003	465644
贵州	Guizhou	6992557	6106134	17840	39041	432006	177135
云南	Yunnan	8849767	7826605	20903	51600	673875	164706
西藏	Tibet	669937	606018	997	1580	36676	14517
陕西	Shaanxi	8662726	7598988	36337	56509	556734	290152
甘肃	Gansu	3309250	2917379	10864	18754	251642	72567
青海	Qinghai	444478	391012	2014	3465	37293	27600
宁夏	Ningxia	1177893	1033177	3540	3791	91517	30255
新疆	Xinjiang	3676598	3356277	9803	11443	191032	61869

3-4-6 Continued 5

单位：万元
Unit: 10 000 yuan

财务费用 Financial Expenses	#利息支出 Interest Expenses	营业利润 Operating Profits	利润总额 Total Profits	应交所得税 Income Tax Payable	应付职工薪酬 Payables to Employees	应交增值税 VAT Payable
1961363	**1335874**	**3933355**	**4207715**	**1403846**	**14473063**	**3723538**
147799	127397	-214668	-159593	124936	1514061	344006
69885	46727	-41093	-31127	29421	239338	55758
75574	29913	44090	60766	26617	559185	105855
27715	14583	31182	37327	18047	197546	57575
31128	21580	29189	39357	10137	199197	40062
70411	50006	37497	56035	26163	309697	67009
51098	35820	13770	14437	22896	153810	37702
55513	33107	53963	60653	22819	164089	47750
90463	79240	-111777	-47038	95538	1137002	198721
99367	56619	518970	556570	99706	894525	241000
114680	138041	385587	441987	142546	937736	347532
68792	32681	80416	96764	43864	531590	148142
24073	16284	128334	145363	32623	325029	63198
39087	29927	198014	186160	40371	401053	74144
128703	68211	97958	117723	64084	812166	197016
92894	45180	174718	191803	60513	487303	139804
82641	51406	337475	353162	68000	784129	209076
35759	23157	172267	174698	34272	353330	75974
170682	110123	585511	449425	178969	1723372	439311
45653	35891	50352	46511	19108	308585	63199
77584	31518	271182	277254	57532	252171	40010
10865	12908	88512	93672	10677	258102	52161
88375	67545	258462	269932	58139	674405	191153
92546	68486	466637	474424	49999	207814	84378
44159	32321	145857	154147	28358	363530	75341
1536	944	7884	8812	332	21252	40879
61220	37955	47932	57862	14981	300885	118261
22299	14214	46309	47535	8994	139828	47009
12692	9795	-15931	-13892	1530	32750	11445
15290	3284	6653	5708	809	54786	13769
12880	11011	38103	41278	11865	134797	96298

股份有限公司
Share-holding Corporations Ltd.

地 区	Region	营业收入 Business Revenue	营业成本 Business Cost	税金及附加 Taxes and Other Charges	其他业务利润 Profits from Other Business	销售费用 Selling Expenses	管理费用 Administr-ative Expenses
全 国	**National Total**	**106643420**	**96113891**	**339755**	**807736**	**6618605**	**1864221**
北 京	Beijing	5576509	4812055	39113	109218	505109	179031
天 津	Tianjin	688799	658405	1450	717	40757	16223
河 北	Hebei	2278198	1981967	12560	12816	155910	92459
山 西	Shanxi	1431367	1356339	2574	1550	86511	16583
内蒙古	Inner Mongolia	4263908	4056095	7223	2631	180982	12435
辽 宁	Liaoning	4890721	4563416	16032	19821	227747	39818
吉 林	Jilin	2046699	1877525	4284	5930	152201	7355
黑龙江	Heilongjiang	1912507	1750372	6471	17217	105366	1891
上 海	Shanghai	2401241	2019517	7802	12618	339120	80754
江 苏	Jiangsu	5177978	4766509	19563	91275	203373	182557
浙 江	Zhejiang	3175777	2831363	8834	19610	269928	48608
安 徽	Anhui	3661551	3317611	9117	16427	179670	71637
福 建	Fujian	2014353	1947444	3958	2663	76339	12657
江 西	Jiangxi	1456236	1289105	10030	16821	89231	25604
山 东	Shandong	6291307	5544839	24188	103335	541541	168602
河 南	Henan	4652087	3604053	10329	11939	368512	53193
湖 北	Hubei	4743591	4144433	22374	33123	318912	134796
湖 南	Hunan	4878782	4497874	16144	11969	215683	108669
广 东	Guangdong	16085443	14672097	45715	32096	975022	214916
广 西	Guangxi	412219	349213	3931	6186	29583	28641
海 南	Hainan	1908967	1796794	2468	12230	55540	17391
重 庆	Chongqing	7474130	6666055	25947	176875	508326	100433
四 川	Sichuan	8086869	7393378	10006	24630	371862	118385
贵 州	Guizhou	2023867	1846289	3150	5147	123063	29830
云 南	Yunnan	4053493	3874680	4498	13929	128912	17149
西 藏	Tibet	627373	569084	1117	209	39310	4036
陕 西	Shaanxi	345133	301161	1378	133	12500	14488
甘 肃	Gansu	2345918	2188187	4623	19732	80918	-7168
青 海	Qinghai	108173	97297	189	3528	9946	4325
宁 夏	Ningxia	314047	259880	3020		30411	7449
新 疆	Xinjiang	1316177	1080854	11667	23361	196320	61474

3-4-6 Continued 6

单位：万元
Unit: 10 000 yuan

财务费用 Financial Expenses	#利息支出 Interest Expenses	营业利润 Operating Profits	利润总额 Total Profits	应交所得税 Income Tax Payable	应付职工薪酬 Payables to Employees	应交增值税 VAT Payable
357877	**308202**	**2032052**	**2074189**	**211342**	**3746078**	**1184952**
10361	35421	135417	134207	23375	325354	59499
1278	1682	-25555	-24582	16	33763	3640
22344	21757	40188	39379	11905	115568	23551
6328	2833	-46142	-47831	507	39664	5788
4512	1893	-306	-1778	153	107295	226688
8277	14753	54434	78714	8327	194105	30778
4702	1927	669	1684	-709	89574	17540
718	2612	48451	48757	4961	69802	157941
-1698	8956	-16095	-11681	5052	154152	30191
37732	13148	24043	29201	27396	170220	41794
11929	10843	81422	83321	24406	106874	27468
8041	4456	72219	67863	5546	105098	17248
4453	5506	-26755	-28458	3723	24641	7105
4984	3803	35172	31820	4949	53161	5904
30409	23337	32085	43526	11967	282496	47125
13504	3754	550244	546211	8346	155327	29525
22463	17009	107951	111808	17104	185764	33477
20572	28989	88168	85597	10576	105632	45707
57885	23146	198121	210797	16845	455800	188524
4194	4065	-2457	-2646	297	24874	5081
2811	2724	36099	36356	5645	23782	9132
18168	28066	202004	205489	16342	306187	65945
8112	11711	292790	293192	3209	292953	29257
3542	2061	43104	41698	-857	59152	11667
7913	8054	17440	18411	1123	51917	15474
2168	2006	12412	11650	112	22464	7047
2268	518	6069	6525	311	13280	2121
4928	2098	82426	78373	6465	43347	14748
471	432	-1474	-1385	6	5583	1251
11768	4033	21917	21820	-1040	13397	2777
22740	16609	-32009	-33849	-4716	114852	20959

私营企业
Private Enterprises

地　区	Region	营业收入 Business Revenue	营业成本 Business Cost	税金及附加 Taxes and Other Charges	其他业务利润 Profits from Other Business	销售费用 Selling Expenses	管理费用 Administr-ative Expenses
全　国	**National Total**	**603408833**	**527660021**	**1835088**	**3953124**	**42383805**	**20612074**
北　京	Beijing	10854332	9108038	17161	179482	1125196	568230
天　津	Tianjin	10087055	9030234	21138	82595	719261	250246
河　北	Hebei	18102603	16172949	60053	243064	1093809	663181
山　西	Shanxi	12191794	10987957	21964	166198	649626	460979
内蒙古	Inner Mongolia	5458893	4879007	10290	51652	304828	210766
辽　宁	Liaoning	14375400	12941174	41756	63490	799357	506686
吉　林	Jilin	6621666	5937610	13542	31587	338399	285029
黑龙江	Heilongjiang	6737958	5980193	15386	61340	391855	251515
上　海	Shanghai	22183872	18184839	56237	118224	3121735	926015
江　苏	Jiangsu	71321805	62617564	173190	483190	4363084	2342778
浙　江	Zhejiang	50531850	43737598	127884	407170	4484821	1796632
安　徽	Anhui	19174289	16824873	50469	50421	1190758	635896
福　建	Fujian	39161900	33456717	133927	273260	3144526	1225103
江　西	Jiangxi	18584598	16340586	63820	44554	1086897	573370
山　东	Shandong	37244519	33210816	88908	248932	2421733	1218556
河　南	Henan	29877197	26312511	116179	119503	1571048	953927
湖　北	Hubei	26156074	22599157	104958	75077	1363866	940884
湖　南	Hunan	29296975	25325102	201636	106829	1571734	864721
广　东	Guangdong	64274146	55821085	199761	475637	5573615	2420861
广　西	Guangxi	9237652	8252241	16912	64584	552607	393741
海　南	Hainan	2134847	1845969	4676	17867	168205	116453
重　庆	Chongqing	18389857	16117782	67920	112219	1183274	516842
四　川	Sichuan	30237038	26907832	82453	243658	2029071	731858
贵　州	Guizhou	8450827	7458017	20920	30627	468245	271254
云　南	Yunnan	10448526	9094100	23002	55763	773157	346423
西　藏	Tibet	479957	415826	1103	952	28815	19765
陕　西	Shaanxi	18738642	16546735	59355	53868	1012196	643610
甘　肃	Gansu	4390109	3866457	10235	27971	275933	153481
青　海	Qinghai	1031772	925695	1805	6310	62712	31428
宁　夏	Ningxia	1692398	1506700	4823	6706	106097	56467
新　疆	Xinjiang	5940282	5254657	23625	50394	407345	235377

3-4-6 Continued 7

单位：万元
Unit: 10 000 yuan

财务费用 Financial Expenses	#利息支出 Interest Expenses	营业利润 Operating Profits	利润总额 Total Profits	应交所得税 Income Tax Payable	应付职工薪酬 Payables to Employees	应交增值税 VAT Payable
3247336	**1519687**	**6283110**	**6910369**	**1435284**	**23445774**	**6097512**
38357	33899	-13923	2510	23817	607886	138886
42945	20362	15432	21289	20766	250277	97451
116249	45024	29477	33990	41804	755391	177249
92568	53319	-40659	-17916	15802	383015	99314
32529	16459	17852	27940	6352	232312	51592
77606	37541	-40678	-24969	19474	417320	107298
71568	42846	-19548	3972	9479	197958	51267
43082	21373	38017	50973	14120	227871	71479
94228	36165	-202446	-156262	63802	1035619	270502
356917	142219	1214666	1208906	220019	2686279	878302
256742	181201	177153	251956	156049	2038901	570815
92500	29948	268856	307541	31999	773098	168152
187872	99456	891793	914744	65905	1474904	287837
80297	46889	438125	454789	31115	632904	148191
219381	88994	141354	181275	79959	1558159	361982
210508	65623	549344	572873	75829	1014537	260774
151050	60933	796748	811402	73667	937316	320740
196213	54113	906538	953007	79076	1006617	245974
286496	146632	-72014	-17764	155077	2838249	713678
44227	26298	7253	22870	10716	409488	94583
15821	10121	6530	9766	5431	97066	19453
89282	39575	273890	311795	29563	723444	157746
142883	64227	316615	356506	48545	1145172	293787
56750	32306	96345	104597	63972	293196	107303
46186	31310	123198	129554	30525	504336	94583
1446	808	14427	15580	1282	18369	9121
100335	32593	306897	317518	33271	619859	156511
33630	16263	39241	47917	12981	175231	42211
9159	5281	968	2934	1900	42784	12943
14835	9642	2815	5458	3177	64836	15229
45674	28267	-1156	5618	9810	283380	72559

其他企业
Other Enterprises

地 区	Region	营业收入 Business Revenue	营业成本 Business Cost	税金及附加 Taxes and Other Charges	其他业务利润 Profits from Other Business	销售费用 Selling Expenses	管理费用 Administr-ative Expenses
全 国	**National Total**	**1006587**	**870612**	**2771**	**267**	**26058**	**31573**
北 京	Beijing	10886	10377			142	242
天 津	Tianjin						
河 北	Hebei	2600	2583			2	15
山 西	Shanxi	65409	64022	23	2	1001	448
内 蒙 古	Inner Mongolia						
辽 宁	Liaoning	52701	51127	31		1587	879
吉 林	Jilin						
黑 龙 江	Heilongjiang	29745	26819	12		117	500
上 海	Shanghai						
江 苏	Jiangsu	464881	395803	1407	84	10129	12432
浙 江	Zhejiang	10382	9323	1		291	390
安 徽	Anhui	17733	15356	23		1225	660
福 建	Fujian	4932	2901	46		596	704
江 西	Jiangxi	48182	40009	80		1609	2287
山 东	Shandong	71516	56978	385	155	828	1288
河 南	Henan	14159	13587	5	18	632	
湖 北	Hubei	39672	32562	582	6	1435	1072
湖 南	Hunan	1975	1423			35	252
广 东	Guangdong	4101	3748	2		156	56
广 西	Guangxi	999	933			13	46
海 南	Hainan	886	687				54
重 庆	Chongqing	2261	2042	3		86	168
四 川	Sichuan	14740	12140	35		514	659
贵 州	Guizhou	860	580			98	183
云 南	Yunnan	60662	54179	28		1731	3005
西 藏	Tibet						
陕 西	Shaanxi	69170	56473	69	2	3746	3976
甘 肃	Gansu	3772	2979	2		54	58
青 海	Qinghai						
宁 夏	Ningxia	11775	11641	4		16	76
新 疆	Xinjiang	2588	2340	33		15	2123

3-4-6 Continued 8

单位：万元

Unit: 10 000 yuan

财务费用 Financial Expenses	#利息支出 Interest Expenses	营业利润 Operating Profits	利润总额 Total Profits	应交所得税 Income Tax Payable	应付职工薪酬 Payables to Employees	应交增值税 VAT Payable
3523	**1224**	**54733**	**57115**	**1769**	**34099**	**3679**
14	8	110	110		428	
					26	
63	23	399	364	28	925	28
57	17	-451	-423	15	1862	48
27	27	2271	2285	15	360	89
1578	224	41421	41619	1476	18476	2324
56	53	318	443	4	468	8
38	15	226	287		499	101
27	1	657	657	13	246	75
162	49	3298	3418	89	1317	59
538	642	1831	1825	7	2224	371
-69		21	22		197	42
653	81	1556	1537	83	2102	310
		265	263		387	
1	-1	138	139	2	119	20
1	1	10	10		29	
		145	152		9	
1	1	42	42	7	195	26
32	9	1308	1309	1	1344	45
		-1	-10		33	
192	18	1678	1688	18	1177	46
116	32	801	831	11	1403	78
12		599	607		20	2
		37	37		46	
24	24	-1946	-97		207	7

港、澳、台商投资企业

Enterprises with Funds from Hong Kong,Macao and Taiwan

地　区	Region	营业收入 Business Revenue	营业成本 Business Cost	税金及附加 Taxes and Other Charges	其他业务利润 Profits from Other Business	销售费用 Selling Expenses	管理费用 Administr-ative Expenses
全　国	**National Total**	**110695032**	**88160326**	**608720**	**1335456**	**14581316**	**4155295**
北　京	Beijing	6233181	4918562	52520	96698	807123	295987
天　津	Tianjin	1722080	1431544	5882	61477	237572	38240
河　北	Hebei	685939	610581	3537	3298	44700	15736
山　西	Shanxi	206312	175440	825	3502	19247	8001
内蒙古	Inner Mongolia	211869	183142	1500	1366	19522	2550
辽　宁	Liaoning	1717883	1500199	12463	12417	167190	60914
吉　林	Jilin	560834	478290	5021	2634	47100	14571
黑龙江	Heilongjiang	469765	391170	3784	736	60798	13667
上　海	Shanghai	32116162	21496288	207365	58280	6493730	1639407
江　苏	Jiangsu	11142969	9568890	44167	103126	1158482	180855
浙　江	Zhejiang	9616563	8121476	58405	117286	936197	279572
安　徽	Anhui	2589356	2168916	11816	9198	313819	55006
福　建	Fujian	2493928	1993757	13112	28373	399647	76829
江　西	Jiangxi	847480	770591	2235	12173	57539	12762
山　东	Shandong	3124904	2775564	19474	71751	249270	46744
河　南	Henan	2367169	1954750	16239	138589	155251	139867
湖　北	Hubei	3059743	2587802	5682	165700	238953	124370
湖　南	Hunan	1999447	1512647	8133	44201	321387	121451
广　东	Guangdong	17199530	14523669	90517	230212	1904996	730405
广　西	Guangxi	868432	751117	4552	15760	94202	21048
海　南	Hainan	333857	286732	1671	5634	25260	10013
重　庆	Chongqing	1244156	1088485	7802	11303	91991	70910
四　川	Sichuan	2658886	2329425	11115	21820	220668	88531
贵　州	Guizhou	257137	208295	1747	1253	32647	8136
云　南	Yunnan	1085636	960946	6428	15257	74429	28183
西　藏	Tibet						
陕　西	Shaanxi	5488910	5023682	10810	99719	377165	64560
甘　肃	Gansu	107683	93100	410	1482	14163	2315
青　海	Qinghai	42694	37646	58	16	4260	775
宁　夏	Ningxia	94284	87138	688	1368	4710	886
新　疆	Xinjiang	148243	130482	762	827	9298	3004

3-4-6 Continued 9

单位：万元

Unit: 10 000 yuan

财务费用 Financial Expenses	#利息支出 Interest Expenses	营业利润 Operating Profits	利润总额 Total Profits	应交所得税 Income Tax Payable	应付职工薪酬 Payables to Employees	应交增值税 VAT Payable
489909	**215117**	**2898867**	**3077226**	**1123969**	**6315284**	**1545130**
29968	18343	171173	139020	47553	418068	93309
7093	7071	11212	20013	6409	89850	14741
3217	3167	6821	6639	2376	19292	3658
26	19	2354	4195	1271	6563	3361
530	222	4702	4434	1192	9863	2228
4676	3064	-4862	-3564	5253	94233	-1915
21970	21020	-3956	637	1557	18683	6732
9956	9403	-9514	-10671	1905	22243	8212
215019	55252	2086730	2223230	716134	2321471	618674
54696	39887	127567	124946	56588	468610	115953
10152	6112	181892	192167	77210	424782	139083
3870	1043	35837	38382	9548	114867	40538
5377	3172	45032	46020	13601	146055	44701
1956	1482	2929	-6068	2312	26587	3276
9547	6711	24706	25048	15905	119807	28221
-272	2722	110449	105036	27026	84938	31282
4966	1066	60226	72011	29787	126498	23012
8705	-3938	45858	47628	10647	229370	29662
53063	19668	-22226	2901	64248	1012877	241744
3183	2849	-4811	-2822	1833	43041	7691
948	463	9331	9767	2771	18008	3234
6019	3020	-17948	-15039	1935	67828	12991
5589	2403	6693	9887	9719	185318	25618
1082	1113	8412	8531	2623	18477	2907
2656	607	18445	19677	6400	44722	13228
25340	8632	311	13632	6441	171024	29348
422	375	-3823	-3849	218	3591	795
87	66	-116	-48	112	1741	315
36	12	908	909	501	1928	941
32	91	4535	4577	894	4949	1590

3-4-6 续表 10

外商投资企业
Foreign Funded Enterprises

地 区	Region	营业收入 Business Revenue	营业成本 Business Cost	税金及附加 Taxes and Other Charges	其他业务利润 Profits from Other Business	销售费用 Selling Expenses	管理费用 Administrative Expenses
全 国	**National Total**	**180186830**	**153231383**	**509304**	**1299811**	**18012670**	**4930937**
北 京	Beijing	40281999	37307192	56114	157905	2329549	426118
天 津	Tianjin	2839417	2548544	6914	14068	199483	80050
河 北	Hebei	5768773	4841295	7787	14898	306617	60115
山 西	Shanxi	2027689	1877838	2564	1645	89297	50669
内蒙古	Inner Mongolia	342588	318480	665	1	12828	3180
辽 宁	Liaoning	1214754	956525	8591	14694	140259	54845
吉 林	Jilin	848301	817844	1251	1604	34587	6307
黑龙江	Heilongjiang	811330	766555	1932	4758	46939	12416
上 海	Shanghai	21375566	12040917	140934	161236	6108021	1742937
江 苏	Jiangsu	12583559	11148082	22434	201499	860153	354528
浙 江	Zhejiang	12281671	10529159	57491	163762	1160114	431291
安 徽	Anhui	3329072	3037802	5312	4147	173139	34545
福 建	Fujian	10984664	9658802	20402	88016	871909	217583
江 西	Jiangxi	1654942	1498047	3866	6292	90482	19738
山 东	Shandong	5054812	4367358	16401	25835	397512	172427
河 南	Henan	1205105	1003322	3407	13348	67739	22968
湖 北	Hubei	3823331	3430708	11932	16975	266649	95231
湖 南	Hunan	4278549	3950068	10183	30185	219140	71240
广 东	Guangdong	25471225	21651383	65231	225659	2997792	605244
广 西	Guangxi	1475767	1323102	2233	15173	169911	35917
海 南	Hainan	112299	98477	195	688	12143	2949
重 庆	Chongqing	2844325	2589061	5077	10323	185073	65288
四 川	Sichuan	8359008	7525832	23214	75702	605421	161478
贵 州	Guizhou	5038474	4533143	9194	3222	182963	57526
云 南	Yunnan	1268993	1107382	3618	16264	112171	33905
西 藏	Tibet	33786	30163	186		1975	487
陕 西	Shaanxi	4568384	3992100	20659	29891	356908	106991
甘 肃	Gansu	149633	139380	1109	34	7650	2032
青 海	Qinghai						
宁 夏	Ningxia	8050	5537	45		747	330
新 疆	Xinjiang	150764	137285	363	1987	5499	2602

3-4-6 Continued 10

单位：万元
Unit: 10 000 yuan

财务费用 Financial Expenses	#利息支出 Interest Expenses	营业利润 Operating Profits	利润总额 Total Profits	应交所得税 Income Tax Payable	应付职工薪酬 Payables to Employees	应交增值税 VAT Payable
772185	**465794**	**2626594**	**2865774**	**905480**	**5863025**	**2052239**
49348	61242	91680	119524	98229	582751	247496
29172	17242	-81572	-78786	10167	108305	29333
25411	7569	537324	531670	1632	86830	66127
5888	618	-6519	-7048	408	36248	34079
1016	57	6405	6193	197	5586	663
15731	13360	45036	51194	19316	54987	20074
2771	1224	-11653	-11141	373	10861	4752
4276	3003	-20121	-21256	3	14331	7673
124698	57234	1280394	1366244	470821	1987144	594079
67380	27856	-213018	-197779	21278	424096	160473
21366	28819	124775	197591	79187	355259	131481
14599	8807	74458	71647	3320	56222	22879
50544	40289	232201	234119	70028	335687	85757
5064	1629	36966	36448	3351	39646	10910
21470	25032	79298	81584	13333	164152	66164
10426	5897	84065	82253	39	27429	8599
40706	7941	-25175	-23462	1983	106924	38848
11792	5421	40527	32372	7389	105657	38104
129251	83567	121773	152755	62849	764099	324292
6415	4567	-59282	-59150	8822	66471	-3926
734	664	-1862	-1532	102	6058	1384
12950	7573	-16863	-11789	3771	49285	9313
57339	29863	-20089	-13867	6599	244234	59778
15820	6451	242791	240500	1879	58684	25064
11194	6484	1936	1823	1450	46522	12669
254	21	647	643	35	885	337
37013	13212	76313	78763	17053	115150	52926
602	104	-1325	-1323	503	2903	907
-49		1440	1438	352	579	216
-996	48	6044	6146	1011	6040	1788

3-4-7 各地区限额以上零售业企业损益及分配(按国民经济行业分)

综合零售

Integrated Retail

地　区	Region	营业收入 Business Revenue	营业成本 Business Cost	税金及附加 Taxes and Other Charges	其他业务利润 Profits from Other Business	销售费用 Selling Expenses	管理费用 Administr-ative Expenses
全　国	**National Total**	**196313266**	**158467660**	**1202749**	**6136802**	**23668272**	**9289173**
北　京	Beijing	11894049	9300980	64638	702126	1874979	631778
天　津	Tianjin	1709864	1358611	10466	122166	313620	96515
河　北	Hebei	8173819	6558878	68343	1179330	892931	601644
山　西	Shanxi	3050257	2648149	10423	123564	245007	138889
内蒙古	Inner Mongolia	1278760	987092	9088	30272	191330	89780
辽　宁	Liaoning	4105914	3211554	38846	112220	462647	302025
吉　林	Jilin	1690164	1270340	20421	39583	155304	210293
黑龙江	Heilongjiang	2479614	1977963	18331	94280	299345	119513
上　海	Shanghai	15605486	11916810	62996	213968	2459571	780405
江　苏	Jiangsu	18985970	15401233	78730	572565	2222609	829732
浙　江	Zhejiang	12952969	10739732	80893	396841	1410116	558453
安　徽	Anhui	6410075	5284201	35320	56726	715051	299773
福　建	Fujian	6137621	5242155	23582	114586	641944	202158
江　西	Jiangxi	5028480	4280196	25546	51547	473467	162150
山　东	Shandong	14468269	11840985	82240	359337	1638534	691849
河　南	Henan	7840385	6233697	50659	182392	787510	416090
湖　北	Hubei	11687311	9216365	73655	464648	1319821	532501
湖　南	Hunan	6552197	5202618	79473	58745	657240	304421
广　东	Guangdong	15513051	12496555	48807	421821	2345145	658910
广　西	Guangxi	2702215	2215149	11382	53821	376042	135367
海　南	Hainan	4284200	3214329	132832	20396	393525	163089
重　庆	Chongqing	5911995	4686697	40938	259127	765680	248893
四　川	Sichuan	11119712	9328632	42199	228197	1225189	327967
贵　州	Guizhou	2147083	1758532	8290	25179	316347	91511
云　南	Yunnan	2753000	2295457	6287	23429	301952	112236
西　藏	Tibet	210374	173131	754	631	20863	14456
陕　西	Shaanxi	7864313	6597739	46106	136080	698011	362357
甘　肃	Gansu	1385421	1093668	9646	27922	169044	69227
青　海	Qinghai	316488	263156	1365	7278	45847	17730
宁　夏	Ningxia	611784	453976	5316	2846	97257	30316
新　疆	Xinjiang	1442426	1219080	15177	55179	152344	89145

Income and Distribution of Enterprises above Designated Size of Retail Trade by Region and Sector

单位：万元
Unit: 10 000 yuan

财务费用 Financial Expenses	#利息支出 Interest Expenses	营业利润 Operating Profits	利润总额 Total Profits	应交所得税 Income Tax Payable	应付职工薪酬 Payables to Employees	应交增值税 VAT Payable
2120044	**1067416**	**2406128**	**2677947**	**992482**	**13165059**	**2341334**
120647	102404	-2920	14297	66740	842049	129190
51599	26339	-131489	-118892	6874	166366	15571
107961	35919	79826	101331	43383	659233	118056
44254	21756	-1151	1639	9742	131898	34794
27387	14924	-20211	-16717	2937	102190	19963
78667	58798	67599	82203	33469	283339	38308
67234	51807	75	3636	15535	104812	22703
50142	26634	38635	43985	22849	144736	35998
126511	62510	320877	348835	157069	1341921	276809
172404	64432	433323	461490	108826	1092473	261906
77208	81452	173358	208090	96369	832194	151774
64122	22151	42037	50717	15678	451854	69118
65205	31852	-30961	-15332	5332	341112	44202
38397	19803	40907	19220	14100	259023	25641
116619	60098	181751	195312	59246	976959	175495
63579	21845	248657	252519	51976	477035	85432
105193	47077	344924	361715	64216	824218	171918
92001	46149	198828	227805	20867	437991	59547
182012	82496	14975	24815	64169	1145203	187955
36533	22850	-45117	-55532	1407	186352	28340
74255	27086	309847	312613	59854	208623	14895
51836	29549	113207	120404	13198	442726	70118
95923	26043	58839	58694	22826	741224	118619
27139	12215	-115013	-112232	5192	139845	19647
24424	13201	6333	7298	3899	161575	29736
621	954	10723	10914	713	12594	11092
78146	22321	90459	105053	16245	386445	74984
19327	8516	7382	11397	7032	89912	13559
9999	8987	-13470	-12535	508	27215	6936
25506	6461	18707	17851	-349	45342	8578
25193	10787	-34809	-32646	2580	108600	20450

食品、饮料及烟草制品专门零售

Special Retail of Food, Beverages and Tobaccos

地 区	Region	营业收入 Business Revenue	营业成本 Business Cost	税金及附加 Taxes and Other Charges	其他业务利润 Profits from Other Business	销售费用 Selling Expenses	管理费用 Administr-ative Expenses
全 国	**National Total**	**54858399**	**45140245**	**180850**	**200496**	**4626612**	**2407431**
北 京	Beijing	2374874	1778072	6906	12163	350348	129386
天 津	Tianjin	581597	427632	2075	636	50757	24804
河 北	Hebei	854090	721660	1508	1352	54086	29805
山 西	Shanxi	936474	797437	1444	5387	44740	28448
内蒙古	Inner Mongolia	281089	237707	586	714	16639	12882
辽 宁	Liaoning	834486	698556	1145	2044	70805	39065
吉 林	Jilin	389961	327743	1149	3796	30625	19728
黑龙江	Heilongjiang	585841	524497	660	467	25173	20472
上 海	Shanghai	2427015	1685877	7047	24794	608664	170617
江 苏	Jiangsu	5559951	4811808	11495	10619	350816	226267
浙 江	Zhejiang	2692517	2315865	6128	31209	196959	161078
安 徽	Anhui	1962633	1653595	5282	1920	173309	77891
福 建	Fujian	3890056	3110842	28570	11076	269884	171282
江 西	Jiangxi	2163538	1777435	5385	2972	165853	86419
山 东	Shandong	2038924	1757769	5091	8196	112912	84520
河 南	Henan	2365962	1933967	9791	12906	156062	84190
湖 北	Hubei	3827547	3125059	19223	8511	279679	155087
湖 南	Hunan	2381679	2038617	13261	2956	125089	76893
广 东	Guangdong	5043995	3709621	17137	32111	888707	293108
广 西	Guangxi	1454198	1263527	1963	3920	77133	66150
海 南	Hainan	152972	124572	401	38	15253	10930
重 庆	Chongqing	1907898	1634077	5933	1510	102417	65031
四 川	Sichuan	1880119	1557275	7680	4563	157213	86008
贵 州	Guizhou	3241771	2717236	9986	8309	59008	81303
云 南	Yunnan	1758988	1570170	2782	3272	88455	67805
西 藏	Tibet	30174	26232	92		1130	2055
陕 西	Shaanxi	2052929	1762885	5811	2936	106665	87739
甘 肃	Gansu	417891	369383	676	505	22826	12404
青 海	Qinghai	57974	50384	118		2864	2875
宁 夏	Ningxia	184795	158301	436	634	8084	5440
新 疆	Xinjiang	526461	472444	1089	980	14457	27749

3-4-7 Continued 1

单位：万元

Unit: 10 000 yuan

财务费用 Financial Expenses	#利息支出 Interest Expenses	营业利润 Operating Profits	利润总额 Total Profits	应交所得税 Income Tax Payable	应付职工薪酬 Payables to Employees	应交增值税 VAT Payable
234787	**135710**	**2563883**	**2659068**	**419145**	**2793904**	**733321**
1926	3502	112642	131050	36870	217639	50703
1500	1238	75244	77037	20826	36185	15220
1740	1043	36995	40963	8078	23451	9803
1886	2550	22325	25136	5307	32017	11359
1037	785	12245	12500	3786	9036	4163
3294	1895	13738	13161	5347	41300	9484
4572	2313	3649	2948	2753	17975	6234
1938	1263	12119	13183	1373	15806	7216
7843	5446	-24119	-7768	17223	290840	49404
23847	10028	161642	168790	21472	264876	58259
10050	10162	13073	19093	11997	151689	24923
6752	1800	54770	59267	9048	90863	20313
11204	3243	311734	312669	12054	167403	34824
11949	10323	93287	96153	7644	87802	14454
9153	4900	62915	61324	14428	99468	25778
18634	4075	141438	143346	28390	90453	32404
23516	7804	201242	196533	24787	209352	56083
10968	4842	107926	109674	14448	82837	24067
9937	10555	207987	211815	41517	382573	103920
7799	6255	34993	35142	5239	44955	13438
1373	1067	4202	4510	2935	9142	2580
5936	3215	86868	87882	11785	81866	16804
11323	6855	60611	66786	8699	111121	28037
21574	17740	640297	645133	86582	55519	68356
11134	7008	23636	29189	2725	62111	12735
75	32	487	976	47	1370	229
6946	2204	62648	65692	6166	67079	13006
2215	1431	12846	14548	2551	17915	11045
1026	129	545	570	26	3464	925
544	350	9646	11174	2302	6247	1872
3096	1657	6252	10592	2740	21550	5683

纺织、服装及日用品专门零售

Special Retail of Textiles, Garments and Daily Consumer Articles

地 区	Region	营业收入 Business Revenue	营业成本 Business Cost	税金及附加 Taxes and Other Charges	其他业务利润 Profits from Other Business	销售费用 Selling Expenses	管理费用 Administrative Expenses
全 国	**National Total**	**64280804**	**40357187**	**358065**	**366476**	**15655334**	**4482717**
北 京	Beijing	2615840	1475881	11849	41986	1016205	205324
天 津	Tianjin	756160	496826	4259	15158	212476	33689
河 北	Hebei	521255	418466	2522	11115	59397	34918
山 西	Shanxi	579369	460621	1993	10254	66696	48494
内蒙古	Inner Mongolia	187633	141381	1141	6209	32495	10055
辽 宁	Liaoning	779297	604739	2748	7102	119324	46153
吉 林	Jilin	67535	49567	189	424	16056	5061
黑龙江	Heilongjiang	314924	249236	2779	12788	36858	15280
上 海	Shanghai	30262036	15906153	211898	59391	8997089	2253939
江 苏	Jiangsu	3744901	3056541	14220	13723	372143	179077
浙 江	Zhejiang	2079030	1444987	8238	27877	402866	126848
安 徽	Anhui	822505	620268	3112	4373	106816	35155
福 建	Fujian	4315250	3028124	13813	44378	1016636	235574
江 西	Jiangxi	757460	615616	4579	935	81899	26695
山 东	Shandong	1399243	1115237	5289	6496	193298	81960
河 南	Henan	1070082	855445	4566	7453	127559	65402
湖 北	Hubei	2011991	1542676	7657	10835	158458	202275
湖 南	Hunan	1064591	808796	8753	1549	140200	54232
广 东	Guangdong	6084087	3812367	22740	35064	1673368	524151
广 西	Guangxi	271216	216366	2972	684	44415	17837
海 南	Hainan	76938	58793	194	764	14213	5635
重 庆	Chongqing	1051866	788626	5339	21661	169954	63785
四 川	Sichuan	1482273	1096478	5023	2521	294740	73410
贵 州	Guizhou	144161	111230	1117	122	27951	7064
云 南	Yunnan	437359	299432	2823	421	105550	24325
西 藏	Tibet	3533	1967	11		746	154
陕 西	Shaanxi	1012243	789709	5657	10524	120312	69923
甘 肃	Gansu	152619	114943	801	1136	22888	16171
青 海	Qinghai	51900	46468	405	3048	4319	5977
宁 夏	Ningxia	5489	4277	18		856	288
新 疆	Xinjiang	158018	125971	1360	8485	19551	13866

3-4-7 Continued 2

单位：万元
Unit: 10 000 yuan

财务费用 Financial Expenses	#利息支出 Interest Expenses	营业利润 Operating Profits	利润总额 Total Profits	应交所得税 Income Tax Payable	应付职工薪酬 Payables to Employees	应交增值税 VAT Payable
430956	**218718**	**3021487**	**3229019**	**1101438**	**5988192**	**1562955**
12566	5228	-83282	-79728	13458	347315	100507
2143	1287	7947	6815	7293	90218	19673
12529	10290	2266	-23911	448	24635	7735
3406	1795	-3966	-1252	1425	33456	10908
1603	199	2548	1715	439	17807	3512
1667	1401	6194	13027	4503	50123	14514
255	174	-3662	-2964	53	6178	1406
89	194	12067	12047	3278	16296	4851
191580	73632	2690853	2858828	934626	2873517	873427
28660	10135	76650	84644	17519	235606	63908
7940	9660	122156	131949	25503	175043	52796
7825	4141	12207	14986	4580	64868	12434
26025	16132	4889	7203	9737	526231	59301
2913	827	24023	24721	3389	44315	9600
13041	9588	5952	13696	8012	101665	25622
7279	2715	16770	15540	6887	69877	14527
19782	15176	60340	60886	11483	105643	29466
5866	1470	42607	43358	4282	58017	13193
43298	24887	17133	32641	35242	747171	150915
3615	2515	-12086	-11861	-1375	19063	3467
1134	708	-3488	-3151	77	7983	1455
10011	10517	13596	17387	3850	85556	20019
6675	3627	1198	2477	2160	142240	25849
1102	610	-1877	-1832	-164	7257	2845
2635	888	4190	4633	1348	37180	15830
30	31	627	628	2	324	25
12297	5889	17391	17864	2378	73737	15985
-297	334	-1964	-1723	589	9005	3490
2368	2211	-4423	-4333	6	4712	1145
269	263	-12	-8	6	523	163
2650	2194	-5357	-5263	404	12631	4387

文化、体育用品及器材专门零售
Special Retail of Culture, Sports Appliances and Equipments

地 区	Region	营业收入 Business Revenue	营业成本 Business Cost	税金及附加 Taxes and Other Charges	其他业务利润 Profits from Other Business	销售费用 Selling Expenses	管理费用 Administrative Expenses
全 国	**National Total**	**41468242**	**32871215**	**311206**	**253751**	**4387859**	**2372297**
北 京	Beijing	4391669	3465181	49412	39899	455213	292431
天 津	Tianjin	168359	130977	1687	8757	22785	22703
河 北	Hebei	714283	550760	4175	15257	84407	60837
山 西	Shanxi	409899	328081	3929	2656	55555	19278
内蒙古	Inner Mongolia	243735	174939	1427	2244	19343	24901
辽 宁	Liaoning	556240	477060	3776	3269	37518	39457
吉 林	Jilin	235744	192284	1278	1011	14735	22027
黑龙江	Heilongjiang	246462	192479	1107	1425	29689	1847
上 海	Shanghai	9250332	7350884	74948	26544	1365099	327965
江 苏	Jiangsu	5149413	4201462	22405	35233	401138	253414
浙 江	Zhejiang	1221377	938984	8505	9713	178164	80343
安 徽	Anhui	1005817	774913	4425	1835	88133	54826
福 建	Fujian	1200065	1004088	6997	5139	86143	57835
江 西	Jiangxi	1515832	1194147	4439	7861	91801	113023
山 东	Shandong	1422713	1233138	14035	2005	93535	55435
河 南	Henan	1413518	1116083	11906	3450	125547	70305
湖 北	Hubei	1766533	1400177	8700	9874	106292	104402
湖 南	Hunan	1541329	1149258	8602	6031	144136	109526
广 东	Guangdong	3974097	3141137	57729	31796	453566	275333
广 西	Guangxi	674454	546202	1747	2900	56662	43798
海 南	Hainan	82376	64614	456	1816	9759	6324
重 庆	Chongqing	507074	351899	3867	7862	71987	54536
四 川	Sichuan	1484944	1074268	5073	17281	158660	135924
贵 州	Guizhou	259642	211384	605	540	11862	18537
云 南	Yunnan	583554	420053	3551	5100	76222	39205
西 藏	Tibet	14102	12258	2	28	271	1105
陕 西	Shaanxi	851949	685833	2960	2007	72937	54288
甘 肃	Gansu	220906	210377	1129	5	37662	10109
青 海	Qinghai	16594	12606	162	72	2905	1045
宁 夏	Ningxia	41722	33224	216	1012	4101	4327
新 疆	Xinjiang	303508	232465	1956	1129	32032	17211

3-4-7 Continued 3

单位：万元

Unit: 10 000 yuan

财务费用 Financial Expenses	#利息支出 Interest Expenses	营业利润 Operating Profits	利润总额 Total Profits	应交所得税 Income Tax Payable	应付职工薪酬 Payables to Employees	应交增值税 VAT Payable
111367	**93938**	**1626658**	**1663778**	**194865**	**2950172**	**450484**
18033	14191	127669	129947	49343	330615	68461
172	62	-9469	-8603	38	20503	1643
1482	182	50302	51052	669	91787	4898
784	325	9439	11006	3353	36759	2811
-193	510	26880	27975	144	28179	1345
3824	3380	-3499	1538	1611	31412	6252
5462	2246	-1224	-245	1257	19744	1911
2856	1490	17396	17561	-715	16007	2339
40060	11828	125243	140866	69110	417912	107289
9252	8102	215188	218046	13963	327931	66146
-3914	6451	19762	32711	1600	128554	13610
3939	3629	78874	75848	2502	71191	23288
5726	2268	44516	45983	1446	76423	5786
-7366	2196	123186	114687	2517	121177	-8590
8005	10507	20050	32262	4424	78348	15126
13981	618	73018	73326	2593	96747	10678
2606	1325	109513	105121	4808	125948	15168
4522	3420	126965	120085	1789	139429	11559
6199	8489	108756	112345	19536	297526	65286
308	366	38149	36482	937	47158	3023
2972	2537	-1555	-1490	35	8424	592
-2897	1327	34403	33996	4	74344	4471
-4105	5026	173341	170051	3714	147167	14200
191	766	16722	17239	237	14929	500
250	1119	49528	49710	6682	76550	4657
-21		530	809	52	806	-2
988	1389	31490	33164	905	59918	5311
-2537	-93	6555	6587	38	27437	503
6	1	-345	-178	1	1936	113
769	364	465	974	2	4553	118
13	-83	14810	14923	2270	30758	1992

医药及医疗器材专门零售

Special Retail of Medicines and Medical Appliances

地　区	Region	营业收入 Business Revenue	营业成本 Business Cost	税金及附加 Taxes and Other Charges	其他业务利润 Profits from Other Business	销售费用 Selling Expenses	管理费用 Administr-ative Expenses
全　国	**National Total**	**52877401**	**40863308**	**143971**	**350448**	**7917139**	**2453142**
北　京	Beijing	994805	743398	2211	35585	198126	49988
天　津	Tianjin	362798	290281	688	3608	54551	14213
河　北	Hebei	1727451	1338281	4493	5421	228243	109233
山　西	Shanxi	1196009	935352	2159	3040	178488	51057
内蒙古	Inner Mongolia	786087	591520	1811	2449	123775	46409
辽　宁	Liaoning	2151212	1702105	5077	9724	324881	127131
吉　林	Jilin	1038873	801076	3396	11791	165772	64145
黑龙江	Heilongjiang	1071530	869712	2724	6735	122240	62211
上　海	Shanghai	1348559	1047507	3690	10851	214909	72086
江　苏	Jiangsu	4952055	3873181	11491	30842	658570	192929
浙　江	Zhejiang	3262042	2661872	6926	13386	388257	131874
安　徽	Anhui	1485636	1148997	4278	1215	223457	72424
福　建	Fujian	1365982	1030732	3832	6605	214288	49762
江　西	Jiangxi	1467750	1108588	3956	5843	234835	70224
山　东	Shandong	4316341	3392551	9602	35716	627732	202455
河　南	Henan	2684291	2089835	11584	14408	368321	115990
湖　北	Hubei	2459273	1966535	6866	12560	304928	101961
湖　南	Hunan	2544241	1896828	10606	35526	367653	146010
广　东	Guangdong	5156353	3777521	12551	27614	934641	234814
广　西	Guangxi	1327648	1012543	2901	10772	231666	69187
海　南	Hainan	116851	98766	473	265	27008	6058
重　庆	Chongqing	1350077	1102347	4018	1366	203907	61991
四　川	Sichuan	2784628	2189699	7318	14911	394271	111581
贵　州	Guizhou	765841	560632	2916	9904	126354	52895
云　南	Yunnan	2012090	1360213	3289	8541	454301	53829
西　藏	Tibet	28141	20682	212	-4	3527	664
陕　西	Shaanxi	2257078	1841801	8716	27070	251527	88289
甘　肃	Gansu	600818	417083	1609	95	128631	27782
青　海	Qinghai	63055	50523	110	1320	8746	4182
宁　夏	Ningxia	160978	116178	785	784	29279	11819
新　疆	Xinjiang	1038908	826969	3683	2505	124255	49949

单位：万元
Unit: 10 000 yuan

财务费用 Financial Expenses	#利息支出 Interest Expenses	营业利润 Operating Profits	利润总额 Total Profits	应交所得税 Income Tax Payable	应付职工薪酬 Payables to Employees	应交增值税 VAT Payable
291389	**154225**	**1384769**	**1459652**	**303808**	**5140371**	**886834**
2336	5927	3771	2177	3800	94807	19652
1762	694	-2193	-2381	540	33838	5273
3653	2262	68272	71422	11681	182799	32205
5154	3757	20093	21903	7348	97218	16552
5732	2700	27407	30187	3559	99251	13331
5762	4517	39325	41767	13594	206163	30679
6657	2956	-56	2825	3500	96213	21131
3959	1606	12711	16325	4987	95550	25535
5278	2972	17134	17393	6720	139021	30610
25597	13294	199078	202153	36011	441907	83580
10205	6609	71354	77129	16047	270942	55913
9132	3453	30204	33101	6630	171509	22610
7324	5565	61819	62363	13107	145777	18756
5947	1869	40000	44265	6147	113551	31636
28789	10356	45807	51102	15490	409827	64729
23206	17922	76571	81549	15269	215650	41782
19058	7655	71315	74290	9795	200990	38926
16209	-2898	111241	110864	14358	289828	43968
21872	8444	113046	121257	49334	599212	94572
9845	5321	39482	45304	6702	147866	25497
1324	1251	4915	5535	1050	13658	2192
7005	4823	22616	24194	2738	128927	22559
14389	8384	62896	66734	9131	250298	32570
8389	4974	19096	22737	3466	81487	15903
8081	11495	129945	132265	26086	273131	17986
92	93	2864	3284	246	2454	1790
23205	10462	42535	43991	6116	148881	36725
4436	2713	20882	20778	5334	71910	13642
703	81	-1402	-1019	7	6327	1008
1438	1266	1254	2030	-73	17722	2542
4850	3702	32787	34128	5088	93657	22980

汽车、摩托车、零配件和燃料及其他动力销售

Retail of Motor Vehicles, Motorcycles, Parts and Fuel and Other Powers

地　区	Region	营业收入 Business Revenue	营业成本 Business Cost	税金及附加 Taxes and Other Charges	其他业务利润 Profits from Other Business	销售费用 Selling Expenses	管理费用 Administr-ative Expenses
全　国	**National Total**	**646155602**	**598773914**	**1711723**	**3394588**	**25730340**	**12217546**
北　京	Beijing	20799473	19006363	110093	327298	1090936	582559
天　津	Tianjin	10223758	9502361	26049	46154	448906	205460
河　北	Hebei	21396537	19591222	37198	112356	874913	328568
山　西	Shanxi	12912858	12057955	23226	60558	494848	350856
内蒙古	Inner Mongolia	10291401	9683441	17934	31458	416481	135136
辽　宁	Liaoning	15404780	14460451	46840	56074	534362	296875
吉　林	Jilin	8500956	7890894	16476	32708	386729	178106
黑龙江	Heilongjiang	8294584	7750005	18292	26702	315258	144250
上　海	Shanghai	22561092	20814970	101469	97967	1047715	543069
江　苏	Jiangsu	60184098	56130134	132212	411751	2274466	1160505
浙　江	Zhejiang	53705855	49828805	157315	321626	1917930	1019821
安　徽	Anhui	22112382	20532879	44673	58608	765420	326450
福　建	Fujian	25744586	23815552	67659	155456	908931	416250
江　西	Jiangxi	15551119	14570171	37881	45886	520759	257998
山　东	Shandong	36620559	34081610	84564	226056	1520169	750059
河　南	Henan	31160663	28224580	75948	113660	1189990	593651
湖　北	Hubei	22848335	21126399	61042	52649	949538	395040
湖　南	Hunan	27591943	25364307	97658	81331	948440	506769
广　东	Guangdong	80644196	74487423	242107	509332	3617475	1790859
广　西	Guangxi	10125380	9438273	22574	53913	465732	227663
海　南	Hainan	5700637	5249559	10057	48733	231469	117824
重　庆	Chongqing	19298697	18011454	47714	69086	793539	219375
四　川	Sichuan	37110747	34695976	79637	194565	1427002	571613
贵　州	Guizhou	14731205	13502828	27763	32923	577265	261230
云　南	Yunnan	17559922	16418377	38532	113653	669332	242590
西　藏	Tibet	1612641	1477792	2647	1365	78735	23531
陕　西	Shaanxi	15376367	14183773	41900	55617	577737	312567
甘　肃	Gansu	7598895	7109350	13958	32721	264032	77766
青　海	Qinghai	1194841	1106351	1935	1198	51536	22464
宁　夏	Ningxia	2130732	2004827	5069	7097	64877	37619
新　疆	Xinjiang	7166363	6655832	21301	16087	305818	121023

单位：万元

Unit: 10 000 yuan

财务费用 Financial Expenses	#利息支出 Interest Expenses	营业利润 Operating Profits	利润总额 Total Profits	应交所得税 Income Tax Payable	应付职工薪酬 Payables to Employees	应交增值税 VAT Payable
2855819	**1705549**	**4491035**	**4794544**	**1428602**	**16268521**	**5624328**
106861	97083	-49304	-31259	47117	807951	180330
51791	24024	-47407	-39307	21244	301718	79265
106378	54080	425994	432798	17704	495011	169642
64437	33664	-101984	-90573	8428	277319	108602
29993	19838	7183	9748	6012	272080	271404
70827	40601	12868	43984	20093	408918	104379
62218	39881	-13346	8927	9675	204750	58361
48985	34112	33346	38947	11822	202703	209908
68486	41174	13385	47973	67278	631828	106574
263848	132055	-287684	-301258	171784	1417322	597625
279054	204941	557995	628215	242612	1336500	429172
79742	35395	204863	218093	41319	455421	160811
100075	83961	420196	430747	110633	535205	178341
59152	36469	150778	155195	30907	336227	109904
215891	108608	5928	34088	58765	1026833	297012
166037	66254	734816	749882	53481	645971	252068
85968	41981	200499	220897	37807	542956	198238
107689	46775	449396	462328	65470	598054	219739
350317	203430	396064	285908	167673	2440885	716014
33031	29513	-44892	-30926	25380	316231	69200
20201	14282	83678	88178	18615	156843	45019
39702	32521	174877	210996	22344	443880	132277
151269	106511	432858	465295	59900	872942	272951
65026	34778	295804	296030	22633	311876	109547
61038	42535	118700	128863	27084	349141	124398
4380	3094	21840	23401	942	46822	51523
81432	42382	126551	137655	32129	371977	161208
31542	20096	122499	120284	11877	165263	58781
7841	3729	5278	6949	2262	36277	14261
11135	7384	11020	10678	3768	51298	17601
31473	24398	29236	31808	11844	208319	120173

3-4-7 续表 6

家用电器及电子产品专门零售

Special Retail of Household Electric Appliances and Electronic Products

地 区	Region	营业收入 Business Revenue	营业成本 Business Cost	税金及附加 Taxes and Other Charges	其他业务利润 Profits from Other Business	销售费用 Selling Expenses	管理费用 Administrative Expenses
全 国	**National Total**	**71804177**	**64696150**	**148706**	**253573**	**4136252**	**2146179**
北 京	Beijing	14522552	13399504	19853	70928	738258	210417
天 津	Tianjin	668151	607586	1518	8962	40783	25215
河 北	Hebei	1288126	1192268	1970	3506	63598	45593
山 西	Shanxi	1036701	957536	1075	1672	43664	33909
内 蒙 古	Inner Mongolia	468737	402356	1201	3487	30978	28214
辽 宁	Liaoning	1282127	1189165	1089	2448	76217	41953
吉 林	Jilin	471225	416694	556	721	29234	23330
黑 龙 江	Heilongjiang	797790	743538	947	3787	34419	30398
上 海	Shanghai	4022443	3452180	5791	13277	414217	116926
江 苏	Jiangsu	7608311	6864587	11921	30769	413196	251212
浙 江	Zhejiang	3017488	2714436	3637	7357	195094	126131
安 徽	Anhui	2301086	2056151	5192	4766	126034	75237
福 建	Fujian	1999254	1761935	4598	3846	123961	65025
江 西	Jiangxi	1796640	1616131	7564	3334	77036	52930
山 东	Shandong	3263677	2992358	4622	8736	141408	119158
河 南	Henan	3112389	2753407	11720	3881	160120	100917
湖 北	Hubei	3472290	2998936	10663	3930	166847	133855
湖 南	Hunan	2376611	2104215	20664	5673	121228	78033
广 东	Guangdong	6947628	6262944	8496	30004	455356	238012
广 西	Guangxi	1215882	1088830	1938	9177	72801	51945
海 南	Hainan	206813	183395	277	2538	15661	11181
重 庆	Chongqing	2413859	2183048	6651	4531	127193	56573
四 川	Sichuan	3175475	2854677	8408	15318	180602	80083
贵 州	Guizhou	416774	383875	603	2225	26561	12588
云 南	Yunnan	992049	896132	1179	1832	65202	34783
西 藏	Tibet	37544	33432	31	827	2217	1907
陕 西	Shaanxi	1873852	1677545	5122	2503	113015	56908
甘 肃	Gansu	370078	341009	341	2399	22118	12807
青 海	Qinghai	105732	92821	177	403	7899	7402
宁 夏	Ningxia	172991	142776	454		23967	5784
新 疆	Xinjiang	369902	332683	448	736	27368	17753

3-4-7 Continued 6

单位：万元

Unit: 10 000 yuan

财务费用 Financial Expenses	#利息支出 Interest Expenses	营业利润 Operating Profits	利润总额 Total Profits	应交所得税 Income Tax Payable	应付职工薪酬 Payables to Employees	应交增值税 VAT Payable
335463	**183001**	**222268**	**289483**	**144983**	**2578207**	**639650**
-1866	27749	158390	162422	65129	334401	124227
34863	33775	-46856	-42772	1048	27187	5259
8143	3182	-21815	-21024	501	43049	9476
4719	1490	-9808	-7707	508	30337	10288
4082	1247	2836	5142	1002	23851	6966
7688	4287	-38279	-36423	-1756	34759	6716
3682	1824	-7996	-7097	458	16422	4367
2920	1328	-12456	-11876	674	20777	5803
19170	10663	628	1573	23349	202053	44103
33422	13172	22265	33412	6429	318586	79762
16849	7658	-37244	-33081	1952	142483	26276
9332	3460	11627	14469	2405	96557	19541
8398	2063	18722	19667	1635	64951	9887
6843	3349	23433	24982	2186	67311	12776
16596	7248	-6093	-2682	2463	116213	23206
17874	4387	46148	47127	5348	110727	20995
22432	11067	131311	132586	10148	119541	47226
16774	3637	69685	70100	4135	72405	21741
42007	17653	-66550	-60766	6518	309323	65299
9196	2944	-16367	-12007	925	53348	11599
1136	484	-4462	-3259	96	10678	2017
9888	2484	17781	19834	2555	71246	16046
16915	10232	27956	37126	4304	121670	32615
4118	697	-9192	-8667	239	14596	2940
3974	1726	-9448	-8163	368	42466	7873
195	96	596	779	11	2572	487
9108	3109	-2113	-3595	1604	62872	10961
3211	532	-7306	-6704	111	13805	3292
66	18	-2038	-2090	441	5899	1124
2264	621	-1333	-1504	-39	9825	2761
1464	819	-9754	-10319	236	18297	4021

五金、家具及室内装饰材料专门零售
Special Retail of Hardware, Furniture and Interior Decoration Materials

地 区	Region	营业收入 Business Revenue	营业成本 Business Cost	税金及附加 Taxes and Other Charges	其他业务利润 Profits from Other Business	销售费用 Selling Expenses	管理费用 Administrative Expenses
全 国	**National Total**	**18513325**	**15068742**	**108836**	**71191**	**1629514**	**1114338**
北 京	Beijing	899168	572381	6064	39357	254360	90540
天 津	Tianjin	179434	143195	1332	298	20499	26122
河 北	Hebei	397299	386783	1285	12	5517	3490
山 西	Shanxi	246835	225105	419	-221	7343	8067
内蒙古	Inner Mongolia	9010	7342	18		559	682
辽 宁	Liaoning	143099	113662	1393	58	11393	21163
吉 林	Jilin	47564	39280	307	351	2355	4279
黑龙江	Heilongjiang	87126	72382	455	29	6432	11114
上 海	Shanghai	1029012	725353	5094	4128	217971	106562
江 苏	Jiangsu	2750955	2420605	9566	4487	99136	135934
浙 江	Zhejiang	489117	361323	1981	167	74395	48890
安 徽	Anhui	489682	398821	3069	243	51221	17462
福 建	Fujian	1463595	1230240	7711	1169	67694	71665
江 西	Jiangxi	991999	848782	3765	577	36700	41944
山 东	Shandong	493093	418885	3118	379	34116	39874
河 南	Henan	797758	651696	7340	1892	36021	39971
湖 北	Hubei	1496930	1238379	9034	3330	77636	68005
湖 南	Hunan	1195108	989225	10762	865	54595	50561
广 东	Guangdong	1436477	1056785	12002	7900	267383	110320
广 西	Guangxi	213667	185138	1566	1323	12564	17670
海 南	Hainan	20311	17752	15	23	1284	1064
重 庆	Chongqing	1113677	955263	4676	378	31692	35823
四 川	Sichuan	610072	491729	3685	666	45251	40562
贵 州	Guizhou	41900	35536	361		2700	4793
云 南	Yunnan	260357	216238	1771	97	18088	22119
西 藏	Tibet	1007	881				73
陕 西	Shaanxi	1215041	1029306	9887	622	54670	59467
甘 肃	Gansu	40597	35740	64		1975	1948
青 海	Qinghai	9436	8073	23		296	1205
宁 夏	Ningxia						
新 疆	Xinjiang	343999	192862	2073	3061	135668	32969

3-4-7 Continued 7

单位：万元
Unit: 10 000 yuan

财务费用 Financial Expenses	#利息支出 Interest Expenses	营业利润 Operating Profits	利润总额 Total Profits	应交所得税 Income Tax Payable	应付职工薪酬 Payables to Employees	应交增值税 VAT Payable
171273	**117854**	**316513**	**334031**	**51484**	**973612**	**295497**
4549	4281	-29314	-22325	1784	110610	25516
4761	4596	-16341	-16425	47	13136	6305
525	105	-429	2463	586	4112	9971
1503	474	4136	4476	511	8318	2357
52	8	355	367	9	866	230
4066	3813	-8554	-8352	42	9022	2189
134	100	1763	1652	77	2265	996
3431	3289	-8368	-8337	14	4474	1091
16181	13504	-35143	-35165	4328	95313	20025
20203	12729	53079	48847	7312	104433	37581
5853	5055	-485	595	3722	41319	13120
2274	469	15118	15774	1223	28629	9483
7997	5829	52761	51784	2614	50719	11579
9185	6479	39643	40215	1896	38882	9867
6706	5402	-13119	-12662	437	29978	8888
10084	3777	47842	48992	2770	35431	9319
14009	4578	78506	79061	6325	60703	25196
6632	1496	70924	70898	4880	38822	11810
11415	9635	-24574	-17874	5993	108863	33282
3237	3384	-7385	-7280	128	10156	2421
84	38	92	-310	23	1090	225
5962	3748	45823	46455	2919	29310	9310
4866	4030	22769	23168	3287	33963	8891
1907	471	-2242	-2293	36	2073	1141
3028	2511	-2038	-1643	410	14237	2870
		53	53		61	
9650	4984	46686	47129	5161	35468	19137
177	105	427	429	23	1600	405
906	403	-1068	-1034		554	141
11896	12561	-14404	-14627	-5073	59205	12151

货摊、无店铺及其他零售业

Stalls, Non-shop and Other Retails

地区	Region	营业收入 Business Revenue	营业成本 Business Cost	税金及附加 Taxes and Other Charges	其他业务利润 Profits from Other Business	销售费用 Selling Expenses	管理费用 Administr-ative Expenses
全国	**National Total**	**244263510**	**212001602**	**422405**	**780170**	**23994693**	**5364879**
北京	Beijing	38735379	36125554	30027	84608	2216769	335479
天津	Tianjin	5220908	4601418	8756	9059	482043	67661
河北	Hebei	3508998	3280023	1645	10640	190703	24483
山西	Shanxi	1263181	1178806	840	2087	52381	25327
内蒙古	Inner Mongolia	161464	144230	144	55	13549	3660
辽宁	Liaoning	3745856	3452452	2160	369	217819	30433
吉林	Jilin	423759	380275	411	97	36080	7583
黑龙江	Heilongjiang	770866	668704	437	1068	56732	11865
上海	Shanghai	24583530	19977570	39863	70108	3629350	880079
江苏	Jiangsu	21634541	18986203	31458	52246	1723215	455456
浙江	Zhejiang	24533772	19357928	50455	147970	4162011	887840
安徽	Anhui	5268430	4289269	14418	20165	672737	178375
福建	Fujian	15493879	12812078	36059	108102	1749880	412003
江西	Jiangxi	4454249	3647490	18200	11257	427671	129003
山东	Shandong	9751784	8585754	10555	20516	944125	141145
河南	Henan	2824717	2395015	8311	13824	212682	69310
湖北	Hubei	9567535	8743992	11428	6798	590713	99928
湖南	Hunan	4024049	3423061	20878	39212	337526	118755
广东	Guangdong	40405734	34647575	99769	106253	4512440	982517
广西	Guangxi	1467764	1295316	1644	44056	122817	37936
海南	Hainan	2519677	2257680	4751	6044	126439	87759
重庆	Chongqing	3618705	3267264	4134	5473	214913	76774
四川	Sichuan	11829847	10924070	13596	12611	722131	148540
贵州	Guizhou	1084833	933946	1358	100	94609	19727
云南	Yunnan	202060	164597	393	167	18287	12116
西藏	Tibet	65426	53032	110		10100	1368
陕西	Shaanxi	6661412	6073844	9036	2790	398604	96843
甘肃	Gansu	170688	115674	797	4144	21568	9961
青海	Qinghai	17220	14751	54		593	1412
宁夏	Ningxia	55764	44504	94	140	7464	2742
新疆	Xinjiang	197483	159527	624	211	28742	8799

3-4-7 Continued 8

单位：万元
Unit: 10 000 yuan

财务费用 Financial Expenses	#利息支出 Interest Expenses	营业利润 Operating Profits	利润总额 Total Profits	应交所得税 Income Tax Payable	应付职工薪酬 Payables to Employees	应交增值税 VAT Payable
368884	**224176**	**1728816**	**2033690**	**510053**	**4934524**	**2349992**
11539	16816	-59847	-61968	35125	389529	192844
1977	1236	58802	61576	11165	42288	56155
1149	908	16483	18318	1328	20945	16048
7133	5877	-6041	-3061	142	23248	4336
51		-135	6492	150	3814	1390
2043	621	10124	14887	3330	17325	14222
1989	1640	117	561	330	4044	1522
624	461	15017	16551	615	6072	5573
47434	15155	-66769	8563	72504	662782	206730
50275	25702	299838	310938	50959	525943	216032
13367	34465	62654	134976	85501	810123	458535
6403	2655	102909	120740	11317	174388	70133
40451	13823	390329	400258	29507	401787	126769
13647	9513	201156	209883	15142	110461	42136
3689	2637	79858	86044	25384	152701	75705
8982	2119	127722	129618	6699	53806	23081
13630	5225	74746	85202	4875	118855	73606
14764	3982	94219	96298	12944	128927	40711
43276	28037	130713	175256	103933	907361	520975
444	821	9673	11216	2516	36404	11219
21049	177	23095	24097	4149	30496	34277
10028	3539	35972	38175	4178	70444	22905
5718	5743	20013	32420	13185	132399	68446
41412	39107	13347	14045	-425	13753	11578
756	651	4720	3187	277	11016	1770
48	27	730	596	12	839	539
4254	1993	63038	69839	10052	64301	43317
2147	215	21033	22330	3743	5727	4512
-316	19	920	1788	300	1419	756
269	261	986	1578	19	3077	425
652	751	3394	3287	1097	10250	3745

3-5-1 大中型批发和零售业企业基本情况

Basic Conditions of Large and Medium-sized Enterprises of Wholesale and Retail Trades

项 目	Item	法人单位数 (个) Number of Corporation Enterprises (unit)	年末从业人数 (人) Employed Persons at Year-end (person)
总 计	**Total**	**72181**	**9394677**
一、批发业	**Wholesale Trade**	**46313**	**4600341**
#国有控股	State-controlled Enterprises	7058	1070767
(一)按登记注册类型分	**by Type of Registration**		
1.内资企业	**Domestic Funded Enterprises**	**42007**	**3653999**
国有企业	State-owned Enterprises	1164	281708
集体企业	Collective-owned Enterprises	54	5111
股份合作企业	Cooperative Enterprises	39	2482
联营企业	Joint Ownership Enterprises	22	1574
国有联营企业	State Joint Ownership Enterprises	15	1121
集体联营企业	Collective Joint Ownership Enterprises	2	76
国有与集体联营企业	Joint State-collective Enterprises	4	354
其他联营企业	Other Joint Ownership Enterprises	1	23
有限责任公司	Limited Liability Corporations	11337	1260853
国有独资公司	State Sole Funded Corporations	1303	148936
其他有限责任公司	Other Limited Liability Corporations	10034	1111917
股份有限公司	Share-holding Corporations Ltd.	917	240985
私营企业	Private Enterprises	28361	1855568
私营独资企业	Private-funded Enterprises	235	12423
私营合伙企业	Private Partnership Enterprises	27	1562
私营有限责任公司	Private Limited Liability Corporations	27447	1758503
私营股份有限公司	Private Share-holding Corporations Ltd.	652	83080
其他企业	Other Enterprises	113	5718
2.港、澳、台商投资企业	**Enterprises with Funds from Hongkong, Macao and Taiwan**	**1625**	**392066**
合资经营企业	Joint-venture Enterprises	234	33632
合作经营企业	Cooperative Enterprises	9	1985
独资经营企业	Enterprises with Sole Investment	1299	328587
投资股份有限公司	Share-holding Corporations Ltd. with Investment	49	22918
其他港澳台商投资企业	Other Enterprises with Funds from Hongkong, Macao and Taiwan	34	4944
3.外商投资企业	**Foreign Funded Enterprises**	**2681**	**554276**
中外合资经营企业	Joint-venture Enterprises	376	84273
中外合作经营企业	Cooperative Enterprises	11	1219
外资企业	Enterprises with Sole Foreign Investment	2203	443410
外商投资股份有限公司	Share-holding Corporations Ltd. with Foreign Investment	60	19881
其他外商投资企业	Other Foreign Funded Enterprises	31	5493

项　　目	Item	法人单位数（个）Number of Corporation Enterprises (unit)	年末从业人数（人）Employed Persons at Year-end (person)
(二)按国民经济行业分	**by Sector**		
农、林、牧、渔产品批发	Wholesale of Agricultural, Forestry, Livestock and Fishery Products	1744	116879
食品、饮料及烟草制品批发	Wholesale of Food, Beverages and Tobaccos	6693	1000268
米、面制品及食用油批发	Wholesale of Rice, Flour and Edible Oil	873	97626
肉、禽、蛋、奶及水产品批发	Wholesale of Meal, Fowls, Eggs, Milk and Aquatic Products	1193	127926
酒、饮料及茶叶批发	Wholesale of Wine, Beverages and Teas	1633	269850
烟草制品批发	Wholesale of Tobaccos	472	244249
纺织、服装及家庭用品批发	Wholesale of Textiles, Wearing Apparel and Household Articles	5703	704641
服装批发	Wholesale of Garments	1306	210551
鞋帽批发	Wholesale of Shoes and Hats	349	56520
日用家电批发	Wholesale of Household Electrical Appliances	784	104483
文化、体育用品及器材批发	Wholesale of Culture, Sports Appliances and Equipments	1760	180527
文具用品批发	Wholesale of Stationeries	486	29043
体育用品及器材批发	Wholesale of Sports Appliances and Equipments	160	16871
图书批发	Wholesale of Books	298	41009
医药及医疗器材批发	Wholesale of Medicines and Medical Appliances	7166	790117
西药批发	Wholesale of Western Medicines	3572	441422
中药批发	Wholesale of Chinese Traditional Medicines	1170	145499
矿产品、建材及化工产品批发	Wholesale of Mineral Products, Building Materials and Chemical Products	11934	875181
煤炭及制品批发	Wholesale of Coal and Related Products	1429	115247
石油及制品批发	Wholesale of Petroleum and Related Products	1794	230422
金属及金属矿批发	Wholesale of Metal Materials	3246	186305
建材批发	Wholesale of Building Materials	1764	113081
化肥批发	Wholesale of Chemical Fertilizer	398	28937
农药批发	Wholesale of Pesticides	221	20716
机械设备、五金产品及电子产品批发	Wholesale of Machinery, Hardware and Electronic Products	9862	822642
汽车及零配件批发	Wholesale of Motor Vehicles and Their Parts	1607	143190
计算机、软件及辅助设备批发	Wholesale of Computer, Software and Assistant Appliances	1017	90992
通讯设备批发	Wholesale of Communication Equipments	650	73474
贸易经纪与代理	Trade Broker and Agency	289	18709
其他批发业	Other Wholesale not Classified Elsewhere	1162	91377

3-5-1 续表 2 Continued 2

项 目	Item	法人单位数（个） Number of Corporation Enterprises (unit)	年末从业人数（人） Employed Persons at Year-end (person)	年末零售营业面积（平方米） Business Area of Retail Trade at Year-end (sq.m)
二、零售业	**Retail Trade**	**25868**	**4794336**	**280982207**
#国有控股	State-controlled Enterprises	2537	706517	67650925
(一)按登记注册类型分	**by Type of Registration**			
1.内资企业	**Domestic Funded Enterprises**	**23662**	**3966902**	**226546454**
国有企业	State-owned Enterprises	251	59657	4671238
集体企业	Collective-owned Enterprises	69	12574	619921
股份合作企业	Cooperative Enterprises	21	3412	182248
联营企业	Joint Ownership Enterprises	5	406	37173
国有联营企业	State Joint Ownership Enterprises	5	406	37173
集体联营企业	Collective Joint Ownership Enterprises			
国有与集体联营企业	Joint State-collective Enterprises			
其他联营企业	Other Joint Ownership Enterprises			
有限责任公司	Limited Liability Corporations	7001	1319493	81273529
国有独资公司	State Sole Funded Corporations	320	57557	2659052
其他有限责任公司	Other Limited Liability Corporations	6681	1261936	78614477
股份有限公司	Share-holding Corporations Ltd.	607	322698	38618929
私营企业	Private Enterprises	15681	2246046	101035705
私营独资企业	Private-funded Enterprises	286	27342	1230015
私营合伙企业	Private Partnership Enterprises	24	2130	78574
私营有限责任公司	Private Limited Liability Corporations	15152	2101133	95910838
私营股份有限公司	Private Share-holding Corporations Ltd.	219	115441	3816278
其他企业	Other Enterprises	27	2616	107711
2.港、澳、台商投资企业	**Enterprises with Funds from Hongkong, Macao and Taiwan**	**1205**	**426341**	**23610508**
合资经营企业	Joint-venture Enterprises	205	61428	4991338
合作经营企业	Cooperative Enterprises	19	4026	224950
独资经营企业	Enterprises with Sole Investment	937	335067	17553788

项 目	Item	法人单位数(个) Number of Corporation Enterprises (unit)	年末从业人数(人) Employed Persons at Year-end (person)	年末零售营业面积(平方米) Business Area of Retail Trade at Year-end (sq.m)
投资股份有限公司	Share-holding Corporations Ltd. with Investment	18	20023	713121
其他港澳台商投资企业	Other Enterprises with Funds from Hongkong, Macao and Taiwan	26	5797	127311
3.外商投资企业	**Foreign Funded Enterprises**	**1001**	**401093**	**30825245**
中外合资经营企业	Joint-venture Enterprises	175	106555	8840529
中外合作经营企业	Cooperative Enterprises	19	3145	254176
外资企业	Enterprises with Sole Foreign Investment	732	258952	17246115
外商投资股份有限公司	Share-holding Corporations Ltd. with Foreign Investment	53	25912	4244854
其他外商投资企业	Other Foreign Funded Enterprises	22	6529	239571
(二)按国民经济行业分	**by Sector**			
综合零售	Integrated Retail	5897	1667423	127630955
百货零售	Retail of General Merchandise	2291	597768	68751735
超级市场零售	Retail of Supermarkets	3211	986983	55519756
食品、饮料及烟草制品专门零	Special Retail of Food, Beverages and Tobaccos	1356	239683	5098749
粮油零售	Retail of Cereal and Oil	85	8083	252966
肉、禽、蛋、奶及水产品零	Retail of Meat, Poultry, Eggs, Milk and Aquatic Products	248	45018	1059171
酒、饮料及茶叶零售	Retail of Wine, Beverages and Teas	214	26893	406588
烟草制品零售	Retail of Tobaccos	60	8406	168941
纺织、服装及日用品专门零	Special Retail of Textiles, Garments and Daily Consumer Articles	1441	412598	14944321
服装零售	Retail of Garments	864	251728	11119367
文化、体育用品及器材专门零	Special Retail of Culture, Sports Appliances and Equipments	905	176774	5774782
体育用品及器材零售	Retail of Sports Appliances and Equipments	45	12307	958947
图书、报刊零售	Retail of Books, Newspapers and Magazines	424	93671	3073704

3-5-1 续表 4 Continued 4

项 目	Item	法人单位数（个）Number of Corporation Enterprises (unit)	年末从业人数（人）Employed Persons at Year-end (person)	年末零售营业面积（平方米）Business Area of Retail Trade at Year-end (sq.m)
医药及医疗器材专门零售	Special Retail of Medicines and Medical Appliances	2705	740380	20168018
西药零售	Retail of Western Medicines	2456	692989	18898481
汽车、摩托车、零配件和燃料及其他动力销售	Retail of Motor Vehicles, Motorcycles, Parts, Fuel and Other Powers	10433	1098196	91224547
汽车新车零售	Retail of New Motor Vehicles	9430	823100	47018016
机动车燃油零售	Retail of Fuel Oil of Motor Vehicles	788	248777	42340107
家用电器及电子产品专门零售	Special Retail of Household Electric Appliances and Electronic Products	1175	159166	8449079
日用家电零售	Retail of Household Electric Appliances	375	53106	5137367
计算机、软件及辅助设备零售	Retail of Computer, Software and Assistant Appliances	166	24468	207199
通信设备零售	Retail of Communication Equipments	408	53409	913769
五金、家具及室内装饰材料专门零售	Special Retail of Hardware, Furniture and Interior Decoration Materials	351	50750	3776110
货摊、无店铺及其他零售业	Stalls, Non-shop and Other Retails	1605	249366	3915646
互联网零售	Retail on the Internet	1324	213700	2533812
（三）按零售业态分	**by Mode of Business Operation**			
有店铺零售	Store-based Retailing	24055	4512765	277688493
超市	Supermarket	4594	1337385	82682771
百货店	Department Store	2772	706914	75584624
专业店	Speciality Store	7986	1471526	78703974
品牌专卖店	Brand Store	9686	1316805	69024130
集合店	Collection Store	268	31911	1687131
无店铺零售	Non-Store Selling	2836	771631	29948525

3-5-2 各地区大中型批发和零售业企业基本情况
Basic Conditions of Large and Medium-sized Enterprises of Wholesale and Retail Trades by Region

地区	Region	批发业 Wholesale Trade		零售业 Retail Trade	
		法人单位数（个） Number of Corporation Enterprises (unit)	年末从业人数（人） Employed Persons at Year-end (person)	法人单位数（个） Number of Corporation Enterprises (unit)	年末从业人数（人） Employed Persons at Year-end (person)
全国	**National Total**	**46313**	**4600341**	**25868**	**4794336**
北京	Beijing	2790	354376	905	186362
天津	Tianjin	927	113901	309	53200
河北	Hebei	880	77801	989	217744
山西	Shanxi	843	84171	614	94049
内蒙古	Inner Mongolia	419	34954	341	59819
辽宁	Liaoning	799	62132	616	123511
吉林	Jilin	352	35710	341	58841
黑龙江	Heilongjiang	402	43172	389	68888
上海	Shanghai	4738	635860	1067	336340
江苏	Jiangsu	4340	378470	2113	361285
浙江	Zhejiang	4568	402195	1879	268181
安徽	Anhui	1049	102430	955	163979
福建	Fujian	2288	170630	929	191057
江西	Jiangxi	735	76703	754	119001
山东	Shandong	2931	262282	1734	330503
河南	Henan	1331	131409	1503	240779
湖北	Hubei	1332	132727	1041	217615
湖南	Hunan	911	97959	959	199019
广东	Guangdong	8059	738370	2934	536426
广西	Guangxi	608	63589	684	97432
海南	Hainan	246	24031	187	37570
重庆	Chongqing	961	85007	580	132714
四川	Sichuan	1608	159290	1263	248763
贵州	Guizhou	438	56301	482	70203
云南	Yunnan	569	69662	585	108663
西藏	Tibet	45	7437	33	4623
陕西	Shaanxi	826	82674	850	135198
甘肃	Gansu	337	35360	305	51043
青海	Qinghai	74	9298	95	11662
宁夏	Ningxia	102	11640	89	16987
新疆	Xinjiang	805	60800	343	52879

3-6-1 大中型批发和零售业企业商品购、销、存情况

项 目	Item	商品购进额 Total Purchases Value	#进 口 Imports
总 计	**Total**	**6724205132**	**547051591**
一、批发业	**Wholesale Trade**	**5814156358**	**516917406**
#国有控股	State-controlled Enterprises	2939888797	211937481
(一)按登记注册类型分	**by Type of Registration**		
1.内资企业	**Domestic Funded Enterprises**	**4769852081**	**295074555**
国有企业	State-owned Enterprises	290064766	5076558
集体企业	Collective-owned Enterprises	3330271	
股份合作企业	Cooperative Enterprises	3794587	66369
联营企业	Joint Ownership Enterprises	3128416	15804
国有联营企业	State Joint Ownership Enterprises	2242643	13
集体联营企业	Collective Joint Ownership Enterprises	17902	
国有与集体联营企业	Joint State-collective Enterprises	115290	
其他联营企业	Other Joint Ownership Enterprises	752581	15792
有限责任公司	Limited Liability Corporations	2698698729	207543897
国有独资公司	State Sole Funded Corporations	513191064	34575739
其他有限责任公司	Other Limited Liability Corporations	2185507665	172968158
股份有限公司	Share-holding Corporations Ltd.	496225279	20177401
私营企业	Private Enterprises	1273164118	62189497
私营独资企业	Private-funded Enterprises	5650358	218297
私营合伙企业	Private Partnership Enterprises	1541572	46389
私营有限责任公司	Private Limited Liability Corporations	1198250743	57481115
私营股份有限公司	Private Share-holding Corporations Ltd.	67721445	4443696
其他企业	Other Enterprises	1445915	5030
2.港、澳、台商投资企业	**Enterprises with Funds from Hongkong, Macao and Taiwan**	**342055088**	**43000114**
合资经营企业	Joint-venture Enterprises	45911915	3747318
合作经营企业	Cooperative Enterprises	1830737	3049
独资经营企业	Enterprises with Sole Investment	278975887	36545586
投资股份有限公司	Share-holding Corporations Ltd. with Investment	12707648	2670082
其他港澳台商投资企业	Other Enterprises with Funds from Hongkong, Macao and Taiwan	2628901	34079
3.外商投资企业	**Foreign Funded Enterprises**	**702249189**	**178842738**
中外合资经营企业	Joint-venture Enterprises	218851618	7407121
中外合作经营企业	Cooperative Enterprises	112391	17901
外资企业	Enterprises with Sole Foreign Investment	467184195	169798719
外商投资股份有限公司	Share-holding Corporations Ltd. with Foreign Investment	13117720	625216
其他外商投资企业	Other Foreign Funded Enterprises	2983267	993781

Total Purchases, Sales and Inventory of Large and Medium-sized Enterprises of Wholesale and Retail Trades

单位：万元
Unit: 10 000 yuan

商品销售额 Total Sales Value	#出口 Exports	期末商品库存额 Inventory (year-end)
7234118548	**224440990**	**397623749**
6168145569	**224196787**	**311963002**
3063952871	65572863	130371456
5032203696	**175673065**	**232856682**
352372999	2080506	17918567
3609151	13499	207462
3869385	21785	122441
3204121	113742	101947
2312327	113742	84040
18136		112
119141		3758
754517		14038
2808249967	74701728	125039359
544238491	13423141	20571186
2264011476	61278587	104468174
498576520	14632265	19549406
1360662778	84103996	69866732
6078058	336135	353751
1603852	632	159239
1280108262	81032079	65096307
72872606	2735151	4257434
1658775	5544	50768
379888116	**10681920**	**31642007**
45101947	1838336	3049168
1993828		56377
315416547	8534527	27637744
14578013	69782	743600
2797781	239275	155117
756053757	**37841802**	**47464313**
202536344	2359928	6171987
143252	9239	36424
534045292	34753408	39423805
15917518	691241	1304978
3411351	27986	527119

项　　目	Item	商品购进额 Total Purchases Value	#进 口 Imports
(二)按国民经济行业分	by Sector		
农、林、牧、渔产品批发	holesale of Agricultural, Forestry, Livestock and Fishery Products	167971435	27934776
食品、饮料及烟草制品批发	Wholesale of Food, Beverages and Tobaccos	491747311	30047721
米、面制品及食用油批发	Wholesale of Rice, Flour and Edible Oil	85031509	10362407
肉、禽、蛋、奶及水产品批发	Wholesale of Meal, Fowls, Eggs and Aquatic Products	57743526	11190686
酒、饮料及茶叶批发	Wholesale of Wine, Beverages and Teas	94939960	1318803
烟草制品批发	Wholesales of Tobaccos	151416825	272181
纺织、服装及家庭用品批发	Wholesale of Textiles, Wearing Apparel and Household Articles	375279774	23175355
服装批发	Wholesale of Garments	63501892	6259925
鞋帽批发	Wholesale of Shoes and Hats	17545831	1924340
日用家电批发	Wholesale of Household Electrical Appliances	130597053	977779
文化、体育用品及器材批发	Wholesale of Culture, Sports Appliances and Equipments	105931990	5110896
文具用品批发	Wholesale of Stationeries	29321199	715876
体育用品及器材批发	Wholesale of Sports Appliances and Equipments	14782277	419216
图书批发	Wholesale of Books	10184387	47636
医药及医疗器材批发	Wholesale of Medicines and Medical Appliances	364439256	25227883
西药批发	Wholesale of Western Medicines	239302894	10362809
中药批发	Wholesale of Chinese Traditional Medicines	49699629	477310
矿产品、建材及化工产品批发	Wholesale of Mineral Products, Building Materials and Chemical Products	3307932868	231530726
煤炭及制品批发	Wholesale of Coal and Related Products	541594286	22768036
石油及制品批发	Wholesale of Petroleum and Related Products	751966029	63927620
金属及金属矿批发	Wholesale of Metal Materials	1336384896	88177084
建材批发	Wholesale of Building Materials	135972846	5711274
化肥批发	Wholesale of Chemical Fertilizer	61759124	8083078
农药批发	Wholesale of Pesticides	7790553	151775
机械设备、五金产品及电子产品批发	Wholesale of Machinery, Hardware and Electronic Products	877939445	157993320
汽车及零配件批发	Wholesale of Motor Vehicles and Their Parts	333920505	51774286
计算机、软件及辅助设备批发	Wholesale of Computer, Software and Assistant Appliances	119260808	46083935
通讯设备批发	Wholesale of Communication Equipments	99937840	2895562
贸易经纪与代理	Trade Broker and Agency	35493198	12631960
其他批发业	Other Wholesale not Classified Elsewhere	87421081	3264767

单位：万元
Unit: 10 000 yuan

商品销售额 Total Sales Value	#出口 Exports	期末商品库存额 Inventory (year-end)
172921142	919190	23043678
598971593	5617437	45101733
91034463	1367107	13655955
61507311	1040784	4611948
117510588	371791	11285411
216180051	454938	9854015
419901316	58680943	37157538
72151098	21991582	9037344
21734197	5398010	2606339
135400687	3063114	11213603
116235471	5874455	12938909
31068840	1448640	1586015
16550523	898195	1119475
11270445	47505	2280434
409002169	3159732	38616844
260412853	1813793	23337366
57801796	157950	4585787
3375531727	56506447	90022731
558325958	2796935	12429216
740039864	8150383	17844249
1359234150	22534307	35773477
154822298	4106885	4588858
63744919	3126140	5719376
8509097	1424301	765382
944393293	84223620	59878040
357789715	22475943	24030944
126420687	2245631	6685109
103524333	5451389	4227395
37285943	4553257	1361499
93902915	4661707	3842031

项　目	Item	商品购进额 Total Purchases Value	#进 口 Imports
二、零售业	**Retail Trade**	**910048774**	**30134185**
#国有控股	State-controlled Enterprises	185789817	6069458
(一)按登记注册类型分	**by Type of Registration**		
1.内资企业	**Domestic Funded Enterprises**	**680888659**	**16778063**
国有企业	State-owned Enterprises	13630975	931412
集体企业	Collective-owned Enterprises	1189123	163
股份合作企业	Cooperative Enterprises	248574	
联营企业	Joint Ownership Enterprises	91914	
国有联营企业	State Joint Ownership Enterprises	91914	
集体联营企业	Collective Joint Ownership Enterprises		
国有与集体联营企业	Joint State-collective Enterprises		
其他联营企业	Other Joint Ownership Enterprises		
有限责任公司	Limited Liability Corporations	259375682	8432458
国有独资公司	State Sole Funded Corporations	12221085	1682131
其他有限责任公司	Other Limited Liability Corporations	247154597	6750327
股份有限公司	Share-holding Corporations Ltd.	86282585	158705
私营企业	Private Enterprises	319627868	7203250
私营独资企业	Private-funded Enterprises	2656295	170586
私营合伙企业	Private Partnership Enterprises	333003	
私营有限责任公司	Private Limited Liability Corporations	306847729	7011172
私营股份有限公司	Private Share-holding Corporations Ltd.	9790842	21491
其他企业	Other Enterprises	441938	52075
2.港、澳、台商投资企业	**Enterprises with Funds from Hongkong, Macao and Taiwan**	**91316809**	**5247256**
合资经营企业	Joint-venture Enterprises	13669262	1068346
合作经营企业	Cooperative Enterprises	675052	927
独资经营企业	Enterprises with Sole Investment	72579842	3857596
投资股份有限公司	Share-holding Corporations Ltd. with Investment	3094369	304272
其他港澳台商投资企业	Other Enterprises with Funds from Hongkong, Macao and Taiwan	1298284	16115
3.外商投资企业	**Foreign Funded Enterprises**	**137843306**	**8108866**
中外合资经营企业	Joint-venture Enterprises	30514774	2086254
中外合作经营企业	Cooperative Enterprises	615608	163298
外资企业	Enterprises with Sole Foreign Investment	96483357	5736795
外商投资股份有限公司	Share-holding Corporations Ltd. with Foreign Investment	9772775	61933
其他外商投资企业	Other Foreign Funded Enterprises	456792	60587

3-6-1 Continued 2

单位：万元
Unit: 10 000 yuan

商品销售额 Total Sales Value	#出 口 Exports	期末商品库存额 Inventory (year-end)
1065972980	**244203**	**85660746**
246499931	17546	15085736
779972526	**178845**	**65955340**
17724358	502	1362719
1266152	4013	64226
300645		32509
107957		10584
107957		10584
291622204	59243	25263431
14322927	6764	1740704
277299277	52478	23522727
118660114		4910769
349818718	115088	34267573
2876284	528	224255
355975		25500
334444309	108928	32843282
12142150	5631	1174537
472379		43529
108819091	**19027**	**9147136**
16211542	2585	1211826
751708		53041
87157953	15565	7226244
2940212	74	437344
1757676	803	218681
177181363	**46331**	**10558270**
36483208	1428	2195286
712857		65494
116819341	44889	7462645
22132172	15	743220
1033784		91625

项　目	Item	商品购进额 Total Purchases Value	#进 口 Imports
(二)按国民经济行业分	**by Sector**		
综合零售	Integrated Retail	171907946	4687407
百货零售	Retail of General Merchandise	74211166	4594754
超级市场零售	Retail of Supermarkets	90792656	85952
食品、饮料及烟草制品专门零售	Special Retail of Food, Beverages and Tobaccos	17785256	141599
粮油零售	Retail of Cereal and Oil	576257	59096
肉、禽、蛋、奶及水产品零售	Retail of Meat, Poultry, Eggs, Milk and Aquatic Products	3110554	20955
酒、饮料及茶叶零售	Retail of Wine, Beverages and Teas	3331837	662
烟草制品零售	Retail of Tobaccos	994876	4423
纺织、服装及日用品专门零售	Special Retail of Textiles, Garments and Daily Consumer Articles	32791647	4215282
服装零售	Retail of Garments	19664832	3202448
文化、体育用品及器材专门零售	Special Retail of Culture, Sports Appliances and Equipments	26791982	1290816
体育用品及器材零售	Retail of Sports Appliances and Equipments	1079430	136082
图书、报刊零售	Retail of Books，Newspaper and Magazines	10387654	550433
医药及医疗器材专门零售	Special Retail of Medicines and Medical Appliances	37337454	230690
西药零售	Retail of Western Medicines	35320602	170103
汽车、摩托车、零配件和燃料及其他动力销售	Retail of Motor Vehicles, Motorcycles, Parts, Fuel and Other Powers	450185395	17711203
汽车新车零售	Retail of New Motor Vehicles	319568630	17536459
机动车燃油零售	Retail of Fuel Oil of Motor Vehicles	122597883	
家用电器及电子产品专门零售	Special Retail of Household Electric Appliances and Electronic Products	40756067	144125
日用家电零售	Retail of Household Electric Appliances	14107545	115942
计算机、软件及辅助设备零售	Retail of Computer, Software and Assistant Appliances	13273797	
通信设备零售	Retail of Communication Equipments	8354433	
五金、家具及室内装饰材料专门零售	Special Retail of Hardware, Furniture and Interior Decoration Materials	3907863	127535
货摊、无店铺及其他零售业	Stall, Non-shop and Other Retails	128585164	1585528
互联网零售	Retail on the Internet	124669179	1463180
(三)按零售业态分	**by Mode of Business Operation**		
有店铺零售	Store-based Retailing	779000394	28409244
超市	Supermarket	122394190	121620
百货店	Department Store	85205247	5230970
专业店	Speciality Store	258902684	4542673
品牌专卖店	Brand Store	345507734	19658485
集合店	Collection Store	3843946	95230
无店铺零售	Non-Store Selling	226879614	6059491

3-6-1 Continued 3

单位：万元

Unit: 10 000 yuan

商品销售额 Total Sales Value	#出 口 Exports	期末商品库存额 Inventory (year-end)
200830219	31705	15720901
94292268		7411650
98486179	27389	7768827
22708344	212	1722025
668887	15	48945
3740547	54	131722
4176330	94	738723
1203602		323587
54784315	35950	9390401
32169486	27200	5869302
32468667	14241	5527851
1750598		225193
12244937	11612	2094094
47706623	143	6066718
44601021	143	5665964
510878271	95997	37100467
320074253	88299	32167550
182105628		4251206
45027631	5245	2728109
15250290	2585	978449
15523122		432890
8822160		881277
5365041	7634	768852
146203869	53076	6635422
141401556	52615	6341866
916315664	176878	78487522
134915980	29974	10647399
107306128	9828	9128889
320920034	27070	23950213
386279333	115774	38714684
4760468		483059
265003414	116795	16468280

3-6-2 各地区大中型批发业企业商品购、销、存情况
Total Purchases, Sales and Inventory of Large and Medium-sized Enterprises of Wholesale Trade by Region

单位：万元

Unit: 10 000 yuan

地区	Region	商品购进额 Total Purchases Value	#进口 Imports	商品销售额 Total Sales Value	#出口 Exports	期末商品库存额 Inventory (year-end)
全国	**National Total**	**5814156358**	**516917406**	**6168145569**	**224196787**	**311963002**
北京	Beijing	672562449	114882771	703189158	16410636	51043185
天津	Tianjin	200942951	7068500	209813702	3558775	8011312
河北	Hebei	93156838	723637	98339612	915837	3902613
山西	Shanxi	133868905	1364965	152253429	290438	3771541
内蒙古	Inner Mongolia	50919664	877654	54516444	788315	2798910
辽宁	Liaoning	111530294	4027707	120690089	1668598	4452289
吉林	Jilin	26452793	87740	29569271	12145	2151232
黑龙江	Heilongjiang	57869587	13925517	62279992	259671	3149156
上海	Shanghai	927276362	163931300	999700790	43165862	58522663
江苏	Jiangsu	410214469	30597913	428277677	28711913	24634914
浙江	Zhejiang	573134009	36177681	585087007	44519296	22339160
安徽	Anhui	100990012	5777979	114154988	3664452	5346790
福建	Fujian	330944118	32763335	343541469	13380121	13262543
江西	Jiangxi	42857790	50247	50473442	1886096	1972671
山东	Shandong	293117188	9548317	307525771	14357368	15424664
河南	Henan	91542143	1804141	99877372	1432380	5378236
湖北	Hubei	117331391	1792665	127872069	1703727	5688832
湖南	Hunan	61116696	3809751	66283030	3423357	3715174
广东	Guangdong	687516070	50216173	714269930	28037200	34394994
广西	Guangxi	75927396	3221329	84108128	330798	2473678
海南	Hainan	51183732	5005798	53842605	2846602	1925720
重庆	Chongqing	98185342	5316395	108930602	5010395	5024586
四川	Sichuan	143771447	2593331	155734919	1873853	9028665
贵州	Guizhou	42812754	256586	52282206	838241	3550617
云南	Yunnan	82846607	1963656	92525732	1900530	5516466
西藏	Tibet	1690557		2772603		254064
陕西	Shaanxi	153561980	2488039	160007002	1866769	4651881
甘肃	Gansu	66612922	370065	69533945	140466	2104013
青海	Qinghai	8489550		10043757		234044
宁夏	Ningxia	11970989	86789	11971854		438854
新疆	Xinjiang	93759353	16187426	98676973	1202947	6799533

3-6-3 各地区大中型零售业企业商品购、销、存情况
Total Purchases, Sales and Inventory of Large and Medium-sized Enterprises of Retail Trade by Region

单位：万元

Unit: 10 000 yuan

地区	Region	商品购进额 Total Purchases Value	#进口 Imports	商品销售额 Total Sales Value	#出口 Exports	期末商品库存额 Inventory (year-end)
全国	**National Total**	**910048774**	**30134185**	**1065972980**	**244203**	**85660746**
北京	Beijing	82404064	1752351	89560873	9312	6472649
天津	Tianjin	12793783	207177	13863964	84	1049598
河北	Hebei	25404867	413078	28501021	161	2701125
山西	Shanxi	12327927	286212	14750331		1368678
内蒙古	Inner Mongolia	9302214	132234	11256185		769787
辽宁	Liaoning	20867216	488222	24372094		1706785
吉林	Jilin	7519652	300950	10623171	5356	807460
黑龙江	Heilongjiang	9578750	136440	11243737		916676
上海	Shanghai	79608394	8014376	102578148	22257	11401458
江苏	Jiangsu	81180546	2197708	93809562	4193	7030906
浙江	Zhejiang	67885438	3077264	76035970	65087	6257439
安徽	Anhui	26182155	289393	31618265	40	2300051
福建	Fujian	36496380	827022	40935788	11125	2643969
江西	Jiangxi	16240097	279332	21629344	3214	1549735
山东	Shandong	51439832	1059116	57691489	3813	5572856
河南	Henan	31533770	641773	35816583	1525	2812875
湖北	Hubei	35883212	744341	41070202	1068	2678123
湖南	Hunan	23620842	588391	33013474	2334	2066420
广东	Guangdong	107779312	2920812	130011200	32298	9636366
广西	Guangxi	11939149	243020	12770415	31107	1378715
海南	Hainan	9973209	2694809	11722391	355	2115511
重庆	Chongqing	21367813	569291	24950778	5152	1894899
四川	Sichuan	55609453	1203395	59894831	14472	3807129
贵州	Guizhou	12592825	203488	17105025		1331560
云南	Yunnan	15857246	314230	21526061	31250	1439200
西藏	Tibet	1084628	4079	1537315		71027
陕西	Shaanxi	25843726	380980	27943236		2003781
甘肃	Gansu	7207706	63629	8316022		481592
青海	Qinghai	1368965	15152	1594165		301830
宁夏	Ningxia	2248315	11091	2297149		267043
新疆	Xinjiang	6907286	74828	7934188		825507

3-7-1 大中型批发和零售业企业年末资产负债

项目	Item	流动资产合计 Total Current Assets	#存货 Stock
总计	**Total**	**2561242644**	**398878949**
一、批发业	**Wholesale Trade**	**2197942875**	**314120125**
#国有控股	State-controlled Enterprises	970357472	134110342
(一)按登记注册类型分	**by Type of Registration**		
1.内资企业	**Domestic Funded Enterprises**	**1749167533**	**238366238**
国有企业	State-owned Enterprises	117140764	19093094
集体企业	Collective-owned Enterprises	1392975	219489
股份合作企业	Cooperative Enterprises	984097	129424
联营企业	Joint Ownership Enterprises	1337520	97249
国有联营企业	State Joint Ownership Enterprises	787022	81437
集体联营企业	Collective Joint Ownership Enterprises	1830	103
国有与集体联营企业	Joint State-collective Enterprises	127032	3286
其他联营企业	Other Joint Ownership Enterprises	421637	12423
有限责任公司	Limited Liability Corporations	963827343	127948684
国有独资公司	State Sole Funded Corporations	179378554	24333652
其他有限责任公司	Other Limited Liability Corporations	784448789	103615031
股份有限公司	Share-holding Corporations Ltd.	173163179	18784161
私营企业	Private Enterprises	490645874	71999577
私营独资企业	Private-funded Enterprises	1874395	361865
私营合伙企业	Private Partnership Enterprises	355032	147411
私营有限责任公司	Private Limited Liability Corporations	455088789	66926643
私营股份有限公司	Private Share-holding Corporations Ltd.	33327657	4563658
其他企业	Other Enterprises	675779	94559
2.港、澳、台商投资企业	**Enterprises with Funds from Hongkong, Macao and Taiwan**	**180549566**	**29648569**
合资经营企业	Joint-venture Enterprises	18833965	2907214
合作经营企业	Cooperative Enterprises	747741	63107
独资经营企业	Enterprises with Sole Investment	150339167	25764128
投资股份有限公司	Share-holding Corporations Ltd. with Investment	9397486	715500
其他港澳台商投资企业	Other Enterprises with Funds from Hongkong, Macao and Taiwan	1231207	198621
3.外商投资企业	**Foreign Funded Enterprises**	**268225777**	**46105318**
中外合资经营企业	Joint-venture Enterprises	47759549	6413406
中外合作经营企业	Cooperative Enterprises	189037	34122
外资企业	Enterprises with Sole Foreign Investment	202841011	38025003
外商投资股份有限公司	Share-holding Corporations Ltd. with Foreign Investment	15088808	1126330
其他外商投资企业	Other Foreign Funded Enterprises	2347374	506457

注：限额以上批发和零售业企业中包含视同法人企业，部分视同法人企业资产不等于负债与所有者权益之和(下表同)。

Assets and Liabilities of Large and Medium-sized Enterprises of Wholesale and Retail Trades at Year-end

单位：万元
Unit：10 000 yuan

固定资产原价 Original Value of Fixed Assets	累计折旧 Accumulated Depreciation	#本年折旧 Current Year Depreciation	资产总计 Total Assets	负债合计 Total Liabilities	所有者权益合计 Total Owners' Equities	实收资本 Paicl-up Capitals
249250242	**112068832**	**14782078**	**3501321679**	**2443379410**	**1063318867**	**496162401**
143701577	**63461373**	**8470885**	**2946957977**	**2037250956**	**912247302**	**395323691**
71472586	31838317	3425867	1396236587	928266159	470469336	207003008
118533556	**50516840**	**6435804**	**2381507532**	**1653122910**	**727606685**	**330768972**
16994919	9468721	878284	143824095	73416287	70749707	12467779
240273	115767	5292	1766077	1417132	348946	138350
72516	31408	2232	1085912	867467	218445	106627
78786	29567	3369	2165993	1441268	724725	206819
54982	16028	2961	1557923	952465	605458	101107
2470	754	57	3656	1235	2421	622
21295	12772	343	182746	68914	113832	102089
39	13	7	421668	418653	3015	3000
51286712	19669043	2488039	1328422514	945381323	382859465	207066310
14884400	5038694	595992	318038213	201795388	116128027	54820241
36402312	14630349	1892047	1010384301	743585935	266731438	152246070
15906397	7507417	807975	296100457	180098413	115084976	30351633
33850963	13660033	2245002	607330902	449951417	157358444	80342459
170150	43224	14099	2086130	1745024	339287	1233949
8317	3748	1281	371710	314431	57279	27832
31468144	12788758	2102152	551655602	421352298	130284082	72443270
2204353	824303	127470	53217459	26539663	26677796	6637408
102990	34884	5611	811581	549604	261977	88996
8680335	**4215189**	**799896**	**224426309**	**157603633**	**66893926**	**26031444**
1241179	492421	63063	24257071	14971156	9285915	3193316
18712	12637	1155	875783	704659	171124	78170
6865863	3468120	684302	183552355	133513752	50109853	20674546
487521	222095	48811	14335724	7483927	6851797	1918548
67060	19916	2566	1405376	930139	475237	166864
16487686	**8729344**	**1235184**	**341024136**	**226524413**	**117746690**	**38523275**
3849280	1989082	226725	62197126	49054897	16387267	6895813
43854	22942	1079	225464	148944	76520	145375
11174398	6092417	916339	248010956	163816739	84196146	27161754
1371601	602662	82904	28056226	11564199	16492027	3682740
48553	22241	8138	2534364	1939633	594731	637593

Note：For the financial data of Wholesale and Retail Trades enterprises above designated size, total assets may not equal to liabities plus total owner's equities, due to the fact that there are some establishments which are regarded as enterprises. The same applies to the tables following.

项 目	Item	流动资产合 计 Total Current Assets	#存 货 Stock
(二)按国民经济行业分	**by Sector**		
农、林、牧、渔产品批发	Wholesale of Agricultural, Forestry, Livestock and Fishery Products	94002386	23955740
食品、饮料及烟草制品批发	Wholesale of Food, Beverages and Tobaccos	261681977	46621282
米、面制品及食用油批发	Wholesale of Rice, Flour and Edible Oil	46319580	14574072
肉、禽、蛋、奶及水产品批发	Wholesale of Meal, Fowls, Eggs, Milk and Aquatic Products	25519819	4947785
酒、饮料及茶叶批发	Wholesale of Wine, Beverages and Teas	72553435	10948240
烟草制品批发	Wholesale of Tobaccos	65394859	9897352
纺织、服装及家庭用品批发	Wholesale of Textiles, Wearing Apparel and Household Articles	197951826	35006456
服装批发	Wholesale of Garments	36505477	8943374
鞋帽批发	Wholesale of Shoes and Hats	12482856	2628842
日用家电批发	Wholesale of Household Electrical Appliances	66496829	9655833
文化、体育用品及器材批发	Wholesale of Culture, Sports Appliances and Equipments	58508017	12741386
文具用品批发	Wholesale of Stationeries	11661852	1608391
体育用品及器材批发	Wholesale of Sports Appliances and Equipments	8173180	1017013
图书批发	Wholesale of Books	12867564	2145170
医药及医疗器材批发	Wholesale of Medicines and Medical Appliances	241672471	37676168
西药批发	Wholesale of Western Medicines	153027158	22684213
中药批发	Wholesale of Chinese Traditional Medicines	32806277	4528884
矿产品、建材及化工产品批发	Wholesale of Mineral Products, Building Materials and Chemical Products	865204830	93052674
煤炭及制品批发	Wholesale of Coal and Related Products	178518780	13249727
石油及制品批发	Wholesale of Petroleum and Related Products	116766123	19198916
金属及金属矿批发	Wholesale of Metal Materials	325924631	35817174
建材批发	Wholesale of Building Materials	87778505	5173298
化肥批发	Wholesale of Chemical Fertilizer	26522483	5588507
农药批发	Wholesale of Pesticides	4986118	773804
机械设备、五金产品及电子产品批发	Wholesale of Machinery, Hardware and Electronic Products	411352999	59854522
汽车及零配件批发	Wholesale of Motor Vehicles and Their Parts	147569950	23524811
计算机、软件及辅助设备批发	Wholesale of Computer, Software and Assistant Appliances	42702141	6676346
通讯设备批发	Wholesale of Communication Equipments	28854729	4230002
贸易经纪与代理	Trade Broker and Agency	33698639	1287183
其他批发业	Other Wholesale not Classified Elsewhere	33869730	3924714

3-7-1 Continued 1

单位：万元

Unit：10 000 yuan

固定资产原价 Original Value of Fixed Assets	累计折旧 Accumulated Depreciation	#本年折旧 Current Year Depreciation	资产总计 Total Assets	负债合计 Total Liabilities	所有者权益合计 Total Owners' Equities	实收资本 Paicl-up Capitals
8924418	2903554	405694	132254083	97675346	34578736	23541308
28129369	13720317	1541497	322021890	192317376	129767983	29197603
4928315	1492413	195910	58196250	46605074	11589825	6589640
2676188	1028199	154871	31775814	25289278	6486535	3940835
2966403	1350447	230775	86443016	55940948	30498174	6875399
13158237	8149411	691303	78302249	18676097	59626215	1562601
11346238	5369609	779403	248336448	180572009	67753533	23759912
3586765	1732624	237771	47768424	31008744	16759680	5183574
806791	419402	77609	14259034	10500146	3758889	800050
1829557	710479	88608	80209621	63733402	16476220	5215940
3614092	1455158	194440	74917476	49257128	25660090	10467743
626061	255465	30925	14467104	10655770	3811333	2356334
305511	141380	23206	9200826	6767815	2432576	559479
1468261	477532	61219	18542962	10558255	7984706	1888304
13323529	6201853	1016004	286488863	208224438	78263004	32866892
6232157	2536434	393501	182645663	134003292	48641129	19194437
1814602	631688	92108	37726045	29348324	8377721	3861248
60395336	25728030	3100596	1294142899	884156801	412473609	209527413
9077039	3327887	437108	299806681	192777359	107029322	50768890
28789148	13953225	1548044	184288949	124409396	62378392	31700278
9496867	3572924	461763	460222884	328557547	131665337	79873570
4902449	1716111	236717	114333691	83121748	31200608	15034377
859419	282741	35820	36737597	26809251	9928346	5126078
273971	123446	18157	6915949	4716014	2199935	839516
15052725	6925897	1262508	500906775	362544208	138362525	54758641
4653009	2058998	465090	179881143	138347598	41533546	17982056
813024	422586	83491	47095271	37494283	9600988	4298145
527919	248749	34874	33486533	24265598	9220935	3694722
788465	314948	41404	39030371	30173125	8859175	3629713
2127405	842008	129340	48859171	32330525	16528646	7574466

项　目	Item	流动资产合计 Total Current Assets	#存货 Stock
二、零售业	**Retail Trade**	**363299768**	**84758824**
#国有控股	State-controlled Enterprises	72244305	14838542
(一)按登记注册类型分	**by Type of Registration**		
1.内资企业	**Domestic Funded Enterprises**	**271956213**	**65471693**
国有企业	State-owned Enterprises	4999999	1208927
集体企业	Collective-owned Enterprises	343496	55666
股份合作企业	Cooperative Enterprises	104732	48582
联营企业	Joint Ownership Enterprises	79720	11103
国有联营企业	State Joint Ownership Enterprises	79720	11103
集体联营企业	Collective Joint Ownership Enterprises		
国有与集体联营企业	Joint State-collective Enterprises		
其他联营企业	Other Joint Ownership Enterprises		
有限责任公司	Limited Liability Corporations	112152847	24463926
国有独资公司	State Sole Funded Corporations	7204565	1638705
其他有限责任公司	Other Limited Liability Corporations	104948281	22825221
股份有限公司	Share-holding Corporations Ltd.	35747475	5454214
私营企业	Private Enterprises	118428695	34187573
私营独资企业	Private-funded Enterprises	695173	267204
私营合伙企业	Private Partnership Enterprises	107114	18184
私营有限责任公司	Private Limited Liability Corporations	110723033	32531203
私营股份有限公司	Private Share-holding Corporations Ltd.	6903375	1370981
其他企业	Other Enterprises	99248	41702
2.港、澳、台商投资企业	**Enterprises with Funds from Hongkong, Macao and Taiwan**	**39458556**	**8508148**
合资经营企业	Joint-venture Enterprises	6823415	1121721
合作经营企业	Cooperative Enterprises	304721	29987
独资经营企业	Enterprises with Sole Investment	28439687	6756294
投资股份有限公司	Share-holding Corporations Ltd. with Investment	3149287	401709
其他港澳台商投资企业	Other Enterprises with Funds from Hongkong, Macao and Taiwan	741446	198437
3.外商投资企业	**Foreign Funded Enterprises**	**51884999**	**10778983**
中外合资经营企业	Joint-venture Enterprises	10050945	1900892
中外合作经营企业	Cooperative Enterprises	214815	55004
外资企业	Enterprises with Sole Foreign Investment	33827109	7632566
外商投资股份有限公司	Share-holding Corporations Ltd. with Foreign Investment	7395403	1054569
其他外商投资企业	Other Foreign Funded Enterprises	396727	135953

3-7-1 Continued 2

单位：万元
Unit：10 000 yuan

固定资产原价 Original Value of Fixed Assets	累计折旧 Accumulated Depreciation	#本年折旧 Current Year Depreciation	资产总计 Total Assets	负债合计 Total Liabilities	所有者权益合计 Total Owners' Equities	实收资本 Paicl-up Capitals
105548665	**48607458**	**6311194**	**554363703**	**406128455**	**151071565**	**100838710**
34180421	15794434	1731973	138186580	78686705	61597534	27841375
77958092	**35179997**	**4622203**	**412152056**	**300103349**	**114151743**	**77205752**
2375770	977586	127210	8529575	7178574	4128796	906459
181055	96391	6254	539210	263803	275406	47012
65985	19341	4345	165686	103284	62401	47352
1034	353	169	156252	120475	35776	35370
1034	353	169	156252	120475	35776	35370
28668446	12567681	1686950	166749872	124360805	42357863	39228214
1834170	788068	101016	11209974	6244914	4965060	1684219
26834276	11779613	1585934	155539898	118115891	37392803	37543995
19365367	9466510	933521	75065013	39476272	34936889	5243084
27245586	12032448	1859898	160783343	128507874	32283766	31657348
231372	77030	15634	938898	680809	258089	138004
28054	9528	747	129462	99456	30006	8368
24659570	10944883	1741162	147189520	120130080	27067737	30223411
2326590	1001008	102355	12525463	7597529	4927934	1287564
54849	19687	3857	163107	92262	70846	40914
10920029	**5738981**	**736049**	**58944210**	**44765655**	**14181492**	**10781764**
2224740	1113257	131205	11358219	7298809	4059411	1337964
145051	99949	6093	471756	232191	239566	121145
8328576	4400708	579837	42180023	34008854	8174106	8898051
186298	104052	14538	4111448	2681942	1429506	378437
35364	21015	4376	822764	543859	278903	46167
16670544	**7688480**	**952942**	**83267437**	**61259451**	**22738330**	**12851194**
4664592	1969117	250788	20172405	13402790	6857867	4219066
203568	147486	8269	366906	217981	148925	186661
8469481	4139277	519344	49006736	40482135	9009906	6979210
3208217	1380247	156336	13184246	6790848	6550185	1332028
124685	52353	18205	537144	365697	171447	134229

项　目	Item	流动资产合计 Total Current Assets	#存货 Stock
(二)按国民经济行业分	by Sector		
综合零售	Integrated Retail	96569413	15145395
百货零售	Retail of General Merchandise	56151574	7048578
超级市场零售	Retail of Supermarkets	37548104	7541463
食品、饮料及烟草制品专门零售	Special Retail of Food, Beverages and Tobaccos	11861367	1926476
粮油零售	Retail of Cereal and Oil	475598	76455
肉、禽、蛋、奶及水产品零售	Retail of Meat, Poultry, Eggs, Milk and Aquatic Products	1771115	203433
酒、饮料及茶叶零售	Retail of Wine, Beverages and Teas	2706973	767675
烟草制品零售	Retail of Tobaccos	998590	315897
纺织、服装及日用品专门零售	Special Retail of Textiles, Garments and Daily Consumer Articles	26288854	9969160
服装零售	Retail of Garments	16307842	6536584
文化、体育用品及器材专门零售	Special Retail of Culture, Sports Appliances and Equipments	21988849	5240248
体育用品及器材零售	Retail of Sports Appliances and Equipments	648571	216154
图书、报刊零售	Retail of Books, Newspapers and Magazines	13150222	1883888
医药及医疗器材专门零售	Special Retail of Medicines and Medical Appliances	25186274	6610915
西药零售	Retail of Western Medicines	23557394	6187102
汽车、摩托车、零配件和燃料及其他动力销售	Retail of Motor Vehicles, Motorcycles, Parts, Fuel and Other Powers	120671387	35839029
汽车新车零售	Retail of New Motor Vehicles	90575382	29931849
机动车燃油零售	Retail of Fuel Oil of Motor Vehicles	25912995	5199714
家用电器及电子产品专门零售	Special Retail of Household Electric Appliances and Electronic Products	17194450	2949362
日用家电零售	Retail of Household Electric Appliances	9749856	1076955
计算机、软件及辅助设备零售	Retail of Computer, Software and Assistant Appliances	2491413	441038
通信设备零售	Retail of Communication Equipments	2496663	952649
五金、家具及室内装饰材料专门零售	Special Retail of Hardware, Furniture and Interior Decoration Materials	2476366	816282
货摊、无店铺及其他零售业	Stalls, Non-shop and Other Retails	41062807	6261957
互联网零售	Retail on the Internet	38635057	5997261
(三)按零售业态分	by Mode of Business Operation		
有店铺零售	Store-based Retailing	318939570	77948591
超市	Supermarket	54058065	10505135
百货店	Department Store	61274419	8698140
专业店	Speciality Store	103231293	25006763
品牌专卖店	Brand Store	115752598	37934147
集合店	Collection Store	1726421	518705
无店铺零售	Non-Store Selling	88798395	16270826

单位：万元
Unit：10 000 yuan

固定资产原价 Original Value of Fixed Assets	累计折旧 Accumulated Depreciation	#本年折旧 Current Year Depreciation	资产总计 Total Assets	负债合计 Total Liabilities	所有者权益合计 Total Owners' Equities	实收资本 Paicl-up Capitals
42698805	20472739	2116375	173474543	131940049	41600543	28584287
26007850	12013462	1115567	104376784	69812592	34566007	14381626
15695820	8017143	907848	64586757	58055303	6628104	12667257
2727440	1029580	170210	17098642	10115140	6983501	3822426
107539	43557	7459	722095	547873	174222	1184642
575543	168219	31869	2802225	1565705	1236521	397216
640668	171173	32232	3953211	2320485	1632726	756353
163544	101364	7304	1287079	419609	867470	239207
4220928	2214337	398720	35299697	25963823	9336081	6569004
2856293	1458027	255791	22452304	16655488	5796816	4249910
4575787	1986571	209365	31313615	18593903	12719712	3722632
296978	151629	6872	1117319	894488	222831	229360
3451058	1408144	134445	18659399	10556055	8103343	2190744
2412856	1071759	188940	33777524	26359387	7411555	13398130
2256614	1001401	175917	31579133	24632345	6940206	13127535
42399669	19233157	2845133	188688110	130925076	60569299	33508743
19014630	8499965	1575519	117269935	92467558	24803316	26454038
22389906	10293580	1194759	65735664	34882922	34246404	6337452
1283443	617664	83182	21133168	16623591	4509577	3892298
649493	285466	32456	11882974	8751141	3131833	1721491
175258	120607	19201	3266890	2279816	987074	290551
168994	91751	14187	2881038	2406872	474167	1387495
1995181	707907	99621	5744622	4745980	998643	1683383
3234555	1273745	199648	47833782	40861506	6942653	5657807
1779617	648529	117143	43756064	38381330	5378390	4887326
103092324	47633888	6119099	503566127	362487174	143911616	94201558
23550728	11513481	1282011	95192203	80359488	14929884	16520355
27741610	12693273	1206981	112119630	75678708	36442738	15798368
32323358	14444215	1874979	163050576	109058502	55852571	33249572
26979658	12381194	2011758	162026548	117603282	45288189	30775935
470554	188531	36059	2500705	2361973	136376	318187
10552070	4843104	695430	118395927	92715646	25772394	15058040

3-7-2 各地区大中型批发业企业年末资产负债

Assets and Liabilities of Large and Medium-sized Enterprises of Wholesale Trade by Region at Year-end

单位：万元
Unit: 10 000 yuan

地区	Region	资产总计 Total Assets	#流动资产合计 Total Current Assets	#固定资产净额 Net Value of Fixed Assets	负债合计 Total Liabilities	所有者权益合计 Total Owners' Equities
全国	**National Total**	**2946957977**	**2197942875**	**73881945**	**2037250956**	**912247302**
北京	Beijing	492942220	325542504	5880479	318350589	174591630
天津	Tianjin	65236754	51401478	1441954	45645288	19662716
河北	Hebei	33873997	29109433	1143864	25079894	8794103
山西	Shanxi	108527024	85022192	2750192	83738276	24788748
内蒙古	Inner Mongolia	36538950	20309393	1257035	22164460	14349660
辽宁	Liaoning	31820179	26096307	1318404	25835250	5851126
吉林	Jilin	17988029	14061915	1274886	13375418	4612611
黑龙江	Heilongjiang	36319240	29830206	1026627	29157315	7166425
上海	Shanghai	392724104	313219920	6471000	264481870	128233256
江苏	Jiangsu	202876904	156343918	6943375	145736192	60381814
浙江	Zhejiang	234643913	174636453	5968980	163947411	70696502
安徽	Anhui	61666283	52318458	1322103	47917608	13746856
福建	Fujian	140766799	97396603	2120844	96272121	44494856
江西	Jiangxi	24876331	19478636	1208488	17200986	7675345
山东	Shandong	152727677	120552045	5682746	120089214	32638463
河南	Henan	49479507	41087606	1468335	34229544	15248732
湖北	Hubei	53541712	42118143	2181691	40267526	13213585
湖南	Hunan	29445675	22302003	1256054	19868027	10157578
广东	Guangdong	352739187	266885904	8450607	246042067	106693783
广西	Guangxi	39174016	27586840	1514342	25438624	12960661
海南	Hainan	17068591	12530785	585339	9349658	7718933
重庆	Chongqing	45311666	36943121	1639487	31332906	13774432
四川	Sichuan	82292604	63849691	2684980	53939373	28353231
贵州	Guizhou	36307334	30333807	606853	22842640	13464694
云南	Yunnan	52614167	36018423	1535722	30517099	22097068
西藏	Tibet	2266786	1909766	79127	1170418	1096369
陕西	Shaanxi	53570195	41971469	1454640	38252639	15316542
甘肃	Gansu	24977557	11527937	1178684	14665944	10311613
青海	Qinghai	14854920	5807158	299756	6714405	8128091
宁夏	Ningxia	3509182	2674604	397663	2273503	1271925
新疆	Xinjiang	56276475	39076159	2737688	41354691	14755951

3-7-3 各地区大中型零售业企业年末资产负债

Assets and Liabilities of Large and Medium-sized Enterprises of Retail Trade by Region at Year-end

单位：万元

Unit: 10 000 yuan

地　区	Region	资产总计 Total Assets	#流动资产合计 Total Current Assets	#固定资产净额 Net Value of Fixed Assets	负债合计 Total Liabilities	所有者权益合计 Total Owners' Equities
全　国	**National Total**	**554363703**	**363299768**	**49838560**	**406128455**	**151071565**
北　京	Beijing	43377770	32097662	1994282	31810480	11567289
天　津	Tianjin	7557556	4837853	856763	6862333	695223
河　北	Hebei	15934600	9779892	2458575	10905660	4743248
山　西	Shanxi	7436120	4513848	937017	6896553	539566
内 蒙 古	Inner Mongolia	4433265	2424099	932010	3821204	612061
辽　宁	Liaoning	14984319	9216602	1383985	11756517	3143872
吉　林	Jilin	8336029	5371106	1270238	5537013	2803118
黑 龙 江	Heilongjiang	6196714	4214199	908936	5255182	941532
上　海	Shanghai	53891299	39825784	2665524	41703189	12155695
江　苏	Jiangsu	49257748	31240303	4948639	35171058	14070649
浙　江	Zhejiang	33925107	23421344	3267310	25546192	8378914
安　徽	Anhui	14763145	9296029	1625434	9519799	5200419
福　建	Fujian	18053883	11265313	1324527	12987501	5066382
江　西	Jiangxi	14489675	8816220	1149556	10113849	4375827
山　东	Shandong	34640841	23902048	3586094	30316573	5564651
河　南	Henan	16607989	10878090	1580865	12604691	5114076
湖　北	Hubei	21738211	12521082	2396405	16324079	5417068
湖　南	Hunan	21876703	10717298	1985005	14298174	7448034
广　东	Guangdong	67769003	48901825	3572640	45706009	22151305
广　西	Guangxi	7355733	5009200	709994	5402059	2000527
海　南	Hainan	7283087	5048077	516946	4866254	2416833
重　庆	Chongqing	12257297	7143064	1624151	8401738	5125189
四　川	Sichuan	24560774	14744635	2672919	16988584	7572191
贵　州	Guizhou	11268523	6513754	1151064	7791032	3926775
云　南	Yunnan	10231572	6006210	1097330	6402866	3509850
西　藏	Tibet	628913	377738	142800	464443	188458
陕　西	Shaanxi	12565977	8055279	1205112	9656347	2909629
甘　肃	Gansu	4079117	2330872	568340	2792602	1199292
青　海	Qinghai	1096721	629792	198561	916038	180684
宁　夏	Ningxia	1914740	945749	207493	1273886	640854
新　疆	Xinjiang	5851271	3254801	900044	4036549	1412354

3-8-1 大中型批发和零售业企业损益及分配

项 目	Item	营业收入 Business Revenue	营业成本 Business Cost
总 计	**Total**	**6468491442**	**5978614421**
一、批发业	**Wholesale Trade**	**5502300392**	**5146284131**
#国有控股	State-controlled Enterprises	2688551315	2563393479
(一)按登记注册类型分	**by Type of Registration**		
1.内资企业	**Domestic Funded Enterprises**	**4463163451**	**4217266086**
国有企业	State-owned Enterprises	317070805	266743227
集体企业	Collective-owned Enterprises	3233341	3129753
股份合作企业	Cooperative Enterprises	3443990	3344127
联营企业	Joint Ownership Enterprises	2849601	2792979
国有联营企业	State Joint Ownership Enterprises	2056999	2006782
集体联营企业	Collective Joint Ownership Enterprises	15352	13626
国有与集体联营企业	Joint State-collective Enterprises	108440	102959
其他联营企业	Other Joint Ownership Enterprises	668810	669611
有限责任公司	Limited Liability Corporations	2462899666	2366992472
国有独资公司	State Sole Funded Corporations	472128285	459282854
其他有限责任公司	Other Limited Liability Corporations	1990771382	1907709618
股份有限公司	Share-holding Corporations Ltd.	449502674	434211127
私营企业	Private Enterprises	1222577341	1138708779
私营独资企业	Private-funded Enterprises	5567897	5033000
私营合伙企业	Private Partnership Enterprises	1386624	1281422
私营有限责任公司	Private Limited Liability Corporations	1162846439	1084589019
私营股份有限公司	Private Share-holding Corporations Ltd.	52776380	47805339
其他企业	Other Enterprises	1586033	1343622
2.港、澳、台商投资企业	**Enterprises with Funds from Hongkong, Macao and Taiwan**	**348866549**	**308238529**
合资经营企业	Joint-venture Enterprises	40889408	37935715
合作经营企业	Cooperative Enterprises	1858982	1739805
独资经营企业	Enterprises with Sole Investment	290129637	254649290
投资股份有限公司	Share-holding Corporations Ltd. with Investment	13428172	11756814
其他港澳台商投资企业	Other Enterprises with Funds from Hongkong, Macao and Taiwan	2560351	2156905
3.外商投资企业	**Foreign Funded Enterprises**	**690270392**	**620779515**
中外合资经营企业	Joint-venture Enterprises	189633744	180141300
中外合作经营企业	Cooperative Enterprises	135230	94343
外资企业	Enterprises with Sole Foreign Investment	482576941	424923937
外商投资股份有限公司	Share-holding Corporations Ltd. with Foreign Investment	14779971	12865161
其他外商投资企业	Other Foreign Funded Enterprises	3144507	2754773

Income and Distribution of Large and Medium-sized Enterprises of Wholesale and Retail Trades

单位：万元

Unit: 10 000 yuan

税金及附加 Taxes and Other Charges	其他业务利润 Profits from Other Business	销售费用 Selling Expenses	管理费用 Administrative Expenses
33076194	**20728478**	**236068257**	**103891053**
29966743	**10446085**	**148249194**	**75571178**
25514438	3060685	31338700	21094882
28002353	**6719708**	**91290313**	**49718398**
19929561	334417	5547235	8199999
6163	4420	47468	54402
2268	6451	45646	26849
3477	1055	19392	24226
2918	5	17302	18374
47		344	209
288	-46	1432	5283
225	1096	314	360
5942055	3288225	38402826	17370698
1703398	357592	4291625	3203072
4238657	2930633	34111201	14167626
416966	796786	7115031	3215853
1697653	2287853	40073477	20772621
11304	2618	231957	127364
2215	1385	22542	17604
1590497	2140891	37982389	19626932
93637	142959	1836588	1000722
4210	501	39237	53751
569779	**924177**	**20718278**	**12713873**
62105	37515	1252666	834736
2996	303	75897	23460
476767	853583	17920935	11472378
24602	30462	1140017	313035
3309	2314	328764	
			70264
1394611	**2802200**	**36240603**	**13138906**
186479	453849	5455216	1107343
452	2199	24157	14073
1169134	2252075	29069555	11609374
34374	87030	1432869	358826
4172	7046	258808	49289

项　目	Item	财务费用 Financial Expenses	#利息支出 Interest Expense
总　计	**Total**	**19396466**	**23148504**
一、批发业	**Wholesale Trade**	**14516712**	**20265070**
#国有控股	State-controlled Enterprises	7008341	12316972
(一)按登记注册类型分	**by Type of Registration**		
1.内资企业	**Domestic Funded Enterprises**	**13150787**	**18263176**
国有企业	State-owned Enterprises	-1035342	669446
集体企业	Collective-owned Enterprises	16578	17323
股份合作企业	Cooperative Enterprises	8895	10799
联营企业	Joint Ownership Enterprises	19864	25798
国有联营企业	State Joint Ownership Enterprises	23013	24216
集体联营企业	Collective Joint Ownership Enterprises	6	
国有与集体联营企业	Joint State-collective Enterprises	-2479	254
其他联营企业	Other Joint Ownership Enterprises	-676	1327
有限责任公司	Limited Liability Corporations	8270141	11461703
国有独资公司	State Sole Funded Corporations	2469390	2795328
其他有限责任公司	Other Limited Liability Corporations	5800751	8666375
股份有限公司	Share-holding Corporations Ltd.	1831229	2751956
私营企业	Private Enterprises	4036135	3324959
私营独资企业	Private-funded Enterprises	15379	11585
私营合伙企业	Private Partnership Enterprises	-456	1228
私营有限责任公司	Private Limited Liability Corporations	3737446	3005273
私营股份有限公司	Private Share-holding Corporations Ltd.	283766	306874
其他企业	Other Enterprises	3288	1192
2.港、澳、台商投资企业	**Enterprises with Funds from Hongkong, Macao and Taiwan**	**397266**	**771610**
合资经营企业	Joint-venture Enterprises	149835	98492
合作经营企业	Cooperative Enterprises	6892	7336
独资经营企业	Enterprises with Sole Investment	253422	593156
投资股份有限公司	Share-holding Corporations Ltd. With Investment	-16485	69343
其他港澳台商投资企业			
其他港澳台商投资企业	Other Enterprises with Funds from Hongkong, Macao and Taiwan	3602	3283
3.外商投资企业	**Foreign Funded Enterprises**	**968658**	**1230284**
中外合资经营企业	Joint-venture Enterprises	188175	293231
中外合作经营企业	Cooperative Enterprises	2315	1733
外资企业	Enterprises with Sole Foreign Investment	654112	769603
外商投资股份有限公司	Share-holding Corporations Ltd. With Foreign Investment	117560	160356
其他外商投资企业	Other Foreign Funded Enterprises	6496	5361

单位：万元
Unit: 10 000 yuan

营业利润 Opreating Profits	利润总额 Total Profits	应交所得税 Income Tax Payable	应付职工薪酬 Payables to Employees	应交增值税 VAT Payable
148073343	**152395455**	**29559673**	**130820123**	**50451526**
136379409	**139818365**	**25560515**	**86813288**	**39865132**
66880818	67679281	12664396	26748436	18020939
99994811	**102255363**	**18355388**	**57145108**	**31325458**
19728391	19763975	5167657	8671395	6819561
7943	12696	2853	42443	21899
12974	7801	2360	25900	10372
70400	74533	4250	22458	14038
70006	69560	3554	17930	6088
1119	1118	22	331	98
713	3082	669	3800	6655
-1437	772	5	397	1196
46499611	47717512	7893742	22820352	13005948
9838256	10154825	1169601	3583558	2219369
36661355	37562687	6724140	19236794	10786579
10469002	10620113	1285534	5050380	2436435
23140479	23994877	3995702	20481670	9013444
189308	194280	23602	127940	41376
62836	63323	2580	18713	12195
20186258	21027207	3649604	19089164	8462698
2702077	2710068	319917	1245852	497175
66012	63858	3291	30509	3762
11733083	**12335762**	**1906889**	**10741754**	**3010642**
954664	998736	182597	713996	401097
14174	15731	2019	47299	16676
9654608	10177405	1631188	9413883	2413333
1135590	1167645	81977	465472	159578
-25953	-23756	9108	101105	19958
24651515	**25227239**	**5298238**	**18926425**	**5529032**
3291896	3299853	680306	1758403	755928
-1238	-1061	1049	18392	2192
19878840	20434014	4539100	16512489	4549905
1355818	1365182	60821	572420	204468
126199	129251	16962	64722	16540

项　　目	Item	营业收入 Business Revenue	营业成本 Business Cost
(二)按国民经济行业分	**by Sector**		
农、林、牧、渔产品批发	Wholesale of Agricultural, Forestry, Livestock and Fishery Products	157429036	152446362
食品、饮料及烟草制品批发	Wholesale of Food, Beverages and Tobaccos	544130936	443728857
米、面制品及食用油批发	Wholesale of Rice, Flour and Edible Oil	83566245	78734957
肉、禽、蛋、奶及水产品批发	Wholesale of Meal, Fowls, Eggs, Milk and Aquatic Products	58205404	53191749
酒、饮料及茶叶批发	Wholesale of Wine, Beverages and Teas	105298447	79059886
烟草制品批发	Wholesale of Tobaccos	192634196	139630302
纺织、服装及家庭用品批发	Wholesale of Textiles, Wearing Apparel and Household Articles	385367353	332871796
服装批发	Wholesale of Garments	66500007	55572506
鞋帽批发	Wholesale of Shoes and Hats	20122698	16279841
日用家电批发	Wholesale of Household Electrical Appliances	125280858	114227296
文化、体育用品及器材批发	Wholesale of Culture, Sports Appliances and Equipments	105546196	94986178
文具用品批发	Wholesale of Stationeries	27906267	26507441
体育用品及器材批发	Wholesale of Sports Appliances and Equipments	14908856	13254004
图书批发	Wholesale of Books	10841139	8719974
医药及医疗器材批发	Wholesale of Medicines and Medical Appliances	370952599	323296666
西药批发	Wholesale of Western Medicines	235187810	210661630
中药批发	Wholesale of Chinese Traditional Medicines	52403801	44901866
矿产品、建材及化工产品批发	Wholesale of Mineral Products, Building Materials and Chemical Products	2983160066	2914223963
煤炭及制品批发	Wholesale of Coal and Related Products	485884393	473571632
石油及制品批发	Wholesale of Petroleum and Related Products	686434069	669902396
金属及金属矿批发	Wholesale of Metal Materials	1168420424	1153866810
建材批发	Wholesale of Building Materials	138161785	131449572
化肥批发	Wholesale of Chemical Fertilizer	56303053	54094285
农药批发	Wholesale of Pesticides	8349837	7409273
机械设备、五金产品及电子产品批发	Wholesale of Machinery, Hardware and Electronic Products	837331221	773560369
汽车及零配件批发	Wholesale of Motor Vehicles and Their Parts	317273390	296883574
计算机、软件及辅助设备批发	Wholesale of Computer, Software and Assistant Appliances	113765017	106294651
通讯设备批发	Wholesale of Communication Equipments	79329737	75287980
贸易经纪与代理	Trade Broker and Agency	33207133	31178207
其他批发业	Other Wholesale not Classified Elsewhere	85175852	79991732

单位：万元
Unit: 10 000 yuan

税金及附加 Taxes and Other Charges	其他业务利润 Profits from Other Business	销售费用 Selling Expenses	管理费用 Administrative Expenses
149380	390420	1543106	1569636
23547740	1866622	28349200	16073494
110873	260162	3116774	1151003
65635	87319	3115586	1133576
442584	354481	11084680	2604672
22746128	154829	4478191	8341100
601965	1077689	31966221	14330862
113452	261847	6544733	3118977
29022	10722	1503844	1742186
125038	153948	6313769	4624777
235874	290983	4834116	2465306
32102	57144	677266	386462
29833	55753	740249	382320
20048	53826	696298	631121
893756	1440172	25687541	9353754
533101	836458	12803086	4640361
132304	148643	5086314	1159568
2803427	3073030	25245390	15967684
625494	351354	3384230	2779727
552846	1018513	7977440	2916967
834365	721112	4159409	4300809
281653	343543	2303844	1624010
56540	41650	795038	370532
9922	22736	497013	174225
1471258	1967206	27686182	14142039
765915	369657	11331834	3003111
118348	142353	2617602	1031480
81390	342425	2118496	806549
32692	102779	526405	460103
230651	237184	2411034	1208299

项 目	Item	财务费用 Financial Expenses	#利息支出 Interest Expenses
(二)按国民经济行业分	**by Sector**		
农、林、牧、渔产品批发	Wholesale of Agricultural, Forestry, Livestock and Fishery Products	1329292	1374222
食品、饮料及烟草制品批发	Wholesale of Food, Beverages and Tobaccos	-965181	1389152
米、面制品及食用油批发	Wholesale of Rice, Flour and Edible Oil	246786	567494
肉、禽、蛋、奶及水产品批发	Wholesale of Meal, Fowls, Eggs, Milk and Aquatic Products	202735	198507
酒、饮料及茶叶批发	Wholesale of Wine, Beverages and Teas	-186518	263022
烟草制品批发	Wholesale of Tobaccos	-1617290	11623
纺织、服装及家庭用品批发	Wholesale of Textiles, Wearing Apparel and Household Articles	455488	875064
服装批发	Wholesale of Garments	151560	236492
鞋帽批发	Wholesale of Shoes and Hats	35987	17118
日用家电批发	Wholesale of Household Electrical Appliances	-212356	113783
文化、体育用品及器材批发	Wholesale of Culture, Sports Appliances and Equipments	130688	327385
文具用品批发	Wholesale of Stationeries	54062	53257
体育用品及器材批发	Wholesale of Sports Appliances and Equipments	-12795	21576
图书批发	Wholesale of Books	-79455	67346
医药及医疗器材批发	Wholesale of Medicines and Medical Appliances	1815519	2065049
西药批发	Wholesale of Western Medicines	1205764	1493553
中药批发	Wholesale of Chinese Traditional Medicines	186558	197449
矿产品、建材及化工产品批发	Wholesale of Mineral Products, Building Materials and Chemical Products	10267918	11924747
煤炭及制品批发	Wholesale of Coal and Related Products	2366199	3447716
石油及制品批发	Wholesale of Petroleum and Related Products	1442975	1448053
金属及金属矿批发	Wholesale of Metal Materials	3980908	4307611
建材批发	Wholesale of Building Materials	950986	1011220
化肥批发	Wholesale of Chemical Fertilizer	252175	290079
农药批发	Wholesale of Pesticides	46000	61959
机械设备、五金产品及电子产品批发	Wholesale of Machinery, Hardware and Electronic Products	1169016	1774001
汽车及零配件批发	Wholesale of Motor Vehicles and Their Parts	-101207	465019
计算机、软件及辅助设备批发	Wholesale of Computer, Software and Assistant Appliances	665236	177706
通讯设备批发	Wholesale of Communication Equipments	123541	221979
贸易经纪与代理	Trade Broker and Agency	120221	213346
其他批发业	Other Wholesale not Classified Elsewhere	193750	322104

3-8-1 Continued 3

单位：万元

Unit: 10 000 yuan

营业利润 Opreating Profits	利润总额 Total Profits	应交所得税 Income Tax Payable	应付职工薪酬 Payables to Employees	应交增值税 VAT Payable
1458523	1852014	292596	1364027	396423
38928127	39264939	9392034	19125104	11430692
786994	999897	191494	1563420	336285
547489	596474	118557	1426433	370981
13901559	13929396	3192771	4076104	2977408
21035829	20922385	5418815	8840164	6821853
11117224	11638335	1818588	12029659	3491878
1715908	1872996	377262	3049444	655052
670976	778728	161240	717654	216349
3145299	3201390	148495	2169777	620782
3849620	3971967	489018	3285501	744505
283665	297707	64821	435890	151646
1091402	1136743	127750	622160	180843
983360	985711	61973	693945	21401
12038176	12250824	2400355	12674695	5730951
7005406	7034835	1156161	5871524	3176856
1167314	1193012	254156	1538965	881430
42168148	43115453	5603856	17652039	10192829
14809505	14935177	1234676	2223717	2579712
6930120	7008718	1393372	4730522	2618587
8923523	9239572	1074491	3987904	1920169
2277663	2417539	384088	1732675	948819
1259803	1295073	160352	460430	230487
267827	292687	46796	364840	24300
23530663	24209790	5118365	18890423	6230213
7342245	7564058	1896531	3700293	1987076
2487059	2518060	658105	2313226	634130
1419755	1470854	153207	1220147	466428
1011504	1028278	200389	441994	193343
2277426	2486764	245313	1349845	1454300

项　目	Item	营业收入 Business Revenue	营业成本 Business Cost
二、零售业	**Retail Trade**	**966191050**	**832330291**
#国有控股	State-controlled Enterprises	220796987	198295589
(一)按登记注册类型分	**by Type of Registration**		
1.内资企业	**Domestic Funded Enterprises**	**705770131**	**617053742**
国有企业	State-owned Enterprises	16086146	15035733
集体企业	Collective-owned Enterprises	1107365	925584
股份合作企业	Cooperative Enterprises	266822	237075
联营企业	Joint Ownership Enterprises	99657	85018
国有联营企业	State Joint Ownership Enterprises	99657	85018
集体联营企业	Collective Joint Ownership Enterprises		
国有与集体联营企业	Joint State-collective Enterprises		
其他联营企业	Other Joint Ownership Enterprises		
有限责任公司	Limited Liability Corporations	263843385	229570174
国有独资公司	State Sole Funded Corporations	13518321	11474639
其他有限责任公司	Other Limited Liability Corporations	250325064	218095534
股份有限公司	Share-holding Corporations Ltd.	103345570	93100976
私营企业	Private Enterprises	320589701	277709467
私营独资企业	Private-funded Enterprises	2662638	2313503
私营合伙企业	Private Partnership Enterprises	330667	293351
私营有限责任公司	Private Limited Liability Corporations	306501073	266296233
私营股份有限公司	Private Share-holding Corporations Ltd.	11095322	8806380
其他企业	Other Enterprises	431484	389716
2.港、澳、台商投资企业	**Enterprises with Funds from Hongkong, Macao and Taiwan**	**99984344**	**79060816**
合资经营企业	Joint-venture Enterprises	14431887	11882181
合作经营企业	Cooperative Enterprises	704515	592148
独资经营企业	Enterprises with Sole Investment	80458522	63581726
投资股份有限公司	Share-holding Corporations Ltd. with Investment	2733598	1915832
其他港澳台商投资企业	Other Enterprises with Funds from Hongkong, Macao and Taiwan	1655822	1088929
3.外商投资企业	**Foreign Funded Enterprises**	**160436575**	**136215733**
中外合资经营企业	Joint-venture Enterprises	33063813	28199578
中外合作经营企业	Cooperative Enterprises	658207	572692
外资企业	Enterprises with Sole Foreign Investment	106004504	88974288
外商投资股份有限公司	Share-holding Corporations Ltd. with Foreign Investment	19707840	17676222
其他外商投资企业	Other Foreign Funded Enterprises	1002210	792954

单位：万元
Unit: 10 000 yuan

税金及附加 Taxes and Other Charges	其他业务利润 Profits from Other Business	销售费用 Selling Expenses	管理费用 Administrative Expenses
3109451	**10282393**	**87819062**	**28319875**
708288	1627289	13467525	3916788
2174377	**7827967**	**58295622**	**20222763**
65717	40884	1012432	301907
6154	12230	75571	78036
1268	3820	15652	11972
880		6056	4030
880		6056	4030
880790	3881082	22613106	7363382
107709	70322	879077	416165
773081	3810760	21734029	6947217
327827	772972	6495519	1762692
888892	3113308	28053788	10692823
7832	12509	211034	98563
1132	1896	16114	16855
845865	2947102	26394731	10239043
34064	151800	1431909	338362
2847	3671	23500	7921
500342	**1239536**	**13533445**	**3730858**
105907	294059	1588668	483445
3476	8023	93510	14875
378771	896779	10774020	3046702
6781	27623	635772	128867
5407	13052	441475	56969
434732	**1214890**	**15989995**	**4366254**
83064	347234	3430912	955115
4012	12786	55202	21918
318455	774019	11468751	3119665
25209	72003	841886	216093
3991	8848	193245	53463

项　　目	Item	财务费用 Financial Expenses	#利息支出 Interest Expenses
二、零售业	**Retail Trade**	**4879754**	**2883434**
#国有控股	State-controlled Enterprises	777653	640992
(一)按登记注册类型分	**by Type of Registration**		
1.内资企业	**Domestic Funded Enterprises**	**3703858**	**2264648**
国有企业	State-owned Enterprises	55792	29340
集体企业	Collective-owned Enterprises	606	852
股份合作企业	Cooperative Enterprises	1392	1376
联营企业	Joint Ownership Enterprises	297	279
国有联营企业	State Joint Ownership Enterprises	297	279
集体联营企业	Collective Joint Ownership Enterprises		
国有与集体联营企业	Joint State-collective Enterprises		
其他联营企业	Other Joint Ownership Enterprises		
有限责任公司	Limited Liability Corporations	1445771	995917
国有独资公司	State Sole Funded Corporations	88775	53700
其他有限责任公司	Other Limited Liability Corporations	1356996	942218
股份有限公司	Share-holding Corporations Ltd.	342090	295566
私营企业	Private Enterprises	1856801	940632
私营独资企业	Private-funded Enterprises	14625	9009
私营合伙企业	Private Partnership Enterprises	1058	439
私营有限责任公司	Private Limited Liability Corporations	1768038	880756
私营股份有限公司	Private Share-holding Corporations Ltd.	73080	50429
其他企业	Other Enterprises	1110	686
2.港、澳、台商投资企业	**Enterprises with Funds from Hongkong, Macao and Taiwan**	**429819**	**177856**
合资经营企业	Joint-venture Enterprises	85995	60989
合作经营企业	Cooperative Enterprises	3241	3133
独资经营企业	Enterprises with Sole Investment	334303	110361
投资股份有限公司	Share-holding Corporations Ltd. with Investment	6013	1039
其他港澳台商投资企业	Other Enterprises with Funds from Hongkong, Macao and Taiwan	267	2334
3.外商投资企业	**Foreign Funded Enterprises**	**746077**	**440930**
中外合资经营企业	Joint-venture Enterprises	223845	160891
中外合作经营企业	Cooperative Enterprises	462	676
外资企业	Enterprises with Sole Foreign Investment	458024	239585
外商投资股份有限公司	Share-holding Corporations Ltd. with Foreign Investment	56802	35115
其他外商投资企业	Other Foreign Funded Enterprises	6944	4663

3-8-1 Continued 5

单位：万元
Unit: 10 000 yuan

营业利润 Opreating Profits	利润总额 Total Profits	应交所得税 Income Tax Payable	应付职工薪酬 Payables to Employees	应交增值税 VAT payable
11693934	**12577090**	**3999159**	**44006835**	**10586394**
5150306	5225719	702839	8311344	2340438
6244862	**6782903**	**2102388**	**32157385**	**7356253**
-301712	-300914	20905	617905	181315
13754	16249	2186	69185	17549
2859	1982	1163	19033	2707
-946	-946	-274	4198	2703
-946	-946	-274	4198	2703
3244399	3357894	1032299	12362200	2679740
713557	732834	77429	745722	82472
2530843	2625060	954870	11616478	2597267
1995791	2018549	200768	3669713	1146870
1286233	1685601	844687	15398161	3323598
22516	24337	6761	127324	22798
2398	2557	266	12165	6785
895253	1276120	776469	14437138	3166673
366066	382587	61191	821533	127342
4483	4489	654	16990	1771
2930103	**3072295**	**1069031**	**6158594**	**1387397**
394061	406717	124152	741862	177792
19597	20702	4442	39070	11515
2440002	2564825	918278	5043291	1118643
48483	48977	12421	240499	39843
27960	31074	9738	93872	39604
2518969	**2721892**	**827740**	**5690856**	**1842744**
-188619	-140201	86371	1350966	413889
-8936	-7883	2899	36928	7016
1785520	1935756	702003	3941450	1208693
980133	982088	27929	303328	195868
-49128	-47867	8538	58184	17279

项 目	Item	营业收入 Business Revenue	营业成本 Business Cost
(二)按国民经济行业分	**by Sector**		
综合零售	Integrated Retail	175324221	140967723
百货零售	Retail of General Merchandise	75301640	58823686
超级市场零售	Retail of Supermarkets	92479419	76401300
食品、饮料及烟草制品专门零售	Special Retail of Food, Beverages and Tobaccos	21275144	16362835
粮油零售	Retail of Cereal and Oil	639096	530699
肉、禽、蛋、奶及水产品零售	Retail of Meat, Poultry, Eggs, Milk and Aquatic Products	3571188	2937473
酒、饮料及茶叶零售	Retail of Wine, Beverages and Teas	3780628	2939025
烟草制品零售	Retail of Tobaccos	1141388	918428
纺织、服装及日用品专门零售	Special Retail of Textiles, Garments and Daily Consumer Articles	48865255	28244507
服装零售	Retail of Garments	28789698	17018482
文化、体育用品及器材专门零售	Special Retail of Culture, Sports Appliances and Equipments	30079060	23387864
体育用品及器材零售	Retail of Sports Appliances and Equipments	1567617	892602
图书、报刊零售	Retail of Books, Newspapers and Magazines	11877503	8808817
医药及医疗器材专门零售	Special Retail of Medicines and Medical Appliances	44049388	33388930
西药零售	Retail of Western Medicines	41161632	31259526
汽车、摩托车、零配件和燃料及其他动力销售	Retail of Motor Vehicles, Motorcycles, Parts, Fuel and Other Powers	468751669	436408671
汽车新车零售	Retail of New Motor Vehicles	295885817	276191965
机动车燃油零售	Retail of Fuel Oil of Motor Vehicles	164849413	153044754
家用电器及电子产品专门零售	Special Retail of Household Electric Appliances and Electronic Products	39156993	35488860
日用家电零售	Retail of Household Electric Appliances	13287699	12132493
计算机、软件及辅助设备零售	Retail of Computer, Software and Assistant Appliances	13162611	12006627
通信设备零售	Retail of Communication Equipments	8277832	7421590
五金、家具及室内装饰材料专门零售	Special Retail of Hardware, Furniture and Interior Decoration Materials	4905629	3388280
货摊、无店铺及其他零售业	Stalls, Non-shop and Other Retails	133783692	114692621
互联网零售	Retail on the Internet	129188313	111035676
(三)按零售业态分	**by Mode of Business Operation**		
有店铺零售	Store-based Retailing	828549496	715039044
超市	Supermarket	122580259	100740499
百货店	Department Store	86760850	66645199
专业店	Speciality Store	290863488	256065586
品牌专卖店	Brand Store	353742999	310570271
集合店	Collection Store	4312339	3726313
无店铺零售	Non-Store Selling	241506331	203177944

3-8-1 Continued 6

单位：万元

Unit: 10 000 yuan

税金及附加 Taxes and Other Charges	其他业务利润 Profits from Other Business	销售费用 Selling Expenses	管理费用 Administrative Expenses
1061722	5958585	22030137	8083361
774807	3102765	8293714	4496020
267208	2610514	12415424	3003872
67502	127440	3292665	1135728
2082	3578	68134	43760
9323	35502	436426	162667
14922	24750	434459	162102
4361	3924	108136	70531
250064	279182	13748964	3590711
148844	200601	7837793	2331279
240678	226386	3618619	1778785
8681	2827	465782	153230
39250	153290	1316595	994469
116246	334385	7330669	2034253
108517	310546	6807939	1895796
1036698	2747948	18686319	7390929
788059	2403393	11188426	6218755
231983	326614	6985231	988682
58491	181106	2764135	961456
16481	64785	1135076	404276
22376	1530	666912	154670
9162	92002	591413	258211
43684	48419	1027587	566919
234366	378942	15319966	2777734
222473	332925	14731546	2558016
2862427	9887752	71451157	25290910
424905	3274946	16152637	4623309
842465	3320595	10911489	5062113
675038	1624655	21141900	7241240
1135257	3351185	26894291	9695369
9470	21056	452896	155855
605782	1746559	28980464	6624415

项 目	Item	财务费用 Financial Expense	#利息支出 Interest Expenses
(二)按国民经济行业分	**by Sector**		
综合零售	Integrated Retail	1819945	928755
百货零售	Retail of General Merchandise	910388	587933
超级市场零售	Retail of Supermarkets	869357	314901
食品、饮料及烟草制品专门零售	Special Retail of Food, Beverages and Tobaccos	93666	64198
粮油零售	Retail of Cereal and Oil	5772	3398
肉、禽、蛋、奶及水产品零售	Retail of Meat, Poultry, Eggs, Milk and Aquatic Products	11391	9289
酒、饮料及茶叶零售	Retail of Wine, Beverages and Teas	27118	13536
烟草制品零售	Retail of Tobaccos	465	2623
纺织、服装及日用品专门零售	Special Retail of Textiles, Garments and Daily Consumer Articles	306135	149645
服装零售	Retail of Garments	220439	110634
文化、体育用品及器材专门零售	Special Retail of Culture, Sports Appliances and Equipments	38577	61083
体育用品及器材零售	Retail of Sports Appliances and Equipments	13933	5888
图书、报刊零售	Retail of Books, Newspapers and Magazines	-47283	14035
医药及医疗器材专门零售	Special Retail of Medicines and Medical Appliances	253889	138652
西药零售	Retail of Western Medicines	230601	118696
汽车、摩托车、零配件和燃料及其他动力销售	Retail of Motor Vehicles, Motorcycles, Parts, Fuel and Other Powers	1877141	1198266
汽车新车零售	Retail of New Motor Vehicles	1384307	929383
机动车燃油零售	Retail of Fuel Oil of Motor Vehicles	465591	253088
家用电器及电子产品专门零售	Special Retail of Household Electric Appliances and Electronic Products	178669	120037
日用家电零售	Retail of Household Electric Appliances	66656	34492
计算机、软件及辅助设备零售	Retail of Computer, Software and Assistant Appliances	4817	17365
通信设备零售	Retail of Communication Equipments	43144	21493
五金、家具及室内装饰材料专门零售	Special Retail of Hardware, Furniture and Interior Decoration Materials	100617	89450
货摊、无店铺及其他零售	Stalls, Non-shop and Other Retails	211117	133347
互联网零售	Retail on the Internet	203424	122667
(三)按零售业态分	**by Mode of Business Operation**		
有店铺零售	Store-based Retailing	4631055	2707441
超市	Supermarket	1085049	446678
百货店	Department Store	963826	609667
专业店	Speciality Store	1203064	760322
品牌专卖店	Brand Store	1558495	1003112
集合店	Collection Store	28505	18312
无店铺零售	Non-Store Selling	772059	446165

Unit: 10 000 yuan

营业利润 Opreating Profits	利润总额 Total Profits	应交所得税 Income Tax Payable	应付职工薪酬 Payables to Employees	应交增值税 VAT payable
2309745	2536787	936102	12267858	2139603
3137449	3203471	768284	4619679	1073419
-647606	-477933	157550	7074407	967780
810515	856435	155242	1803638	369021
-13894	-9900	1545	50068	7959
23490	30528	6093	287042	46697
519722	541487	59922	225195	94488
74944	86429	16774	106174	17823
2783680	2979826	1030580	5415417	1325682
1259645	1392580	562422	3382055	608436
1288139	1303686	157580	2411787	315065
21446	23759	18922	173635	55718
953813	946067	23143	1416491	62504
1103514	1172458	272720	4743215	732485
1031333	1097845	257143	4409155	678098
3343463	3472103	1034771	11820152	3960323
41367	250557	686758	8467607	2193251
3273717	3183142	332948	3072569	1707959
-264646	-230540	99911	1538249	316784
-407466	-400421	8564	549223	77523
294937	300717	81017	385085	140118
-42489	-26354	5867	393598	61055
-217244	-213135	13594	527874	113555
536769	699471	298659	3478645	1313877
423436	564454	266040	3122395	1246808
11261764	11970773	3688512	40132189	9163753
-321554	-148913	277745	9303086	1336350
3451075	3536167	903485	5548188	1351616
5042100	5176857	918547	12781013	3140382
4451549	4790788	1898703	14693025	3681794
-14791	-10737	7739	255581	57634
1327406	1588781	806884	10312406	2560526

3-8-2 各地区大中型批发业企业损益及分配

地 区	Region	营业收入 Business Revenue	营业成本 Business Cost	税金及附加 Taxes and Other Charges	其他业务利润 Profits from Other Business	销售费用 Selling Expenses	管理费用 Administr-ative Expenses
全 国	**National Total**	**5502300392**	**5146284131**	**29966743**	**10446085**	**148249194**	**75571178**
北 京	Beijing	602319170	563975715	1084718	2331994	16035631	11678552
天 津	Tianjin	183829392	176914127	777869	147476	3583448	1410776
河 北	Hebei	88178768	83241692	1053453	84275	1242867	859861
山 西	Shanxi	135799180	129108513	780568	289662	1671624	1558503
内蒙古	Inner Mongolia	48981049	46005725	473319	321773	828325	607449
辽 宁	Liaoning	110501547	106087742	720279	28020	1354896	869287
吉 林	Jilin	22873545	20751678	376072	35911	1013025	384293
黑龙江	Heilongjiang	55958942	52971404	469409	80219	1446256	526638
上 海	Shanghai	882842039	809323926	1546731	1821492	37408927	15757241
江 苏	Jiangsu	384932699	356260572	1993139	471544	11499861	6435695
浙 江	Zhejiang	537259403	510320670	2058861	906947	12411582	5350244
安 徽	Anhui	102526957	93888149	1096470	76936	4287264	1671548
福 建	Fujian	288439566	276469142	1095730	467345	4330694	2301950
江 西	Jiangxi	46090394	40781645	764782	68683	2209728	797673
山 东	Shandong	278531548	265097215	1520201	289255	5409039	3113645
河 南	Henan	90991115	83324521	1456727	57244	2226552	1644505
湖 北	Hubei	115098327	106050195	1117964	372889	3316246	1427691
湖 南	Hunan	60543980	54040862	1334841	65992	2077197	1278962
广 东	Guangdong	657781619	617583005	2788631	1378347	18547109	9745188
广 西	Guangxi	74681204	70723587	763707	67540	1128892	758437
海 南	Hainan	47889534	45328142	288725	69148	855214	480822
重 庆	Chongqing	98629901	90267854	1169481	176612	2956742	1111043
四 川	Sichuan	137260471	126199328	1469592	354844	3990316	1648295
贵 州	Guizhou	47034384	37219986	837385	66258	1805189	846493
云 南	Yunnan	83224455	76932653	988653	122808	1730142	905381
西 藏	Tibet	2512078	1482979	114395	835	642990	163093
陕 西	Shaanxi	141082732	135488718	796782	136381	2011336	1000374
甘 肃	Gansu	66389065	64188850	401481	45866	690889	395304
青 海	Qinghai	10217056	9590541	107703	13534	221780	107079
宁 夏	Ningxia	10789436	10187895	123531	6688	221925	111065
新 疆	Xinjiang	89110836	86477099	395542	89566	1093511	624090

Income and Distribution of Large and Medium-sized Enterprises of Wholesale Trade by Region

单位：万元
Unit: 10 000 yuan

财务费用 Financial Expenses	#利息支出 Interest Expenses	营业利润 Opreating Profits	利润总额 Total Profits	应交所得税 Income Tax Payable	应付职工薪酬 Payables to Employees	应交增值税 VAT Payable
14516712	**20265070**	**136379409**	**139818365**	**25560515**	**86813288**	**39865132**
1917929	3577864	23300782	23473861	2666957	11215109	3540941
439230	373680	2283509	2425497	386812	2129220	1118600
170810	198566	1828646	1875926	364732	917188	693224
675107	1303946	3651648	3665811	554982	1116806	905718
251375	374738	2041763	2053955	225899	578408	506013
238468	300527	1198096	1251929	300313	888045	623130
137180	140459	204297	280320	104412	512434	217120
92183	338726	746208	789031	148027	717488	517460
1904762	1646264	22215596	23322568	5221734	20305180	5384503
1055284	1042294	9430020	9757164	2009384	6155094	3066999
1022538	1897850	11293588	11842341	2217725	6960086	2905674
203300	297868	1623001	1689146	488337	1697241	1189284
1221246	1248857	5345425	5546673	843818	2308029	1333446
128385	168044	1471052	1513341	305221	862955	657338
781399	956434	2421691	2535089	656125	3492110	1705443
272155	306510	2135180	2185924	493727	1623728	929266
253303	396700	2831115	2812465	608140	1980400	1169211
179796	219779	1887699	1917281	456455	1236227	888765
1544305	2157260	12804969	12996522	2202571	12399355	4431414
342973	636105	1238068	1256730	254116	850913	670626
33400	75581	1775285	1841370	214044	517663	355684
78307	294720	3097193	3146844	514955	1131402	887499
332440	550033	5150201	5195442	881561	2216822	1592182
-73105	197029	7044634	7055142	1706895	997047	1262798
238872	403708	3168590	3147487	659691	1208153	746886
-3836	7301	159176	165980	18554	131133	132288
343891	418877	2553619	2576310	380479	1096224	1133977
188914	241593	1111979	1109784	93431	519521	477735
139528	15716	1137647	1102895	339712	154504	105878
7804	14701	161931	158538	33460	140868	89399
398772	463343	1066800	1127000	208243	753935	626630

3-8-3 各地区大中型零售业企业损益及分配

地区	Region	营业收入 Business Revenue	营业成本 Business Cost	税金及附加 Taxes and Other Charges	其他业务利润 Profits from Other Business	销售费用 Selling Expenses	管理费用 Administrative Expenses
全国	**National Total**	**966191050**	**832330291**	**3109451**	**10282393**	**87819062**	**28319875**
北京	Beijing	81431609	72022557	232833	1190345	6850452	2006912
天津	Tianjin	12853224	11231481	38551	185323	1183447	367595
河北	Hebei	25490084	21865681	101462	1282532	1887925	924247
山西	Shanxi	13264348	11952303	31383	179813	849275	409471
内蒙古	Inner Mongolia	10164833	9121695	27992	58360	685486	233363
辽宁	Liaoning	21401146	19025368	78445	165316	1541850	664167
吉林	Jilin	9417574	8245580	36855	80450	673571	388998
黑龙江	Heilongjiang	9702675	8555433	36471	129750	717950	278442
上海	Shanghai	93474496	68728370	379806	429396	16635977	4398702
江苏	Jiangsu	83988971	73964863	200937	1014260	6516212	2273534
浙江	Zhejiang	70066071	60356287	223586	731219	6608444	2028880
安徽	Anhui	27904997	24388687	79259	112697	2181621	711956
福建	Fujian	37312270	32124817	96493	398532	3686089	899400
江西	Jiangxi	19709124	17366853	54349	101762	1438009	508468
山东	Shandong	51017130	44706513	167009	599027	4066459	1498290
河南	Henan	32462043	27735816	106997	317768	2267971	966711
湖北	Hubei	36417067	31493120	121312	542246	3011664	1057537
湖南	Hunan	29946157	26178735	126814	188134	2107907	855598
广东	Guangdong	119495715	103199163	377678	1058265	11733347	3577171
广西	Guangxi	11773958	10327229	29555	121301	1077856	396260
海南	Hainan	10902204	9252312	146367	60191	681272	322428
重庆	Chongqing	23935239	21160420	70496	331040	1895368	552325
四川	Sichuan	54418953	48842830	120384	454136	3768145	1111123
贵州	Guizhou	15382156	13683975	32452	65247	924600	325555
云南	Yunnan	19652523	17430069	40816	119844	1460575	383282
西藏	Tibet	1405505	1264040	2976	2691	89372	19446
陕西	Shaanxi	25096036	22247237	79936	206272	1811478	695694
甘肃	Gansu	7477044	6627837	22965	59336	537302	133242
青海	Qinghai	1414408	1270457	3608	11716	102372	44052
宁夏	Ningxia	1980810	1681752	9722	8198	180542	62173
新疆	Xinjiang	7232680	6278809	31942	77226	646525	224851

Income and Distribution of Large and Medium-sized Enterprises of Retail Trade by Region

单位：万元
Unit: 10 000 yuan

财务费用 Financial Expenses	#利息支出 Interest Expenses	营业利润 Opreating Profits	利润总额 Total Profits	应交所得税 Income Tax Payable	应付职工薪酬 Payables to Employees	应交增值税 VAT Payable
4879754	**2883434**	**11693934**	**12577090**	**3999159**	**44006835**	**10586394**
205694	221313	286166	330406	277523	3071255	724393
120835	87759	-130600	-105754	49758	592837	133109
190106	83173	687332	710177	70465	1287826	275988
95052	53869	-61258	-43695	26606	492485	141801
45016	27928	63240	76259	12872	448709	284481
132503	98658	102388	145963	64092	909626	153860
119080	82727	-2048	26335	26624	378427	88864
81795	48369	72627	84822	38157	421718	251445
410569	170849	3110386	3391888	1247494	6188604	1454774
394306	196739	346773	352333	315495	3480398	951795
257050	222278	682456	816777	338425	3046266	772262
125460	53695	332879	357225	63000	1177817	268292
183745	128310	447901	478795	152176	1718252	332586
82862	59228	331556	314449	64912	801773	139021
307281	170373	405606	454057	157305	2340002	505755
198730	88294	1058736	1075968	117596	1306805	329110
190113	88466	493990	524144	109054	1758663	398020
165051	80689	504238	537831	90933	1370390	288766
569034	323935	615938	564478	351141	5779279	1369957
64101	45228	-35758	-33802	25986	636116	92201
114491	41029	424113	432411	81857	383260	83509
95948	63635	221513	256388	38555	1147227	212291
221757	139929	553755	597602	93404	2078645	442014
132804	88200	528577	534581	30523	470112	135331
81020	60152	247019	255270	55649	823550	157721
3729	3482	36536	36858	1276	49272	58452
150586	67498	148749	178516	51818	941317	270944
35132	21957	168784	166727	25155	303920	80018
19515	14367	-14444	-11268	2899	68909	20998
33126	11976	36159	36811	3598	104846	23014
53266	39332	30622	34539	14813	428532	145626

3-9-1 按业态分连锁零售企业基本情况

Basic Conditions of Chain Retail Enterprises by Business Categories

业　态	Business Categories	门店总数 (个) Number of Stores (unit)	从业人员 (万人) Engaged Persons (10 000 persons)	营业面积 (万平方米) Operational Area (10 000 sq.m)	商品销售额 (亿元) Total Sales Value (100 million yuan)	#零售额 Retail Value
总　计	**Total**	**296605**	**205.7**	**18604.3**	**39030.1**	**29864.5**
便利店	Convenience Store	27416	6.6	232.8	575.3	537.9
超市	Supermarket	32513	58.9	5171.0	6886.8	6215.2
折扣店	Discount Store	430	0.1	16.6	23.7	20.3
仓储会员店	Warehouse Club	5354	7.7	365.5	786.1	737.5
百货店	Department Store	4559	18.4	2850.4	2851.2	2297.3
购物中心	Shopping Mall	141	0.4	56.3	48.5	48.5
专业店	Specialty Store	179441	85.9	8953.6	22815.5	16179.6
#加油站	Gas Station	32900	19.3	5149.1	15604.0	10482.8
品牌专卖店	Brand Exclusive Store	29589	19.0	736.2	3922.6	3297.7
集合店	Multi-brands Store	10043	5.5	153.3	364.4	336.9
无人值守商店	Unnanned Store					
其他	Other Store	7119	3.2	68.7	755.9	193.6

3-9-2 按登记注册类型分连锁零售企业基本情况

Basic Conditions of Chain Retail Enterprises by Status of Registration

项　目	Item	门店总数（个）Number of Stores (unit)	从业人员（万人）Employed Person (10 000 persons)	营业面积（万平方米）Operational Area (10 000 sq.m)	商品销售额（亿元）Total Sales Value (100 million yuan)	#零售额 Retail Value
总　计	**Total**	**296605**	**205.7**	**18604.3**	**39030.1**	**29864.5**
内资企业	**Domestic Funded Enterprises**	**258874**	**154.7**	**13048.9**	**25969.7**	**19330.7**
国有企业	State-owned Enterprises	9645	6.2	831.7	3133.3	1923.9
集体企业	Collective-owned Enterprises	255	0.5	47.0	45.1	44.2
股份合作企业	Cooperative Enterprises	274	0.3	4.5	138.0	109.4
联营企业	Joint Ownership Enterprises	257	0.1	2.7	11.1	10.7
国有联营企业	State Joint Ownership Enterprises	216	0.1	2.0	8.8	8.8
集体联营企业	Collective Joint Ownership Enterprises					
国有与集体联营企业	Joint State-collective Enterprises					
其他联营企业	Other Joint Ownership Enterprises	41	0.0	0.6	2.3	1.9
有限责任公司	Limited Liability Corporations	105864	65.0	4884.6	7968.1	5925.5
国有独资公司	State Sole Funded Corporations	1412	0.8	82.9	277.0	143.3
其他有限责任公司	Other Limited Liability Corporations	104452	64.2	4801.8	7691.1	5782.2
股份有限公司	Share-holding Corporations Ltd.	34181	33.3	5224.1	10912.8	7865.2
私营企业	Private Enterprises	106598	48.6	2032.0	3730.3	3421.2
私营独资企业	Private-funded Enterprises	1400	0.4	17.3	33.1	32.1
私营合伙企业	Private Partnership Enterprises	408	0.1	6.0	5.8	4.5
私营有限责任公司	Private Limited Liability Corporations	94132	43.8	1848.0	3432.5	3142.2
私营股份有限公司	Private Share-holding Corporations Ltd.	10658	4.2	160.7	258.9	242.4
其他企业	Other Enterprises	1800	0.7	22.4	30.8	30.6
港、澳、台商投资企业	**Enterprises with Funds from Hong Kong, Macao and Taiwan**	**15746**	**20.1**	**1842.3**	**3234.8**	**2946.8**
港、澳、台商合资经营企业	Joint-venture Enterprises	2582	2.0	531.4	238.1	222.9
港、澳、台商合作经营企业	Cooperative Enterprises	191	4.1	525.7	537.0	537.0
港、澳、台商独资经营企业	Enterprises with Sole Investment	10312	11.9	635.7	2310.7	2040.0
港、澳、台商投资股份有限公司	Share-holding Corporations Ltd. with Investment	2445	2.0	148.6	146.0	143.9
其他港澳台商投资企业	Other Enterprises with Funds from Hongkong, Macao and Taiwan	216	0.0	1.0	3.1	3.0
外商投资企业	**Foreign Funded Enterprises**	**21985**	**30.9**	**3713.1**	**9825.6**	**7587.0**
中外合资经营企业	Joint-venture Enterprises	10677	9.4	1753.8	4715.3	3259.9
中外合作经营企业	Cooperative Enterprises	477	0.7	82.3	87.3	59.1
外资企业	Enterprises with Sole Foreign Investment	7627	10.7	587.0	3122.4	2674.1
外商投资股份有限公司	Share-holding Corporations Ltd. with Foreign Investment	2350	9.6	1101.5	1583.2	1387.1
其他外商投资企业	Other Foreign Funded Enterprises	854	0.5	188.5	317.4	206.9

3-9-3 按行业分连锁零售企业基本情况

Basic Conditions of Chain Retail Enterprises by Sector

项 目	Item	门店总数（个）Number of Stores (unit)	从业人员（万人）Employed Person (10 000 persons)	营业面积（万平方米）Operational Area (10 000 sq.m)
总 计	**Total**	**296605**	**205.7**	**18604.3**
一、批发业	**Wholesale Trade**	**29376**	**15.8**	**3274.0**
农、林、牧产品批发	Wholesale of Farm Produce and Livestock Products	1020	0.2	17.5
食品、饮料及烟草制品专门批发	Wholesale of Food, Beverages and Tobaccos	5997	2.9	70.5
纺织、服装及家庭用品批发	Wholesale of Textiles, Garments and Daily Consumer Articles	1520	1.0	59.4
文化、体育用品及器材批发	Wholesale of Culture, Sports Appliances and Equipments	616	0.8	38.5
医药及医疗器材批发	Wholesale of Medicines and Medical Appliances	1741	0.5	16.0
矿产品、建材及化工产品批发	Wholesale of Mineral Products, Building Materials and	16929	9.3	3059.9
机械设备、五金产品及电子产品批发	Wholesale of Machinery, Hardware and Electronic Equipment	138	0.1	1.4
贸易经纪及代理	Trade Broker and Agency			
其他批发业	Other Wholesale not Classified Elsewhere	1415	0.9	10.9
二、零售业	**Retail Trade**	**267229**	**189.9**	**15330.3**
综合零售	Integrated Retail	75337	98.4	9319.6
食品、饮料及烟草制品专门零售	Retail of Food, Beverages and Tobaccos	15891	6.7	94.6
纺织、服装及日用品专门零售	Special Retail of Textiles, Garments and Daily	19532	12.0	463.7
文化、体育用品及器材专门零售	Retail of Culture, Sports Appliances and Equipments	4157	5.2	252.5
医药及医疗器材专门零售	Retail of Medicines and Medical Appliances	128909	50.5	1434.2
汽车、摩托车、燃料及零配件专门零售	Retail of Motor Vehicles, Motorcycles, Fuel	17876	10.9	3167.7
家用电器及电子产品专门零售	Special Retail of Household Electric Appliances and Electronic Products	4565	5.4	541.5
五金、家具及室内装饰材料专门零售	Special Retail of Hardware, Furniture and Decoration Materials	566	0.6	53.2
货摊、无店铺及其他零售业	Non-shop and Other Retails	396	0.2	3.3

3-9-3 续表 Continued

项 目	Item	商品销售额(亿元) Total Sales Value (100 million yuan)	#零售额 Retail Sales
总 计	**Total**	**39030.1**	**29864.5**
一、批发业	**Wholesale Trade**	**9348.8**	**5183.5**
农、林、牧产品批发	Wholesale of Farm Produce and Livestock Products	6.5	3.0
食品、饮料及烟草制品专门批发	Wholesale of Food, Beverages and Tobaccos	661.6	82.8
纺织、服装及家庭用品批发	Wholesale of Textiles, Garments and Daily Consumer Articles	59.6	23.2
文化、体育用品及器材批发	Wholesale of Culture, Sports Appliances and Equipments	229.2	102.1
医药及医疗器材批发	Wholesale of Medicines and Medical Appliances	40.9	23.6
矿产品、建材及化工产品批发	Wholesale of Mineral Products, Building Materials and	8048.1	4875.4
机械设备、五金产品及电子产品批发	Wholesale of Machinery, Hardware and Electronic Equipment	41.5	5.0
贸易经纪及代理	Trade Broker and Agency		
其他批发业	Other Wholesale not Classified Elsewhere	261.4	68.4
二、零售业	**Retail Trade**	**29681.2**	**24681.0**
综合零售	Integrated Retail	12370.7	11023.7
食品、饮料及烟草制品专门零售	Retail of Food, Beverages and Tobaccos	492.8	431.2
纺织、服装及日用品专门零售	Special Retail of Textiles, Garments and Daily	1503.3	1422.1
文化、体育用品及器材专门零售	Retail of Culture, Sports Appliances and Equipments	1195.5	555.1
医药及医疗器材专门零售	Retail of Medicines and Medical Appliances	3011.4	2715.4
汽车、摩托车、燃料及零配件专门零售	Retail of Motor Vehicles, Motorcycles, Fuel	8032.7	5839.9
家用电器及电子产品专门零售	Special Retail of Household Electric Appliances and Electronic Products	2949.9	2635.3
五金、家具及室内装饰材料专门零售	Special Retail of Hardware, Furniture and Decoration Materials	117.0	54.0
货摊、无店铺及其他零售业	Non-shop and Other Retails	7.9	4.3

3-9-4 各地区连锁零售企业基本情况
Basic Conditions of Chain Retail Enterprises by Region

年 份 Year	地 区 Region	门店总数(个) Number of Stores (unit)	从业人数(万人) Employed Person (10 000 persons)	营业面积(万平方米) Operational Area (10 000 sq.m)	商品销售额(亿元) Total Sales Value (100 million yuan)	#零售额 Retail Sales
	2004	77631	128.2	7202.6	8393.6	6163.1
	2005	105684	160.1	8687.5	12587.8	8569.5
	2006	128924	187.1	8979.0	14952.2	10764.8
	2007	145366	186.2	10044.0	17754.3	13066.8
	2008	168502	197.1	10197.8	20466.5	14369.7
	2009	175677	210.9	11809.2	22240.0	15860.3
	2010	176792	225.2	12756.8	27385.4	19009.5
	2011	195779	249.1	13670.7	34510.7	23812.5
	2012	192870	256.3	14765.9	35462.1	24605.3
	2013	204090	255.9	15640.3	38006.9	26340.8
	2014	206415	250.2	16221.3	37340.6	27356.5
	2015	209812	248.1	16862.4	35400.4	25749.3
	2016	232444	245.0	17960.1	35922.9	26856.2
	2017	236103	234.9	17329.6	35629.1	27617.2
	2018	249711	239.0	17924.7	38012.7	28919.0
	2019	252656	226.6	18384.9	37256.9	29566.9
	2020	269345	220.2	18276.6	33903.9	27043.2
	2021	292383	221.7	18695.9	38400.2	30200.7
	2022	296605	205.7	18604.3	39030.1	29864.5
北 京	Beijing	10298	10.5	757.3	3489.7	2983.5
天 津	Tianjin	2565	2.2	232.7	497.1	368.7
河 北	Hebei	9101	5.8	612.6	966.4	670.2
山 西	Shanxi	6941	3.7	249.0	458.7	351.3
内蒙古	Inner Mongolia	2743	1.2	51.7	63.8	61.0
辽 宁	Liaoning	7391	4.6	657.4	710.9	553.7
吉 林	Jilin	3605	1.7	52.0	216.5	188.7
黑龙江	Heilongjiang	2818	1.7	57.0	216.9	168.7
上 海	Shanghai	21380	20.4	1398.6	4445.0	3395.6
江 苏	Jiangsu	19911	14.0	1385.6	3199.9	2790.4
浙 江	Zhejiang	22945	8.7	1017.6	2748.1	1566.3
安 徽	Anhui	9924	8.1	713.4	1709.0	1209.9
福 建	Fujian	15429	17.8	1379.7	2152.8	1947.2
江 西	Jiangxi	7119	4.0	284.9	938.2	702.8
山 东	Shandong	22426	17.6	2646.7	2306.0	1834.5
河 南	Henan	7809	6.1	550.7	972.8	839.6
湖 北	Hubei	13069	10.7	510.1	1585.3	1256.7
湖 南	Hunan	15186	9.6	1097.7	1679.2	1455.1
广 东	Guangdong	28937	18.2	1592.8	3626.5	2592.3
广 西	Guangxi	9241	4.0	534.7	1083.5	616.9
海 南	Hainan	1215	0.6	29.0	288.1	129.8
重 庆	Chongqing	6955	6.1	448.3	1009.5	795.9
四 川	Sichuan	19203	10.8	508.6	1292.3	1209.0
贵 州	Guizhou	2712	1.3	57.7	98.1	92.7
云 南	Yunnan	9503	3.8	255.4	494.8	446.1
西 藏	Tibet	91	0.1	2.9	6.6	5.1
陕 西	Shaanxi	6455	5.6	459.1	1141.7	741.8
甘 肃	Gansu	3096	1.7	122.3	309.3	240.3
青 海	Qinghai	118	0.1	10.9	10.8	6.7
宁 夏	Ningxia	1675	1.6	239.1	359.7	192.6
新 疆	Xinjiang	6744	3.4	688.7	952.7	451.5

3-9-4 续表 Continued

年 份 Year	地 区 Region	商品购进总额（亿元） Total Purchases (100 million yuan)	统一配送商品购进额（亿元） Centralized Purchase and Delivery (100 million yuan)	自有配送中心配送商品购进额 Self Centralized Purchase and Delivery	非自有配送中心配送商品购进额 Non-self Centralized Purchase and Delivery
	2004	7130.1	5545.6	4481.7	1063.9
	2005	10734.6	8409.4	6696.1	1251.8
	2006	13447.4	10565.7	7729.7	1384.0
	2007	15917.0	12542.4	9057.0	1707.3
	2008	17193.1	13782.1	8654.9	3118.8
	2009	19343.7	14723.1	9616.9	2647.2
	2010	24044.6	17412.5	10910.3	3373.4
	2011	29653.0	22919.6	13458.8	3384.1
	2012	30825.5	23975.8	13932.9	3522.8
	2013	32258.7	25341.8	14598.7	4554.0
	2014	31298.5	24582.4	14637.3	4265.7
	2015	30556.8	23379.9	13656.3	3669.4
	2016	31036.9	24173.7	13989.2	4342.3
	2017	30520.8	23737.6	13994.0	3174.5
	2018	32133.0	24294.4	14979.0	3016.3
	2019	31358.0	23356.3	14294.1	2722.4
	2020	27830.2	20250.8	12339.6	2971.5
	2021	31440.7	22389.1	13842.1	3527.3
	2022	32394.7	22539.2	13612.6	3539.0
北 京	Beijing	3011.8	1488.7	931.9	366.5
天 津	Tianjin	446.7	349.9	256.3	62.2
河 北	Hebei	822.2	617.3	368.4	31.0
山 西	Shanxi	397.4	214.8	119.5	0.2
内蒙古	Inner Mongolia	52.0	38.3	16.5	3.2
辽 宁	Liaoning	591.2	440.5	111.6	6.4
吉 林	Jilin	69.7	52.8	25.3	5.7
黑龙江	Heilongjiang	190.6	81.0	42.1	19.9
上 海	Shanghai	4177.8	2472.9	1589.3	877.1
江 苏	Jiangsu	3162.8	2996.9	2434.3	160.2
浙 江	Zhejiang	2520.1	2240.1	1875.1	160.1
安 徽	Anhui	1505.8	1028.7	338.4	35.2
福 建	Fujian	1752.7	482.6	160.2	33.9
江 西	Jiangxi	371.5	304.4	197.2	34.0
山 东	Shandong	1821.6	1128.0	591.7	228.1
河 南	Henan	788.9	435.1	215.2	53.3
湖 北	Hubei	1292.5	860.4	535.2	38.5
湖 南	Hunan	976.8	863.7	481.1	210.0
广 东	Guangdong	2381.8	1470.0	759.5	237.4
广 西	Guangxi	995.8	954.7	525.0	325.0
海 南	Hainan	266.0	260.2	200.0	0.3
重 庆	Chongqing	890.8	668.0	513.2	129.9
四 川	Sichuan	1118.0	805.4	379.0	57.2
贵 州	Guizhou	86.8	70.9	57.2	0.1
云 南	Yunnan	296.2	272.7	84.4	13.8
西 藏	Tibet	3.7	2.6		
陕 西	Shaanxi	976.2	726.8	355.9	64.7
甘 肃	Gansu	266.3	218.0	29.6	1.6
青 海	Qinghai	7.6	5.8	0.3	
宁 夏	Ningxia	315.8	184.2	59.5	32.5
新 疆	Xinjiang	837.5	803.9	359.8	350.9

住宿和餐饮业

HOTELS AND CATERING SERVICES

第4篇

4-1-1 限额以上住宿和餐饮业企业基本情况

Basic Conditions of Enterprises above Designated Size of Hotels and Catering Services

项 目	Item	法人单位数（个）Number of Corporation Enterprises (unit)	年末从业人数（人）Engaged Persons at the Year-end (person)	年末餐饮营业面积（平方米）Business Area of Catering Services at the Year-end (㎡)
总 计	**Total**	**77628**	**4537817**	**202503738**
一、住宿业	**Hotels**	**30829**	**1618144**	**105335694**
#国有控股	State-controlled Enterprises	3191	400921	17174735
(一)按登记注册类型分	**by Type of Registration**			
1.内资企业	**Domestic Funded Enterprises**	**29990**	**1491192**	**99878378**
国有企业	State-owned Enterprises	930	108943	4912966
集体企业	Collective-owned Enterprises	140	7570	302929
股份合作企业	Cooperative Enterprises	44	2068	69371
联营企业	Joint Ownership Enterprises	13	704	93096
国有联营企业	State Joint Ownership Enterprises	6	417	32310
集体联营企业	Collective Joint Ownership Enterprises			
国有与集体联营企业	Joint State-collective Enterprises	4	223	59766
其他联营企业	Other Joint Ownership Enterprises	NA	64	1020
有限责任公司	Limited Liability Corporations	6134	518846	29286712
国有独资公司	State Sole Funded Corporations	715	91000	4196227
其他有限责任公司	Other Limited Liability Corporations	5419	427846	25090485
股份有限公司	Share-holding Corporations Ltd.	187	16525	824507
私营企业	Private Enterprises	22529	836225	64345873
私营独资企业	Private-funded Enterprises	1402	37412	3018464
私营合伙企业	Private Partnership Enterprises	226	6827	532799
私营有限责任公司	Private Limited Liability Corporations	20728	781015	59911433
私营股份有限公司	Private Share-holding Corporations Ltd.	173	10971	883177
其他企业	Other Enterprises	13	311	42924
2.港、澳、台商投资企业	**Enterprises with Funds from Hongkong, Macao and Taiwan**	**506**	**79677**	**3259273**
合资经营企业	Joint-venture Enterprises	180	31606	1118152
合作经营企业	Cooperative Enterprises	36	7330	175899
独资经营企业	Enterprises with Sole Investment	276	38262	1854562
投资股份有限公司	Share-holding Corporations Ltd. with Investment	7	1336	19378
其他港澳台商投资企业	Other Enterprises with Funds from Hongkong, Macao and Taiwan	7	1143	91282
3.外商投资企业	**Foreign Funded Enterprises**	**333**	**47275**	**2198043**
中外合资经营企业	Joint-venture Enterprises	111	16409	735813
中外合作经营企业	Cooperative Enterprises	8	3197	38440
外资企业	Enterprises with Sole Foreign Investment	195	26352	1323473
外商投资股份有限公司	Share-holding Corporations Ltd. with Foreign Investment	7	558	40958
其他外商投资企业	Other Foreign Funded Enterprises	12	759	59359
(二)按国民经济行业分	**by Sector**			
旅游饭店	Tourist Hotel	13773	1093887	64962594
一般旅馆	Fonda	15440	466239	34815952
民宿服务	Home Lodging Services	461	8095	723515
露营地服务	Campground Services	24	733	79394
其他住宿业	Others	1131	49190	4754239

注：NA表示小于或等于3(下表同)。

Note:NA refers to less than or equal to three. The same applies to the tables following.

4-1-1 续表 Continued

项 目	Item	法人单位数(个) Number of Corporation Enterprises (unit)	年末从业人数(人) Engaged Persons at the Year-end (person)	年末餐饮营业面积(平方米) Business Area of Catering Services at the Year-end (m²)
二、餐饮业	**Catering Services**	**46799**	**2919673**	**97168044**
#国有控股	State-controlled Enterprises	1222	139746	6311934
(一)按登记注册类型分	**by Type of Registration**			
1.内资企业	**Domestic Funded Enterprises**	**45528**	**2146113**	**86665418**
国有企业	State-owned Enterprises	285	23984	1407362
集体企业	Collective-owned Enterprises	86	3830	219789
股份合作企业	Cooperative Enterprises	94	4836	170371
联营企业	Joint Ownership Enterprises	12	1283	29948
国有联营企业	State Joint Ownership Enterprises	5	834	24675
集体联营企业	Collective Joint Ownership Enterprises			
国有与集体联营企业	Joint State-collective Enterprises	NA	402	3300
其他联营企业	Other Joint Ownership Enterprises	5	47	1973
有限责任公司	Limited Liability Corporations	5822	425223	16339230
国有独资公司	State Sole Funded Corporations	310	33965	1800102
其他有限责任公司	Other Limited Liability Corporations	5512	391258	14539128
股份有限公司	Share-holding Corporations Ltd.	145	20692	622495
私营企业	Private Enterprises	39048	1665287	67843954
私营独资企业	Private-funded Enterprises	3996	89660	4565744
私营合伙企业	Private Partnership Enterprises	620	15762	684067
私营有限责任公司	Private Limited Liability Corporations	34194	1515844	61663430
私营股份有限公司	Private Share-holding Corporations Ltd.	238	44021	930713
其他企业	Other Enterprises	36	978	32269
2.港、澳、台商投资企业	**Enterprises with Funds from Hongkong, Macao and Taiwan**	**741**	**352701**	**4987550**
合资经营企业	Joint-venture Enterprises	152	50528	774133
合作经营企业	Cooperative Enterprises	17	3490	100398
独资经营企业	Enterprises with Sole Investment	541	296181	4071314
投资股份有限公司	Share-holding Corporations Ltd. with Investment	13	668	20117
其他港澳台商投资企业	Other Enterprises with Funds from Hongkong, Macao and Taiwan	18	1834	21588
3.外商投资企业	**Foreign Funded Enterprises**	**530**	**420859**	**5515076**
中外合资经营企业	Joint-venture Enterprises	101	91736	1071463
中外合作经营企业	Cooperative Enterprises	4	127	4519
外资企业	Enterprises with Sole Foreign Investment	400	324151	4303160
外商投资股份有限公司	Share-holding Corporations Ltd. with Foreign Investment	10	1815	36337
其他外商投资企业	Other Foreign Funded Enterprises	15	3030	99597
(二)按国民经济行业分	**by Sector**			
正餐服务	Dinner	40614	1837975	79499959
快餐服务	Snack	2082	638553	9358232
饮料及冷饮服务	Beverage and Cold Drinks	1114	138807	2359281
餐饮配送及外卖送餐服务	Catering Distribution and Delivery Services	1950	173688	3057786
其他餐饮业	Others	1039	130650	2892786

4-1-2 各地区限额以上住宿业企业基本情况

Basic Conditions of Enterprises above Designated Size of Hotels by Region

地区	Region	住宿业 Hotels 法人单位数(个) Number of Corporation Enterprises (unit)	住宿业 Hotels 年末从业人数(人) Engaged Persons at the Year-end (person)	#国有控股 State-controlled Enterprises 法人单位数(个) Number of Corporation Enterprises (unit)	#国有控股 State-controlled Enterprises 年末从业人数(人) Engaged Persons at the Year-end (person)
全　国	**National Total**	**30829**	**1618144**	**3191**	**400921**
北　京	Beijing	1142	81353	326	42147
天　津	Tianjin	371	14058	52	4698
河　北	Hebei	633	39178	101	12533
山　西	Shanxi	603	34283	62	10172
内蒙古	Inner Mongolia	355	16971	34	3195
辽　宁	Liaoning	525	27546	70	7331
吉　林	Jilin	239	15068	49	5513
黑龙江	Heilongjiang	278	12273	53	4745
上　海	Shanghai	1103	67350	177	27752
江　苏	Jiangsu	2053	101441	237	29701
浙　江	Zhejiang	2071	129589	181	21959
安　徽	Anhui	851	43918	47	9460
福　建	Fujian	1344	85760	124	18647
江　西	Jiangxi	1244	47818	111	10267
山　东	Shandong	1714	88811	200	29874
河　南	Henan	1733	75530	110	12380
湖　北	Hubei	1307	49904	73	6360
湖　南	Hunan	1286	59878	65	7397
广　东	Guangdong	3617	208615	225	35883
广　西	Guangxi	1036	47284	74	8752
海　南	Hainan	349	37598	51	7725
重　庆	Chongqing	604	31959	52	6959
四　川	Sichuan	1941	90072	153	18428
贵　州	Guizhou	937	37592	113	9216
云　南	Yunnan	919	48938	99	12452
西　藏	Tibet	99	4311	24	1884
陕　西	Shaanxi	1325	65544	119	15375
甘　肃	Gansu	468	22380	68	6302
青　海	Qinghai	139	5208	19	1385
宁　夏	Ningxia	75	3944	4	907
新　疆	Xinjiang	468	23970	118	11522

4-1-3 各地区限额以上住宿业企业基本情况(按登记注册类型分)

Basic Conditions of Enterprises above Designated Size of Hotels by Region and Type of Registration

地区	Region	内资企业 Domestic Funded Enterprises		#国有企业 State-owned Enterprises	
		法人单位数（个） Number of Corporation Enterprises (unit)	年末从业人数（人） Engaged Persons at the Year-end (person)	法人单位数（个） Number of Corporation Enterprises (unit)	年末从业人数（人） Engaged Persons at the Year-end (person)
全国	**National Total**	**29990**	**1491192**	**930**	**108943**
北京	Beijing	1083	68394	64	8805
天津	Tianjin	360	12576	13	799
河北	Hebei	629	38662	51	5341
山西	Shanxi	603	34283	18	4634
内蒙古	Inner Mongolia	350	16234	4	339
辽宁	Liaoning	492	24325	34	3724
吉林	Jilin	233	14173	23	3039
黑龙江	Heilongjiang	271	11084	23	2034
上海	Shanghai	1042	54989	7	1135
江苏	Jiangsu	1991	95020	59	6910
浙江	Zhejiang	1993	116482	38	4633
安徽	Anhui	841	42371	7	512
福建	Fujian	1250	72394	18	1380
江西	Jiangxi	1232	47035	49	3075
山东	Shandong	1689	85950	94	13973
河南	Henan	1720	73900	54	6160
湖北	Hubei	1286	47105	25	1971
湖南	Hunan	1276	58204	25	2896
广东	Guangdong	3407	178785	77	11907
广西	Guangxi	1014	43392	16	1208
海南	Hainan	330	31981	8	400
重庆	Chongqing	594	30267	7	722
四川	Sichuan	1920	87885	33	4307
贵州	Guizhou	934	37531	21	1590
云南	Yunnan	898	46447	28	3923
西藏	Tibet	96	3878	11	990
陕西	Shaanxi	1310	62875	39	3885
甘肃	Gansu	466	22004	28	2719
青海	Qinghai	138	5118	8	994
宁夏	Ningxia	75	3944	NA	700
新疆	Xinjiang	467	23904	45	4238

4-1-3 续表 1 Continued 1

地 区	Region	集体企业 Collective-owned Enterprises 法人单位数 (个) Number of Corporation Enterprises (unit)	集体企业 Collective-owned Enterprises 年末从业人数 (人) Engaged Persons at the Year-end (person)	股份合作企业 Cooperative Enterprises 法人单位数 (个) Number of Corporation Enterprises (unit)	股份合作企业 Cooperative Enterprises 年末从业人数 (人) Engaged Persons at the Year-end (person)
全 国	**National Total**	**140**	**7570**	**44**	**2068**
北 京	Beijing	26	2008	17	613
天 津	Tianjin	NA	65	NA	12
河 北	Hebei	5	310		
山 西	Shanxi	5	137		
内蒙古	Inner Mongolia	NA	99		
辽 宁	Liaoning	NA	78	NA	22
吉 林	Jilin				
黑龙江	Heilongjiang	NA	80		
上 海	Shanghai	4	388		
江 苏	Jiangsu	6	116	4	171
浙 江	Zhejiang	10	478	5	367
安 徽	Anhui				
福 建	Fujian	5	91		
江 西	Jiangxi				
山 东	Shandong	11	595	NA	141
河 南	Henan	17	917	NA	94
湖 北	Hubei	6	461		
湖 南	Hunan	NA	357	NA	145
广 东	Guangdong	16	638	NA	43
广 西	Guangxi	NA	24	NA	29
海 南	Hainan				
重 庆	Chongqing	4	283		
四 川	Sichuan	NA	79	NA	126
贵 州	Guizhou	NA	103		
云 南	Yunnan	NA	75		
西 藏	Tibet	NA	43		
陕 西	Shaanxi	NA	57	NA	148
甘 肃	Gansu	NA	88	NA	58
青 海	Qinghai			NA	73
宁 夏	Ningxia				
新 疆	Xinjiang			NA	26

地 区	Region	联营企业 Joint Ownership Enterprises		有限责任公司 Limited Liability Corporations	
		法人单位数 (个) Number of Corporation Enterprises (unit)	年末从业人数 (人) Engaged Persons at the Year-end (person)	法人单位数 (个) Number of Corporation Enterprises (unit)	年末从业人数 (人) Engaged Persons at the Year-end (person)
全 国	**National Total**	**13**	**704**	**6134**	**518846**
北 京	Beijing	NA	156	469	42996
天 津	Tianjin			90	5611
河 北	Hebei			138	14294
山 西	Shanxi			89	9432
内蒙古	Inner Mongolia			91	6087
辽 宁	Liaoning			106	7625
吉 林	Jilin			52	4267
黑龙江	Heilongjiang			86	4283
上 海	Shanghai			329	30176
江 苏	Jiangsu	NA	150	282	29448
浙 江	Zhejiang	NA	150	346	34488
安 徽	Anhui			158	18603
福 建	Fujian			148	20295
江 西	Jiangxi	NA	28	234	14552
山 东	Shandong			344	29445
河 南	Henan			253	17397
湖 北	Hubei	NA	101	219	11779
湖 南	Hunan			144	12386
广 东	Guangdong	NA	29	740	61281
广 西	Guangxi			193	14753
海 南	Hainan	NA	76	191	21736
重 庆	Chongqing			84	9219
四 川	Sichuan			410	30055
贵 州	Guizhou			166	12419
云 南	Yunnan			202	17122
西 藏	Tibet			42	1578
陕 西	Shaanxi			258	20006
甘 肃	Gansu			110	6595
青 海	Qinghai			26	711
宁 夏	Ningxia			8	716
新 疆	Xinjiang	NA	14	126	9491

4-1-3 续表 3 Continued 3

地 区	Region	股份有限公司 Share-holding Corporations Ltd. 法人单位数(个) Number of Corporation Enterprises (unit)	股份有限公司 Share-holding Corporations Ltd. 年末从业人数(人) Engaged Persons at the Year-end (person)	私营企业 Private Enterprises 法人单位数(个) Number of Corporation Enterprises (unit)	私营企业 Private Enterprises 年末从业人数(人) Engaged Persons at the Year-end (person)
全 国	**National Total**	**187**	**16525**	**22529**	**836225**
北 京	Beijing	NA	125	502	13677
天 津	Tianjin	6	296	249	5793
河 北	Hebei			435	18717
山 西	Shanxi	NA	47	490	20033
内 蒙 古	Inner Mongolia			253	9709
辽 宁	Liaoning	NA	34	346	12842
吉 林	Jilin			158	6867
黑 龙 江	Heilongjiang	7	538	151	4116
上 海	Shanghai	NA	254	699	22986
江 苏	Jiangsu	22	2770	1614	55440
浙 江	Zhejiang	10	1449	1582	74917
安 徽	Anhui	5	512	670	22720
福 建	Fujian	NA	337	1077	50291
江 西	Jiangxi	11	241	935	29083
山 东	Shandong	14	687	1223	41095
河 南	Henan	5	677	1390	48655
湖 北	Hubei	10	699	1025	32094
湖 南	Hunan	5	256	1098	42164
广 东	Guangdong	32	3034	2538	101829
广 西	Guangxi	NA	176	799	27202
海 南	Hainan	7	2386	123	7383
重 庆	Chongqing	NA	299	496	19744
四 川	Sichuan	15	618	1455	52665
贵 州	Guizhou			746	23419
云 南	Yunnan	6	260	657	25021
西 藏	Tibet	NA	28	41	1239
陕 西	Shaanxi	8	326	1001	38453
甘 肃	Gansu	5	249	321	12295
青 海	Qinghai	NA	154	100	3186
宁 夏	Ningxia			64	2528
新 疆	Xinjiang	NA	73	291	10062

4-1-3 续表 4 Continued 4

地 区	Region	港、澳、台商投资企业 Enterprises with Funds from Hongkong, Macao and Taiwan 法人单位数(个) Number of Corporation Enterprises (unit)	港、澳、台商投资企业 Enterprises with Funds from Hongkong, Macao and Taiwan 年末从业人数(人) Engaged Persons at the Year-end (person)	外商投资企业 Foreign Funded Enterprises 法人单位数(个) Number of Corporation Enterprises (unit)	外商投资企业 Foreign Funded Enterprises 年末从业人数(人) Engaged Persons at the Year-end (person)
全 国	**National Total**	**506**	**79677**	**333**	**47275**
北 京	Beijing	28	8955	31	4004
天 津	Tianjin	5	389	6	1093
河 北	Hebei	4	516		
山 西	Shanxi				
内 蒙 古	Inner Mongolia	NA	590	NA	147
辽 宁	Liaoning	14	2076	19	1145
吉 林	Jilin	NA	104	NA	791
黑 龙 江	Heilongjiang	5	758	NA	431
上 海	Shanghai	39	5287	22	7074
江 苏	Jiangsu	38	3755	24	2666
浙 江	Zhejiang	37	8238	41	4869
安 徽	Anhui	6	1066	4	481
福 建	Fujian	59	8891	35	4475
江 西	Jiangxi	7	530	5	253
山 东	Shandong	13	2045	12	816
河 南	Henan	9	1213	4	417
湖 北	Hubei	13	1719	8	1080
湖 南	Hunan	8	1558	NA	116
广 东	Guangdong	151	19447	59	10383
广 西	Guangxi	14	2624	8	1268
海 南	Hainan	17	5310	NA	307
重 庆	Chongqing	NA	617	7	1075
四 川	Sichuan	9	752	12	1435
贵 州	Guizhou	NA	32	NA	29
云 南	Yunnan	11	1563	10	928
西 藏	Tibet	NA	192	NA	241
陕 西	Shaanxi	5	1244	10	1425
甘 肃	Gansu	NA	140	NA	236
青 海	Qinghai			NA	90
宁 夏	Ningxia				
新 疆	Xinjiang	NA	66		

4-1-4 各地区限额以上住宿业企业基本情况(按国民经济行业分)

Basic Conditions of Enterprises above Designated Size of Hotels by Region and Sector

地区	Region	旅游饭店 Tourist Hotel		一般旅馆 Fonda		民宿服务 Home Lodging Services	
		法人单位数(个) Number of Corporation Enterprises (unit)	年末从业人数(人) Employed Persons at Year-end (person)	法人单位数(个) Number of Corporation Enterprises (unit)	年末从业人数(人) Employed Persons at Year-end (person)	法人单位数(个) Number of Corporation Enterprises (unit)	年末从业人数(人) Employed Persons at Year-end (person)
全　国	**National Total**	**13773**	**1093887**	**15440**	**466239**	**461**	**8095**
北　京	Beijing	522	60192	563	19377	8	161
天　津	Tianjin	105	8008	243	5260		
河　北	Hebei	298	25754	312	11682	NA	25
山　西	Shanxi	242	19587	342	13583	NA	59
内蒙古	Inner Mongolia	210	11313	139	5457		
辽　宁	Liaoning	245	19212	250	6802		
吉　林	Jilin	142	10911	82	3584	NA	83
黑龙江	Heilongjiang	135	8396	124	3394	NA	15
上　海	Shanghai	393	43752	696	23091	7	151
江　苏	Jiangsu	721	67253	1217	30539	23	378
浙　江	Zhejiang	1048	101147	911	26893	102	1375
安　徽	Anhui	352	30040	452	12289	23	492
福　建	Fujian	741	65223	543	18472	28	557
江　西	Jiangxi	470	26749	623	16256	50	588
山　东	Shandong	704	61117	934	23652	13	351
河　南	Henan	638	42689	993	29593	22	511
湖　北	Hubei	454	27779	780	19655	11	154
湖　南	Hunan	546	36999	609	19222	44	804
广　东	Guangdong	1639	142963	1808	57261	33	477
广　西	Guangxi	488	29872	511	16181	6	112
海　南	Hainan	275	34199	57	2665	NA	16
重　庆	Chongqing	280	21205	287	9626	4	117
四　川	Sichuan	847	56257	1025	31219	30	554
贵　州	Guizhou	521	26426	373	9853	12	279
云　南	Yunnan	390	28658	466	17585	19	465
西　藏	Tibet	78	3498	15	503		
陕　西	Shaanxi	598	43510	663	19490	11	223
甘　肃	Gansu	281	16575	176	5521		
青　海	Qinghai	82	3627	51	1378		
宁　夏	Ningxia	45	3213	24	640	4	36
新　疆	Xinjiang	283	17763	171	5516	NA	112

地区	Region	露营地服务 Campground Services 法人单位数(个) Number of Corporation Enterprises (unit)	露营地服务 Campground Services 年末从业人数(人) Employed Persons at Year-end (person)	其他住宿业 Others 法人单位数(个) Number of Corporation Enterprises (unit)	其他住宿业 Others 年末从业人数(人) Employed Persons at Year-end (person)
全国	**National Total**	**24**	**733**	**1131**	**49190**
北京	Beijing	NA	12	48	1611
天津	Tianjin			23	790
河北	Hebei			22	1717
山西	Shanxi	NA	106	14	948
内蒙古	Inner Mongolia			6	201
辽宁	Liaoning			30	1532
吉林	Jilin			13	490
黑龙江	Heilongjiang			17	468
上海	Shanghai	NA	27	6	329
江苏	Jiangsu	NA	28	91	3243
浙江	Zhejiang	NA	76	7	98
安徽	Anhui	NA	65	23	1032
福建	Fujian	NA	15	31	1493
江西	Jiangxi	NA	42	99	4183
山东	Shandong			63	3691
河南	Henan	NA	39	78	2698
湖北	Hubei	NA	53	60	2263
湖南	Hunan	NA		86	2853
广东	Guangdong	NA	10	136	7904
广西	Guangxi	NA	118	30	1001
海南	Hainan			16	718
重庆	Chongqing	NA	9	32	1002
四川	Sichuan			39	2042
贵州	Guizhou	NA	29	30	1005
云南	Yunnan			44	2230
西藏	Tibet			6	310
陕西	Shaanxi	NA	104	50	2217
甘肃	Gansu			11	284
青海	Qinghai			6	203
宁夏	Ningxia			NA	55
新疆	Xinjiang			12	579

4-1-5 各地区限额以上餐饮业企业基本情况

Basic Conditions of Enterprises above Designated Size of Catering Services by Region

地　区	Region	餐饮业 Catering Services		#国有控股 State-controlled Enterprises	
		法人单位数（个） Number of Corporation Enterprises (unit)	年末从业人数（人） Engaged Persons at the Year-end (person)	法人单位数（个） Number of Corporation Enterprises (unit)	年末从业人数（人） Engaged Persons at the Year-end (person)
全　国	**National Total**	**46799**	**2919673**	**1222**	**139746**
北　京	Beijing	2177	251776	109	10992
天　津	Tianjin	657	53103	18	2058
河　北	Hebei	742	34349	35	2980
山　西	Shanxi	881	52440	43	6644
内蒙古	Inner Mongolia	234	18013	15	2102
辽　宁	Liaoning	395	34182	13	1420
吉　林	Jilin	189	9497	11	1240
黑龙江	Heilongjiang	188	7387	8	420
上　海	Shanghai	2435	301945	67	8554
江　苏	Jiangsu	4630	292239	150	15834
浙　江	Zhejiang	2906	185026	59	10497
安　徽	Anhui	1782	103901	28	3248
福　建	Fujian	2213	108231	23	3872
江　西	Jiangxi	1653	53900	46	3717
山　东	Shandong	2923	143350	142	14173
河　南	Henan	1621	59366	22	1791
湖　北	Hubei	2744	130521	21	1541
湖　南	Hunan	1982	86850	22	1747
广　东	Guangdong	6740	504142	72	16203
广　西	Guangxi	961	51871	33	5182
海　南	Hainan	142	10532	NA	258
重　庆	Chongqing	1339	60035	18	713
四　川	Sichuan	2720	174154	61	4232
贵　州	Guizhou	825	26584	67	3736
云　南	Yunnan	1129	38785	29	3195
西　藏	Tibet	20	884	NA	154
陕　西	Shaanxi	1659	79918	33	7010
甘　肃	Gansu	482	24616	32	2773
青　海	Qinghai	59	2853		
宁　夏	Ningxia	67	3335	NA	279
新　疆	Xinjiang	304	15888	37	3181

4-1-6 各地区限额以上餐饮业企业基本情况(按登记注册类型分)

Basic Conditions of Enterprises above Designated Size of Catering Services by Region and Type of Registration

地　区	Region	内资企业 Domestic Funded Enterprises		#国有企业 State-owned Enterprises	
		法人单位数 (个) Number of Corporation Enterprises (unit)	年末从业人数 (人) Engaged Persons at the Year-end (person)	法人单位数 (个) Number of Corporation Enterprises (unit)	年末从业人数 (人) Engaged Persons at the Year-end (person)
全　国	**National Total**	**45528**	**2146113**	**285**	**23984**
北　京	Beijing	2016	117961	6	248
天　津	Tianjin	631	28966	NA	65
河　北	Hebei	737	34162	13	913
山　西	Shanxi	877	47119	9	422
内蒙古	Inner Mongolia	232	17605	NA	90
辽　宁	Liaoning	371	17535	NA	122
吉　林	Jilin	186	8684	NA	41
黑龙江	Heilongjiang	185	6894	NA	164
上　海	Shanghai	2133	133145	9	679
江　苏	Jiangsu	4546	226899	47	4390
浙　江	Zhejiang	2858	151474	12	2347
安　徽	Anhui	1775	100824	5	558
福　建	Fujian	2150	72212	NA	100
江　西	Jiangxi	1641	49762	22	1828
山　东	Shandong	2888	132878	45	4672
河　南	Henan	1616	55900	5	322
湖　北	Hubei	2718	94410	7	527
湖　南	Hunan	1972	69827	6	560
广　东	Guangdong	6381	354411	16	1132
广　西	Guangxi	949	45537	5	140
海　南	Hainan	138	10127		
重　庆	Chongqing	1326	49919	6	256
四　川	Sichuan	2688	146456	9	866
贵　州	Guizhou	820	26408	8	287
云　南	Yunnan	1124	34200	6	412
西　藏	Tibet	20	884		
陕　西	Shaanxi	1642	69977	7	672
甘　肃	Gansu	480	22632	15	963
青　海	Qinghai	59	2853		
宁　夏	Ningxia	67	3335	NA	199
新　疆	Xinjiang	302	13117	12	1009

4-1-6 续表 1 Continued 1

地区	Region	集体企业 Collective-owned Enterprises 法人单位数(个) Number of Corporation Enterprises (unit)	集体企业 Collective-owned Enterprises 年末从业人数(人) Engaged Persons at the Year-end (person)	股份合作企业 Cooperative Enterprises 法人单位数(个) Number of Corporation Enterprises (unit)	股份合作企业 Cooperative Enterprises 年末从业人数(人) Engaged Persons at the Year-end (person)
全国	**National Total**	**86**	**3830**	**94**	**4836**
北京	Beijing	13	499	30	991
天津	Tianjin				
河北	Hebei	NA	36	NA	205
山西	Shanxi	NA	115	NA	43
内蒙古	Inner Mongolia				
辽宁	Liaoning	NA	128		
吉林	Jilin				
黑龙江	Heilongjiang			NA	10
上海	Shanghai	7	214	NA	236
江苏	Jiangsu	9	470	NA	295
浙江	Zhejiang	NA	30	6	305
安徽	Anhui	NA	58		
福建	Fujian	NA	178	NA	15
江西	Jiangxi			NA	47
山东	Shandong	4	107	NA	80
河南	Henan			NA	38
湖北	Hubei	5	328	NA	80
湖南	Hunan				
广东	Guangdong	16	661	37	1234
广西	Guangxi	NA	59	NA	
海南	Hainan				
重庆	Chongqing	4	316		
四川	Sichuan	NA	68	5	1213
贵州	Guizhou	7	253		
云南	Yunnan	NA	179		
西藏	Tibet				
陕西	Shaanxi	NA	60	NA	26
甘肃	Gansu	NA	71	NA	18
青海	Qinghai				
宁夏	Ningxia				
新疆	Xinjiang				

地区	Region	联营企业 Joint Ownership Enterprises 法人单位数(个) Number of Corporation Enterprises (unit)	联营企业 Joint Ownership Enterprises 年末从业人数(人) Engaged Persons at the Year-end (person)	有限责任公司 Limited Liability Corporations 法人单位数(个) Number of Corporation Enterprises (unit)	有限责任公司 Limited Liability Corporations 年末从业人数(人) Engaged Persons at the Year-end (person)
全国	**National Total**	**12**	**1283**	**5822**	**425223**
北京	Beijing			604	53142
天津	Tianjin			113	7633
河北	Hebei			132	7889
山西	Shanxi			125	11260
内蒙古	Inner Mongolia			52	5228
辽宁	Liaoning			54	3614
吉林	Jilin			25	1592
黑龙江	Heilongjiang			34	2712
上海	Shanghai	NA	4	323	27332
江苏	Jiangsu	4	414	358	33380
浙江	Zhejiang	NA	228	251	20964
安徽	Anhui			158	20474
福建	Fujian			53	4939
江西	Jiangxi			208	8021
山东	Shandong	NA	144	403	31140
河南	Henan			176	11702
湖北	Hubei			285	12502
湖南	Hunan			253	10518
广东	Guangdong	NA	364	1020	74537
广西	Guangxi			117	10619
海南	Hainan			59	4173
重庆	Chongqing			56	3168
四川	Sichuan			318	18940
贵州	Guizhou			120	6897
云南	Yunnan			107	5392
西藏	Tibet			8	503
陕西	Shaanxi	NA	8	246	16565
甘肃	Gansu			100	6470
青海	Qinghai			7	420
宁夏	Ningxia			7	348
新疆	Xinjiang	NA	121	50	3149

4-1-6 续表 3 Continued 3

地 区	Region	股份有限公司 Share-holding Corporations Ltd.		私营企业 Private Enterprises	
		法人单位数 (个) Number of Corporation Enterprises (unit)	年末从业人数 (人) Engaged Persons at the Year-end (person)	法人单位数 (个) Number of Corporation Enterprises (unit)	年末从业人数 (人) Engaged Persons at the Year-end (person)
全 国	**National Total**	**145**	**20692**	**39048**	**1665287**
北 京	Beijing	NA	1045	1361	62036
天 津	Tianjin	NA	130	513	21138
河 北	Hebei	NA	197	588	24922
山 西	Shanxi			741	35279
内 蒙 古	Inner Mongolia	NA	433	178	11854
辽 宁	Liaoning	NA	40	310	13631
吉 林	Jilin			160	7051
黑 龙 江	Heilongjiang	NA	54	144	3954
上 海	Shanghai	8	3870	1777	100516
江 苏	Jiangsu	16	1734	4097	186051
浙 江	Zhejiang	6	1334	2581	126266
安 徽	Anhui	5	401	1603	79271
福 建	Fujian			2092	66980
江 西	Jiangxi	11	389	1398	39463
山 东	Shandong	12	993	2421	95729
河 南	Henan	NA	138	1433	43700
湖 北	Hubei	9	553	2410	80420
湖 南	Hunan	10	387	1701	58330
广 东	Guangdong	23	3544	5264	272867
广 西	Guangxi	NA	138	821	34581
海 南	Hainan	NA	24	78	5930
重 庆	Chongqing	NA	22	1257	46150
四 川	Sichuan	6	141	2344	125158
贵 州	Guizhou			685	18971
云 南	Yunnan	5	165	1003	27868
西 藏	Tibet	NA	10	11	371
陕 西	Shaanxi	9	4645	1374	47950
甘 肃	Gansu	4	224	359	14886
青 海	Qinghai			52	2433
宁 夏	Ningxia			58	2788
新 疆	Xinjiang	NA	81	234	8743

4-1-6 续表 4 Continued 4

地 区	Region	港、澳、台商投资企业 Enterprises with Funds from Hongkong, Macao and Taiwan 法人单位数(个) Number of Corporation Enterprises (unit)	港、澳、台商投资企业 年末从业人数(人) Engaged Persons at the Year-end (person)	外商投资企业 Foreign Funded Enterprises 法人单位数(个) Number of Corporation Enterprises (unit)	外商投资企业 年末从业人数(人) Engaged Persons at the Year-end (person)
全 国	**National Total**	**741**	**352701**	**530**	**420859**
北 京	Beijing	71	60931	90	72884
天 津	Tianjin	7	7408	19	16729
河 北	Hebei	NA	122	NA	65
山 西	Shanxi	NA	1486	NA	3835
内 蒙 古	Inner Mongolia	NA	123	NA	285
辽 宁	Liaoning	17	8894	7	7753
吉 林	Jilin	NA	477	NA	336
黑 龙 江	Heilongjiang	NA	279	NA	214
上 海	Shanghai	188	76672	114	92128
江 苏	Jiangsu	41	22960	43	42380
浙 江	Zhejiang	14	14425	34	19127
安 徽	Anhui	4	591	NA	2486
福 建	Fujian	30	11993	33	24026
江 西	Jiangxi	5	101	7	4037
山 东	Shandong	17	4259	18	6213
河 南	Henan	NA	64	NA	3402
湖 北	Hubei	14	31194	12	4917
湖 南	Hunan	4	5330	6	11693
广 东	Guangdong	273	68159	86	81572
广 西	Guangxi	8	1280	4	5054
海 南	Hainan	4	405		
重 庆	Chongqing	4	2642	9	7474
四 川	Sichuan	17	25254	15	2444
贵 州	Guizhou	4	147	NA	29
云 南	Yunnan	NA	4367	NA	218
西 藏	Tibet				
陕 西	Shaanxi	6	3138	11	6803
甘 肃	Gansu			NA	1984
青 海	Qinghai				
宁 夏	Ningxia				
新 疆	Xinjiang			NA	2771

4-1-7 各地区限额以上餐饮业企业基本情况(按国民经济行业分)

Basic Conditions of Enterprises above Designated Size of Catering Services by Region and Sector

地 区	Region	正餐服务 Dinner		快餐服务 Snack		饮料及冷饮服务 Beverage and Cold Drink	
		法人单位数(个) Number of Corporation Enterprises (unit)	年末从业人数(人) Employed Persons at Year-end (person)	法人单位数(个) Number of Corporation Enterprises (unit)	年末从业人数(人) Employed Persons at Year-end (person)	法人单位数(个) Number of Corporation Enterprises (unit)	年末从业人数(人) Employed Persons at Year-end (person)
全 国	**National Total**	**40614**	**1837975**	**2082**	**638553**	**1114**	**138807**
北 京	Beijing	1725	125386	125	66328	50	17044
天 津	Tianjin	452	18147	42	25222	19	802
河 北	Hebei	690	32250	17	474	5	132
山 西	Shanxi	844	44740	18	6649	8	255
内蒙古	Inner Mongolia	229	16547	NA	1365		
辽 宁	Liaoning	298	13442	38	15713	11	1510
吉 林	Jilin	147	6005	12	947		
黑龙江	Heilongjiang	142	4130	15	2038	NA	145
上 海	Shanghai	1998	175059	149	56247	83	45554
江 苏	Jiangsu	3871	178924	236	77689	193	8036
浙 江	Zhejiang	2578	128744	153	42970	65	4848
安 徽	Anhui	1607	72595	88	22853	30	1846
福 建	Fujian	1913	60541	107	35187	58	3159
江 西	Jiangxi	1523	44111	35	4869	28	530
山 东	Shandong	2297	98875	374	25940	53	1910
河 南	Henan	1415	48308	81	6081	21	309
湖 北	Hubei	2568	86325	53	31809	63	6173
湖 南	Hunan	1799	64486	30	18435	109	1610
广 东	Guangdong	5541	277310	246	128401	170	31040
广 西	Guangxi	802	36344	68	9247	26	930
海 南	Hainan	117	6684	4	2505	14	425
重 庆	Chongqing	1284	47567	21	9387	12	1474
四 川	Sichuan	2575	98019	47	24628	42	6841
贵 州	Guizhou	762	22051	20	389	11	535
云 南	Yunnan	1054	29319	15	4590	15	803
西 藏	Tibet	18	637	NA	247		
陕 西	Shaanxi	1553	65874	41	10029	18	2695
甘 肃	Gansu	455	20977	17	3300	NA	151
青 海	Qinghai	57	2710	NA	13		
宁 夏	Ningxia	59	3064	NA	23	4	50
新 疆	Xinjiang	241	8804	23	4978		

4-1-7 续表 Continued

地区	Region	餐饮配送及外卖送餐服务 Catering Distribution and Delivery Service		其他餐饮业 Others	
		法人单位数（个）Number of Corporation Enterprises (unit)	年末从业人数（人）Employed Persons at Year-end (person)	法人单位数（个）Number of Corporation Enterprises (unit)	年末从业人数（人）Employed Persons at Year-end (person)
全国	**National Total**	**1950**	**173688**	**1039**	**130650**
北京	Beijing	91	10737	186	32281
天津	Tianjin	103	3717	41	5215
河北	Hebei	25	1396	5	97
山西	Shanxi	NA	31	8	765
内蒙古	Inner Mongolia	NA	101		
辽宁	Liaoning	38	2711	10	806
吉林	Jilin	27	2430	NA	115
黑龙江	Heilongjiang	25	969	NA	105
上海	Shanghai	141	17833	64	7252
江苏	Jiangsu	250	20642	80	6948
浙江	Zhejiang	80	5827	30	2637
安徽	Anhui	47	6343	10	264
福建	Fujian	92	7401	43	1943
江西	Jiangxi	34	3757	33	633
山东	Shandong	178	12940	21	3685
河南	Henan	77	4136	27	532
湖北	Hubei	37	5362	23	852
湖南	Hunan	21	1499	23	820
广东	Guangdong	488	47989	295	19402
广西	Guangxi	44	4554	21	796
海南	Hainan	NA	334	4	584
重庆	Chongqing	12	1297	10	310
四川	Sichuan	23	1760	33	42906
贵州	Guizhou	23	3393	9	216
云南	Yunnan	30	3562	15	511
西藏	Tibet				
陕西	Shaanxi	24	900	23	420
甘肃	Gansu	NA	101	4	87
青海	Qinghai			NA	130
宁夏	Ningxia	NA	198		
新疆	Xinjiang	26	1768	14	338

4-2-1 限额以上住宿和餐饮业企业经营情况

项　　目	Item	营业额 Turnover	客房收入 from Hotel Rooms
总　　计	**Total**	**119026059**	**24645369**
一、住宿业	**Hotels**	**38317559**	**22033625**
#国有控股	State-controlled Enterprises	8745726	3651914
(一)按登记注册类型分	**by Type of Registration**		
1.内资企业	**Domestic Funded Enterprises**	**34798829**	**20360957**
国有企业	State-owned Enterprises	1996804	774477
集体企业	Collective-owned Enterprises	178382	81947
股份合作企业	Cooperative Enterprises	75925	31727
联营企业	Joint Ownership Enterprises	19475	11603
国有联营企业	State Joint Ownership Enterprises	9144	4629
集体联营企业	Collective Joint Ownership Enterprises		
国有与集体联营企业	Joint State-collective Enterprises	8995	5857
其他联营企业	Other Joint Ownership Enterprises	1336	1117
有限责任公司	Limited Liability Corporations	12165630	6181251
国有独资公司	State Sole Funded Corporations	1857005	747687
其他有限责任公司	Other Limited Liability Corporations	10308627	5433562
股份有限公司	Share-holding Corporations Ltd.	428790	214794
私营企业	Private Enterprises	19926954	13059482
私营独资企业	Private-funded Enterprises	988697	617227
私营合伙企业	Private Partnership Enterprises	184832	103754
私营有限责任公司	Private Limited Liability Corporations	18502700	12203873
私营股份有限公司	Private Share-holding Corporations Ltd.	250733	134630
其他企业	Other Enterprises	6872	5681
2.港、澳、台商投资企业	**Enterprises with Funds from Hongkong, Macao and Taiwan**	**2200731**	**1042728**
合资经营企业	Joint-venture Enterprises	857794	403195
合作经营企业	Cooperative Enterprises	168348	66417
独资经营企业	Enterprises with Sole Investment	1106060	550237
投资股份有限公司	Share-holding Corporations Ltd. with Investment	50085	17630
其他港澳台商投资企业	Other Enterprises with Funds from Hongkong, Macao and Taiwan	18447	5249
3.外商投资企业	**Foreign Funded Enterprises**	**1317999**	**629943**
中外合资经营企业	Joint-venture Enterprises	511180	232111
中外合作经营企业	Cooperative Enterprises	128405	35415
外资企业	Enterprises with Sole Foreign Investment	642693	337256
外商投资股份有限公司	Share-holding Corporations Ltd. with Foreign Investment	14288	8650
其他外商投资企业	Other Foreign Funded Enterprises	21431	16516
(二)按国民经济行业分	**by Sector**		
旅游饭店	Tourist Hotel	25343599	12607822
一般旅馆	Fonda	11605656	8557526
民宿服务	Home Lodging Services	203103	139949
露营地服务	Campground Services	13521	5947
其他住宿业	Others	1151686	722385

注：部分数据合计数由于单位取舍不同而产生的计算误差，未做机械调整(下表同)。

Business of Enterprises above Designated Size of Hotels and Catering Services

单位：万元

Unit: 10 000 yuan

餐费收入 from Meals	商品销售额 from Commodities	其他收入 Others	客房数 (间) Hotel Rooms (unit)	床位数 (个) Hotel Beds (unit)	餐位数 (位) Seats for Meal (unit)
84360493	**3780250**	**6239945**	**6082637**	**9464825**	**39002239**
11208718	**909642**	**4165572**	**5326748**	**8171085**	**9086022**
2864066	370153	1859599	690233	1102783	1696294
10222507	**782949**	**3432421**	**5084009**	**7817894**	**8588063**
763794	55976	402560	161072	262069	458123
57114	1957	37365	15140	26156	36685
34639	634	8927	5657	10352	10269
6520	230	1121	2145	3478	8367
4158	136	222	1086	1884	4857
2196	42	900	780	1255	3500
167	52		279	339	10
3773794	368476	1842118	1415319	2189890	3179541
617962	99611	391746	154607	249801	427396
3155832	268864	1450371	1260712	1940089	2752145
126082	21497	66420	34259	54123	85270
5459548	334089	1073842	3444674	5264910	4800306
299028	28250	44195	160172	251136	236622
69490	3351	8237	21264	32054	32638
5016139	292364	990325	3236407	4941659	4478146
74890	10128	31086	26831	40061	52900
1021	96	76	5743	6916	9502
656666	**49945**	**451394**	**144514**	**210889**	**348057**
242990	13570	198034	54365	80284	131264
65691	9900	26339	9823	14702	22072
329651	25200	200976	76366	110000	185252
7269	242	24946	2714	3975	3679
11067	1033	1100	1246	1928	5790
329547	**76753**	**281756**	**98225**	**142302**	**149902**
144951	6293	127825	32052	46564	61214
12405	57355	23231	2824	5552	3041
163761	12476	129211	59752	84589	79909
4568	215	855	1418	2381	3458
3864	415	637	2179	3216	2280
8729798	686471	3319505	2922541	4581957	6864341
2129398	190575	728159	2139681	3182428	1945603
51252	3701	8202	47734	67634	59344
3106	2676	1795	4083	6920	3160
295169	26222	107913	212709	332146	213574

Note:Statistical discrepancies on totals figures due to rounding are not adjusted. The same applies to the tables following.

项 目	Item	营业额 Business Revenue	客房收入 from Hotel Rooms
二、餐饮业	**Catering Services**	**80708499**	**2611747**
#国有控股	State-controlled Enterprises	3431003	329041
(一)按登记注册类型分	**by Type of Registration**		
1.内资企业	**Domestic Funded Enterprises**	**62003362**	**2559387**
国有企业	State-owned Enterprises	522043	98063
集体企业	Collective-owned Enterprises	108814	11376
股份合作企业	Cooperative Enterprises	125077	2507
联营企业	Joint Ownership Enterprises	28842	1430
国有联营企业	State Joint Ownership Enterprises	20957	1422
集体联营企业	Collective Joint Ownership Enterprises		
国有与集体联营企业	Joint State-collective Enterprises	2413	8
其他联营企业	Other Joint Ownership Enterprises	5471	
有限责任公司	Limited Liability Corporations	12908941	597500
国有独资公司	State Sole Funded Corporations	857659	88478
其他有限责任公司	Other Limited Liability Corporations	12051285	509022
股份有限公司	Share-holding Corporations Ltd.	502952	17917
私营企业	Private Enterprises	47782668	1829812
私营独资企业	Private-funded Enterprises	2831003	123158
私营合伙企业	Private Partnership Enterprises	441568	16383
私营有限责任公司	Private Limited Liability Corporations	42836655	1671889
私营股份有限公司	Private Share-holding Corporations Ltd.	1673453	18386
其他企业	Other Enterprises	24023	781
2.港、澳、台商投资企业	**Enterprises with Funds from Hongkong, Macao and Taiwan**	**8412152**	**36287**
合资经营企业	Joint-venture Enterprises	1381285	12790
合作经营企业	Cooperative Enterprises	92492	381
独资经营企业	Enterprises with Sole Investment	6848240	23115
投资股份有限公司	Share-holding Corporations Ltd. with Investment	19547	
其他港澳台商投资企业	Other Enterprises with Funds from Hongkong, Macao and Taiwan	70590	
3.外商投资企业	**Foreign Funded Enterprises**	**10292986**	**16074**
中外合资经营企业	Joint-venture Enterprises	2163513	4448
中外合作经营企业	Cooperative Enterprises	5259	
外资企业	Enterprises with Sole Foreign Investment	7931809	10941
外商投资股份有限公司	Share-holding Corporations Ltd. with Foreign Investment	69717	
其他外商投资企业	Other Foreign Funded Enterprises	122689	686
(二)按国民经济行业分	**by Sector**		
正餐服务	Restaurant	50293757	2589252
快餐服务	Snack	15781880	4840
饮料及冷饮服务	Beverage and Cold Drink	5091010	1707
餐饮配送及外卖送餐服务	Catering Distribution and Delivery Services	5491413	4992
其他餐饮业	Others	4050440	10961

4-2-1 Continued

单位：万元

Unit: 10 000 yuan

餐费收入 from Meals	商品销售额 from Commodities	其他收入 Others	客房数 (间) Hotel Rooms (unit)	床位数 (个) Hotel Beds (unit)	餐位数 (位) Seats for Meal (unit)
73151775	**2870604**	**2074375**	**755889**	**1293740**	**29916217**
2478813	325755	297396	78310	128955	1342892
55610729	**2284493**	**1548759**	**687957**	**1163387**	**26858844**
359135	23164	41684	21108	36397	202002
86142	4546	6748	2464	4549	51013
103890	15968	2711	762	1408	44181
23475	2388	1549	434	723	13802
16067	2222	1247	408	686	11216
2240	166		26	37	1980
5169		302			606
11262144	571747	477551	173635	282843	4580316
612019	80043	77124	24165	38779	362184
10650126	491706	400429	149470	244064	4218132
391635	58052	35349	5211	8710	116936
43365987	1604926	981953	484185	828431	21839741
2582466	105461	19919	32337	55750	1369042
416471	6069	2643	3277	5413	165231
38912301	1376621	875846	444195	760130	19989800
1454747	116776	83546	4376	7138	315668
18325	3706	1211	158	326	10853
7685358	**423829**	**266686**	**65211**	**126040**	**1451562**
1270509	45019	52970	2970	4382	197908
82369	5662	4079	204	335	14175
6248628	367191	209311	62037	121323	1234044
19290	108	148			2632
64564	5849	177			2803
9855694	**162286**	**258930**	**2721**	**4313**	**1605811**
2087352	35400	36316	950	1427	304320
5025		234			798
7582634	123839	214396	1668	2725	1272876
66479	1216	2023			9013
114207	1833	5963	103	161	18804
45060730	1499350	1144436	746355	1269290	23748780
14952768	445187	379086	3684	12643	3209815
4677142	296139	116025	451	698	654850
4762568	474697	249158	2804	6625	980839
3698569	155238	185678	2595	4484	1321933

4-2-2 各地区限额以上住宿业企业经营情况

Business of Enterprises above Designated Size of Hotels by Region

单位：万元
Unit: 10 000 yuan

地　区	Region	营业额 Turnover	客房收入 from Hotel Rooms	餐费收入 from Meals	商品销售额 from Commodities	其他收入 Others
全　国	**National Total**	**38317559**	**22033625**	**11208718**	**909642**	**4165572**
北　京	Beijing	2727341	1395390	491268	37621	803063
天　津	Tianjin	334446	242830	52316	4307	34993
河　北	Hebei	704803	313681	283486	25040	82595
山　西	Shanxi	513443	257245	187663	6280	62255
内蒙古	Inner Mongolia	305585	175704	103010	3967	22903
辽　宁	Liaoning	568359	316984	141885	10733	98757
吉　林	Jilin	253936	150654	76142	2609	24532
黑龙江	Heilongjiang	212607	139953	47917	5446	19291
上　海	Shanghai	2582810	1559711	490451	79004	453644
江　苏	Jiangsu	2678886	1507269	910432	64837	196348
浙　江	Zhejiang	3601173	1953070	1223596	39363	385144
安　徽	Anhui	874389	442319	298130	66533	67406
福　建	Fujian	2376725	1190456	1002074	50544	133651
江　西	Jiangxi	1127291	672404	364831	27106	62949
山　东	Shandong	1926397	1068071	628895	33759	195672
河　南	Henan	1183541	655063	418095	36659	73724
湖　北	Hubei	1293868	798772	376460	37311	81325
湖　南	Hunan	1497940	860785	514867	53061	69227
广　东	Guangdong	5129483	3117510	1179587	125559	706826
广　西	Guangxi	823288	549523	186645	20697	66423
海　南	Hainan	903802	610261	204355	5781	83404
重　庆	Chongqing	848226	520265	247105	28221	52635
四　川	Sichuan	1962006	1165532	618829	59167	118479
贵　州	Guizhou	638398	437683	132909	24802	43003
云　南	Yunnan	894271	584265	193431	22593	93982
西　藏	Tibet	79166	56698	16993	417	5057
陕　西	Shaanxi	1438679	756319	581111	26020	75230
甘　肃	Gansu	319127	209555	91643	3196	14733
青　海	Qinghai	76295	58200	14429	614	3052
宁　夏	Ningxia	58315	35623	16985	721	4987
新　疆	Xinjiang	382963	231830	113178	7674	30282

4-2-2 续表 Continued

国有控股
State-controlled Enterprises

单位：万元
Unit: 10 000 yuan

地 区	Region	营业额 Business Revenue	客房收入 from Hotel Rooms	餐费收入 from Meals	商品销售额 from Commodities	其他收入 Others
全 国	**National Total**	**8745726**	**3651914**	**2864066**	**370153**	**1859599**
北 京	Beijing	1300761	494143	290142	23618	492858
天 津	Tianjin	81815	46068	22484	1005	12258
河 北	Hebei	204569	60245	95632	16404	32288
山 西	Shanxi	136746	40504	54333	1080	40830
内蒙古	Inner Mongolia	41755	14020	22659	296	4781
辽 宁	Liaoning	130735	38466	37425	2881	51964
吉 林	Jilin	72506	34674	27808	1305	8718
黑龙江	Heilongjiang	55660	25595	17001	3628	9437
上 海	Shanghai	916214	402499	203663	69921	240132
江 苏	Jiangsu	758928	309939	308869	30280	109841
浙 江	Zhejiang	584398	253806	234383	8042	88167
安 徽	Anhui	164908	33956	51533	40954	38465
福 建	Fujian	473319	218386	190806	15032	49095
江 西	Jiangxi	218709	76120	91256	7219	44114
山 东	Shandong	575139	237953	232364	15797	89025
河 南	Henan	153843	54740	69247	4723	25132
湖 北	Hubei	141576	66140	47115	7708	20612
湖 南	Hunan	141506	55518	59177	3231	23580
广 东	Guangdong	873570	384051	232237	41207	216075
广 西	Guangxi	138785	54470	43755	12465	28095
海 南	Hainan	179926	117802	40201	542	21382
重 庆	Chongqing	156958	70255	51999	13334	21370
四 川	Sichuan	291397	128068	102668	11021	49640
贵 州	Guizhou	154698	73660	42934	17401	20703
云 南	Yunnan	209502	93230	55769	11747	48756
西 藏	Tibet	28514	17894	7606	55	2960
陕 西	Shaanxi	277793	111250	126224	4648	35672
甘 肃	Gansu	78250	45367	23546	766	8572
青 海	Qinghai	18976	9710	6674	475	2117
宁 夏	Ningxia	13250	7156	3320	215	2558
新 疆	Xinjiang	171020	76229	71236	3153	20402

4-2-3 各地区限额以上住宿业企业经营情况(按登记注册类型分)

Business of Enterprises above Designated Size of Hotels by Region and Type of Registration

内资企业
Domestic Funded Enterprises

单位：万元
Unit: 10 000 yuan

地区	Region	营业额 Turnover	客房收入 from Hotel Rooms	餐费收入 from Meals	商品销售额 from Commodities	其他收入 Others
全国	**National Total**	**34798829**	**20360957**	**10222507**	**782949**	**3432421**
北京	Beijing	2175015	1151656	434496	27583	561282
天津	Tianjin	283903	208719	47659	4208	23317
河北	Hebei	694413	308039	280319	25013	81042
山西	Shanxi	513443	257245	187663	6280	62255
内蒙古	Inner Mongolia	290505	169305	96616	3252	21331
辽宁	Liaoning	481310	271658	117854	5867	85931
吉林	Jilin	234187	142382	68918	2452	20435
黑龙江	Heilongjiang	191776	129761	39560	4589	17867
上海	Shanghai	2104464	1361908	400913	18828	322815
江苏	Jiangsu	2521025	1429581	846631	61130	183683
浙江	Zhejiang	3203251	1798599	1073908	35499	295246
安徽	Anhui	840239	426126	283976	65748	64389
福建	Fujian	2027466	1014521	859200	46383	107362
江西	Jiangxi	1108879	661015	358284	26948	62631
山东	Shandong	1848861	1032252	602266	32546	181797
河南	Henan	1160557	644768	407556	36429	71804
湖北	Hubei	1234003	767936	357427	36803	71836
湖南	Hunan	1463223	840895	501829	52317	68182
广东	Guangdong	4415220	2780757	964533	98051	571880
广西	Guangxi	760032	520731	161405	18015	59882
海南	Hainan	756511	503618	171861	5384	75648
重庆	Chongqing	807280	497952	233589	27116	48623
四川	Sichuan	1907347	1132504	601907	58257	114679
贵州	Guizhou	637861	437166	132889	24802	43003
云南	Yunnan	856167	558969	184674	22068	90456
西藏	Tibet	68828	49711	14236	306	4575
陕西	Shaanxi	1382398	730627	558863	24870	68039
甘肃	Gansu	315022	207347	90349	3196	14130
青海	Qinghai	75659	57756	14258	614	3032
宁夏	Ningxia	58315	35623	16985	721	4987
新疆	Xinjiang	381669	231830	111883	7674	30282

4-2-3 续表 1 Continued 1

国有企业
State-owned Enterprises

单位：万元
Unit: 10 000 yuan

地 区	Region	营业额 Business Revenue	客房收入 from Hotel Rooms	餐费收入 from Meals	商品销售额 from Commodities	其他收入 Others
全 国	**National Total**	**1996804**	**774477**	**763794**	**55976**	**402560**
北 京	Beijing	225032	74338	56751	6043	87900
天 津	Tianjin	12192	4255	5947	32	1958
河 北	Hebei	78231	25486	38658	2735	11351
山 西	Shanxi	62938	14861	24168	105	23803
内蒙古	Inner Mongolia	4879	1340	3532		7
辽 宁	Liaoning	52736	15608	19772	858	16498
吉 林	Jilin	35497	17400	12612	730	4755
黑龙江	Heilongjiang	24119	12858	8647	125	2490
上 海	Shanghai	39928	10793	16848	1757	10530
江 苏	Jiangsu	143614	55622	67120	2838	18034
浙 江	Zhejiang	133417	51459	61223	1783	18953
安 徽	Anhui	5126	2036	2912	45	133
福 建	Fujian	19420	10615	6173	38	2594
江 西	Jiangxi	65479	24149	37566	1064	2700
山 东	Shandong	257030	95437	112042	8673	40879
河 南	Henan	76766	26553	36868	3394	9952
湖 北	Hubei	41663	18393	14011	1482	7777
湖 南	Hunan	58619	24164	26470	1849	6136
广 东	Guangdong	291029	140226	67448	12356	71000
广 西	Guangxi	13839	9136	2408	60	2235
海 南	Hainan	5530	2453	2366	99	613
重 庆	Chongqing	20607	7653	6541	3519	2895
四 川	Sichuan	64064	26363	22995	1686	13019
贵 州	Guizhou	22690	9027	7670	533	5460
云 南	Yunnan	55571	19587	15949	2043	17992
西 藏	Tibet	12278	7263	3237	17	1760
陕 西	Shaanxi	71366	21201	39975	1084	9105
甘 肃	Gansu	28578	15649	9304	141	3484
青 海	Qinghai	12034	4562	5307	469	1697
宁 夏	Ningxia	8553	3858	2183	92	2420
新 疆	Xinjiang	53979	22132	27091	326	4430

4-2-3 续表 2 Continued 2

集体企业
Collective-owned Enterprises

单位：万元
Unit: 10 000 yuan

地　区	Region	营业额 Turnover	客房收入 from Hotel Rooms	餐费收入 from Meals	商品销售额 from Commodities	其他收入 Others
全　国	**National Total**	**178382**	**81947**	**57114**	**1957**	**37365**
北　京	Beijing	58305	28602	7236	98	22368
天　津	Tianjin	1276	1141	89		45
河　北	Hebei	6600	1163	4743	67	628
山　西	Shanxi	2459	1639	693	2	126
内蒙古	Inner Mongolia	1677	1056	493	5	124
辽　宁	Liaoning	1523	537	981		5
吉　林	Jilin					
黑龙江	Heilongjiang	856	512	119	3	222
上　海	Shanghai	8729	2731	5510		488
江　苏	Jiangsu	3530	1705	1523	276	26
浙　江	Zhejiang	17946	10267	4037	76	3566
安　徽	Anhui					
福　建	Fujian	5315	1022	4279		14
江　西	Jiangxi					
山　东	Shandong	11428	5428	4164	364	1472
河　南	Henan	11111	4722	4848	73	1468
湖　北	Hubei	12240	5886	5386	17	952
湖　南	Hunan	8344	2705	4464	951	224
广　东	Guangdong	11908	4044	3895	2	3967
广　西	Guangxi	908	349	26	3	530
海　南	Hainan					
重　庆	Chongqing	7159	4579	2334		246
四　川	Sichuan	1617	855	668	20	74
贵　州	Guizhou	1916	950	965		
云　南	Yunnan	921	813	66		42
西　藏	Tibet	882	677			205
陕　西	Shaanxi	1362	467	595		300
甘　肃	Gansu	370	97			273
青　海	Qinghai					
宁　夏	Ningxia					
新　疆	Xinjiang					

4-2-3 续表 3 Continued 3

股份合作企业 单位：万元
Cooperative Enterprises Unit: 10 000 yuan

地 区	Region	营业额 Business Revenue	客房收入 from Hotel Rooms	餐费收入 from Meals	商品销售额 from Commodities	其他收入 Others
全 国	**National Total**	**75925**	**31727**	**34639**	**634**	**8927**
北 京	Beijing	22429	12736	3080	276	6338
天 津	Tianjin	326	326			
河 北	Hebei					
山 西	Shanxi					
内 蒙 古	Inner Mongolia					
辽 宁	Liaoning	149	76	58		15
吉 林	Jilin					
黑 龙 江	Heilongjiang					
上 海	Shanghai					
江 苏	Jiangsu	5363	2918	2153	50	242
浙 江	Zhejiang	9805	4191	5241		372
安 徽	Anhui					
福 建	Fujian					
江 西	Jiangxi					
山 东	Shandong	2840	675	2050		115
河 南	Henan	938	296	394	69	180
湖 北	Hubei					
湖 南	Hunan	8841	5537	2805		499
广 东	Guangdong	549	405	144		
广 西	Guangxi	568	364			204
海 南	Hainan					
重 庆	Chongqing					
四 川	Sichuan	3270	1814	1057		399
贵 州	Guizhou					
云 南	Yunnan					
西 藏	Tibet					
陕 西	Shaanxi	19495	1474	17266	213	543
甘 肃	Gansu	431	205	209	17	
青 海	Qinghai	483	375	108		
宁 夏	Ningxia					
新 疆	Xinjiang	438	335	74	9	20

4-2-3 续表 4 Continued 4

联营企业
Joint Ownership Enterprises

单位：万元
Unit: 10 000 yuan

地区	Region	营业额 Turnover	客房收入 from Hotel Rooms	餐费收入 from Meals	商品销售额 from Commodities	其他收入 Others
全国	**National Total**	**19475**	**11603**	**6520**	**230**	**1121**
北京	Beijing	4105	1976	1506		623
天津	Tianjin					
河北	Hebei					
山西	Shanxi					
内蒙古	Inner Mongolia					
辽宁	Liaoning					
吉林	Jilin					
黑龙江	Heilongjiang					
上海	Shanghai					
江苏	Jiangsu	2068	1446	569	52	
浙江	Zhejiang	7064	4569	2196	42	257
安徽	Anhui					
福建	Fujian					
江西	Jiangxi	3313	1602	1547	136	27
山东	Shandong					
河南	Henan					
湖北	Hubei	1046	505	465		77
湖南	Hunan					
广东	Guangdong	305	261			44
广西	Guangxi					
海南	Hainan	1264	1121	52		91
重庆	Chongqing					
四川	Sichuan					
贵州	Guizhou					
云南	Yunnan					
西藏	Tibet					
陕西	Shaanxi					
甘肃	Gansu					
青海	Qinghai					
宁夏	Ningxia					
新疆	Xinjiang	310	123	185		2

有限责任公司
Limited Liability Corporations

单位：万元
Unit: 10 000 yuan

地区	Region	营业额 Business Revenue	客房收入 from Hotel Rooms	餐费收入 from Meals	商品销售额 from Commodities	其他收入 Others
全国	**National Total**	**12165630**	**6181251**	**3773794**	**368476**	**1842118**
北京	Beijing	1387881	671651	300558	19789	395883
天津	Tianjin	113655	75295	23528	1373	13460
河北	Hebei	271191	100181	110728	19447	40835
山西	Shanxi	127100	52656	51302	1807	21335
内蒙古	Inner Mongolia	103300	51037	40683	1243	10338
辽宁	Liaoning	155579	69186	41065	2732	42596
吉林	Jilin	62382	32940	22614	913	5916
黑龙江	Heilongjiang	66851	43614	11902	434	10901
上海	Shanghai	1020321	552776	217581	11709	238255
江苏	Jiangsu	771999	346558	310567	27636	87238
浙江	Zhejiang	959703	454091	366920	12189	126504
安徽	Anhui	375430	131531	137128	55676	51095
福建	Fujian	580749	276512	236730	15912	51595
江西	Jiangxi	355806	167004	127523	12223	49057
山东	Shandong	625446	309187	232450	13162	70648
河南	Henan	262578	121768	100661	11464	28685
湖北	Hubei	289448	167270	86169	8453	27556
湖南	Hunan	274597	129777	102977	11863	29980
广东	Guangdong	1568701	864962	399438	52933	251369
广西	Guangxi	264443	140971	74397	13742	35333
海南	Hainan	477345	319615	116997	1577	39155
重庆	Chongqing	212814	105974	70268	11345	25227
四川	Sichuan	617516	325448	215872	21965	54232
贵州	Guizhou	216551	118384	58815	18667	20685
云南	Yunnan	320074	180767	78986	11415	48907
西藏	Tibet	29971	21178	6710	225	1858
陕西	Shaanxi	377847	193198	145679	4243	34728
甘肃	Gansu	93346	58136	27445	1040	6725
青海	Qinghai	13407	10984	1658	21	744
宁夏	Ningxia	13303	6844	4526	336	1597
新疆	Xinjiang	156296	81756	51917	2942	19681

4-2-3 续表 6 Continued 6

股份有限公司 单位：万元
Share-holding Corporations Ltd Unit: 10 000 yuan

地 区	Region	营业额 Turnover	客房收入 from Hotel Rooms	餐费收入 from Meals	商品销售额 from Commodities	其他收入 Others
全 国	**National Total**	**428790**	**214794**	**126082**	**21497**	**66420**
北 京	Beijing	2714	1696	407	58	553
天 津	Tianjin	5789	4389	383		1016
河 北	Hebei					
山 西	Shanxi	570	232	329	9	
内蒙古	Inner Mongolia					
辽 宁	Liaoning	1105	885	217		3
吉 林	Jilin					
黑龙江	Heilongjiang	10391	3652	2255	3307	1177
上 海	Shanghai	12257	5195	5948		1113
江 苏	Jiangsu	98556	31957	37304	7277	22017
浙 江	Zhejiang	34407	17616	12161	1546	3085
安 徽	Anhui	10217	6603	1345	547	1722
福 建	Fujian	4791	2265	1626	1	900
江 西	Jiangxi	4376	3099	1077	4	197
山 东	Shandong	15240	7870	6797	181	392
河 南	Henan	7372	3442	3129	16	785
湖 北	Hubei	11485	6707	3065	799	914
湖 南	Hunan	9476	5788	3456	30	202
广 东	Guangdong	68011	36996	15971	4323	10721
广 西	Guangxi	1851	709	638	42	461
海 南	Hainan	100174	58322	19262	3114	19477
重 庆	Chongqing	5367	3305	1650		412
四 川	Sichuan	8076	5239	2295	58	484
贵 州	Guizhou					
云 南	Yunnan	3661	2651	343	23	644
西 藏	Tibet	211	165	46		
陕 西	Shaanxi	6890	1712	5087	52	40
甘 肃	Gansu	2955	2031	842		82
青 海	Qinghai	1114	683	409		23
宁 夏	Ningxia					
新 疆	Xinjiang	1734	1585	40	110	

4-2-3 续表 7 Continued 7

私营企业
Private Enterprises

单位：万元
Unit: 10 000 yuan

地 区	Region	营业额 Business Revenue	客房收入 from Hotel Rooms	餐费收入 from Meals	商品销售额 from Commodities	其他收入 Others
全 国	**National Total**	**19926954**	**13059482**	**5459548**	**334089**	**1073842**
北 京	Beijing	474100	360282	64884	1318	47616
天 津	Tianjin	150664	123312	17712	2803	6838
河 北	Hebei	338391	181210	126189	2764	28228
山 西	Shanxi	320376	187857	111171	4358	16990
内蒙古	Inner Mongolia	180649	115873	51908	2005	10863
辽 宁	Liaoning	270219	185365	55761	2277	26815
吉 林	Jilin	136308	92043	33692	809	9764
黑龙江	Heilongjiang	88774	68404	16576	721	3073
上 海	Shanghai	1021582	788936	154931	5358	72357
江 苏	Jiangsu	1495519	989356	427099	22939	56126
浙 江	Zhejiang	2040908	1256405	622130	19864	142509
安 徽	Anhui	449013	285504	142591	9480	11439
福 建	Fujian	1417191	724107	610392	30433	52259
江 西	Jiangxi	679282	464830	190299	13503	10650
山 东	Shandong	936704	613482	244764	10166	68293
河 南	Henan	801792	487988	261657	21413	30734
湖 北	Hubei	878120	569175	248331	26052	34561
湖 南	Hunan	1103346	672923	361659	37623	31141
广 东	Guangdong	2473300	1732446	477637	28438	234779
广 西	Guangxi	478424	369201	83936	4168	21119
海 南	Hainan	172198	122107	33184	594	16313
重 庆	Chongqing	561333	376440	152798	12252	19844
四 川	Sichuan	1212620	772635	358992	34522	46471
贵 州	Guizhou	396704	308806	65438	5602	16858
云 南	Yunnan	475177	354588	89135	8582	22872
西 藏	Tibet	25487	20428	4243	65	752
陕 西	Shaanxi	905437	512576	350262	19277	23323
甘 肃	Gansu	189343	131230	52549	1999	3566
青 海	Qinghai	48622	41153	6776	124	569
宁 夏	Ningxia	36460	24921	10276	293	971
新 疆	Xinjiang	168911	125899	32576	4287	6149

4-2-3 续表 8 Continued 8

其他企业
Other Enterprises

单位：万元
Unit: 10 000 yuan

地 区	Region	营业额 Business Revenue	客房收入 from Hotel Rooms	餐费收入 from Meals	商品销售额 from Commodities	其他收入 Others
全 国	**National Total**	**6872**	**5681**	**1021**	**96**	**76**
北 京	Beijing	450	376	74		
天 津	Tianjin					
河 北	Hebei					
山 西	Shanxi					
内 蒙 古	Inner Mongolia					
辽 宁	Liaoning					
吉 林	Jilin					
黑 龙 江	Heilongjiang	785	721	60		4
上 海	Shanghai	1647	1477	95	4	72
江 苏	Jiangsu	376	18	297	62	
浙 江	Zhejiang					
安 徽	Anhui	453	453			
福 建	Fujian					
江 西	Jiangxi	622	332	272	18	
山 东	Shandong	173	173			
河 南	Henan					
湖 北	Hubei					
湖 南	Hunan					
广 东	Guangdong	1418	1418			
广 西	Guangxi					
海 南	Hainan					
重 庆	Chongqing					
四 川	Sichuan	184	150	28	6	
贵 州	Guizhou					
云 南	Yunnan	764	563	195	6	
西 藏	Tibet					
陕 西	Shaanxi					
甘 肃	Gansu					
青 海	Qinghai					
宁 夏	Ningxia					
新 疆	Xinjiang					

港、澳、台商投资企业
Enterprises with Funds from Hong Kong, Macao and Taiwan

单位：万元
Unit: 10 000 yuan

地区	Region	营业额 Business Revenue	客房收入 from Hotel Rooms	餐费收入 from Meals	商品销售额 from Commodities	其他收入 Others
全国	**National Total**	**2200731**	**1042728**	**656666**	**49945**	**451394**
北京	Beijing	391797	173485	40759	7959	169594
天津	Tianjin	8584	7622	778		184
河北	Hebei	10389	5642	3167	27	1553
山西	Shanxi					
内蒙古	Inner Mongolia	13114	5131	5865	698	1420
辽宁	Liaoning	55539	23170	16959	4785	10625
吉林	Jilin	2724	1142	306	34	1243
黑龙江	Heilongjiang	9855	4444	4127	482	802
上海	Shanghai	248470	115296	59068	2237	71868
江苏	Jiangsu	98172	47822	41952	2112	6287
浙江	Zhejiang	247578	86176	95729	2880	62793
安徽	Anhui	26249	12940	10130	573	2607
福建	Fujian	220973	98514	104542	3288	14629
江西	Jiangxi	14687	8458	5921	150	157
山东	Shandong	49685	20171	19840	877	8798
河南	Henan	18864	7985	9042	8	1829
湖北	Hubei	34105	19472	10112	175	4345
湖南	Hunan	33878	19224	12864	744	1046
广东	Guangdong	440644	208437	142085	19811	70311
广西	Guangxi	40793	16769	16840	1994	5190
海南	Hainan	142224	105068	30599	360	6198
重庆	Chongqing	15931	10545	4199	65	1122
四川	Sichuan	22328	14134	6409	50	1735
贵州	Guizhou	217	217			
云南	Yunnan	23689	16353	4534	391	2412
西藏	Tibet	4810	3424	1183		203
陕西	Shaanxi	22976	10208	8089	245	4434
甘肃	Gansu	1161	879	272		9
青海	Qinghai					
宁夏	Ningxia					
新疆	Xinjiang	1295		1295		

外商投资企业
Foreign Funded Enterprises

单位：万元
Unit: 10 000 yuan

地　区	Region	营业额 Business Revenue	客房收入 from Hotel Rooms	餐费收入 from Meals	商品销售额 from Commodities	其他收入 Others
全　国	**National Total**	**1317999**	**629943**	**329547**	**76753**	**281756**
北　京	Beijing	160529	70249	16013	2080	72187
天　津	Tianjin	41959	26489	3878	100	11492
河　北	Hebei					
山　西	Shanxi					
内蒙古	Inner Mongolia	1966	1268	529	17	152
辽　宁	Liaoning	31510	22156	7073	81	2200
吉　林	Jilin	17025	7130	6918	123	2854
黑龙江	Heilongjiang	10976	5749	4230	375	622
上　海	Shanghai	229876	82507	30470	57939	58960
江　苏	Jiangsu	59688	29866	21849	1596	6378
浙　江	Zhejiang	150344	68295	53959	985	27105
安　徽	Anhui	7900	3253	4024	213	410
福　建	Fujian	128286	77421	38332	873	11660
江　西	Jiangxi	3726	2931	626	8	160
山　东	Shandong	27852	15649	6789	336	5077
河　南	Henan	4120	2309	1497	223	90
湖　北	Hubei	25760	11364	8920	333	5143
湖　南	Hunan	840	666	173		
广　东	Guangdong	273618	128316	72969	7697	64636
广　西	Guangxi	22463	12024	8401	688	1351
海　南	Hainan	5067	1575	1896	38	1559
重　庆	Chongqing	25015	11769	9317	1039	2890
四　川	Sichuan	32332	18893	10513	859	2066
贵　州	Guizhou	319	300	20		
云　南	Yunnan	14415	8944	4223	134	1114
西　藏	Tibet	5529	3564	1575	111	279
陕　西	Shaanxi	33305	15484	14159	905	2757
甘　肃	Gansu	2944	1328	1022		594
青　海	Qinghai	635	444	172		20
宁　夏	Ningxia					
新　疆	Xinjiang					

4-2-4 各地区限额以上住宿业企业经营情况(按国民经济行业分)

Business of Enterprises above Designated Size of Hotels by Region and Sector

旅游饭店
Tourist Hotel

单位：万元
Unit: 10 000 yuan

地　区	Region	营业额 Turnover	客房收入 from Hotel Rooms	餐费收入 from Meals	商品销售额 from Commodities	其他收入 Others
全　国	**National Total**	**25343599**	**12607822**	**8729798**	**686471**	**3319505**
北　京	Beijing	1987341	879294	406128	32526	669393
天　津	Tianjin	175313	111493	38189	889	24741
河　北	Hebei	444179	176982	192538	17899	56762
山　西	Shanxi	302525	120108	131990	2961	47467
内蒙古	Inner Mongolia	202180	108644	74225	2460	16851
辽　宁	Liaoning	369849	169836	108304	7876	83832
吉　林	Jilin	177023	95982	59533	1494	20014
黑龙江	Heilongjiang	141074	83988	35997	4833	16256
上　海	Shanghai	1571564	784106	392768	66849	327840
江　苏	Jiangsu	1691322	726961	752700	46102	165559
浙　江	Zhejiang	2707290	1265222	1084893	34097	323078
安　徽	Anhui	601602	245457	237358	60652	58134
福　建	Fujian	1807756	830686	834558	34527	107984
江　西	Jiangxi	622639	323385	229343	19376	50535
山　东	Shandong	1317001	605728	526211	26043	159020
河　南	Henan	617046	299196	240942	20666	56242
湖　北	Hubei	692285	375870	228305	19237	68873
湖　南	Hunan	893630	445216	365495	34572	48347
广　东	Guangdong	3412815	1794531	973141	103156	541986
广　西	Guangxi	518124	297236	148256	18289	54344
海　南	Hainan	835764	558817	190879	5461	80606
重　庆	Chongqing	538742	295111	186793	22838	34001
四　川	Sichuan	1230895	639613	457985	43461	89835
贵　州	Guizhou	447117	280766	109536	21080	35734
云　南	Yunnan	505800	297682	125033	12271	70814
西　藏	Tibet	65057	45652	14573	254	4578
陕　西	Shaanxi	865390	399092	389016	15558	61724
甘　肃	Gansu	229417	138684	76317	2726	11690
青　海	Qinghai	53470	37977	12215	507	2771
宁　夏	Ningxia	46742	27006	15304	427	4005
新　疆	Xinjiang	272647	147501	91273	7384	26489

4-2-4 续表 1 Continued 1

一般旅馆
Fonda

单位：万元
Unit: 10 000 yuan

地 区	Region	营业额 Business Revenue	客房收入 from Hotel Rooms	餐费收入 from Meals	商品销售额 from Commodities	其他收入 Others
全 国	**National Total**	**11605656**	**8557526**	**2129398**	**190575**	**728159**
北 京	Beijing	672340	474941	73784	4639	118976
天 津	Tianjin	144246	121197	11378	3323	8348
河 北	Hebei	232060	126523	81871	2729	20935
山 西	Shanxi	195065	127759	50373	2644	14290
内蒙古	Inner Mongolia	99524	64237	28313	1489	5485
辽 宁	Liaoning	161805	127697	22771	1386	9952
吉 林	Jilin	67664	46888	15470	953	4353
黑龙江	Heilongjiang	61545	47883	11019	589	2054
上 海	Shanghai	988974	758825	93285	12083	124781
江 苏	Jiangsu	891369	715154	131984	16781	27450
浙 江	Zhejiang	838829	648003	127125	4676	59025
安 徽	Anhui	245918	180957	52546	5027	7387
福 建	Fujian	510884	328585	148980	12459	20859
江 西	Jiangxi	394774	286967	95155	5413	7239
山 东	Shandong	544443	424020	83646	6560	30218
河 南	Henan	519054	330308	158386	15002	15358
湖 北	Hubei	543144	389443	126489	16897	10315
湖 南	Hunan	490155	341248	119281	14212	15414
广 东	Guangdong	1471925	1147228	173368	20721	130609
广 西	Guangxi	283381	233172	36735	2252	11222
海 南	Hainan	56030	43737	10009	152	2133
重 庆	Chongqing	281135	204647	53835	5161	17492
四 川	Sichuan	681461	495661	150245	15195	20360
贵 州	Guizhou	174764	142624	21618	3581	6941
云 南	Yunnan	332081	250140	58956	5763	17223
西 藏	Tibet	8798	6848	1334	137	480
陕 西	Shaanxi	501882	323965	156149	9626	12142
甘 肃	Gansu	83546	66476	13902	465	2703
青 海	Qinghai	19714	17812	1514	107	281
宁 夏	Ningxia	9615	6855	1488	291	980
新 疆	Xinjiang	99531	77726	18389	262	3154

4-2-4 续表 2 Continued 2

民宿服务 单位：万元

Home Lodging Services Unit: 10 000 yuan

地区	Region	营业额 Turnover	客房收入 from Hotel Rooms	餐费收入 from Meals	商品销售额 from Commodities	其他收入 Others
全国	**National Total**	**203103**	**139949**	**51252**	**3701**	**8202**
北京	Beijing	5002	3860	830	28	284
天津	Tianjin					
河北	Hebei	119	116		3	
山西	Shanxi	3545	1546	1385	593	21
内蒙古	Inner Mongolia					
辽宁	Liaoning					
吉林	Jilin	1115	1041	74		
黑龙江	Heilongjiang	742	690	52		
上海	Shanghai	5713	4778	658	54	223
江苏	Jiangsu	9989	8263	1386	162	178
浙江	Zhejiang	48445	35288	10600	582	1975
安徽	Anhui	6252	4029	1838	351	34
福建	Fujian	11812	7304	3758	353	398
江西	Jiangxi	16049	10914	4711	277	147
山东	Shandong	8564	4061	1528	144	2832
河南	Henan	9381	4137	5105	109	30
湖北	Hubei	5483	4188	1181	96	18
湖南	Hunan	23052	13631	9021	231	169
广东	Guangdong	13172	10698	1883	330	261
广西	Guangxi	2203	1741	405	28	28
海南	Hainan	381	118	263		
重庆	Chongqing	1969	1250	586	5	128
四川	Sichuan	10803	7590	2636	211	366
贵州	Guizhou	3419	2870	493	18	38
云南	Yunnan	8460	5874	1642	20	924
西藏	Tibet					
陕西	Shaanxi	4687	3334	1213	82	58
甘肃	Gansu					
青海	Qinghai					
宁夏	Ningxia	918	909	4	3	2
新疆	Xinjiang	1828	1719		21	88

4-2-4 续表 3 Continued 3

露营地服务
Campground Services

单位：万元
Unit: 10 000 yuan

地区	Region	营业额 Business Revenue	客房收入 from Hotel Rooms	餐费收入 from Meals	商品销售额 from Commodities	其他收入 Others
全国	**National Total**	**13521**	**5947**	**3106**	**2676**	**1795**
北京	Beijing	367			13	355
天津	Tianjin					
河北	Hebei					
山西	Shanxi	1154	637	427	65	26
内蒙古	Inner Mongolia					
辽宁	Liaoning					
吉林	Jilin					
黑龙江	Heilongjiang					
上海	Shanghai	771	771			
江苏	Jiangsu	493	249	151	68	25
浙江	Zhejiang	762	501	243	3	16
安徽	Anhui	1659	758	380	185	336
福建	Fujian	666	52	614		
江西	Jiangxi	750	359	42	202	147
山东	Shandong					
河南	Henan	359	272	74		13
湖北	Hubei	1078	514	227	145	192
湖南	Hunan	1944	58		1886	
广东	Guangdong	203	126	61	7	8
广西	Guangxi	1402	422	272	80	628
海南	Hainan					
重庆	Chongqing	421	374			47
四川	Sichuan					
贵州	Guizhou	102	47	50	6	
云南	Yunnan					
西藏	Tibet					
陕西	Shaanxi	1390	807	565	16	2
甘肃	Gansu					
青海	Qinghai					
宁夏	Ningxia					
新疆	Xinjiang					

4-2-4 续表 4 Continued 4

其他住宿业
Others

单位：万元
Unit: 10 000 yuan

地 区	Region	营业额 Business Revenue	客房收入 from Hotel Rooms	餐费收入 from Meals	商品销售额 from Commodities	其他收入 Others
全 国	**National Total**	**1151686**	**722385**	**295169**	**26222**	**107913**
北 京	Beijing	62291	37294	10526	416	14056
天 津	Tianjin	14887	10140	2748	96	1903
河 北	Hebei	28445	10060	9077	4410	4898
山 西	Shanxi	11153	7195	3490	18	451
内蒙古	Inner Mongolia	3880	2823	472	18	567
辽 宁	Liaoning	36705	19452	10810	1471	4973
吉 林	Jilin	8134	6743	1065	161	165
黑龙江	Heilongjiang	9247	7392	849	23	982
上 海	Shanghai	15789	11231	3741	19	799
江 苏	Jiangsu	85714	56643	24211	1724	3135
浙 江	Zhejiang	5847	4056	736	7	1049
安 徽	Anhui	18958	11118	6009	318	1513
福 建	Fujian	45607	23829	14164	3204	4411
江 西	Jiangxi	93079	50779	35581	1837	4882
山 东	Shandong	56389	34262	17511	1013	3603
河 南	Henan	37702	21151	13588	883	2081
湖 北	Hubei	51878	28757	20257	937	1927
湖 南	Hunan	89159	60632	21069	2160	5298
广 东	Guangdong	231368	164928	31134	1344	33962
广 西	Guangxi	18179	16953	977	47	201
海 南	Hainan	11627	7589	3204	169	666
重 庆	Chongqing	25959	18884	5892	216	967
四 川	Sichuan	38848	22668	7963	299	7918
贵 州	Guizhou	12996	11376	1213	117	290
云 南	Yunnan	47930	30569	7800	4539	5021
西 藏	Tibet	5311	4199	1086	26	
陕 西	Shaanxi	65330	29120	34167	738	1304
甘 肃	Gansu	6165	4395	1425	5	340
青 海	Qinghai	3111	2411	700		
宁 夏	Ningxia	1041	853	188		
新 疆	Xinjiang	8957	4883	3516	7	551

4-2-5 各地区限额以上餐饮业企业经营情况
Business of Enterprises above Designated Size of Catering Services by Region

单位：万元
Unit: 10 000 yuan

地 区	Region	营业额 Turnover	客房收入 from Hotel Rooms	餐费收入 from Meals	商品销售额 from Commodities	其他收入 Others
全 国	**National Total**	**80708499**	**2611747**	**73151775**	**2870604**	**2074375**
北 京	Beijing	8012006	29555	7328149	275695	378606
天 津	Tianjin	1372232	34920	1201133	25343	110837
河 北	Hebei	838114	59219	701411	27261	50224
山 西	Shanxi	937415	70025	825365	13121	28904
内 蒙 古	Inner Mongolia	367792	45449	281286	22205	18852
辽 宁	Liaoning	1021660	24687	915856	57536	23582
吉 林	Jilin	284689	12530	262428	1201	8530
黑 龙 江	Heilongjiang	161999	8498	145230	2671	5600
上 海	Shanghai	9304673	16160	8872047	246519	169947
江 苏	Jiangsu	8308190	487640	7401798	256245	162507
浙 江	Zhejiang	5959277	272811	5365089	175625	145752
安 徽	Anhui	2849397	131246	2521127	140523	56502
福 建	Fujian	3764086	54307	3486247	121835	101697
江 西	Jiangxi	1464682	103950	1302785	42256	15692
山 东	Shandong	3381722	248124	2899106	110409	124083
河 南	Henan	1273896	44211	1186222	26361	17101
湖 北	Hubei	3754770	199422	3372846	128603	53899
湖 南	Hunan	2510039	136621	2262130	81622	29667
广 东	Guangdong	12529471	139898	11430235	662731	296607
广 西	Guangxi	1095072	30196	936357	70553	57966
海 南	Hainan	243200	4074	218095	10871	10160
重 庆	Chongqing	1915147	96116	1718202	71543	29285
四 川	Sichuan	4348773	148265	4017684	109182	73642
贵 州	Guizhou	562699	12105	520457	19480	10657
云 南	Yunnan	947344	18430	873418	29625	25870
西 藏	Tibet	17720	594	15980	895	251
陕 西	Shaanxi	2575304	116516	2309835	114074	34879
甘 肃	Gansu	430377	37179	372571	12283	8344
青 海	Qinghai	39008	6229	31767	426	586
宁 夏	Ningxia	62149	8081	42087	3684	8298
新 疆	Xinjiang	375596	14689	334832	10226	15848

4−2−5 续表 Continued

国有控股 单位：万元

State-controlled Enterprises Unit: 10 000 yuan

地 区	Region	营业额 Business Revenue	客房收入 from Hotel Rooms	餐费收入 from Meals	商品销售额 from Commodities	其他收入 Others
全 国	**National Total**	**3431003**	**329041**	**2478813**	**325755**	**297396**
北 京	Beijing	372916	6001	299017	26383	41515
天 津	Tianjin	46570	1679	33377	1946	9569
河 北	Hebei	52585	10175	34764	409	7237
山 西	Shanxi	74022	12612	56639	573	4198
内蒙古	Inner Mongolia	33192	7708	19423	271	5791
辽 宁	Liaoning	20790	3651	15835	538	767
吉 林	Jilin	18388	793	17364		231
黑龙江	Heilongjiang	5550	2032	3330	24	164
上 海	Shanghai	318235	5090	244383	41940	26821
江 苏	Jiangsu	384349	83896	249932	9925	40597
浙 江	Zhejiang	300257	23726	196693	50852	28987
安 徽	Anhui	61336	7869	48256	3598	1612
福 建	Fujian	68594	2737	56435	4889	4533
江 西	Jiangxi	83707	12200	68253	1626	1629
山 东	Shandong	320297	51278	204696	34515	29808
河 南	Henan	35829	4005	27688	1155	2980
湖 北	Hubei	54129	2374	30108	14115	7533
湖 南	Hunan	42054	8400	30935	1510	1208
广 东	Guangdong	460812	20346	336163	60404	43899
广 西	Guangxi	114344	6727	73366	28826	5425
海 南	Hainan	4557	840	2201		1515
重 庆	Chongqing	30742	6049	21941	1824	929
四 川	Sichuan	100888	13453	73210	6226	7998
贵 州	Guizhou	71824	3716	57835	4746	5526
云 南	Yunnan	71848	2365	62418	1974	5091
西 藏	Tibet	3246		2371	875	
陕 西	Shaanxi	114392	9044	90859	9014	5476
甘 肃	Gansu	66774	11958	42538	9811	2466
青 海	Qinghai					
宁 夏	Ningxia	6084	1163	1652	2703	567
新 疆	Xinjiang	92692	7154	77131	5083	3324

4-2-6 各地区限额以上餐饮业企业经营情况(按登记注册类型分)

Business of Enterprises above Designated Size of Catering Services by Region and Type of Registration

内资企业　　　　　　　　　　　　　　　　　　　　单位：万元
Domestic Funded Enterprises　　　　　　　　　　Unit: 10 000 yuan

地　区	Region	营业额 Turnover	客房收入 from Hotel Rooms	餐费收入 from Meals	商品销售额 from Commodities	其他收入 Others
全　国	**National Total**	**62003362**	**2559387**	**55610729**	**2284493**	**1548759**
北　京	Beijing	4598759	29555	4313207	99902	156094
天　津	Tianjin	928665	34040	782780	13203	98643
河　北	Hebei	833596	58835	698985	27178	48599
山　西	Shanxi	831979	70025	722380	11983	27591
内蒙古	Inner Mongolia	340088	45449	274555	5177	14908
辽　宁	Liaoning	448722	24501	369996	40346	13879
吉　林	Jilin	256876	12530	235702	667	7977
黑龙江	Heilongjiang	148913	8498	132627	2189	5600
上　海	Shanghai	5043553	16160	4788627	120494	118272
江　苏	Jiangsu	6740116	471770	5921320	218019	129007
浙　江	Zhejiang	4939288	261212	4375730	168394	133952
安　徽	Anhui	2810600	128928	2485394	140523	55755
福　建	Fujian	3054223	52976	2816449	101838	82960
江　西	Jiangxi	1368773	102742	1208607	41736	15688
山　东	Shandong	3009157	245802	2542135	100916	120304
河　南	Henan	1171742	44211	1089759	26349	11423
湖　北	Hubei	2967862	198855	2615356	109293	44359
湖　南	Hunan	2188673	136621	1952469	79235	20348
广　东	Guangdong	9263463	128846	8374836	550011	209771
广　西	Guangxi	982274	26369	833019	70150	52736
海　南	Hainan	230898	4074	208724	10871	7229
重　庆	Chongqing	1593170	96116	1402909	70306	23839
四　川	Sichuan	3652316	148265	3352947	93092	58012
贵　州	Guizhou	559711	12104	518275	19203	10129
云　南	Yunnan	855567	18430	785619	29356	22162
西　藏	Tibet	17720	594	15980	895	251
陕　西	Shaanxi	2333474	116066	2084582	106571	26255
甘　肃	Gansu	394614	37179	336854	12260	8321
青　海	Qinghai	39008	6229	31767	426	586
宁　夏	Ningxia	62149	8081	42087	3684	8298
新　疆	Xinjiang	337413	14324	297052	10226	15811

4-2-6 续表 1 Continued 1

国有企业
State-controlled Enterprises

单位：万元
Unit: 10 000 yuan

地 区	Region	营业额 Business Revenue	客房收入 from Hotel Rooms	餐费收入 from Meals	商品销售额 from Commodities	其他收入 Others
全 国	**National Total**	**522043**	**98063**	**359135**	**23164**	**41684**
北 京	Beijing	5328	1282	2870	425	750
天 津	Tianjin	724	135	560	17	13
河 北	Hebei	13477	1848	9582	18	2030
山 西	Shanxi	3955	1492	2159	35	269
内蒙古	Inner Mongolia	371	61	131		179
辽 宁	Liaoning	1097	251	466		381
吉 林	Jilin	354	128	159		67
黑龙江	Heilongjiang	1673	641	1015	18	
上 海	Shanghai	29397	3184	21973	21	4219
江 苏	Jiangsu	119481	27613	74242	1979	15647
浙 江	Zhejiang	74139	4549	54872	10759	3959
安 徽	Anhui	10063	2418	7155	127	362
福 建	Fujian	1444	291	449	704	
江 西	Jiangxi	31438	3167	27724	415	132
山 东	Shandong	80903	24686	45964	2918	7334
河 南	Henan	6702	2461	4241		
湖 北	Hubei	8211	1391	5295	93	1432
湖 南	Hunan	17635	4620	12783	232	
广 东	Guangdong	21940	995	17729	1280	1937
广 西	Guangxi	2504	363	2007	74	60
海 南	Hainan					
重 庆	Chongqing	4392	859	3438	93	1
四 川	Sichuan	12454	3198	6873	1195	1189
贵 州	Guizhou	5514	1066	3927	232	289
云 南	Yunnan	8562	1666	6571	292	34
西 藏	Tibet					
陕 西	Shaanxi	14188	2953	9816	1199	220
甘 肃	Gansu	9928	2382	7128	234	185
青 海	Qinghai					
宁 夏	Ningxia	2198	554	1453		190
新 疆	Xinjiang	33971	3809	28553	804	805

集体企业
Collective-owned Enterprises

单位：万元
Unit: 10 000 yuan

地 区	Region	营业额 Turnover	客房收入 from Hotel Rooms	餐费收入 from Meals	商品销售额 from Commodities	其他收入 Others
全 国	**National Total**	**108814**	**11376**	**86142**	**4546**	**6748**
北 京	Beijing	12267	1818	8658	90	1700
天 津	Tianjin					
河 北	Hebei	694	37	657		
山 西	Shanxi	1184	879	305		
内蒙古	Inner Mongolia					
辽 宁	Liaoning	1399	95	1147		157
吉 林	Jilin					
黑龙江	Heilongjiang					
上 海	Shanghai	5811	403	5286		122
江 苏	Jiangsu	16536	2809	13722	4	
浙 江	Zhejiang	507		507		
安 徽	Anhui	642		615	28	
福 建	Fujian	2274		899	1375	
江 西	Jiangxi					
山 东	Shandong	2462	841	1620		
河 南	Henan					
湖 北	Hubei	19822	507	18786	529	
湖 南	Hunan					
广 东	Guangdong	21890	2287	13099	2439	4064
广 西	Guangxi	801		688		113
海 南	Hainan					
重 庆	Chongqing	7892		7888	4	
四 川	Sichuan	974		902	72	
贵 州	Guizhou	5513		5511	2	
云 南	Yunnan	2888	891	1433	2	563
西 藏	Tibet					
陕 西	Shaanxi	3720	120	3599	1	
甘 肃	Gansu	1538	689	820		29
青 海	Qinghai					
宁 夏	Ningxia					
新 疆	Xinjiang					

4-2-6 续表 3 Continued 3

股份合作企业
Cooperative Enterprises

单位：万元
Unit: 10 000 yuan

地 区	Region	营业额 Business Revenue	客房收入 from Hotel Rooms	餐费收入 from Meals	商品销售额 from Commodities	其他收入 Others
全 国	**National Total**	**125077**	**2507**	**103890**	**15968**	**2711**
北 京	Beijing	30241	1040	29166		35
天 津	Tianjin					
河 北	Hebei	4836		4836		
山 西	Shanxi	356	37	259		59
内蒙古	Inner Mongolia					
辽 宁	Liaoning					
吉 林	Jilin					
黑龙江	Heilongjiang	226		226		
上 海	Shanghai	5433	49	4166		1217
江 苏	Jiangsu	7850		7850		
浙 江	Zhejiang	11129	211	10823	96	
安 徽	Anhui					
福 建	Fujian	477		477		
江 西	Jiangxi	756		601		155
山 东	Shandong	1532	598	915	18	
河 南	Henan	282		282		
湖 北	Hubei	1367	80	1158	130	
湖 南	Hunan					
广 东	Guangdong	29659		29618	29	12
广 西	Guangxi	5		5		
海 南	Hainan					
重 庆	Chongqing					
四 川	Sichuan	30573	380	13266	15695	1233
贵 州	Guizhou					
云 南	Yunnan					
西 藏	Tibet					
陕 西	Shaanxi	156	112	43		
甘 肃	Gansu	199		199		
青 海	Qinghai					
宁 夏	Ningxia					
新 疆	Xinjiang					

4-2-6 续表 4 Continued 4

联营企业
Joint Ownership Enterprises

单位：万元
Unit: 10 000 yuan

地区	Region	营业额 Turnover	客房收入 from Hotel Rooms	餐费收入 from Meals	商品销售额 from Commodities	其他收入 Others
全国	**National Total**	**28842**	**1430**	**23475**	**2388**	**1549**
北京	Beijing					
天津	Tianjin					
河北	Hebei					
山西	Shanxi					
内蒙古	Inner Mongolia					
辽宁	Liaoning					
吉林	Jilin					
黑龙江	Heilongjiang					
上海	Shanghai	303		1		302
江苏	Jiangsu	3276	8	3102	166	
浙江	Zhejiang	4371	890	2753	338	390
安徽	Anhui					
福建	Fujian					
江西	Jiangxi					
山东	Shandong	3093		3093		
河南	Henan					
湖北	Hubei					
湖南	Hunan					
广东	Guangdong	10648		9294	1354	
广西	Guangxi					
海南	Hainan					
重庆	Chongqing					
四川	Sichuan					
贵州	Guizhou					
云南	Yunnan					
西藏	Tibet					
陕西	Shaanxi	3968		3968		
甘肃	Gansu					
青海	Qinghai					
宁夏	Ningxia					
新疆	Xinjiang	3183	532	1264	530	857

4-2-6 续表 5 Continued 5

有限责任公司
Limited Liability Corporations

单位：万元
Unit: 10 000 yuan

地　区	Region	营业额 Business Revenue	客房收入 from Hotel Rooms	餐费收入 from Meals	商品销售额 from Commodities	其他收入 Others
全　国	**National Total**	**12908941**	**597500**	**11262144**	**571747**	**477551**
北　京	Beijing	2249705	10916	2076965	58581	103244
天　津	Tianjin	239719	18420	200531	5608	15159
河　北	Hebei	179831	21204	134142	11598	12887
山　西	Shanxi	184205	14935	160256	3115	5899
内蒙古	Inner Mongolia	101130	18752	73338	389	8651
辽　宁	Liaoning	96651	5605	75344	13437	2266
吉　林	Jilin	51757	1996	48592	284	886
黑龙江	Heilongjiang	56806	3336	51397	920	1153
上　海	Shanghai	1010561	2871	940959	29836	36894
江　苏	Jiangsu	915861	107460	724934	37606	45861
浙　江	Zhejiang	675224	56283	501412	80411	37118
安　徽	Anhui	658086	35786	605874	7943	8483
福　建	Fujian	144333	2713	131835	4419	5365
江　西	Jiangxi	246788	31152	196554	14374	4708
山　东	Shandong	765218	64989	611314	44574	44341
河　南	Henan	288861	4356	273560	5497	5447
湖　北	Hubei	392096	18170	341220	20455	12251
湖　南	Hunan	321244	16016	287680	12797	4751
广　东	Guangdong	2129779	44483	1936086	92872	56338
广　西	Guangxi	241009	11617	185847	33011	10535
海　南	Hainan	99504	2914	89835	3076	3679
重　庆	Chongqing	129096	8290	110032	5628	5146
四　川	Sichuan	495684	37702	426305	14146	17531
贵　州	Guizhou	145977	3546	123748	12018	6665
云　南	Yunnan	133291	3054	121078	4014	5146
西　藏	Tibet	13227	337	12010	880	
陕　西	Shaanxi	701846	25217	632717	35547	8365
甘　肃	Gansu	145747	18920	112338	10127	4362
青　海	Qinghai	7267	1071	6110	59	26
宁　夏	Ningxia	7452	1192	2753	3027	480
新　疆	Xinjiang	80986	4197	67378	5498	3914

4-2-6 续表 6 Continued 6

股份有限公司
Share-holding Corporations Ltd.

单位：万元
Unit: 10 000 yuan

地　区	Region	营业额 Turnover	客房收入 from Hotel Rooms	餐费收入 from Meals	商品销售额 from Commodities	其他收入 Others
全　国	**National Total**	**502952**	**17917**	**391635**	**58052**	**35349**
北　京	Beijing	20428		13925	2305	4197
天　津	Tianjin	4179		2351	247	1581
河　北	Hebei	753	212	292		249
山　西	Shanxi					
内蒙古	Inner Mongolia	15870		15332		538
辽　宁	Liaoning	3477		3477		
吉　林	Jilin					
黑龙江	Heilongjiang	972		972		
上　海	Shanghai	157617		116660	31919	9038
江　苏	Jiangsu	33113	2285	29430	986	412
浙　江	Zhejiang	37568	2118	34787	171	493
安　徽	Anhui	7047	560	6405	20	62
福　建	Fujian					
江　西	Jiangxi	6142	840	5210	75	16
山　东	Shandong	16538	2829	13403	118	189
河　南	Henan	2016		1224	792	
湖　北	Hubei	9529	923	8491	20	96
湖　南	Hunan	9819	1816	7146	663	193
广　东	Guangdong	89670	2593	61983	15436	9658
广　西	Guangxi	1880		1880		
海　南	Hainan	414		77	310	27
重　庆	Chongqing	1006	115	881	10	
四　川	Sichuan	5216	358	4849	9	
贵　州	Guizhou					
云　南	Yunnan	2125		2125		
西　藏	Tibet	208		208		
陕　西	Shaanxi	69035	3268	52197	4971	8600
甘　肃	Gansu	2565		2565		
青　海	Qinghai					
宁　夏	Ningxia					
新　疆	Xinjiang	5765		5765		

4-2-6 续表 7 Continued 7

私营企业
Private Enterprises

单位：万元
Unit: 10 000 yuan

地　区	Region	营业额 Business Revenue	客房收入 from Hotel Rooms	餐费收入 from Meals	商品销售额 from Commodities	其他收入 Others
全　国	**National Total**	**47782668**	**1829812**	**43365987**	**1604926**	**981953**
北　京	Beijing	2280791	14499	2181622	38502	46168
天　津	Tianjin	684042	15484	579339	7330	81889
河　北	Hebei	634005	35533	549477	15562	33433
山　西	Shanxi	642279	52682	559401	8833	21364
内蒙古	Inner Mongolia	222718	26636	185753	4788	5540
辽　宁	Liaoning	346098	18551	289563	26909	11075
吉　林	Jilin	204765	10406	186952	384	7024
黑龙江	Heilongjiang	89235	4521	79017	1251	4447
上　海	Shanghai	3825043	8912	3695274	55588	65268
江　苏	Jiangsu	5638605	331575	5062692	177252	67087
浙　江	Zhejiang	4136350	197162	3770577	76619	91992
安　徽	Anhui	2134008	90164	1864593	132405	46847
福　建	Fujian	2905695	49972	2682790	95339	77595
江　西	Jiangxi	1083422	67583	978433	26729	10678
山　东	Shandong	2139044	151859	1865458	53287	68440
河　南	Henan	873882	37395	810452	20060	5975
湖　北	Hubei	2536836	177784	2240406	88066	30580
湖　南	Hunan	1838707	114168	1643666	65470	15404
广　东	Guangdong	6958942	78488	6306118	436576	137762
广　西	Guangxi	736074	14389	642593	37066	42027
海　南	Hainan	130981	1160	118811	7486	3523
重　庆	Chongqing	1450209	86852	1280095	64570	18693
四　川	Sichuan	3106395	106617	2899742	61977	38059
贵　州	Guizhou	402707	7492	385089	6952	3174
云　南	Yunnan	705295	12820	651008	25048	16419
西　藏	Tibet	4285	257	3762	15	251
陕　西	Shaanxi	1540132	84385	1382133	64544	9071
甘　肃	Gansu	234637	15189	213804	1899	3745
青　海	Qinghai	31741	5157	25657	367	560
宁　夏	Ningxia	52500	6334	37880	658	7628
新　疆	Xinjiang	213245	5786	193830	3394	10235

4-2-6 续表 8 Continued 8

其他企业
Other Enterprises

单位：万元
Unit: 10 000 yuan

地 区	Region	营业额 Turnover	客房收入 from Hotel Rooms	餐费收入 from Meals	商品销售额 from Commodities	其他收入 Others
全 国	**National Total**	**24023**	**781**	**18325**	**3706**	**1211**
北 京	Beijing					
天 津	Tianjin					
河 北	Hebei					
山 西	Shanxi					
内蒙古	Inner Mongolia					
辽 宁	Liaoning					
吉 林	Jilin					
黑龙江	Heilongjiang					
上 海	Shanghai	9388	741	4306	3130	1211
江 苏	Jiangsu	5395	21	5348	25	
浙 江	Zhejiang					
安 徽	Anhui	753		753		
福 建	Fujian					
江 西	Jiangxi	227		84	143	
山 东	Shandong	368		368		
河 南	Henan					
湖 北	Hubei					
湖 南	Hunan	1267		1194	74	
广 东	Guangdong	935		910	25	
广 西	Guangxi					
海 南	Hainan					
重 庆	Chongqing	575		575		
四 川	Sichuan	1019	9	1010		
贵 州	Guizhou					
云 南	Yunnan	3405		3405		
西 藏	Tibet					
陕 西	Shaanxi	429	10	110	309	
甘 肃	Gansu					
青 海	Qinghai					
宁 夏	Ningxia					
新 疆	Xinjiang	262		262		

4-2-6 续表 9 Continued 9

港、澳、台商投资企业
Enterprises with Funds from Hongkong, Macao and Taiwan

单位：万元
Unit: 10 000 yuan

地区	Region	营业额 Business Revenue	客房收入 from Hotel Rooms	餐费收入 from Meals	商品销售额 from Commodities	其他收入 Others
全国	**National Total**	**8412152**	**36287**	**7685358**	**423829**	**266686**
北京	Beijing	1717379		1470952	143256	103172
天津	Tianjin	136767	880	126535	4683	4670
河北	Hebei	1469	314	1119		36
山西	Shanxi	30965		28515	1139	1312
内蒙古	Inner Mongolia	2131		2131		
辽宁	Liaoning	206994	186	195864	6971	3974
吉林	Jilin	17048		15976	534	539
黑龙江	Heilongjiang	10224		9741	483	
上海	Shanghai	2018976		1879380	103232	36365
江苏	Jiangsu	504103	14883	437183	33826	18210
浙江	Zhejiang	257289	4066	239968	4995	8260
安徽	Anhui	14873	2318	12303		252
福建	Fujian	237966	878	212130	11415	13543
江西	Jiangxi	2423	1207	1213		3
山东	Shandong	104351	1980	91920	6928	3522
河南	Henan	1225		1219	6	
湖北	Hubei	628350	181	601091	18141	8938
湖南	Hunan	73140		69243	1234	2663
广东	Guangdong	1592706	5566	1463087	77315	46739
广西	Guangxi	24566	3828	19832	402	505
海南	Hainan	12302		9371		2931
重庆	Chongqing	47388		47388		
四川	Sichuan	612794		603233	3508	6054
贵州	Guizhou	2399		2088	263	48
云南	Yunnan	79722		76408		3314
西藏	Tibet					
陕西	Shaanxi	74602		67468	5498	1636
甘肃	Gansu					
青海	Qinghai					
宁夏	Ningxia					
新疆	Xinjiang					

外商投资企业
Foreign Funded Enterprises

单位：万元
Unit: 10 000 yuan

地 区	Region	营业额 Business Revenue	客房收入 from Hotel Rooms	餐费收入 from Meals	商品销售额 from Commodities	其他收入 Others
全 国	**National Total**	**10292986**	**16074**	**9855694**	**162286**	**258930**
北 京	Beijing	1695868		1543990	32538	119340
天 津	Tianjin	306801		291818	7458	7524
河 北	Hebei	3049	70	1307	84	1589
山 西	Shanxi	74471		74470		
内 蒙 古	Inner Mongolia	25573		4601	17028	3944
辽 宁	Liaoning	365944		349997	10219	5729
吉 林	Jilin	10765		10750		14
黑 龙 江	Heilongjiang	2862		2862		
上 海	Shanghai	2242143		2204040	22793	15310
江 苏	Jiangsu	1063971	987	1043295	4400	15289
浙 江	Zhejiang	762700	7532	749391	2236	3540
安 徽	Anhui	23925		23430		495
福 建	Fujian	471898	454	457668	8582	5194
江 西	Jiangxi	93486		92966	520	
山 东	Shandong	268214	341	265051	2565	257
河 南	Henan	100929		95244	7	5678
湖 北	Hubei	158558	387	156399	1170	602
湖 南	Hunan	248226		240418	1152	6656
广 东	Guangdong	1673301	5487	1592312	35406	40097
广 西	Guangxi	88232		83506		4726
海 南	Hainan					
重 庆	Chongqing	274589		267906	1237	5446
四 川	Sichuan	83663		61504	12582	9577
贵 州	Guizhou	589	1	94	13	480
云 南	Yunnan	12055		11392	269	394
西 藏	Tibet					
陕 西	Shaanxi	167228	450	157786	2004	6988
甘 肃	Gansu	35763		35717	23	23
青 海	Qinghai					
宁 夏	Ningxia					
新 疆	Xinjiang	38183	365	37780		38

4-2-7 各地区限额以上餐饮业企业经营情况(按国民经济行业分)

Business of Enterprises above Designated Size of Catering Services by Region and Sector

正餐服务
Dinner

单位：万元
Unit: 10 000 yuan

地 区	Region	营业额 Turnover	客房收入 from Hotel Rooms	餐费收入 from Meals	商品销售额 from Commodities	其他收入 Others
全 国	**National Total**	**50293757**	**2589252**	**45060730**	**1499350**	**1144436**
北 京	Beijing	3786980	29085	3551389	81681	124825
天 津	Tianjin	508951	31962	434510	14182	28297
河 北	Hebei	779675	59111	653284	18926	48354
山 西	Shanxi	782191	70025	679400	8353	24413
内蒙古	Inner Mongolia	336890	45449	251066	22205	18171
辽 宁	Liaoning	319043	22316	259752	26779	10195
吉 林	Jilin	158707	12530	141311	562	4305
黑龙江	Heilongjiang	82220	8498	68823	1440	3459
上 海	Shanghai	5222708	16024	5018339	90334	98012
江 苏	Jiangsu	5314362	484508	4561440	154010	114404
浙 江	Zhejiang	4170386	270343	3673299	117104	109641
安 徽	Anhui	1813953	130905	1595132	59081	28835
福 建	Fujian	2314999	54096	2158647	76616	25640
江 西	Jiangxi	1234279	103073	1075914	40648	14645
山 东	Shandong	2182173	246782	1772300	63709	99382
河 南	Henan	992905	43901	920847	20348	7810
湖 北	Hubei	2671679	199264	2335085	98965	38365
湖 南	Hunan	2014999	134240	1795314	66179	19267
广 东	Guangdong	6842236	137501	6378614	175245	150876
广 西	Guangxi	754099	30169	636487	56543	30900
海 南	Hainan	151799	4022	140948	2545	4286
重 庆	Chongqing	1511168	96011	1331850	62493	20815
四 川	Sichuan	2306373	148069	2023912	83836	50556
贵 州	Guizhou	449916	12100	410160	17550	10106
云 南	Yunnan	738660	18392	679714	22822	17731
西 藏	Tibet	9479	594	7739	895	251
陕 西	Shaanxi	2187104	116079	1945946	98966	26113
甘 肃	Gansu	362222	37179	309178	7563	8302
青 海	Qinghai	37091	5154	31141	426	371
宁 夏	Ningxia	53144	8081	40319	3662	1083
新 疆	Xinjiang	203366	13789	178870	5682	5026

4-2-7 续表 1 Continued 1

快餐服务
Snack

单位：万元
Unit: 10 000 yuan

地 区	Region	营业额 Business Revenue	客房收入 from Hotel Rooms	餐费收入 from Meals	商品销售额 from Commodities	其他收入 Others
全 国	**National Total**	**15781880**	**4840**	**14952768**	**445187**	**379086**
北 京	Beijing	1883959		1685663	113887	84409
天 津	Tianjin	465965		450835	4803	10326
河 北	Hebei	8475		8137	245	92
山 西	Shanxi	127081		120789	4623	1669
内 蒙 古	Inner Mongolia	28405		28007		398
辽 宁	Liaoning	547481		519754	17128	10600
吉 林	Jilin	26920		25462	534	925
黑 龙 江	Heilongjiang	45560		44006	830	724
上 海	Shanghai	1562429	136	1490177	41770	30346
江 苏	Jiangsu	1857230	1715	1774269	44210	37036
浙 江	Zhejiang	1276341	1722	1217000	37038	20582
安 徽	Anhui	681117		577068	77405	26644
福 建	Fujian	1095878		1053546	17262	25070
江 西	Jiangxi	125779		124760	662	357
山 东	Shandong	786795	470	764354	15804	6167
河 南	Henan	145371	311	136624	2589	5847
湖 北	Hubei	646942		636050	3989	6903
湖 南	Hunan	352808		342573	1901	8334
广 东	Guangdong	2556703	36	2447311	39212	70144
广 西	Guangxi	196944		188250	2115	6579
海 南	Hainan	45576		41903		3673
重 庆	Chongqing	298899	35	292891	1987	3985
四 川	Sichuan	537398		526568	4658	6172
贵 州	Guizhou	10029	5	8944	961	119
云 南	Yunnan	97253		93798	1264	2191
西 藏	Tibet	8241		8241		
陕 西	Shaanxi	224926	45	212916	4352	7614
甘 肃	Gansu	58332		53644	4670	18
青 海	Qinghai	338		203		135
宁 夏	Ningxia	376		376		
新 疆	Xinjiang	82329	365	78649	1288	2027

4-2-7 续表 2 Continued 2

饮料及冷饮服务
Beverage and Cold Drink

单位：万元
Unit: 10 000 yuan

地　区	Region	营业额 Turnover	客房收入 from Hotel Rooms	餐费收入 from Meals	商品销售额 from Commodities	其他收入 Others
全　国	**National Total**	**5091010**	**1707**	**4677142**	**296139**	**116025**
北　京	Beijing	625593		544081	46158	35354
天　津	Tianjin	32828		31603	624	601
河　北	Hebei	4985		4694	145	146
山　西	Shanxi	8595		8326	145	125
内蒙古	Inner Mongolia					
辽　宁	Liaoning	57048		51994	4139	915
吉　林	Jilin					
黑龙江	Heilongjiang	6014		5394	401	219
上　海	Shanghai	1547961		1436014	78657	33290
江　苏	Jiangsu	344201		325642	15595	2964
浙　江	Zhejiang	236642	119	221889	7481	7154
安　徽	Anhui	48771		46063	2052	656
福　建	Fujian	120955		108387	11523	1045
江　西	Jiangxi	11653	442	10480	212	519
山　东	Shandong	79439		66713	11306	1420
河　南	Henan	7650		7650		
湖　北	Hubei	285350	158	262570	18300	4321
湖　南	Hunan	76901	676	68952	5826	1447
广　东	Guangdong	1045689	63	952464	74486	18677
广　西	Guangxi	32102		29679	840	1583
海　南	Hainan	16854	53	15988	562	251
重　庆	Chongqing	64705		55748	7007	1950
四　川	Sichuan	282450	196	275795	4436	2024
贵　州	Guizhou	20146		19378	338	430
云　南	Yunnan	24551		23371	761	419
西　藏	Tibet					
陕　西	Shaanxi	102432		96868	5073	491
甘　肃	Gansu	6081		6008	49	24
青　海	Qinghai					
宁　夏	Ningxia	1414		1391	23	
新　疆	Xinjiang					

4-2-7 续表 3 Continued 3

餐饮配送与外卖送餐服务 单位：万元
Catering Distribution and Delivery Service Unit: 10 000 yuan

地 区	Region	营业额 Business Revenue	客房收入 from Hotel Rooms	餐费收入 from Meals	商品销售额 from Commodities	其他收入 Others
全 国	**National Total**	**5491413**	**4992**	**4762568**	**474697**	**249158**
北 京	Beijing	542237		503186	11547	27503
天 津	Tianjin	199639		160062	2321	37256
河 北	Hebei	39110	108	29495	7875	1632
山 西	Shanxi	3187		1032		2155
内蒙古	Inner Mongolia	2497		2213		284
辽 宁	Liaoning	75418		65512	8747	1159
吉 林	Jilin	92261		88855	106	3300
黑龙江	Heilongjiang	25260		24202		1058
上 海	Shanghai	690086		654553	30574	4960
江 苏	Jiangsu	588615	367	553883	26945	7420
浙 江	Zhejiang	183478	627	165769	9033	8048
安 徽	Anhui	297199		294899	1937	363
福 建	Fujian	149670	212	95047	8243	46169
江 西	Jiangxi	57365	374	56601	346	44
山 东	Shandong	289558	840	254880	19370	14467
河 南	Henan	112916		106609	3180	3127
湖 北	Hubei	131394		120325	6771	4298
湖 南	Hunan	38437	380	31890	5766	402
广 东	Guangdong	1512164	1711	1167781	299005	43668
广 西	Guangxi	91786		64148	10799	16839
海 南	Hainan	19026		11270	7208	548
重 庆	Chongqing	32128		29593		2535
四 川	Sichuan	46961		44939	1736	286
贵 州	Guizhou	73568		73568		
云 南	Yunnan	74998	38	64707	4778	5476
西 藏	Tibet					
陕 西	Shaanxi	32584		27157	5242	185
甘 肃	Gansu	1974		1974		
青 海	Qinghai					
宁 夏	Ningxia	7216				7215
新 疆	Xinjiang	80681	335	68418	3168	8761

4-2-7 续表 4 Continued 4

其他餐饮业
Others

单位：万元
Unit: 10 000 yuan

地 区	Region	营业额 Turnover	客房收入 from Hotel Rooms	餐费收入 from Meals	商品销售额 from Commodities	其他收入 Others
全 国	**National Total**	**4050440**	**10961**	**3698569**	**155238**	**185678**
北 京	Beijing	1173237	470	1043830	22423	106515
天 津	Tianjin	164849	2958	124122	3413	34357
河 北	Hebei	5870		5800	70	
山 西	Shanxi	16361		15819		542
内 蒙 古	Inner Mongolia					
辽 宁	Liaoning	22671	2371	18844	743	713
吉 林	Jilin	6800		6800		
黑 龙 江	Heilongjiang	2945		2805	1	140
上 海	Shanghai	281488		272964	5185	3339
江 苏	Jiangsu	203782	1050	186565	15484	684
浙 江	Zhejiang	92429		87132	4970	327
安 徽	Anhui	8358	341	7965	48	4
福 建	Fujian	82584		70621	8190	3773
江 西	Jiangxi	35605	61	35029	389	127
山 东	Shandong	43757	31	40860	220	2647
河 南	Henan	15054		14492	245	317
湖 北	Hubei	19406		18816	578	12
湖 南	Hunan	26894	1326	23401	1949	218
广 东	Guangdong	572679	588	484065	74784	13242
广 西	Guangxi	20140	28	17792	256	2065
海 南	Hainan	9946		7986	556	1403
重 庆	Chongqing	8246	69	8121	56	
四 川	Sichuan	1175591		1146470	14516	14605
贵 州	Guizhou	9040		8406	631	2
云 南	Yunnan	11882		11829		53
西 藏	Tibet					
陕 西	Shaanxi	28259	392	26948	442	477
甘 肃	Gansu	1768		1768		
青 海	Qinghai	1579	1075	424		81
宁 夏	Ningxia					
新 疆	Xinjiang	9220	201	8895	89	35

4-3-1 限额以上住宿和餐饮业企业年末资产负债

项　目	Item	流动资产合计 Total Working Capitals	#存货 Stock	固定资产原价 Original Value of Fixed Assets
总　计	**Total**	**111611648**	**7204892**	**126059486**
一、住宿业	**Hotels**	**72759936**	**4548244**	**98814563**
#国有控股	State-controlled Enterprises	19899333	650796	35750546
(一)按登记注册类型分	**by Type of Registration**			
1.内资企业	**Domestic Funded Enterprises**	**60929392**	**4227929**	**79887282**
国有企业	State-owned Enterprises	2741201	115788	7490219
集体企业	Collective-owned Enterprises	173914	6626	530990
股份合作企业	Cooperative Enterprises	54723	1273	88050
联营企业	Joint Ownership Enterprises	13111	315	66037
国有联营企业	State Joint Ownership Enterprises	7730	216	45183
集体联营企业	Collective Joint Ownership Enterprises			
国有与集体联营企业	Joint State-collective Enterprises	5182	86	20444
其他联营企业	Other Joint Ownership Enterprises	200	14	410
有限责任公司	Limited Liability Corporations	29666501	1769597	39955867
国有独资公司	State Sole Funded Corporations	3309850	111053	6793355
其他有限责任公司	Other Limited Liability Corporations	26356652	1658540	33162511
股份有限公司	Share-holding Corporations Ltd.	1445299	20204	1545667
私营企业	Private Enterprises	26828988	2313552	30191511
私营独资企业	Private-funded Enterprises	629975	62063	867986
私营合伙企业	Private Partnership Enterprises	104495	6647	156221
私营有限责任公司	Private Limited Liability Corporations	24956725	1349194	28450401
私营股份有限公司	Private Share-holding Corporations Ltd.	1137792	895651	716909
其他企业	Other Enterprises	5662	574	18945
2.港、澳、台商投资企业	**Enterprises with Funds from Hongkong, Macao and Taiwan**	**6569651**	**240009**	**12495067**
合资经营企业	Joint-venture Enterprises	3000739	129168	4756263
合作经营企业	Cooperative Enterprises	439989	9663	895566
独资经营企业	Enterprises with Sole Investment	2917630	79996	6702318
投资股份有限公司	Share-holding Corporations Ltd. with Investment	182635	19164	81674
其他港澳台商投资企业	Other Enterprises with Funds from Hongkong, Macao and Taiwan	28659	2018	59252
3.外商投资企业	**Foreign Funded Enterprises**	**5260898**	**80307**	**6432217**
中外合资经营企业	Joint-venture Enterprises	2555470	53990	2645684
中外合作经营企业	Cooperative Enterprises	293031	1065	594568
外资企业	Enterprises with Sole Foreign Investment	2171789	24751	3032219
外商投资股份有限公司	Share-holding Corporations Ltd. with Foreign Investment	93104	214	59881
其他外商投资企业	Other Foreign Funded Enterprises	147506	290	99865
(二)按国民经济行业分	**by Sector**			
旅游饭店	Tourist Hotel	55935754	3060287	82199302
一般旅馆	Fonda	14671917	1428479	14382198
民宿服务	Home Lodging Services	322111	9129	218445
露营地服务	Campground Services	82919	677	50566
其他住宿业	Others	1747244	49676	1964051

Assets and Liabilities of Enterprises above Designated Size of Hotels and Catering Services at the Year-end

单位：万元
Unit: 10 000 yuan

累计折旧 Accumulation Depreciation	#本年折旧 Current Year Depreciation	资产合计 Total Assets	负债合计 Total liabilities	所有者权益合计 Total Owners' Equities	实收资本 Paid-up Capitals
56675745	**5462118**	**252268056**	**197969516**	**53088180**	**83272008**
44858322	**3787374**	**176421198**	**139506673**	**35805562**	**60881887**
16476318	1152072	59513788	35712692	23279781	20491108
35061176	**3203756**	**147516099**	**117592661**	**28752733**	**49135445**
3556879	222171	9206915	5475136	3651371	2394014
321339	15179	490899	405711	86643	79814
60914	2870	143024	110863	32163	24771
22355	2092	75823	42913	32910	55288
11798	1260	49204	21764	27440	49061
10439	769	26113	21009	5105	5987
119	63	506	141	366	240
18067714	1456034	74976754	54915997	18989210	26212493
3048866	223367	11336011	7147173	4189169	3316222
15018847	1232672	63640741	47768822	14800045	22896276
685759	54879	3362374	1925544	1437055	994179
12341645	1449737	59235725	54709443	4505858	19367743
334722	42656	1609462	1204479	403508	393537
62101	7665	242656	132812	106300	86539
11712493	1372628	55543771	51780053	3748533	18512124
232328	26796	1839836	1592096	247513	375548
4575	798	24587	7065	17521	7147
6665307	**398384**	**16913907**	**14215524**	**2763275**	**6350327**
2722085	135448	7065402	6677570	395426	1708831
599909	28985	905012	636282	268630	545262
3268898	228342	8507473	6637669	1927199	3980851
59249	3571	299573	139701	159872	70213
15166	2041	136446	124301	12144	45172
3131840	**185239**	**11991194**	**7698488**	**4289559**	**5396121**
1289217	63443	6129918	3525925	2604163	1239591
271557	21208	738193	457128	281064	368645
1481729	95589	4714092	3410586	1300184	3659292
35392	1447	126512	130950	-4439	36327
53946	3551	282487	173900	108585	92267
38639110	2965412	139791141	109320424	29438790	45929737
5521869	716517	31725305	26183851	5465777	13442634
53869	12374	704835	391410	313061	473197
11233	2789	168086	109853	51970	35792
632242	90282	4031831	3501137	535965	1000530

项　目	Item	流动资产合计 Total Current Assets	#存货 Stock	固定资产原价 Original Value of Fixed Assets
二、餐饮业	**Catering Services**	**38851709**	**2656649**	**27244920**
#国有控股	State-controlled Enterprises	4595076	350243	3523820
(一)按登记注册类型分	**by Type of Registration**			
1.内资企业	**Domestic Funded Enterprises**	**31645287**	**2317923**	**22210140**
国有企业	State-owned Enterprises	695217	26538	694151
集体企业	Collective-owned Enterprises	63934	3026	66007
股份合作企业	Cooperative Enterprises	79148	4638	57709
联营企业	Joint Ownership Enterprises	38557	6467	43156
国有联营企业	State Joint Ownership Enterprises	24926	3277	42142
集体联营企业	Collective Joint Ownership Enterprises			
国有与集体联营企业	Joint State-collective Enterprises	11451	3041	142
其他联营企业	Other Joint Ownership Enterprises	2180	149	872
有限责任公司	Limited Liability Corporations	8445015	679362	6567181
国有独资公司	State Sole Funded Corporations	1177868	71515	1027628
其他有限责任公司	Other Limited Liability Corporations	7267147	607847	5539555
股份有限公司	Share-holding Corporations Ltd.	798350	18688	472005
私营企业	Private Enterprises	21512540	1576545	14291967
私营独资企业	Private-funded Enterprises	765786	86486	918961
私营合伙企业	Private Partnership Enterprises	141763	15284	107976
私营有限责任公司	Private Limited Liability Corporations	19770185	1406966	12962691
私营股份有限公司	Private Share-holding Corporations Ltd.	834812	67809	302338
其他企业	Other Enterprises	12531	2666	17966
2.港、澳、台商投资企业	**Enterprises with Funds from Hongkong, Macao and Taiwan**	**3854525**	**177503**	**2898895**
合资经营企业	Joint-venture Enterprises	506554	24455	585917
合作经营企业	Cooperative Enterprises	46077	7149	41899
独资经营企业	Enterprises with Sole Investment	2992372	143420	2261273
投资股份有限公司	Share-holding Corporations Ltd. with Investment	14496	515	2280
其他港澳台商投资企业	Other Enterprises with Funds from Hongkong, Macao and Taiwan	295028	1970	7532
3.外商投资企业	**Foreign Funded Enterprises**	**3351897**	**161225**	**2135887**
中外合资经营企业	Joint-venture Enterprises	291115	25295	608033
中外合作经营企业	Cooperative Enterprises	1266	203	415
外资企业	Enterprises with Sole Foreign Investment	2933526	118460	1495735
外商投资股份有限公司	Share-holding Corporations Ltd. with Foreign Investment	71561	1740	17024
其他外商投资企业	Other Foreign Funded Enterprises	54434	15528	14686
(二)按国民经济行业分	**by Sector**			
正餐服务	Dinner	27642817	2104803	22059887
快餐服务	Snack	3636339	250304	3525027
饮料及冷饮服务	Beverage and Cold Drink	3218953	88656	782972
餐饮配送及外卖送餐服务	Catering Distribution and Delivery Services	2366032	137944	539598
其他餐饮业	Others	1987569	74936	337444

4-3-1 Continued

单位：万元
Unit: 10 000 yuan

累计折旧 Accumulation Depreciation	#本年折旧 Current Year Depreciation	资产合计 Total Assets	负债合计 Total liabilities	所有者权益合计 Total Owners' Equities	实收资本 Paid-up Capitals
11817428	**1674744**	**75846855**	**58462841**	**17282613**	**22390118**
1336990	142673	9906744	6798352	3062385	2331243
9151094	**1302296**	**59402321**	**46998438**	**12300248**	**18731867**
254307	16587	1726842	1104630	623815	357795
31217	2605	150595	74014	75450	65750
31153	3205	121672	78828	43607	10474
10254	1554	108890	87015	21418	42943
9591	1530	95012	74517	20494	42031
63	2	11451	11301	150	600
601	22	2429	1198	774	312
2717323	356399	16640806	13786025	2816389	4306700
357093	42981	2821635	1926669	848070	519416
2360232	313417	13819173	11859353	1968316	3787287
186739	19436	1891173	889893	1001643	430693
5913262	901671	38736201	30967197	7702627	13505667
309274	49331	1684891	908627	734543	398465
38653	6904	242326	160225	78820	51099
5431253	827755	35186971	29010423	6158223	12723688
134084	17682	1622021	887927	731045	332426
6844	846	26147	10841	15306	11843
1526771	**202451**	**8692331**	**6087611**	**2609848**	**1984073**
297337	30738	1486849	1014810	473614	321939
33184	2161	76737	85581	-8844	28451
1192255	168162	6753069	4909110	1848276	1627061
1573	270	21314	21997	-919	1531
2423	1121	354364	56114	297723	5093
1139565	**170000**	**7752206**	**5376793**	**2372518**	**1674181**
285007	45747	1377862	903368	475599	155264
321	28	3366	8261	-4896	460
833558	122549	6150282	4286491	1859791	1474534
9482	981	92873	92559	315	11415
11200	698	127826	86117	41708	32508
9243927	1237872	54785139	43677617	11028210	18694582
1791029	249221	10279740	7613243	2641467	1673117
404273	90643	4802731	2908015	1902318	671306
202372	55538	3009520	2121619	884517	704722
175824	41471	2969727	2142359	826106	646396

4-3-2 各地区限额以上住宿和餐饮业企业年末资产负债
Assets and Liabilities of Enterprises above Designated Size of Hotels and Catering Services by Region at the Year-end

单位：万元
Unit: 10 000 yuan

地区	Region	资产总计 Total Assets	#流动资产合计 Total Working Capitals	#固定资产净额 Net Value of Fixed Assets	负债合计 Total Liabilities	所有者权益合计 Total Owners' Equities
全国	**National Total**	**252268056**	**111611648**	**60225517**	**197969516**	**53088180**
北京	Beijing	27842414	12723023	4839291	18202901	9721165
天津	Tianjin	4101104	2155405	862721	3704475	401090
河北	Hebei	5508091	2445973	1493848	5364655	129491
山西	Shanxi	3743965	1483464	1171478	3412064	319273
内蒙古	Inner Mongolia	1994130	726916	799657	1791790	211351
辽宁	Liaoning	3690078	1413161	1090462	3762539	-42246
吉林	Jilin	1804781	714099	544296	1552744	252039
黑龙江	Heilongjiang	1309133	414335	597257	1046074	261373
上海	Shanghai	22177492	11106529	4172077	17158646	5034498
江苏	Jiangsu	20385877	9107687	5807172	15927987	4440982
浙江	Zhejiang	20441953	8121070	5785408	17262598	3154740
安徽	Anhui	5678984	2283729	1428796	4067648	1599770
福建	Fujian	11664326	5097006	2854708	7482509	4174069
江西	Jiangxi	5272454	1776658	1267900	3492416	1717713
山东	Shandong	10716400	4740226	2975160	9256919	1476375
河南	Henan	5405286	2266602	1385883	3879841	1468917
湖北	Hubei	6324878	2460531	1669970	4547389	1782018
湖南	Hunan	5940894	2041050	1517562	4274489	1632262
广东	Guangdong	31900935	17346714	5427672	28746839	3189899
广西	Guangxi	4757056	2001306	1245052	3716710	1037974
海南	Hainan	8118835	3109251	2660046	7323062	778760
重庆	Chongqing	4973745	2130713	971234	3777522	1138948
四川	Sichuan	13367610	6190409	2845898	10024950	2705153
贵州	Guizhou	5139818	2441301	886066	3770715	920207
云南	Yunnan	5074394	2033865	1410432	3554451	1505987
西藏	Tibet	754833	150607	248245	250128	489552
陕西	Shaanxi	7371290	2596563	2150245	5864344	1526572
甘肃	Gansu	2620519	1075874	690995	1818255	800415
青海	Qinghai	719536	273188	235212	472475	247047
宁夏	Ningxia	382700	127633	196573	314585	67943
新疆	Xinjiang	3084545	1056760	994201	2147796	944843

4-3-3 各地区限额以上住宿业企业年末资产负债

Assets and Liabilities of Enterprises above Designated Size of Hotels by Region at the Year-end

单位：万元

Unit: 10 000 yuan

地区	Region	资产总计 Total Assets	#流动资产合计 Total Current Assets	#固定资产净额 Net Value of Fixed Assets	负债合计 Total Liabilities	所有者权益合计 Total Owners' Equities
全国	**National Total**	**176421198**	**72759936**	**47378855**	**139506673**	**35805562**
北京	Beijing	21985034	9237043	4366831	13032084	8984151
天津	Tianjin	2921300	1548955	638918	2752221	169811
河北	Hebei	3883832	1533212	1224224	3796085	75798
山西	Shanxi	2115710	768703	792303	2030328	74420
内蒙古	Inner Mongolia	1234876	405756	565431	1074588	171836
辽宁	Liaoning	2610240	968198	915627	2746617	-105931
吉林	Jilin	1498848	543117	483502	1266570	232700
黑龙江	Heilongjiang	1093543	300909	555617	867898	224202
上海	Shanghai	14054447	5846083	3499084	10803271	3262442
江苏	Jiangsu	12064912	5036686	3669921	9505358	2533285
浙江	Zhejiang	14639508	5582098	4571518	12202353	2416742
安徽	Anhui	3021614	1104485	919351	2426834	585230
福建	Fujian	9796167	4138229	2581441	6245453	3554247
江西	Jiangxi	3979864	1201077	941126	2657544	1267587
山东	Shandong	6263669	2803152	1930235	5465747	806458
河南	Henan	4172141	1666630	1155666	3141466	997406
湖北	Hubei	3414772	1245945	1085747	2718829	697501
湖南	Hunan	3965429	1224944	1132425	3013441	934346
广东	Guangdong	21397921	11427378	4203601	20175927	1231545
广西	Guangxi	3660993	1438980	1030250	2908964	753559
海南	Hainan	7867566	2962624	2633833	7106115	749242
重庆	Chongqing	3070907	1278909	684061	2687085	379277
四川	Sichuan	8320261	3633461	2033774	6535838	1193251
贵州	Guizhou	4258835	1816195	823471	3092593	725311
云南	Yunnan	4159923	1478776	1241925	3062977	1087237
西藏	Tibet	671264	126044	232271	221772	448678
陕西	Shaanxi	5502404	1734500	1834987	4629255	894740
甘肃	Gansu	1899108	764066	525394	1282849	613850
青海	Qinghai	567557	217782	181314	357428	210304
宁夏	Ningxia	268124	82169	149656	211188	56707
新疆	Xinjiang	2060429	643830	775351	1487995	579630

4-3-3 续表 Continued

国有控股 单位：万元

State-controlled Enterprises Unit: 10 000 yuan

地区	Region	资产总计 Total Assets	#流动资产合计 Total Working Capitals	#固定资产净额 Net Value of Fixed Assets	负债合计 Total Liabilities	所有者权益合计 Total Owners' Equities
全国	**National Total**	**59513788**	**19899333**	**17539151**	**35712692**	**23279781**
北京	Beijing	15000978	5833487	2891013	6339115	8688435
天津	Tianjin	1612410	712518	405049	1398121	216175
河北	Hebei	1099317	226350	518647	603084	495586
山西	Shanxi	512195	116931	284170	570013	-57922
内蒙古	Inner Mongolia	259404	45501	176416	154363	105042
辽宁	Liaoning	503114	125257	284641	544073	-37581
吉林	Jilin	461584	121252	128298	289574	172009
黑龙江	Heilongjiang	394839	61555	279280	275007	116420
上海	Shanghai	5291580	1828429	1435856	3345171	1948343
江苏	Jiangsu	4942920	1704167	1649706	3033691	1860342
浙江	Zhejiang	3865833	1207603	1233027	2582182	1287267
安徽	Anhui	505562	153445	171091	287827	215168
福建	Fujian	1770513	620142	541658	818734	948576
江西	Jiangxi	1045397	262685	206905	600334	401590
山东	Shandong	2546766	1089942	823791	1830560	716199
河南	Henan	992037	227718	430014	670484	312783
湖北	Hubei	783620	205279	314505	424373	358959
湖南	Hunan	1010086	218665	366060	519995	489688
广东	Guangdong	3820835	1436444	824346	1974764	1813218
广西	Guangxi	1098629	228498	341436	551656	545655
海南	Hainan	1718951	379409	877686	1530068	188884
重庆	Chongqing	1231002	411987	244264	1142542	88460
四川	Sichuan	1531553	505640	551332	1115411	417030
贵州	Guizhou	2177280	887770	330846	1432800	323884
云南	Yunnan	1145265	424754	412031	962494	182620
西藏	Tibet	397394	64816	105704	79852	317542
陕西	Shaanxi	1739404	233946	781245	1560250	186588
甘肃	Gansu	827774	292854	283669	425191	398413
青海	Qinghai	187277	29729	90615	80303	107149
宁夏	Ningxia	87566	8555	78629	23309	64258
新疆	Xinjiang	952703	234005	477221	547351	409001

4-3-4 各地区限额以上住宿业企业年末资产负债(按登记注册类型分)

Assets and Liabilities of Enterprises above Designated Size of Hotels by Region and Type of Registration at the Year-end

内资企业 | 单位：万元

Domestic Funded Enterprises | Unit: 10 000 yuan

地区	Region	资产总计 Total Assets	#流动资产合计 Total Current Assets	#固定资产净额 Net Value of Fixed Assets	负债合计 Total Liabilities	所有者权益合计 Total Owners' Equities
全国	**National Total**	**147516099**	**60929392**	**38826487**	**117592661**	**28752733**
北京	Beijing	17497713	7580530	3442402	10100651	7428265
天津	Tianjin	2627392	1343399	577006	2443109	185015
河北	Hebei	3739218	1523992	1097099	3648783	78487
山西	Shanxi	2115710	768703	792303	2030328	74420
内蒙古	Inner Mongolia	1130909	396411	473260	1001281	140815
辽宁	Liaoning	2112455	829004	627488	2330939	-205916
吉林	Jilin	1385135	474499	458541	1156721	214384
黑龙江	Heilongjiang	909310	265485	419026	713257	194611
上海	Shanghai	8717283	3607871	1870830	7058523	1670027
江苏	Jiangsu	10930023	4636677	3234212	8419595	2483667
浙江	Zhejiang	12508573	4701109	3678274	10497257	1994223
安徽	Anhui	2697068	1062438	793019	2066177	613656
福建	Fujian	5736753	2237777	1943748	4171840	1568446
江西	Jiangxi	3900458	1186488	912544	2601098	1244627
山东	Shandong	5835895	2640406	1708498	5115126	721412
河南	Henan	3986087	1618496	1062045	2986768	966049
湖北	Hubei	3136531	1143742	965309	2436536	701554
湖南	Hunan	3757403	1188385	1015207	2805915	933940
广东	Guangdong	16521002	8690685	3096375	15472258	1043802
广西	Guangxi	3206910	1309392	801936	2584531	623909
海南	Hainan	6015054	2318884	1985277	5521759	479969
重庆	Chongqing	2824017	1159538	619423	2504897	314575
四川	Sichuan	8019261	3581904	1858909	6303953	1124135
贵州	Guizhou	4249619	1815138	821169	3088523	720166
云南	Yunnan	3857383	1397277	1120492	2895523	952150
西藏	Tibet	620999	118104	189955	216782	402615
陕西	Shaanxi	4820889	1642438	1640967	4124303	718177
甘肃	Gansu	1882547	758414	514869	1268480	611658
青海	Qinghai	550066	208174	181314	357205	193036
宁夏	Ningxia	268124	82169	149656	211188	56707
新疆	Xinjiang	1956312	641863	775334	1459355	504152

国有企业 单位：万元

State-owned Enterprises Unit: 10 000 yuan

地 区	Region	资产总计 Total Assets	#流动资产合计 Total Working Capitals	#固定资产净额 Net Value of Fixed Assets	负债合计 Total Liabilities	所有者权益合计 Total Owners' Equities
全 国	**National Total**	**9206915**	**2741201**	**3396381**	**5475136**	**3651371**
北 京	Beijing	992711	332745	452988	561752	430960
天 津	Tianjin	57276	20534	9783	44266	13710
河 北	Hebei	299440	66788	145213	240941	57852
山 西	Shanxi	167228	44188	108372	167612	-460
内蒙古	Inner Mongolia	5281	3093	1039	18358	-13077
辽 宁	Liaoning	186381	45210	86769	121669	68090
吉 林	Jilin	161478	23361	33052	53745	107734
黑龙江	Heilongjiang	258477	22269	200477	156372	102105
上 海	Shanghai	159936	78977	20665	59939	99997
江 苏	Jiangsu	717285	294011	292187	387071	307006
浙 江	Zhejiang	608819	148671	254801	325028	282230
安 徽	Anhui	21913	5602	4487	9998	11915
福 建	Fujian	97024	13228	71623	86730	10294
江 西	Jiangxi	311125	69927	59403	170445	97207
山 东	Shandong	1082452	479897	327935	693403	389049
河 南	Henan	323984	68623	153578	197123	124840
湖 北	Hubei	160885	59467	73111	104845	56040
湖 南	Hunan	504335	61354	83817	138287	365645
广 东	Guangdong	1032761	420777	152668	718371	301879
广 西	Guangxi	110464	20291	51475	38292	72390
海 南	Hainan	9004	3219	2035	12268	-3263
重 庆	Chongqing	98024	38676	36014	77047	20976
四 川	Sichuan	367807	79975	196844	291976	75831
贵 州	Guizhou	225841	48970	122405	224123	1719
云 南	Yunnan	203726	103107	55236	156316	47410
西 藏	Tibet	255204	26823	19175	31069	224135
陕 西	Shaanxi	253359	37109	121769	182246	71018
甘 肃	Gansu	134470	40783	38185	72903	60585
青 海	Qinghai	102876	13609	27202	30239	72813
宁 夏	Ningxia	83644	5586	78052	22074	61570
新 疆	Xinjiang	213705	64331	116021	80628	133171

4-3-4 续表 2 Continued 2

集体企业 单位：万元

Collective-owned Enterprises Unit: 10 000 yuan

地区	Region	资产总计 Total Assets	#流动资产合计 Total Current Assets	#固定资产净额 Net Value of Fixed Assets	负债合计 Total Liabilities	所有者权益合计 Total Owners' Equities
全国	**National Total**	**490899**	**173914**	**181409**	**405711**	**86643**
北京	Beijing	178758	44376	90763	119201	58574
天津	Tianjin	754	740	14	868	-114
河北	Hebei	12862	6528	3910	6492	6370
山西	Shanxi	10844	1357	8361	12270	-1426
内蒙古	Inner Mongolia	1345	821	431	325	1019
辽宁	Liaoning	1821	1410		7895	-5243
吉林	Jilin					
黑龙江	Heilongjiang	1923	1269	618	746	1177
上海	Shanghai	17369	7788	9529	1285	16084
江苏	Jiangsu	20434	2121	793	17839	2595
浙江	Zhejiang	30327	12113	12018	22194	8133
安徽	Anhui					
福建	Fujian	1336	382	447	1038	298
江西	Jiangxi					
山东	Shandong	56835	13357	18705	60248	-37
河南	Henan	34082	15302	10350	42953	-8871
湖北	Hubei	41424	24181	12159	21985	19945
湖南	Hunan	16316	13669	561	4832	11485
广东	Guangdong	29265	10774	4503	46728	-17463
广西	Guangxi	4546	2857	716	1776	494
海南	Hainan					
重庆	Chongqing	8304	1789	3853	7299	1005
四川	Sichuan	2285	632	278	154	2131
贵州	Guizhou	1319	1236	23	1252	67
云南	Yunnan	997	880	76	322	675
西藏	Tibet	3978	395	1057	1429	2550
陕西	Shaanxi	10278	7923	761	21384	-11106
甘肃	Gansu	3497	2014	1483	5196	-1699
青海	Qinghai					
宁夏	Ningxia					
新疆	Xinjiang					

4-3-4 续表 3 Continued 3

股份合作企业 单位：万元

Cooperative Enterprises Unit: 10 000 yuan

地区	Region	资产总计 Total Assets	#流动资产合计 Total Working Capitals	#固定资产净额 Net Value of Fixed Assets	负债合计 Total Liabilities	所有者权益合计 Total Owners' Equities
全国	**National Total**	**143024**	**54723**	**22631**	**110863**	**32163**
北京	Beijing	74234	24931	11469	62277	11957
天津	Tianjin	154	25		205	-50
河北	Hebei					
山西	Shanxi					
内蒙古	Inner Mongolia					
辽宁	Liaoning	42	36	6	40	2
吉林	Jilin					
黑龙江	Heilongjiang					
上海	Shanghai					
江苏	Jiangsu	2475	1596	70	2557	-83
浙江	Zhejiang	19853	2166	3192	12824	7029
安徽	Anhui					
福建	Fujian					
江西	Jiangxi					
山东	Shandong	18143	11970	835	16125	2018
河南	Henan	3432	790	2367	788	2644
湖北	Hubei					
湖南	Hunan	4935	4935		4663	273
广东	Guangdong	2159	44	735	3752	-1593
广西	Guangxi	1476	1010	426	86	1391
海南	Hainan					
重庆	Chongqing					
四川	Sichuan	10265	4544	268	3958	6308
贵州	Guizhou					
云南	Yunnan					
西藏	Tibet					
陕西	Shaanxi	402	187	223	246	155
甘肃	Gansu	2248	274	2067	732	1516
青海	Qinghai	2910	1919	973	2432	478
宁夏	Ningxia					
新疆	Xinjiang	296	296		178	118

4-3-4 续表 4 Continued 4

联营企业　　　　　　　　　　　　　　　　　　　　单位：万元

Joint Ownership Enterprises　　　　　　　　　　　　Unit: 10 000 yuan

地　区	Region	资产总计 Total Assets	#流动资产合计 Total Current Assets	#固定资产净额 Net Value of Fixed Assets	负债合计 Total Liabilities	所有者权益合计 Total Owners' Equities
全　国	**National Total**	**75823**	**13111**	**43596**	**42913**	**32910**
北　京	Beijing	11208	7670	405	10274	934
天　津	Tianjin					
河　北	Hebei					
山　西	Shanxi					
内 蒙 古	Inner Mongolia					
辽　宁	Liaoning					
吉　林	Jilin					
黑 龙 江	Heilongjiang					
上　海	Shanghai					
江　苏	Jiangsu	1425	1103	149	1867	-442
浙　江	Zhejiang	20943	1243	9603	18133	2810
安　徽	Anhui					
福　建	Fujian					
江　西	Jiangxi	2237	189	1959	2126	111
山　东	Shandong					
河　南	Henan					
湖　北	Hubei	4976	670	142	8873	-3898
湖　南	Hunan					
广　东	Guangdong	888	709	49	161	727
广　西	Guangxi					
海　南	Hainan	33351	1212	30809	237	33115
重　庆	Chongqing					
四　川	Sichuan					
贵　州	Guizhou					
云　南	Yunnan					
西　藏	Tibet					
陕　西	Shaanxi					
甘　肃	Gansu					
青　海	Qinghai					
宁　夏	Ningxia					
新　疆	Xinjiang	795	315	480	1242	-447

有限责任公司
Limited Liability Corporations

单位：万元
Unit: 10 000 yuan

地 区	Region	资产总计 Total Assets	#流动资产合计 Total Working Capitals	#固定资产净额 Net Value of Fixed Assets	负债合计 Total Liabilities	所有者权益合计 Total Owners' Equities
全 国	**National Total**	**74976754**	**29666501**	**19606221**	**54915997**	**18989210**
北 京	Beijing	14939260	6401403	2720079	7920336	7048485
天 津	Tianjin	2002376	1021892	408764	1774409	229152
河 北	Hebei	1562617	489620	576557	1208689	343178
山 西	Shanxi	767420	235479	343333	639195	128195
内 蒙 古	Inner Mongolia	542468	115335	300673	468005	69398
辽 宁	Liaoning	697110	256446	273425	903256	-206146
吉 林	Jilin	582943	209654	155539	541487	28134
黑 龙 江	Heilongjiang	284103	97200	107023	237914	42627
上 海	Shanghai	5339185	2007446	1144723	3625434	1714097
江 苏	Jiangsu	4620160	1779636	1422226	3239880	1371489
浙 江	Zhejiang	4788092	1617946	1512173	3607743	1159053
安 徽	Anhui	1336881	539825	405370	1083046	251109
福 建	Fujian	1853407	586802	757355	1242268	607200
江 西	Jiangxi	1363396	404810	316432	1011786	348459
山 东	Shandong	2241227	998438	697929	1992299	247883
河 南	Henan	1487983	492483	476371	1170324	311375
湖 北	Hubei	1113188	343760	351804	854193	260836
湖 南	Hunan	1148677	342524	400355	895086	247333
广 东	Guangdong	8139934	4223686	1758391	7135453	988845
广 西	Guangxi	1386820	412646	376437	859165	524601
海 南	Hainan	4075374	1334648	1351907	3562086	521402
重 庆	Chongqing	1483262	564025	309129	1398772	84463
四 川	Sichuan	3955142	1891572	707100	2697536	657259
贵 州	Guizhou	2555141	1118791	317765	1591232	525979
云 南	Yunnan	1748370	617703	595891	1393276	354924
西 藏	Tibet	205305	64087	99607	81517	122186
陕 西	Shaanxi	2618447	791069	932330	2352415	297715
甘 肃	Gansu	943164	361097	287672	582231	358084
青 海	Qinghai	118470	30237	67380	86998	31472
宁 夏	Ningxia	23509	14096	2958	42079	-18570
新 疆	Xinjiang	1053323	302145	429523	717887	338993

4-3-4 续表 6 Continued 6

股份有限公司 单位：万元

Share-holding Corporations Ltd. Unit: 10 000 yuan

地　区	Region	资产总计 Total Assets	#流动资产合计 Total Working Capitals	#固定资产净额 Net Value of Fixed Assets	负债合计 Total Liabilities	所有者权益合计 Total Owners' Equities
全　国	**National Total**	**3362374**	**1445299**	**819510**	**1925544**	**1437055**
北　京	Beijing	2907	1731	439	10736	-7829
天　津	Tianjin	44348	37203	2543	47189	-2841
河　北	Hebei					
山　西	Shanxi	8875	8875	1729	7074	1802
内蒙古	Inner Mongolia					
辽　宁	Liaoning	1823	900	114	2426	-603
吉　林	Jilin					
黑龙江	Heilongjiang	42187	11633	15729	38393	3794
上　海	Shanghai	3953	3953		3644	309
江　苏	Jiangsu	523892	93462	151918	171768	351992
浙　江	Zhejiang	339581	139951	39211	213221	126360
安　徽	Anhui	92162	38221	6963	44671	47492
福　建	Fujian	240191	154642	8143	15312	224879
江　西	Jiangxi	7595	2547	722	5994	1601
山　东	Shandong	48334	15773	24308	49782	-1447
河　南	Henan	81224	37781	29053	56733	24491
湖　北	Hubei	49444	18369	19716	10448	38996
湖　南	Hunan	9040	2683	1071	14475	-5435
广　东	Guangdong	558723	234743	73228	218528	340196
广　西	Guangxi	33234	4911	6309	29946	3288
海　南	Hainan	1129170	576313	402271	890552	239314
重　庆	Chongqing	4290	975	884	6872	-2582
四　川	Sichuan	101035	43897	24417	60619	40416
贵　州	Guizhou					
云　南	Yunnan	5854	3560	1183	3143	2712
西　藏	Tibet	991	439	354	964	27
陕　西	Shaanxi	13593	3320	896	13773	312
甘　肃	Gansu	10161	7188	1880	4434	4891
青　海	Qinghai	8539	1153	6322	3608	4931
宁　夏	Ningxia					
新　疆	Xinjiang	1228	1076	107	1239	-11

私营企业 单位：万元

Private Enterprises Unit: 10 000 yuan

地 区	Region	资产总计 Total Assets	#流动资产合计 Total Current Assets	#固定资产净额 Net Value of Fixed Assets	负债合计 Total Liabilities	所有者权益合计 Total Owners' Equities
全 国	**National Total**	**59235725**	**26828988**	**14743271**	**54709443**	**4505858**
北 京	Beijing	1298369	767411	166257	1415964	-114971
天 津	Tianjin	522484	263006	155902	576173	-54842
河 北	Hebei	1864299	961056	371419	2192661	-328913
山 西	Shanxi	1161344	478805	330507	1204178	-53691
内 蒙 古	Inner Mongolia	581815	277162	171117	514592	83475
辽 宁	Liaoning	1225277	525002	267174	1295653	-62017
吉 林	Jilin	640714	241485	269950	561489	78517
黑 龙 江	Heilongjiang	305864	132627	82800	277319	30664
上 海	Shanghai	3196164	1509034	695909	3367765	-160681
江 苏	Jiangsu	5044031	2464532	1366869	4598303	451097
浙 江	Zhejiang	6700958	2779019	1847275	6298115	408607
安 徽	Anhui	1244666	478238	375903	927648	302507
福 建	Fujian	3544795	1482724	1106180	2826491	725776
江 西	Jiangxi	2215126	708035	533761	1410660	796356
山 东	Shandong	2388901	1120969	638786	2303270	83943
河 南	Henan	2055382	1003517	390325	1518847	511569
湖 北	Hubei	1766615	697295	508377	1436192	329634
湖 南	Hunan	2074101	763219	529404	1748574	314640
广 东	Guangdong	6756334	3799014	1106800	7348441	-568900
广 西	Guangxi	1670371	867677	366574	1655268	21744
海 南	Hainan	768154	403493	198254	1056617	-310598
重 庆	Chongqing	1230138	554074	269543	1014907	210713
四 川	Sichuan	3580927	1561101	929502	3248911	341190
贵 州	Guizhou	1467318	646140	380976	1271917	192401
云 南	Yunnan	1897034	670663	468087	1341316	546179
西 藏	Tibet	155521	26360	69762	101804	53718
陕 西	Shaanxi	1924810	802829	584988	1554239	360083
甘 肃	Gansu	789007	347059	183584	602985	188281
青 海	Qinghai	317270	161256	79438	233928	83342
宁 夏	Ningxia	160971	62487	68645	147035	13706
新 疆	Xinjiang	686965	273699	229203	658181	32329

4-3-4 续表 8 Continued 8

其他企业 单位：万元

Other Enterprises Unit: 10 000 yuan

地区	Region	资产总计 Total Assets	#流动资产合计 Total Working Capitals	#固定资产净额 Net Value of Fixed Assets	负债合计 Total Liabilities	所有者权益合计 Total Owners' Equities
全国	**National Total**	**24587**	**5662**	**13465**	**7065**	**17521**
北京	Beijing	266	264	2	111	155
天津	Tianjin					
河北	Hebei					
山西	Shanxi					
内蒙古	Inner Mongolia					
辽宁	Liaoning					
吉林	Jilin					
黑龙江	Heilongjiang	16757	488	12379	2512	14245
上海	Shanghai	676	673	3	455	221
江苏	Jiangsu	321	216		310	11
浙江	Zhejiang					
安徽	Anhui	1446	553	296	814	632
福建	Fujian					
江西	Jiangxi	980	980	267	88	892
山东	Shandong	3	3			3
河南	Henan					
湖北	Hubei					
湖南	Hunan					
广东	Guangdong	938	938		825	112
广西	Guangxi					
海南	Hainan					
重庆	Chongqing					
四川	Sichuan	1800	184	500	800	1000
贵州	Guizhou					
云南	Yunnan	1400	1363	18	1150	250
西藏	Tibet					
陕西	Shaanxi					
甘肃	Gansu					
青海	Qinghai					
宁夏	Ningxia					
新疆	Xinjiang					

4-3-4 续表 9 Continued 9

港、澳、台商投资企业 单位：万元

Enterprises with Funds from Hongkong, Macao and Taiwan Unit: 10 000 yuan

地 区	Region	资产总计 Total Assets	#流动资产合计 Total Working Capitals	#固定资产净额 Net Value of Fixed Assets	负债合计 Total Liabilities	所有者权益合计 Total Owners' Equities
全 国	**National Total**	**16913907**	**6569651**	**5507064**	**14215524**	**2763275**
北 京	Beijing	2833122	1233866	560949	2089491	743631
天 津	Tianjin	73956	18415	50544	93844	-19888
河 北	Hebei	144613	9220	127125	147302	-2689
山 西	Shanxi					
内 蒙 古	Inner Mongolia	65849	7683	56156	48433	17777
辽 宁	Liaoning	332375	71112	211246	235086	115167
吉 林	Jilin	25608	6445	246	40783	-723
黑 龙 江	Heilongjiang	137900	13462	112419	144395	-6495
上 海	Shanghai	3496950	1487538	940214	2448621	1048329
江 苏	Jiangsu	866324	356044	266352	820304	46513
浙 江	Zhejiang	1539128	726485	590428	1250495	288633
安 徽	Anhui	276134	36131	105785	308208	-24388
福 建	Fujian	1041526	409223	360077	841898	199629
江 西	Jiangxi	63469	12467	19343	43474	19995
山 东	Shandong	269950	96755	148769	219835	58008
河 南	Henan	113331	38885	48796	101957	11373
湖 北	Hubei	165252	86521	27008	189781	-24529
湖 南	Hunan	198391	36216	111144	200165	-1867
广 东	Guangdong	2597780	1035828	826930	2720521	-107632
广 西	Guangxi	298510	113458	152919	247640	50870
海 南	Hainan	1832552	639474	633142	1531041	302626
重 庆	Chongqing	41628	2098	34186	100715	-59088
四 川	Sichuan	46382	17414	7149	137431	-91049
贵 州	Guizhou	2953	708	2135	1200	1753
云 南	Yunnan	165911	57612	39028	66322	99588
西 藏	Tibet	2155	2146		2509	-355
陕 西	Shaanxi	172682	48730	73556	154262	18420
甘 肃	Gansu	5359	3748	1401	1171	4189
青 海	Qinghai					
宁 夏	Ningxia					
新 疆	Xinjiang	104117	1967	17	28640	75477

4-3-4 续表 10 Continued 10

外商投资企业　　　　单位：万元

Foreign Funded Enterprises　　　　Unit: 10 000 yuan

地　区	Region	资产总计 Total Assets	#流动资产合计 Total Working Capitals	#固定资产净额 Net Value of Fixed Assets	负债合计 Total Liabilities	所有者权益合计 Total Owners' Equities
全　国	**National Total**	**11991194**	**5260898**	**3045307**	**7698488**	**4289559**
北　京	Beijing	1654198	422647	363481	841942	812256
天　津	Tianjin	219952	187141	11368	215268	4684
河　北	Hebei					
山　西	Shanxi					
内蒙古	Inner Mongolia	38119	1663	36016	24874	13244
辽　宁	Liaoning	165410	68083	76893	180591	-15181
吉　林	Jilin	88105	62173	24715	69067	19039
黑龙江	Heilongjiang	46333	21962	24172	10247	36086
上　海	Shanghai	1840214	750675	688041	1296128	544087
江　苏	Jiangsu	268565	43965	169358	265460	3105
浙　江	Zhejiang	591807	154505	302817	454601	133886
安　徽	Anhui	48412	5916	20547	52449	-4037
福　建	Fujian	3017888	1491229	277616	1231716	1786172
江　西	Jiangxi	15937	2122	9239	12971	2966
山　东	Shandong	157824	65991	72968	130786	27039
河　南	Henan	72724	9250	44825	52740	19983
湖　北	Hubei	112989	15682	93429	92512	20477
湖　南	Hunan	9634	343	6073	7361	2273
广　东	Guangdong	2279138	1700865	280297	1983148	295375
广　西	Guangxi	155573	16130	75396	76792	78781
海　南	Hainan	19961	4266	15414	53315	-33354
重　庆	Chongqing	205262	117272	30452	81472	123790
四　川	Sichuan	254619	34143	167716	94453	160165
贵　州	Guizhou	6263	349	167	2871	3392
云　南	Yunnan	136630	23887	82405	101132	35498
西　藏	Tibet	48110	5795	42315	2481	46418
陕　西	Shaanxi	508833	43332	120464	350690	158143
甘　肃	Gansu	11202	1905	9123	13198	-1997
青　海	Qinghai	17492	9607		223	17269
宁　夏	Ningxia					
新　疆	Xinjiang					

4-3-5 各地区限额以上住宿业企业年末资产负债(按国民经济行业分)

Assets and Liabilities of Enterprises above Designated Size of Hotels by Region and Sector at the Year-end

旅游饭店 单位：万元

Tourist Hotel Unit: 10 000 yuan

地区	Region	资产总计 Total Assets	#流动资产合计 Total Current Assets	#固定资产净额 Net Value of Fixed Assets	负债合计 Total Liabilities	所有者权益合计 Total Owners' Equities
全国	**National Total**	**139791141**	**55935754**	**38893844**	**109320424**	**29438790**
北京	Beijing	19377156	7940717	3828066	11094340	8315737
天津	Tianjin	2363227	1226606	581512	2152550	209524
河北	Hebei	2674661	1023638	831590	2616088	48952
山西	Shanxi	1189014	416059	501812	1339699	-146194
内蒙古	Inner Mongolia	851156	274992	413467	681389	176468
辽宁	Liaoning	1864814	711480	668046	2042005	-150120
吉林	Jilin	1197970	427400	395389	1018069	180320
黑龙江	Heilongjiang	897726	208394	484894	669355	227108
上海	Shanghai	11300678	4423048	3032535	8418450	2889815
江苏	Jiangsu	8677519	3194398	2822189	6492956	2136044
浙江	Zhejiang	12860004	4847933	4095262	10592501	2232747
安徽	Anhui	2240013	794379	742920	1861217	380633
福建	Fujian	8439674	3486275	2265299	5342485	3103796
江西	Jiangxi	2507060	779097	694910	1993200	497726
山东	Shandong	4842444	2046846	1652320	4074656	779075
河南	Henan	2674818	1010863	811042	2059776	615164
湖北	Hubei	2252333	760349	797145	1860910	391752
湖南	Hunan	2757554	897104	868929	2298992	452243
广东	Guangdong	16874759	8559059	3520346	15820767	1069230
广西	Guangxi	2754787	1036138	768655	2146682	607680
海南	Hainan	7567723	2860483	2493845	6747747	807556
重庆	Chongqing	2366114	982086	553524	2146363	215049
四川	Sichuan	6276259	2880683	1455604	4768749	910761
贵州	Guizhou	3540661	1511496	630169	2591310	520354
云南	Yunnan	2615695	951054	857926	1986831	620320
西藏	Tibet	595252	103759	213900	180129	414310
陕西	Shaanxi	4378202	1249378	1573950	3711389	684703
甘肃	Gansu	1478520	615178	401783	974957	501285
青海	Qinghai	443823	157009	145102	267721	176277
宁夏	Ningxia	221397	59863	135357	172823	48574
新疆	Xinjiang	1710128	499990	656356	1196318	521901

4-3-5 续表 1 Continued 1

一般旅馆 单位：万元

Fonda Unit: 10 000 yuan

地区	Region	资产总计 Total Assets	#流动资产合计 Total Current Assets	#固定资产净额 Net Value of Fixed Assets	负债合计 Total Liabilities	所有者权益合计 Total Owners' Equities
全国	**National Total**	**31725305**	**14671917**	**7110076**	**26183851**	**5465777**
北京	Beijing	2455263	1225873	475699	1855647	597897
天津	Tianjin	361828	214285	49354	371457	-12697
河北	Hebei	1055797	428430	371384	1037795	17406
山西	Shanxi	889484	342323	268485	655591	218440
内蒙古	Inner Mongolia	374224	122703	151649	384902	-5831
辽宁	Liaoning	561622	214230	148866	572655	-7658
吉林	Jilin	247523	96325	71409	194859	52667
黑龙江	Heilongjiang	165245	84496	56282	180480	-15266
上海	Shanghai	2727437	1404473	463362	2340658	390460
江苏	Jiangsu	2872294	1658881	616440	2500165	393626
浙江	Zhejiang	1662200	688398	450162	1522803	153871
安徽	Anhui	637208	251052	137888	474605	151217
福建	Fujian	1044252	481350	270539	823541	217638
江西	Jiangxi	1235359	316630	188758	524109	672929
山东	Shandong	1044585	561692	211572	1014158	27201
河南	Henan	1312321	546650	301121	904255	384131
湖北	Hubei	967453	405907	232007	712544	256426
湖南	Hunan	1046878	275017	210875	601209	441258
广东	Guangdong	3837798	2442123	571172	3617525	214648
广西	Guangxi	837595	368512	254384	702274	133638
海南	Hainan	211439	72153	95901	250382	-38943
重庆	Chongqing	593611	274803	69351	489524	104243
四川	Sichuan	1895685	686597	540240	1666779	234481
贵州	Guizhou	544086	278267	111603	441884	90269
云南	Yunnan	1306929	439983	320328	888238	417210
西藏	Tibet	44798	16715	14149	24118	20680
陕西	Shaanxi	968657	428561	215296	766012	199043
甘肃	Gansu	400888	144780	112725	298129	102628
青海	Qinghai	92396	56373	23608	74314	18081
宁夏	Ningxia	40888	17979	14109	35176	5482
新疆	Xinjiang	289562	126356	91358	258063	30602

4-3-5 续表 2 Continued 2

民宿服务 单位：万元

Home Lodging Services Unit: 10 000 yuan

地区	Region	资产总计 Total Assets	#流动资产合计 Total Current Assets	#固定资产净额 Net Value of Fixed Assets	负债合计 Total Liabilities	所有者权益合计 Total Owners' Equities
全国	**National Total**	**704835**	**322111**	**128677**	**391410**	**313061**
北京	Beijing	24242	4506	9289	20645	3596
天津	Tianjin					
河北	Hebei	1654	174		1601	
山西	Shanxi	2551	1302	250	1574	977
内蒙古	Inner Mongolia					
辽宁	Liaoning					
吉林	Jilin	2804	397	2233	2700	104
黑龙江	Heilongjiang	661	178	34	537	-24
上海	Shanghai	7385	5171	169	7701	-316
江苏	Jiangsu	26686	7455	1856	16745	9844
浙江	Zhejiang	100857	38838	21828	76653	24139
安徽	Anhui	19944	10833	4947	17509	2436
福建	Fujian	258022	151477	20007	54737	203285
江西	Jiangxi	31236	11283	5309	17012	14224
山东	Shandong	31786	8498	14842	34833	-3047
河南	Henan	18759	7433	5610	10695	8064
湖北	Hubei	11518	5204	3322	10495	1023
湖南	Hunan	35935	13761	9578	22302	13633
广东	Guangdong	31979	17707	7185	26694	5285
广西	Guangxi	2467	1167	1168	1044	1423
海南	Hainan	90	54	37	62	28
重庆	Chongqing	7505	1335	1742	2950	4555
四川	Sichuan	23569	14622	2585	14075	9494
贵州	Guizhou	13670	4975	1131	9385	4285
云南	Yunnan	32150	6460	11846	25769	6381
西藏	Tibet					
陕西	Shaanxi	12765	6266	3198	11770	994
甘肃	Gansu					
青海	Qinghai					
宁夏	Ningxia	2506	2057	187	1385	1121
新疆	Xinjiang	4094	958	324	2537	1557

露营地服务 单位：万元

Campground Services Unit: 10 000 yuan

地区	Region	资产总计 Total Assets	#流动资产合计 Total Current Assets	#固定资产净额 Net Value of Fixed Assets	负债合计 Total Liabilities	所有者权益合计 Total Owners' Equities
全国	**National Total**	**168086**	**82919**	**27467**	**109853**	**51970**
北京	Beijing	184	149	30	55	128
天津	Tianjin					
河北	Hebei					
山西	Shanxi	9625	825	8285	5390	4235
内蒙古	Inner Mongolia					
辽宁	Liaoning					
吉林	Jilin					
黑龙江	Heilongjiang					
上海	Shanghai	361	332	29	160	201
江苏	Jiangsu	3917	2193	594	12506	-8589
浙江	Zhejiang	6606	1682	3799	1767	4833
安徽	Anhui	55422	25431	3002	19017	36405
福建	Fujian	24	13	12	1	23
江西	Jiangxi	3032	254	1338	1309	1723
山东	Shandong					
河南	Henan	790	658	413	376	414
湖北	Hubei	8897	1594	430	5525	3373
湖南	Hunan	10533	7908		4275	
广东	Guangdong	576	35		505	72
广西	Guangxi	31008	18771	589	24913	6095
海南	Hainan					
重庆	Chongqing	3565	93	1538	2994	571
四川	Sichuan					
贵州	Guizhou	2735	2390	5	2870	-135
云南	Yunnan					
西藏	Tibet					
陕西	Shaanxi	30811	20591	7403	28190	2621
甘肃	Gansu					
青海	Qinghai					
宁夏	Ningxia					
新疆	Xinjiang					

4-3-5 续表 4 Continued 4

其他住宿业 单位：万元

Others Unit: 10 000 yuan

地区	Region	资产总计 Total Assets	#流动资产合计 Total Current Assets	#固定资产净额 Net Value of Fixed Assets	负债合计 Total Liabilities	所有者权益合计 Total Owners' Equities
全国	**National Total**	**4031831**	**1747244**	**1218797**	**3501137**	**535965**
北京	Beijing	128189	65798	53748	61396	66793
天津	Tianjin	196245	108064	8052	228214	-27015
河北	Hebei	151721	80971	21250	140602	9440
山西	Shanxi	25037	8195	13473	28075	-3038
内蒙古	Inner Mongolia	9496	8061	315	8297	1200
辽宁	Liaoning	183803	42489	98716	131956	51847
吉林	Jilin	50551	18995	14471	50943	-392
黑龙江	Heilongjiang	29910	7841	14406	17526	12384
上海	Shanghai	18585	13060	2989	36303	-17717
江苏	Jiangsu	484496	173759	228843	482986	2359
浙江	Zhejiang	9840	5248	467	8628	1151
安徽	Anhui	69027	22790	30594	54487	14540
福建	Fujian	54195	19115	25584	24689	29506
江西	Jiangxi	203177	93814	50811	121914	80985
山东	Shandong	344854	186116	51501	342100	3230
河南	Henan	165453	101026	37480	166364	-10367
湖北	Hubei	174570	72891	52844	129355	44927
湖南	Hunan	114529	31154	43043	86664	27213
广东	Guangdong	652809	408454	104898	710437	-57690
广西	Guangxi	35137	14391	5455	34050	4724
海南	Hainan	88314	29934	44049	107925	-19400
重庆	Chongqing	100111	20593	57905	45253	54857
四川	Sichuan	124749	51559	35345	86235	38514
贵州	Guizhou	157684	19067	80563	47144	110539
云南	Yunnan	205149	81278	51826	162139	43326
西藏	Tibet	31213	5571	4222	17525	13688
陕西	Shaanxi	111969	29705	35140	111893	7380
甘肃	Gansu	19700	4109	10886	9763	9937
青海	Qinghai	31339	4400	12605	15393	15946
宁夏	Ningxia	3333	2270	2	1804	1529
新疆	Xinjiang	56646	16526	27314	31077	25569

4-3-6　各地区限额以上餐饮业企业年末资产负债
Assets and Liabilitiest of Enterprises above Designated Size of Catering Services by Region at the Year-end

单位：万元
Unit: 10 000 yuan

地　区	Region	资产总计 Total Assets	#流动资产合计 Total Current Assets	#固定资产净额 Net Value of Fixed Assets	负债合计 Total Liabilities	所有者权益合计 Total Owners' Equities
全　国	**National Total**	**75846855**	**38851709**	**12846661**	**58462841**	**17282613**
北　京	Beijing	5857380	3485980	472460	5170817	737014
天　津	Tianjin	1179803	606450	223803	952254	231279
河　北	Hebei	1624260	912761	269623	1568570	53692
山　西	Shanxi	1628255	714761	379175	1381736	244853
内蒙古	Inner Mongolia	759254	321160	234225	717202	39515
辽　宁	Liaoning	1079839	444963	174835	1015922	63685
吉　林	Jilin	305933	170982	60794	286174	19339
黑龙江	Heilongjiang	215590	113426	41640	178175	37171
上　海	Shanghai	8123044	5260446	672993	6355374	1772055
江　苏	Jiangsu	8320964	4071001	2137250	6422629	1907697
浙　江	Zhejiang	5802445	2538971	1213889	5060245	737999
安　徽	Anhui	2657370	1179244	509446	1640814	1014540
福　建	Fujian	1868159	958776	273267	1237056	619821
江　西	Jiangxi	1292590	575580	326774	834873	450125
山　东	Shandong	4452731	1937074	1044925	3791173	669916
河　南	Henan	1233145	599972	230217	738375	471511
湖　北	Hubei	2910106	1214587	584223	1828560	1084517
湖　南	Hunan	1975465	816105	385137	1261048	697917
广　东	Guangdong	10503014	5919336	1224071	8570911	1958354
广　西	Guangxi	1096063	562326	214802	807747	284415
海　南	Hainan	251269	146627	26213	216947	29518
重　庆	Chongqing	1902839	851804	287173	1090437	759671
四　川	Sichuan	5047348	2556948	812125	3489112	1511902
贵　州	Guizhou	880983	625106	62595	678121	194896
云　南	Yunnan	914471	555089	168507	491474	418750
西　藏	Tibet	83569	24563	15974	28355	40873
陕　西	Shaanxi	1868885	862063	315258	1235089	631832
甘　肃	Gansu	721410	311808	165601	535406	186564
青　海	Qinghai	151979	55407	53898	115047	36742
宁　夏	Ningxia	114576	45463	46918	103397	11236
新　疆	Xinjiang	1024116	412930	218850	659801	365214

4-3-6 续表 Continued

国有控股
State-controlled Enterprises

单位：万元
Unit: 10 000 yuan

地区	Region	资产总计 Total Assets	#流动资产合计 Total Current Assets	#固定资产净额 Net Value of Fixed Assets	负债合计 Total Liabilities	所有者权益合计 Total Owners' Equities
全国	**National Total**	**9906744**	**4595076**	**1903200**	**6798352**	**3062385**
北京	Beijing	598930	305576	82811	332799	270056
天津	Tianjin	47026	26995	10186	45927	1099
河北	Hebei	278776	167846	74382	233955	44822
山西	Shanxi	364834	127932	137230	210328	154821
内蒙古	Inner Mongolia	143617	35784	82909	56509	87108
辽宁	Liaoning	29672	23091	3646	18690	10894
吉林	Jilin	13690	11440	1519	11628	2062
黑龙江	Heilongjiang	8858	5399	3137	5101	3757
上海	Shanghai	499718	316698	56668	261940	238845
江苏	Jiangsu	1520642	917855	325314	1372907	149380
浙江	Zhejiang	629456	220686	83676	505271	124185
安徽	Anhui	96022	38399	34608	86262	9759
福建	Fujian	58583	24951	4840	55161	3422
江西	Jiangxi	244212	122572	59450	207047	37165
山东	Shandong	1045996	409287	256067	597894	451307
河南	Henan	80791	33064	5040	37815	42976
湖北	Hubei	70602	32742	29700	43661	26941
湖南	Hunan	72395	28516	27026	71182	1213
广东	Guangdong	998381	394000	202384	608334	390047
广西	Guangxi	347778	156320	51370	260827	86803
海南	Hainan	2676	2482	150	2933	-258
重庆	Chongqing	642861	246814	29339	344323	250480
四川	Sichuan	546341	318187	51733	398107	140160
贵州	Guizhou	342657	256192	7748	291440	51462
云南	Yunnan	85691	55710	16709	42585	43106
西藏	Tibet	18997	7264	2401	10009	9678
陕西	Shaanxi	362144	86883	55365	250389	111026
甘肃	Gansu	126999	57957	41070	100774	26225
青海	Qinghai					
宁夏	Ningxia	10098	521	7601	21235	-11137
新疆	Xinjiang	618301	163913	159121	313319	304981

4-3-7 各地区限额以上餐饮业企业年末资产负债(按登记注册类型分)

Assets and Liabilities of Enterprises above Designated Size of Catering Services by Region and Type of Registration at the Year-end

内资企业 单位：万元

Domestic Funded Enterprises Unit: 10 000 yuan

地　区	Region	资产总计 Total Assets	#流动资产合计 Total Current Assets	#固定资产净额 Net Value of Fixed Assets	负债合计 Total Liabilities	所有者权益合计 Total Owners' Equities
全　国	**National Total**	**59402321**	**31645287**	**10688322**	**46998438**	**12300248**
北　京	Beijing	3147342	2219138	237778	3075928	116519
天　津	Tianjin	881844	557966	170762	702481	183053
河　北	Hebei	1612456	904891	267036	1567167	43167
山　西	Shanxi	1549108	708066	362974	1320747	226742
内蒙古	Inner Mongolia	708699	285788	234079	663984	42178
辽　宁	Liaoning	719384	353031	117564	675146	44006
吉　林	Jilin	282593	164254	56567	267138	15036
黑龙江	Heilongjiang	194286	97981	40954	164817	29226
上　海	Shanghai	3825687	2799499	227530	3413585	421750
江　苏	Jiangsu	7448405	3827985	1924453	5758755	1698470
浙　江	Zhejiang	5011579	2379593	996275	4414566	592712
安　徽	Anhui	2627625	1171506	502162	1618933	1006677
福　建	Fujian	1438782	847764	198312	882781	545548
江　西	Jiangxi	1241521	565103	314728	796745	437184
山　东	Shandong	4165994	1845080	981109	3500388	673198
河　南	Henan	1185450	590404	218743	694932	467259
湖　北	Hubei	2352591	1035005	506151	1516156	837173
湖　南	Hunan	1798623	799263	336686	1120194	661928
广　东	Guangdong	7399058	4750490	817632	6602966	823224
广　西	Guangxi	961178	530271	151479	745059	212217
海　南	Hainan	228899	131709	22820	202143	21953
重　庆	Chongqing	1737897	768217	262381	997009	688157
四　川	Sichuan	3427702	1532045	740525	2628209	753044
贵　州	Guizhou	869201	621941	60292	676791	184456
云　南	Yunnan	874602	540052	163217	458180	412175
西　藏	Tibet	83569	24563	15974	28355	40873
陕　西	Shaanxi	1677910	781187	291571	1129583	546362
甘　肃	Gansu	698029	309932	162103	517061	181528
青　海	Qinghai	151979	55407	53898	115047	36742
宁　夏	Ningxia	114576	45463	46918	103397	11236
新　疆	Xinjiang	985752	401693	205649	640195	346455

4-3-7 续表 1 Continued 1

国有企业 State-owned Enterprises

单位：万元 Unit: 10 000 yuan

地区	Region	资产总计 Total Assets	#流动资产合计 Total Current Assets	#固定资产净额 Net Value of Fixed Assets	负债合计 Total Liabilities	所有者权益合计 Total Owners' Equities
全国	**National Total**	**1726842**	**695217**	**324728**	**1104630**	**623815**
北京	Beijing	8372	6994	1286	14281	-5909
天津	Tianjin	405	262	72	1413	-1008
河北	Hebei	23916	8094	3963	18646	5270
山西	Shanxi	22688	4559	13876	22308	695
内蒙古	Inner Mongolia	2623	2594	29	578	2044
辽宁	Liaoning	1443	546	897	950	492
吉林	Jilin	204	149	55	211	-7
黑龙江	Heilongjiang	3691	730	2960	367	3324
上海	Shanghai	96272	49586	36612	33994	62278
江苏	Jiangsu	378598	260180	76561	321249	58955
浙江	Zhejiang	195391	48448	9792	125383	70008
安徽	Anhui	3868	2531	346	5097	-1228
福建	Fujian	1540	956	420	362	1178
江西	Jiangxi	65144	26434	3919	54260	10884
山东	Shandong	276007	110748	38916	167745	108262
河南	Henan	10279	4371	73	3963	6315
湖北	Hubei	9805	3976	3205	3518	6287
湖南	Hunan	6892	2671	2363	2473	4419
广东	Guangdong	44084	12605	6974	47349	-3265
广西	Guangxi	11232	4926	6220	10457	617
海南	Hainan					
重庆	Chongqing	6721	6165	528	6301	305
四川	Sichuan	54134	11702	18893	41087	13047
贵州	Guizhou	7818	7095	118	5995	1779
云南	Yunnan	18219	16698	1511	9494	8725
西藏	Tibet					
陕西	Shaanxi	20760	7019	2762	14760	6001
甘肃	Gansu	38287	5842	12482	26594	11694
青海	Qinghai					
宁夏	Ningxia	1286	396	601	1659	-373
新疆	Xinjiang	417163	88940	79294	164136	253026

4−3−7 续表 2 Continued 2

集体企业 单位：万元
Collective-owned Enterprises Unit: 10 000 yuan

地　区	Region	资产总计 Total Assets	#流动资产合计 Total Current Assets	#固定资产净额 Net Value of Fixed Assets	负债合计 Total Liabilities	所有者权益合计 Total Owners' Equities
全　国	**National Total**	**150595**	**63934**	**32277**	**74014**	**75450**
北　京	Beijing	10226	4094	4042	12379	-2113
天　津	Tianjin					
河　北	Hebei	284	282	10	158	126
山　西	Shanxi	3041	1865		925	2116
内蒙古	Inner Mongolia					
辽　宁	Liaoning	552	396	142	1123	-571
吉　林	Jilin					
黑龙江	Heilongjiang					
上　海	Shanghai	9608	2390	5982	4757	4952
江　苏	Jiangsu	34658	13091	11516	13971	20687
浙　江	Zhejiang	71	58	13	218	-147
安　徽	Anhui	151	149	1	952	-801
福　建	Fujian	6342	4140	328	1880	4463
江　西	Jiangxi					
山　东	Shandong	2585	1518	138	2166	-66
河　南	Henan					
湖　北	Hubei	48256	17375	8527	19385	28870
湖　南	Hunan					
广　东	Guangdong	26563	13289	1058	10195	15580
广　西	Guangxi	580	404	160	17	563
海　南	Hainan					
重　庆	Chongqing	1464	932	103	569	895
四　川	Sichuan	417	99	25	84	333
贵　州	Guizhou	189	105	5	26	163
云　南	Yunnan	1436	1173	91	1484	-48
西　藏	Tibet					
陕　西	Shaanxi	489	110	70	333	157
甘　肃	Gansu	3683	2464	66	3392	291
青　海	Qinghai					
宁　夏	Ningxia					
新　疆	Xinjiang					

4-3-7 续表 3 Continued 3

股份合作企业 单位：万元

Cooperative Enterprises Unit: 10 000 yuan

地 区	Region	资产总计 Total Assets	#流动资产合计 Total Current Assets	#固定资产净额 Net Value of Fixed Assets	负债合计 Total Liabilities	所有者权益合计 Total Owners' Equities
全 国	**National Total**	**121672**	**79148**	**25873**	**78828**	**43607**
北 京	Beijing	24382	17818	1547	21570	2812
天 津	Tianjin					
河 北	Hebei	7931	467	6450	7507	424
山 西	Shanxi	288	122	108	25	262
内蒙古	Inner Mongolia					
辽 宁	Liaoning					
吉 林	Jilin					
黑龙江	Heilongjiang	146	146		82	64
上 海	Shanghai	16164	14520	404	10926	5238
江 苏	Jiangsu	2712	2685	27	2689	24
浙 江	Zhejiang	6829	1055	5482	6520	345
安 徽	Anhui					
福 建	Fujian	6			1	4
江 西	Jiangxi	2909	2907	2	4427	-1518
山 东	Shandong	2773	1724	443	1884	889
河 南	Henan	40	8	32	8	32
湖 北	Hubei	531	125	340	153	379
湖 南	Hunan					
广 东	Guangdong	11673	9879	395	10648	1752
广 西	Guangxi					
海 南	Hainan					
重 庆	Chongqing					
四 川	Sichuan	44808	27236	10619	12315	32493
贵 州	Guizhou					
云 南	Yunnan					
西 藏	Tibet					
陕 西	Shaanxi	450	450		63	387
甘 肃	Gansu	30	6	24	10	20
青 海	Qinghai					
宁 夏	Ningxia					
新 疆	Xinjiang					

4−3−7 续表 4 Continued 4

联营企业 单位：万元

Joint Ownership Enterprises Unit: 10 000 yuan

地 区	Region	资产总计 Total Assets	#流动资产合计 Total Current Assets	#固定资产净额 Net Value of Fixed Assets	负债合计 Total Liabilities	所有者权益合计 Total Owners' Equities
全 国	**National Total**	**108890**	**38557**	**32830**	**87015**	**21418**
北 京	Beijing					
天 津	Tianjin					
河 北	Hebei					
山 西	Shanxi					
内蒙古	Inner Mongolia					
辽 宁	Liaoning					
吉 林	Jilin					
黑龙江	Heilongjiang					
上 海	Shanghai	538	514	4	23	515
江 苏	Jiangsu	12200	12100	94	11320	423
浙 江	Zhejiang	12987	8014	493	11169	1817
安 徽	Anhui					
福 建	Fujian					
江 西	Jiangxi					
山 东	Shandong	1866	959	891	365	1501
河 南	Henan					
湖 北	Hubei					
湖 南	Hunan					
广 东	Guangdong	6741	4323	184	5200	1542
广 西	Guangxi					
海 南	Hainan					
重 庆	Chongqing					
四 川	Sichuan					
贵 州	Guizhou					
云 南	Yunnan					
西 藏	Tibet					
陕 西	Shaanxi	536	412	183	185	351
甘 肃	Gansu					
青 海	Qinghai					
宁 夏	Ningxia					
新 疆	Xinjiang	74022	12235	30981	58753	15269

4-3-7 续表 5 Continued 5

有限责任公司 单位：万元

Limited Liability Corporations Unit: 10 000 yuan

地 区	Region	资产总计 Total Assets	#流动资产合计 Total Current Assets	#固定资产净额 Net Value of Fixed Assets	负债合计 Total Liabilities	所有者权益合计 Total Owners' Equities
全 国	**National Total**	**16640806**	**8445015**	**3409779**	**13786025**	**2816389**
北 京	Beijing	1446149	969178	106094	1440852	25684
天 津	Tianjin	230873	148831	17902	226891	5386
河 北	Hebei	571008	321146	119212	554569	17097
山 西	Shanxi	541283	208461	185523	376787	164543
内 蒙 古	Inner Mongolia	375725	123927	145198	325945	49781
辽 宁	Liaoning	92914	59098	17581	76087	16739
吉 林	Jilin	29259	19960	2695	26815	2441
黑 龙 江	Heilongjiang	40235	18881	8627	38984	1252
上 海	Shanghai	694746	481012	46400	715177	-9123
江 苏	Jiangsu	2465780	1169392	838976	1743435	723517
浙 江	Zhejiang	892790	393106	184959	863550	30322
安 徽	Anhui	600004	288047	125434	469273	130392
福 建	Fujian	91320	34407	8317	74141	17179
江 西	Jiangxi	346297	160251	74403	256338	89814
山 东	Shandong	1572336	597538	497905	1178003	400977
河 南	Henan	224119	130626	34619	172028	48257
湖 北	Hubei	322087	149212	71973	218855	104555
湖 南	Hunan	390842	251617	57764	350416	39904
广 东	Guangdong	1788007	945373	297769	1787699	5876
广 西	Guangxi	471649	211641	82081	356203	115454
海 南	Hainan	80503	46159	4667	73129	3129
重 庆	Chongqing	696948	273723	35986	376487	265501
四 川	Sichuan	964188	536961	138845	776960	179145
贵 州	Guizhou	472265	366349	15376	415612	56941
云 南	Yunnan	153387	65386	50225	60154	93144
西 藏	Tibet	61355	18818	3326	19102	27913
陕 西	Shaanxi	517693	205342	77445	421400	94682
甘 肃	Gansu	282017	156939	66922	215446	66377
青 海	Qinghai	36693	5914	23668	25141	11552
宁 夏	Ningxia	22492	8604	7079	37699	-15207
新 疆	Xinjiang	165842	79116	62808	112847	53165

4-3-7 续表 6 Continued 6

股份有限公司 单位：万元

Share-holding Corporations Ltd. Unit: 10 000 yuan

地 区	Region	资产总计 Total Assets	#流动资产合计 Total Current Assets	#固定资产净额 Net Value of Fixed Assets	负债合计 Total Liabilities	所有者权益合计 Total Owners' Equities
全 国	**National Total**	**1891173**	**798350**	**255649**	**889893**	**1001643**
北 京	Beijing	180309	38568	23466	53406	127242
天 津	Tianjin	107723	32974	29774	37417	70306
河 北	Hebei	75638	27065	8228	55738	19901
山 西	Shanxi					
内 蒙 古	Inner Mongolia	17697	7402	470	8442	9255
辽 宁	Liaoning	1793	189	1428	748	1046
吉 林	Jilin					
黑 龙 江	Heilongjiang	4169	4037	133	3085	1085
上 海	Shanghai	340215	239224	6307	170055	170160
江 苏	Jiangsu	52850	34277	3716	48427	4423
浙 江	Zhejiang	35938	19798	2991	25759	10179
安 徽	Anhui	39343	2892	197	24213	15130
福 建	Fujian					
江 西	Jiangxi	11795	5508	2131	8049	3745
山 东	Shandong	66671	37927	15311	73906	-7235
河 南	Henan	28371	2047	52	2456	25915
湖 北	Hubei	27607	3205	17273	5025	22582
湖 南	Hunan	20200	4421	3128	9518	10682
广 东	Guangdong	600603	229632	109172	206659	393966
广 西	Guangxi	1073	802	73	1015	58
海 南	Hainan	452	452	2	475	-23
重 庆	Chongqing	372	150	49	309	61
四 川	Sichuan	10112	2663	2643	5725	4387
贵 州	Guizhou					
云 南	Yunnan	2744	2104	227	2097	648
西 藏	Tibet	429	400	11	165	264
陕 西	Shaanxi	235541	82789	28509	128058	107483
甘 肃	Gansu	2941	1065	297	747	2195
青 海	Qinghai					
宁 夏	Ningxia					
新 疆	Xinjiang	26587	18759	61	18399	8188

4-3-7 续表 7 Continued 7

私营企业 单位：万元

Private Enterprises Unit: 10 000 yuan

地　区	Region	资产总计 Total Assets	#流动资产合计 Total Current Assets	#固定资产净额 Net Value of Fixed Assets	负债合计 Total Liabilities	所有者权益合计 Total Owners' Equities
全　国	**National Total**	**38736201**	**21512540**	**6596893**	**30967197**	**7702627**
北　京	Beijing	1477905	1182486	101343	1533440	-31197
天　津	Tianjin	542843	375899	123015	436759	108370
河　北	Hebei	933679	547838	129173	930549	350
山　西	Shanxi	981808	493060	163467	920701	59126
内蒙古	Inner Mongolia	312654	151865	88382	329020	-18902
辽　宁	Liaoning	622683	292803	97516	596238	26301
吉　林	Jilin	253130	144145	53817	240112	12602
黑龙江	Heilongjiang	146044	74187	29234	122300	23501
上　海	Shanghai	2649235	2003026	123774	2470451	177025
江　苏	Jiangsu	4499115	2335071	993163	3616535	889080
浙　江	Zhejiang	3867573	1909113	792544	3381967	480187
安　徽	Anhui	1984009	877639	376184	1119264	863068
福　建	Fujian	1339575	808261	189247	806396	522725
江　西	Jiangxi	815315	369943	234270	473649	334219
山　东	Shandong	2243711	1094651	427484	2076314	168829
河　南	Henan	922642	453351	183967	516477	386739
湖　北	Hubei	1944305	861112	404831	1269220	674500
湖　南	Hunan	1379937	540168	273127	757619	606339
广　东	Guangdong	4921197	3535277	402080	4535109	407690
广　西	Guangxi	476644	312499	62947	377367	95525
海　南	Hainan	147944	85097	18151	128538	18847
重　庆	Chongqing	1032208	487224	225715	613343	421210
四　川	Sichuan	2351606	952433	568490	1791083	522156
贵　州	Guizhou	388929	248391	44792	255158	125573
云　南	Yunnan	698799	454675	111163	384949	309692
西　藏	Tibet	21785	5345	12637	9088	12696
陕　西	Shaanxi	901651	484782	182095	564671	336628
甘　肃	Gansu	371071	143617	82312	270874	100952
青　海	Qinghai	115286	49493	30230	89906	25191
宁　夏	Ningxia	90798	36464	39238	64040	26816
新　疆	Xinjiang	302120	202625	32505	286060	16789

4-3-7 续表 8 Continued 8

其他企业 单位：万元

Other Enterprises Unit: 10 000 yuan

地 区	Region	资产总计 Total Assets	#流动资产合计 Total Current Assets	#固定资产净额 Net Value of Fixed Assets	负债合计 Total Liabilities	所有者权益合计 Total Owners' Equities
全 国	**National Total**	**26147**	**12531**	**10291**	**10841**	**15306**
北 京	Beijing					
天 津	Tianjin					
河 北	Hebei					
山 西	Shanxi					
内蒙古	Inner Mongolia					
辽 宁	Liaoning					
吉 林	Jilin					
黑龙江	Heilongjiang					
上 海	Shanghai	18908	9227	8048	8202	10706
江 苏	Jiangsu	2491	1190	400	1129	1363
浙 江	Zhejiang					
安 徽	Anhui	250	249		135	115
福 建	Fujian					
江 西	Jiangxi	62	60	2	23	39
山 东	Shandong	46	15	20	5	41
河 南	Henan					
湖 北	Hubei					
湖 南	Hunan	752	386	304	167	585
广 东	Guangdong	190	112		107	83
广 西	Guangxi					
海 南	Hainan					
重 庆	Chongqing	186	24			185
四 川	Sichuan	2438	950	1011	955	1483
贵 州	Guizhou					
云 南	Yunnan	17	17		3	14
西 藏	Tibet					
陕 西	Shaanxi	789	283	506	115	674
甘 肃	Gansu					
青 海	Qinghai					
宁 夏	Ningxia					
新 疆	Xinjiang	18	18			18

4-3-7 续表 9 Continued 9

港、澳、台商投资企业 单位：万元

Enterprises with Funds from Hongkong,Macao and Taiwan Unit: 10 000 yuan

地 区	Region	资产总计 Total Assets	#流动资产合计 Total Current Assets	#固定资产净额 Net Value of Fixed Assets	负债合计 Total Liabilities	所有者权益合计 Total Owners' Equities
全 国	**National Total**	**8692331**	**3854525**	**1327854**	**6087611**	**2609848**
北 京	Beijing	1567817	753484	147909	946645	633079
天 津	Tianjin	109861	11198	24591	87302	22976
河 北	Hebei	10344	6457	2549	539	9805
山 西	Shanxi	32094	1869	8455	24520	7574
内 蒙 古	Inner Mongolia	1189	910	146	463	726
辽 宁	Liaoning	189895	73432	25901	213347	-23453
吉 林	Jilin	18622	2294	4219	15442	3180
黑 龙 江	Heilongjiang	18282	12620	669	10412	7870
上 海	Shanghai	2368573	1273458	292986	1805458	556116
江 苏	Jiangsu	408652	123339	139788	355522	53671
浙 江	Zhejiang	341703	75232	134182	290440	51263
安 徽	Anhui	9326	5415	2839	2675	6651
福 建	Fujian	212535	50540	47294	183890	27816
江 西	Jiangxi	8689	2953	4402	8295	394
山 东	Shandong	153235	52129	43260	206374	-53139
河 南	Henan	1570	1273	245	228	1341
湖 北	Hubei	499211	154674	74103	271016	230429
湖 南	Hunan	69922	3632	16101	64861	5062
广 东	Guangdong	1963552	957308	209614	1250395	710908
广 西	Guangxi	96243	26821	55057	34425	61818
海 南	Hainan	22369	14918	3393	14804	7565
重 庆	Chongqing	23911	3836	3956	18566	5345
四 川	Sichuan	430171	184291	68184	214603	215687
贵 州	Guizhou	10764	2313	2138	3335	7417
云 南	Yunnan	37200	13978	5288	30964	6236
西 藏	Tibet					
陕 西	Shaanxi	86601	46151	10585	33090	53511
甘 肃	Gansu					
青 海	Qinghai					
宁 夏	Ningxia					
新 疆	Xinjiang					

外商投资企业 单位：万元
Foreign Funded Enterprises Unit: 10 000 yuan

地 区	Region	资产总计 Total Assets	#流动资产合计 Total Current Assets	#固定资产净额 Net Value of Fixed Assets	负债合计 Total Liabilities	所有者权益合计 Total Owners' Equities
全 国	**National Total**	**7752206**	**3351897**	**830488**	**5376793**	**2372518**
北 京	Beijing	1142222	513357	86773	1148244	-12584
天 津	Tianjin	188099	37286	28449	162471	25250
河 北	Hebei	1460	1412	39	864	720
山 西	Shanxi	47053	4826	7746	36470	10537
内蒙古	Inner Mongolia	49366	34462		52755	-3389
辽 宁	Liaoning	170560	18499	31370	127429	43131
吉 林	Jilin	4718	4434	9	3595	1123
黑龙江	Heilongjiang	3022	2825	17	2946	76
上 海	Shanghai	1928785	1187489	152477	1136331	794189
江 苏	Jiangsu	463908	119677	73010	308352	155555
浙 江	Zhejiang	449164	84147	83432	355239	94024
安 徽	Anhui	20420	2323	4445	19207	1213
福 建	Fujian	216842	60472	27662	170385	46457
江 西	Jiangxi	42380	7525	7643	29832	12548
山 东	Shandong	133501	39865	20556	84410	49857
河 南	Henan	46125	8296	11229	43215	2911
湖 北	Hubei	58304	24908	3969	41389	16916
湖 南	Hunan	106920	13210	32350	75993	30927
广 东	Guangdong	1140404	211538	196825	717550	424222
广 西	Guangxi	38642	5234	8266	28263	10379
海 南	Hainan					
重 庆	Chongqing	141031	79752	20836	74862	66169
四 川	Sichuan	1189475	840612	3415	646300	543172
贵 州	Guizhou	1018	852	166	-2005	3023
云 南	Yunnan	2668	1059	2	2330	338
西 藏	Tibet					
陕 西	Shaanxi	104374	34724	13102	72415	31959
甘 肃	Gansu	23381	1876	3499	18345	5036
青 海	Qinghai					
宁 夏	Ningxia					
新 疆	Xinjiang	38364	11237	13201	19606	18759

4-3-8 各地区限额以上餐饮业企业年末资产负债(按国民经济行业分)

Assets and Liabilities of Enterprises above Designated Size of Catering Services by Region and Sector at the Year-end

正餐服务 单位：万元

Dinner Unit: 10 000 yuan

地 区	Region	资产总计 Total Assets	#流动资产合计 Total Current Assets	#固定资产净额 Net Value of Fixed Assets	负债合计 Total Liabilities	所有者权益合计 Total Owners' Equities
全 国	**National Total**	**54785139**	**27642817**	**10544121**	**43677617**	**11028210**
北 京	Beijing	2935723	1836685	230292	3000222	-9056
天 津	Tianjin	669676	377743	156993	523975	149845
河 北	Hebei	1588069	893716	261352	1536884	49188
山 西	Shanxi	1497446	672411	358157	1288496	207315
内 蒙 古	Inner Mongolia	734840	311214	227879	700543	32032
辽 宁	Liaoning	656530	311332	111213	630403	25895
吉 林	Jilin	211173	118941	45799	208699	2461
黑 龙 江	Heilongjiang	161112	87146	26737	127780	33329
上 海	Shanghai	4424351	2928798	328986	3811346	618688
江 苏	Jiangsu	6907422	3388888	1951111	5334201	1582626
浙 江	Zhejiang	4718456	2156427	1069751	4152881	561881
安 徽	Anhui	2121210	889983	443308	1332853	787469
福 建	Fujian	1190294	651794	181326	719461	464054
江 西	Jiangxi	1160386	509857	305330	731679	421195
山 东	Shandong	3698634	1512615	954333	3254365	452711
河 南	Henan	1018969	489939	186022	598422	397288
湖 北	Hubei	2202115	928049	502170	1415552	789547
湖 南	Hunan	1710204	743640	327439	1070280	624009
广 东	Guangdong	6369241	3575745	803350	5807686	578779
广 西	Guangxi	901515	460067	182621	673695	224318
海 南	Hainan	171467	105621	13000	172568	-5905
重 庆	Chongqing	1704431	746160	258915	978464	673235
四 川	Sichuan	3035770	1435055	706091	2259001	730398
贵 州	Guizhou	820559	581899	54410	632928	179830
云 南	Yunnan	787354	486999	148354	404356	379472
西 藏	Tibet	43343	15053	15063	20966	23067
陕 西	Shaanxi	1614989	742459	280579	1083838	529379
甘 肃	Gansu	676881	298133	158639	501254	176188
青 海	Qinghai	123995	43281	44356	87423	36384
宁 夏	Ningxia	112954	44015	46849	102455	10556
新 疆	Xinjiang	816030	299152	163696	514941	302032

4-3-8 续表 1 Continued 1

快餐服务 单位：万元

Snack Unit: 10 000 yuan

地 区	Region	资产总计 Total Assets	#流动资产合计 Total Current Assets	#固定资产净额 Net Value of Fixed Assets	负债合计 Total Liabilities	所有者权益合计 Total Owners' Equities
全 国	**National Total**	**10279740**	**3636339**	**1524083**	**7613243**	**2641467**
北 京	Beijing	1450332	523221	154906	1014763	430451
天 津	Tianjin	309210	56368	54600	256034	52792
河 北	Hebei	2182	1904	94	1392	790
山 西	Shanxi	115311	33800	19949	80806	34505
内 蒙 古	Inner Mongolia	20758	6754	6229	14487	6272
辽 宁	Liaoning	326357	67798	52324	329089	-2732
吉 林	Jilin	24245	5965	4378	18194	6052
黑 龙 江	Heilongjiang	29276	11696	8105	31844	-2568
上 海	Shanghai	1305351	636010	144705	1117738	186857
江 苏	Jiangsu	860427	296449	133593	668804	191124
浙 江	Zhejiang	848924	223876	131715	696712	152133
安 徽	Anhui	393130	177370	57280	208555	184487
福 建	Fujian	494577	204367	71318	372060	120673
江 西	Jiangxi	55967	14865	10519	36690	19277
山 东	Shandong	460185	218115	63482	330530	129588
河 南	Henan	89015	28859	19461	59866	29149
湖 北	Hubei	349397	72407	55829	272284	77101
湖 南	Hunan	192539	25699	52041	138285	54254
广 东	Guangdong	2000326	680857	306834	1377408	622713
广 西	Guangxi	100253	39432	21804	67162	32755
海 南	Hainan	37639	15661	7970	16987	20652
重 庆	Chongqing	161997	87217	25367	70510	91487
四 川	Sichuan	304306	92989	60392	227960	76347
贵 州	Guizhou	3206	2920	181	2769	437
云 南	Yunnan	50648	20663	9066	30030	20134
西 藏	Tibet	40226	9509	911	7389	17807
陕 西	Shaanxi	137542	44714	21775	90693	46718
甘 肃	Gansu	38894	10559	6154	29850	9044
青 海	Qinghai	767	767		81	686
宁 夏	Ningxia	217	195	22	293	-76
新 疆	Xinjiang	76536	25333	23079	43978	32558

4-3-8 续表 2 Continued 2

饮料及冷饮服务

Beverage and Cold Drink

单位：万元

Unit: 10 000 yuan

地　区	Region	资产总计 Total Assets	#流动资产合计 Total Current Assets	#固定资产净额 Net Value of Fixed Assets	负债合计 Total Liabilities	所有者权益合计 Total Owners' Equities
全　国	**National Total**	**4802731**	**3218953**	**354684**	**2908015**	**1902318**
北　京	Beijing	675077	450322	52271	591095	84168
天　津	Tianjin	12377	6409	578	33824	-21447
河　北	Hebei	3292	875	62	4321	-1029
山　西	Shanxi	3675	1798	405	3919	-243
内蒙古	Inner Mongolia					
辽　宁	Liaoning	44659	29844	2593	16338	28321
吉　林	Jilin					
黑龙江	Heilongjiang	1901	880	18	2482	-580
上　海	Shanghai	1879885	1255035	167371	1036342	843537
江　苏	Jiangsu	165742	106169	10956	137207	28324
浙　江	Zhejiang	101262	54533	6523	103395	-2289
安　徽	Anhui	17586	11016	716	10355	6191
福　建	Fujian	55895	28977	4150	55544	-1799
江　西	Jiangxi	6269	3779	591	2188	4123
山　东	Shandong	55650	33924	3501	36506	19145
河　南	Henan	3003	2035	410	2315	688
湖　北	Hubei	266221	146199	17257	81619	184602
湖　南	Hunan	35624	22537	748	27036	8101
广　东	Guangdong	1071942	803723	56475	585513	497983
广　西	Guangxi	18893	10341	2952	9814	9006
海　南	Hainan	17487	11384	537	12102	5385
重　庆	Chongqing	23938	10576	980	34366	-10428
四　川	Sichuan	236190	158719	17019	69117	166991
贵　州	Guizhou	6776	3797	711	6200	598
云　南	Yunnan	10034	6772	1058	7439	2595
西　藏	Tibet					
陕　西	Shaanxi	86605	57704	6658	36994	49611
甘　肃	Gansu	1896	851	98	1700	196
青　海	Qinghai					
宁　夏	Ningxia	852	754	46	284	568
新　疆	Xinjiang					

4-3-8 续表 3 Continued 3

餐饮配送及外卖送餐服务 单位：万元

Catering Distribution and Delivery Service Unit: 10 000 yuan

地 区	Region	资产总计 Total Assets	#流动资产合计 Total Current Assets	#固定资产净额 Net Value of Fixed Assets	负债合计 Total Liabilities	所有者权益合计 Total Owners' Equities
全 国	**National Total**	**3009520**	**2366032**	**280761**	**2121619**	**884517**
北 京	Beijing	266930	225628	13548	156551	110368
天 津	Tianjin	111501	98203	7474	77739	34080
河 北	Hebei	28695	14988	8009	24836	3859
山 西	Shanxi	444	443	1	283	131
内蒙古	Inner Mongolia	3656	3191	118	2173	1211
辽 宁	Liaoning	41137	27921	8239	33304	7834
吉 林	Jilin	67963	44396	10490	57441	10116
黑龙江	Heilongjiang	22527	13243	6739	15546	6741
上 海	Shanghai	348975	308696	16602	237498	111477
江 苏	Jiangsu	258857	216929	21582	170931	87743
浙 江	Zhejiang	75481	66531	4328	63188	12310
安 徽	Anhui	117800	96748	5747	85692	32108
福 建	Fujian	70191	50391	9214	42649	27229
江 西	Jiangxi	52669	36648	5003	46842	5780
山 东	Shandong	196466	133511	22136	137370	59080
河 南	Henan	111587	73015	22409	70052	41535
湖 北	Hubei	78709	59939	6898	48712	29997
湖 南	Hunan	25938	17769	3065	18360	7578
广 东	Guangdong	778457	638710	43795	573032	203512
广 西	Guangxi	58718	45647	5693	47369	11358
海 南	Hainan	20488	10381	4641	10381	10107
重 庆	Chongqing	8303	5500	1755	4612	3691
四 川	Sichuan	16500	12093	2433	10815	5684
贵 州	Guizhou	43146	30883	7197	31124	12022
云 南	Yunnan	59391	36704	9591	45792	13362
西 藏	Tibet					
陕 西	Shaanxi	16570	11980	2140	10150	6359
甘 肃	Gansu	3374	2070	692	2339	1035
青 海	Qinghai					
宁 夏	Ningxia	552	499		365	187
新 疆	Xinjiang	124495	83375	31222	96473	28023

4-3-8 续表 4 Continued 4

其他餐饮业　　　　单位：万元

Others　　　　Unit: 10 000 yuan

地　区	Region	资产总计 Total Assets	#流动资产合计 Total Current Assets	#固定资产净额 Net Value of Fixed Assets
全　国	**National Total**	**2969727**	**1987569**	**143020**
北　京	Beijing	529320	450124	21442
天　津	Tianjin	77039	67727	4157
河　北	Hebei	2021	1278	108
山　西	Shanxi	11379	6310	663
内蒙古	Inner Mongolia			
辽　宁	Liaoning	11155	8067	467
吉　林	Jilin	2552	1680	128
黑龙江	Heilongjiang	774	462	41
上　海	Shanghai	164483	131907	15330
江　苏	Jiangsu	128518	62566	20008
浙　江	Zhejiang	58322	37605	1573
安　徽	Anhui	7644	4127	2396
福　建	Fujian	57202	23248	7259
江　西	Jiangxi	17298	10432	5331
山　东	Shandong	41795	38910	1473
河　南	Henan	10571	6125	1916
湖　北	Hubei	13664	7993	2070
湖　南	Hunan	11161	6460	1845
广　东	Guangdong	283048	220301	13617
广　西	Guangxi	16684	6839	1732
海　南	Hainan	4189	3580	66
重　庆	Chongqing	4170	2352	156
四　川	Sichuan	1454582	858092	26189
贵　州	Guizhou	7296	5606	96
云　南	Yunnan	7044	3950	437
西　藏	Tibet			
陕　西	Shaanxi	13180	5205	4106
甘　肃	Gansu	366	195	19
青　海	Qinghai	27216	11358	9542
宁　夏	Ningxia			
新　疆	Xinjiang	7054	5070	853

4-3-8 续表 5 Continued 5

其他餐饮业

Others

单位：万元

Unit: 10 000 yuan

地 区	Region	负债合计 Total Liabilities	所有者权益合计 Total Owners' Equities
全 国	**National Total**	**2142359**	**826106**
北 京	Beijing	408185	121082
天 津	Tianjin	60682	16010
河 北	Hebei	1137	884
山 西	Shanxi	8233	3146
内蒙古	Inner Mongolia		
辽 宁	Liaoning	6788	4367
吉 林	Jilin	1842	710
黑龙江	Heilongjiang	524	249
上 海	Shanghai	152452	11496
江 苏	Jiangsu	111487	17880
浙 江	Zhejiang	44069	13963
安 徽	Anhui	3359	4285
福 建	Fujian	47342	9665
江 西	Jiangxi	17474	-249
山 东	Shandong	32402	9393
河 南	Henan	7719	2852
湖 北	Hubei	10393	3271
湖 南	Hunan	7088	3974
广 东	Guangdong	227272	55367
广 西	Guangxi	9707	6978
海 南	Hainan	4910	-721
重 庆	Chongqing	2486	1685
四 川	Sichuan	922219	532482
贵 州	Guizhou	5101	2009
云 南	Yunnan	3857	3187
西 藏	Tibet		
陕 西	Shaanxi	13414	-234
甘 肃	Gansu	264	102
青 海	Qinghai	27544	-328
宁 夏	Ningxia		
新 疆	Xinjiang	4409	2601

4-4-1 限额以上住宿和餐饮业企业损益及分配

项 目	Item	营业收入 Business Revenue	营业成本 Business Cost
总 计	**Total**	**114438596**	**64081601**
一、住宿业	**Hotels**	**37108657**	**18755502**
#国有控股	State-controlled Enterprises	8520232	4815760
(一)按登记注册类型分	**by Type of Registration**		
1.内资企业	**Domestic Funded Enterprises**	**33645278**	**17255386**
国有企业	State-owned Enterprises	1901108	891598
集体企业	Collective-owned Enterprises	168532	64352
股份合作企业	Cooperative Enterprises	67754	42068
联营企业	Joint Ownership Enterprises	18674	10645
国有联营企业	State Joint Ownership Enterprises	8856	5856
集体联营企业	Collective Joint Ownership Enterprises		
国有与集体联营企业	Joint State-collective Enterprises	8525	3904
其他联营企业	Other Joint Ownership Enterprises	1293	885
有限责任公司	Limited Liability Corporations	11877272	6254842
国有独资公司	State Sole Funded Corporations	1827194	1076898
其他有限责任公司	Other Limited Liability Corporations	10050079	5177951
股份有限公司	Share-holding Corporations Ltd.	413226	212005
私营企业	Private Enterprises	19191821	9775463
私营独资企业	Private-funded Enterprises	951278	600911
私营合伙企业	Private Partnership Enterprises	169571	101999
私营有限责任公司	Private Limited Liability Corporations	17833602	8948643
私营股份有限公司	Private Share-holding Corporations Ltd.	237372	123916
其他企业	Other Enterprises	6896	4410
2.港、澳、台商投资企业	**Enterprises with Funds from Hongkong, Macao and Taiwan**	**2111111**	**894157**
合资经营企业	Joint-venture Enterprises	825894	326086
合作经营企业	Cooperative Enterprises	159020	85350
独资经营企业	Enterprises with Sole Investment	1062023	464337
投资股份有限公司	Share-holding Corporations Ltd. with Investment	47402	8355
其他港澳台商投资企业	Other Enterprises with Funds from Hongkong, Macao and Taiwan	16774	10033
3.外商投资企业	**Foreign Funded Enterprises**	**1352270**	**605962**
中外合资经营企业	Joint-venture Enterprises	543907	223525
中外合作经营企业	Cooperative Enterprises	121205	83822
外资企业	Enterprises with Sole Foreign Investment	652957	283603
外商投资股份有限公司	Share-holding Corporations Ltd. with Foreign Investment	13747	7024
其他外商投资企业	Other Foreign Funded Enterprises	20456	7986
(二)按国民经济行业分	**by Sector**		
旅游饭店	Tourist Hotel	24622677	11981816
一般旅馆	Fonda	11183042	5992307
民宿服务	Home Lodging Services	191499	121883
露营地服务	Campground Services	12364	9083
其他住宿业	Others	1099083	650416

Income and Distribution of Enterprises above Designated Size of Hotels and Catering Services

单位：万元

Unit: 10 000 yuan

税金及附加 Taxes and Other Charges	其他业务利润 Profits from Other Business	销售费用 Selling Expenses	管理费用 Administrative Expenses
827496	**867687**	**31967274**	**22154484**
605186	**452335**	**9750906**	**12287932**
230223	124147	2313462	3286984
473625	**372766**	**8751425**	**10866704**
42866	28016	676865	838011
1735	1277	66114	53369
1113	249	15277	13773
512	67	5878	5145
329		3795	2298
176	67	1996	2637
6		87	210
249909	151699	3248536	4239603
43057	46945	449805	670457
206856	104758	2798730	3569140
10245	2490	96760	145813
167249	188871	4641020	5570056
7984	5508	150828	169892
1773	1423	29730	28273
154083	180301	4410340	5286253
3405	1645	50127	85640
6	95	983	939
86496	**45926**	**675026**	**877764**
41998	18321	240518	338864
4242	590	49327	58744
39388	26210	354668	454584
523		24969	15527
347	805	5547	10048
45064	**33644**	**324459**	**543469**
24812	27769	145762	202323
2422	2254	15359	39902
16692	3621	160018	286316
421		1299	7283
717		2021	7651
503752	348736	6962375	8673771
87554	94555	2501125	3215986
1007	2734	25096	58991
88	97	2347	3940
12786	6210	259971	335246

4-4-1 续表 1

项 目	Item	财务费用 Financial Expenses	#利息支出 Interest Expenses
总 计	**Total**	**2975612**	**1961728**
一、住宿业	**Hotels**	**2147173**	**1535879**
#国有控股	State-controlled Enterprises	405690	403908
(一)按登记注册类型分	**by Type of Registration**		
1.内资企业	**Domestic Funded Enterprises**	**1693611**	**1200574**
国有企业	State-owned Enterprises	27627	38718
集体企业	Collective-owned Enterprises	3303	2888
股份合作企业	Cooperative Enterprises	766	534
联营企业	Joint Ownership Enterprises	193	141
国有联营企业	State Joint Ownership Enterprises	51	
集体联营企业	Collective Joint Ownership Enterprises		
国有与集体联营企业	Joint State-collective Enterprises	139	141
其他联营企业	Other Joint Ownership Enterprises	4	
有限责任公司	Limited Liability Corporations	778066	642108
国有独资公司	State Sole Funded Corporations	81178	63211
其他有限责任公司	Other Limited Liability Corporations	696888	578893
股份有限公司	Share-holding Corporations Ltd.	38882	8615
私营企业	Private Enterprises	844718	507540
私营独资企业	Private-funded Enterprises	19519	9998
私营合伙企业	Private Partnership Enterprises	2510	1306
私营有限责任公司	Private Limited Liability Corporations	808931	484149
私营股份有限公司	Private Share-holding Corporations Ltd.	13761	12092
其他企业	Other Enterprises	58	39
2.港、澳、台商投资企业	**Enterprises with Funds from Hongkong, Macao and Taiwan**	**311952**	**234562**
合资经营企业	Joint-venture Enterprises	139770	107731
合作经营企业	Cooperative Enterprises	3134	2870
独资经营企业	Enterprises with Sole Investment	171581	122905
投资股份有限公司	Share-holding Corporations Ltd. with Investment	-4437	356
其他港澳台商投资企业	Other Enterprises with Funds from Hongkong, Macao and Taiwan	1906	703
3.外商投资企业	**Foreign Funded Enterprises**	**141606**	**100741**
中外合资经营企业	Joint-venture Enterprises	60391	43869
中外合作经营企业	Cooperative Enterprises	27402	19935
外资企业	Enterprises with Sole Foreign Investment	52690	35822
外商投资股份有限公司	Share-holding Corporations Ltd. with Foreign Investment	1197	1202
其他外商投资企业	Other Foreign Funded Enterprises	-71	-84
(二)按国民经济行业分	**by Sector**		
旅游饭店	Tourist Hotel	1785078	1324010
一般旅馆	Fonda	319236	181054
民宿服务	Home Lodging Services	1561	3334
露营地服务	Campground Services	337	706
其他住宿业	Others	40968	26778

单位：万元
Unit: 10 000 yuan

营业利润 Operating Profits	利润总额 Total Profits	应交所得税 Income Tax Payable	应付职工薪酬 Payables to Employees	应交增值税 VAT Payable
-6111454	**-5417653**	**571802**	**28157091**	**1487278**
-5195631	**-4799520**	**238588**	**10711814**	**703708**
-1378716	-1234181	180480	3579531	185104
-4245160	**-3938647**	**226231**	**9501305**	**620713**
-516514	-429212	5697	896831	34014
-19905	-19790	1053	59416	3533
-2599	-1035	277	14955	963
-2700	-2551	47	4787	226
-2624	-2533	38	2536	101
-178	-120	7	2038	112
102	102	2	214	13
-1834489	-1758811	178799	4049959	250774
-416829	-407473	6738	729131	43730
-1417659	-1351341	172060	3320830	207044
-79292	-79240	-2360	140101	7242
-1789866	-1648227	42715	4333624	323846
3554	5053	4358	163626	10869
5928	6330	163	27403	1937
-1761236	-1624805	37928	4077424	307482
-38120	-34806	269	65174	3559
198	222	9	1634	121
-636699	**-587420**	**2543**	**759303**	**46907**
-192759	-182210	4615	310821	22847
-33272	-29748	-99	73398	3865
-395596	-360482	-3288	348517	19842
-5757	-5426	1320	18319	1403
-9319	-9558		8253	-1045
-313768	**-273453**	**9817**	**451204**	**36084**
-115237	-108838	2527	162140	12413
-40973	-38032	412	43338	5241
-151649	-119944	6844	234326	17407
-3359	-3296		5135	383
-2554	-3343	35	6266	640
-4055388	-3748376	198905	7789413	494500
-931510	-846990	35455	2576999	196142
-14139	-13695	974	43052	2583
-3280	-2616	55	3836	59
-191310	-187843	3203	298515	10427

项　目	Item	营业收入 Business Revenue	营业成本 Business Cost
二、餐饮业	**Catering Services**	**77329937**	**45326102**
#国有控股	State-controlled Enterprises	3504857	2683714
(一)按登记注册类型分	**by Type of Registration**		
1.内资企业	**Domestic Funded Enterprises**	**59590543**	**37002025**
国有企业	State-owned Enterprises	491538	333361
集体企业	Collective-owned Enterprises	108322	76546
股份合作企业	Cooperative Enterprises	114195	63000
联营企业	Joint Ownership Enterprises	27955	21722
国有联营企业	State Joint Ownership Enterprises	20353	17914
集体联营企业	Collective Joint Ownership Enterprises		
国有与集体联营企业	Joint State-collective Enterprises	2413	73
其他联营企业	Other Joint Ownership Enterprises	5188	3734
有限责任公司	Limited Liability Corporations	12619457	7624179
国有独资公司	State Sole Funded Corporations	978505	745544
其他有限责任公司	Other Limited Liability Corporations	11640956	6878637
股份有限公司	Share-holding Corporations Ltd.	475937	333408
私营企业	Private Enterprises	45730802	28533846
私营独资企业	Private-funded Enterprises	2684675	1892874
私营合伙企业	Private Partnership Enterprises	418472	241031
私营有限责任公司	Private Limited Liability Corporations	41045910	25283552
私营股份有限公司	Private Share-holding Corporations Ltd.	1581745	1116393
其他企业	Other Enterprises	22343	15971
2.港、澳、台商投资企业	**Enterprises with Funds from Hongkong, Macao and Taiwan**	**7941217**	**3270676**
合资经营企业	Joint-venture Enterprises	1309168	583789
合作经营企业	Cooperative Enterprises	85037	45802
独资经营企业	Enterprises with Sole Investment	6462013	2611505
投资股份有限公司	Share-holding Corporations Ltd. with Investment	19053	9041
其他港澳台商投资企业	Other Enterprises with Funds from Hongkong, Macao and Taiwan	65948	20541
3.外商投资企业	**Foreign Funded Enterprises**	**9798177**	**5053403**
中外合资经营企业	Joint-venture Enterprises	2045622	1054497
中外合作经营企业	Cooperative Enterprises	4962	2310
外资企业	Enterprises with Sole Foreign Investment	7556017	3913992
外商投资股份有限公司	Share-holding Corporations Ltd. with Foreign Investment	66059	33716
其他外商投资企业	Other Foreign Funded Enterprises	125517	48889
(二)按国民经济行业分	**by Sector**		
正餐服务	Dinner	48423526	28734381
快餐服务	Snack	14897561	8138744
饮料及冷饮服务	Beverage and Cold Drink	4892083	2086854
餐饮配送及外卖送餐服务	Catering Distribution and Delivery Services	5260846	4140885
其他餐饮业	Others	3855915	2225245

单位：万元
Unit: 10 000 yuan

税金及附加 Taxes and Other Charges	其他业务利润 Profits from Other Business	销售费用 Selling Expenses	管理费用 Administrative Expenses
222312	**415354**	**22216369**	**9866552**
26165	25393	628152	609764
202757	**254167**	**14562728**	**8126094**
3714	3871	126882	108043
522	187	15331	16147
588	149	38356	18956
226		2791	4330
137		345	3581
5		2324	363
85		122	386
46291	75126	3645063	1858867
6536	3742	158584	166267
39756	71382	3486483	1692607
4013	2977	138166	78577
147326	171665	10593419	6038368
16470	5084	326097	262025
1891	981	110937	49597
125783	159044	9815813	5622371
3177	6556	340569	104376
81	187	2725	2815
11834	**56801**	**4201060**	**768021**
2046	6064	577670	138513
236	3	41190	13851
9500	50606	3529502	596905
19	78	8571	3755
31	52	44131	14997
7723	**104389**	**3452583**	**972439**
998	2286	656405	164393
2		3270	908
6388	100610	2689677	792033
226	213	26029	3611
113	1279	77203	11497
190237	304078	13136165	7018725
14514	51356	4987531	1367986
4314	34685	2435617	483762
7630	16048	464509	606210
5617	9189	1192541	389873

项　　目	Item	财务费用 Financial Expenses	#利息支出 Interest Expenses
二、餐饮业	**Catering Services**	**828438**	**425848**
#国有控股	State-controlled Enterprises	67907	46799
(一)按登记注册类型分	**by Type of Registration**		
1.内资企业	**Domestic Funded Enterprises**	**645205**	**331220**
国有企业	State-owned Enterprises	6960	5848
集体企业	Collective-owned Enterprises	327	275
股份合作企业	Cooperative Enterprises	322	227
联营企业	Joint Ownership Enterprises	619	451
国有联营企业	State Joint Ownership Enterprises	529	451
集体联营企业	Collective Joint Ownership Enterprises		
国有与集体联营企业	Joint State-collective Enterprises	45	
其他联营企业	Other Joint Ownership Enterprises	45	
有限责任公司	Limited Liability Corporations	169569	84653
国有独资公司	State Sole Funded Corporations	37074	16302
其他有限责任公司	Other Limited Liability Corporations	132496	68350
股份有限公司	Share-holding Corporations Ltd.	7395	9198
私营企业	Private Enterprises	459835	230509
私营独资企业	Private-funded Enterprises	21986	8757
私营合伙企业	Private Partnership Enterprises	3463	1562
私营有限责任公司	Private Limited Liability Corporations	425256	213461
私营股份有限公司	Private Share-holding Corporations Ltd.	9130	6732
其他企业	Other Enterprises	172	59
2.港、澳、台商投资企业	**Enterprises with Funds from Hongkong, Macao and Taiwan**	**94354**	**35123**
合资经营企业	Joint-venture Enterprises	24799	21310
合作经营企业	Cooperative Enterprises	259	13
独资经营企业	Enterprises with Sole Investment	76665	13684
投资股份有限公司	Share-holding Corporations Ltd. with Investment	197	115
其他港澳台商投资企业	Other Enterprises with Funds from Hongkong, Macao and Taiwan	-7566	
3.外商投资企业	**Foreign Funded Enterprises**	**88884**	**59506**
中外合资经营企业	Joint-venture Enterprises	21941	12164
中外合作经营企业	Cooperative Enterprises	30	1
外资企业	Enterprises with Sole Foreign Investment	63501	44312
外商投资股份有限公司	Share-holding Corporations Ltd. with Foreign Investment	2991	2821
其他外商投资企业	Other Foreign Funded Enterprises	428	210
(二)按国民经济行业分	**by Sector**		
正餐服务	Dinner	639970	318232
快餐服务	Snack	168063	56578
饮料及冷饮服务	Beverage and Cold Drink	-9595	7504
餐饮配送及外卖送餐服务	Catering Distribution and Delivery Services	16424	9472
其他餐饮业	Others	13578	34062

单位：万元
Unit: 10 000 yuan

营业利润 Operating Profits	利润总额 Total Profits	应交所得税 Income Tax Payable	应付职工薪酬 Payables to Employees	应交增值税 VAT Payable
-915825	**-618132**	**333215**	**17445283**	**783572**
-246189	-203419	7997	1087003	64785
-858684	**-582876**	**171935**	**12100421**	**595223**
-38262	-24970	-1279	158707	7923
-933	-247	93	25169	1640
-6977	-542	1323	32053	2834
-1384	-1330	114	8898	1409
-1794	-1798	99	6416	1422
-395	-361	6	2272	-34
805	829	9	210	21
-590489	-499740	50017	2880460	134820
-57394	-41996	2963	234432	16644
-533096	-457749	47055	2646027	118174
-10957	-9033	1477	166861	5920
-210460	-47904	120145	8823695	440365
135186	137386	9530	388789	25131
9559	11264	995	81884	4736
-379691	-231551	97782	8093530	397703
24490	34991	11846	259500	12801
781	896	43	4585	315
-338438	**-330464**	**38760**	**2449767**	**119825**
1995	-1626	9736	325873	33441
-16619	-16624	-820	32227	1260
-311057	-303006	29805	2061326	84695
-2858	-3314	36	5751	340
-5911	-5897	4	24589	89
281302	**295204**	**122522**	**2895094**	**68523**
164052	164579	45880	436049	3352
-1556	-1538		1209	-1
131324	133902	76608	2420384	64524
-457	11113	32	14060	407
-12064	-12853	4	23392	244
-1211628	-968989	158540	10394477	532554
322279	351463	131396	3506642	151621
-74895	-82623	29796	1711802	4296
9460	37727	12819	933540	56627
38956	44292	666	898824	38481

4-4-2 各地区限额以上住宿和餐饮业企业损益及分配

地 区	Region	营业收入 Business Revenue	营业成本 Business Cost	税金及附加 Taxes and Other Charges	其他业务利润 Profits from Other Business	销售费用 Selling Expenses	管理费用 Administrative Expenses
全 国	**National Total**	**114438596**	**64081601**	**827496**	**867687**	**31967274**	**22154484**
北 京	Beijing	10205240	5091430	110475	158033	3848620	2069126
天 津	Tianjin	1651579	908005	9369	20423	491667	333124
河 北	Hebei	1489837	805583	19333	13106	486876	363849
山 西	Shanxi	1404544	812987	13177	9235	403259	332423
内蒙古	Inner Mongolia	642035	296486	2694	12463	218614	202977
辽 宁	Liaoning	1529444	806032	16048	22298	459713	366242
吉 林	Jilin	522711	304258	5024	1961	130835	140582
黑龙江	Heilongjiang	363015	164485	5279	3547	119436	126756
上 海	Shanghai	11478393	5778960	47101	157901	4397628	2111456
江 苏	Jiangsu	10522558	5847586	30915	64126	2803054	1996265
浙 江	Zhejiang	8907194	4414825	56307	93329	2746268	1936073
安 徽	Anhui	3562445	2140459	24298	12949	822174	540639
福 建	Fujian	5931732	3807322	40335	27495	1158870	945703
江 西	Jiangxi	2564138	1649323	16601	8437	384433	416662
山 东	Shandong	5074616	2864344	36135	28548	1354295	1119029
河 南	Henan	2366165	1380966	22728	12230	553151	442945
湖 北	Hubei	4837913	2897526	31823	17432	1067792	643978
湖 南	Hunan	3837653	2531568	42183	6982	612733	565775
广 东	Guangdong	16967127	9147126	85391	81020	5311053	3542586
广 西	Guangxi	1854046	1044933	18136	13653	476635	454299
海 南	Hainan	1108864	482906	33352	9316	331238	399968
重 庆	Chongqing	2831958	1976842	21761	6188	386640	381481
四 川	Sichuan	6096318	3295333	40847	34888	1751365	947481
贵 州	Guizhou	1197894	770295	10038	8061	199263	318658
云 南	Yunnan	1781139	1141272	24025	7852	286480	394328
西 藏	Tibet	103933	55061	442	614	22698	43864
陕 西	Shaanxi	3898689	2572313	39874	22570	735533	610002
甘 肃	Gansu	728878	462434	7792	4584	183582	160474
青 海	Qinghai	110495	63944	1760	2216	33492	38513
宁 夏	Ningxia	116031	71022	1262	1055	31987	33983
新 疆	Xinjiang	752012	495975	12991	5175	157890	175243

Income and Distribution of Enterprises above Designated Size of Hotels and Catering Services by Region

单位：万元

Unit: 10 000 yuan

财务费用 Financial Expenses	#利息支出 Interest Expenses	营业利润 Operating Profits	利润总额 Total Profits	应交所得税 Income Tax Payable	应付职工薪酬 Payables to Employees	应交增值税 VAT Payable
2975612	**1961728**	**-6111454**	**-5417653**	**571802**	**28157091**	**1487278**
240857	245851	-368272	-307491	174517	3069881	180486
45164	25884	-119215	-102035	9939	397144	29398
95622	103773	-273950	-252204	2839	362282	22239
32138	16929	-200391	-192224	2380	334718	19851
32254	13703	-106629	-89294	545	186345	20135
51329	20445	-152767	-153311	6859	365508	31702
28341	18297	-81577	-72599	503	112813	7225
13552	10326	-64650	-62559	164	84980	4991
260711	179673	-946156	-883609	51574	3454381	112491
235868	99783	-336849	-283660	70775	2545935	122747
293210	226382	-388576	-308331	53510	2208618	110095
50324	20811	-14436	4977	14015	771809	36003
112665	72130	-94339	-71329	20286	1109807	41074
62049	38217	-3437	4256	7072	412823	22602
112850	71458	-306279	-276020	15111	1375600	80094
67007	32424	-103808	-94283	12398	527357	30142
83212	35118	67708	38599	26273	974979	68120
82289	45069	-4708	9583	15834	691017	39380
445477	257992	-1387253	-1280457	34211	4647327	239647
56418	40383	-192768	-154358	6558	432121	26349
135031	72115	-242172	-238578	-3206	336450	22178
50753	34661	2185	13874	10723	472985	29803
143023	103457	-82057	-14612	21697	1414925	71191
36678	24704	-136184	-127723	1032	265903	19779
54706	39014	-125889	-116459	2525	392432	27824
2469	1626	-14524	-11347	1467	37596	2415
88654	66851	-179576	-165032	9187	715166	36830
30269	21550	-97513	-87666	2286	183907	10438
6709	2613	-32435	-30293	99	33328	3245
2141	1609	-16941	-14869	199	32403	2179
23842	18880	-107996	-98599	430	206551	16625

4-4-3 各地区限额以上住宿业企业损益及分配

地 区	Region	营业收入 Business Revenue	营业成本 Business Cost	税金及附加 Taxes and Other Charges	其他业务利润 Profits from Other Business	销售费用 Selling Expenses	管理费用 Administrative Expenses
全 国	**National Total**	**37108657**	**18755502**	**605186**	**452335**	**9750906**	**12287932**
北 京	Beijing	2600621	1163355	100312	67060	815658	1059496
天 津	Tianjin	327971	130790	7194	578	119303	149946
河 北	Hebei	681534	313394	15548	8109	254954	239152
山 西	Shanxi	495356	260458	8754	4055	149001	191489
内蒙古	Inner Mongolia	291793	119170	1426	4450	102065	115455
辽 宁	Liaoning	549415	260673	13245	6129	164858	224299
吉 林	Jilin	247681	115358	3799	1331	78630	104068
黑龙江	Heilongjiang	207387	76569	4912	2807	71103	103157
上 海	Shanghai	2550050	1282726	38996	79155	590543	946810
江 苏	Jiangsu	2595163	1247211	11406	23955	702726	949051
浙 江	Zhejiang	3412421	1362471	44040	66445	1136275	1161206
安 徽	Anhui	832489	420314	12966	6350	221025	222411
福 建	Fujian	2309808	1297396	31170	21833	521882	602510
江 西	Jiangxi	1115282	649861	10445	4348	205223	253477
山 东	Shandong	1846843	849889	23207	14954	583609	595064
河 南	Henan	1139277	632550	16330	10209	269665	312131
湖 北	Hubei	1225020	668300	15128	7487	273867	308220
湖 南	Hunan	1432778	920799	25369	5490	209026	332988
广 东	Guangdong	4939046	2429990	64843	44283	1386762	1757774
广 西	Guangxi	789677	370094	11495	8777	246087	306901
海 南	Hainan	882340	369036	32795	6917	247888	365690
重 庆	Chongqing	836154	486267	11564	3937	166035	226344
四 川	Sichuan	1927388	1036418	25650	20401	420483	539446
贵 州	Guizhou	644038	369621	8550	6735	125920	230931
云 南	Yunnan	861055	500260	19993	5781	151690	284444
西 藏	Tibet	81052	42825	390	606	19518	41514
陕 西	Shaanxi	1450556	861926	26684	11163	309244	390592
甘 肃	Gansu	314885	189818	6038	3096	78187	94608
青 海	Qinghai	75677	42892	1633	762	22774	30118
宁 夏	Ningxia	56977	37091	688	682	15708	23850
新 疆	Xinjiang	388923	247980	10616	4450	91197	124790

Income and Distribution of Enterprises above Designated Size of Hotels by Region

单位：万元
Unit: 10 000 yuan

财务费用 Financial Expenses	#利息支出 Interest Expenses	营业利润 Operating Profits	利润总额 Total Profits	应交所得税 Income Tax Payable	应付职工薪酬 Payables to Employees	应交增值税 VAT Payable
2147173	**1535879**	**-5195631**	**-4799520**	**238588**	**10711814**	**703708**
182071	198695	43370	62934	155999	1031486	59085
28043	23461	-95258	-79814	1945	102306	8374
77807	90696	-216944	-201115	1862	216145	12622
16946	9379	-133416	-131414	28	153312	6678
25857	9176	-66664	-53491	243	90363	12626
33813	15317	-130173	-134876	529	144935	11940
24335	15629	-72811	-65623	147	70712	5294
10646	8218	-55549	-54922	73	55883	3694
201741	152260	-434231	-377994	19288	792370	53006
122790	67019	-395262	-371887	6021	760319	47640
205451	179175	-406711	-364523	9573	983183	73934
27827	12253	-67679	-61055	-171	238707	15842
93115	63317	-201063	-186083	4262	559529	26319
45567	28085	-61933	-54700	2432	207464	12269
64533	48807	-240740	-227142	3056	589497	38186
52144	27035	-148093	-140409	4244	299748	18959
42233	19687	-83101	-117397	4792	277570	21298
50251	31278	-103976	-95983	3513	289515	18760
337114	207637	-941725	-877221	6584	1616790	95807
43546	30794	-193698	-160164	2599	222395	15504
131838	69887	-232062	-229050	-3587	283779	18938
33040	21006	-79099	-74281	3497	196738	15070
99711	58329	-181441	-155553	6071	480409	34812
31350	22282	-118609	-112210	974	168939	13610
49817	36538	-146723	-139159	909	234965	18825
2388	1493	-19960	-16804	429	31408	2691
66458	53944	-197729	-183818	1978	336206	21461
23345	16904	-71581	-64623	1164	95144	6284
3450	923	-24432	-22926	90	23371	2169
1522	1207	-14467	-13073	111	20291	1346
18424	15448	-103871	-95144	-67	138335	10665

国有控股

State-controlled Enterprises

地 区	Region	营业收入 Business Revenue	营业成本 Business Cost	税金及附加 Taxes and Other Charges	其他业务利润 Profits from Other Business	销售费用 Selling Expenses	管理费用 Administr-ative Expenses
全 国	**National Total**	**8520232**	**4815760**	**230223**	**124147**	**2313462**	**3286984**
北 京	Beijing	1247416	609563	69730	23931	313887	564679
天 津	Tianjin	79417	34776	4374	30	25885	52642
河 北	Hebei	199716	99983	6371	1090	81785	67241
山 西	Shanxi	130784	85808	4820	-705	37515	51777
内蒙古	Inner Mongolia	39640	18775	379	13	17171	18315
辽 宁	Liaoning	116760	78689	3936	1400	30142	43366
吉 林	Jilin	69524	39089	1938	385	23970	35465
黑龙江	Heilongjiang	53893	25890	2927	682	20349	34110
上 海	Shanghai	896927	546459	17353	34029	176172	348541
江 苏	Jiangsu	748504	350850	3141	4539	246205	326878
浙 江	Zhejiang	569935	245079	15342	11893	203197	209775
安 徽	Anhui	155584	75286	2975	777	69850	34001
福 建	Fujian	456748	282200	5936	6884	106618	136336
江 西	Jiangxi	220994	141873	2722	2935	49141	60515
山 东	Shandong	554913	277436	9603	3490	197965	180464
河 南	Henan	147764	74223	4156	1656	53484	66176
湖 北	Hubei	133576	81347	3308	1292	28360	38916
湖 南	Hunan	133246	81921	5107	1462	27582	56629
广 东	Guangdong	810286	488590	15559	6677	231607	335075
广 西	Guangxi	134023	85348	3892	2391	34288	51664
海 南	Hainan	170198	89166	9398	646	35707	81757
重 庆	Chongqing	160937	90572	2922	316	39303	59958
四 川	Sichuan	306451	190348	5399	7788	73108	102620
贵 州	Guizhou	181767	130068	3101	3573	24622	61375
云 南	Yunnan	204127	146395	6711	2729	38107	63147
西 藏	Tibet	30207	16536	164	327	11658	20126
陕 西	Shaanxi	273114	209156	7690	1291	49412	93789
甘 肃	Gansu	78601	57945	3157	445	20432	30103
青 海	Qinghai	20451	17382	912	117	6054	7199
宁 夏	Ningxia	12613	14412	220		376	3028
新 疆	Xinjiang	182116	130595	6980	2064	39510	51317

4-4-3 Continued

单位：万元
Unit: 10 000 yuan

财务费用 Financial Expenses	#利息支出 Interest Expenses	营业利润 Operating Profits	利润总额 Total Profits	应交所得税 Income Tax Payable	应付职工薪酬 Payables to Employees	应交增值税 VAT Payable
405690	**403908**	**-1378716**	**-1234181**	**180480**	**3579531**	**185104**
75511	89419	382450	403643	151723	600462	32394
10838	7796	-39619	-45635	191	41020	2375
8370	6510	-61770	-52314	728	84413	4437
2072	1013	-50265	-48088	-281	64273	1637
1269	1152	-15572	-14051	10	17914	1867
1197	1242	-30939	-30492	168	44415	2890
6601	2447	-29828	-25235	11	29766	2045
2906	2903	-28433	-27453	-99	25015	1185
57012	52370	-209752	-193609	14078	389752	23226
29691	30791	-166741	-165800	3495	283498	14931
45230	43253	-63589	-57469	1674	222581	8373
3977	921	-29464	-27233	-1273	64431	4326
6686	7543	-58050	-54743	1630	164893	8337
6967	4717	-42626	-39068	-394	54465	2737
12181	16676	-104155	-95988	1152	244297	11888
8282	6602	-54769	-53155	-62	65660	2073
2907	4221	-19806	-16704	1507	45293	3092
4196	4619	-39564	-37475	-31	50543	3545
9919	12857	-201041	-178859	2445	419017	11252
5112	8152	-40746	-35090	642	60865	4158
13787	17232	-49161	-48130	-953	59963	4007
12747	10169	-38000	-35956	995	57835	3521
15625	15257	-74976	-66493	471	116080	6500
8412	7870	-44481	-41789	522	49812	4271
24894	20757	-65610	-65051	1047	75527	5211
1053	950	-13818	-10474	275	16297	1485
14240	12785	-85238	-82364	101	103150	3787
7333	6869	-36317	-30658	846	38576	2366
620	14	-10669	-9783	-2	8013	939
3	4	-5251	-4646	82	6297	409
6052	6797	-50916	-44019	-218	75408	5840

4-4-4 各地区限额以上住宿业企业损益及分配(按登记注册类型分)

内资企业

Domestic Funded Enterprises

地区	Region	营业收入 Business Revenue	营业成本 Business Cost	税金及附加 Taxes and Other Charges	其他业务利润 Profits from Other Business	销售费用 Selling Expenses	管理费用 Administr-ative Expenses
全国	**National Total**	**33645278**	**17255386**	**473625**	**372766**	**8751425**	**10866704**
北京	Beijing	2079603	965232	65704	31198	619268	881670
天津	Tianjin	280294	119613	6075	575	92038	126625
河北	Hebei	671678	308756	14469	8095	252750	227220
山西	Shanxi	495356	260458	8754	4055	149001	191489
内蒙古	Inner Mongolia	277639	108672	1396	4450	98832	111588
辽宁	Liaoning	467444	225673	9019	5997	142057	185007
吉林	Jilin	228968	103634	3650	1331	72140	98715
黑龙江	Heilongjiang	187115	70959	4343	2523	63943	86303
上海	Shanghai	2059051	1030293	21429	69132	519303	720471
江苏	Jiangsu	2444815	1187029	10593	21779	640910	888371
浙江	Zhejiang	3041595	1258395	36978	56052	994019	1019062
安徽	Anhui	799762	409101	12543	6350	215748	199923
福建	Fujian	1974511	1147215	23525	15749	426410	476144
江西	Jiangxi	1098763	641339	10213	4122	201277	248071
山东	Shandong	1772842	827314	19517	11378	563294	555243
河南	Henan	1117058	619969	15109	10136	261645	300206
湖北	Hubei	1164998	647756	12654	6864	253428	277968
湖南	Hunan	1398882	904457	24713	5413	200955	315412
广东	Guangdong	4260655	2115581	45691	39514	1189632	1492721
广西	Guangxi	731604	345854	8584	8583	231014	264855
海南	Hainan	724157	293155	22430	6915	208386	304663
重庆	Chongqing	803843	467392	10333	3857	158322	213221
四川	Sichuan	1869621	1007379	22716	16409	412217	514517
贵州	Guizhou	643501	369591	8526	6735	125454	230710
云南	Yunnan	823677	484931	17700	5730	140957	262509
西藏	Tibet	71033	37530	375	606	18880	34031
陕西	Shaanxi	1327300	782329	18236	11163	294532	370131
甘肃	Gansu	311009	188935	5719	3096	76233	92115
青海	Qinghai	75078	42817	1495	762	22286	29251
宁夏	Ningxia	56977	37091	688	682	15708	23850
新疆	Xinjiang	386449	246936	10448	3515	90786	124642

Income and Distribution of Enterprises above Designated Size of Hotels by Region and Type of Registration

单位：万元

Unit: 10 000 yuan

财务费用 Financial Expenses	#利息支出 Interest Expenses	营业利润 Operating Profits	利润总额 Total Profits	应交所得税 Income Tax Payable	应付职工薪酬 Payables to Employees	应交增值税 VAT Payable
1693611	**1200574**	**-4245160**	**-3938647**	**226231**	**9501305**	**620713**
128878	140577	142499	156880	151346	825604	45899
26805	23461	-80805	-85824	692	91060	6726
77525	90418	-206680	-190875	1862	212055	12374
16946	9379	-133416	-131414	28	153312	6678
20780	9065	-58122	-45033	243	84020	12421
26451	10351	-103932	-109824	469	117495	10309
23323	14615	-66857	-59789	147	64616	4924
7842	5621	-43060	-42587	73	48879	3576
79083	37325	-266234	-222747	22554	626926	37548
100975	61454	-346285	-322079	4962	709242	44603
177162	159071	-347068	-308004	6867	866419	63498
25268	10084	-58396	-52563	-171	229310	14827
67182	52796	-139409	-130952	3997	451197	23201
44125	28120	-59060	-52051	2424	204299	12142
60904	44732	-227199	-213811	3001	565893	36768
50526	25508	-134694	-127259	4241	289939	18562
36562	16224	-63917	-98821	4779	255882	20200
44469	26128	-89172	-81531	3438	278802	18583
261196	169636	-750184	-698757	6185	1340387	78779
33979	27458	-157132	-144815	1027	200940	13329
85096	36885	-171764	-169613	-5562	233092	15083
28394	19875	-65902	-61240	3135	183805	14320
99000	57509	-172872	-147807	4815	463281	33373
31347	22282	-118402	-112004	963	168729	13598
46370	34061	-130966	-124127	892	218635	17530
2394	1526	-16554	-12756	429	27784	2397
43898	31933	-167503	-155574	2088	315400	19271
23347	16902	-69809	-63033	1164	93288	6144
3837	923	-23862	-22355	90	22928	2126
1522	1207	-14467	-13073	111	20291	1346
18425	15448	-103936	-95209	-58	137795	10578

4-4-4 续表 1

国有企业

State-owned Enterprises

地 区	Region	营业收入 Business Revenue	营业成本 Business Cost	税金及附加 Taxes and Other Charges	其他业务利润 Profits from Other Business	销售费用 Selling Expenses	管理费用 Administr-ative Expenses
全 国	**National Total**	**1901108**	**891598**	**42866**	**28016**	**676865**	**838011**
北 京	Beijing	219418	46365	10041	5038	94285	128978
天 津	Tianjin	12037	4882	223	1	6293	3081
河 北	Hebei	76060	38636	2091	845	28218	29647
山 西	Shanxi	60051	43001	2752	-914	5449	26515
内蒙古	Inner Mongolia	4580	2333	18		1433	2110
辽 宁	Liaoning	50605	30519	1182	337	17581	22325
吉 林	Jilin	33853	12161	317	272	12841	20578
黑龙江	Heilongjiang	22501	10721	952	340	8510	15779
上 海	Shanghai	35813	28132	692	1155	2676	9945
江 苏	Jiangsu	137861	58357	617	355	58856	67003
浙 江	Zhejiang	126105	43239	3370	1815	53841	49018
安 徽	Anhui	4961	3028	23		1482	2239
福 建	Fujian	19072	6326	242	679	10335	10274
江 西	Jiangxi	64456	35613	1237	1712	17319	16400
山 东	Shandong	248535	99329	4167	3228	111868	79752
河 南	Henan	72571	34210	1481	1610	25797	30412
湖 北	Hubei	39658	18784	543	858	8370	10504
湖 南	Hunan	56060	36225	904	266	13115	20647
广 东	Guangdong	253690	145102	3325	4873	91849	127594
广 西	Guangxi	13444	4571	208	131	5977	8806
海 南	Hainan	5445	3399	66		1696	1324
重 庆	Chongqing	20123	7603	295	127	4418	7629
四 川	Sichuan	62186	29445	1082	1516	23360	32170
贵 州	Guizhou	21769	16078	968		3951	18213
云 南	Yunnan	52651	27546	1548	1988	15048	18010
西 藏	Tibet	12952	4138	34	327	6190	8638
陕 西	Shaanxi	69317	37366	1586	1224	13862	26360
甘 肃	Gansu	27634	11424	758	121	11033	16090
青 海	Qinghai	13908	9920	297		4909	5041
宁 夏	Ningxia	8193	10401	167		374	2713
新 疆	Xinjiang	55599	32744	1680	112	15929	20216

4-4-4 Continued 1

单位：万元
Unit: 10 000 yuan

财务费用 Financial Expenses	#利息支出 Interest Expenses	营业利润 Operating Profits	利润总额 Total Profits	应交所得税 Income Tax Payable	应付职工薪酬 Payables to Employees	应交增值税 VAT Payable
27627	**38718**	**-516514**	**-429212**	**5697**	**896831**	**34014**
-4657	298	-53241	-50246	1334	119590	5962
231	2	-1550	-1485	10	3859	348
1883	463	-26287	-17517	63	32207	1671
110	47	-17764	-18181		32407	862
9		-1322	-1309		2203	107
413	456	-13134	-11164	1	21855	1385
196	204	-11060	-8075	-1	17047	1061
2632	2691	-15318	-15064	-112	10787	467
-589		-3758	-3710	63	15571	1181
-199	2012	-37881	-35315	146	63328	3330
2925	4920	-23163	-21452	254	54638	129
56	6	-1804	-1330	1	2516	114
-33	1	-7592	-7019	15	10068	491
339	201	-6540	-4969	27	12981	980
-2644	4436	-41993	-31901	376	119463	4556
3624	869	-23819	-21211	23	31637	894
2328	2818	-2586	-2159	1065	13019	1034
1163	1470	-15999	-14031	-8	18268	1104
3385	4172	-92073	-66787	363	152739	-2528
268	274	-5408	-5193	3	7696	684
15	15	-284	-241		1587	115
1061	188	-464	473	685	7834	602
5529	4998	-28350	-20997	261	28564	2026
738	757	-16613	-15833	3	10964	743
4639	5058	-12881	-12412	679	23567	1626
-49	72	-6022	-3329	156	8866	863
2675	1870	-11264	-10901	24	21564	1350
710	211	-11726	-6490	219	15193	512
608		-6597	-5838	1	5421	580
4	2	-5419	-4813		4244	272
257	207	-14602	-10713	46	27148	1493

4-4-4 续表 2

集体企业

Collective-owned Enterprises

地 区	Region	营业收入 Business Revenue	营业成本 Business Cost	税金及附加 Taxes and Other Charges	其他业务利润 Profits from Other Business	销售费用 Selling Expenses	管理费用 Administr-ative Expenses
全 国	**National Total**	**168532**	**64352**	**1735**	**1277**	**66114**	**53369**
北 京	Beijing	55755	11492	308	630	28447	21197
天 津	Tianjin	1204	42	4		296	307
河 北	Hebei	6284	2579	100		2617	866
山 西	Shanxi	1927	1230	30		481	484
内蒙古	Inner Mongolia	1585	385	8	16	675	479
辽 宁	Liaoning	1462	796	37		820	401
吉 林	Jilin						
黑龙江	Heilongjiang	807	172	16		412	342
上 海	Shanghai	8638	3067	83		3824	3121
江 苏	Jiangsu	3356	1417	6	14	1185	731
浙 江	Zhejiang	15838	6177	86	83	6228	4304
安 徽	Anhui						
福 建	Fujian	5277	3868	90		674	336
江 西	Jiangxi						
山 东	Shandong	10933	4115	49	194	6320	4440
河 南	Henan	9602	5036	292	193	3574	2182
湖 北	Hubei	11847	5433	133		2369	4043
湖 南	Hunan	7879	4262	124		943	3442
广 东	Guangdong	11408	5957	185		2950	3322
广 西	Guangxi	903	293	27		547	496
海 南	Hainan						
重 庆	Chongqing	6993	4767	16	47	1661	749
四 川	Sichuan	1577	1426	24	64	55	92
贵 州	Guizhou	1812	342	2		1139	321
云 南	Yunnan	876	223	7	36	508	308
西 藏	Tibet	882	502	8			354
陕 西	Shaanxi	1335	771	65		241	665
甘 肃	Gansu	352		35		148	387
青 海	Qinghai						
宁 夏	Ningxia						
新 疆	Xinjiang						

单位：万元

Unit: 10 000 yuan

财务费用 Financial Expenses	#利息支出 Interest Expenses	营业利润 Operating Profits	利润总额 Total Profits	应交所得税 Income Tax Payable	应付职工薪酬 Payables to Employees	应交增值税 VAT Payable
3303	**2888**	**-19905**	**-19790**	**1053**	**59416**	**3533**
-287	28	-5342	-5346	773	26949	1580
-1		556	560	128	255	63
65	39	59	74	13	1426	227
1		-299	-292		408	8
3		53	64	2	601	59
3		-499	-2128		364	24
-1	1	-134	-134		335	33
-14		-1510	-1346		2911	160
28			249	5	815	76
-94	14	-848	-566	31	4117	346
22	2	275	286	16	439	25
724	738	-4714	-4422	9	3191	217
1485	752	-2783	-2771	3	3651	233
538	530	-628	-497	15	2737	-201
18		-908	-562	2	2253	139
433	460	-1439	-1398	41	4770	283
-2		-461	-443	2	98	27
52	27	-234	-228	2	1368	64
28		24	26	10	366	18
-9		18	20		730	60
6		-178	-187		387	35
48	47	-31	11	1	596	33
257	250	-664	-543		343	11
		-218	-217		306	13

股份合作企业

Cooperative Enterprises

地 区	Region	营业收入 Business Revenue	营业成本 Business Cost	税金及附加 Taxes and Other Charges	其他业务利润 Profits from Other Business	销售费用 Selling Expenses	管理费用 Administr-ative Expenses
全 国	**National Total**	**67754**	**42068**	**1113**	**249**	**15277**	**13773**
北 京	Beijing	21420	9191	470	47	7336	6908
天 津	Tianjin	318	218	1		143	24
河 北	Hebei						
山 西	Shanxi						
内蒙古	Inner Mongolia						
辽 宁	Liaoning	148	22			68	52
吉 林	Jilin						
黑龙江	Heilongjiang						
上 海	Shanghai						
江 苏	Jiangsu	5078	1115	11		1918	1617
浙 江	Zhejiang	4310	2168	10		1610	1396
安 徽	Anhui						
福 建	Fujian						
江 西	Jiangxi						
山 东	Shandong	2763	1310	10		1084	1138
河 南	Henan	884	362	23	202	478	270
湖 北	Hubei						
湖 南	Hunan	7780	6062	395		330	192
广 东	Guangdong	558	129	1		280	190
广 西	Guangxi	535	340	16			27
海 南	Hainan						
重 庆	Chongqing						
四 川	Sichuan	3093	893	156		95	533
贵 州	Guizhou						
云 南	Yunnan						
西 藏	Tibet						
陕 西	Shaanxi	19495	18898	8		1806	964
甘 肃	Gansu	484	555	1			7
青 海	Qinghai	450	223	10		129	454
宁 夏	Ningxia						
新 疆	Xinjiang	438	582	1			1

4-4-4 Continued 3

单位：万元

Unit: 10 000 yuan

财务费用 Financial Expenses	#利息支出 Interest Expenses	营业利润 Operating Profits	利润总额 Total Profits	应交所得税 Income Tax Payable	应付职工薪酬 Payables to Employees	应交增值税 VAT Payable
766	**534**	**-2599**	**-1035**	**277**	**14955**	**963**
165	396	-2425	-2313	169	7269	444
		-68	-68		84	9
		7	7		58	1
4		-203	-150	16	1081	92
16	11	-890	-858	3	2318	122
244		-1023	306	51	798	73
-8		-39	-38		343	44
172		1131	1131	4	834	32
		-28	-29	1	298	13
		153	163	4	112	32
36		1393	1397	24	546	71
18	7	97	98	5	490	7
120	120	-193	-183		185	3
-1		-365	-354		304	7
		-146	-144		235	13

4-4-4 续表 4

联营企业

Joint Ownership Enterprises

地 区	Region	营业收入 Business Revenue	营业成本 Business Cost	税金及附加 Taxes and Other Charges	其他业务利润 Profits from Other Business	销售费用 Selling Expenses	管理费用 Administr-ative Expenses
全 国	**National Total**	**18674**	**10645**	**512**	**67**	**5878**	**5145**
北 京	Beijing	3843	689	54	74	2509	1110
天 津	Tianjin						
河 北	Hebei						
山 西	Shanxi						
内蒙古	Inner Mongolia						
辽 宁	Liaoning						
吉 林	Jilin						
黑龙江	Heilongjiang						
上 海	Shanghai						
江 苏	Jiangsu	1965	899	5		876	751
浙 江	Zhejiang	6734	3645	122	-7	1356	1811
安 徽	Anhui						
福 建	Fujian						
江 西	Jiangxi	3313	1407	13		1002	650
山 东	Shandong						
河 南	Henan						
湖 北	Hubei	1029	1877	23		76	441
湖 南	Hunan						
广 东	Guangdong	287	219	1			100
广 西	Guangxi						
海 南	Hainan	1193	1803	294		59	166
重 庆	Chongqing						
四 川	Sichuan						
贵 州	Guizhou						
云 南	Yunnan						
西 藏	Tibet						
陕 西	Shaanxi						
甘 肃	Gansu						
青 海	Qinghai						
宁 夏	Ningxia						
新 疆	Xinjiang	310	106				116

4-4-4 Continued 4

单位：万元
Unit: 10 000 yuan

财务费用 Financial Expenses	#利息支出 Interest Expenses	营业利润 Operating Profits	利润总额 Total Profits	应交所得税 Income Tax Payable	应付职工薪酬 Payables to Employees	应交增值税 VAT Payable
193	**141**	**-2700**	**-2551**	**47**	**4787**	**226**
6		-482	-477	8	1510	36
1		-567	-563	2	1129	28
140	141	-235	-209	-1	1069	39
45		197	197	38	69	4
1		-837	837		439	61
-1		-32	-1		229	12
1		-831	-709		246	46
		87	48		96	

4-4-4 续表 5

有限责任公司

Limited Liability Corporations

地 区	Region	营业收入 Business Revenue	营业成本 Business Cost	税金及附加 Taxes and Other Charges	其他业务利润 Profits from Other Business	销售费用 Selling Expenses	管理费用 Administr-ative Expenses
全 国	**National Total**	**11877272**	**6254842**	**249909**	**151699**	**3248536**	**4239603**
北 京	Beijing	1324193	694361	52045	21244	333102	564820
天 津	Tianjin	110337	51506	4420	511	36200	64876
河 北	Hebei	260919	116781	6610	515	115368	79774
山 西	Shanxi	122242	65300	2620	1602	45090	62591
内蒙古	Inner Mongolia	98344	41088	527	160	37227	46590
辽 宁	Liaoning	145155	79425	4392	1808	41392	55581
吉 林	Jilin	63166	39072	2015	410	20417	27363
黑龙江	Heilongjiang	65834	28474	2088	1403	22286	33369
上 海	Shanghai	1000311	555712	15896	36520	244002	374950
江 苏	Jiangsu	764089	367767	3319	6253	228080	320839
浙 江	Zhejiang	935586	381443	16717	23674	338673	307266
安 徽	Anhui	347037	159179	8020	3104	122284	90283
福 建	Fujian	573496	363245	9281	6760	118229	153646
江 西	Jiangxi	353344	223182	2957	1329	64405	86473
山 东	Shandong	599000	298492	7949	2531	182621	201957
河 南	Henan	254637	138534	5694	677	76713	94977
湖 北	Hubei	273706	150352	5247	455	72763	74699
湖 南	Hunan	257604	144887	8435	1603	42694	87869
广 东	Guangdong	1544970	763476	25517	15120	465724	534245
广 西	Guangxi	254467	138555	4364	3901	69930	95356
海 南	Hainan	458290	174972	14433	4922	135668	208320
重 庆	Chongqing	212577	118066	3822	856	49021	80279
四 川	Sichuan	616869	334960	10875	7613	138543	187661
贵 州	Guizhou	244969	155755	4106	3623	38351	76876
云 南	Yunnan	307816	196533	9732	1808	54468	99875
西 藏	Tibet	31262	18464	194		7634	16654
陕 西	Shaanxi	373009	239351	8779	486	88940	131585
甘 肃	Gansu	94822	72202	2995	728	19631	25610
青 海	Qinghai	12621	10501	662	125	2712	4500
宁 夏	Ningxia	12542	12717	74		3854	6456
新 疆	Xinjiang	164058	120490	6124	1958	32514	44263

单位：万元

Unit: 10 000 yuan

财务费用 Financial Expenses	#利息支出 Interest Expenses	营业利润 Operating Profits	利润总额 Total Profits	应交所得税 Income Tax Payable	应付职工薪酬 Payables to Employees	应交增值税 VAT Payable
778066	**642108**	**-1834489**	**-1758811**	**178799**	**4049959**	**250774**
117516	124674	281126	290795	148052	562521	29106
23465	21429	-61719	-67531	266	49989	3091
25732	15554	-79080	-73164	1022	95338	5189
4102	2058	-56947	-54189	-213	49062	2022
2693	4495	-25993	-23701	53	35612	7425
5394	1890	-33702	-44967	199	42771	3558
9046	4953	-27860	-25544	20	19556	1713
1862	1736	-19583	-18742	31	19669	1411
31366	24584	-185663	-163905	16159	400810	20921
37046	31703	-164297	-150789	2413	263117	12092
74635	65274	-94446	-81070	3896	293067	17162
13095	3841	-42223	-40459	-1209	116789	8372
16624	13273	-68065	-66151	1509	172807	9860
18069	13173	-48500	-45128	-985	72313	4401
32243	26109	-102907	-105092	1430	211303	13360
15744	14191	-76737	-76745	-212	80505	4672
7547	4421	35541	-64842	532	72858	5562
8736	8044	-35008	-33917	33	77859	5185
151559	115166	-333894	-324484	1247	525180	34510
9892	12459	-61491	-55194	513	87399	5955
36920	28166	-102316	-99360	-833	153270	10443
14121	11956	-47048	-45822	604	70888	4480
38612	25109	-89148	-78332	1835	177326	11951
10998	9646	-41019	-38780	998	62165	5722
27311	19643	-73577	-71837	1007	94156	7092
1324	945	-8321	-7414	175	11537	1205
22032	19363	-110231	-106536	-296	127553	5833
10837	9712	-33269	-32704	708	35356	2662
248	129	-5218	-5011	-1	3971	405
	1	-3853	-3832	82	4694	204
9297	8411	-47959	-44364	-236	60518	5210

4-4-4 续表 6

股份有限公司

Share-holding Corporations Ltd.

地　区	Region	营业收入 Business Revenue	营业成本 Business Cost	税金及附加 Taxes and Other Charges	其他业务利润 Profits from Other Business	销售费用 Selling Expenses	管理费用 Administr-ative Expenses
全　国	**National Total**	**413226**	**212005**	**10245**	**2490**	**96760**	**145813**
北　京	Beijing	2548	1066	37	10	1054	770
天　津	Tianjin	5459	2007	128	1	1862	2220
河　北	Hebei						
山　西	Shanxi	570	437				136
内蒙古	Inner Mongolia						
辽　宁	Liaoning	1039	530	1		7	445
吉　林	Jilin						
黑龙江	Heilongjiang	11054	3515	392		3538	4325
上　海	Shanghai	11527	2026	63		3821	3993
江　苏	Jiangsu	93191	38569	146	919	23231	36390
浙　江	Zhejiang	33610	9459	662	11	14247	14954
安　徽	Anhui	9098	3585	42		4997	2050
福　建	Fujian	4567	720	206	126	2653	4421
江　西	Jiangxi	4114	2470	15	211	545	853
山　东	Shandong	14734	5961	203	440	5176	6001
河　南	Henan	7009	1908	447	167	3833	5673
湖　北	Hubei	9743	3523	254	170	5008	4036
湖　南	Hunan	8550	5489	481		781	818
广　东	Guangdong	69968	46945	1866	20	8964	26202
广　西	Guangxi	1790	1013	138	222	779	1065
海　南	Hainan	95870	64883	4863		6831	23098
重　庆	Chongqing	5069	4996	8	120	218	1604
四　川	Sichuan	8017	5092	88	54	3824	1955
贵　州	Guizhou						
云　南	Yunnan	3473	2042	99		731	1576
西　藏	Tibet	211	64	1		87	64
陕　西	Shaanxi	6588	3397	28	5	2370	1006
甘　肃	Gansu	2672	1285	7		679	570
青　海	Qinghai	1052	400	68		1360	1058
宁　夏	Ningxia						
新　疆	Xinjiang	1703	623	2	14	164	530

4-4-4 Continued 6

单位：万元

Unit: 10 000 yuan

财务费用 Financial Expenses	#利息支出 Interest Expenses	营业利润 Operating Profits	利润总额 Total Profits	应交所得税 Income Tax Payable	应付职工薪酬 Payables to Employees	应交增值税 VAT Payable
38882	**8615**	**-79292**	**-79240**	**-2360**	**140101**	**7242**
34	29	-408	-390		1344	24
43		-856	-873	1	1674	110
13	12	-16	-7		13	
		55	56	1	104	16
71		-787	-535	21	3070	234
3		1627	1627		3786	237
1271	1007	-2128	-1452	1135	26668	1275
1595	1625	-10260	-11449		13231	752
260	373	-1723	-1510		4080	159
-4277	181	2801	2776	531	2496	271
9	1	37	77	1	966	33
224	109	-2949	-2418	4	3752	494
62	71	-4043	-3729	1	3589	163
-325	79	-1632	161	652	4673	128
693		404	408	5	1152	50
2963	3886	-14132	-16046	-63	29615	1520
10	1	-1215	-1204		449	49
34945	583	-35314	-36054	-4801	30372	1096
28	5	-1784	-1740		1594	37
590	360	-3823	-3547	43	2915	177
4		-953	-912		1397	91
4		-9	-3		79	
124		-332	-327	101	1088	184
217		-80	-78	2	887	32
31	3	-1864	-1853		746	27
290	290	92	104	6	361	83

4-4-4 续表 7

私营企业

Private Enterprises

地　区	Region	营业收入 Business Revenue	营业成本 Business Cost	税金及附加 Taxes and Other Charges	其他业务利润 Profits from Other Business	销售费用 Selling Expenses	管理费用 Administrative Expenses
全　国	**National Total**	**19191821**	**9775463**	**167249**	**188871**	**4641020**	**5570056**
北　京	Beijing	451977	201828	2749	4154	152484	157797
天　津	Tianjin	150940	60959	1300	62	47244	56118
河　北	Hebei	328415	150759	5668	6735	106548	116932
山　西	Shanxi	310566	150489	3353	3366	97982	101763
内蒙古	Inner Mongolia	173130	64866	843	4274	59498	62410
辽　宁	Liaoning	269036	114381	3408	3852	82191	106203
吉　林	Jilin	131949	52401	1318	649	38882	50775
黑龙江	Heilongjiang	86161	27764	895	780	28512	32347
上　海	Shanghai	1001281	440124	4694	31457	264980	328212
江　苏	Jiangsu	1438942	718595	6490	14238	326763	461030
浙　江	Zhejiang	1919412	812263	16009	30476	578064	640314
安　徽	Anhui	438214	243140	4458	3246	86984	105159
福　建	Fujian	1372099	773057	13706	8185	294520	307466
江　西	Jiangxi	672921	378482	5991	870	117852	143634
山　东	Shandong	896705	418023	7140	4984	256225	261868
河　南	Henan	772355	439920	7172	7287	151250	166690
湖　北	Hubei	829015	467787	6455	5381	164843	184245
湖　南	Hunan	1061009	707532	14374	3544	143093	202444
广　东	Guangdong	2378398	1152597	14794	19501	619865	801055
广　西	Guangxi	460464	201082	3832	4328	153781	159105
海　南	Hainan	163360	48097	2774	1994	64132	71754
重　庆	Chongqing	559081	331961	6194	2707	103004	122961
四　川	Sichuan	1177356	635432	10491	7162	246339	292086
贵　州	Guizhou	374950	197416	3450	3112	82014	135301
云　南	Yunnan	458128	257996	6313	1804	70113	142668
西　藏	Tibet	25727	14361	139	279	4968	8322
陕　西	Shaanxi	857556	482547	7769	9447	187312	209551
甘　肃	Gansu	185045	103469	1924	2247	44743	49452
青　海	Qinghai	47047	21773	458	637	13176	18198
宁　夏	Ningxia	36242	13972	447	682	11480	14681
新　疆	Xinjiang	164340	92390	2641	1431	42178	59515

4-4-4 Continued 7

单位：万元

Unit: 10 000 yuan

财务费用 Financial Expenses	#利息支出 Interest Expenses	营业利润 Operating Profits	利润总额 Total Profits	应交所得税 Income Tax Payable	应付职工薪酬 Payables to Employees	应交增值税 VAT Payable
844718	**507540**	**-1789866**	**-1648227**	**42715**	**4333624**	**323846**
16100	15152	-76799	-75222	1009	106333	8747
3067	2030	-17168	-16427	287	35198	3106
49846	74362	-101373	-100268	764	83084	5288
12720	7262	-58390	-58746	241	71423	3786
18077	4570	-30860	-20087	189	45603	4829
20640	8005	-56660	-51627	268	52343	5327
14082	9459	-27936	-26169	128	28013	2149
3278	1193	-6855	-7735	133	14918	1412
48316	12742	-76929	-55419	6332	203532	15016
62825	26732	-141221	-134071	1245	353043	27710
97945	87087	-217225	-192399	2685	497980	44948
11845	5864	-12723	-9341	1037	105791	6182
54846	39339	-66827	-60845	1925	265388	12553
25656	14745	-4461	-2435	3343	117736	6723
30113	13341	-73615	-70284	1131	227332	18066
29619	9625	-27273	-22764	4427	170214	12556
26473	8378	-22693	-30324	2515	162156	13616
33687	16615	-38792	-34560	3403	178436	12072
102857	45952	-308790	-290215	4594	627344	44931
23811	14724	-88711	-82943	505	105186	6583
13216	8121	-33020	-33250	72	47618	3383
13132	7700	-16372	-13924	1842	102120	9137
54186	27023	-53016	-46403	2641	253320	19110
19619	11880	-60787	-57411	-38	94869	7073
14390	9341	-43341	-38742	-795	98938	8682
1067	462	-2173	-2021	97	6706	297
18792	10443	-45110	-37365	2254	164362	11886
11463	6858	-24324	-23362	234	41361	2922
2951	791	-9817	-9299	91	12487	1107
1518	1204	-5195	-4429	29	11353	870
8581	6540	-41410	-40140	127	49437	3779

4-4-4 续表 8

其他企业

Other Enterprises

地 区	Region	营业收入 Business Revenue	营业成本 Business Cost	税金及附加 Taxes and Other Charges	其他业务利润 Profits from Other Business	销售费用 Selling Expenses	管理费用 Administrative Expenses
全 国	**National Total**	**6896**	**4410**	**6**	**95**	**983**	**939**
北 京	Beijing	450	240			51	90
天 津	Tianjin						
河 北	Hebei						
山 西	Shanxi						
内蒙古	Inner Mongolia						
辽 宁	Liaoning						
吉 林	Jilin						
黑龙江	Heilongjiang	758	313			686	142
上 海	Shanghai	1482	1232	1		1	250
江 苏	Jiangsu	333	309	1		1	10
浙 江	Zhejiang						
安 徽	Anhui	453	170				192
福 建	Fujian						
江 西	Jiangxi	616	185	1		154	62
山 东	Shandong	171	84				87
河 南	Henan						
湖 北	Hubei						
湖 南	Hunan						
广 东	Guangdong	1375	1156	2			13
广 西	Guangxi						
海 南	Hainan						
重 庆	Chongqing						
四 川	Sichuan	524	131			1	20
贵 州	Guizhou						
云 南	Yunnan	734	590	1	95	89	73
西 藏	Tibet						
陕 西	Shaanxi						
甘 肃	Gansu						
青 海	Qinghai						
宁 夏	Ningxia						
新 疆	Xinjiang						

4-4-4 Continued 8

单位：万元
Unit: 10 000 yuan

财务费用 Financial Expenses	#利息支出 Interest Expenses	营业利润 Operating Profits	利润总额 Total Profits	应交所得税 Income Tax Payable	应付职工薪酬 Payables to Employees	应交增值税 VAT Payable
58	**39**	**198**	**222**	**9**	**1634**	**121**
		69	79	2	88	
		-382	-377		99	18
1		-2	6		316	33
		13	13	1	61	1
12		77	77		134	1
6		208	208		235	1
		1	1		54	2
		203	204	3	213	40
20	20	48	48	2	244	21
19	19	-37	-37	1	190	4

港、澳、台商投资企业
Enterprises with Funds from Hongkong, Macao and Taiwan

地区	Region	营业收入 Business Revenue	营业成本 Business Cost	税金及附加 Taxes and Other Charges	其他业务利润 Profits from Other Business	销售费用 Selling Expenses	管理费用 Administr-ative Expenses
全国	**National Total**	**2111111**	**894157**	**86496**	**45926**	**675026**	**877764**
北京	Beijing	370111	140509	23801	18776	143053	127201
天津	Tianjin	8095	3933	527	4	2479	4626
河北	Hebei	9857	4638	1079	15	2204	11932
山西	Shanxi						
内蒙古	Inner Mongolia	12304	9533	27		841	3264
辽宁	Liaoning	52864	26091	3686	85	15340	22195
吉林	Jilin	2734	3512	1		349	448
黑龙江	Heilongjiang	9488	2495	559	283	4688	10902
上海	Shanghai	245573	133788	12788	1152	42455	101017
江苏	Jiangsu	93183	38962	355	1062	39061	34631
浙江	Zhejiang	228431	52644	4282	9105	96589	89500
安徽	Anhui	25020	7071	66		4117	19053
福建	Fujian	214363	97731	3770	4007	65693	76518
江西	Jiangxi	12836	6251	111	227	2689	3804
山东	Shandong	47023	16307	2845	3129	11049	25671
河南	Henan	18279	9238	911		7124	7176
湖北	Hubei	35532	14171	981	623	9968	20386
湖南	Hunan	33072	15710	569	76	7741	16995
广东	Guangdong	416212	175171	14379	2814	149883	175059
广西	Guangxi	38994	15576	2363	194	10931	31146
海南	Hainan	153495	75243	9988	2	34811	60101
重庆	Chongqing	9499	6477	319	80	3166	6274
四川	Sichuan	21041	14219	261	3306	4598	4508
贵州	Guizhou	217	9	18		392	57
云南	Yunnan	22681	9332	1036	51	7910	12491
西藏	Tibet	4810	2309			242	1565
陕西	Shaanxi	21827	12019	1530		6516	10118
甘肃	Gansu	1096	175	76		725	978
青海	Qinghai						
宁夏	Ningxia						
新疆	Xinjiang	2474	1043	168	935	412	148

单位：万元
Unit: 10 000 yuan

财务费用 Financial Expenses	#利息支出 Interest Expenses	营业利润 Operating Profits	利润总额 Total Profits	应交所得税 Income Tax Payable	应付职工薪酬 Payables to Employees	应交增值税 VAT Payable
311952	**234562**	**-636699**	**-587420**	**2543**	**759303**	**46907**
41718	48099	-54757	-49627	2851	149003	8171
1149		-3203	-3193	10	3009	223
282	277	-10264	-10240		4089	247
3541		-4846	-4777		4875	185
4422	3043	-18491	-17445		17803	1048
712	713	-2285	-2281		202	135
2576	2597	-11496	-11483		3307	43
72344	75768	-92082	-86660	-6920	85805	5653
15134	4609	-29091	-27833	990	30327	1897
20847	15146	-41627	-39639	1513	74831	5661
2535	2154	-7829	-7574		7562	872
20598	7960	-49364	-44289	-355	71639	1691
1474	43	-1496	-1385	8	1860	115
2930	3370	-11633	-12291	-49	17272	955
1616	1527	-8145	-8048	1	7659	324
2757	594	12566	-12594	13	12805	534
5604	4976	-13821	-13561	75	10346	139
54004	24848	-146192	-140496	708	157139	11542
8305	3328	-30298	-7838	1573	14680	1944
42398	33002	-54009	-53251	1975	48508	3779
4245	754	-10982	-10910		4930	102
92	137	-3117	-2867	176	7199	364
3		-261	-261	6	57	
608	305	-8530	-7787	8	11888	531
27		665	23		2069	189
2029	1310	-10184	-10474	-32	9404	427
2	2	-860	-704		495	49
		65	65	-8	540	87

外商投资企业

Foreign Funded Enterprises

地 区	Region	营业收入 Business Revenue	营业成本 Business Cost	税金及附加 Taxes and Other Charges	其他业务利润 Profits from Other Business	销售费用 Selling Expenses	管理费用 Administrative Expenses
全 国	**National Total**	**1352270**	**605962**	**45064**	**33644**	**324459**	**543469**
北 京	Beijing	150907	57614	10807	17086	53338	50626
天 津	Tianjin	39582	7244	592		24786	18695
河 北	Hebei						
山 西	Shanxi						
内 蒙 古	Inner Mongolia	1850	966	4		2392	604
辽 宁	Liaoning	29106	8910	539	47	7461	17097
吉 林	Jilin	15979	8212	148		6141	4905
黑 龙 江	Heilongjiang	10784	3115	9		2472	5952
上 海	Shanghai	245426	118645	4779	8871	28785	125322
江 苏	Jiangsu	57165	21220	458	1115	22755	26050
浙 江	Zhejiang	142395	51432	2780	1288	45668	52644
安 徽	Anhui	7708	4143	357		1161	3435
福 建	Fujian	120935	52450	3875	2077	29778	49848
江 西	Jiangxi	3683	2270	121		1256	1602
山 东	Shandong	26978	6268	845	446	9266	14150
河 南	Henan	3940	3343	310	73	896	4750
湖 北	Hubei	24490	6374	1494		10470	9867
湖 南	Hunan	825	632	87		330	581
广 东	Guangdong	262180	139237	4773	1955	47248	89993
广 西	Guangxi	19078	8664	548		4143	10899
海 南	Hainan	4688	638	378		4691	925
重 庆	Chongqing	22812	12398	911		4547	6849
四 川	Sichuan	36725	14820	2673	686	3669	20421
贵 州	Guizhou	319	22	6		73	164
云 南	Yunnan	14697	5997	1257		2824	9444
西 藏	Tibet	5210	2986	14		396	5918
陕 西	Shaanxi	101428	67578	6918		8196	10344
甘 肃	Gansu	2781	709	243		1229	1516
青 海	Qinghai	599	75	138		488	868
宁 夏	Ningxia						
新 疆	Xinjiang						

4-4-4 Continued 10

单位：万元
Unit: 10 000 yuan

财务费用 Financial Expenses	#利息支出 Interest Expenses	营业利润 Operating Profits	利润总额 Total Profits	应交所得税 Income Tax Payable	应付职工薪酬 Payables to Employees	应交增值税 VAT Payable
141606	**100741**	**-313768**	**-273453**	**9817**	**451204**	**36084**
11476	10020	-44372	-44319	1803	56879	5014
89		-11249	9203	1243	8237	1425
1536	111	-3696	-3681		1468	21
2940	1923	-7750	-7607	60	9637	583
300	301	-3669	-3554		5895	235
228		-993	-852		3698	74
50315	39167	-75915	-68587	3654	79639	9804
6681	957	-19886	-21975	69	20750	1140
7442	4958	-18016	-16879	1193	41932	4775
24	16	-1454	-919		1834	143
5336	2561	-12290	-10842	620	36692	1426
-32	-78	-1377	-1263		1305	12
698	705	-1908	-1040	104	6333	463
1		-5254	-5102	2	2150	73
2913	2868	6618	-5982		8883	564
178	174	-982	-892		367	38
21913	13153	-45348	-37968	-309	119264	5486
1262	8	-6268	-7511		6775	230
4344		-6288	-6186		2179	77
400	376	-2215	-2131	362	8003	648
619	683	-5451	-4879	1080	9929	1075
		54	55	5	153	12
2839	2172	-7227	-7245	9	4441	764
-34	-34	-4071	-4070		1555	105
20530	20700	-20042	-17770	-78	11402	1763
-4		-912	-886		1361	91
-388		-571	-571		443	43

4-4-5 各地区限额以上住宿业企业损益及分配(按国民经济行业分)

旅游饭店

Tourist Hotel

地 区	Region	营业收入 Business Revenue	营业成本 Business Cost	税金及附加 Taxes and Other Charges	其他业务利润 Profits from Other Business	销售费用 Selling Expenses	管理费用 Administr-ative Expenses
全 国	**National Total**	**24622677**	**11981816**	**503752**	**348736**	**6962375**	**8673771**
北 京	Beijing	1892298	820144	91020	50629	569186	831758
天 津	Tianjin	171827	62810	5788	680	73937	94429
河 北	Hebei	424989	187705	12201	6517	171770	162955
山 西	Shanxi	292863	167713	7134	1508	80981	102940
内蒙古	Inner Mongolia	192989	80101	795	3473	70694	75413
辽 宁	Liaoning	349586	159580	10337	3033	108451	157445
吉 林	Jilin	172818	81356	3360	797	60760	74730
黑龙江	Heilongjiang	137397	49075	4308	2129	51381	74767
上 海	Shanghai	1567049	777118	33518	64242	366138	642859
江 苏	Jiangsu	1650288	728438	7421	17816	512880	680828
浙 江	Zhejiang	2571752	975148	40187	52889	916395	885826
安 徽	Anhui	566997	271718	10745	5130	174141	154177
福 建	Fujian	1771113	962267	25502	18700	421940	475848
江 西	Jiangxi	624353	358855	5349	3162	134328	155606
山 东	Shandong	1251588	545577	19989	11472	424398	415186
河 南	Henan	595000	305057	9315	7866	174545	197783
湖 北	Hubei	649918	328486	11247	3981	172096	194883
湖 南	Hunan	855419	541683	18305	4610	137823	223384
广 东	Guangdong	3306556	1581342	55388	33205	998091	1170558
广 西	Guangxi	495729	217734	9209	5923	164610	206428
海 南	Hainan	816078	341264	31939	6860	223670	342501
重 庆	Chongqing	532159	307516	9054	2898	112452	157727
四 川	Sichuan	1219566	641422	19089	16679	283273	353277
贵 州	Guizhou	461906	272064	6988	4375	91390	167927
云 南	Yunnan	486482	276979	15157	3524	100695	175674
西 藏	Tibet	66178	34245	325	606	16694	36646
陕 西	Shaanxi	893828	522996	23230	8873	192478	264031
甘 肃	Gansu	227097	140181	5403	2311	56723	69219
青 海	Qinghai	53771	31292	1486	344	17147	22176
宁 夏	Ningxia	45031	32674	609	538	12859	18687
新 疆	Xinjiang	280052	179276	9354	3966	70449	88103

Income and Distribution of Enterprises above Designated Size of Hotels by Region and Sector

单位：万元

Unit: 10 000 yuan

财务费用 Financial Expenses	#利息支出 Interest Expenses	营业利润 Operating Profits	利润总额 Total Profits	应交所得税 Income Tax Payable	应付职工薪酬 Payables to Employees	应交增值税 VAT Payable
1785078	**1324010**	**-4055388**	**-3748376**	**198905**	**7789413**	**494500**
163415	181573	173446	187553	152627	820022	45742
23045	19385	-79151	-64119	1371	63355	4615
51605	71314	-157792	-145559	805	142053	8596
10219	5677	-79482	-80566	-159	96251	4903
22092	6326	-51984	-40079	100	61628	5809
24735	10346	-96591	-103194	213	103338	7695
18791	10984	-58648	-52168	40	54296	3975
9251	7499	-47306	-46853	-31	40605	2608
175269	138384	-354440	-308767	8941	590329	35011
100980	59011	-339760	-322088	4414	545615	31047
183625	164087	-335553	-297796	7774	786538	51948
21218	8136	-61318	-55513	-831	173382	12793
83498	58770	-172998	-165450	2387	444084	20417
34029	22599	-68225	-63014	1391	121592	7680
49880	38478	-182432	-173394	2559	440349	25722
33674	21831	-127393	-122306	609	182531	11261
31164	13835	-79885	-115770	3039	168388	13246
37486	24213	-98875	-92026	1611	190316	13028
291590	179935	-706897	-656372	3294	1130635	73232
33278	22211	-140606	-109535	2315	151504	11207
129204	69122	-220655	-216889	-3613	264486	16757
29310	19335	-76234	-72458	1959	138093	9741
70527	45541	-124322	-102750	4939	325088	21691
25199	18441	-100349	-95961	771	124706	10817
34340	27517	-112390	-106313	387	149942	12228
2030	1290	-18219	-15579	321	27357	2500
57789	49386	-164466	-154475	809	236920	14461
18731	14402	-57375	-50790	820	74301	4967
2850	457	-20321	-18991	75	17530	1854
1030	778	-13580	-12416	93	17197	1196
15224	13147	-81587	-74738	-125	106982	7753

4-4-5 续表 1

一般旅馆

Fonda

地　区	Region	营业收入 Business Revenue	营业成本 Business Cost	税金及附加 Taxes and Other Charges	其他业务利润 Profits from Other Business	销售费用 Selling Expenses	管理费用 Administrative Expenses
全　国	**National Total**	**11183042**	**5992307**	**87554**	**94555**	**2501125**	**3215986**
北　京	Beijing	643316	307249	8774	15793	232546	206566
天　津	Tianjin	141736	59270	681	-102	41436	48503
河　北	Hebei	228498	112432	3061	1332	73422	67090
山　西	Shanxi	186752	85422	1499	2546	61858	84548
内蒙古	Inner Mongolia	95135	36885	617	926	30808	39124
辽　宁	Liaoning	163921	85967	1478	1750	39531	54665
吉　林	Jilin	65430	30571	397	533	15649	25643
黑龙江	Heilongjiang	59951	22896	527	436	18133	24395
上　海	Shanghai	961772	490180	5445	14912	215609	299081
江　苏	Jiangsu	853105	473330	3606	5519	163610	233986
浙　江	Zhejiang	795570	361604	3792	13640	211525	258087
安　徽	Anhui	239220	132278	1848	1168	42805	60257
福　建	Fujian	482185	296799	4953	2275	92898	107956
江　西	Jiangxi	385297	226889	3660	235	59223	78671
山　东	Shandong	526253	253607	2361	1542	137235	156321
河　南	Henan	498000	300672	5951	2271	87988	104925
湖　北	Hubei	518346	308117	3209	3334	89769	100290
湖　南	Hunan	469397	299192	6116	674	61282	93969
广　东	Guangdong	1416972	716878	8205	10587	326380	489600
广　西	Guangxi	271416	139887	2230	2696	78036	94053
海　南	Hainan	54023	22886	681	57	18009	19819
重　庆	Chongqing	275963	163071	2042	1010	50668	61749
四　川	Sichuan	658884	365278	6310	3224	130750	176335
贵　州	Guizhou	166175	88218	1332	2301	31245	55212
云　南	Yunnan	319970	188423	4247	2172	42365	94520
西　藏	Tibet	8995	4834	51		1125	3303
陕　西	Shaanxi	487570	298379	2659	1933	100983	110441
甘　肃	Gansu	81820	45351	588	745	20363	24646
青　海	Qinghai	18967	9453	114	418	5103	7137
宁　夏	Ningxia	9943	3421	66	144	2749	4256
新　疆	Xinjiang	98460	62868	1054	484	18022	30838

4-4-5 Continued 1

单位：万元
Unit: 10 000 yuan

财务费用 Financial Expenses	#利息支出 Interest Expenses	营业利润 Operating Profits	利润总额 Total Profits	应交所得税 Income Tax Payable	应付职工薪酬 Payables to Employees	应交增值税 VAT Payable
319236	**181054**	**-931510**	**-846990**	**35455**	**2576999**	**196142**
18876	16654	-124058	-118991	3179	193255	12657
2865	2125	-8694	-7861	574	33294	3479
22568	17545	-50874	-47424	1039	64698	3609
6319	3615	-51754	-48764	186	53875	1454
3459	2551	-14196	-12933	142	27963	6700
8103	4539	-23267	-22152	251	31797	3424
4267	3809	-12824	-12246	66	14089	1144
1167	573	-7788	-7639	89	13290	936
26453	13854	-72073	-61651	10347	196998	17753
18510	5930	-37449	-33311	1917	189919	15726
20512	13941	-63604	-59590	1665	186378	21250
6194	3246	-3823	-3153	639	59141	2734
13299	4519	-22663	-14794	1280	101903	5273
7678	3998	3567	4883	785	65073	3686
9715	5998	-35999	-31522	484	127491	9299
13971	4659	-17296	-14948	3082	104860	6848
9370	4415	-2032	-640	1841	96125	7388
11097	6152	-3387	-1802	1627	82896	4408
39010	19363	-155249	-141799	1522	395067	26894
9678	8073	-52535	-50330	263	67101	3622
1677	439	-9334	-8841	26	15367	1578
3100	1555	-4202	-3205	1434	52157	4766
27963	11873	-56399	-52470	1066	144013	12507
4870	3083	-12568	-10667	180	39775	2503
11997	8925	-26913	-25491	342	74015	5517
189	68	-711	-558	107	3173	422
7762	4148	-29616	-25801	967	88825	6502
4554	2476	-13708	-13353	276	19210	1193
533	403	-3513	-3263	9	4909	283
490	429	-872	-649	15	2601	135
2990	2096	-17676	-16025	55	27741	2452

民宿服务

Home Lodging Services

地 区	Region	营业收入 Business Revenue	营业成本 Business Cost	税金及附加 Taxes and Other Charges	其他业务利润 Profits from Other Business	销售费用 Selling Expenses	管理费用 Administr-ative Expenses
全 国	**National Total**	**191499**	**121883**	**1007**	**2734**	**25096**	**58991**
北 京	Beijing	4773	2817	11	105	496	1622
天 津	Tianjin						
河 北	Hebei	113	4			53	69
山 西	Shanxi	3503	1841	6		1042	669
内 蒙 古	Inner Mongolia						
辽 宁	Liaoning						
吉 林	Jilin	1115	725			7	372
黑 龙 江	Heilongjiang	754	479	3		84	63
上 海	Shanghai	5430	5055	5		63	1410
江 苏	Jiangsu	9880	6246	32		1965	4120
浙 江	Zhejiang	38934	21650	43	-84	6322	15335
安 徽	Anhui	6232	3880	17	2	800	2255
福 建	Fujian	11663	8887	327	5	914	4982
江 西	Jiangxi	15449	10184	33		887	2876
山 东	Shandong	10118	6792	7	1938	2824	3637
河 南	Henan	9231	5681	75	11	1264	1003
湖 北	Hubei	5530	2114	39	16	445	1641
湖 南	Hunan	21307	16379	181		1102	2963
广 东	Guangdong	13307	8933	35	279	1385	3982
广 西	Guangxi	2193	1479	7		71	414
海 南	Hainan	373	253				105
重 庆	Chongqing	2049	1425	19		171	945
四 川	Sichuan	10733	7763	30	150	843	1703
贵 州	Guizhou	3372	1612	12		804	1748
云 南	Yunnan	8198	4285	113		2026	3876
西 藏	Tibet						
陕 西	Shaanxi	4571	2500	10	312	544	1105
甘 肃	Gansu						
青 海	Qinghai						
宁 夏	Ningxia	915	645	1		64	302
新 疆	Xinjiang	1756	254	1		920	1794

4-4-5 Continued 2

单位：万元
Unit: 10 000 yuan

财务费用 Financial Expenses	#利息支出 Interest Expenses	营业利润 Operating Profits	利润总额 Total Profits	应交所得税 Income Tax Payable	应付职工薪酬 Payables to Employees	应交增值税 VAT Payable
1561	**3334**	**-14139**	**-13695**	**974**	**43052**	**2583**
122	115	-284	-334	94	1220	-9
		-14	-14	1		3
21	9	-76	-55		295	114
59	59	-48	49	1	186	
33		43	48		54	4
29	23	-1131	-1120	1	1129	16
286	259	-2509	-2724	-110	2753	161
1116	937	-5600	-5145	128	9319	547
241	105	-952	-902	2	1666	74
-3824	14	181	83	566	3832	276
152	49	668	759	41	2700	48
902	791	-1344	-1190		1975	180
283	20	496	509	28	2068	105
197	174	923	913	6	566	66
427	224	316	154	142	3265	283
258	253	-1101	-1238	24	2676	105
28	4	155	277	3	424	22
		16	22		76	3
13		-61	-58	1	825	67
283	104	115	171	29	2497	208
240	31	-634	-653	6	1233	83
298	25	-2058	-2104	4	2026	194
257		209	244	6	1014	33
2		-99	-68	1	231	5
138	138	-1350	-1349		1022	-5

4-4-5 续表 3

露营地服务

Campground Services

地区	Region	营业收入 Business Revenue	营业成本 Business Cost	税金及附加 Taxes and Other Charges	其他业务利润 Profits from Other Business	销售费用 Selling Expenses	管理费用 Administrative Expenses
全国	**National Total**	**12364**	**9083**	**88**	**97**	**2347**	**3940**
北京	Beijing	367	169				100
天津	Tianjin						
河北	Hebei						
山西	Shanxi	1103	500	3		697	391
内蒙古	Inner Mongolia						
辽宁	Liaoning						
吉林	Jilin						
黑龙江	Heilongjiang						
上海	Shanghai	729	689		1	1	
江苏	Jiangsu	461	105	1		301	232
浙江	Zhejiang	655	594	2		283	958
安徽	Anhui	1659	1596	12		317	417
福建	Fujian	513	385	3	35	6	5
江西	Jiangxi	666	900			57	164
山东	Shandong						
河南	Henan	358	174	59	37	29	57
湖北	Hubei	1063	935	4		116	117
湖南	Hunan	1408	755	3		80	301
广东	Guangdong	197	98			41	25
广西	Guangxi	1315	997	1	24	136	149
海南	Hainan						
重庆	Chongqing	421	215			8	156
四川	Sichuan						
贵州	Guizhou	102	63			5	2
云南	Yunnan						
西藏	Tibet						
陕西	Shaanxi	1347	908			270	866
甘肃	Gansu						
青海	Qinghai						
宁夏	Ningxia						
新疆	Xinjiang						

4-4-5 Continued 3

单位：万元
Unit: 10 000 yuan

财务费用 Financial Expenses	#利息支出 Interest Expenses	营业利润 Operating Profits	利润总额 Total Profits	应交所得税 Income Tax Payable	应付职工薪酬 Payables to Employees	应交增值税 VAT Payable
337	**706**	**-3280**	**-2616**	**55**	**3836**	**59**
1	1	97	97	2	138	1
295		-766	-765		349	
		40	61		66	5
146	155	-323	293		284	4
-13	-4	-1070	-1070		412	1
-324	366	-273	-272		802	15
5		54	52		134	
1	1	-456	-457		310	53
16	18	134	138	16	130	2
107	90	-187	-185	3	374	8
38	30	107	112	29		14
25	25	7	7		30	
-1		56	51		49	
24	24	17	14	3	114	2
				1	93	
17		-717	-692	1	551	-46

其他住宿业

Others

地 区	Region	营业收入 Business Revenue	营业成本 Business Cost	税金及附加 Taxes and Other Charges	其他业务利润 Profits from Other Business	销售费用 Selling Expenses	管理费用 Administrative Expenses
全 国	**National Total**	**1099083**	**650416**	**12786**	**6210**	**259971**	**335246**
北 京	Beijing	59868	32976	507	533	13430	19449
天 津	Tianjin	14408	8711	725		3931	7014
河 北	Hebei	27934	13253	287	260	9710	9038
山 西	Shanxi	11135	4981	112		4424	2941
内蒙古	Inner Mongolia	3670	2184	15	51	563	918
辽 宁	Liaoning	35908	15126	1430	1346	16876	12189
吉 林	Jilin	8319	2705	41		2214	3323
黑龙江	Heilongjiang	9286	4118	74	242	1506	3933
上 海	Shanghai	15071	9684	28		8733	3460
江 苏	Jiangsu	81428	39092	347	620	23970	29885
浙 江	Zhejiang	5510	3475	16		1751	999
安 徽	Anhui	18383	10843	345	50	2963	5306
福 建	Fujian	44334	29059	385	817	6124	13719
江 西	Jiangxi	89517	53033	1403	951	10728	16161
山 东	Shandong	58884	43913	850	2	19152	19920
河 南	Henan	36688	20967	929	23	5840	8363
湖 北	Hubei	50163	28649	629	157	11441	11290
湖 南	Hunan	85248	62790	765	205	8740	12370
广 东	Guangdong	202014	122739	1216	212	60864	93609
广 西	Guangxi	19024	9998	47	134	3234	5858
海 南	Hainan	11865	4633	174		6208	3265
重 庆	Chongqing	25563	14040	448	29	2736	5767
四 川	Sichuan	38206	21955	220	349	5617	8131
贵 州	Guizhou	12483	7664	218	59	2476	6042
云 南	Yunnan	46404	30573	477	85	6604	10373
西 藏	Tibet	5880	3746	14		1699	1565
陕 西	Shaanxi	63239	37143	785	45	14970	14150
甘 肃	Gansu	5968	4286	47	40	1101	743
青 海	Qinghai	2939	2147	33		524	805
宁 夏	Ningxia	1089	352	12		36	605
新 疆	Xinjiang	8655	5581	207		1806	4055

4-4-5 Continued 4

单位：万元
Unit: 10 000 yuan

财务费用 Financial Expenses	#利息支出 Interest Expenses	营业利润 Operating Profits	利润总额 Total Profits	应交所得税 Income Tax Payable	应付职工薪酬 Payables to Employees	应交增值税 VAT Payable
40968	**26778**	**-191310**	**-187843**	**3203**	**298515**	**10427**
-343	354	-5831	-5391	97	16852	694
2133	1952	-7413	-7834		5657	281
3635	1836	-8264	-8117	16	9393	413
93	78	-1337	-1264	1	2542	207
306	299	-485	-479	1	772	117
975	431	-10315	-9530	65	9800	821
1219	777	-1291	-1259	41	2141	175
196	146	-498	-479	14	1934	145
-9		-6627	-6517		3847	220
2868	1665	-15222	-14057	-200	21748	702
211	213	-884	-922	6	536	188
498	399	-1312	-1215	19	3716	227
138	14	-5636	-5974	28	9575	352
3707	1439	2512	3130	216	17789	802
4037	3540	-20965	-21036	14	19683	2984
4200	508	-4033	-3801	509	10161	742
1396	1173	1920	-1746	-97	12117	590
1203	659	-2137	-2421	104	13037	1028
6230	8062	-78484	-77819	1744	88382	-4424
562	507	-767	-626	19	3317	653
957	326	-2089	-3342		3851	601
592	92	1381	1427	100	5549	495
938	811	-835	-503	37	8811	406
1042	727	-5057	-4929	16	3133	207
3182	70	-5362	-5251	176	8981	887
169	135	-1030	-668	1	878	-230
633	410	-3139	-3095	197	8895	511
60	25	-498	-480	67	1633	124
66	63	-599	-672	6	933	32
		85	60	2	262	11
74	67	-3258	-3033	4	2590	466

4-4-6 各地区限额以上餐饮业企业损益及分配

地 区	Region	营业收入 Business Revenue	营业成本 Business Cost	税金及附加 Taxes and Other Charges	其他业务利润 Profits from Other Business	销售费用 Selling Expenses	管理费用 Administr-ative Expenses
全 国	**National Total**	**77329937**	**45326102**	**222312**	**415354**	**22216369**	**9866552**
北 京	Beijing	7604618	3928075	10163	90973	3032961	1009629
天 津	Tianjin	1323608	777215	2175	19845	372364	183177
河 北	Hebei	808303	492189	3785	4996	231921	124698
山 西	Shanxi	909188	552529	4422	5181	254258	140933
内蒙古	Inner Mongolia	350242	177316	1268	8013	116549	87522
辽 宁	Liaoning	980030	545359	2803	16169	294855	141943
吉 林	Jilin	275030	188900	1225	630	52206	36515
黑龙江	Heilongjiang	155627	87916	367	740	48333	23599
上 海	Shanghai	8928343	4496235	8105	78746	3807085	1164646
江 苏	Jiangsu	7927395	4600376	19508	40171	2100328	1047214
浙 江	Zhejiang	5494773	3052354	12268	26884	1609993	774867
安 徽	Anhui	2729955	1720145	11332	6599	601148	318227
福 建	Fujian	3621924	2509926	9166	5662	636988	343193
江 西	Jiangxi	1448856	999462	6156	4089	179211	163185
山 东	Shandong	3227773	2014455	12928	13594	770687	523966
河 南	Henan	1226888	748415	6398	2022	283487	130814
湖 北	Hubei	3612893	2229226	16695	9945	793925	335758
湖 南	Hunan	2404875	1610769	16814	1492	403706	232788
广 东	Guangdong	12028081	6717136	20548	36737	3924292	1784813
广 西	Guangxi	1064369	674839	6640	4876	230547	147399
海 南	Hainan	226524	113870	557	2400	83351	34278
重 庆	Chongqing	1995804	1490575	10198	2250	220606	155136
四 川	Sichuan	4168930	2258915	15197	14487	1330881	408035
贵 州	Guizhou	553856	400674	1489	1326	73343	87728
云 南	Yunnan	920084	641012	4032	2071	134789	109884
西 藏	Tibet	22881	12235	52	8	3180	2350
陕 西	Shaanxi	2448133	1710387	13190	11407	426290	219409
甘 肃	Gansu	413993	272617	1754	1488	105395	65866
青 海	Qinghai	34818	21053	128	1455	10718	8394
宁 夏	Ningxia	59054	33932	574	373	16280	10133
新 疆	Xinjiang	363089	247995	2375	725	66692	50453

Income and Distribution of Enterprises above Designated Size of Catering Services by Region

单位：万元
Unit: 10 000 yuan

财务费用 Financial Expenses	#利息支出 Interest Expenses	营业利润 Operating Profits	利润总额 Total Profits	应交所得税 Income Tax Payable	应付职工薪酬 Payables to Employees	应交增值税 VAT Payable
828438	**425848**	**-915825**	**-618132**	**333215**	**17445283**	**783572**
58786	47156	-411642	-370425	18518	2038395	121401
17121	2423	-23957	-22221	7994	294837	21023
17814	13078	-57005	-51089	977	146138	9618
15192	7550	-66974	-60809	2352	181406	13172
6397	4527	-39965	-35803	302	95982	7508
17515	5128	-22594	-18436	6330	220573	19763
4006	2668	-8766	-6976	356	42101	1931
2906	2107	-9101	-7637	91	29097	1297
58969	27413	-511925	-505615	32286	2662011	59485
113078	32763	58413	88227	64754	1785616	75107
87759	47208	18135	56192	43936	1225435	36161
22497	8559	53242	66032	14186	533103	20161
19550	8813	106724	114754	16025	550279	14755
16481	10131	58495	58956	4640	205359	10333
48318	22650	-65539	-48878	12054	786103	41908
14863	5389	44284	46126	8154	227609	11183
40979	15431	150809	155996	21482	697409	46822
32037	13791	99268	105566	12320	401503	20620
108364	50355	-445528	-403236	27627	3030537	143840
12872	9589	929	5806	3959	209726	10845
3193	2228	-10110	-9527	381	52671	3240
17713	13655	81285	88155	7227	276247	14734
43313	45128	99384	140941	15626	934516	36379
5328	2422	-17576	-15513	58	96964	6170
4889	2476	20834	22699	1616	157467	9000
81	133	5436	5458	1038	6188	-277
22197	12907	18153	18786	7209	378960	15369
6924	4646	-25932	-23043	1122	88764	4155
3259	1690	-8003	-7367	9	9957	1076
619	402	-2474	-1796	89	12113	833
5418	3432	-4125	-3455	497	68217	5960

4-4-6 续表

国有控股

State-controlled Enterprises

地区	Region	营业收入 Business Revenue	营业成本 Business Cost	税金及附加 Taxes and Other Charges	其他业务利润 Profits from Other Business	销售费用 Selling Expenses	管理费用 Administr-ative Expenses
全国	**National Total**	**3504857**	**2683714**	**26165**	**25393**	**628152**	**609764**
北京	Beijing	409644	343246	3178	7719	47034	50885
天津	Tianjin	44742	35428	134		7868	7355
河北	Hebei	49966	30853	875	344	15047	17128
山西	Shanxi	72496	63858	1909	505	10186	18364
内蒙古	Inner Mongolia	32315	21520	254	27	10970	8669
辽宁	Liaoning	19407	15699	84		471	5320
吉林	Jilin	17586	13874	149		2550	1826
黑龙江	Heilongjiang	5334	3472	23	26	1305	1289
上海	Shanghai	304420	209925	1678	2969	74998	54031
江苏	Jiangsu	362625	199980	855	1323	108490	106105
浙江	Zhejiang	291587	209472	1387	5027	63237	48191
安徽	Anhui	58016	44043	597	1760	10478	10572
福建	Fujian	67212	41220	123	84	20238	10242
江西	Jiangxi	81964	66760	760		5867	14539
山东	Shandong	305316	238168	3879	2268	51607	72203
河南	Henan	33202	21274	297	-30	4959	9364
湖北	Hubei	52436	41849	334		2701	5403
湖南	Hunan	40491	34416	720	85	8201	10091
广东	Guangdong	431695	389180	1804	1556	59466	59970
广西	Guangxi	108064	73445	812	-101	23111	19637
海南	Hainan	4375	3159	43		296	1101
重庆	Chongqing	169928	160184	560	4	4498	6367
四川	Sichuan	104701	75894	1262	559	18158	15063
贵州	Guizhou	87606	71569	295	178	4936	14200
云南	Yunnan	67238	61774	457	946	2510	8267
西藏	Tibet	2922	2567	2	8	166	409
陕西	Shaanxi	119861	89557	1615	19	42310	13303
甘肃	Gansu	62955	44039	394	117	16972	9443
青海	Qinghai						
宁夏	Ningxia	5784	4120	194		1335	571
新疆	Xinjiang	90969	73169	1491		8187	9856

4-4-6 Continued

单位：万元

Unit: 10 000 yuan

财务费用 Financial Expenses	#利息支出 Interest Expenses	营业利润 Operating Profits	利润总额 Total Profits	应交所得税 Income Tax Payable	应付职工薪酬 Payables to Employees	应交增值税 VAT Payable
67907	**46799**	**-246189**	**-203419**	**7997**	**1087003**	**64785**
1473	2585	-34887	-30970	2257	160402	7586
63	63	-4452	-4451	87	14263	622
737	373	-11453	-11304	124	14650	851
377	501	-20791	-18539	6	29525	1974
43	177	-9281	-6974	80	12439	1204
403		-2316	-1941	1	5748	388
4	9	-781	-486	-34	3002	143
36	42	-770	-441	1	1745	156
2219	2737	11922	14009	-616	99367	5993
28419	7115	-75756	-73725	1022	131814	6151
5490	5327	2588	5794	386	96177	3622
605	74	-6743	-4702	240	19393	762
267	98	-1859	-159	394	25300	363
1900	1121	-7145	-7501	131	15388	1452
2272	2803	3895	8457	1661	98862	5231
890	278	-3741	-3028	40	9482	848
-71	104	1966	2506	166	11409	1056
1984	1609	-7435	-4881	29	10076	604
2866	8090	-13652	-11299	732	156400	10277
3593	2814	-8059	-5858	223	26707	2223
5		-224	-224		1921	162
3785	3795	-4461	-10	133	3667	578
1753	1377	-4202	-1170	132	25485	1916
2002	508	-6035	-6408	47	15025	1924
-23	92	-5407	-5165	20	19824	1921
-10	7	39	41	6	1781	
5050	3716	-29018	-29061	305	47465	2712
178	95	-7571	-5504	102	13985	730
32	28	-328	-328		424	113
1565	1261	-232	-97	322	15277	3223

4-4-7 各地区限额以上餐饮业企业损益及分配(按登记注册类型分)

内资企业
Domestic Funded Enterprises

地　区	Region	营业收入 Business Revenue	营业成本 Business Cost	税金及附加 Taxes and Other Charges	其他业务利润 Profits from Other Business	销售费用 Selling Expenses	管理费用 Administrative Expenses
全　国	**National Total**	**59590543**	**37002025**	**202757**	**254167**	**14562728**	**8126094**
北　京	Beijing	4418253	2486717	7950	41265	1501649	665838
天　津	Tianjin	895412	563956	1928	17014	212793	138940
河　北	Hebei	803868	489408	3749	4992	230255	124444
山　西	Shanxi	810189	503358	4361	5181	219623	133520
内蒙古	Inner Mongolia	325016	160495	1148	927	111595	81459
辽　宁	Liaoning	430484	267274	2441	4256	94007	86204
吉　林	Jilin	248789	174018	1202	630	42146	34857
黑龙江	Heilongjiang	143268	82659	362	740	41238	22572
上　海	Shanghai	4839546	2741974	5335	21161	1680623	733175
江　苏	Jiangsu	6429545	3822861	17448	36751	1633983	907444
浙　江	Zhejiang	4525061	2593682	11293	24421	1283941	684222
安　徽	Anhui	2692828	1701702	11301	6599	589579	309822
福　建	Fujian	2949038	2193746	8397	4239	349035	299030
江　西	Jiangxi	1353230	950061	5958	4085	155489	154493
山　东	Shandong	2876129	1831814	12297	10416	660356	489068
河　南	Henan	1130180	692003	6321	1939	259783	117329
湖　北	Hubei	2850889	1887823	16056	9847	469092	274504
湖　南	Hunan	2101926	1451960	16343	1492	310003	206513
广　东	Guangdong	8944757	5380631	17228	23944	2419264	1495312
广　西	Guangxi	946885	619548	3543	4875	199792	130108
海　南	Hainan	216882	111083	502	1452	78880	30340
重　庆	Chongqing	1712400	1257905	9941	1943	198704	142200
四　川	Sichuan	3522126	1927758	14647	11774	1090533	352184
贵　州	Guizhou	544652	393516	1406	1284	72349	86671
云　南	Yunnan	834172	583731	3913	2071	119421	100487
西　藏	Tibet	22881	12235	52	8	3180	2350
陕　西	Shaanxi	2220682	1595221	12853	6735	350750	198682
甘　肃	Gansu	380516	241215	1744	1573	97666	63176
青　海	Qinghai	34818	21053	128	1455	10718	8394
宁　夏	Ningxia	59054	33932	574	373	16280	10133
新　疆	Xinjiang	327067	228686	2336	725	60001	42623

Income and Distribution of Enterprises above Designated Size of Catering Services by Region and Type of Registration

单位：万元
Unit: 10 000 yuan

财务费用 Financial Expenses	#利息支出 Interest Expenses	营业利润 Operating Profits	利润总额 Total Profits	应交所得税 Income Tax Payable	应付职工薪酬 Payables to Employees	应交增值税 VAT Payable
645205	**331220**	**-858684**	**-582876**	**171935**	**12100421**	**595223**
22050	14481	-254881	-236025	12406	1014736	52299
9653	2346	-27593	-24981	4195	190462	9965
17804	13077	-56809	-50917	966	145302	9496
13171	6894	-73238	-66775	848	169343	10913
6107	4527	-35292	-29902	263	90349	6998
9589	5105	-31102	-28351	599	74984	430
3613	2668	-7702	-5831	335	35494	2155
2655	1992	-7168	-5938	91	27315	1235
30061	9774	-289666	-274157	3443	1029431	43635
99206	29204	-47470	-19255	33588	1416621	64834
67428	45418	-68749	-30435	19957	974327	49645
22317	8554	54655	67248	14183	522418	20691
10554	4790	88899	95988	8647	367759	14314
15628	10114	49951	50406	2260	189008	10188
39502	19906	-81651	-64792	6138	699740	32971
13720	4225	41677	43108	6986	205383	11087
33055	14135	119955	125556	12510	512576	38992
28466	13676	76427	84120	8130	323616	17265
75523	43979	-387376	-354105	13454	2141144	97147
10721	7444	-11453	-6265	1692	185557	10026
2646	2061	-7973	-7478	364	49838	2847
16127	12607	64390	71935	5209	216159	14491
50523	28805	67964	107994	7112	804944	33498
5328	2422	-17488	-15467	48	96164	5822
4255	2460	17683	19978	1002	131659	8057
81	133	5436	5458	1038	6188	-277
20209	11204	3846	5060	5101	314855	14727
6316	4055	-27814	-24884	711	83569	4125
3259	1690	-8003	-7367	9	9957	1076
619	402	-2474	-1796	89	12113	833
5019	3072	-5665	-5006	561	59410	5738

国有企业

State-owned Enterprises

地 区	Region	营业收入 Business Revenue	营业成本 Business Cost	税金及附加 Taxes and Other Charges	其他业务利润 Profits from Other Business	销售费用 Selling Expenses	管理费用 Administr-ative Expenses
全 国	**National Total**	**491538**	**333361**	**3714**	**3871**	**126882**	**108043**
北 京	Beijing	5046	2879	32		1696	1493
天 津	Tianjin	683	281	4		317	242
河 北	Hebei	12792	8307	106	175	2116	4925
山 西	Shanxi	3350	1584	23	65	913	2884
内蒙古	Inner Mongolia	350	181	1		115	19
辽 宁	Liaoning	1058	923	4		3	434
吉 林	Jilin	354	279	6		8	112
黑龙江	Heilongjiang	1615	982	4	26	387	803
上 海	Shanghai	27219	28494	361	46	8675	4138
江 苏	Jiangsu	111272	71757	162	852	27349	24877
浙 江	Zhejiang	69407	37257	300	1318	26208	12084
安 徽	Anhui	9625	3817	11		4359	2048
福 建	Fujian	1438	1041	14		402	328
江 西	Jiangxi	30166	23227	60		3510	4035
山 东	Shandong	75608	48807	890	912	14769	27442
河 南	Henan	5379	3925	173		504	128
湖 北	Hubei	7048	5224	35		276	820
湖 南	Hunan	17168	12968	176	81	3405	2589
广 东	Guangdong	20853	14937	50	337	7793	4390
广 西	Guangxi	2346	1541	6	-101	408	608
海 南	Hainan						
重 庆	Chongqing	4094	2798	48	4	727	855
四 川	Sichuan	11738	5926	275		5426	3035
贵 州	Guizhou	5226	3007	14		1554	1321
云 南	Yunnan	8114	6190	10	101	1333	1239
西 藏	Tibet						
陕 西	Shaanxi	13888	9872	194		6070	1129
甘 肃	Gansu	9531	7161	198	55	3752	3124
青 海	Qinghai						
宁 夏	Ningxia	2198	1112	17		1264	305
新 疆	Xinjiang	33972	28884	540		3543	2636

4-4-7 Continued 1

单位：万元

Unit: 10 000 yuan

财务费用 Financial Expenses	#利息支出 Interest Expenses	营业利润 Operating Profits	利润总额 Total Profits	应交所得税 Income Tax Payable	应付职工薪酬 Payables to Employees	应交增值税 VAT Payable
6960	**5848**	**-38262**	**-24970**	**-1279**	**158707**	**7923**
17	2	-1071	-1024		2590	143
2	1	-161	-158		359	23
7	-1	-2575	-2490	1	3202	327
-78	28	-1975	-281		1711	70
-1	-1	35	37		72	17
1		-301	-298		640	7
		-50	-33	1	57	8
1		-534	-215		675	45
-61	30	-9643	-9542	-2412	12783	788
2097	871	-9974	-9534	30	34742	1650
2141	2011	25199	25422	19	25018	350
34		-644	-538	2	3259	72
	-3	-341	650		355	18
1145	981	-963	224	232	6000	404
-425	50	-15267	-11839	1221	31425	1804
76	25	410	410	10	1173	12
14	4	400	745	13	2293	171
43	-1	-784	47	15	3006	123
706	720	-6959	-6551	-602	9980	352
2		-213	-205		624	64
146	144	-475	-437	8	900	114
157	370	-2022	-1174	24	4188	300
133	127	-798	-706	1	1229	96
15	12	-572	-558		1167	32
27	3	-3343	-3302	2	3450	116
93	70	-4728	-2747		3694	230
33	28	-424	-425		212	52
635	377	-489	-448	156	3903	535

集体企业

Collective-owned Enterprises

地区	Region	营业收入 Business Revenue	营业成本 Business Cost	税金及附加 Taxes and Other Charges	其他业务利润 Profits from Other Business	销售费用 Selling Expenses	管理费用 Administrative Expenses
全国	**National Total**	**108322**	**76546**	**522**	**187**	**15331**	**16147**
北京	Beijing	11528	6988	38	37	2755	2303
天津	Tianjin						
河北	Hebei	679	502			81	56
山西	Shanxi	1317	364	1		530	359
内蒙古	Inner Mongolia						
辽宁	Liaoning	1320	1154	4		138	180
吉林	Jilin						
黑龙江	Heilongjiang						
上海	Shanghai	5413	2791	19		1889	1180
江苏	Jiangsu	15980	9755	25		3430	2460
浙江	Zhejiang	493	259			245	37
安徽	Anhui	609	281	1		377	152
福建	Fujian	2065	914	7		1492	1216
江西	Jiangxi						
山东	Shandong	2407	1454	10		232	700
河南	Henan						
湖北	Hubei	23158	19686	45	130	229	2491
湖南	Hunan						
广东	Guangdong	20481	14986	313	20	1499	2912
广西	Guangxi	775	175	1		2	146
海南	Hainan						
重庆	Chongqing	7892	7965	5		15	34
四川	Sichuan	953	767	22		114	83
贵州	Guizhou	5513	4635				829
云南	Yunnan	2661	431	21		981	873
西藏	Tibet						
陕西	Shaanxi	3569	3025	10		199	103
甘肃	Gansu	1509	414			1123	33
青海	Qinghai						
宁夏	Ningxia						
新疆	Xinjiang						

单位：万元

Unit: 10 000 yuan

财务费用 Financial Expenses	#利息支出 Interest Expenses	营业利润 Operating Profits	利润总额 Total Profits	应交所得税 Income Tax Payable	应付职工薪酬 Payables to Employees	应交增值税 VAT Payable
327	**275**	**-933**	**-247**	**93**	**25169**	**1640**
54	42	-610	-442	8	3878	287
1		39	39	1	152	
		62	80		321	25
1		-160	-183		350	21
29		-302	-262	6	1672	204
88		378	457	35	3582	138
2	2	-49	-2		187	1
2		-204	-152		282	12
-4	4	-1560	-1515		2076	22
80	80	-54	-28		610	52
136	141	573	709	1	2337	170
-73	5	531	574	20	5007	485
-2		13	14	1	257	33
5		-143	-143	2	1544	2
		-13	-13		277	20
		47	47		869	
1		355	380	8	1041	111
1	1	230	230	10	325	49
6		-66	-37	1	402	8

股份合作企业

Cooperative Enterprises

地　区	Region	营业收入 Business Revenue	营业成本 Business Cost	税金及附加 Taxes and Other Charges	其他业务利润 Profits from Other Business	销售费用 Selling Expenses	管理费用 Administr-ative Expenses
全　国	**National Total**	**114195**	**63000**	**588**	**149**	**38356**	**18956**
北　京	Beijing	28682	14782	146	79	11040	4664
天　津	Tianjin						
河　北	Hebei	4562	2389	20		1544	835
山　西	Shanxi	352	127	6		163	34
内蒙古	Inner Mongolia						
辽　宁	Liaoning						
吉　林	Jilin						
黑龙江	Heilongjiang	220	59			40	37
上　海	Shanghai	5153	2366	20		1312	2033
江　苏	Jiangsu	7406	3884	8		3080	297
浙　江	Zhejiang	6174	4923	8		244	1141
安　徽	Anhui						
福　建	Fujian	477	382			31	39
江　西	Jiangxi	714	477	2		401	
山　东	Shandong	1445	534	3		572	381
河　南	Henan	282	169			6	106
湖　北	Hubei	1270	831	2		109	323
湖　南	Hunan						
广　东	Guangdong	27637	13434	37	20	11983	4205
广　西	Guangxi						
海　南	Hainan						
重　庆	Chongqing						
四　川	Sichuan	29466	18398	335	50	7732	4853
贵　州	Guizhou						
云　南	Yunnan						
西　藏	Tibet						
陕　西	Shaanxi	156	151	1		1	
甘　肃	Gansu	199	94			98	8
青　海	Qinghai						
宁　夏	Ningxia						
新　疆	Xinjiang						

4-4-7 Continued 3

单位：万元

Unit: 10 000 yuan

财务费用 Financial Expenses	#利息支出 Interest Expenses	营业利润 Operating Profits	利润总额 Total Profits	应交所得税 Income Tax Payable	应付职工薪酬 Payables to Employees	应交增值税 VAT Payable
322	**227**	**-6977**	**-542**	**1323**	**32053**	**2834**
75	2	-1939	-1859	134	7468	561
224	225	-450	-437		1049	170
		23	26	1	122	3
		84	84	2	37	
20		-481	126	48	2246	139
		138	189		1706	133
-1		-195	-96	4	1320	61
		26	27		98	
2		-168	-169		201	43
		-44	-17	1	381	39
1		1	1		148	
1		16	16	1	294	2
234		-2569	-2400	26	8268	610
-234		-1422	3964	1105	8580	1072
		3	3	1	64	1
					71	

联营企业

Joint Ownership Enterprises

地　区	Region	营业收入 Business Revenue	营业成本 Business Cost	税金及附加 Taxes and Other Charges	其他业务利　润 Profits from Other Business	销售费用 Selling Expenses	管理费用 Administr-ative Expenses
全　国	**National Total**	**27955**	**21722**	**226**		**2791**	**4330**
北　京	Beijing						
天　津	Tianjin						
河　北	Hebei						
山　西	Shanxi						
内 蒙 古	Inner Mongolia						
辽　宁	Liaoning						
吉　林	Jilin						
黑 龙 江	Heilongjiang						
上　海	Shanghai	288	230	3			57
江　苏	Jiangsu	3251	804	7		2346	382
浙　江	Zhejiang	4156	3561			90	590
安　徽	Anhui						
福　建	Fujian						
江　西	Jiangxi						
山　东	Shandong	2918	2776			7	77
河　南	Henan						
湖　北	Hubei						
湖　南	Hunan						
广　东	Guangdong	10629	9550	30		71	1018
广　西	Guangxi						
海　南	Hainan						
重　庆	Chongqing						
四　川	Sichuan						
贵　州	Guizhou						
云　南	Yunnan						
西　藏	Tibet						
陕　西	Shaanxi	3744	2568	79		100	128
甘　肃	Gansu						
青　海	Qinghai						
宁　夏	Ningxia						
新　疆	Xinjiang	2969	2233	107		177	2078

4-4-7 Continued 4

单位：万元
Unit: 10 000 yuan

财务费用 Financial Expenses	#利息支出 Interest Expenses	营业利润 Operating Profits	利润总额 Total Profits	应交所得税 Income Tax Payable	应付职工薪酬 Payables to Employees	应交增值税 VAT Payable
619	**451**	**-1384**	**-1330**	**114**	**8898**	**1409**
			1		44	14
46		-344	-300	9	2355	-32
86	98	-96	-98		1452	610
		58	70		929	
89		-57	-62	99	2971	807
44		823	823	6	43	4
354	353	-1768	-1764		1104	6

有限责任公司
Limited Liability Corporations

地　区	Region	营业收入 Business Revenue	营业成本 Business Cost	税金及附加 Taxes and Other Charges	其他业务利润 Profits from Other Business	销售费用 Selling Expenses	管理费用 Administrative Expenses
全　国	**National Total**	**12619457**	**7624179**	**46291**	**75126**	**3645063**	**1858867**
北　京	Beijing	2188314	1213489	4443	26502	783222	286288
天　津	Tianjin	236077	133953	389	8878	83995	23886
河　北	Hebei	171451	100913	1386	680	60484	33644
山　西	Shanxi	183425	131375	2298	717	46341	29413
内蒙古	Inner Mongolia	96937	49531	697	333	32617	34392
辽　宁	Liaoning	92329	60088	353	1138	19413	16250
吉　林	Jilin	51526	35087	179		10935	7040
黑龙江	Heilongjiang	54389	26881	63	402	24305	4374
上　海	Shanghai	966830	557557	843	8279	343262	168361
江　苏	Jiangsu	870584	434053	3220	2034	315222	179173
浙　江	Zhejiang	634844	385661	2250	3983	184971	104921
安　徽	Anhui	627123	341950	2418	3996	195783	83036
福　建	Fujian	141400	98841	491	284	27537	15978
江　西	Jiangxi	243815	183707	1460	401	24329	31886
山　东	Shandong	733252	484294	5385	2352	170686	139568
河　南	Henan	281679	160853	497	369	99753	30806
湖　北	Hubei	375386	234677	1492	756	84695	40932
湖　南	Hunan	305221	186614	1408	141	92240	32164
广　东	Guangdong	2074888	1249874	3811	6075	593457	316759
广　西	Guangxi	231214	148546	1256	1579	59167	34293
海　南	Hainan	94266	48782	252	22	33710	14662
重　庆	Chongqing	261093	202955	1041		40274	14179
四　川	Sichuan	501171	300821	3038	1960	124276	74930
贵　州	Guizhou	159780	124113	373	201	14946	27029
云　南	Yunnan	129161	93782	940	1411	16291	21250
西　藏	Tibet	18402	8762	45	8	2103	1818
陕　西	Shaanxi	663272	470480	4321	1096	112315	56864
甘　肃	Gansu	139833	90870	766	1149	35085	23357
青　海	Qinghai	6987	3573	16		1830	1468
宁　夏	Ningxia	6782	5566	181		143	1320
新　疆	Xinjiang	78026	56531	979	380	11676	8826

4-4-7 Continued 5

单位：万元

Unit: 10 000 yuan

财务费用 Financial Expenses	#利息支出 Interest Expenses	营业利润 Operating Profits	利润总额 Total Profits	应交所得税 Income Tax Payable	应付职工薪酬 Payables to Employees	应交增值税 VAT Payable
169569	**84653**	**-590489**	**-499740**	**50017**	**2880460**	**134820**
10408	8370	-105190	-94864	9869	507782	22123
3714	293	-4617	-4431	1016	59667	2889
5494	3074	-25733	-24660	344	39985	1996
1854	1583	-30797	-28209	181	48086	2736
1927	1919	-22198	-18664	126	29558	2983
929	220	-4754	-4130	568	17597	1215
350	274	-1968	-1622	66	5934	331
533	65	-1484	-1607	20	12167	558
5139	1538	-93753	-92677	2260	255782	4378
37317	9453	-92065	-85946	5244	250141	10416
11357	10110	-48407	-40791	1757	164854	7504
3740	1749	5054	10150	5284	142871	6720
441	162	1140	2023	771	32820	578
3610	2390	-2108	-3248	316	33200	2480
11213	5038	-8753	-4359	2219	180625	11156
3011	979	-5809	-4811	544	62413	3019
2279	620	1317	2806	789	69748	4759
6607	3606	-6990	-4644	1083	60066	2806
25546	13978	-84646	-80235	6795	512966	21285
5148	4066	-12529	-10277	875	52837	3167
894	487	-3575	-2562	617	22547	1080
4250	4141	-2038	2587	274	16672	217
9573	2833	-11172	18015	6923	110255	7276
2676	1063	-10243	-10381	-376	30797	2673
434	308	-2740	-2780	-90	25692	2521
40	120	6085	6090	1037	4303	-315
6167	3515	-12450	-11741	880	83861	3719
1908	713	-8469	-7415	441	28906	1448
1882	1228	-1536	-1489	1	1932	369
3		-394	-377		1158	77
1125	758	303	509	183	15238	2656

4-4-7 续表 6

股份有限公司

Share-holding Corporations Ltd.

地　区	Region	营业收入 Business Revenue	营业成本 Business Cost	税金及附加 Taxes and Other Charges	其他业务利润 Profits from Other Business	销售费用 Selling Expenses	管理费用 Administrative Expenses
全　国	**National Total**	**475937**	**333408**	**4013**	**2977**	**138166**	**78577**
北　京	Beijing	19123	25916	598	1101	986	8730
天　津	Tianjin	5540	3845	153		1272	930
河　北	Hebei	727	257	5	6	426	933
山　西	Shanxi						
内蒙古	Inner Mongolia	14830	6564	9		7442	332
辽　宁	Liaoning	3330	1836	10		1149	118
吉　林	Jilin						
黑龙江	Heilongjiang	955	523	1		164	480
上　海	Shanghai	147609	88463	1044	993	50778	15668
江　苏	Jiangsu	31364	21225	107	334	11167	6826
浙　江	Zhejiang	35577	16028	67	464	15749	4275
安　徽	Anhui	6732	3307	208	-1	2332	2049
福　建	Fujian						
江　西	Jiangxi	5890	3773	62	1	999	477
山　东	Shandong	15759	8396	287		2612	6561
河　南	Henan	1862	916	23		812	505
湖　北	Hubei	8869	6255	78		1260	1361
湖　南	Hunan	10243	7484	191		1914	1346
广　东	Guangdong	83617	77276	603	12	8663	17931
广　西	Guangxi	1880	1704	4		6	184
海　南	Hainan	402	374			4	139
重　庆	Chongqing	1006	649	9		386	103
四　川	Sichuan	5164	4404	38		433	370
贵　州	Guizhou						
云　南	Yunnan	2065	1581	1		20	525
西　藏	Tibet	208	198			19	52
陕　西	Shaanxi	65112	47052	488		27702	7205
甘　肃	Gansu	2533	1328	9		1160	382
青　海	Qinghai						
宁　夏	Ningxia						
新　疆	Xinjiang	5540	4054	18	67	711	1095

4-4-7 Continued 6

单位：万元

Unit: 10 000 yuan

财务费用 Financial Expenses	#利息支出 Interest Expenses	营业利润 Operating Profits	利润总额 Total Profits	应交所得税 Income Tax Payable	应付职工薪酬 Payables to Employees	应交增值税 VAT Payable
7395	**9198**	**-10957**	**-9033**	**1477**	**166861**	**5920**
322	428	-14599	-14741		20045	69
1611	1610	-2059	-2045		1257	142
7		-895	-895		435	12
364	33	260	139	3	3874	174
		212	222	9	37	
12	1	-225	-222		98	
2226	1846	20897	22355	916	34771	1342
1218	793	-5849	-6122	12	11419	583
225	39	-449	-297	-111	13109	295
23	18	-1355	-1330	9	1569	209
61	41	116	116	8	1323	48
182	17	-2123	-1568	23	5169	413
184	184	-578	-566		697	102
28	14	98	2	33	2569	57
170	3	-888	-816	18	1521	-19
-2914	2186	17733	17705	456	34916	822
1		21	25	1	437	8
		-66	-44		146	
1		-135	-173		141	2
158	90	-305	-293	8	729	69
30		-25	-4		243	10
		-61	-55		77	
2844	1876	-19140	-19096	89	31024	1336
-1		-345	-325		828	66
643	19	-1001	-1001	3	427	180

4-4-7 续表 7

私营企业

Private Enterprises

地　区	Region	营业收入 Business Revenue	营业成本 Business Cost	税金及附加 Taxes and Other Charges	其他业务利润 Profits from Other Business	销售费用 Selling Expenses	管理费用 Administrative Expenses
全　国	**National Total**	**45730802**	**28533846**	**147326**	**171665**	**10593419**	**6038368**
北　京	Beijing	2165559	1222663	2693	13546	701949	362361
天　津	Tianjin	653112	425878	1382	8136	127208	113882
河　北	Hebei	613658	377039	2231	4131	165605	84052
山　西	Shanxi	621745	369909	2034	4398	171675	100830
内蒙古	Inner Mongolia	212900	104219	441	594	71420	46716
辽　宁	Liaoning	332447	203273	2070	3119	73304	69223
吉　林	Jilin	196910	138652	1017	630	31203	27705
黑龙江	Heilongjiang	86090	54213	294	311	16342	16877
上　海	Shanghai	3677864	2055749	3027	11659	1272682	540871
江　苏	Jiangsu	5385231	3278003	13877	33528	1271313	692986
浙　江	Zhejiang	3774411	2145993	8668	18656	1056435	561174
安　徽	Anhui	2048009	1352122	8662	2603	386435	222431
福　建	Fujian	2803658	2092569	7884	3955	319574	281469
江　西	Jiangxi	1072418	738698	4374	3683	126247	118055
山　东	Shandong	2044372	1285332	5723	7151	471464	314235
河　南	Henan	840978	526141	5628	1570	158710	85785
湖　北	Hubei	2435158	1621151	14404	8960	382523	228577
湖　南	Hunan	1768504	1244248	14551	1271	212429	170386
广　东	Guangdong	6705724	3999926	12384	17480	1795742	1147908
广　西	Guangxi	710670	467582	2277	3398	140209	94877
海　南	Hainan	122214	61927	250	1430	45167	15539
重　庆	Chongqing	1437751	1043050	8839	1939	157296	127006
四　川	Sichuan	2972621	1596715	10940	9764	952462	268707
贵　州	Guizhou	374133	261761	1020	1082	55849	57492
云　南	Yunnan	688766	479163	2941	559	100674	75903
西　藏	Tibet	4271	3275	8		1058	480
陕　西	Shaanxi	1470518	1061793	7758	5638	204342	133147
甘　肃	Gansu	226911	141349	771	368	56448	36273
青　海	Qinghai	27831	17480	111	1455	8888	6926
宁　夏	Ningxia	50074	27254	376	373	14873	8508
新　疆	Xinjiang	206294	136719	691	278	43893	27987

4-4-7 Continued 7

单位：万元

Unit: 10 000 yuan

财务费用 Financial Expenses	#利息支出 Interest Expenses	营业利润 Operating Profits	利润总额 Total Profits	应交所得税 Income Tax Payable	应付职工薪酬 Payables to Employees	应交增值税 VAT Payable
459835	**230509**	**-210460**	**-47904**	**120145**	**8823695**	**440365**
11173	5638	-131472	-123096	2395	472974	29116
4327	442	-20756	-18347	3179	129180	6911
12071	9779	-27195	-22474	621	100480	6992
11394	5283	-40551	-38392	666	119102	8080
3817	2576	-13389	-11413	134	56846	3825
8658	4886	-26099	-23962	22	56360	-812
3263	2394	-5685	-4175	268	29503	1817
2108	1926	-5009	-3977	70	14338	632
22580	6307	-206370	-194235	2615	720481	36631
58420	18086	59678	81430	28235	1111754	51807
53619	33158	-44752	-14573	18288	768388	40824
18507	6787	51710	59023	8887	374173	13673
10117	4627	89633	94804	7876	332410	13696
10809	6702	53072	53482	1704	148213	7214
28452	14721	-55485	-47066	2673	480511	19506
10447	3036	47653	48076	6431	140952	7953
30598	13356	117718	121282	11673	435335	33833
21637	10069	85016	89459	7007	258932	14347
51934	27090	-311438	-283164	6659	1566730	72775
5571	3377	1256	4179	816	131403	6755
1751	1573	-4332	-4873	-254	27145	1767
11725	8321	67174	70093	4925	196862	14156
40868	25511	82907	87483	-949	680502	24755
2519	1231	-6493	-4427	422	63270	3053
3775	2140	20665	22940	1084	102956	5383
41	14	-588	-577	1	1809	38
11122	5805	37711	38131	4113	195915	9495
4310	3273	-14205	-14360	269	49667	2372
1377	462	-6467	-5878	8	8024	707
583	374	-1656	-995	88	10743	704
2262	1565	-2711	-2302	219	38737	2360

4-4-7 续表 8

其他企业

Other Enterprises

地 区	Region	营业收入 Business Revenue	营业成本 Business Cost	税金及附加 Taxes and Other Charges	其他业务利润 Profits from Other Business	销售费用 Selling Expenses	管理费用 Administrative Expenses
全 国	**National Total**	**22343**	**15971**	**81**	**187**	**2725**	**2815**
北 京	Beijing						
天 津	Tianjin						
河 北	Hebei						
山 西	Shanxi						
内蒙古	Inner Mongolia						
辽 宁	Liaoning						
吉 林	Jilin						
黑龙江	Heilongjiang						
上 海	Shanghai	9170	6325	18	184	2025	867
江 苏	Jiangsu	4459	3381	42	3	76	444
浙 江	Zhejiang						
安 徽	Anhui	731	225	1		293	107
福 建	Fujian						
江 西	Jiangxi	227	179			5	41
山 东	Shandong	368	222			15	105
河 南	Henan						
湖 北	Hubei						
湖 南	Hunan	790	646	18		14	28
广 东	Guangdong	927	649			57	191
广 西	Guangxi						
海 南	Hainan						
重 庆	Chongqing	564	489			6	23
四 川	Sichuan	1014	728			90	205
贵 州	Guizhou						
云 南	Yunnan	3405	2584			123	698
西 藏	Tibet						
陕 西	Shaanxi	423	279	2		21	106
甘 肃	Gansu						
青 海	Qinghai						
宁 夏	Ningxia						
新 疆	Xinjiang	265	264				

4-4-7 Continued 8

单位：万元

Unit: 10 000 yuan

财务费用 Financial Expenses	#利息支出 Interest Expenses	营业利润 Operating Profits	利润总额 Total Profits	应交所得税 Income Tax Payable	应付职工薪酬 Payables to Employees	应交增值税 VAT Payable
172	**59**	**781**	**896**	**43**	**4585**	**315**
127	53	-14	78	11	1651	139
20	1	569	571	23	922	139
11		94	94	1	265	5
		2	2		72	
		18	18		90	
10		74	74	6	91	7
1		29	29	1	306	11
		7	7		40	1
		-10	11		414	6
					560	
3	5	11	11	1	173	7
		1	1		1	

4-4-7 续表 9

港、澳、台商投资企业

Enterprises with Funds from Hongkong, Macao and Taiwan

地 区	Region	营业收入 Business Revenue	营业成本 Business Cost	税金及附加 Taxes and Other Charges	其他业务利润 Profits from Other Business	销售费用 Selling Expenses	管理费用 Administr-ative Expenses
全 国	**National Total**	**7941217**	**3270676**	**11834**	**56801**	**4201060**	**768021**
北 京	Beijing	1547550	552005	941	10778	928356	145102
天 津	Tianjin	129057	45752	57		76110	9171
河 北	Hebei	1571	550	31		1162	184
山 西	Shanxi	29211	9671	21		17672	1333
内蒙古	Inner Mongolia	2006	809			1432	166
辽 宁	Liaoning	194956	77341	96	11913	109369	17313
吉 林	Jilin	16082	5616	19		10059	832
黑龙江	Heilongjiang	9636	3728	3		6172	446
上 海	Shanghai	1949549	877767	981	15507	1054843	217659
江 苏	Jiangsu	480350	204430	1437	3107	228431	53025
浙 江	Zhejiang	245324	84965	632	150	142643	20318
安 徽	Anhui	14436	5176	10		4900	5127
福 建	Fujian	225497	88907	238	364	119276	13995
江 西	Jiangxi	2421	1051	62		831	604
山 东	Shandong	98917	46662	465	3144	42381	9416
河 南	Henan	1152	489			827	157
湖 北	Hubei	611517	281221	520	88	250328	53413
湖 南	Hunan	69004	22647	63		42905	4120
广 东	Guangdong	1504643	551724	2530	10701	867230	148706
广 西	Guangxi	34741	9574	3052		10773	10374
海 南	Hainan	9643	2787	55	947	4470	3938
重 庆	Chongqing	45769	27886	18		12517	4117
四 川	Sichuan	564888	292913	343		207790	36127
贵 州	Guizhou	8599	6992	77	42	958	913
云 南	Yunnan	74554	48587	115		15331	8304
西 藏	Tibet						
陕 西	Shaanxi	70144	21426	68	60	44294	3161
甘 肃	Gansu						
青 海	Qinghai						
宁 夏	Ningxia						
新 疆	Xinjiang						

4-4-7 Continued 9

单位：万元
Unit: 10 000 yuan

财务费用 Financial Expenses	#利息支出 Interest Expenses	营业利润 Operating Profits	利润总额 Total Profits	应交所得税 Income Tax Payable	应付职工薪酬 Payables to Employees	应交增值税 VAT Payable
94354	**35123**	**-338438**	**-330464**	**38760**	**2449767**	**119825**
11481	10655	-82050	-78143	2229	562596	33990
2592	2	-2525	-2641	150	39210	6935
9		-255	-243		654	52
642	656	234	219	45	10945	2259
-9		-381	-334		766	70
3627	12	-10693	-9468	391	59084	6871
393		-1117	-1298		5793	-226
97	116	-1465	-1262		1065	25
20956	12413	-204445	-214471	10074	575177	14216
8666	599	-12287	-11268	149	154501	2214
7796	1208	-6340	-5890	-599	97685	10045
17	5	-795	-616	3	4115	4
4627	243	1509	1915	1212	62276	422
9		-90	-91	10	98	16
6650	2744	-6669	-6736	-191	26384	3886
567	567	-878	-885	-168	523	-1
6537	180	24134	24043	7790	144848	4186
1670		-1421	-1457	-381	27480	3284
11652	4045	-64598	-54831	7542	498519	27551
1458	1452	2949	2856	4	7378	811
547	168	-2137	-2049	17	2833	393
553		678	218	12	10377	207
2872	42	27177	29162	8986	110187	1254
2		-342	-303		632	328
591	16	1657	1206	571	23590	699
352		1712	1903	914	23051	334

外商投资企业
Foreign Funded Enterprises

地　区	Region	营业收入 Business Revenue	营业成本 Business Cost	税金及附加 Taxes and Other Charges	其他业务利润 Profits from Other Business	销售费用 Selling Expenses	管理费用 Administrative Expenses
全　国	**National Total**	**9798177**	**5053403**	**7723**	**104389**	**3452583**	**972439**
北　京	Beijing	1638816	889354	1272	38930	602957	198690
天　津	Tianjin	299139	167507	190	2832	83461	35066
河　北	Hebei	2864	2231	4	4	505	69
山　西	Shanxi	69788	39500	40		16963	6081
内蒙古	Inner Mongolia	23219	16013	120	7086	3522	5897
辽　宁	Liaoning	354589	200744	267		91479	38425
吉　林	Jilin	10160	9266	4		2	825
黑龙江	Heilongjiang	2724	1530	3		923	581
上　海	Shanghai	2139248	876493	1789	42078	1071620	213812
江　苏	Jiangsu	1017499	573085	623	313	237914	86745
浙　江	Zhejiang	724388	373706	343	2313	183409	70327
安　徽	Anhui	22691	13267	21		6669	3278
福　建	Fujian	447389	227273	531	1059	168677	30169
江　西	Jiangxi	93204	48349	136	4	22890	8088
山　东	Shandong	252726	135979	166	35	67949	25483
河　南	Henan	95556	55923	78	83	22876	13328
湖　北	Hubei	150487	60182	119	11	74505	7841
湖　南	Hunan	233944	136163	407		50799	22154
广　东	Guangdong	1578681	784781	790	2093	637798	140794
广　西	Guangxi	82744	45717	45		19983	6917
海　南	Hainan						
重　庆	Chongqing	237636	204784	239	307	9384	8820
四　川	Sichuan	81916	38244	208	2713	32558	19725
贵　州	Guizhou	604	166	6		37	144
云　南	Yunnan	11357	8694	4		37	1093
西　藏	Tibet						
陕　西	Shaanxi	157308	93740	269	4613	31246	17566
甘　肃	Gansu	33478	31402	10	-85	7729	2690
青　海	Qinghai						
宁　夏	Ningxia						
新　疆	Xinjiang	36022	19310	39		6691	7831

4-4-7 Continued 10

单位：万元
Unit: 10 000 yuan

财务费用 Financial Expenses	#利息支出 Interest Expenses	营业利润 Operating Profits	利润总额 Total Profits	应交所得税 Income Tax Payable	应付职工薪酬 Payables to Employees	应交增值税 VAT Payable
88884	**59506**	**281302**	**295204**	**122522**	**2895094**	**68523**
25255	22020	-74710	-56257	3883	461063	35112
4876	75	6160	5401	3649	65165	4124
2	1	59	72	11	181	70
1379		6030	5746	1459	1119	
300		-4292	-5568	39	4866	440
4300	11	19201	19383	5341	86505	12461
1		54	152	21	814	2
154		-468	-438		717	36
7953	5226	-17813	-16987	18769	1057403	1633
5206	2960	118170	118751	31018	214495	8059
12534	582	93224	92516	24577	153422	-23529
163		-618	-600		6570	-534
4369	3780	16317	16851	6166	120244	20
844	17	8634	8640	2370	16253	129
2165	1	22780	22650	6107	59979	5051
576	597	3486	3902	1337	21703	97
1387	1116	6720	6397	1181	39985	3644
1901	115	24262	22904	4572	50406	71
21189	2330	6446	5700	6631	390875	19141
693	693	9433	9214	2263	16791	8
1033	1047	16217	16002	2006	49711	36
-10082	16281	4244	3785	-471	19385	1628
-1		254	257	10	168	20
44		1494	1516	43	2219	244
1635	1704	12595	11823	1194	41054	308
609	591	1882	1841	411	5195	30
399	359	1541	1551	-65	8806	222

4-4-8 各地区限额以上餐饮业企业损益及分配(按国民经济行业分)

正餐服务

Dinner

地　区	Region	营业收入 Business Revenue	营业成本 Business Cost	税金及附加 Taxes and Other Charges	其他业务利润 Profits from Other Business	销售费用 Selling Expenses	管理费用 Administrative Expenses
全　国	**National Total**	**48423526**	**28734381**	**190237**	**304078**	**13136165**	**7018725**
北　京	Beijing	3661314	1773850	6149	63799	1559016	598823
天　津	Tianjin	492553	275407	1449	8342	151001	86382
河　北	Hebei	752140	451944	3691	4961	223231	117082
山　西	Shanxi	763035	471471	4292	4398	210995	126806
内蒙古	Inner Mongolia	319566	165640	1215	8013	98968	84770
辽　宁	Liaoning	306002	179863	2318	2692	86995	64218
吉　林	Jilin	154954	97950	1034	592	37910	22670
黑龙江	Heilongjiang	79836	45797	322	394	19126	17632
上　海	Shanghai	4988397	2495761	5076	60420	2165963	709484
江　苏	Jiangsu	5073092	2862004	15260	35767	1375002	768552
浙　江	Zhejiang	3814547	2137251	11307	22209	1106562	613902
安　徽	Anhui	1757540	1071725	9732	5678	381812	244949
福　建	Fujian	2243696	1541406	6937	3747	362571	239032
江　西	Jiangxi	1220003	849148	5808	4083	142647	140585
山　东	Shandong	2084154	1254603	11521	9017	524275	423423
河　南	Henan	956561	570958	5856	1755	238869	90138
湖　北	Hubei	2564301	1638265	15755	7821	466862	243363
湖　南	Hunan	1936480	1332552	15940	1492	282945	195632
广　东	Guangdong	6610954	3628945	15589	28716	2203426	1189967
广　西	Guangxi	740619	474138	6290	4700	157157	112051
海　南	Hainan	139616	70797	437	2324	53899	24488
重　庆	Chongqing	1634604	1208719	9656	1822	183710	137288
四　川	Sichuan	2245147	1384749	14061	11392	474413	315440
贵　州	Guizhou	444184	316892	1306	1273	60659	74617
云　南	Yunnan	725046	515597	3609	1985	90635	91651
西　藏	Tibet	9107	7664	14	8	1247	1144
陕　西	Shaanxi	2074370	1503508	11877	2739	321850	177767
甘　肃	Gansu	350757	223596	1720	1573	87464	60704
青　海	Qinghai	33009	18629	121	1447	10652	7918
宁　夏	Ningxia	50112	28102	569	373	15269	8293
新　疆	Xinjiang	197830	137450	1326	546	41034	29954

Income and Distribution of Enterprises above Designated Size of Catering Services by Region and Sector

单位：万元

Unit: 10 000 yuan

财务费用 Financial Expenses	#利息支出 Interest Expenses	营业利润 Operating Profits	利润总额 Total Profits	应交所得税 Income Tax Payable	应付职工薪酬 Payables to Employees	应交增值税 VAT Payable
639970	**318232**	**-1211628**	**-968989**	**158540**	**10394477**	**532554**
35886	24641	-303637	-284366	6530	1003431	60130
9111	2073	-26705	-25620	3415	120072	5677
17720	13047	-56899	-51151	957	138940	9303
12665	6652	-72633	-66584	718	162060	10755
5982	4524	-38161	-34696	302	87945	6473
9057	4961	-36181	-32925	214	59047	3943
2850	1888	-7090	-5681	251	21006	1319
2293	1960	-6979	-5599	69	13223	925
41401	13212	-384572	-387536	5049	1196296	37659
98171	27921	-60805	-35045	33832	1154439	56672
72200	45263	-78116	-43040	18227	834345	45239
20585	7466	26696	32197	7856	373719	15462
10888	5109	76979	82583	9655	326875	11214
14115	9238	45475	45148	1954	172334	9045
40058	20197	-97029	-83423	4045	533558	27692
13255	4384	40858	42375	6395	176847	9362
33235	14199	114917	120004	10071	465445	34819
27561	13593	69835	78240	7780	296160	16157
69319	39045	-415212	-378132	14156	1761180	79153
10534	7473	-11586	-7386	858	156235	9410
2643	1851	-11998	-10940	500	33844	1850
15777	12431	61966	69428	5218	203822	14066
33920	14903	7933	51774	13360	466907	31408
4949	2229	-16961	-15540	-45	82199	5147
3816	2066	16470	18433	850	114135	7194
36	21	-744	-723	8	4392	70
18906	10557	1672	3229	5230	296717	14242
5778	3715	-26878	-23743	663	78290	3876
2942	1392	-6521	-5891	4	9922	1076
615	399	-2729	-2090	82	10763	808
3702	1822	-12993	-12289	336	40329	2408

快餐服务

Snack

地　区	Region	营业收入 Business Revenue	营业成本 Business Cost	税金及附加 Taxes and Other Charges	其他业务利润 Profits from Other Business	销售费用 Selling Expenses	管理费用 Administrative Expenses
全　国	**National Total**	**14897561**	**8138744**	**14514**	**51356**	**4987531**	**1367986**
北　京	Beijing	1725966	744477	1153	18994	871446	145081
天　津	Tianjin	449853	227020	259	2810	160158	48987
河　北	Hebei	8189	4596	6		2665	1134
山　西	Shanxi	119492	62524	101	782	39394	10142
内蒙古	Inner Mongolia	28365	9853	42		17576	1757
辽　宁	Liaoning	525527	271189	318	1600	180326	55258
吉　林	Jilin	25599	10672	26		11740	2857
黑龙江	Heilongjiang	43159	15893	8	286	26989	2166
上　海	Shanghai	1491815	753229	905	649	604269	187017
江　苏	Jiangsu	1758816	1002091	3220	1238	475002	163590
浙　江	Zhejiang	1196290	610666	611	3368	382252	108569
安　徽	Anhui	638284	422960	1222	549	157791	38224
福　建	Fujian	1036822	746136	1655	1032	197601	61197
江　西	Jiangxi	124267	72197	207		23955	11290
山　东	Shandong	751828	459039	823	4449	196386	59100
河　南	Henan	138806	82546	232	153	29460	19495
湖　北	Hubei	630147	371597	356	52	175068	57470
湖　南	Hunan	332585	187627	540		96020	26429
广　东	Guangdong	2417540	1178294	1479	3405	974928	245682
广　西	Guangxi	185667	100731	136	42	57577	17888
海　南	Hainan	43235	15980			20636	5645
重　庆	Chongqing	262207	215887	300	307	21034	10809
四　川	Sichuan	500040	307053	219	3082	140395	36968
贵　州	Guizhou	9743	7598	51		216	1305
云　南	Yunnan	92563	47350	41		30677	8175
西　藏	Tibet	13773	4571	38		1933	1206
陕　西	Shaanxi	213563	121096	369	8463	55673	23219
甘　肃	Gansu	53898	42386	30	-85	16025	4505
青　海	Qinghai	319	150			66	79
宁　夏	Ningxia	376	296			4	63
新　疆	Xinjiang	78827	43040	167	180	20269	12679

4-4-8 Continued 1

单位：万元

Unit: 10 000 yuan

财务费用 Financial Expenses	#利息支出 Interest Expenses	营业利润 Operating Profits	利润总额 Total Profits	应交所得税 Income Tax Payable	应付职工薪酬 Payables to Employees	应交增值税 VAT Payable
168063	**56578**	**322279**	**351463**	**131396**	**3506642**	**151621**
25156	20300	-53893	-35468	6072	415439	35196
7465	83	6161	5531	3060	107623	10980
15	-1	-194	-132	6	2084	37
2356	779	5499	5539	1590	16644	2338
414	1	-1278	-570		6939	935
8215	2	11940	12447	5531	135887	15033
396	3	-921	-1045	13	7293	-198
399	13	-2293	-2138	11	9829	65
20402	10761	-61063	-58289	4604	418296	18589
11900	3677	119931	121869	31793	415335	10933
14026	1436	89867	90902	25246	294577	-11207
1308	1043	15051	20672	4264	120724	2749
7101	3475	27373	28755	5705	156957	911
819	57	11400	11397	2463	18764	272
5910	1058	38606	39167	7140	150793	10573
909	720	6119	6546	1499	29881	456
7586	918	23455	23643	6526	135976	5115
3691	41	20881	18781	4444	84009	3532
36826	5222	1401	1694	9394	645683	41659
1862	1800	7810	8391	2291	34581	450
69	3	953	369	-428	10549	863
1362	1077	15438	14690	2058	52938	292
4603	192	13271	13429	4808	125876	806
3	1	506	555	8	1177	12
709	118	5656	4925	464	23824	282
45	112	6180	6180	1031	1796	-347
2452	1760	10748	10103	1325	55851	433
1017	931	914	735	500	9067	197
19		5	5	5	35	-1
1	2	11	11		114	1
1027	994	2745	2769	-27	18101	665

饮料及冷饮服务

Beverage and Cold Drink

地区	Region	营业收入 Business Revenue	营业成本 Business Cost	税金及附加 Taxes and Other Charges	其他业务利润 Profits from Other Business	销售费用 Selling Expenses	管理费用 Administr-ative Expenses
全国	**National Total**	**4892083**	**2086854**	**4314**	**34685**	**2435617**	**483762**
北京	Beijing	590243	237746	515	1810	342633	69430
天津	Tianjin	30959	20236	10	-1	8760	3165
河北	Hebei	4734	3358		7	1046	395
山西	Shanxi	7932	4770	3		2795	559
内蒙古	Inner Mongolia						
辽宁	Liaoning	53684	26686	30	10459	21827	4299
吉林	Jilin						
黑龙江	Heilongjiang	5684	4411	1		433	410
上海	Shanghai	1528527	565685	1455	17700	886439	162850
江苏	Jiangsu	331366	159963	201	2370	143877	29828
浙江	Zhejiang	222057	130216	156	20	59888	25121
安徽	Anhui	46715	22534	44	378	17269	3149
福建	Fujian	116643	59723	208	91	45611	12689
江西	Jiangxi	11115	3956	7	6	5954	1591
山东	Shandong	74289	37937	45	147	32572	5088
河南	Henan	7292	2482	2	-12	5489	24
湖北	Hubei	269715	102916	271		141233	18891
湖南	Hunan	72106	40758	86		21498	4069
广东	Guangdong	991463	415579	683	1242	490530	95580
广西	Guangxi	30422	17706	64	104	7722	2998
海南	Hainan	15902	8685	13		4548	1504
重庆	Chongqing	60983	39454	96	102	14017	4442
四川	Sichuan	269839	108760	296	5	125343	21634
贵州	Guizhou	19412	11466	7	53	6133	1942
云南	Yunnan	23303	14677	32	7	5032	2121
西藏	Tibet						
陕西	Shaanxi	100714	42635	86	197	43307	11483
甘肃	Gansu	5634	3940	2		1240	352
青海	Qinghai						
宁夏	Ningxia	1350	575	1		421	148
新疆	Xinjiang						

4-4-8 Continued 2

单位：万元
Unit: 10 000 yuan

财务费用 Financial Expenses	#利息支出 Interest Expenses	营业利润 Operating Profits	利润总额 Total Profits	应交所得税 Income Tax Payable	应付职工薪酬 Payables to Employees	应交增值税 VAT Payable
-9595	**7504**	**-74895**	**-82623**	**29796**	**1711802**	**4296**
-3545	219	-56338	-60282	-1402	282142	4580
116	3	-1439	-1595	-55	6908	117
20	1	338	348	1	906	53
25		-131	-140	24	1751	20
-113	1	1187	1261	-6	9804	-174
12		464	328		954	49
-4744	2397	-53611	-53843	20188	846491	-4982
1171	603	7363	6424	1052	66680	789
925	85	6759	7291	-232	46615	344
133	3	3852	3909	499	9924	328
669	19	-2140	-2492	-145	21381	552
60	1	-440	-554	-110	2960	88
149	2	-380	-209	214	24195	176
9		-804	-803	1	1690	13
-178	100	5670	5447	3027	56180	-652
466	5	5615	5403	-108	11895	666
-4393	3455	-17351	-20554	2070	247781	-230
276	151	1811	1727	711	5524	77
317	281	942	1000	259	3065	-94
428	142	2955	2960	-116	11527	213
-1315	30	15269	16719	3311	23282	1687
47	1	-107	-68	50	3693	252
88	1	1407	1423	48	3750	252
-244	4	3909	3461	569	21636	92
24		100	16	-61	858	80
2		205	200	7	210	

餐饮配送及外卖送餐服务

Catering Distribution and Delivery Service

地　区	Region	营业收入 Business Revenue	营业成本 Business Cost	税金及附加 Taxes and Other Charges	其他业务利润 Profits from Other Business	销售费用 Selling Expenses	管理费用 Administr-ative Expenses
全　国	**National Total**	**5260846**	**4140885**	**7630**	**16048**	**464509**	**606210**
北　京	Beijing	511177	399644	464	236	65557	46531
天　津	Tianjin	193447	158666	144	8695	14324	22922
河　北	Hebei	37506	27678	79	29	4717	5248
山　西	Shanxi	3034	2453	1		1	572
内蒙古	Inner Mongolia	2310	1824	10		5	995
辽　宁	Liaoning	72946	54151	90	289	3775	16270
吉　林	Jilin	87932	75803	126	38	1229	10326
黑龙江	Heilongjiang	24133	19247	32	59	1521	3355
上　海	Shanghai	649760	516862	474	-641	57438	70296
江　苏	Jiangsu	573363	463127	573	908	32482	66651
浙　江	Zhejiang	174524	124112	157	1112	30567	21247
安　徽	Anhui	279307	197558	297	-6	41978	31454
福　建	Fujian	146210	113823	204	717	10699	19670
江　西	Jiangxi	56554	45262	62		3105	6702
山　东	Shandong	275635	228053	474	-19	14655	32036
河　南	Henan	108839	82592	282	106	8767	18763
湖　北	Hubei	129927	106148	248	1854	5405	12422
湖　南	Hunan	37626	30915	53	1	1969	3978
广　东	Guangdong	1457492	1142687	2015	2478	139209	171661
广　西	Guangxi	88681	71501	142	30	3130	11456
海　南	Hainan	18085	11804	93	76	2647	1090
重　庆	Chongqing	29871	20047	135		1046	1920
四　川	Sichuan	45172	37999	135	7	2260	4810
贵　州	Guizhou	71520	58772	105		5529	8467
云　南	Yunnan	67560	55446	336	79	6069	7122
西　藏	Tibet						
陕　西	Shaanxi	31693	27204	36		2081	1921
甘　肃	Gansu	1944	1602			48	263
青　海	Qinghai						
宁　夏	Ningxia	7216	4959	3		585	1629
新　疆	Xinjiang	77382	60946	860		3711	6433

4-4-8 Continued 3

单位：万元

Unit: 10 000 yuan

财务费用 Financial Expenses	#利息支出 Interest Expenses	营业利润 Operating Profits	利润总额 Total Profits	应交所得税 Income Tax Payable	应付职工薪酬 Payables to Employees	应交增值税 VAT Payable
16424	**9472**	**9460**	**37727**	**12819**	**933540**	**56627**
718	552	832	3744	2279	85239	3689
368	163	-1766	-1172	283	23811	1410
57	31	-259	-167	12	3852	194
10	10	-1	22		221	26
1	2	-526	-537		1098	100
225	40	-1778	-1515	45	11314	555
761	777	-798	-295	91	13121	797
202	134	-234	-198	10	4784	120
1158	591	1702	8090	2763	139397	5625
1261	544	6156	8660	1108	109668	5095
357	358	-948	23	350	31561	1479
445	47	7422	8937	1560	27352	1579
381	165	1155	1812	296	30283	1428
1397	784	787	1825	243	8856	668
2133	1377	-5976	-4064	527	65850	3044
608	274	-3929	-4044	-49	17005	1198
258	203	7232	7355	1840	35654	7465
199	142	-63	79	35	5931	72
4139	2091	-5869	1260	630	259125	15368
165	111	2650	2806	74	8428	837
143	92	99	112	31	1944	451
109	4	750	903	38	6109	156
89	52	377	504	161	7985	814
216	190	-1479	-955	37	8763	446
125	150	-3006	-2441	246	13968	1192
166	6	216	270	6	3324	93
105		-74	-56	19	316	1
1	1	39	82		1026	25
627	581	6749	6687	184	7555	2700

4-4-8 续表 4

其他餐饮业

Others

地 区	Region	营业收入 Business Revenue	营业成本 Business Cost	税金及附加 Taxes and Other Charges	其他业务利润 Profits from Other Business	销售费用 Selling Expenses	管理费用 Administrative Expenses
全 国	**National Total**	**3855915**	**2225245**	**5617**	**9189**	**1192541**	**389873**
北 京	Beijing	1115917	772358	1882	6135	194309	149765
天 津	Tianjin	156795	95886	313		38121	21721
河 北	Hebei	5734	4615	8		263	838
山 西	Shanxi	15694	11312	25		1074	2855
内蒙古	Inner Mongolia						
辽 宁	Liaoning	21870	13469	47	1129	1931	1898
吉 林	Jilin	6545	4475	40		1327	662
黑龙江	Heilongjiang	2815	2569	5		264	36
上 海	Shanghai	269844	164699	194	617	92976	34997
江 苏	Jiangsu	190757	113190	255	-112	73965	18593
浙 江	Zhejiang	87354	50108	37	174	30724	6029
安 徽	Anhui	8109	5368	36		2298	452
福 建	Fujian	78552	48838	162	74	20506	10605
江 西	Jiangxi	36918	28900	71		3549	3017
山 东	Shandong	41868	34824	65		2798	4318
河 南	Henan	15390	9836	27	19	902	2394
湖 北	Hubei	18804	10301	65	218	5357	3612
湖 南	Hunan	26078	18916	195		1274	2679
广 东	Guangdong	550631	351632	781	897	116199	81923
广 西	Guangxi	18980	10764	8		4961	3006
海 南	Hainan	9686	6604	14		1619	1551
重 庆	Chongqing	8140	6468	11	20	799	678
四 川	Sichuan	1108733	420354	486	1	588470	29184
贵 州	Guizhou	8997	5946	21		806	1397
云 南	Yunnan	11611	7942	15		2376	816
西 藏	Tibet						
陕 西	Shaanxi	27793	15943	823	9	3377	5020
甘 肃	Gansu	1760	1093	2		618	42
青 海	Qinghai	1490	2275	7	8		397
宁 夏	Ningxia						
新 疆	Xinjiang	9050	6560	22		1678	1388

4-4-8 Continued 4

单位：万元

Unit: 10 000 yuan

财务费用 Financial Expenses	#利息支出 Interest Expenses	营业利润 Operating Profits	利润总额 Total Profits	应交所得税 Income Tax Payable	应付职工薪酬 Payables to Employees	应交增值税 VAT Payable
13578	**34062**	**38956**	**44292**	**666**	**898824**	**38481**
571	1443	1394	5947	5039	252144	17807
61	101	-209	635	1292	36423	2839
3		8	13	1	358	32
137	109	291	354	19	729	35
131	125	2238	2296	546	4522	407
-1		42	44	1	680	14
-1		-58	-30	1	306	138
752	453	-14381	-14037	-316	61532	2594
576	19	-14232	-13680	-3030	39495	1620
250	65	573	1016	346	18338	307
26		221	318	7	1384	43
511	45	3357	4096	513	14782	650
91	51	1273	1140	90	2444	260
67	16	-760	-349	128	11706	423
83	10	2040	2052	308	2186	155
77	13	-464	-453	19	4154	75
121	10	3001	3063	170	3507	193
2474	542	-8496	-7504	1376	116768	7889
35	54	245	268	25	4958	71
21		-107	-67	18	3269	169
36		175	174	28	1852	6
6016	29951	62534	58514	-6014	310468	1664
114	1	465	494	7	1133	313
152	141	306	360	8	1790	81
916	580	1608	1724	79	1432	508
		5	6	1	232	1
298	298	-1487	-1481			
61	35	-626	-621	4	2232	187

4-5-1 大中型住宿和餐饮业企业基本情况
Basic Conditions of Large and Medium-sized Enterprises Hotels and Catering Services above Designated Size

项　目	Item	法人单位数（个）Number of Corporation Enterprises (unit)	年末从业人数（人）Employed Persons at Year-end (person)	年末餐饮营业面积（平方米）Business Area of Catering Services at Year-end (sq.m)
总　计	**Total**	**6290**	**2412432**	**63710437**
一、住宿业	**Hotels**	**2929**	**702035**	**27856453**
#国有控股	State-controlled Enterprises	952	265436	8052427
(一)按登记注册类型分	**by Type of Registration**			
1.内资企业	**Domestic Funded Enterprises**	**2568**	**599448**	**24108696**
国有企业	State-owned Enterprises	205	63936	2148134
集体企业	Collective-owned Enterprises	12	2731	48888
股份合作企业	Cooperative Enterprises	6	762	11810
联营企业	Joint Ownership Enterprises	NA	251	55008
国有联营企业	State Joint Ownership Enterprises	NA	112	2000
集体联营企业	Collective Joint Ownership Enterprises			
国有与集体联营企业	Joint State-collective Enterprises	NA	139	53008
其他联营企业	Other Joint Ownership Enterprises			
有限责任公司	Limited Liability Corporations	1249	307572	11521079
国有独资公司	State Sole Funded Corporations	208	59967	2094560
其他有限责任公司	Other Limited Liability Corporations	1041	247605	9426519
股份有限公司	Share-holding Corporations Ltd.	31	9764	224344
私营企业	Private Enterprises	1063	214432	10099433
私营独资企业	Private-funded Enterprises	25	5149	182922
私营合伙企业	Private Partnership Enterprises	5	759	20610
私营有限责任公司	Private Limited Liability Corporations	1012	202960	9562875
私营股份有限公司	Private Share-holding Corporations Ltd.	21	5564	333026
其他企业	Other Enterprises			
2.港、澳、台商投资企业	**Enterprises with Funds from Hongkong, Macao and Taiwan**	**234**	**65070**	**2265517**
合资经营企业	Joint-venture Enterprises	91	26150	801941
合作经营企业	Cooperative Enterprises	21	6088	127489
独资经营企业	Enterprises with Sole Investment	114	30666	1247831
投资股份有限公司	Share-holding Corporations Ltd. with Investment	4	1260	17874
其他港澳台商投资企业	Other Enterprises with Funds from Hongkong, Macao and Taiwan	4	906	70382
3.外商投资企业	**Foreign Funded Enterprises**	**127**	**37517**	**1482240**
中外合资经营企业	Joint-venture Enterprises	51	13182	501345
中外合作经营企业	Cooperative Enterprises	5	3015	30618
外资企业	Enterprises with Sole Foreign Investment	67	20519	924423
外商投资股份有限公司	Share-holding Corporations Ltd. with Foreign Investment	NA	395	4484
其他外商投资企业	Other Foreign Funded Enterprises	NA	406	21370
(二)按国民经济行业分	**by Sector**			
旅游饭店	Tourist Hotel	2481	602053	23168356
一般旅馆	Fonda	392	85362	3394167
民宿服务	Home Lodging Services	NA	240	24470
露营地服务	Campground Services			
其他住宿业	Others	54	14380	1269460

项 目	Item	法人单位数(个) Number of Corporation Enterprises (unit)	年末从业人数(人) Employed Persons at Year-end (person)	年末餐饮营业面积(平方米) Business Area of Catering Services at the Year-end (sq.m)
二、餐饮业	**Catering Services**	**3361**	**1710397**	**35853984**
#国有控股	State-controlled Enterprises	274	94159	2927248
(一)按登记注册类型分	**by Type of Registration**			
1.内资企业	**Domestic Funded Enterprises**	**2959**	**967312**	**26338010**
国有企业	State-owned Enterprises	47	11728	361494
集体企业	Collective-owned Enterprises	8	1423	78012
股份合作企业	Cooperative Enterprises	8	2367	72153
联营企业	Joint Ownership Enterprises	5	1198	23822
国有联营企业	State Joint Ownership Enterprises	4	821	21022
集体联营企业	Collective Joint Ownership Enterprises			
国有与集体联营企业	Joint State-collective Enterprises	NA	377	2800
其他联营企业	Other Joint Ownership Enterprises			
有限责任公司	Limited Liability Corporations	696	244848	6981870
国有独资公司	State Sole Funded Corporations	64	22938	927757
其他有限责任公司	Other Limited Liability Corporations	632	221910	6054113
股份有限公司	Share-holding Corporations Ltd.	30	15814	404428
私营企业	Private Enterprises	2163	689557	18412231
私营独资企业	Private-funded Enterprises	54	9487	308926
私营合伙企业	Private Partnership Enterprises	12	1621	36488
私营有限责任公司	Private Limited Liability Corporations	2064	640696	17509162
私营股份有限公司	Private Share-holding Corporations Ltd.	33	37753	557655
其他企业	Other Enterprises	NA	377	4000
2.港、澳、台商投资企业	**Enterprises with Funds from Hongkong, Macao and Taiwan**	**247**	**335073**	**4426793**
合资经营企业	Joint-venture Enterprises	42	46267	605184
合作经营企业	Cooperative Enterprises	8	3190	84080
独资经营企业	Enterprises with Sole Investment	193	283787	3709690
投资股份有限公司	Share-holding Corporations Ltd. with Investment	NA	294	9782
其他港澳台商投资企业	Other Enterprises with Funds from Hongkong, Macao and Taiwan	NA	1535	18057
3.外商投资企业	**Foreign Funded Enterprises**	**155**	**408012**	**5089181**
中外合资经营企业	Joint-venture Enterprises	23	89443	996850
中外合作经营企业	Cooperative Enterprises			
外资企业	Enterprises with Sole Foreign Investment	124	314350	3985450
外商投资股份有限公司	Share-holding Corporations Ltd. with Foreign Investment	5	1679	33246
其他外商投资企业	Other Foreign Funded Enterprises	NA	2540	73635
(二)按国民经济行业分	**by Sector**			
正餐服务	Dinner	2412	784661	22577751
快餐服务	Snack	363	586290	7724935
饮料及冷饮服务	Beverage and Cold Drink	140	118174	1923452
餐饮配送及外卖送餐服务	Catering Distribution and Delivery Service	303	117015	1760443
其他餐饮业	Others	143	104257	1867403

4-5-2 各地区大中型住宿业企业基本情况

Basic Conditions of Large and Medium-sized Enterprises of Hotels and Catering Services by Region

地 区	Region	住宿业 Hotels		餐饮业 Catering Services	
		法人单位数（个）Number of Corporation Enterprises (unit)	年末从业人数（人）Employed Persons at Year-end (person)	法人单位数（个）Number of Corporation Enterprises (unit)	年末从业人数（人）Employed Persons at Year-end (person)
全 国	**National Total**	**2929**	**702035**	**3361**	**1710397**
北 京	Beijing	210	53302	232	197159
天 津	Tianjin	22	5012	53	37634
河 北	Hebei	59	15610	40	9704
山 西	Shanxi	37	12185	56	20663
内蒙古	Inner Mongolia	31	5992	35	8587
辽 宁	Liaoning	38	9107	41	22556
吉 林	Jilin	21	5283	12	3402
黑龙江	Heilongjiang	15	3613	8	2584
上 海	Shanghai	150	41989	301	240833
江 苏	Jiangsu	227	49767	425	182548
浙 江	Zhejiang	353	76508	285	106593
安 徽	Anhui	62	17474	123	55905
福 建	Fujian	198	44972	113	58177
江 西	Jiangxi	67	13404	47	15301
山 东	Shandong	172	41038	211	68961
河 南	Henan	82	18977	42	16810
湖 北	Hubei	81	14843	120	70300
湖 南	Hunan	91	18970	88	40050
广 东	Guangdong	393	106154	638	316759
广 西	Guangxi	63	14932	68	28475
海 南	Hainan	77	24207	20	6312
重 庆	Chongqing	71	14204	57	29987
四 川	Sichuan	124	28848	151	98830
贵 州	Guizhou	42	8605	35	8034
云 南	Yunnan	70	17301	36	13101
西 藏	Tibet	5	1053	NA	401
陕 西	Shaanxi	110	25216	75	35465
甘 肃	Gansu	18	3982	21	7060
青 海	Qinghai	NA	742	NA	508
宁 夏	Ningxia	8	1671	NA	234
新 疆	Xinjiang	29	7074	22	7464

4-6-1 大中型住宿和餐饮业企业经营情况

Business of Large and Medium-sized Enterprises of Hotels and Catering Services

单位：万元

Unit: 10 000 yuan

项 目	Item	营业额 Turnover	客房收入 from Hotel Rooms
总 计	**Total**	**62706650**	**8486925**
一、住宿业	**Hotels**	**17306733**	**7351252**
#国有控股	State-controlled Enterprises	**6287763**	**2440080**
(一)按登记注册类型分	**by Type of Registration**		
1.内资企业	**Domestic Funded Enterprises**	**14414947**	**6088856**
国有企业	State-owned Enterprises	1305585	467335
集体企业	Collective-owned Enterprises	70209	26295
股份合作企业	Cooperative Enterprises	40662	12084
联营企业	Joint Ownership Enterprises	7149	3907
国有联营企业	State Joint Ownership Enterprises	2479	949
集体联营企业	Collective Joint Ownership Enterprises		
国有与集体联营企业	Joint State-collective Enterprises	4670	2958
其他联营企业	Other Joint Ownership Enterprises		
有限责任公司	Limited Liability Corporations	7469856	3219191
国有独资公司	State Sole Funded Corporations	1329645	479248
其他有限责任公司	Other Limited Liability Corporations	6140211	2739943
股份有限公司	Share-holding Corporations Ltd.	296329	128455
私营企业	Private Enterprises	5225157	2231591
私营独资企业	Private-funded Enterprises	112079	40874
私营合伙企业	Private Partnership Enterprises	20963	7520
私营有限责任公司	Private Limited Liability Corporations	4959074	2134358
私营股份有限公司	Private Share-holding Corporations Ltd.	133040	48839
其他内资企业	Other Enterprises		
2.港、澳、台商投资企业	**Enterprises with Funds from Hongkong, Macao and Taiwan**	**1847677**	**824727**
合资经营企业	Joint-venture Enterprises	742423	342615
合作经营企业	Cooperative Enterprises	148624	55226
独资经营企业	Enterprises with Sole Investment	892107	405626
投资股份有限公司	Share-holding Corporations Ltd. with Investment	48400	16340
其他港澳台商投资企业	Other Enterprises with Funds from Hongkong, Macao and Taiwan	16122	4921
3.外商投资企业	**Foreign Funded Enterprises**	**1044110**	**437668**
中外合资经营企业	Joint-venture Enterprises	420792	167709
中外合作经营企业	Cooperative Enterprises	122845	30650
外资企业	Enterprises with Sole Foreign Investment	474955	221660
外商投资股份有限公司	Share-holding Corporations Ltd. with Foreign Investment	9243	5434
其他外商投资企业	Other Foreign Funded Enterprises	16274	12215
(二)按国民经济行业分	**by Sector**		
旅游饭店	Tourist Hotel	15016837	6241735
一般旅馆	Fonda	1948047	944591
民宿服务	Home Lodging Services	16448	10165
露营地服务	Campground Services		
其他住宿业	Others	325401	154761

注：部分数据合计数由于单位取舍不同而产生的计算误差，未做机械调整(下表同)。

Note: Statistical discrepancies on total figures due to rounding are not adjusted. The same applies to the tables following.

项　目	Item	餐费收入 from Meals	商品销售额 from Commodities
总　计	**Total**	**47712991**	**2349771**
一、住宿业	**Hotels**	**6589353**	**556381**
#国有控股	State-controlled Enterprises	2106428	304465
(一)按登记注册类型分	**by Type of Registration**		
1.内资企业	**Domestic Funded Enterprises**	**5734541**	**434859**
国有企业	State-owned Enterprises	480676	39103
集体企业	Collective-owned Enterprises	28045	1066
股份合作企业	Cooperative Enterprises	24435	242
联营企业	Joint Ownership Enterprises	2998	32
国有联营企业	State Joint Ownership Enterprises	1506	
集体联营企业	Collective Joint Ownership Enterprises		
国有与集体联营企业	Joint State-collective Enterprises	1492	32
其他联营企业	Other Joint Ownership Enterprises		
有限责任公司	Limited Liability Corporations	2690613	275494
国有独资公司	State Sole Funded Corporations	457572	87163
其他有限责任公司	Other Limited Liability Corporations	2233041	188330
股份有限公司	Share-holding Corporations Ltd.	93790	19374
私营企业	Private Enterprises	2413984	99549
私营独资企业	Private-funded Enterprises	57767	4592
私营合伙企业	Private Partnership Enterprises	10670	199
私营有限责任公司	Private Limited Liability Corporations	2292895	85323
私营股份有限公司	Private Share-holding Corporations Ltd.	52653	9435
其他企业	Other Enterprises		
2.港、澳、台商投资企业	**Enterprises with Funds from Hongkong, Macao and Taiwan**	**573246**	**46278**
合资经营企业	Joint-venture Enterprises	205407	11909
合作经营企业	Cooperative Enterprises	59594	9473
独资经营企业	Enterprises with Sole Investment	292017	23817
投资股份有限公司	Share-holding Corporations Ltd. with Investment	6905	242
其他港澳台商投资企业	Other Enterprises with Funds from Hongkong, Macao and Taiwan	9323	838
3.外商投资企业	**Foreign Funded Enterprises**	**281565**	**75244**
中外合资经营企业	Joint-venture Enterprises	127329	5948
中外合作经营企业	Cooperative Enterprises	12175	57348
外资企业	Enterprises with Sole Foreign Investment	135498	11597
外商投资股份有限公司	Share-holding Corporations Ltd. with Foreign Investment	3387	
其他外商投资企业	Other Foreign Funded Enterprises	3176	351
(二)按国民经济行业分	**by Sector**		
旅游饭店	Tourist Hotel	5815347	503516
一般旅馆	Fonda	655868	43473
民宿服务	Home Lodging Services	4763	173
露营地服务	Campground Services		
其他住宿业	Others	113374	9220

单位：万元

Unit: 10 000 yuan

其他收入 Others	客房数 (间) Hotel Rooms (unit)	床位数 (个) Hotel Beds (unit)	餐位数 (位) Seats for Meal (unit)
4156962	**1412101**	**2209299**	**14361109**
2809748	**1145265**	**1750091**	**3664129**
1436789	352482	545348	912913
2156690	**985154**	**1518572**	**3305042**
318471	78650	119685	185155
14802	3046	4898	13489
3902	1046	1861	2562
213	560	861	3500
25	152	216	500
189	408	645	3000
1284558	559153	855752	1856912
305662	70751	112252	257848
978897	488402	743500	1599064
54711	12281	19115	32156
480033	330418	516400	1211268
8846	7644	11934	21456
2575	996	1494	2560
446498	315540	493080	1161469
22113	6238	9892	25783
403425	**98332**	**142431**	**259814**
182493	38515	56832	94722
24332	7160	10513	16711
170646	49690	70805	141430
24913	2338	3344	2659
1041	629	937	4292
249632	**61779**	**89088**	**99273**
119806	21063	29765	40357
22672	2291	4744	2931
106200	36834	52007	53495
423	701	1182	1224
532	890	1390	1266
2456240	950614	1464958	3282358
304114	162263	240309	335200
1347	289	465	308
48046	32099	44359	46263

项 目	Item	营业额 Turnover	客房收入 from Hotel Rooms
二、餐饮业	**Catering Services**	**45399916**	**1135673**
#国有控股	State-controlled Enterprises	2302291	201627
(一)按登记注册类型分	**by Type of Registration**		
1.内资企业	**Domestic Funded Enterprises**	**27826536**	**1104938**
国有企业	State-owned Enterprises	276722	52944
集体企业	Collective-owned Enterprises	32893	3244
股份合作企业	Cooperative Enterprises	68293	1040
联营企业	Joint Ownership Enterprises	23051	1385
国有联营企业	State Joint Ownership Enterprises	20840	1385
集体联营企业	Collective Joint Ownership Enterprises		
国有与集体联营企业	Joint State-collective Enterprises	2211	
其他联营企业	Other Joint Ownership Enterprises		
有限责任公司	Limited Liability Corporations	7810651	344393
国有独资公司	State Sole Funded Corporations	579176	54416
其他有限责任公司	Other Limited Liability Corporations	7231475	289977
股份有限公司	Share-holding Corporations Ltd.	403633	8767
私营企业	Private Enterprises	19204229	692795
私营独资企业	Private-funded Enterprises	289033	9431
私营合伙企业	Private Partnership Enterprises	43476	1897
私营有限责任公司	Private Limited Liability Corporations	17840568	675606
私营股份有限公司	Private Share-holding Corporations Ltd.	1031153	5861
其他内资企业	Other Enterprises	7063	370
2.港、澳、台商投资企业	**Enterprises with Funds from Hongkong, Macao and Taiwan**	**7807544**	**23165**
合资经营企业	Joint-venture Enterprises	1241547	9024
合作经营企业	Cooperative Enterprises	83349	81
独资经营企业	Enterprises with Sole Investment	6418669	14060
投资股份有限公司	Share-holding Corporations Ltd. with Investment	7206	
其他港澳台商投资企业	Other Enterprises with Funds from Hongkong, Macao and Taiwan	56773	
3.外商投资企业	**Foreign Funded Enterprises**	**9765837**	**7571**
中外合资经营企业	Joint-venture Enterprises	2056832	2387
中外合作经营企业	Cooperative Enterprises		
外资企业	Enterprises with Sole Foreign Investment	7538367	5183
外商投资股份有限公司	Share-holding Corporations Ltd. with Foreign Investment	65522	
其他外商投资企业	Other Foreign Funded Enterprises	105116	
(二)按国民经济行业分	**by Sector**		
正餐服务	Restaurant	21070531	1127796
快餐服务	Snack	13618790	2598
饮料及冷饮服务	Beverage and Cold Drink	4333679	
餐饮配送及外卖送餐服务	Catering Distribution and Delivery Service	3315401	1106
其他餐饮业	Others	3061516	4172

4-6-1 Continued 2

单位：万元

Unit: 10 000 yuan

餐费收入 from Meals	商品销售额 from Commodities	其他收入 Others	客房数 (间) Hotel Rooms (unit)	床位数 (个) Hotel Beds (unit)	餐位数 (位) Seats for Meal (unit)
41123638	**1793390**	**1347214**	**266836**	**459208**	**10696980**
1624409	263640	212614	37820	60984	724299
24576040	**1248187**	**897371**	**203566**	**336048**	**7868654**
186200	15569	22009	8013	13601	65553
24028	1381	4240	624	1140	17246
49451	15663	2140	101	202	21112
18226	2193	1248	345	580	12693
16015	2193	1248	345	580	11013
2211					1680
6733132	408390	324736	71752	118162	2085154
408415	61947	54398	12009	19161	201278
6324718	346443	270338	59743	99001	1883876
308195	52728	33943	2098	3075	67460
17250400	752009	509025	120580	199182	5597236
266494	10783	2326	1496	2853	86286
40885	466	228	89	177	8615
16108452	626919	429590	117970	194550	5292024
834570	113841	76881	1025	1602	210311
6410	254	30	53	106	2200
7133125	**401122**	**250132**	**62131**	**121284**	**1325594**
1154055	36250	42218	1619	2354	166204
73578	3663	4027	132	230	11611
5847505	353253	203851	60380	118700	1145515
7099	108				800
50889	5849	35			1464
9414474	**144081**	**199712**	**1139**	**1876**	**1502732**
1990591	31654	32201	504	892	293076
7257236	110460	165488	635	984	1185540
62323	1176	2023			7938
104324	791				16178
18572178	722553	648003	262957	446500	6201393
12921755	378019	316418	2912	10865	2505746
3994155	253544	85980			515331
2853935	324433	135928	451	865	673330
2781615	114841	160886	516	978	801180

4-6-2 各地区大中型住宿业企业经营情况

Business of Large and Medium-sized Enterprises of Hotels by Region

单位：万元
Unit: 10 000 yuan

地 区	Region	营业额 Business Revenue	客房收入 from Hotel Rooms	餐费收入 from Meals	商品销售额 from Commodities	其他收入 Others
全 国	**National Total**	**17306733**	**7351252**	**6589353**	**556381**	**2809748**
北 京	Beijing	1704488	717891	354039	26709	605848
天 津	Tianjin	109523	62652	27200	2982	16689
河 北	Hebei	304016	96545	146334	20722	40415
山 西	Shanxi	199379	49374	106061	1626	42318
内蒙古	Inner Mongolia	107532	44889	52412	1951	8281
辽 宁	Liaoning	201366	64358	63933	7783	65293
吉 林	Jilin	91098	43213	34260	572	13053
黑龙江	Heilongjiang	62449	30343	20755	4343	7008
上 海	Shanghai	1362058	593973	365630	72098	330356
江 苏	Jiangsu	1301860	483427	630764	44316	143352
浙 江	Zhejiang	2091092	841898	951336	27504	270355
安 徽	Anhui	377433	115468	154641	56088	51236
福 建	Fujian	1297301	519338	663131	23244	91587
江 西	Jiangxi	273538	112046	132982	6592	21918
山 东	Shandong	909689	359166	388046	22405	140073
河 南	Henan	309608	117516	137297	15160	39636
湖 北	Hubei	337558	150211	128732	8164	50451
湖 南	Hunan	436507	185831	199015	9899	41762
广 东	Guangdong	2627218	1170171	865508	106158	485381
广 西	Guangxi	286859	129136	112949	14804	29970
海 南	Hainan	655173	431276	160491	4533	58873
重 庆	Chongqing	359091	176848	137404	14146	30694
四 川	Sichuan	674365	299203	282373	23363	69427
贵 州	Guizhou	180239	83112	56255	18774	22098
云 南	Yunnan	324105	164416	94598	8823	56268
西 藏	Tibet	20166	13683	5529	132	822
陕 西	Shaanxi	500957	193381	248278	9733	49565
甘 肃	Gansu	52070	27859	18321	712	5178
青 海	Qinghai	8527	3010	3844	469	1204
宁 夏	Ningxia	26760	13892	9777	159	2932
新 疆	Xinjiang	114707	57126	37458	2418	17705

4-6-3 各地区大中型餐饮业企业经营情况
Business of Large and Medium-sized Enterprises of Catering Services by Region

单位：万元
Unit: 10 000 yuan

地区	Region	营业额 Turnover	客房收入 from Hotel Rooms	餐费收入 from Meals	商品销售额 from Commodities	其他收入 Others
全国	**National Total**	**45399916**	**1135673**	**41123638**	**1793390**	**1347214**
北京	Beijing	5695358	12124	5159813	225698	297723
天津	Tianjin	819280	22683	726897	16598	53103
河北	Hebei	318067	16688	251910	14199	35270
山西	Shanxi	379387	20752	341899	4912	11825
内蒙古	Inner Mongolia	208008	22641	153066	20772	11529
辽宁	Liaoning	728944	12035	662360	38397	16152
吉林	Jilin	103756	2602	95969	595	4589
黑龙江	Heilongjiang	53409	1389	49047	191	2781
上海	Shanghai	6557237	4493	6265594	185244	101907
江苏	Jiangsu	4936053	289507	4412734	118785	115027
浙江	Zhejiang	3441440	176476	3028944	142903	93117
安徽	Anhui	1668894	63107	1461352	95336	49098
福建	Fujian	1298038	24124	1165294	57730	50889
江西	Jiangxi	353115	22597	325167	2968	2384
山东	Shandong	1662821	127634	1392149	65192	77846
河南	Henan	444611	7987	426671	5339	4614
湖北	Hubei	1796872	41312	1680528	46073	28959
湖南	Hunan	915505	45707	823620	30180	15998
广东	Guangdong	7989822	68712	7202989	498762	219359
广西	Guangxi	562355	16890	451684	47652	46129
海南	Hainan	139973	1961	121058	9410	7545
重庆	Chongqing	828245	31409	757800	27794	11242
四川	Sichuan	2555266	55789	2404910	48263	46305
贵州	Guizhou	160458	1286	145222	10293	3657
云南	Yunnan	275090	5592	248608	7727	13162
西藏	Tibet	11239		10364	875	
陕西	Shaanxi	1172517	18134	1077660	56767	19956
甘肃	Gansu	147287	15686	118771	9077	3753
青海	Qinghai	7578	2552	4749	65	211
宁夏	Ningxia	7339		7339		
新疆	Xinjiang	161955	3805	149470	5596	3084

4-7-1 大中型住宿和餐饮业企业年末资产负债

项　目	Item	流动资产合计 Total Current Assets	#存货 Stock
总　计	**Total**	**61532768**	**3936649**
一、住宿业	**Hotels**	**41510922**	**2845525**
#国有控股	State-controlled Enterprises	14306242	332564
(一)按登记注册类型分	**by Type of Registration**		
1.内资企业	**Domestic Funded Enterprises**	**31376108**	**2575768**
国有企业	State-owned Enterprises	1798500	51486
集体企业	Collective-owned Enterprises	68795	2291
股份合作企业	Cooperative Enterprises	22093	252
联营企业	Joint Ownership Enterprises	5214	179
国有联营企业	State Joint Ownership Enterprises	4440	142
集体联营企业	Collective Joint Ownership Enterprises		
国有与集体联营企业	Joint State-collective Enterprises	775	37
其他联营企业	Other Joint Ownership Enterprises		
有限责任公司	Limited Liability Corporations	19239203	1097925
国有独资公司	State Sole Funded Corporations	2168879	86011
其他有限责任公司	Other Limited Liability Corporations	17070324	1011913
股份有限公司	Share-holding Corporations Ltd.	1073107	12306
私营企业	Private Enterprises	9169195	1411329
私营独资企业	Private-funded Enterprises	69934	4232
私营合伙企业	Private Partnership Enterprises	14582	506
私营有限责任公司	Private Limited Liability Corporations	8089862	514835
私营股份有限公司	Private Share-holding Corporations Ltd.	994817	891756
其他企业	Other Enterprises		
2.港、澳、台商投资企业	**Enterprises with Funds from Hongkong, Macao and Taiwan**	**5416784**	**213811**
合资经营企业	Joint-venture Enterprises	2504061	114194
合作经营企业	Cooperative Enterprises	372719	8944
独资经营企业	Enterprises with Sole Investment	2347805	70073
投资股份有限公司	Share-holding Corporations Ltd. with Investment	179227	19062
其他港澳台商投资企业	Other Enterprises with Funds from Hongkong, Macao and Taiwan	12972	1538
3.外商投资企业	**Foreign Funded Enterprises**	**4718031**	**55946**
中外合资经营企业	Joint-venture Enterprises	2345802	46859
中外合作经营企业	Cooperative Enterprises	287268	1027
外资企业	Enterprises with Sole Foreign Investment	1870409	7787
外商投资股份有限公司	Share-holding Corporations Ltd. with Foreign Investment	78119	144
其他外商投资企业	Other Foreign Funded Enterprises	136433	130
(二)按国民经济行业分	**by Sector**		
旅游饭店	Tourist Hotel	36207599	1745848
一般旅馆	Fonda	4867509	1082822
民宿服务	Home Lodging Services	1479	273
露营地服务	Campground Services		
其他住宿业	Others	434336	16583

注：限额以上住宿和餐饮业中，因包含了视同法人单位，财务指标数据存在资产≠负债+所有者权益的问题(下表同)。

Assets and Liabilities of Large and Medium-sized of Enterprises of Hotels and Catering Services at Year-end

单位：万元

Unit: 10 000 yuan

固定资产原价 Original Value of Fixed Assets	累计折旧 Accumulated Depreciation	#本年折旧 Current Year Depreciation	资产合计 Total Assets	负债合计 Total Liabilities	所有者权益合计 Total Owners' Equities	实收资本 Paicl-up Capitals
76183624	**35496536**	**3082734**	**145724110**	**109639805**	**36100153**	**41244798**
61103781	**28521493**	**2120520**	**103313491**	**78057942**	**25269123**	**30598091**
26016787	12367726	844670	42352076	24314479	18049021	14909995
45450895	**20519684**	**1637372**	**78670005**	**60146483**	**18537096**	**22927005**
4792674	2416767	141142	5567066	3417925	2149141	1311164
286894	167310	7790	214416	119371	95045	30545
11960	8651	460	44606	38937	5669	2724
9537	1641	499	22749	22479	270	2522
166	114	19	6926	7559	-633	1522
9370	1527	480	15823	14920	903	1000
27607247	12673758	947093	49171040	34257270	14925194	16676698
4794182	2184709	148891	7531186	4482899	3048286	2233163
22813065	10489049	798201	41639854	29774370	11876907	14443536
1148137	451527	40365	2521741	1470056	1051685	496689
11594446	4800031	500023	21128388	20820445	310094	4406663
115436	68233	6034	189351	213403	-24052	75772
10982	4092	487	18226	6428	11798	2381
10993384	4595700	476176	19425911	19281301	146761	4110829
474644	132006	17327	1494900	1319314	175587	217681
10516299	**5581760**	**335912**	**14126739**	**11494458**	**2632280**	**5132761**
4129873	2374790	122707	5944265	5438309	505956	1402638
716046	473635	25545	728562	496309	232253	398319
5554001	2672661	182913	7095267	5346328	1748939	3244908
70607	54083	2749	288108	132451	155657	61897
45772	6591	1998	70537	81061	-10524	25000
5136587	**2420049**	**147237**	**10516747**	**6417001**	**4099746**	**2538325**
2275236	1052776	55383	5705736	3095313	2610423	954990
546030	237622	20563	715218	420374	294844	354404
2194398	1057216	68363	3750203	2623790	1126413	1153862
51066	28131	1204	102723	117027	-14304	25000
69857	44304	1724	242868	160497	82371	50070
55784539	26490466	1903127	92007415	68456585	23552981	28212630
4570839	1776190	187153	10222510	8471559	1762375	2276586
15187	1302	630	18499	29699	-11200	800
733218	253536	29610	1065066	1100099	-35033	108076

Note：Of enterprises above designated size of Hotel and Catering Services,the finicial data have the problem of total assets ≠ liabilities+total owners' equities, because some of them are regarded as entities. The same applies to the tables following.

项　　目	Item	流动资产合计 Total Current Assets	#存货 Stock
二、餐饮业	**Catering Services**	**20021845**	**1091124**
#国有控股	State-controlled Enterprises	**2520756**	**110736**
(一)按登记注册类型分	**by Type of Registration**		
1.内资企业	**Domestic Funded Enterprises**	**13774235**	**791814**
国有企业	State-owned Enterprises	266126	10801
集体企业	Collective-owned Enterprises	30971	1053
股份合作企业	Cooperative Enterprises	55675	2932
联营企业	Joint Ownership Enterprises	25651	3276
国有联营企业	State Joint Ownership Enterprises	24903	3276
集体联营企业	Collective Joint Ownership Enterprises		
国有与集体联营企业	Joint State-collective Enterprises	748	
其他联营企业	Other Joint Ownership Enterprises		
有限责任公司	Limited Liability Corporations	4393832	274895
国有独资公司	State Sole Funded Corporations	471044	16667
其他有限责任公司	Other Limited Liability Corporations	3922788	258228
股份有限公司	Share-holding Corporations Ltd.	663897	11480
私营企业	Private Enterprises	8332868	486735
私营独资企业	Private-funded Enterprises	93462	11133
私营合伙企业	Private Partnership Enterprises	12783	5711
私营有限责任公司	Private Limited Liability Corporations	7659043	445167
私营股份有限公司	Private Share-holding Corporations Ltd.	567581	24724
其他企业	Other Enterprises	5215	643
2.港、澳、台商投资企业	**Enterprises with Funds from Hongkong, Macao and Taiwan**	**3344780**	**154670**
合资经营企业	Joint-venture Enterprises	381178	16535
合作经营企业	Cooperative Enterprises	41461	6534
独资经营企业	Enterprises with Sole Investment	2631022	129666
投资股份有限公司	Share-holding Corporations Ltd. with Investment	1625	204
其他港澳台商投资企业	Other Enterprises with Funds from Hongkong, Macao and Taiwan	289494	1732
3.外商投资企业	**Foreign Funded Enterprises**	**2902830**	**144640**
中外合资经营企业	Joint-venture Enterprises	222799	20640
中外合作经营企业	Cooperative Enterprises		
外资企业	Enterprises with Sole Foreign Investment	2566436	107392
外商投资股份有限公司	Share-holding Corporations Ltd. with Foreign Investment	69784	1633
其他外商投资企业	Other Foreign Funded Enterprises	43812	14975
(二)按国民经济行业分	**by Sector**		
正餐服务	Dinner	11845986	760157
快餐服务	Snack	2631297	171165
饮料及冷饮服务	Beverage and Cold Drink	2805762	69115
餐饮配送及外卖送餐服务	Catering Distribution and Delivery Service	1256869	52665
其他餐饮业	Others	1481931	38022

4-7-1 Continued 1

单位：万元
Unit: 10 000 yuan

固定资产原价 Original Value of Fixed Assets	累计折旧 Accumulation Depreciation	#本年折旧 Current Year Depreciation	资产合计 Total Assets	负债合计 Total liabilities	所有者权益合计 Total Owners' Equities	实收资本 Paid-up Capitals
15079842	**6975043**	**962213**	**42410620**	**31581862**	**10831030**	**10646707**
2307286	**901752**	**89095**	**5732518**	**3827351**	**1905166**	**1364593**
10494070	**4585496**	**615856**	**27390792**	**21531038**	**5862027**	**7784441**
358157	140533	5452	695607	455186	240421	149972
37744	19837	1709	67764	29676	38088	16599
36239	18346	1644	79990	36977	43013	3106
41574	9306	1501	95348	74359	20989	42031
41536	9268	1501	94600	74258	20342	41431
38	38		748	101	647	600
3953024	1645536	211307	9116548	7361635	1757154	2273837
664814	249461	28359	1262073	849200	412873	299733
3288209	1396075	182948	7854475	6512435	1344281	1974105
336302	127772	12628	1551371	638990	912404	306751
5726405	2620119	381338	15777578	12928185	2849403	4991945
109070	56337	6401	216898	154125	62773	12542
10761	4019	1873	24092	21109	2983	2502
5377627	2455606	360234	14337039	12183814	2153235	4802275
228948	104158	12830	1199548	569136	630412	174626
4627	4047	279	6588	6032	556	200
2614535	**1341391**	**188783**	**7955966**	**5355117**	**2600848**	**1577472**
483508	**236457**	**26245**	**1293550**	**859973**	**433577**	**232439**
37913	29784	1321	66794	67768	-974	21558
2086005	1073173	160116	6244265	4369196	1875069	1322123
342	69	68	3936	4980	-1044	50
6767	1907	1032	347420	53200	294220	1304
1971237	**1048157**	**157575**	**7063862**	**4695707**	**2368155**	**1284794**
592480	273347	44789	1281731	814272	467458	98190
1356715	761251	111634	5611162	3763857	1847305	1153744
16637	9207	896	90550	90132	419	11050
5406	4353	256	80420	27446	52974	21809
10635668	4729992	596105	25390865	19978238	5414891	8017625
3257946	1652912	225602	8940440	6522493	2417948	1327858
684819	350944	78305	4175229	2364804	1810425	496967
294306	118779	30392	1604324	1130223	474111	318194
207104	122417	31810	2299761	1586105	713656	486063

4-7-2 各地区大中型住宿和餐饮业企业年末资产负债

Assets and Liabilities of Large and Medium-sized of Enterprises of Hotels and Catering Services by Region at Year-end

单位：万元

Unit: 10 000 yuan

地 区	Region	资产总计 Total Assets	#流动资产合计 Total Current Assets	#固定资产净额 Net Value of Fixed Assets	负债合计 Total Liabilities	所有者权益合计 Total Owners' Equities
全 国	**National Total**	**145724111**	**61532767**	**37627700**	**109639804**	**36100153**
北 京	Beijing	22890783	9781338	3971017	12916942	9973841
天 津	Tianjin	1834092	706622	683418	1425059	409033
河 北	Hebei	2368555	919877	729854	2107017	261539
山 西	Shanxi	1417095	462694	588875	1206442	210653
内蒙古	Inner Mongolia	841555	253455	408536	785080	56475
辽 宁	Liaoning	1415223	459895	459142	1258762	156462
吉 林	Jilin	628337	250079	175963	466203	162135
黑龙江	Heilongjiang	365345	120863	176962	311517	55979
上 海	Shanghai	16318472	7654210	3297467	11651083	4669628
江 苏	Jiangsu	12241760	5202208	4081085	9544744	2708451
浙 江	Zhejiang	13922455	4845726	4402874	11094664	2827791
安 徽	Anhui	2720550	1040635	708632	2003365	717185
福 建	Fujian	8327811	3363974	2262588	5367764	2960048
江 西	Jiangxi	1573382	462626	428047	1226896	346486
山 东	Shandong	5891431	2314073	1979320	4937968	953463
河 南	Henan	1629732	615242	632538	1183824	445908
湖 北	Hubei	2471566	971995	612459	1876309	595257
湖 南	Hunan	2693138	942042	764683	2402482	290656
广 东	Guangdong	21380613	11342240	3788390	18102723	3277913
广 西	Guangxi	2108805	781378	742543	1453065	655740
海 南	Hainan	5591983	2016518	2307385	5238610	353373
重 庆	Chongqing	2403242	1114861	487179	1922744	480498
四 川	Sichuan	5906117	2776200	1168721	4461271	1444845
贵 州	Guizhou	1281004	688293	278045	1057652	223352
云 南	Yunnan	2054525	750836	721362	1372377	682146
西 藏	Tibet	195641	30301	49391	46848	148793
陕 西	Shaanxi	3630636	1091876	1196633	3096158	534478
甘 肃	Gansu	416910	210993	74425	308745	108164
青 海	Qinghai	107031	16275	24530	39056	67974
宁 夏	Ningxia	159228	27485	121313	110223	49007
新 疆	Xinjiang	937095	317957	304325	664212	272883

4-7-3 各地区大中型住宿业企业年末资产负债
Assets and Liabilities of Large and Medium-sized Enterprises of Hotels by Region at Year-end

单位：万元
Unit: 10 000 yuan

地区	Region	资产总计 Total Assets	#流动资产合计 Total Current Assets	#固定资产净额 Net Value of Fixed Assets	负债合计 Total Liabilities	所有者权益合计 Total Owners' Equities
全国	**National Total**	**103313491**	**41510922**	**30412563**	**78057942**	**25269123**
北京	Beijing	18812794	7650190	3608369	9823547	8989247
天津	Tianjin	1102781	425389	499040	882827	219953
河北	Hebei	1821466	582512	645177	1608243	213224
山西	Shanxi	818219	251044	425947	756528	61691
内蒙古	Inner Mongolia	473340	105671	301190	492208	-18868
辽宁	Liaoning	760088	222953	351998	650620	109469
吉林	Jilin	551183	215792	170181	399902	151281
黑龙江	Heilongjiang	295220	73390	169312	234538	62833
上海	Shanghai	10544321	4181737	2763990	7628698	2915622
江苏	Jiangsu	7268589	3129744	2607125	5792669	1487344
浙江	Zhejiang	10159267	3413273	3534665	8002977	2156290
安徽	Anhui	1198461	420205	431740	1062793	135668
福建	Fujian	7495696	3066230	2120079	4766135	2729562
江西	Jiangxi	1254816	359604	372484	1018461	236355
山东	Shandong	3624368	1534679	1310518	3055093	569275
河南	Henan	1361719	508024	577840	944789	416930
湖北	Hubei	1262970	438931	459738	1018336	244634
湖南	Hunan	1792285	554941	594773	1610102	182183
广东	Guangdong	14217342	7731308	2948255	12889106	1328236
广西	Guangxi	1522022	553321	611118	1050279	471743
海南	Hainan	5478329	1960884	2290241	5164990	313339
重庆	Chongqing	1784722	813153	372591	1510876	273846
四川	Sichuan	2959292	1191226	830523	2417595	541696
贵州	Guizhou	1067948	536823	250189	876781	191167
云南	Yunnan	1644751	459886	647743	1152433	492317
西藏	Tibet	156778	16447	46079	35470	121308
陕西	Shaanxi	2823074	784944	1084989	2531424	291650
甘肃	Gansu	199236	92099	45313	127941	71294
青海	Qinghai	83962	9601	14053	24493	59469
宁夏	Ningxia	144693	23429	113820	103828	40866
新疆	Xinjiang	633760	203493	213483	424259	209501

4-7-4 各地区大中型餐饮业企业年末资产负债
Assets and Liabilities of Large and Medium-sized Enterprises of Catering Services by Region at Year-end

单位：万元
Unit: 10 000 yuan

地区	Region	资产总计 Total Assets	#流动资产合计 Total Current Assets	#固定资产净额 Net Value of Fixed Assets	负债合计 Total Liabilities	所有者权益合计 Total Owners' Equities
全国	**National Total**	**42410620**	**20021845**	**7215137**	**31581862**	**10831030**
北京	Beijing	4077989	2131148	362648	3093395	984594
天津	Tianjin	731311	281233	184378	542232	189080
河北	Hebei	547089	337365	84677	498774	48315
山西	Shanxi	598876	211650	162928	449914	148962
内蒙古	Inner Mongolia	368215	147784	107346	292872	75343
辽宁	Liaoning	655135	236942	107144	608142	46993
吉林	Jilin	77154	34287	5782	66301	10854
黑龙江	Heilongjiang	70125	47473	7650	76979	-6854
上海	Shanghai	5774151	3472473	533477	4022385	1754006
江苏	Jiangsu	4973171	2072464	1473960	3752075	1221107
浙江	Zhejiang	3763188	1432453	868209	3091687	671501
安徽	Anhui	1522089	620430	276892	940572	581517
福建	Fujian	832115	297744	142509	601629	230486
江西	Jiangxi	318566	103022	55563	208435	110131
山东	Shandong	2267063	779394	668802	1882875	384188
河南	Henan	268013	107218	54698	239035	28978
湖北	Hubei	1208596	533064	152721	857973	350623
湖南	Hunan	900853	387101	169910	792380	108473
广东	Guangdong	7163271	3610932	840135	5213617	1949677
广西	Guangxi	586783	228057	131425	402786	183997
海南	Hainan	113654	55634	17144	73620	40034
重庆	Chongqing	618520	301708	114588	411868	206652
四川	Sichuan	2946825	1584974	338198	2043676	903149
贵州	Guizhou	213056	151470	27856	180871	32185
云南	Yunnan	409774	290950	73619	219944	189829
西藏	Tibet	38863	13854	3312	11378	27485
陕西	Shaanxi	807562	306932	111644	564734	242828
甘肃	Gansu	217674	118894	29112	180804	36870
青海	Qinghai	23069	6674	10477	14563	8505
宁夏	Ningxia	14535	4056	7493	6395	8141
新疆	Xinjiang	303335	114464	90842	239953	63382

4-8-1 大中型住宿和餐饮业企业损益及分配

Income and Distribution of Large and Medium-sized Enterprises of Hotels and Catering Services

单位：万元

Unit: 10 000 yuan

项　目	Item	营业收入 Business Revenue	营业成本 Business Cost
总　计	**Total**	**60206753**	**31419723**
一、住宿业	**Hotels**	**16855765**	**8061515**
#国有控股	State-controlled Enterprises	6114459	3358587
(一)按登记注册类型分	**by Type of Registration**		
1.内资企业	**Domestic Funded Enterprises**	**13995121**	**6802283**
国有企业	State-owned Enterprises	1233464	537850
集体企业	Collective-owned Enterprises	66996	20347
股份合作企业	Cooperative Enterprises	39088	30566
联营企业	Joint Ownership Enterprises	6773	3809
国有联营企业	State Joint Ownership Enterprises	2339	649
集体联营企业	Collective Joint Ownership Enterprises		
国有与集体联营企业	Joint State-collective Enterprises	4434	3160
其他联营企业	Other Joint Ownership Enterprises		
有限责任公司	Limited Liability Corporations	7335795	3817908
国有独资公司	State Sole Funded Corporations	1317515	747048
其他有限责任公司	Other Limited Liability Corporations	6018280	3070860
股份有限公司	Share-holding Corporations Ltd.	286314	145567
私营企业	Private Enterprises	5026691	2246236
私营独资企业	Private-funded Enterprises	106829	49167
私营合伙企业	Private Partnership Enterprises	19727	10308
私营有限责任公司	Private Limited Liability Corporations	4774996	2113933
私营股份有限公司	Private Share-holding Corporations Ltd.	125138	72827
其他企业	Other Enterprises		
2.港、澳、台商投资企业	**Enterprises with Funds from Hongkong, Macao and Taiwan**	**1777647**	**758193**
合资经营企业	Joint-venture Enterprises	720213	279834
合作经营企业	Cooperative Enterprises	140661	78574
独资经营企业	Enterprises with Sole Investment	855688	383860
投资股份有限公司	Share-holding Corporations Ltd. with Investment	45797	8102
其他港澳台商投资企业	Other Enterprises with Funds from Hongkong, Macao and Taiwan	15288	7824
3.外商投资企业	**Foreign Funded Enterprises**	**1082997**	**501040**
中外合资经营企业	Joint-venture Enterprises	457365	199249
中外合作经营企业	Cooperative Enterprises	115959	83697
外资企业	Enterprises with Sole Foreign Investment	485488	207963
外商投资股份有限公司	Share-holding Corporations Ltd. with Foreign Investment	8717	4487
其他外商投资企业	Other Foreign Funded Enterprises	15468	5643
(二)按国民经济行业分	**by Sector**		
旅游饭店	Tourist Hotel	14673707	6958437
一般旅馆	Fonda	1881523	942644
民宿服务	Home Lodging Services	10531	2743
露营地服务	Campground Services		
其他住宿业	Others	290003	157691

项　目	Item	税金及附加 Taxes and Other Charges
总　计	**Total**	**479890**
一、住宿业	**Hotels**	**391002**
#国有控股	State-controlled Enterprises	174588
(一)按登记注册类型分	**by Type of Registration**	
1.内资企业	**Domestic Funded Enterprises**	**277742**
国有企业	State-owned Enterprises	29827
集体企业	Collective-owned Enterprises	454
股份合作企业	Cooperative Enterprises	627
联营企业	Joint Ownership Enterprises	83
国有联营企业	State Joint Ownership Enterprises	
集体联营企业	Collective Joint Ownership Enterprises	
国有与集体联营企业	Joint State-collective Enterprises	83
其他联营企业	Other Joint Ownership Enterprises	
有限责任公司	Limited Liability Corporations	179189
国有独资公司	State Sole Funded Corporations	32282
其他有限责任公司	Other Limited Liability Corporations	146907
股份有限公司	Share-holding Corporations Ltd.	8471
私营企业	Private Enterprises	59091
私营独资企业	Private-funded Enterprises	824
私营合伙企业	Private Partnership Enterprises	58
私营有限责任公司	Private Limited Liability Corporations	56164
私营股份有限公司	Private Share-holding Corporations Ltd.	2046
其他企业	Other Enterprises	
2.港、澳、台商投资企业	**Enterprises with Funds from Hongkong, Macao and Taiwan**	**72900**
合资经营企业	Joint-venture Enterprises	39407
合作经营企业	Cooperative Enterprises	3528
独资经营企业	Enterprises with Sole Investment	29144
投资股份有限公司	Share-holding Corporations Ltd. with Investment	507
其他港澳台商投资企业	Other Enterprises with Funds from Hongkong, Macao and Taiwan	315
3.外商投资企业	**Foreign Funded Enterprises**	**40360**
中外合资经营企业	Joint-venture Enterprises	23468
中外合作经营企业	Cooperative Enterprises	2046
外资企业	Enterprises with Sole Foreign Investment	14025
外商投资股份有限公司	Share-holding Corporations Ltd. with Foreign Investment	350
其他外商投资企业	Other Foreign Funded Enterprises	471
(二)按国民经济行业分	**by Sector**	
旅游饭店	Tourist Hotel	359627
一般旅馆	Fonda	26490
民宿服务	Home Lodging Services	14
露营地服务	Campground Services	
其他住宿业	Others	4871

4-8-1 Continued 1

单位：万元

Unit: 10 000 yuan

其他业务利润 Profits from Other Business	销售费用 Selling Expenses	管理费用 Administrative Expenses	财务费用 Financial Expenses	#利息支出 Interest Expenses
505126	**20146511**	**10942765**	**1887420**	**1314581**
248115	**4879757**	**6152831**	**1380671**	**1032187**
80804	1653494	2368233	322476	322098
178555	**4095169**	**4985665**	**980399**	**719213**
11294	451978	568604	9960	21656
175	33130	21002	324	598
47	5485	4537	505	113
-7	1957	558	7	
	1869	384	7	
-7	87	175	1	
97249	2003281	2664429	552627	477620
35097	331997	466571	62430	46255
62152	1671285	2197858	490198	431364
423	56624	98565	39437	5728
69375	1542714	1627969	377538	213498
410	34161	35911	3834	1426
	5618	2552	221	218
68476	1482051	1538887	365300	202348
488	20884	50619	8182	9506
39049	**551227**	**729341**	**281434**	**219330**
16707	208897	293477	130331	102208
489	42714	49081	3049	2646
21048	270543	364016	151399	114248
	24348	14299	-4588	232
805	4725	8468	1242	-4
30511	**233360**	**437825**	**118838**	**93644**
26858	113712	168645	52720	41440
2254	10888	36808	25849	19935
1399	107279	222658	39005	31067
	615	5103	1192	1202
	866	4610	72	
218685	4238993	5354474	1268412	968561
28346	538392	662485	104054	57028
-241	3089	6985	466	447
1325	99282	128888	7739	6151

项 目	Item	营业利润 Business Profits
总 计	**Total**	**-3260556**
一、住宿业	**Hotels**	**-2880991**
#国有控股	State-controlled Enterprises	-711036
(一)按登记注册类型分	**by Type of Registration**	
1.内资企业	**Domestic Funded Enterprises**	**-2097928**
国有企业	State-owned Enterprises	-318321
集体企业	Collective-owned Enterprises	-8179
股份合作企业	Cooperative Enterprises	374
联营企业	Joint Ownership Enterprises	435
国有联营企业	State Joint Ownership Enterprises	-571
集体联营企业	Collective Joint Ownership Enterprises	
国有与集体联营企业	Joint State-collective Enterprises	1005
其他联营企业	Other Joint Ownership Enterprises	
有限责任公司	Limited Liability Corporations	-906455
国有独资公司	State Sole Funded Corporations	-258186
其他有限责任公司	Other Limited Liability Corporations	-648269
股份有限公司	Share-holding Corporations Ltd.	-54561
私营企业	Private Enterprises	-811221
私营独资企业	Private-funded Enterprises	-12229
私营合伙企业	Private Partnership Enterprises	970
私营有限责任公司	Private Limited Liability Corporations	-771412
私营股份有限公司	Private Share-holding Corporations Ltd.	-28549
其他企业	Other Enterprises	
2.港、澳、台商投资企业	**Enterprises with Funds from Hongkong, Macao and Taiwan**	**-528705**
合资经营企业	Joint-venture Enterprises	-162096
合作经营企业	Cooperative Enterprises	-27729
独资经营企业	Enterprises with Sole Investment	-326503
投资股份有限公司	Share-holding Corporations Ltd. with Investment	-5092
其他港澳台商投资企业	Other Enterprises with Funds from Hongkong, Macao and Taiwan	-7285
3.外商投资企业	**Foreign Funded Enterprises**	**-254358**
中外合资经营企业	Joint-venture Enterprises	-103189
中外合作经营企业	Cooperative Enterprises	-36604
外资企业	Enterprises with Sole Foreign Investment	-110604
外商投资股份有限公司	Share-holding Corporations Ltd. with Foreign Investment	-3021
其他外商投资企业	Other Foreign Funded Enterprises	-940
(二)按国民经济行业分	**by Sector**	
旅游饭店	Tourist Hotel	-2399262
一般旅馆	Fonda	-380516
民宿服务	Home Lodging Services	-2765
露营地服务	Campground Services	
其他住宿业	Others	-98448

单位：万元
Unit: 10 000 yuan

利润总额 Total Profits	应交所得税 Income Tax Payable	应付职工薪酬 Payables to Employees	应交增值税 VAT Payable
-2884557	**430503**	**17151055**	**773443**
-2653816	**175364**	**5905468**	**338456**
-655892	166949	2637474	123909
-1955559	**166693**	**4860122**	**271198**
-282602	5129	620617	16927
-7562	482	27901	1633
2060	71	5815	362
464	-1	1574	-25
-567		771	-25
1031	-1	803	
-855985	159064	2712709	152479
-256902	5336	530159	27467
-599083	153728	2182551	125012
-56500	-3775	102136	4601
-755434	5723	1389370	95223
-12184	968	31433	1783
987	13	3410	372
-718159	4723	1317643	91428
-26078	19	36884	1641
-483894	**711**	**662834**	**37667**
-153115	4304	274740	20111
-24402	-186	65672	3359
-294321	-4721	297204	13922
-4769	1314	17996	1378
-7287		7223	-1103
-214363	**7960**	**382513**	**29590**
-97926	2294	139260	10534
-33800	412	41310	5116
-77631	5219	193707	13098
-3021		3779	318
-1986	34	4457	524
-2191835	167481	5116031	301529
-361592	6094	660299	41833
-2824		2747	192
-97565	1790	126392	-5098

项　目	Item	营业收入 Business Revenue	营业成本 Business Cost
二、餐饮业	**Catering Services**	**43350988**	**23358207**
#国有控股	State-controlled Enterprises	2262427	1720860
(一)按登记注册类型分	**by Type of Registration**		
1.内资企业	**Domestic Funded Enterprises**	**26692405**	**15530045**
国有企业	State-owned Enterprises	255891	174088
集体企业	Collective-owned Enterprises	31854	22521
股份合作企业	Cooperative Enterprises	65015	34957
联营企业	Joint Ownership Enterprises	22447	17780
国有联营企业	State Joint Ownership Enterprises	20235	17780
集体联营企业	Collective Joint Ownership Enterprises		
国有与集体联营企业	Joint State-collective Enterprises	2211	
其他联营企业	Other Joint Ownership Enterprises		
有限责任公司	Limited Liability Corporations	7553487	4540124
国有独资公司	State Sole Funded Corporations	558092	385803
其他有限责任公司	Other Limited Liability Corporations	6995395	4154321
股份有限公司	Share-holding Corporations Ltd.	380036	271237
私营企业	Private Enterprises	18376804	10465132
私营独资企业	Private-funded Enterprises	270709	170426
私营合伙企业	Private Partnership Enterprises	41434	24512
私营有限责任公司	Private Limited Liability Corporations	17088850	9675491
私营股份有限公司	Private Share-holding Corporations Ltd.	975811	594703
其他企业	Other Enterprises	6872	4207
2.港、澳、台商投资企业	**Enterprises with Funds from Hongkong, Macao and Taiwan**	**7364866**	**3011037**
合资经营企业	Joint-venture Enterprises	1177591	526540
合作经营企业	Cooperative Enterprises	76287	38578
独资经营企业	Enterprises with Sole Investment	6050476	2425051
投资股份有限公司	Share-holding Corporations Ltd. with Investment	7295	4885
其他港澳台商投资企业	Other Enterprises with Funds from Hongkong, Macao and Taiwan	53217	15983
3.外商投资企业	**Foreign Funded Enterprises**	**9293716**	**4817126**
中外合资经营企业	Joint-venture Enterprises	1944348	994279
中外合作经营企业	Cooperative Enterprises		
外资企业	Enterprises with Sole Foreign Investment	7178478	3749701
外商投资股份有限公司	Share-holding Corporations Ltd. with Foreign Investment	61873	32073
其他外商投资企业	Other Foreign Funded Enterprises	109017	41073
(二)按国民经济行业分	**by Sector**		
正餐服务	Dinner	20270020	10887274
快餐服务	Snack	12840987	6673734
饮料及冷饮服务	Beverage and Cold Drink	4168612	1761927
餐饮配送及外卖送餐服务	Catering Distribution and Delivery Service	3171663	2481057
其他餐饮业	Others	2899706	1554215

4-8-1 Continued 3

单位：万元
Unit: 10 000 yuan

税金及附加 Taxes and Other Charges	其他业务利润 Profits from Other Business	销售费用 Selling Expenses	管理费用 Administrative Expenses
88888	**257011**	**15266754**	**4789935**
17459	16905	411460	384008
71675	**126289**	**8111686**	**3272464**
1839	1389	61550	54338
154	37	5001	8400
479	20	23059	9205
141		2564	3553
136		345	3553
4		2219	
27188	31119	2210362	1014121
3718	3041	115695	105865
23470	28078	2094667	908257
3064	2802	116463	57227
38792	90922	5690969	2124672
1032	566	60235	35273
155	429	12721	4401
35837	86009	5323609	2011484
1769	3918	294404	73513
18		1719	947
10535	**44499**	**3906293**	**648940**
1698	2833	516870	111643
225	3	40062	11887
8584	41662	3306781	514943
1		1882	974
26		40698	9494
6678	**86222**	**3248775**	**868531**
890	2063	621482	150446
5536	82912	2532343	706317
224	213	23694	3119
28	1035	71256	8648
68096	196446	7141399	2700416
9824	28152	4670557	1122138
3250	22907	2083859	389019
4379	2727	323998	330063
3339	6779	1046941	248299

项　目	Item	财务费用 Financial Expenses	#利息支出 Interest Expenses
二、餐饮业	**Catering Services**	**506750**	**282395**
#国有控股	State-controlled Enterprises	50868	35251
(一)按登记注册类型分	**by Type of Registration**		
1.内资企业	**Domestic Funded Enterprises**	**342849**	**193361**
国有企业	State-owned Enterprises	4928	4374
集体企业	Collective-owned Enterprises	-92	45
股份合作企业	Cooperative Enterprises	234	225
联营企业	Joint Ownership Enterprises	524	451
国有联营企业	State Joint Ownership Enterprises	529	451
集体联营企业	Collective Joint Ownership Enterprises		
国有与集体联营企业	Joint State-collective Enterprises	-4	
其他联营企业	Other Joint Ownership Enterprises		
有限责任公司	Limited Liability Corporations	108430	53171
国有独资公司	State Sole Funded Corporations	28688	10819
其他有限责任公司	Other Limited Liability Corporations	79742	42352
股份有限公司	Share-holding Corporations Ltd.	4545	8008
私营企业	Private Enterprises	224223	127038
私营独资企业	Private-funded Enterprises	4341	2656
私营合伙企业	Private Partnership Enterprises	390	78
私营有限责任公司	Private Limited Liability Corporations	212166	118890
私营股份有限公司	Private Share-holding Corporations Ltd.	7326	5414
其他企业	Other Enterprises	58	50
2.港、澳、台商投资企业	**Enterprises with Funds from Hongkong, Macao and Taiwan**	**87009**	**32513**
合资经营企业	Joint-venture Enterprises	23015	20339
合作经营企业	Cooperative Enterprises	227	9
独资经营企业	Enterprises with Sole Investment	71359	12164
投资股份有限公司	Share-holding Corporations Ltd. with Investment	6	
其他港澳台商投资企业	Other Enterprises with Funds from Hongkong, Macao and Taiwan	-7598	
3.外商投资企业	**Foreign Funded Enterprises**	**76892**	**56522**
中外合资经营企业	Joint-venture Enterprises	21208	11775
中外合作经营企业	Cooperative Enterprises		
外资企业	Enterprises with Sole Foreign Investment	52449	41746
外商投资股份有限公司	Share-holding Corporations Ltd. with Foreign Investment	2959	2792
其他外商投资企业	Other Foreign Funded Enterprises	276	209
(二)按国民经济行业分	**by Sector**		
正餐服务	Dinner	342835	188977
快餐服务	Snack	158687	51751
饮料及冷饮服务	Beverage and Cold Drink	-13632	4079
餐饮配送及外卖送餐服务	Catering Distribution and Delivery Service	9226	5594
其他餐饮业	Others	9633	31995

单位：万元

Unit: 10 000 yuan

营业利润 Opreating Profits	利润总额 Total Profits	应交所得税 Income Tax Payable	应付职工薪酬 Payables to Employees	应交增值税 VAT Payable
-379565	**-230741**	**255139**	**11245587**	**434988**
-145488	-126363	6713	781777	43459
-462722	**-340012**	**95810**	**6162327**	**259757**
-122	5335	-836	87248	4184
-4151	-3885	8	12487	518
-2428	3324	1302	18059	2033
-1769	-1744	106	8527	1432
-1761	-1769	100	6322	1416
-7	26	6	2205	16
-286810	-237947	38716	1818001	75645
-65578	-60779	2676	167591	11656
-221232	-177168	36040	1650410	63990
2615	4040	1290	143806	4457
-169982	-109106	55215	4072791	171344
-1794	-1298	-149	49369	2594
-753	-508	31	9551	669
-183654	-132362	46869	3786757	156860
16219	25062	8465	227115	11221
-76	-30	8	1410	145
-233398	**-216927**	**38890**	**2299487**	**111370**
12767	13255	10624	292365	32516
-15014	-15008	-987	29841	1146
-224933	-208992	29252	1953548	77440
-956	-918	1	1865	245
-5262	-5265	1	21869	23
316556	**326199**	**120440**	**2783773**	**63861**
173677	173385	45171	415234	2431
154803	153984	75237	2336130	61269
-138	11402	32	13039	446
-11785	-12573		19370	-285
-695822	-576339	94538	5077895	230821
307218	319278	124575	3235041	141661
-51370	-53739	26937	1562638	601
15092	31485	10653	639131	35263
45317	48574	-1562	730882	26642

4-8-2 各地区大中型住宿和餐饮业企业损益及分配

地　区	Region	营业收入 Business Revenue	营业成本 Business Cost	税金及附加 Taxes and Other Charges	其他业务利润 Profits from Other Business	销售费用 Selling Expenses
全　国	**National Total**	**60206753**	**31419722**	**479890**	**505126**	**20146511**
北　京	Beijing	7039262	3463207	93109	107483	2718573
天　津	Tianjin	889265	450212	5369	6830	307468
河　北	Hebei	593547	293281	10661	4723	243205
山　西	Shanxi	567432	334312	7937	2152	157783
内蒙古	Inner Mongolia	303159	141034	879	7520	117147
辽　宁	Liaoning	885409	468462	8110	12754	272698
吉　林	Jilin	185527	110591	1499	203	49502
黑龙江	Heilongjiang	110657	46204	1259	256	47830
上　海	Shanghai	7655517	3802382	36912	111639	3107890
江　苏	Jiangsu	5977659	3029023	13711	41901	1875416
浙　江	Zhejiang	5263209	2453285	41128	61140	1800750
安　徽	Anhui	1942559	1105570	12056	7991	557667
福　建	Fujian	2522777	1352993	25254	16048	735365
江　西	Jiangxi	624854	356521	4883	4963	132155
山　东	Shandong	2438665	1307073	23799	12131	739171
河　南	Henan	723850	370367	7051	5771	261454
湖　北	Hubei	2060478	1138506	8397	9244	631273
湖　南	Hunan	1279626	768006	14770	3636	298126
广　东	Guangdong	10174373	5354170	51242	48457	3595905
广　西	Guangxi	821754	444180	11360	2727	226274
海　南	Hainan	777449	354387	28452	5003	210871
重　庆	Chongqing	1113159	757756	8631	3190	190840
四　川	Sichuan	3113764	1490686	17325	13854	1181308
贵　州	Guizhou	341821	221170	4020	4045	59154
云　南	Yunnan	579206	337546	13185	1495	135227
西　藏	Tibet	31583	20120	38	8	7814
陕　西	Shaanxi	1673017	1103935	20795	5810	356086
甘　肃	Gansu	190551	119577	1681	822	58236
青　海	Qinghai	17997	10434	318	1306	5986
宁　夏	Ningxia	32666	27403	405		8989
新　疆	Xinjiang	275960	187334	5653	2024	56352

Income and Distribution of Large and Medium-sized Enterprises of Hotels and Catering Services by Region

单位：万元

Unit: 10 000 yuan

管理费用 Administr-ative Expenses	财务费用 Financial Expenses	#利息支出 Interest Expenses	营业利润 Operating Profits	利润总额 Total Profits	应交所得税 Income Tax Payable	应付职工薪酬 Payables to Employees	应交增值税 VAT Payable
10942766	**1887421**	**1314582**	**-3260556**	**-2884557**	**430503**	**17151055**	**773444**
1312306	203722	217675	21261	60036	168323	2300719	128205
164236	21403	7626	-56807	-42493	7540	242349	19334
129518	38853	18271	-115144	-106816	1069	152004	7851
114401	10837	5918	-66906	-63752	1873	143922	8740
82432	9819	4669	-49393	-40286	176	92512	11323
166363	19651	7457	-40309	-37248	6488	232410	23912
48795	10817	5674	-31537	-26811	330	48696	2534
34597	6769	4723	-23042	-23959		32591	846
1286573	208044	158768	-668191	-632714	30754	2750456	68888
1126631	165550	72223	-200782	-175053	58326	1593549	65572
1029730	204863	164535	-131571	-86445	45889	1395139	48023
262486	25802	10326	-14564	257	9484	440474	17069
498471	92101	59244	-148641	-134947	10446	652166	20188
120881	29276	19851	-29013	-25457	2056	121983	6008
513207	72629	50991	-179371	-164501	11845	726168	42723
144341	23125	16215	-73531	-68310	4216	180038	8063
261692	34128	13907	-7157	-12884	15483	501913	29344
241164	37337	23791	-62693	-58716	6979	326050	16434
1785711	329268	205373	-753867	-713205	22281	2950118	144128
187165	26954	16607	-73258	-45481	5473	213148	13340
270101	111701	59094	-177570	-174216	-4496	240812	13942
168781	28025	19292	-37016	-32861	5312	252241	9095
385513	67613	61423	-19971	23454	14111	793766	24908
89214	14740	14151	-42531	-40656	200	79926	7078
145416	25711	19117	-74234	-71788	1104	167877	11993
15753	213	210	-6448	-7109	6	11529	-731
262756	53727	45852	-147714	-140779	3922	365942	15404
33543	4932	3096	-13891	-9271	1449	46295	2291
5541	1977	1217	-5985	-5580	1	6522	1055
12142	289	248	-9830	-9083	89	10849	744
43308	7546	7036	-20853	-17883	-223	78891	5141

4-8-3 各地区大中型住宿业企业损益及分配

地　区	Region	营业收入 Business Revenue	营业成本 Business Cost	税金及附加 Taxes and Other Charges	其他业务利润 Profits from Other Business	销售费用 Selling Expenses
全　国	**National Total**	**16855765**	**8061515**	**391002**	**248115**	**4879757**
北　京	Beijing	1632296	718447	85959	39814	498965
天　津	Tianjin	103005	36476	3949	17	48162
河　北	Hebei	289109	125224	9060	1090	126952
山　西	Shanxi	195791	109655	5475	430	52036
内蒙古	Inner Mongolia	103209	39945	378	41	41751
辽　宁	Liaoning	184749	92862	6713	1488	49600
吉　林	Jilin	86991	38227	1370	166	29359
黑龙江	Heilongjiang	60105	24235	1197	256	21442
上　海	Shanghai	1351831	734208	31466	53950	264979
江　苏	Jiangsu	1274141	532759	5705	14224	394786
浙　江	Zhejiang	2000488	757938	33166	48912	740138
安　徽	Anhui	360880	155069	7301	3844	124776
福　建	Fujian	1279442	666243	23148	14036	337608
江　西	Jiangxi	276968	144882	3745	1362	65691
山　东	Shandong	865709	370251	16563	5864	312182
河　南	Henan	297745	149011	6190	5543	94553
湖　北	Hubei	317328	147066	5632	2198	89697
湖　南	Hunan	410275	253858	10853	2968	73521
广　东	Guangdong	2537385	1227765	41183	26230	772107
广　西	Guangxi	271953	118372	6332	1040	84003
海　南	Hainan	645290	290322	28154	4968	159493
重　庆	Chongqing	343470	181612	6117	2856	81925
四　川	Sichuan	678966	357320	12656	9308	155544
贵　州	Guizhou	180325	105993	3719	3606	32224
云　南	Yunnan	316879	174581	11890	930	66393
西　藏	Tibet	20668	13364	36		5753
陕　西	Shaanxi	561759	351503	16674	1132	108811
甘　肃	Gansu	52421	27298	1218	4	14140
青　海	Qinghai	10591	7794	289		2899
宁　夏	Ningxia	25742	23444	326		5931
新　疆	Xinjiang	120255	85794	4538	1838	24340

Income and Distribution of Large and Medium-sized Enterprises of Hotels by Region

单位：万元
Unit: 10 000 yuan

管理费用 Administr-ative Expenses	财务费用 Financial Expenses	#利息支出 Interest Expenses	营业利润 Operating Profits	利润总额 Total Profits	应交所得税 Income Tax Payable	应付职工薪酬 Payables to Employees	应交增值税 VAT Payable
6152831	**1380671**	**1032187**	**-2880991**	**-2653816**	**175364**	**5905468**	**338456**
695859	160381	179020	229382	246487	151373	742622	38747
66748	8815	5715	-60516	-46363	1283	41392	2831
94894	31844	13633	-95221	-90730	615	98883	4175
71643	5559	3983	-50486	-48605	85	71787	1921
42787	6153	2094	-28147	-20000	84	37289	6674
81806	6187	3417	-44693	-43105	215	61516	3368
42833	10086	5577	-30782	-26542	18	30461	1939
30954	4485	3016	-18653	-19462		22183	418
590222	166291	134796	-395197	-365867	2599	553640	32542
532469	85404	51098	-254222	-241711	2649	437398	28235
650298	146227	133101	-243022	-212145	7357	632093	36722
95402	15396	6926	-36508	-32810	-1278	116393	8838
372356	79939	52781	-173121	-162459	557	349653	15657
76890	21283	13618	-38513	-35593	-498	64205	3174
280526	40298	35557	-129805	-121207	1993	330101	18722
108860	17973	14056	-78766	-74593	147	96820	5588
108681	18315	7258	-46583	-53546	1807	100428	6075
147172	20272	15703	-88001	-85376	99	121379	7444
937525	254057	168101	-604360	-585202	1149	988503	49285
118747	18605	9781	-82417	-57495	2052	90882	7050
255647	110899	58668	-178707	-175207	-4557	211509	12456
113543	20654	12019	-53609	-50696	2363	105356	6697
210097	42398	25169	-89484	-79875	3616	193107	11385
66348	13061	12866	-37003	-35825	600	51130	5110
115810	24292	18504	-70529	-68164	513	100924	8357
14489	178	90	-7497	-8166		7952	-37
169982	43328	39021	-126710	-119912	85	163081	9791
18534	2811	1581	-10856	-6399	605	20069	1287
3445	536		-4109	-3822	1	3775	457
12142	22	12	-9399	-8762	82	10496	744
26124	4923	5023	-23460	-20665	-248	50442	2803

4-8-4 各地区大中型餐饮业企业损益及分配

地 区	Region	营业收入 Business Revenue	营业成本 Business Cost	税金及附加 Taxes and Other Charges	其他业务利润 Profits from Other Business	销售费用 Selling Expenses
全 国	**National Total**	**43350988**	**23358207**	**88888**	**257011**	**15266754**
北 京	Beijing	5406966	2744760	7150	67669	2219608
天 津	Tianjin	786260	413736	1420	6813	259306
河 北	Hebei	304438	168057	1601	3633	116253
山 西	Shanxi	371641	224657	2462	1722	105747
内蒙古	Inner Mongolia	199950	101089	501	7479	75396
辽 宁	Liaoning	700660	375600	1397	11266	223098
吉 林	Jilin	98536	72364	129	37	20143
黑龙江	Heilongjiang	50552	21969	62		26388
上 海	Shanghai	6303686	3068174	5446	57689	2842911
江 苏	Jiangsu	4703518	2496264	8006	27677	1480630
浙 江	Zhejiang	3262721	1695347	7962	12228	1060612
安 徽	Anhui	1581679	950501	4755	4147	432891
福 建	Fujian	1243335	686750	2106	2012	397757
江 西	Jiangxi	347886	211639	1138	3601	66464
山 东	Shandong	1572956	936822	7236	6267	426989
河 南	Henan	426105	221356	861	228	166901
湖 北	Hubei	1743150	991440	2765	7046	541576
湖 南	Hunan	869351	514148	3917	668	224605
广 东	Guangdong	7636988	4126405	10059	22227	2823798
广 西	Guangxi	549801	325808	5028	1687	142271
海 南	Hainan	132159	64065	298	35	51378
重 庆	Chongqing	769689	576144	2514	334	108915
四 川	Sichuan	2434798	1133366	4669	4546	1025764
贵 州	Guizhou	161496	115177	301	439	26930
云 南	Yunnan	262327	162965	1295	565	68834
西 藏	Tibet	10915	6756	2	8	2061
陕 西	Shaanxi	1111258	752432	4121	4678	247275
甘 肃	Gansu	138130	92279	463	818	44096
青 海	Qinghai	7406	2640	29	1306	3087
宁 夏	Ningxia	6924	3959	79		3058
新 疆	Xinjiang	155705	101540	1115	186	32012

Income and Distribution of Large and Medium-sized Enterprises of Catering Services by Region

单位：万元

Unit: 10 000 yuan

管理费用 Administr-ative Expenses	财务费用 Financial Expenses	#利息支出 Interest Expenses	营业利润 Operating Profits	利润总额 Total Profits	应交所得税 Income Tax Payable	应付职工薪酬 Payables to Employees	应交增值税 VAT Payable
4789935	**506750**	**282395**	**-379565**	**-230741**	**255139**	**11245587**	**434988**
616447	43341	38655	-208121	-186451	16950	1558097	89458
97488	12588	1911	3709	3870	6257	200957	16503
34624	7009	4638	-19923	-16086	454	53121	3676
42758	5278	1935	-16420	-15147	1788	72135	6819
39645	3666	2575	-21246	-20286	92	55223	4649
84557	13464	4040	4384	5857	6273	170894	20544
5962	731	97	-755	-269	312	18235	595
3643	2284	1707	-4389	-4497		10408	428
696351	41753	23972	-272994	-266847	28155	2196816	36346
594162	80146	21125	53440	66658	55677	1156151	37337
379432	58636	31434	111451	125700	38532	763046	11301
167084	10406	3400	21944	33067	10762	324081	8231
126115	12162	6463	24480	27512	9889	302513	4531
43991	7993	6233	9500	10136	2554	57778	2834
232681	32331	15434	-49566	-43294	9852	396067	24001
35481	5152	2159	5235	6283	4069	83218	2475
153011	15813	6649	39426	40662	13676	401485	23269
93992	17065	8088	25308	26660	6880	204671	8990
848186	75211	37272	-149507	-128003	21132	1961615	94843
68418	8349	6826	9159	12014	3421	122266	6290
14454	802	426	1137	991	61	29303	1486
55238	7371	7273	16593	17835	2949	146885	2398
175416	25215	36254	69513	103329	10495	600659	13523
22866	1679	1285	-5528	-4831	-400	28796	1968
29606	1419	613	-3705	-3624	591	66953	3636
1264	35	120	1049	1057	6	3577	-694
92774	10399	6831	-21004	-20867	3837	202861	5613
15009	2121	1515	-3035	-2872	844	26226	1004
2096	1441	1217	-1876	-1758		2747	598
	267	236	-431	-321	7	353	
17184	2623	2013	2607	2782	25	28449	2338

4-9-1 按登记注册类型分连锁餐饮企业基本情况
Basic Conditions of Chain Catering Enterprises by Status of Registration

项　目	Item	门店总数（个）Number of Stores (unit)	从业人员（万人）Employed Person (10 000 persons)	营业面积（万平方米）Operational Area (10 000 sq.m)
总　计	**Total**	**47631**	**98.4**	**1395.1**
内资企业	**Domestic Funded Enterprises**	**15307**	**28.9**	**547.5**
国有企业	State-owned Enterprises	149	0.2	4.0
集体企业	Collective-owned Enterprises	2	0.0	1.2
股份合作企业	Cooperative Enterprises	8	0.0	0.9
联营企业	Joint Ownership Enterprises			
国有联营企业	State Joint Ownership Enterprises			
集体联营企业	Collective Joint Ownership Enterprises			
国有与集体联营企业	Joint State-collective Enterprises			
其他联营企业	Other Joint Ownership Enterprises			
有限责任公司	Limited Liability Corporations	5983	7.3	161.9
国有独资公司	State Sole Funded Corporations	10	0.0	0.2
其他有限责任公司	Other Limited Liability Corporations	5973	7.2	161.7
股份有限公司	Share-holding Corporations Ltd.	1142	4.4	100.0
私营企业	Private Enterprises	8019	16.9	279.2
私营独资企业	Private-funded Enterprises	49	0.1	3.9
私营合伙企业	Private Partnership Enterprises			
私营有限责任公司	Private Limited Liability Corporations	7318	15.6	263.0
私营股份有限公司	Private Share-holding Corporations Ltd.	652	1.1	12.4
其他企业	Other Enterprises	4	0.0	0.4
港、澳、台商投资企业	**Enterprises with Funds from Hong Kong, Macao and Taiwan**	**13457**	**26.4**	**329.6**
港、澳、台商合资经营企业	Joint-venture Enterprises	1645	3.9	40.3
港、澳、台商合作经营企业	Cooperative Enterprises	22	0.1	2.9
港、澳、台商独资经营企业	Enterprises with Sole Investment	11764	22.2	283.8
港、澳、台商投资股份有限公司	Share-holding Corporations Ltd. with Investment	19	0.1	2.5
其他港澳台商投资企业	Other Enterprises with Funds from Hongkong, Macao and Taiwan	7	0.0	0.1
外商投资企业	**Foreign Funded Enterprises**	**18867**	**43.2**	**517.9**
中外合资经营企业	Joint-venture Enterprises	3014	9.0	89.9
中外合作经营企业	Cooperative Enterprises	58	0.1	3.4
外资企业	Enterprises with Sole Foreign Investment	15149	32.5	382.1
外商投资股份有限公司	Share-holding Corporations Ltd. With Foreign Investment	79	0.1	0.8
其他外商投资企业	Other Foreign Funded Enterprises	567	1.5	41.8

4-9-1 续表 Continued

项 目	Item	餐位数 (万个) Number of Dining-seats (10 000 units)	营业额 (亿元) Business Revenue (100 million yuan)	#餐费及商品销售收入 From Meals and Commodities
总 计	**Total**	**461.4**	**2332.8**	**2285.6**
内资企业	**Domestic Funded Enterprises**	**210.5**	**830.2**	**813.2**
国有企业	State-owned Enterprises	0.9	8.5	8.4
集体企业	Collective-owned Enterprises	0.2	0.8	0.7
股份合作企业	Cooperative Enterprises	0.3	0.5	0.5
联营企业	Joint Ownership Enterprises			
国有联营企业	State Joint Ownership Enterprises			
集体联营企业	Collective Joint Ownership Enterprises			
国有与集体联营企业	Joint State-collective Enterprises			
其他联营企业	Other Joint Ownership Enterprises			
有限责任公司	Limited Liability Corporations	53.7	258.5	251.6
国有独资公司	State Sole Funded Corporations	0.1	0.7	0.7
其他有限责任公司	Other Limited Liability Corporations	53.7	257.8	250.9
股份有限公司	Share-holding Corporations Ltd.	16.6	95.0	90.0
私营企业	Private Enterprises	138.6	466.5	461.5
私营独资企业	Private-funded Enterprises	0.7	2.7	2.6
私营合伙企业	Private Partnership Enterprises			
私营有限责任公司	Private Limited Liability Corporations	133.0	425.6	422.3
私营股份有限公司	Private Share-holding Corporations Ltd.	4.9	38.2	36.7
其他企业	Other Enterprises	0.2	0.4	0.3
港、澳、台商投资企业	**Enterprises with Funds from Hong Kong, Macao and Taiwan**	**94.7**	**588.2**	**567.8**
港、澳、台商合资经营企业	Joint-venture Enterprises	11.9	105.6	102.8
港、澳、台商合作经营企业	Cooperative Enterprises	0.5	4.0	4.0
港、澳、台商独资经营企业	Enterprises with Sole Investment	81.7	476.2	458.6
港、澳、台商投资股份有限公司	Share-holding Corporations Ltd. with Investment	0.5	2.3	2.3
其他港、澳、台商投资企业	Other Enterprises with Funds from Hongkong, Macao and Taiwan	0.1	0.1	0.1
外商投资企业	**Foreign Funded Enterprises**	**156.3**	**914.4**	**904.7**
中外合资经营企业	Joint-venture Enterprises	25.9	202.6	199.8
中外合作经营企业	Cooperative Enterprises	1.4	4.7	4.6
外资企业	Enterprises with Sole Foreign Investment	114.5	677.0	670.2
外商投资股份有限公司	Share-holding Corporations Ltd. with Foreign Investment	0.4	1.8	1.8
其他外商投资企业	Other Foreign Funded Enterprises	14.1	28.3	28.3

4-9-2 按行业分连锁餐饮企业基本情况
Basic Conditions of Chain Catering Enterprises by Sector

行业	Sector	门店总数（个）Number of Stores (unit)	从业人数（万人）Engaged Persons (10 000 persons)	营业面积（万平方米）Operational Area (10 000 sq.m)
总计	**Total**	**47631**	**98.4**	**1395.1**
正餐服务	Restaurant	9285	28.3	504.7
快餐服务	Fast Food	25205	56.6	656.7
饮料及冷饮服务	Beverages and Cold Drinks	11543	8.9	162.9
餐饮配送及外卖送餐服务	Catering Distribution and Delivery Service	66	0.1	3.2
其他餐饮业	Others	1532	4.6	67.6

4-9-2 续表 Continued

行业	sector	餐位数（万个）Number of Dining-seats (10 000 units)	营业额（亿元）Business Revenue (100 million yuan)	#餐费及商品销售收入 From Meals and Commodities
总计	**Total**	**461.4**	**2332.8**	**2285.6**
正餐服务	Restaurant	192.4	674.6	659.0
快餐服务	Fast Food	199.7	1212.6	1184.0
饮料及冷饮服务	Beverages and Cold Drinks	45.2	319.8	317.2
餐饮配送及外卖送餐服务	Catering Distribution and Delivery Service	0.7	1.6	1.6
其他餐饮业	Others	23.4	124.2	123.9

4-9-3 各地区连锁餐饮企业基本情况
Basic Conditions of Chain Catering Enterprises by Region

年份 Year	地区 Region	门店总数(个) Number of Stores (unit)	从业人数(万人) Employed Person (10 000 persons)	营业面积(万平方米) Operational Area (10 000 sq.m)	餐位数(万个) Number of dining-seat (10 000 units)	营业额(亿元) Business Revenue (100 million yuan)
	2004	7578	37.9	352.6	180.1	348.2
	2005	9748	50.1	478.1	245.8	454.4
	2006	11360	55.7	588.2	274.8	563.8
	2007	12743	62.6	629.2	280.0	640.0
	2008	12561	66.1	651.9	253.1	806.9
	2009	13739	65.2	691.6	248.9	879.3
	2010	15333	70.6	742.6	263.8	955.4
	2011	16285	83.3	821.4	277.1	1120.4
	2012	18153	80.6	869.2	286.5	1283.3
	2013	20554	80.3	937.1	319.5	1319.6
	2014	22494	78.0	1020.0	338.6	1391.0
	2015	23721	71.4	970.9	333.6	1526.6
	2016	25634	75.6	1036.9	341.1	1635.1
	2017	27478	78.0	1075.4	337.9	1735.5
	2018	31001	89.3	1075.0	332.6	1950.0
	2019	34356	93.5	1151.5	346.6	2234.5
	2020	37217	97.2	1216.2	381.2	2019.3
	2021	43250	106.0	1339.2	398.5	2525.2
	2022	47631	98.4	1395.1	461.4	2332.8
北　京	Beijing	7260	14.5	222.6	61.4	383.8
天　津	Tianjin	1117	2.7	38.3	10.0	52.4
河　北	Hebei	34	0.1	7.4	1.4	2.7
山　西	Shanxi	237	0.6	6.6	2.1	10.9
内蒙古	Inner Mongolia	103	0.2	4.1	1.2	4.9
辽　宁	Liaoning	1338	3.9	48.4	13.2	56.2
吉　林	Jilin	11	0.0	0.5	0.2	0.2
黑龙江	Heilongjiang	124	0.2	4.0	1.1	4.3
上　海	Shanghai	8731	15.7	196.4	60.5	372.2
江　苏	Jiangsu	2446	6.4	63.1	19.2	154.7
浙　江	Zhejiang	2823	5.6	82.6	25.5	165.6
安　徽	Anhui	1290	2.6	38.6	17.3	75.8
福　建	Fujian	1330	3.4	36.3	9.3	57.1
江　西	Jiangxi	238	0.5	5.2	1.9	11.1
山　东	Shandong	1547	3.2	68.5	14.5	66.4
河　南	Henan	326	0.7	9.8	4.4	14.4
湖　北	Hubei	2528	4.4	77.2	21.2	108.6
湖　南	Hunan	2358	4.7	77.5	27.8	82.6
广　东	Guangdong	7929	15.9	206.5	54.8	384.1
广　西	Guangxi	653	0.8	8.0	2.6	16.5
海　南	Hainan	133	0.3	3.9	1.2	5.7
重　庆	Chongqing	1182	2.8	50.1	13.1	72.3
四　川	Sichuan	2320	6.9	102.1	35.0	176.7
贵　州	Guizhou	9	0.0	1.1	0.2	0.4
云　南	Yunnan	182	0.4	4.9	1.7	9.0
西　藏	Tibet					
陕　西	Shaanxi	870	1.5	23.0	8.2	34.6
甘　肃	Gansu	113	0.3	3.6	51.2	4.4
青　海	Qinghai					
宁　夏	Ningxia					
新　疆	Xinjiang	399	0.4	4.9	1.3	5.3

4-9-3 续表 Continued

年 份 Year	地 区 Region	#餐费收入及商品销售额 From Meals and Commodities	商品购进总额(亿元) Total Purchases Value (100 million yuan)	统一配送商品购进额(亿元) Centralized Purchase and Delivery (100 million yuan)	#自有配送中心配送商品购进额(亿元) Self Centralized Purchase and Delivery	#非自有配送中心配送商品购进额(亿元) Non-self Centralized Purchase and Delivery
	2004	345.3	124.6	89.3	64.7	24.6
	2005	447.2	171.5	109.1	77.9	31.0
	2006	563.2	201.2	127.5	93.6	33.7
	2007	639.3	274.9	168.8	110.0	30.9
	2008	796.2	271.6	192.5	118.7	35.3
	2009	878.5	362.0	239.8	138.0	50.7
	2010	952.9	455.8	298.8	159.5	51.4
	2011	1098.7	518.9	343.1	190.0	65.1
	2012	1280.3	561.4	388.5	202.3	86.0
	2013	1316.0	571.2	400.7	183.0	80.8
	2014	1387.0	583.4	413.9	193.4	68.8
	2015	1505.2	577.0	462.5	212.1	68.2
	2016	1625.1	612.4	494.1	202.6	78.8
	2017	1722.8	613.3	489.5	206.0	76.2
	2018	1901.2	674.0	504.1	200.1	86.9
	2019	2208.6	774.3	563.6	257.3	122.8
	2020	1985.5	655.9	464.9	184.0	162.4
	2021	2471.1	834.6	588.9	203.5	245.5
	2022	2285.6	766.6	573.5	190.8	245.9
北 京	Beijing	371.3	112.8	95.8	44.0	45.1
天 津	Tianjin	51.4	21.1	5.8	0.2	0.1
河 北	Hebei	2.5	1.2	0.1		
山 西	Shanxi	10.7	4.7	4.6	3.9	0.2
内蒙古	Inner Mongolia	4.9	2.1	2.1	0.1	0.9
辽 宁	Liaoning	55.2	17.6	15.2	11.6	0.8
吉 林	Jilin	0.2	0.1	0.1		
黑龙江	Heilongjiang	4.3	1.4	1.2	0.0	0.9
上 海	Shanghai	369.0	113.4	88.7	7.9	80.8
江 苏	Jiangsu	151.4	62.9	30.9	5.9	15.2
浙 江	Zhejiang	164.3	49.8	34.4	27.3	1.7
安 徽	Anhui	72.5	32.3	23.8	1.4	17.2
福 建	Fujian	55.5	17.8	15.4	3.8	0.8
江 西	Jiangxi	11.1	5.6	5.6		
山 东	Shandong	61.9	22.5	18.3	9.2	3.5
河 南	Henan	14.4	4.6	4.5	0.0	
湖 北	Hubei	106.5	44.2	17.5	8.9	4.4
湖 南	Hunan	81.8	27.3	24.6	15.2	7.7
广 东	Guangdong	374.6	117.0	94.4	24.3	15.4
广 西	Guangxi	15.8	5.5	4.9	3.0	1.5
海 南	Hainan	5.7	2.0	2.0	0.6	1.4
重 庆	Chongqing	72.3	24.7	15.4	8.1	7.0
四 川	Sichuan	175.8	56.8	50.6	3.1	39.1
贵 州	Guizhou	0.4	0.1	0.1		
云 南	Yunnan	8.8	0.8	0.8		
西 藏	Tibet					
陕 西	Shaanxi	33.8	13.8	12.1	8.5	1.9
甘 肃	Gansu	4.4	2.2	2.2	1.8	0.1
青 海	Qinghai					
宁 夏	Ningxia					
新 疆	Xinjiang	5.2	2.3	2.2	1.9	0.1

国际收支

BALANCE OF PAYMENTS

第 5 篇

5-1 国际收支概况
Brief Table of BOP of China

单位：亿美元
Unit: USD 100 million

年 份 Year	经常账户差额 Current Account Balance	资本和金融账户差额 Capital and Financial Account Balance	净误差与遗漏 Net Errors and Omissions
1982	56.74	-59.53	2.79
1983	42.40	-40.67	-1.73
1984	20.30	-32.21	11.91
1985	-114.17	139.07	-24.90
1986	-70.35	82.67	-12.32
1987	3.00	10.71	-13.71
1988	-38.03	48.14	-10.11
1989	-43.18	42.26	0.92
1990	119.97	-88.63	-31.34
1991	132.71	-65.10	-67.61
1992	64.01	18.51	-82.52
1993	-119.04	217.07	-98.03
1994	76.58	21.17	-97.75
1995	16.18	162.12	-178.30
1996	72.42	83.05	-155.47
1997	369.63	-146.67	-222.96
1998	314.71	-127.35	-187.36
1999	211.14	-33.26	-177.88
2000	204.32	-86.26	-118.05
2001	174.05	-125.50	-48.56
2002	354.22	-432.16	77.94
2003	430.52	-512.75	82.24
2004	689.41	-819.08	129.67
2005	1323.78	-1553.00	229.21
2006	2318.43	-2354.71	36.28
2007	3531.83	-3664.73	132.90
2008	4205.69	-4394.13	188.44
2009	2432.57	-2018.74	-413.83
2010	2378.10	-1848.74	-529.36
2011	1360.97	-1223.31	-137.66
2012	2153.92	-1283.17	-870.74
2013	1482.04	-852.79	-629.25
2014	2360.47	-1691.74	-668.73
2015	2930.22	-912.07	-2018.16
2016	1913.37	272.50	-2185.87
2017	1886.76	179.30	-2066.06
2018	241.31	1532.27	-1773.58
2019	1029.10	262.71	-1291.81
2020	2488.36	-900.73	-1587.63
2021	3528.86	-2184.20	-1344.66
2022	4018.55	-3112.99	-905.57

注：根据《国际收支和国际投资头寸手册》(第六版)编制，资本和金融账户中包含储备资产。
Note：The table is compiled according to BPM6. Reserve asstes are included in capital and financial account.

5-2 国际收支平衡表
Balance of Payments

单位：万美元
Unit: USD 10000

项　目	Item	2021	2022
1．经常账户	**Current account**	**35288575**	**40185541**
贷方	Credit	393134126	395078447
借方	Debit	-357845551	-354892906
1.A货物和服务	Goods and services	46149429	57632996
贷方	Credit	355523148	371582780
借方	Debit	-309373719	-313949784
1.A.a 货物	Goods	56270595	66863273
贷方	Credit	321583827	334687505
借方	Debit	-265313232	-267824231
1.A.b 服务	Services	-10121165	-9230277
贷方	Credit	33939321	36895276
借方	Debit	-44060486	-46125552
1.A.b.1 加工服务	Manufacturing services on physical inputs owned by others	1347545	1347649
贷方	Credit	1418787	1430885
借方	Debit	-71242	-83235
1.A.b.2 维护和维修服务	Maintenance and repair services n.i.e	405213	394639
贷方	Credit	787415	829242
借方	Debit	-382202	-434603
1.A.b.3 运输	Transport	-1804502	-2235921
贷方	Credit	12860667	14651876
借方	Debit	-14665169	-16887797
1.A.b.4 旅行	Travel	-9805872	-10521251
贷方	Credit	1132994	958262
借方	Debit	-10938866	-11479513
1.A.b.5 建设	Construction	567786	670212
贷方	Credit	1541478	1427896
借方	Debit	-973692	-757683
1.A.b.6 保险和养老金服务	Insurance and pension services	-1434276	-1530762
贷方	Credit	500351	452718
借方	Debit	-1934627	-1983480
1.A.b.7 金融服务	Financial services	15500	108201
贷方	Credit	457913	497072
借方	Debit	-442412	-388871
1.A.b.8 知识产权使用费	Charges for the use of intellectual property	-3513893	-3116933
贷方	Credit	1175576	1330477

注：1.根据《国际收支和国际投资头寸手册》(第六版)编制。
　　2.“贷方”按正值列示，“借方”按负值列示，差额等于“贷方”加上“借方”，本表除标注“贷方”和“借方”的项目外，其他项目均指差额。

Note: 1. The table is compiled according to BPM6.
　　2. "Credit" is presented as positive value while "debit" as negative value; the difference is the sum of the "Credit" and the "Debit"; all items here in refer to difference, unless marked with "Credit" or "Debit".

5-2 续表 1 continued 1

单位：万美元
Unit: USD 10000

项　目	Item	2021	2022
借方	Debit	-4689470	-4447411
1.A.b.9 电信、计算机和信息服务	Telecommunications, computer, and information services	1071041	1781835
贷方	Credit	5071790	5569221
借方	Debit	-4000749	-3787386
1.A.b.10 其他商业服务	Other business services	3390256	4190690
贷方	Credit	8693056	9441492
借方	Debit	-5302800	-5250802
1.A.b.11 个人、文化和娱乐服务	Personal, cultural, and recreational services	-184283	-124758
贷方	Credit	143966	136677
借方	Debit	-328250	-261435
1.A.b.12 别处未提及的政府服务	Government goods and services n.i.e	-175680	-193879
贷方	Credit	155327	169458
借方	Debit	-331008	-363337
1.B 初次收入	Primary income	-12447613	-19360655
贷方	Credit	32731553	19024622
借方	Debit	-45179166	-38385277
1.B.1 雇员报酬	Compensation of employees	-138252	634707
贷方	Credit	1711844	2042870
借方	Debit	-1850096	-1408163
1.B.2 投资收益	Investment income	-12581764	-20313968
贷方	Credit	30681406	16576321
借方	Debit	-43263169	-36890288
1.B.3 其他初次收入	Other primary income	272403	318606
贷方	Credit	338304	405431
借方	Debit	-65901	-86825
1.C 二次收入	Secondary income	1586759	1913200
贷方	Credit	4879425	4471045
借方	Debit	-3292666	-2557846
2. 资本和金融账户	**Capital and financial account**	**-21842011**	**-31129875**
2.1 资本账户	Capital account	9369	-30986
贷方	Credit	25991	23954
借方	Debit	-16622	-54940
2.2 金融账户	Financial account	-21851380	-31098888
资产	Assets	-89490533	-28153897
负债	Liabilities	67639153	-2944991
2.2.1 非储备性质的金融账户	Financial account excluding reserve assets	-3028782	-21102817
资产	Financial assets excluding reserve assets	-70667935	-18157826
负债	Liabilities	67639153	-2944991
2.2.1.1 直接投资	Direct investment	16527724	3047456
2.2.1.1.1 资产	Assets	-17879774	-14969233

5–2 续表 2 continued 2

单位：万美元

Unit: USD 10000

项 目	Item	2021	2022
2.2.1.1.1.1 股权	Equity and investment fund shares	-15242774	-8200762
2.2.1.1.1.2 关联企业债务	Debt instruments	-2637000	-6768470
2.2.1.1.2负债	Liabilities	34407498	18016688
2.2.1.1.2.1 股权	Equity and investment fund shares	30062492	15969558
2.2.1.1.2.2 关联企业债务	Debt instruments	4345006	2047130
2.2.1.2 证券投资	Portfolio investment	5136586	-28111332
2.2.1.2.1 资产	Assets	-12526237	-17319343
2.2.1.2.1.1 股权	Equity and investment fund shares	-8473210	-4769740
2.2.1.2.1.2 债券	Debt securities	-4053028	-12549602
2.2.1.2.2 负债	Liabilities	17662823	-10791990
2.2.1.2.2.1 股权	Equity and investment fund shares	8290085	3438840
2.2.1.2.2.2 债券	Debt securities	9372738	-14230830
2.2.1.3 金融衍生工具	Financial derivatives (other than reserves) and employee stock options	1023680	-581190
2.2.1.3.1 资产	Assets	1708217	269777
2.2.1.3.2 负债	Liabilities	-684537	-850968
2.2.1.4 其他投资	Other investment	-25716771	4542250
2.2.1.4.1 资产	Assets	-41970140	13860971
2.2.1.4.1.1 其他股权	Other equity	-55500	-20100
2.2.1.4.1.2 货币和存款	Currency and deposits	-16614939	1249271
2.2.1.4.1.3 贷款	Loans	-13976596	10109114
2.2.1.4.1.4 保险和养老金	Insurance, pension, and standardized guarantee schemes	-434956	-556771
2.2.1.4.1.5 贸易信贷	Trade credit and advances	-6108573	1034543
2.2.1.4.1.6 其他	Other accounts receivable	-4779577	2044914
2.2.1.4.2 负债	Liabilities	16253369	-9318722
2.2.1.4.2.1 其他股权	Other equity		
2.2.1.4.2.2 货币和存款	Currency and deposits	6630535	-5275975
2.2.1.4.2.3 贷款	Loans	957518	-1783836
2.2.1.4.2.4 保险和养老金	Insurance, pension, and standardized guarantee schemes	330178	245498
2.2.1.4.2.5 贸易信贷	Trade credit and advances	3337678	-3141484
2.2.1.4.2.6 其他	Other accounts payable	836344	637077
2.2.1.4.2.7 特别提款权	Special drawing rights	4161116	
2.2.2 储备资产	Reserve assets	-18822598	-9996071
2.2.2.1 货币黄金	Monetary gold		-352504
2.2.2.2 特别提款权	Special drawing rights	-4157009	190600
2.2.2.3 在国际货币基金组织的储备头寸	Reserve position in the IMF	7645	-15000
2.2.2.4 外汇储备	Foreign exchange reserves	-14673234	-9819167
2.2.2.5 其他储备资产	Other reserve assets		
3.净误差与遗漏	**Net errors and omissions**	**-13446564**	**-9055666**

5-3 外债概况

China's External Debt at the Year-end

单位：亿美元
Unit: USD 100 million

年 份 Year	合 计 Outstanding External Debt	中长期外债 Long-term Debt	短期外债 Short-term Debt
1985	158.3	94.1	64.2
1986	214.8	167.1	47.7
1987	302.0	244.8	57.2
1988	400.0	326.9	73.1
1989	413.0	370.3	42.7
1990	525.5	457.8	67.7
1991	605.6	502.6	103.0
1992	693.2	584.7	108.5
1993	835.7	700.2	135.5
1994	928.1	823.9	104.2
1995	1065.9	946.8	119.1
1996	1162.8	1021.7	141.1
1997	1309.6	1128.2	181.4
1998	1460.4	1287.0	173.4
1999	1518.3	1366.5	151.8
2000	1457.3	1326.5	130.8
2001	2033.0	1195.3	837.7
2002	2026.3	1155.5	870.8
2003	2193.6	1165.9	1027.7
2004	2629.9	1242.9	1387.1
2005	2965.4	1249.0	1716.4
2006	3385.9	1393.6	1992.3
2007	3892.2	1535.3	2356.8
2008	3901.6	1638.8	2262.8
2009	4286.5	1693.9	2592.6
2010	5489.4	1732.4	3757.0
2011	6950.0	1941.0	5009.0
2012	7369.9	1960.6	5409.3
2013	8631.7	1865.4	6766.3
2014	17799.0	4817.0	12982.0
2015	13829.8	4955.7	8874.1
2016	14158.0	5497.6	8660.4
2017	17579.6	6127.2	11452.4
2018	19827.5	6936.0	12891.5
2019	20708.1	8519.7	12188.4
2020	24008.1	10844.4	13163.7
2021	27465.6	13003.3	14462.3
2022	24527.6	11148.0	13379.7

注：2015年，中国按照国际货币基金组织的数据公布特殊标准(SDDS)调整了外债统计口径并对外公布全口径外债数据，将人民币外债纳入统计，并按签约期限划分中长期和短期外债。为保证数据的可比性，将2014年末外债数据相应调整为全口径外债数据(下同)。

Note: In accordance with the Special Data Dissemination Standard(SDDS) of the IMF, China adjusted the statistical coverage of external debt and disseminatied the full-scale data on China's external debt in 2015, including RMB-denominated external debt, which was classified into medium-and long-term external debt and short-term external debt by contract term. To ensure data's comparability, the external debt data at the end of 2014 have been adjusted to the full-scale data.

5-3 续表 continued

单位：亿美元

Unit: USD 100 million

年份 Year	合计 Outstanding External Debt	中长期外债 Long-term Debt	短期外债 Short-term Debt
构成 Proportion (%)			
1985	100.0	59.4	40.6
1986	100.0	77.8	22.2
1987	100.0	81.1	18.9
1988	100.0	81.7	18.3
1989	100.0	89.7	10.3
1990	100.0	87.1	12.9
1991	100.0	83.0	17.0
1992	100.0	84.3	15.7
1993	100.0	83.8	16.2
1994	100.0	88.8	11.2
1995	100.0	88.8	11.2
1996	100.0	87.9	12.1
1997	100.0	86.1	13.9
1998	100.0	88.1	11.9
1999	100.0	90.0	10.0
2000	100.0	91.0	9.0
2001	100.0	58.8	41.2
2002	100.0	57.0	43.0
2003	100.0	53.2	46.8
2004	100.0	47.3	52.7
2005	100.0	42.1	57.9
2006	100.0	41.2	58.8
2007	100.0	39.4	60.6
2008	100.0	42.0	58.0
2009	100.0	39.5	60.5
2010	100.0	31.6	68.4
2011	100.0	27.9	72.1
2012	100.0	26.6	73.4
2013	100.0	21.6	78.4
2014	100.0	27.1	72.9
2015	100.0	35.8	64.2
2016	100.0	38.8	61.2
2017	100.0	34.9	65.1
2018	100.0	35.0	65.0
2019	100.0	41.1	58.9
2020	100.0	45.2	54.8
2021	100.0	47.3	52.7
2022	100.0	45.5	54.5

5-4 外债风险指标
Risk Indicators on Foreign Debts

单位：%
Unit: %

年 份 Year	偿债率 Debt Servicing Ratio	负债率 External Debt/GDP Ratio	债务率 External Debt/Foreign Exchange Income Ratio
1985	2.7	5.1	56.0
1986	15.4	7.1	72.1
1987	9.0	9.2	77.1
1988	6.5	9.8	87.1
1989	8.3	9.1	86.4
1990	8.7	13.3	91.6
1991	8.5	14.6	91.9
1992	7.1	14.1	87.9
1993	10.2	13.5	96.5
1994	9.1	16.4	78.0
1995	7.6	14.5	72.4
1996	6.0	13.5	67.7
1997	7.3	13.6	63.2
1998	10.9	14.2	70.4
1999	11.2	13.9	68.7
2000	9.2	12.0	52.1
2001	7.5	15.2	67.9
2002	7.9	13.8	55.5
2003	6.9	13.2	45.2
2004	3.2	13.4	40.2
2005	3.1	13.0	35.4
2006	2.1	12.3	31.9
2007	2.0	11.0	29.0
2008	1.8	8.5	24.7
2009	2.9	8.4	32.2
2010	1.6	9.0	29.2
2011	1.7	9.2	33.3
2012	1.6	8.6	32.8
2013	1.6	9.0	35.6
2014	2.6	17.0	69.9
2015	5.0	12.5	58.6
2016	6.1	12.6	64.4
2017	5.5	14.3	72.6
2018	5.5	14.3	74.8
2019	6.7	14.5	78.3
2020	6.5	16.3	87.9
2021	5.9	15.4	77.3
2022	10.5	13.6	66.0

注：1.偿债率指当年外债还本付息额与当年国际收支口径的货物与服务贸易出口收入的比率。
2.负债率指年末外债余额与当年国内生产总值的比率。
3.债务率指年末外债余额与当年国际收支口径的货物与服务贸易出口收入的比率。

Note: a) Debt Servicing Ratio refers to the ratio of the repayment amount of the external debt principal and interest to the export revenue from trade in goods and services for the year in the balance of payments.
b) External Debt/GDP Ratio refers to the ratio of outstanding external debt as of the end of the year to the GDP for the year.
c) External Debt/Foreign Exchange Income Ratio refers to the ratio of outstanding external debt as of the end of the year to the export revenue from trade in goods and services for the year in the balance of payments.

5-5 人民币市场汇率(年平均汇价)

Reference Exchange Rate of Renminbi(Period Average)

单位：人民币元

Unit: RMB yuan

年 份 Year	美 元 US Dollar (100)	欧 元 EURO (100)	日 元 Japanese Yen (100)	港 币 Hong Kong Dollar (100)	英 镑 Pound (100)
1981	170.50		0.77	30.41	
1982	189.25		0.76	31.15	
1983	197.57		0.83	27.36	
1984	232.70		0.98	29.71	
1985	293.66		1.25	37.57	
1986	345.28		2.07	44.22	
1987	372.21		2.58	47.74	
1988	372.21		2.91	47.70	
1989	376.51		2.74	48.28	
1990	478.32		3.32	61.39	
1991	532.33		3.96	68.45	
1992	551.46		4.36	71.24	
1993	576.20		5.20	74.41	
1994	861.87		8.44	111.53	
1995	835.10		8.92	107.96	
1996	831.42		7.64	107.51	
1997	828.98		6.86	107.09	
1998	827.91		6.35	106.88	
1999	827.83		7.29	106.66	
2000	827.84		7.69	106.18	
2001	827.70		6.81	106.08	
2002	827.70	800.58	6.62	106.07	
2003	827.70	936.13	7.15	106.24	
2004	827.68	1029.00	7.66	106.23	
2005	819.17	1019.53	7.45	105.30	
2006	797.18	1001.90	6.86	102.62	
2007	760.40	1041.75	6.46	97.46	1522.13
2008	694.51	1022.27	6.74	89.19	1286.64
2009	683.10	952.70	7.30	88.12	1071.97
2010	676.95	897.25	7.73	87.13	1045.72
2011	645.88	900.11	8.11	82.97	1036.39
2012	631.25	810.67	7.90	81.38	1000.12
2013	619.32	822.19	6.33	79.85	967.93
2014	614.28	816.51	5.82	79.22	1012.91
2015	622.84	691.41	5.15	80.34	953.44
2016	664.23	734.26	6.12	85.58	898.55
2017	675.18	763.03	6.02	86.64	869.88
2018	661.74	780.16	5.99	84.43	881.87
2019	689.85	772.55	6.33	88.05	881.08
2020	689.76	787.55	6.46	88.93	912.90
2021	645.15	762.93	5.87	83.00	887.50
2022	672.61	707.21	5.13	85.89	829.81

5-6 人民币市场汇率(年末价)

Reference Exchange Rate of Renminbi(End of Period)

单位：人民币元

Unit: RMB yuan

年 份 Year	美 元 US Dollar (100)	欧 元 EURO (100)	日 元 Japanese Yen (100)	港 币 Hong Kong Dollar (100)	英镑 Pound (100)
1981	174.55		0.79	30.80	
1982	192.27		0.82	29.80	
1983	198.09		0.85	25.30	
1984	257.55		1.13	35.90	
1985	320.15		1.59	40.79	
1986	372.21		2.33	47.68	
1987	372.21		3.01	47.90	
1988	372.21		2.98	47.61	
1989	472.21		3.29	60.48	
1990	522.21		3.87	67.00	
1991	543.42		4.32	69.42	
1992	575.18		4.61	74.31	
1993	580.00		5.21	75.09	
1994	844.62		8.48	109.14	
1995	831.74		8.05	107.96	
1996	829.84		7.20	107.24	
1997	827.96		6.35	106.99	
1998	827.87		7.17	106.78	
1999	827.93		8.09	106.51	
2000	827.81		7.24	106.06	
2001	827.66		6.30	106.06	
2002	827.73	863.60	6.90	106.11	
2003	827.67	1033.83	7.73	106.57	
2004	827.65	1126.27	7.97	106.37	
2005	807.02	957.97	6.87	104.03	
2006	780.87	1026.65	6.56	100.47	
2007	730.46	1066.69	6.11	93.64	1458.07
2008	683.46	965.90	7.57	88.19	987.98
2009	682.82	979.71	7.38	88.05	1097.80
2010	662.27	880.65	8.13	85.09	1021.82
2011	630.09	816.25	8.11	81.07	971.16
2012	628.55	831.76	7.30	81.09	1016.11
2013	609.69	841.89	5.78	78.62	1005.56
2014	611.90	745.56	5.14	78.89	954.37
2015	649.36	709.52	5.39	83.78	961.59
2016	693.70	730.68	5.96	89.45	850.94
2017	653.42	780.23	5.79	83.59	877.92
2018	686.32	784.73	6.19	87.62	867.62
2019	697.62	781.55	6.41	89.58	915.01
2020	652.49	802.5	6.32	84.16	889.03
2021	637.57	721.97	5.54	81.76	860.64
2022	696.46	742.29	5.24	89.33	839.41

5-7 国家外汇储备和外债余额
Foreign Exchange Reserves and Outstanding External Debt

年 份 Year	黄金储备 (万盎司) Gold Reserves (10 000 Ounces)	外汇储备 (亿美元) Foreign Exchange Reserves (USD 100 million)	外债余额 (亿美元) Outstanding External Debt (USD 100 million)
1979	1280	8.4	
1980	1280	-13.0	
1981	1267	27.1	
1982	1267	69.9	
1983	1267	89.0	
1984	1267	82.2	
1985	1267	26.4	158.3
1986	1267	20.7	214.8
1987	1267	29.2	302.0
1988	1267	33.7	400.0
1989	1267	55.5	413.0
1990	1267	110.9	525.5
1991	1267	217.1	605.6
1992	1267	194.4	693.2
1993	1267	212.0	835.7
1994	1267	516.2	928.1
1995	1267	736.0	1065.9
1996	1267	1050.3	1162.8
1997	1267	1398.9	1309.6
1998	1267	1449.6	1460.4
1999	1267	1546.8	1518.3
2000	1267	1655.7	1457.3
2001	1608	2121.7	2033.0
2002	1929	2864.1	2026.3
2003	1929	4032.5	2193.6
2004	1929	6099.3	2629.9
2005	1929	8188.7	2965.4
2006	1929	10663.4	3385.9
2007	1929	15282.5	3892.2
2008	1929	19460.3	3901.6
2009	3389	23991.5	4286.5
2010	3389	28473.4	5489.4
2011	3389	31811.5	6950.0
2012	3389	33115.9	7369.9
2013	3389	38213.2	8631.7
2014	3389	38430.2	17799.0
2015	5666	33303.6	13829.8
2016	5924	30105.2	14158.0
2017	5924	31399.5	17579.6
2018	5956	30727.1	19827.5
2019	6264	31079.2	20708.1
2020	6264	32165.2	24008.1
2021	6264	32501.7	27465.6
2022	6464	31276.9	24527.6

对外贸易

FOREIGN TRADE

第6篇

6-1 进出口额(按人民币计算)
Total Value of Imports and Exports by RMB

单位：亿元人民币

Unit: RMB 100 million

年 份 Year	进出口总额 Total	出口额 Exports	进口额 Imports	差额(+顺差,-逆差) Balance
1950	41.5	20.2	21.4	-1.2
1951	59.5	24.2	35.3	-11.1
1952	64.6	27.1	37.5	-10.3
1953	80.9	34.8	46.1	-11.3
1954	84.7	40.0	44.7	-4.7
1955	109.8	48.7	61.1	-12.4
1956	108.7	55.7	53.0	2.7
1957	104.5	54.5	50.0	4.6
1958	128.7	67.1	61.7	5.4
1959	149.3	78.1	71.2	6.8
1960	128.5	63.3	65.2	-1.8
1961	90.7	47.8	43.0	4.8
1962	80.9	47.1	33.8	13.3
1963	85.8	50.0	35.7	14.3
1964	97.5	55.4	42.1	13.4
1965	118.4	63.1	55.3	7.8
1966	127.1	66.0	61.1	5.0
1967	112.2	58.8	53.4	5.4
1968	108.5	57.6	50.9	6.7
1969	107.0	59.8	47.2	12.6
1970	112.9	56.8	56.1	0.7
1971	121.0	68.5	52.4	16.1
1972	147.0	82.9	64.0	18.9
1973	220.5	116.9	103.6	13.3
1974	292.2	139.4	152.8	-13.4
1975	290.4	143.0	147.4	-4.4
1976	264.1	134.8	129.3	5.4
1977	272.5	139.7	132.8	6.9
1978	355.0	167.7	187.4	-19.7
1979	454.6	211.7	242.9	-31.3
1980	570.0	271.2	298.8	-27.6
1981	735.3	367.6	367.7	-0.1
1982	771.4	413.8	357.5	56.3
1983	860.2	438.3	421.8	16.5
1984	1201.0	580.6	620.5	-39.9
1985	2066.7	808.9	1257.9	-449.0
1986	2580.4	1082.1	1498.3	-416.2
1987	3084.2	1470.0	1614.2	-144.3
1988	3821.8	1766.7	2055.1	-288.4
1989	4155.9	1956.1	2199.9	-243.8
1990	5560.1	2985.8	2574.3	411.6
1991	7225.8	3827.1	3398.7	428.5
1992	9119.6	4676.3	4443.3	233.0
1993	11271.0	5284.8	5986.2	-701.4
1994	20381.9	10421.8	9960.1	461.8
1995	23499.9	12451.8	11048.1	1403.7
1996	24133.9	12576.4	11557.4	1019.0
1997	26967.2	15160.7	11806.6	3354.1
1998	26849.7	15223.5	11626.1	3597.4
1999	29896.2	16159.8	13736.5	2423.3
2000	39273.3	20634.4	18638.8	1995.6
2001	42183.6	22024.4	20159.2	1865.3
2002	51378.2	26947.9	24430.3	2517.6
2003	70483.5	36287.9	34195.6	2092.3
2004	95539.1	49103.3	46435.8	2667.6
2005	116921.8	62648.1	54273.7	8374.4
2006	140974.7	77597.9	63376.9	14221.0
2007	166924.1	93627.1	73296.9	20330.2
2008	179921.5	100394.9	79526.5	20868.4
2009	150648.1	82029.7	68618.4	13411.3
2010	201722.3	107022.8	94699.5	12323.3
2011	236402.0	123240.6	113161.4	10079.2
2012	244160.2	129359.3	114801.0	14558.3
2013	258168.9	137131.4	121037.5	16094.0
2014	264241.8	143883.8	120358.0	23525.7
2015	245502.9	141166.8	104336.1	36830.7
2016	243386.5	138419.3	104967.2	33452.1
2017	278099.2	153309.4	124789.8	28519.6
2018	305008.1	164127.8	140880.3	23247.5
2019	315627.3	172373.6	143253.7	29119.9
2020	322215.2	179278.8	142936.4	36342.4
2021	387414.6	214255.2	173159.4	41095.9
2022	418011.6	237411.5	180600.1	56811.5

注：1.本表1979年以前为外贸业务统计数，1980年以后为海关进出口统计数。以下诸表同。
2.进出口差额负数为入超。

Note: a) Figures before 1980 are recorded by the Ministry of Foreign Trade and figures since 1980 are recorded by General Administration of Customs. The same to the following tables.
b) Negative figures in balance refer to unfavourable positions.

6-2 进出口额(按美元计算)
Total Value of Imports and Exports By USD

单位：亿美元

Unit: USD 100 million

年 份 Year	进出口总额 Total	出口额 Exports	进口额 Imports	差额(+顺差，-逆差) Balance
1950	11.4	5.5	5.8	-0.3
1951	19.6	7.6	12.0	-4.4
1952	19.4	8.2	11.2	-3.0
1953	23.7	10.2	13.5	-3.2
1954	24.3	11.5	12.9	-1.4
1955	31.5	14.1	17.3	-3.2
1956	32.1	16.5	15.6	0.8
1957	31.0	16.0	15.1	0.9
1958	38.7	19.8	18.9	0.9
1959	43.8	22.6	21.2	1.4
1960	38.1	18.6	19.5	-1.0
1961	29.4	14.9	14.5	0.5
1962	26.6	14.9	11.7	3.2
1963	29.2	16.5	12.7	3.8
1964	34.6	19.2	15.5	3.7
1965	42.5	22.3	20.2	2.1
1966	46.1	23.7	22.5	1.2
1967	41.6	21.4	20.2	1.2
1968	40.5	21.0	19.5	1.6
1969	40.3	22.0	18.3	3.8
1970	45.9	22.6	23.3	-0.7
1971	48.4	26.4	22.1	4.3
1972	63.0	34.4	28.6	5.9
1973	109.8	58.2	51.6	6.6
1974	145.7	69.5	76.2	-6.7
1975	147.5	72.6	74.9	-2.2
1976	134.3	68.6	65.8	2.8
1977	148.0	75.9	72.1	3.8
1978	206.4	97.5	108.9	-11.5
1979	293.3	136.6	156.8	-20.2
1980	381.4	181.2	200.2	-19.0
1981	440.2	220.1	220.2	-0.1
1982	416.1	223.2	192.9	30.4
1983	436.2	222.3	213.9	8.4
1984	535.5	261.4	274.1	-12.7
1985	696.0	273.5	422.5	-149.0
1986	738.5	309.4	429.0	-119.6
1987	826.5	394.4	432.2	-37.8
1988	1027.8	475.2	552.7	-77.5
1989	1116.8	525.4	591.4	-66.0
1990	1154.4	620.9	533.5	87.5
1991	1356.3	718.4	637.9	80.5
1992	1655.3	849.4	805.9	43.6
1993	1957.0	917.4	1039.6	-122.2
1994	2366.2	1210.1	1156.2	53.9
1995	2808.6	1487.8	1320.8	167.0
1996	2898.8	1510.5	1388.3	122.2
1997	3251.6	1827.9	1423.7	404.2
1998	3239.5	1837.1	1402.4	434.8
1999	3606.3	1949.3	1657.0	292.3
2000	4743.0	2492.0	2250.9	241.1
2001	5096.5	2661.0	2435.5	225.5
2002	6207.7	3256.0	2951.7	304.3
2003	8509.9	4382.3	4127.6	254.7
2004	11545.5	5933.3	5612.3	321.0
2005	14219.1	7619.5	6599.5	1020.0
2006	17604.4	9689.8	7914.6	1775.2
2007	21761.8	12200.6	9561.2	2639.4
2008	25632.6	14306.9	11325.6	2981.3
2009	22075.4	12016.1	10059.2	1956.9
2010	29740.0	15777.5	13962.5	1815.1
2011	36418.6	18983.8	17434.8	1549.0
2012	38671.2	20487.1	18184.1	2303.1
2013	41589.9	22090.0	19499.9	2590.2
2014	43015.3	23422.9	19592.4	3830.6
2015	39530.3	22734.7	16795.6	5939.0
2016	36855.6	20976.3	15879.3	5097.1
2017	41071.4	22633.5	18437.9	4195.5
2018	46224.2	24866.8	21357.3	3509.5
2019	45778.9	24994.8	20784.1	4210.7
2020	46559.1	25899.5	20659.6	5239.9
2021	59957.9	33160.2	26797.7	6362.5
2022	62701.1	35605.4	27095.7	8509.7

6-3 进出口额指数(按美元计算)

Indices of Total Value of Imports and Exports by USD

(1980年=100) (Year of 1980 =100)

年 份 Year	进出口总额 Total	出口额 Exports	进口额 Imports
1980	100.00	100.00	100.00
1981	115.43	121.46	109.98
1982	109.10	123.19	96.34
1983	114.37	122.67	106.86
1984	140.42	144.26	136.93
1985	182.51	150.95	211.08
1986	193.64	170.77	214.34
1987	216.73	217.66	215.90
1988	269.52	262.24	276.11
1989	292.84	289.96	295.45
1990	302.70	342.68	266.50
1991	355.66	396.51	318.68
1992	434.04	468.79	402.58
1993	513.17	506.34	519.35
1994	620.47	667.84	577.58
1995	736.48	821.13	659.86
1996	760.12	833.64	693.58
1997	852.64	1008.84	711.25
1998	849.46	1013.92	700.59
1999	945.64	1075.84	827.79
2000	1243.70	1375.37	1124.51
2001	1336.40	1468.61	1216.73
2002	1627.77	1796.99	1474.60
2003	2231.46	2418.61	2062.05
2004	3027.46	3274.61	2803.76
2005	3728.51	4205.27	3296.96
2006	4616.21	5347.86	3953.94
2007	5706.35	6733.59	4776.51
2008	6721.35	7896.09	5658.00
2009	5788.59	6631.78	5025.34
2010	7798.41	8707.73	6975.31
2011	9549.67	10477.29	8710.02
2012	10140.34	11306.99	9084.30
2013	10905.69	12191.64	9741.66
2014	11279.44	12927.28	9787.86
2015	10365.62	12547.43	8390.69
2016	9664.25	11576.97	7932.89
2017	10769.71	12491.56	9211.14
2018	12120.87	13724.17	10669.60
2019	12004.12	13794.81	10383.22
2020	12208.71	14294.12	10321.03
2021	15722.13	18301.34	13387.47
2022	16441.45	19650.86	13536.34

6-4 进出口额同比增速(按美元计算)

Growth Rates of Import and Export Value by USD

年 份 Year	进出口总额 Total (%)	出口额 Exports (%)	进口额 Imports (%)
1980	30.0	32.7	27.7
1981	15.4	21.5	10.0
1982	-5.5	1.4	-12.4
1983	4.8	-0.4	10.9
1984	22.8	17.6	28.1
1985	30.0	4.6	54.1
1986	6.1	13.1	1.5
1987	11.9	27.5	0.7
1988	24.4	20.5	27.9
1989	8.7	10.6	7.0
1990	3.4	18.2	-9.8
1991	17.5	15.7	19.6
1992	22.0	18.2	26.3
1993	18.2	8.0	29.0
1994	20.9	31.9	11.2
1995	18.7	23.0	14.2
1996	3.2	1.5	5.1
1997	12.2	21.0	2.5
1998	-0.4	0.5	-1.5
1999	11.3	6.1	18.2
2000	31.5	27.8	35.8
2001	7.5	6.8	8.2
2002	21.8	22.4	21.2
2003	37.1	34.6	39.8
2004	35.7	35.4	36.0
2005	23.2	28.4	17.6
2006	23.8	27.2	19.9
2007	23.6	25.9	20.8
2008	17.8	17.3	18.5
2009	-13.9	-16.0	-11.2
2010	34.7	31.3	38.8
2011	22.5	20.3	24.9
2012	6.2	7.9	4.3
2013	7.5	7.8	7.2
2014	3.4	6.0	0.5
2015	-8.1	-2.9	-14.3
2016	-6.8	-7.7	-5.5
2017	11.4	7.9	16.1
2018	12.5	9.9	15.8
2019	-1.0	0.5	-2.7
2020	1.7	3.6	-0.6
2021	28.8	28.0	29.7
2022	4.6	7.4	1.1

6-5 中国出口额占国内生产总值的比重
China's Export Proportion in GDP

单位：亿元人民币
Unit: RMB 100 million

年 份 Year	国内生产总值 GDP	出 口 额 Exports	出口额占国内生产总值的比重(%) Exports Proportion(%)
1980	4587.6	271.2	5.9
1981	4935.8	367.6	7.4
1982	5373.4	413.8	7.7
1983	6020.9	438.3	7.3
1984	7278.5	580.6	8.0
1985	9098.9	808.9	8.9
1986	10376.2	1082.1	10.4
1987	12174.6	1470.0	12.1
1988	15180.4	1766.7	11.6
1989	17179.7	1956.1	11.4
1990	18872.9	2985.8	15.8
1991	22005.6	3827.1	17.4
1992	27194.5	4676.3	17.2
1993	35673.2	5284.8	14.8
1994	48637.5	10421.8	21.4
1995	61339.9	12451.8	20.3
1996	71813.6	12576.4	17.5
1997	79715.0	15160.7	19.0
1998	85195.5	15223.5	17.9
1999	90564.4	16159.8	17.8
2000	100280.1	20634.4	20.6
2001	110863.1	22024.4	19.9
2002	121717.4	26947.9	22.1
2003	137422.0	36287.9	26.4
2004	161840.2	49103.3	30.3
2005	187318.9	62648.1	33.4
2006	219438.5	77597.9	35.4
2007	270092.3	93627.1	34.7
2008	319244.6	100394.9	31.4
2009	348517.7	82029.7	23.5
2010	412119.3	107022.8	26.0
2011	487940.2	123240.6	25.3
2012	538580.0	129359.3	24.0
2013	592963.2	137131.4	23.1
2014	643563.1	143883.8	22.4
2015	688858.2	141166.8	20.5
2016	746395.1	138419.3	18.5
2017	832035.9	153309.4	18.4
2018	919281.1	164127.8	17.9
2019	986515.2	172373.6	17.5
2020	1013567.0	179278.8	17.7
2021	1149237.0	214255.2	18.6
2022	1210207.2	237411.5	19.6

6-6 中国出口额占世界出口总额的比重和位次
China's Export Share and Ranking in the World

单位：亿美元
Unit: USD 100 million

年 份 Year	世界出口总额 World Exports	中国出口额 China Exports	中国出口额占世界出口总额的比重(%) China's Share (%)	位 次 Ranking
1980	20361	181	0.9	26
1981	20144	220	1.1	19
1982	18858	223	1.2	17
1983	18460	222	1.2	17
1984	19557	261	1.3	18
1985	19529	274	1.4	17
1986	21385	309	1.4	16
1987	25155	394	1.6	16
1988	28689	475	1.7	16
1989	30989	525	1.7	14
1990	34897	621	1.8	15
1991	35114	718	2.0	13
1992	37792	849	2.2	11
1993	37947	917	2.4	11
1994	43283	1210	2.8	11
1995	51676	1488	2.9	11
1996	54061	1510	2.8	11
1997	55923	1828	3.3	10
1998	55031	1837	3.3	9
1999	57194	1949	3.4	9
2000	64540	2492	3.9	7
2001	61964	2661	4.3	6
2002	65007	3256	5.0	5
2003	75908	4382	5.8	4
2004	92226	5933	6.4	3
2005	105103	7620	7.3	3
2006	121313	9690	8.0	3
2007	140313	12201	8.7	2
2008	161682	14307	8.9	2
2009	125643	12016	9.6	1
2010	153010	15778	10.3	1
2011	183368	18984	10.4	1
2012	185082	20487	11.1	1
2013	189579	22090	11.7	1
2014	189996	23423	12.3	1
2015	165542	22735	13.8	1
2016	160358	20976	13.1	1
2017	177408	22633	12.8	1
2018	195493	24867	12.8	1
2019	190142	24995	13.1	1
2020	176483	25900	14.7	1
2021	223438	33160	14.8	1
2022	249045	35605	14.3	1

注：根据WTO网站最新公布的数据对历年“世界出口总额”进行了调整。
Note: "World Exports" is adjusted according to the statistics from WTO website.

6–7 分贸易方式进出口总额
Imports and Exports by Customs Regime

单位：万美元
Unit: USD 10000

贸易方式	Customs Regime	2021		2022	
		出口 Exports	进口 Imports	出口 Exports	进口 Imports
合　计	**Total**	**331602213**	**267976810**	**356053925**	**270957432**
一般贸易	Ordinary Trade	201106234	167523578	226089878	173502525
国家间、国际组织无偿援助和赠送的物资	Aid or Donation between Governments or by International Organizations	121753	214	66224	8
其他捐赠物资	Other Donation	6435	228	4750	497
来料加工贸易	Processing and Assembling with Materials Provided Abroad	7985431	9163649	8311688	8969260
进料加工贸易	Processing with Imported Materials	74542727	39702777	72595635	36871351
寄售、代销贸易	Consignment and consignment trade	6148	797	713	15480
边境小额贸易	Border Trade	3184267	699840	3643925	777906
加工贸易进口设备	Equipment Imported for Processing and Assembling		36449		26648
对外承包工程出口货物	Contracting Projects	1274159		1068133	
租赁贸易	Goods on Lease	40618	182600	120010	83620
外商投资企业作为投资进口的设备、物品	Equipment or Materials Invested by Foreign-invested Enterprises		202933		125994
出料加工贸易	Outward Processing	16416	23126	13499	17026
易货贸易	Barter trade	17769	5107	16578	18925
免税外汇商品	Duty free foreign exchange commodities		1906		215
保税监管场所进出境货物	Customs Trade through Bonded Supervision Areas	6419935	17937378	7662793	17835855
海关特殊监管区域物流货物	Logistics Goods By Customs Special Control Area	21544363	29131009	22221893	30453466
海关特殊监管区域进口设备	Equipment Imported Into Customs Special Control Area		1250705		747259
其他	Others	15335961	1704589	14238206	1197522
免税品	Duty-free Commodities		409926.10		313876

6-8 一般贸易与加工贸易进出口额

Imports and Exports by Ordinary Trade and Processing Trade

单位：亿美元

Unit: USD 100 million

年 份 Year	一般贸易 Ordinary Trade		加工贸易 Processing Trade		其他贸易 Other Trade Forms	
	出 口 Exports	进 口 Imports	出 口 Exports	进 口 Imports	出 口 Exports	进 口 Imports
1981	208.00	203.66	11.31	15.04	0.79	1.50
1982	206.69	170.17	15.77	21.28	0.74	1.45
1983	201.60	187.68	20.01	24.01	0.69	2.21
1984	231.62	238.49	29.29	31.47	0.49	4.14
1985	237.30	372.72	33.16	42.74	3.04	7.04
1986	250.95	352.07	51.41	63.90	7.04	13.13
1987	296.43	287.72	81.38	95.02	16.59	49.36
1988	325.96	352.08	128.33	137.46	20.91	63.16
1989	315.52	356.14	188.04	156.78	21.84	78.48
1990	354.60	262.00	254.20	187.60	12.10	83.90
1991	381.20	295.40	324.30	250.30	13.60	92.20
1992	436.80	336.20	396.07	315.14	16.53	154.56
1993	432.00	380.45	442.36	363.60	43.04	295.55
1994	615.60	355.20	569.80	475.70	24.70	325.20
1995	713.61	433.81	737.18	583.59	37.01	303.40
1996	628.24	393.63	843.27	622.75	38.99	371.92
1997	779.74	390.30	996.02	702.06	52.14	331.34
1998	742.35	436.80	1044.54	685.99	50.22	279.58
1999	791.35	670.40	1108.82	735.78	49.14	250.81
2000	1051.81	1000.79	1376.52	925.58	63.70	324.57
2001	1118.81	1134.56	1474.34	939.74	67.83	361.23
2002	1361.87	1291.11	1799.27	1222.00	94.82	438.59
2003	1820.34	1877.00	2418.49	1629.35	143.45	621.22
2004	2436.06	2481.45	3279.70	2216.95	217.50	913.89
2005	3150.63	2796.33	4164.67	2740.12	304.23	1063.08
2006	4162.33	3330.74	5103.55	3214.72	423.81	1369.15
2007	5393.55	4286.64	6175.60	3684.74	623.20	1590.20
2008	6628.62	5720.93	6751.14	3783.77	927.17	1820.92
2009	5298.12	5344.70	5868.62	3222.91	849.37	1491.62
2010	7206.12	7692.76	7402.79	4174.82	1168.63	2094.86
2011	9170.34	10076.21	8352.84	4697.56	1460.64	2661.07
2012	9878.99	10223.86	8626.77	4812.75	1981.38	3147.43
2013	10873.26	11098.59	8600.40	4966.62	2616.38	3434.68
2014	12033.91	11089.40	8842.18	5240.85	2546.84	3262.09
2015	12147.92	9224.02	7975.30	4466.10	2611.47	3105.53
2016	11313.69	9006.40	7153.31	3964.38	2509.32	2908.47
2017	12300.20	10853.65	7587.68	4312.77	2745.83	3271.50
2018	14004.10	12741.22	7970.43	4700.84	2892.29	3915.28
2019	14444.07	12577.73	7354.36	4172.92	3196.39	4033.43
2020	15369.29	12521.94	7024.21	4039.10	3506.02	4098.57
2021	20110.62	16752.36	8252.82	4886.64	4796.78	5158.68
2022	22608.99	17350.25	8090.73	4584.06	4905.67	5161.43

6-9 一般贸易与加工贸易进出口同比增速

Growth Rates of Imports and Exports by Ordinary Trade and Processing Trade

年 份 Year	一般贸易 Ordinary Trade		加工贸易 Processing Trade		其他贸易 Other Trade Forms	
	出 口(%) Exports	进 口(%) Imports	出 口(%) Exports	进 口(%) Imports	出 口(%) Exports	进 口(%) Imports
1982	-0.6	-16.4	39.4	41.5	-6.3	-3.3
1983	-2.5	10.3	26.9	12.8	-6.8	52.4
1984	14.9	27.1	46.4	31.1	-29.0	87.3
1985	2.5	56.3	13.2	35.8	520.4	70.0
1986	5.8	-5.5	55.0	49.5	131.6	86.5
1987	18.1	-18.3	58.3	48.7	135.7	275.9
1988	10.0	22.4	57.7	44.7	26.0	28.0
1989	-3.2	1.2	46.5	14.1	4.4	24.3
1990	12.4	-26.4	35.2	19.7	-44.6	6.9
1991	7.5	12.7	27.6	33.4	12.4	9.9
1992	14.6	13.8	22.1	25.9	21.5	67.6
1993	-1.1	13.2	11.7	15.4	160.4	91.2
1994	42.5	-6.6	28.8	30.8	-42.6	10.0
1995	15.9	22.1	29.4	22.7	49.8	-6.7
1996	-12.0	-9.3	14.4	6.7	5.3	22.6
1997	24.1	-0.8	18.1	12.7	33.7	-10.9
1998	-4.8	11.9	4.9	-2.3	-3.7	-15.6
1999	6.6	53.5	6.2	7.3	-2.2	-10.3
2000	32.9	49.3	24.1	25.8	29.6	29.4
2001	6.4	13.4	7.1	1.5	6.5	11.3
2002	21.7	13.8	22.0	30.0	39.8	21.4
2003	33.7	45.4	34.4	33.3	51.3	41.6
2004	33.8	32.2	35.6	36.1	51.6	47.1
2005	29.3	12.7	27.0	23.6	39.9	16.3
2006	32.1	19.1	22.5	17.3	39.3	28.8
2007	29.6	28.7	21.0	14.6	47.0	16.1
2008	22.9	33.5	9.3	2.7	48.8	14.6
2009	-20.1	-6.6	-13.1	-14.8	-8.4	-18.1
2010	36.0	43.9	26.1	29.5	37.6	40.4
2011	27.3	31.0	12.8	12.5	25.0	27.0
2012	7.7	1.5	3.3	2.5	35.7	18.3
2013	10.1	8.6	-0.3	3.2	32.0	9.1
2014	10.7	-0.1	2.8	5.5	-2.7	-5.0
2015	0.9	-16.8	-9.8	-14.8	2.5	-4.8
2016	-6.9	-2.4	-10.3	-11.2	-3.9	-6.3
2017	8.7	20.5	6.1	8.8	9.4	12.5
2018	13.9	17.4	5.0	9.0	5.3	19.7
2019	3.1	-1.3	-7.7	-11.2	10.5	3.0
2020	6.4	-0.4	-4.5	-3.2	9.7	1.6
2021	30.8	33.8	17.5	21.0	36.8	25.9
2022	12.4	3.6	-2.0	-6.2	2.3	0.1

6-10 我国同各国(地区)海关进出口总额

China's Foreign Trade with Related Countries and Territories

单位：万美元

Unit: USD 10000

国别（地区）	Country/Region	2021 出口总额 Exports	2021 进口总额 Imports	2022 出口总额 Exports	2022 进口总额 Imports
总　计	**Total**	**331602213**	**267976810**	**356053925**	**270957432**
亚洲	**Asia**	**155336984**	**147946294**	**168061900**	**148681298**
阿富汗	Afghanistan	47211	4951	55027	4202
巴林	Bahrain	135210	39969	175220	25125
孟加拉国	Bangladesh	2381502	104683	2661646	98173
不丹	Bhutan	10807	1	16572	285
文莱	Brunei	62184	222548	81537	224862
缅甸	Myanmar	1029167	810042	1328764	1149475
柬埔寨	Cambodia	1131979	209674	1393798	183820
塞浦路斯	Cyprus	86008	2887	116325	3374
朝鲜	Korea DPR	24289	5807	83920	13368
中国香港	Hong Kong, China	34647337	961517	29390986	775136
印度	India	9636705	2812403	11719960	1748614
印度尼西亚	Indonesia	5983808	6392027	7064104	7789081
伊朗	Iran	807059	650247	932655	635370
伊拉克	Iraq	1036346	2665311	1368657	3939520
以色列	Israel	1506902	753451	1638821	896500
日本	Japan	16462628	20496392	17234543	18439457
约旦	Jordan	391764	42471	565042	74587
科威特	Kuwait	425110	1775554	491129	2649899
老挝	Laos	163696	267379	226671	335127
黎巴嫩	Lebanon	144079	4789	246163	6404
中国澳门	Macao, China	314272	8162	418123	7935
马来西亚	Malaysia	7640434	9798307	9171921	10983860
马尔代夫	Maldives	39155	436	44069	6
蒙古	Mongolia	219556	689876	286622	933218
尼泊尔	Nepal	188974	2650	163855	2181
阿曼	Oman	351096	2859170	413999	3624179
巴基斯坦	Pakistan	2393928	358422	2285078	341602
巴勒斯坦	Palestine	12767	34	15585	2
菲律宾	Philippines	5590723	2474808	6347102	2301822
卡塔尔	Qatar	386231	1321089	393414	2258574
沙特阿拉伯	Saudi Arabia	2918681	5696713	3772055	7805625
新加坡	Singapore	5406975	3878384	7942248	3364172
韩国	Korea Rep.	14593134	21321738	16097500	19901610
斯里兰卡	Sri Lanka	513379	65045	369644	49493
叙利亚	Syria	47643	128	42012	224
泰国	Thailand	6822920	6171998	7721773	5655290
土耳其	Turkey	2889448	504887	3382222	450431
阿联酋	United Arab Emirates	4307773	2856849	5341911	4541667
也门共和国	Republic of Yemen	253400	48617	275731	63327
越南	Vietnam	13618647	9227669	14387570	8794254
中华人民共和国	P. R. China		15538571		12112566
中国台湾	Taiwan, China	7787470	24834767	8162638	23693714
东帝汶	Timor Leste	25385	11315	27998	14536
哈萨克斯坦	Kazakhstan	1375549	1129046	1624940	1484088
吉尔吉斯斯坦	Kirghizia	728909	7974	1534202	8166

6-10 续表 1 Continued 1

单位：万美元

Unit: USD 10000

国别（地区）	Country/Region	2021		2022	
		出口总额 Exports	进口总额 Imports	出口总额 Exports	进口总额 Imports
塔吉克斯坦	Tadzhikistan	164798	17547	219681	37378
土库曼斯坦	Turkmenistan	50864	684446	86055	1031356
乌兹别克斯坦	Uzbekistan	581080	215541	742371	227641
亚洲其他国家(地区)	Other Countries (Regions) in Asia	0	2	44	0
非洲	**Africa**	**14548954**	**10584188**	**16228739**	**11710380**
阿尔及利亚	Algeria	629338	108077	623449	114348
安哥拉	Angola	243731	2102743	399719	2324018
贝宁	Benin	121286	23157	166770	25701
博茨瓦那	Botswana	25079	17271	21872	39291
布隆迪	Burundi	12445	861	11612	1007
喀麦隆	Cameroon	253539	163668	311692	65597
加那利群岛	Canary Is.	197	2	220	0
佛得角	Cape Verde	8339	115	9174	2
中非	Central Africa	4513	3607	5206	2503
塞卜泰(休达)	Ceuta	10	10	7	0
乍得	Chad	34185	19680	28115	108624
科摩罗	Comoros	5468	11	6523	8
刚果(布)	Congo	67000	471058	94897	559876
吉布提	Djibouti	249905	5581	319271	9673
埃及	Egypt	1799355	170355	1698945	101983
赤道几内亚	Eq. Guinea	12233	121519	22775	150440
埃塞俄比亚	Ethiopia	223025	36599	220426	45359
加蓬	Gabon	42988	258479	57159	394697
冈比亚	Gambia	53601	4460	44619	4414
加纳	Ghana	793177	146601	776730	234146
几内亚	Guinea	212172	279387	224607	452146
几内亚比绍	Guinea-Bissau	8810	0	5569	0
科特迪瓦共和国	Cote d'lvoire	307556	63318	343493	96792
肯尼亚	Kenya	659671	22576	809778	26900
利比里亚	Liberia	567837	2377	751512	1500
利比亚	Libya	209353	327538	233863	293674
马达加斯加	Madagascar	124245	31605	143100	62661
马拉维	Malawi	27593	981	27724	1261
马里	Mali	58913	12755	57800	8765
毛里塔尼亚	Mauritania	89506	175827	92729	117396
毛里求斯	Mauritius	85482	3574	95424	3162
摩洛哥	Morocco	558463	82642	566332	90902
莫桑比克	Mozambique	282811	114456	321870	133806
纳米比亚	Namibia	38551	73457	54803	59391
尼日尔	Niger	39073	36938	67428	31771
尼日利亚	Nigeria	2202088	303116	2197687	159721
留尼汪	Reunion	24643	2	24540	11
卢旺达	Rwanda	33029	2872	40407	7047
圣多美和普林西比	Sao Tome & Principe	1491	13	1528	15
塞内加尔	Senegal	327265	43951	399130	26858
塞舌尔	Seychelles	6619	1	9243	7
塞拉利昂	Sierra Leone	48174	38735	55859	76440
索马里	Somalia	98552	1078	102427	738
南非	South Africa	2079032	3295441	2398386	3244557
西撒哈拉	Western Sahara	93	0.01	111	0.12

6-10 续表 2 Continued 2

单位：万美元
Unit: USD 10000

国别(地区)	Country/Region	2021 出口总额 Exports	2021 进口总额 Imports	2022 出口总额 Exports	2022 进口总额 Imports
苏丹	Sudan	176972	77980	200539	87730
坦桑尼亚	Tanzania	601363	60378	764002	53687
多哥	Togo	291238	53288	310103	19229
突尼斯	Tunisia	183440	28269	186967	25455
乌干达	Uganda	99723	4390	106647	5826
布基纳法索	Burkina Faso	44044	19211	50072	10402
刚果(金)	Congo DR	273311	1167588	506654	1656179
赞比亚	Zambia	77078	439132	97164	572923
津巴布韦	Zimbabwe	91144	95854	111554	129931
莱索托	Lesotho	8404	2366	6018	2224
梅利利亚	Melilla	46	0	4	0
斯威士兰	Swaziland	5128	129	8118	78
厄立特里亚	Eritrea	6875	39138	14799	45771
马约特岛	Mayotte	5561	0	5728	2
南苏丹共和国	Republic of South Sudan	13903	29941	15559	23697
非洲其他国家(地区)	Other Countries (Regions) in Africa	285	30	278	35
欧洲	**Europe**	**69325475**	**47735302**	**74115224**	**48789985**
比利时	Belgium	2978198	857101	3542648	871930
丹麦	Denmark	1084808	697261	1016969	571522
英国	United Kingdom	8540969	2567244	8091852	2179100
德国	Germany	11410063	11953365	11580468	11087473
法国	France	4551028	3871485	4551221	3536861
爱尔兰	Ireland	468827	1762636	514105	1809559
意大利	Italy	4330936	3029329	5055928	2687118
卢森堡	Luxembourg	144128	31385	52442	32443
荷兰	Netherlands	10145395	1400446	11747074	1250854
希腊	Greece	1089379	97180	1286372	83579
葡萄牙	Portugal	531843	345115	596720	303636
西班牙	Spain	3571994	1228797	4165808	976297
阿尔巴尼亚	Albania	58437	16445	70054	18522
安道尔	Andorra	417	71	2540	19
奥地利	Austria	534541	841544	512140	824077
保加利亚	Bulgaria	229993	179853	284408	127352
芬兰	Finland	379411	532952	455302	527240
直布罗陀	Gibraltar	603	0.9	1801	1.9
匈牙利	Hungary	1011614	557020	1045370	504885
冰岛	Iceland	20659	15182	31109	19025
列支敦士登	Liechtenstein	7067	19056	6433	19397
马耳他	Malta	217123	55350	196573	58521
摩纳哥	Monaco	523	1828	1188	1434
挪威	Norway	439352	1080131	518254	797281
波兰	Poland	3629107	554144	3792948	505487
罗马尼亚	Romania	665177	350736	736364	307710
圣马力诺	San Marino	863	546	970	502
瑞典	Sweden	1100478	986885	1138482	914538
瑞士	Switzerland	622592	3787306	762981	4937073
爱沙尼亚	Estonia	100704	28146	94655	29087
拉脱维亚	Latvia	114217	23909	102473	37534
立陶宛	Lithuania	218720	43347	178660	9067
格鲁吉亚	Georgia	100921	17976	123904	14890

单位：万美元
Unit: USD 10000

国别（地区）	Country/Region	2021 出口总额 Exports	2021 进口总额 Imports	2022 出口总额 Exports	2022 进口总额 Imports
亚美尼亚	Armenia	32927	108762	47953	90747
阿塞拜疆	Azerbaijan	99124	20503	113092	24587
白俄罗斯	Byelorussia	270498	108853	325176	180197
摩尔多瓦	Moldavia	17791	10469	20584	8488
俄罗斯	Russia	6719672	7959350	7564105	11437983
乌克兰	Ukraine	928533	977435	329468	434923
斯洛文尼亚	Slovenia	529762	63174	683493	58948
克罗地亚	Croatia	195413	33990	225520	15863
捷克	Czech	1508800	605266	1821652	541425
斯洛伐克	Slovak	453909	754722	443490	770907
北马其顿	North Macedonia	22218	36594	23458	17897
波黑	Bosnia & Herzegovina	13637	13764	18518	12271
梵蒂冈城国	Vatican City State	164	0	7	0
法罗群岛	Faroe Islands	166	9149	220	11478
塞尔维亚	Serbia	223088	98353	216925	135531
黑山	Montenegro	9576	1133	21874	4726
欧洲其他国家(地区)	Other Countries (Regions) in Europe	106	11	1470	1
拉丁美洲	**Latin America**	**22677328**	**22203150**	**25180621**	**23265342**
安提瓜和巴布达	Antigua and Barbuda	10949	269	10364	105
阿根廷	Argentina	1059260	712429	1272388	859218
阿鲁巴岛	Aruba	6951	1	6278	21
巴哈马	Bahamas	47081	1725	39349	882
巴巴多斯	Barbados	23768	1525	15988	2655
伯利兹	Belize	17060	5	32241	71
玻利维亚	Bolivia	98736	64521	106271	87210
博内尔	Bonaire			0.33	0.00
巴西	Brazil	5325885	10994455	6189417	10936888
开曼群岛	Cayman Is.	3625	11	5442	1
智利	Chile	2599676	3943966	2241942	4445643
哥伦比亚	Colombia	1420311	561775	1552021	704787
多米尼克	Dominica	3357	143	3434	43
哥斯达黎加	Costa Rica	223796	81547	235809	200881
古巴	Cuba	57134	44557	41293	45164
库腊索岛	Curacao	3952	0	6092	1
多米尼加共和国	Dominica Rep.	393309	34813	425335	52826
厄瓜多尔	Ecuador	542005	545902	624080	681941
法属圭亚那	French Guyana	3895	2	3901	0
格林纳达	Granada	1986	2	2222	2
瓜德罗普岛	Guadeloupe	5525	1	6790	1
危地马拉	Guatemala	386255	45021	433837	57261
圭亚那	Guyana	38228	31991	56581	130303
海地	Haiti	78109	446	62833	258
洪都拉斯	Honduras	156972	3413	154983	2924
牙买加	Jamaica	79052	613	101182	1471
马提尼克岛	Martinique	3903	11	4760	14
墨西哥	Mexico	6692381	1913912	7725939	1743471
蒙特塞拉特	Montserrat	21	1.65	37	1.07
尼加拉瓜	Nicaragua	78443	2506	71782	3521
巴拿马	Panama	1000422	115345	1251057	122158
巴拉圭	Paraguay	177199	5429	188672	8466
秘鲁	Peru	1311438	2408007	1341546	2412616
波多黎各	Puerto Rico	101832	137313	96822	131223
萨巴	Saba			1	

6-10 续表 4 Continued 4

单位：万美元
Unit: USD 10000

国 别（地 区）	Country/Region	2021 出口总额 Exports	2021 进口总额 Imports	2022 出口总额 Exports	2022 进口总额 Imports
圣卢西亚	Saint Lucia	2494	13	3586	5
圣马丁岛	Saint Martin Is.	557	0	470	0
圣文森特和格林纳丁斯	Saint Vincent & Grenadines	3248	0	2118	0
萨尔瓦多	El Salvador	149738	21885	165056	23342
苏里南	Surinam	26770	4186	31368	4581
特立尼达和多巴哥	Trinidad and Tobago	41636	63437	53999	76178
特克斯和凯科斯群岛	Turks & Caicos Is.	496	2	996	9
乌拉圭	Uruguay	280390	362447	295643	445728
委内瑞拉	Venezuela	213527	99402	296562	83362
英属维尔京群岛	Virgin Is. (E)	1945	13	10824	6
圣其茨-尼维斯	St. Kitts-Nevis	1290	67	1447	65
圣皮埃尔和密克隆	St. Pierre and Miquelon	10	0	2	0
荷属安地列斯群岛	Andreas Is. (N)	1445	1	2501	1
拉美其他国家(地区)	Other Countries (Regions)in Latin America	1269	37.91	5359	34.93
北美洲	**North America**	**61765297**	**20943942**	**63086807**	**21959115**
加拿大	Canada	5041389	3047657	5326141	4228968
美国	United States	56715659	17872458	57751740	17693451
格陵兰	Greenland	54	23824	79	36672
百慕大群岛	Bermuda	7909	2.00	8358	4.50
北美洲其他国家(地区)	Other Countries (Regions) in North America	286	1.17	489	19.35
大洋洲及太平洋群岛	**Oceanic and Pacific Islands**	**7948173**	**18357888**	**9380623**	**16415905**
澳大利亚	Australia	6549368	16288636	7824815	14213373
库克群岛	Cook Islands	400	205	1136	82
斐济	Fiji	38687	5554	49570	4333
盖比群岛	Gambier Is.			1	
马克萨斯群岛	Marquesas Islands			2.55	
瑙鲁	Nauru	1119	11	1233	11
新喀里多尼亚	New Caledonia (Fr)	14987	112023	16809	189822
瓦努阿图	Vanuatu	8481	1183	9486	1082
新西兰	New Zealand	842785	1615598	910934	1596911
诺福克岛	Norfolk Islands	96	0.00	175	0.01
巴布亚新几内亚	Papua New Guinea	102618	300045	140861	379649
社会群岛	Society Is.			66	
所罗门群岛	Solomon Is.	16148	32064	19238	30153
汤加	Tonga	5296	4	5536	0
土阿莫土群岛	Tuamotu Archipelago			0.17	
土布艾群岛	Tubuai Is.			0.03	
萨摩亚	Samoa	10060	64	12122	95
基里巴斯	Kiribati	3829	0	4178	0
图瓦卢	Tuvalu	4643	4	3305	1
密克罗尼西亚联邦	Micronesia Commonwealth	1949	1743	3019	10
马绍尔群岛共和国	Marshall. Is.	318671	275	347124	18
帕劳共和国	Republic of Palau	3371	9	5313	13
法属波利尼西亚	Polynesia (F)	12887	434	15071	343
瓦利斯和浮图纳	Wallis and Futuna	243	1.48	200	0.02
大洋洲其他国家(地区)	Other Countries (Regions)in Oceania	12533	34	10427	10
国别（地区）不详	**Others**	**3**	**206045**	**12**	**135407**
东南亚国家联盟	**ASEAN**	**47450533**	**39452835**	**55665486**	**40781764**
欧洲联盟	**EU**	**51281577**	**30888026**	**55937612**	**28447285**
亚太经济合作组织	**APEC**	**205191245**	**176668356**	**214429941**	**172187890**

6-11 按国际贸易标准分类的进出口简表
Brief Table of Imports and Exports by SITC

单位：亿美元
Unit: USD 100 million

年 份 Year	初级产品 Primary Goods		工业制品 Manufactured Goods	
	出 口 Exports	进 口 Imports	出 口 Exports	进 口 Imports
1980	91.14	69.59	90.05	130.58
1981	102.48	80.44	117.59	139.71
1982	100.50	76.34	122.71	116.51
1983	96.20	58.08	126.06	155.82
1984	119.34	52.08	142.05	222.02
1985	138.28	52.89	135.22	369.63
1986	112.72	56.49	196.70	372.55
1987	132.31	69.15	262.06	363.01
1988	144.06	100.68	331.10	452.07
1989	150.78	117.54	374.60	473.86
1990	158.86	98.53	462.05	434.92
1991	161.45	108.34	556.98	529.57
1992	170.04	132.55	679.36	673.30
1993	166.66	142.10	750.78	897.49
1994	197.08	164.86	1012.98	991.28
1995	214.85	244.17	1272.95	1076.67
1996	219.25	254.41	1291.23	1133.92
1997	239.53	286.20	1588.39	1137.50
1998	204.89	229.49	1632.20	1172.88
1999	199.41	268.46	1749.90	1388.53
2000	254.60	467.39	2237.43	1783.55
2001	263.38	457.43	2397.60	1978.10
2002	285.40	492.71	2970.56	2458.99
2003	348.12	727.63	4034.16	3399.96
2004	405.49	1172.67	5527.77	4439.62
2005	490.37	1477.14	7129.16	5122.39
2006	529.19	1871.29	9160.17	6043.32
2007	615.09	2430.85	11562.67	7128.65
2008	779.57	3623.95	13527.36	7701.67
2009	631.12	2898.04	11384.83	7161.19
2010	816.86	4338.50	14960.69	9623.94
2011	1005.45	6042.69	17978.36	11392.15
2012	1005.58	6349.34	19481.56	11834.71
2013	1072.68	6580.81	21017.36	12919.09
2014	1126.92	6469.40	22296.01	13122.95
2015	1039.27	4720.57	21695.41	12075.07
2016	1051.87	4410.55	19924.44	11468.71
2017	1177.33	5796.38	21456.38	12641.55
2018	1349.93	7017.44	23516.89	14339.90
2019	1339.70	7299.52	23655.13	13484.57
2020	1156.29	6869.07	24743.22	13790.54
2021	1396.68	9753.24	31763.54	17044.44
2022	1691.18	10891.48	33914.21	16204.26

6-12 按国际贸易标准分类的进出口同比增速

Growth Rates of Imports and Exports by SITC

年份 Year	初级产品 Primary Goods		工业制品 Manufactured Goods	
	出口 Exports (%)	进口 Imports (%)	出口 Exports (%)	进口 Imports (%)
1981	12.4	15.6	30.6	7.0
1982	-1.9	-5.1	4.4	-16.6
1983	-4.3	-23.9	2.7	33.7
1984	24.1	-10.3	12.7	42.5
1985	15.9	1.6	-4.8	66.5
1986	-18.5	6.8	45.5	0.8
1987	17.4	22.4	33.2	-2.6
1988	8.9	45.6	26.3	24.5
1989	4.7	16.7	13.1	4.8
1990	5.4	-16.2	23.3	-8.2
1991	1.6	10.0	20.5	21.8
1992	5.3	22.3	22.0	27.1
1993	-2.0	7.2	10.5	33.3
1994	18.3	16.0	34.9	10.5
1995	9.0	48.1	25.7	8.6
1996	2.0	4.2	1.4	5.3
1997	9.2	12.5	23.0	0.3
1998	-14.5	-19.8	2.8	3.1
1999	-2.7	17.0	7.2	18.4
2000	27.7	74.1	27.9	28.4
2001	3.4	-2.1	7.2	10.9
2002	8.4	7.7	23.9	24.3
2003	22.0	47.7	35.8	38.3
2004	16.5	61.2	37.0	30.6
2005	20.9	26.0	29.0	15.4
2006	7.9	26.7	28.5	18.0
2007	16.2	29.9	26.2	18.0
2008	26.7	49.1	17.0	8.0
2009	-19.0	-20.0	-15.8	-7.0
2010	29.4	49.7	31.4	34.4
2011	23.1	39.3	20.2	18.4
2012	0.0	5.1	8.4	3.9
2013	6.7	3.6	7.9	9.2
2014	5.1	-1.7	6.1	1.6
2015	-7.8	-27.0	-2.7	-8.0
2016	1.2	-6.6	-8.2	-5.0
2017	11.9	31.4	7.7	10.2
2018	14.7	21.1	9.6	13.4
2019	-0.8	4.0	0.6	-6.0
2020	-13.7	-5.9	4.6	2.3
2021	20.8	42.0	28.4	23.6
2022	21.1	11.7	6.8	-4.9

6-13 按国际贸易标准分出口商品金额
Value of Exports by SITC

单位：亿美元

Unit: USD 100 million

商品分类	Category	2020	2021	2022
总　额	**Total**	**25899.52**	**33160.22**	**35605.39**
一、初级产品	**Primary Goods**	**1156.29**	**1396.68**	**1691.18**
食品及活动物	Food and Live Animals	635.32	697.78	734.98
饮料及烟类	Beverages and Tobacco	25.28	27.32	30.69
非食用原料(燃料除外)	Crude Materials, Inedible(Except Fuels)	159.17	219.94	248.29
矿物燃料、润滑油及有关原料	Mineral Fuels，Lubricants and Related Materials	322.48	428.33	641.63
动植物油、脂及蜡	Animal and Vegetable Oils，Fats and Waxes	14.05	23.31	35.59
二、工业制品	**Manufactured Goods**	**24743.22**	**31763.54**	**33914.21**
化学成品及有关产品	Chemicals and Related Products	1691.33	2627.94	3120.88
按原料分类的制成品	Manufactured Goods Classified Chiefly by Material	4340.70	5322.23	5915.66
机械及运输设备	Machinery and Transport Equipment	12578.91	16042.16	16916.02
杂项制品	Miscellaneous Manufactured Articles	5846.79	7367.41	7428.88
未分类的商品	Products Not Classified Elsewhere	285.50	403.79	532.77

6-14 按国际贸易标准分进口商品金额
Value of Imports by SITC

单位：亿美元

Unit: USD 100 million

商品分类	Category	2020	2021	2022
总　额	**Total**	**20659.62**	**26797.68**	**27095.74**
一、初级产品	**Primary Goods**	**6869.07**	**9753.24**	**10891.48**
食品及活动物	Food and Live Animals	982.54	1228.35	1311.45
饮料及烟类	Beverages and Tobacco	62.04	76.09	70.26
非食用原料(燃料除外)	Crude Materials, Inedible(Except Fuels)	3017.26	4249.73	4023.85
矿物燃料、润滑油及有关原料	Mineral Fuels，Lubricants and Related Materials	2700.69	4053.29	5356.66
动植物油、脂及蜡	Animal and Vegetable Oils，Fats and Waxes	106.55	145.78	129.25
二、工业制品	**Manufactured Goods**	**13790.54**	**17044.44**	**16204.26**
化学成品及有关产品	Chemicals and Related Products	2134.64	2640.32	2663.13
按原料分类的制成品	Manufactured Goods Classified Chiefly by Material	1687.57	2107.02	1977.64
机械及运输设备	Machinery and Transport Equipment	8285.37	10006.15	9380.75
杂项制品	Miscellaneous Manufactured Articles	1459.73	1686.83	1338.39
未分类的商品	Products Not Classified Elsewhere	223.23	604.13	844.36

6−15 按国际贸易标准分出口商品构成
Composition of Exports by SITC

单位：%
Unit: %

商品分类	Category	2020	2021	2022
总　额	**Total**	**100.00**	**100.00**	**100.00**
一、初级产品	**Primary Goods**	**4.46**	**4.21**	**4.75**
食品及活动物	Food and Live Animals	2.45	2.10	2.06
饮料及烟类	Beverages and Tobacco	0.10	0.08	0.09
非食用原料(燃料除外)	Crude Materials, Inedible(Except Fuels)	0.61	0.66	0.70
矿物燃料、润滑油及有关原料	Mineral Fuels，Lubricants and Related Materials	1.25	1.29	1.80
动植物油、脂及蜡	Animal and Vegetable Oils，Fats and Waxes	0.05	0.07	0.10
二、工业制品	**Manufactured Goods**	**95.54**	**95.79**	**95.25**
化学成品及有关产品	Chemicals and Related Products	6.53	7.92	8.77
按原料分类的制成品	Manufactured Goods Classified Chiefly by Material	16.76	16.05	16.61
机械及运输设备	Machinery and Transport Equipment	48.57	48.38	47.51
杂项制品	Miscellaneous Manufactured Articles	22.57	22.22	20.86
未分类的商品	Products Not Classified Elsewhere	1.10	1.22	1.50

6−16 按国际贸易标准分进口商品构成
Composition of Imports by SITC

单位：%
Unit: %

商品分类	Category	2020	2021	2022
总　额	**Total**	**100.00**	**100.00**	**100.00**
一、初级产品	**Primary Goods**	**33.25**	**36.40**	**40.20**
食品及活动物	Food and Live Animals	4.76	4.58	4.84
饮料及烟类	Beverages and Tobacco	0.30	0.28	0.26
非食用原料(燃料除外)	Crude Materials, Inedible(Except Fuels)	14.60	15.86	14.85
矿物燃料、润滑油及有关原料	Mineral Fuels，Lubricants and Related Materials	13.07	15.13	19.77
动植物油、脂及蜡	Animal and Vegetable Oils，Fats and Waxes	0.52	0.54	0.48
二、工业制品	**Manufactured Goods**	**66.75**	**63.60**	**59.80**
化学成品及有关产品	Chemicals and Related Products	10.33	9.85	9.83
按原料分类的制成品	Manufactured Goods Classified Chiefly by Material	8.17	7.86	7.30
机械及运输设备	Machinery and Transport Equipment	40.10	37.34	34.62
杂项制品	Miscellaneous Manufactured Articles	7.07	6.29	4.94
未分类的商品	Products Not Classified Elsewhere	1.08	2.25	3.12

6-17 按商品类章分出口商品金额
Value of Exports of Goods by HS

类 章	HS Section and Division	2021 亿 元 人民币 RMB 100 million	2021 亿美元 USD 100 million	2022 亿 元 人民币 RMB 100 million	2022 亿美元 USD 100 million
总 额	**Total**	**214255.24**	**33160.22**	**237411.54**	**35605.39**
第一类 活动物；动物产品	**LIVE ANIMALS；ANIMAL PRODUCTS**	**971.22**	**150.29**	**1099.83**	**164.79**
01章 活动物	Live animals	36.23	5.61	36.41	5.42
02章 肉及食用杂碎	Meat and edible meat offal	56.35	8.72	66.26	9.93
03章 鱼、甲壳动物、软体动物及其他水生无脊椎动物	Fish and crustaceans molluscs and other aquatic invertebrates	712.03	110.19	814.66	121.99
04章 乳品；蛋品；天然蜂蜜；其他食用动物产品	Dairy produce；birds' eggs；natural honey；edible products of animal origin，not elsewhere specified or included	40.06	6.20	47.38	7.12
05章 其他动物产品	Products of animal origin，not elsewhere specified or included	126.55	19.57	135.13	20.34
第二类 植物产品	**VEGETABLE PRODUCTS**	**1816.13**	**281.09**	**1893.07**	**282.87**
06章 活树及其他活植物；鳞茎、根及类似品；插花及装饰用簇叶	Live tree and other plants；bulbs，roots and the like；cut flowers and ornamental foliage	36.60	5.67	37.61	5.63
07章 食用蔬菜、根及块茎	Edible vegetables and certain roots and tubers	648.08	100.33	677.64	101.23
08章 食用水果及坚果；甜瓜或柑桔属水果的果皮	Edible fruit and nuts； peel of citrus fruit or melons	409.25	63.33	368.93	54.74
09章 咖啡、茶、马黛茶及调味香料	Coffee，tea，mate and spices	270.69	41.89	255.04	38.28
10章 谷物	Cereals	69.60	10.76	71.59	10.71
11章 制粉工业产品；麦芽；淀粉；菊粉；面筋	Products of the milling industry；malt；starches；inulin；wheat gluten	42.19	6.53	70.98	10.62
12章 含油子仁及果实；杂项子仁及果实；工业用或药用植物；稻草、秸秆及饲料	Oil seeds and oleaginous fruits；miscellaneous grains，seeds and fruit；industrial or medicinal plants；straw and fodder	190.80	29.54	210.93	31.62
13章 虫胶；树胶、树脂及其他植物液、汁	Lac；gums，resins and other vegetable saps and extracts	136.11	21.08	183.17	27.46
14章 编结用植物材料；其他植物产品	Vegetable plaiting materials；vegetable products not elsewhere specified or included	12.80	1.98	17.19	2.59
第三类 动、植物油、脂及其分解产品；精制的食用油脂；动、植物蜡	**ANIMAL OR VEGETABLE FATS AND OILS AND THEIR CLEAVAGE PRODUCTS；PREPARED EDIBLE FATS；ANIMAL OR VEGETABLE WAXES**	**152.79**	**23.64**	**239.16**	**35.97**
15章 动、植物油、脂及其分解产品；精制的食用油脂；动、植物蜡	Animal or vegetable fats and oils and their cleavage products；prepared edible fats；animal or vegetable waxes	152.79	23.64	239.1581	35.96824
第四类 食品；饮料、酒及醋；烟草、烟草及烟草代用品的制品	**PREPARED FOODSTUFFS；BEVERAGES, SPIRITS AND VINEGAR；TOBACCO AND MANUFACTURED TOBACCO SUBSTITUTES**	**2381.81**	**368.66**	**3150.294**	**472.4212**
16章 肉、鱼、甲壳动物、软体动物及其他水生无脊椎动物的制品	Preparations of meat，of fish or of crustaceans，molluscs or other aquatic invertebrates	756.86	117.15	784.43	117.94
17章 糖及糖食	Sugars and sugar confectionery	124.76	19.31	170.66	25.59
18章 可可及可可制品	Cocoa and cocoa preparations	28.19	4.36	29.06	4.33
19章 谷物、粮食粉、淀粉或乳的制品；糕饼点心	Preparations of cereals，flour，starch or milk；pastry-cooks' products	151.51	23.45	163.47	24.48

6-17 续表 1 Continued 1

类 章		HS Section and Division	2021		2022	
			亿 元 人民币 RMB 100 million	亿美元 USD 100 million	亿 元 人民币 RMB 100 million	亿美元 USD 100 million
20章	蔬菜、水果、坚果或植物其他部分的制品	Preparations of vegetables，fruit，nuts or other parts of plants	534.45	82.73	661.17	99.16
21章	杂项食品	Miscellaneous edible preparations	368.64	57.06	421.96	63.28
22章	饮料、酒及醋	Beverages，spirits and vinegar	133.46	20.67	156.40	23.40
23章	食品工业的残渣及废料；配制的动物饲料	Residues and waste from the food industries；prepared animal fodder	238.03	36.82	258.62	38.99
24章	烟草、烟草及烟草代用品的制品	Tobacco and manufactured tobacco substitutes	45.90	7.11	504.52	75.25
第五类	**矿产品**	**MINERAL PRODUCTS**	**3310.45**	**511.21**	**4833.33**	**723.24**
25章	盐；硫磺；泥土及石料；石膏料、石灰及水泥	Salt；sulphur；earths and stone；plastering materials，lime and cement	242.17	37.48	281.38	42.14
26章	矿砂、矿渣及矿灰	Ores，slag and ash	293.67	45.39	258.76	39.08
27章	矿物燃料、矿物油及其蒸馏产品；沥青物质；矿物蜡	Mineral fuels，mineral oils and products of their distillation; bituminous substances; mineral waxes	2774.60	428.34	4293.20	642.01
第六类	**化学工业及其相关工业的产品**	**PRODUCTS OF THE CHEMICAL OR INDUSTRIES ALLIED**	**13736.67**	**2126.47**	**16334.66**	**2458.50**
28章	无机化学品；贵金属、稀土金属、放射性元素及其同位素的有机及无机化合物	Inorganic chemicals；organic or inorganic compounds of precious metals，of rare- earth metals, of radioactive elements or of isotopes	1494.34	231.40	2614.30	391.76
29章	有机化学品	Organic chemicals	5329.90	825.19	6747.16	1016.80
30章	药品	Pharmaceutical products	2489.64	385.45	928.71	139.71
31章	肥料	Fertilizers	740.08	114.46	759.83	113.57
32章	鞣料浸膏及染料浸膏；鞣酸及其衍生物；染料、颜料及其他色料；油漆及清漆；油灰及其他类似胶粘剂；墨水、油墨	Tanning or dyeing extracts；tannins and their derivatives；dyes，pigments and other colouring matter；paints and varnishes； putty and other mastics；inks	666.42	103.14	693.75	104.59
33章	精油及香膏； 芳香料制品及化妆盥洗品	Essential oils and retinoid；perfumery，cosmetic or toilet preparations	404.50	62.61	485.71	72.66
34章	肥皂、有机表面活性剂、洗涤剂、润滑剂、人造蜡、调制蜡、光洁剂、蜡烛及类似品、塑型用膏、“牙科用蜡”及牙科用熟石膏制剂	Soap，organic surface-active agents，washing preparations，lubricating preparations，artificial waxes，prepared waxes，polishing or scouring preparations，candles and similar articles，modelling pastes，“dental waxes” and dental preparations with a basis of plast	374.69	57.98	470.80	70.60
35章	蛋白类物质；改性淀粉；胶；酶	Albuminoidal substances；modified starches；glues；enzymes	275.56	42.64	324.05	48.66
36章	炸药；烟火制品；火柴；引火合金；易燃材料制品	Explosives；pyrotechnic products；matches；pyrophoric alloys；certain combustible preparations	57.07	8.83	81.44	12.29
37章	照相及电影用品	Photographic or cinematographic goods	79.18	12.25	94.85	14.25
38章	杂项化学产品	Miscellaneous chemical products	1825.29	282.52	3134.07	473.61
第七类	**塑料及其制品，橡胶及其制品**	**PLASTICS AND ARTICLES THEREOF RUBBER AND ARTICLES THEREOF**	**10286.59**	**1591.80**	**11501.36**	**1727.87**
39章	塑料及其制品	Plastics and articles thereof	8286.33	1282.24	9413.89	1414.49
40章	橡胶及其制品	Rubber and articles thereof	2000.26	309.56	2087.47	313.38
第八类	**生皮、皮革、毛皮及其制品；鞍具及挽具；旅行用品、手提包及类似品；动物肠线(蚕胶丝除外)制品**	**RAW HIDES AND SKINS，LEATHER，FUR SKINS AND ARTICLES THEREOF；SADDLERY AND HARNESS；TRAVEL GOODS，HANDBAGS AND SIMILAR CONTAINERS；ARTICLES OF ANIMAL GUT(OTHER THAN SILK-WORM GUT)**	**2159.92**	**334.28**	**2731.00**	**408.53**
41章	生皮(毛皮除外)及皮革	Raw hides and skins(other than fur skins) and leather	63.12	9.77	64.42	9.72

6-17 续表 2 Continued 2

类 章		HS Section and Division	2021 亿元人民币 RMB 100 million	2021 亿美元 USD 100 million	2022 亿元人民币 RMB 100 million	2022 亿美元 USD 100 million
42章	皮革制品；鞍具及挽具；旅行用品、手提包及类似容器；动物肠线（蚕胶丝除外）制品	Articles of Leather; Saddlery and Harness; Travel Goods, Handbags and Similar Containers; Articles of Animal Gut	1920.70	297.26	2529.14	378.46
43章	毛皮、人造毛皮及其制品	Fur skins and artificial fur；manufactures thereof	176.11	27.26	137.44	20.35
第九类	**木及木制品；木炭；软木及软木制品；稻草，秸秆、针茅或其他编结材料制品；篮筐及柳条编结品**	**WOOD AND ARTICLES OF WOOD；WOOD CHAR-COAL；CORK AND ARTICLES OF CORK；MANUFACTURES OF STRAW，OF ESPARTO OR OF OTHER PLAITING MATERIALS；BASKET WARE AND WICKERWORK**	**1326.75**	**205.34**	**1331.11**	**200.50**
44章	木及木制品；木炭	Wood and articles of wood；wood charcoal	1186.82	183.68	1203.37	181.22
45章	软木及软木制品	Cork and articles of cork	2.56	0.40	2.58	0.39
46章	稻草、秸秆、针茅或其他编结材料制品；篮筐及柳条编结品	Manufactures of straw，of esparto or of other plaiting Materials；basket ware and wickerwork	137.37	21.26	125.16	18.89
第十类	**木浆及其他纤维状纤维素浆；纸及纸板的废碎品；纸、纸板及其制品**	**Pulp of Wood or of Other Fibrous Cellulosic Material; Recycled Waste and Scrap of Paper or Paperboard; Paperboard and Articles Thereof**	**1794.86**	**277.77**	**2385.53**	**357.43**
47章	木浆及其他纤维状纤维素浆；纸及纸板的废碎品	Pulp of Wood or of Other Fibrous Cellulosic Material; Waste and Scrap of Paper or Paperboard	12.21	1.89	27.88	4.16
48章	纸及纸板；纸浆、纸或纸板制品	Paper and paperboard；articles of paper pulp，of paper or paperboard	1504.88	232.90	2070.10	310.09
49章	书籍、报纸、印刷图画及其他印制品；手稿、打字稿及设计图纸	Printed books，newspapers，pictures and other products of the printing industry；manuscripts，typescripts and plans	277.77	42.99	287.56	43.18
第十一类	**纺织原料及纺织制品**	**TEXTILES AND TEXTILE ARTICLES**	**19420.89**	**3005.61**	**21118.87**	**3169.64**
50章	蚕丝	Silk	42.28	6.55	62.06	9.33
51章	羊毛、动物细毛或粗毛；马毛纱线及其机织物	Wool，fine or coarse animal hair；horsehair yarn and woven fabric	124.86	19.32	149.07	22.41
52章	棉花	Cotton	883.53	136.70	878.58	132.42
53章	其他植物纺织纤维；纸纱线及其机织物	Other vegetable textile fibres；paper yarn and woven fabrics of paper yarn	89.33	13.83	108.44	16.14
54章	化学纤维长丝	Man-Made Filaments	1648.94	255.20	1962.20	295.09
55章	化学纤维短纤	Man-made short fibres	833.06	128.91	961.14	144.73
56章	絮胎、毡呢及无纺织物；特种纱线；线、绳、索、缆及其制品	Wadding，felt and nonwoven；special yarns；twine，cordage，ropes and cables and articles thereof	532.61	82.39	523.22	78.62
57章	地毯及纺织材料的其他铺地制品	Carpets and other textile floor coverings	239.70	37.09	254.14	38.13
58章	特种机织物；簇绒织物；花边；装饰毯；装饰带；刺绣品	Special woven fabrics；tufted textile fabrics；lace；tapestries；trimmings；embroidery	359.37	55.62	402.06	60.42
59章	浸渍、涂布、包覆或层压的纺织物；工业用纺织制品	Impregnated，coated，covered or laminated textile fabrics；textile articles of a kind suitable for industrial use	596.53	92.31	677.63	101.88
60章	针织物及钩编织物	Knitted or crocheted fabrics	1487.05	230.12	1577.79	237.60
61章	针织或钩编的服装及衣着附件	Articles of apparel and clothing accessories，knitted or crocheted	5501.18	851.56	6007.26	899.92
62章	非针织或非钩编的服装及衣着附件	Articles of apparel and clothing accessories，not knitted or crocheted	4418.77	683.97	5073.87	759.76

6−17 续表 3 Continued 3

类 章		HS Section and Division	2021		2022	
			亿 元 人民币 RMB 100 million	亿美元 USD 100 million	亿 元 人民币 RMB 100 million	亿美元 USD 100 million
63章	其他纺织制成品；成套物品；旧衣着及旧纺织品；碎织物	Other made up textile articles；sets；worn clothing and worn textile articles；rags articles；rags	2663.69	412.04	2481.41	373.21
第十二类	**鞋、帽、伞、杖、鞭及其零件；已加工的羽毛及其制品；人造花；人发制品**	**FOOTWEAR，HEADGEAR，UMBRELLAS，SUN UMBRELLAS，WALKING-STICKS，SEAT-STICKS，WHIPS，RIDING-CROPS AND PARTS THEREOF；PREPARED FEATHERS AND ARTICLES MADE THEREWITH；ARTIFICIAL FLOWERS；ARTICLES OF HUMAN HAIR**	**4614.70**	**714.17**	**5582.17**	**836.85**
64章	鞋靴、护腿和类似品及其零件	Footwear，gaiters and the like；parts of such articles	3276.90	507.15	4082.29	611.64
65章	帽类及其零件	Headgear and parts thereof	354.08	54.79	455.96	68.32
66章	雨伞、阳伞、手杖、鞭子、马鞭及其零件	Umbrellas，sun umbrellas，walking-sticks，seat-sticks，whips，riding-crops and parts thereof	193.33	29.91	237.62	35.74
67章	已加工羽毛、羽绒及其制品；人造花；人发制品	Prepared feathers and down and articles made of feathers or of down；artificial flowers；articles of human hair	790.39	122.31	806.30	121.14
第十三类	**石料、石膏、水泥、石棉、云母及类似材料的制品；陶瓷产品；玻璃及其制品**	**ARTICLES OF STONE，PLASTER，CEMENT，ASBESTOS，MICA OR SIMILAR MATERIALS；CERAMIC PRODUCTS；GLASS AND GLASSWARE**	**4233.10**	**655.06**	**4846.98**	**725.47**
68章	石料、石膏、水泥、石棉、云母及类似材料的制品	Articles of stone，plaster，cement，asbestos，mica or similar materials；ceramic products；glass and glassware	862.22	133.43	1011.72	151.27
69章	陶瓷产品	Ceramic products	1874.82	290.13	2094.38	313.22
70章	玻璃及其制品	Glass and glassware	1496.06	231.50	1740.88	260.98
第十四类	**天然或养殖珍珠、宝石或半宝石、贵金属、包贵金属及其制品；仿首饰；硬币**	**NATURAL OR CULTURED PEARLS，PRECIOUS OR SEMI-PRECIOUS STONES，PRECIOUS METALS，METALS CLAD WITH PRECIOUS METAL AND STONES，PRECIOUS METALS，METALS CLAD WITH PRECIOUS METAL AND ARTICLES THEREOF；IMITATION JEWELLERY；COIN**	**1864.45**	**288.85**	**2000.06**	**297.54**
71章	天然或养殖珍珠、宝石或半宝石、贵金属、包贵金属及其制品；仿首饰；硬币	Natural or cultured pearls，precious or semi-precious stones，precious metals，metals clad with precious metal and articles thereof；imitation jewellery；coin	1864.45	288.85	2000.06	297.54
第十五类	**贱金属及其制品**	**BASE METALS AND ARTICLES OF BASE METAL**	**16664.41**	**2579.26**	**19782.07**	**2972.48**
72章	钢铁	Iron and steel	4199.47	650.09	5027.34	757.03
73章	钢铁制品	Articles of iron or steel	5990.37	927.06	7212.11	1080.86
74章	铜及其制品	Copper and articles thereof	674.75	104.45	703.71	106.62
75章	镍及其制品	Nickel and articles thereof	32.40	5.02	78.54	11.82
76章	铝及其制品	Aluminium and articles thereof	2228.80	344.98	2781.94	419.01
78章	铅及其制品	Lead and articles thereof	17.52	2.71	20.73	3.13
79章	锌及其制品	Zinc and articles thereof	13.95	2.16	32.19	4.88
80章	锡及其制品	Tin and articles thereof	30.50	4.72	26.48	4.01
81章	其他贱金属、金属陶瓷及其制品	Other base metals；cermets；articles thereof	310.32	48.10	430.62	65.08
82章	贱金属工具、器具、利口器、餐匙、餐叉及其零件	Tools，implements，cutlery，spoons and forks，of base metal；parts thereof of base metal	1471.54	227.72	1588.80	238.19
83章	贱金属杂项制品	Miscellaneous articles of base metal	1694.79	262.25	1879.61	281.84

6-17 续表 4 Continued 4

类 章	HS Section and Division	2021 亿元人民币 RMB 100 million	2021 亿美元 USD 100 million	2022 亿元人民币 RMB 100 million	2022 亿美元 USD 100 million
第十六类 机器、机械器具、电气设备及其零件；录音机及放声机、电视图像、声音的录制和重放设备及其零件、附件	**MACHINERY AND MECHANICAL APPLIANCES；ELECTRICAL EQUIPMENT；PARTS THEREOF；SOUND RECORDERS AND REPRODUCERS，TELEVISION IMAGE AND SOUND RECORDERS AND REPRODUCERS；AND PARTS AND ACCESSORIES OF RECORDERS AND REPRODUCERS；AND PARTS AND ACCESSORIES OF SUCH ARTICLES**	**94356.66**	**14606.42**	**99716.42**	**14953.42**
84章 核反应堆、锅炉、机器、机械器具及其零件	Nuclear reactors，boilers，machinery and mechanical appliances；parts thereof	35169.70	5443.34	36600.17	5494.43
85章 电机、电气设备及其零件；录音机及放声机、电视图像、声音的录制和重放设备及其零件、附件	Electrical machinery and equipment and parts thereof；sound recorders and reproducers，television image and sound recorders and reproducers，and parts and accessories of such articles	57501.58	8902.26	63116.25	9459.00
第十七类 车辆、航空器、船舶及有关运输设备	**VEHICLES，AIRCRAFT，VESSELS AND ASSOCIATED TRANSPORT EQUIPMENT**	**11117.02**	**1720.12**	**13298.88**	**1988.05**
86章 铁道及电车道机车、车辆及其零件；铁道及电车轨道固定装置及其零件、附件；各种机械(包括电动机械)交通信号设备	Railway or tramway locomotives，rolling-stock and parts thereof；railway or tramway track fixtures and fittings and parts thereof；mechanical(including electro-mechanical) traffic signalling equipment of all kinds	1685.39	260.81	1217.81	184.18
87章 车辆及其零件、附件，但铁道及电车道车辆除外	Vehicles other than railway or tramway rolling-stock，and parts and accessories thereof	7712.58	1193.39	10008.63	1494.71
88章 航空器、航天器及其零件	Aircraft，spacecraft，and parts thereof	157.46	24.32	311.71	46.61
89章 船舶及浮动结构体	Ships，boats and floating structures	1561.59	241.59	1760.73	262.57
第十八类 光学、照相、电影、计量、检验、医疗或外科用仪器及设备、精密仪器及设备；钟表；乐器；上述物品的零件、附件	**OPTICAL，PHOTOGRAPHIC，CINEMATOGRAPHIC，MEASURING，CHECKING，PRECISION，MEDICAL OR SURGICAL INSTRUMENTS AND APPARATUS；CLOCKS AND WATCHES；MUSICAL INSTRUMENTS；PARTS AND ACCESSORIES THEREOF**	**6682.07**	**1034.18**	**5087.46**	**761.43**
90章 光学、照相、电影、计量、检验、医疗或外科用仪器及设备、精密仪器及设备；上述物品的零件、附件	Optical，photographic，cinematographic，measuring，checking，precision medical or surgical instruments and apparatus；parts and accessories thereof	6238.81	965.56	4625.05	692.20
91章 钟表及其零件	Clocks and watches and parts thereof	295.69	45.78	318.17	47.60
92章 乐器及其零件、附件	Musical instruments；parts and accessories of such articles	147.58	22.84	144.23	21.62
第十九类 武器、弹药及其零件、附件	**ARMS AND AMMUNITION；PARTS AND ACCESSORIES THEREOF**	**20.28**	**3.14**	**18.01**	**2.71**
93章 武器、弹药及其零件、附件	Arms and ammunition；parts and accessories thereof	20.28	3.14	18.01	2.71
第二十类 杂项制品	**MISCELLANEOUS MANUFACTURED ARTICLES**	**16470.12**	**2548.30**	**17048.04**	**2556.15**
94章 家具；寝具、褥垫、弹簧床垫、软坐垫及类似的填充制品；未列名灯具及照明装置；发光标志、发光名牌及类似品；活动房屋	Furniture；bedding，mattresses，mattress supports，cushions and similar stuffed furnishings；lamps and lighting fittings，not elsewhere specified or included；illuminated signs，illuminated	8697.02	1345.50	8536.25	1281.57
95章 玩具、游戏品、运动用品及其零件、附件	Toys，games and sports requisites；parts and accessories thereof	6301.55	975.08	6741.56	1009.36
96章 杂项制品	Miscellaneous manufactured articles	1471.56	227.72	1770.23	265.22
第二十一类 艺术品、收藏品及古物	**WORKS OF ART，COLLECTORS' PIECES AND ANTIQUES**	**148.54**	**23.05**	**63.79**	**9.59**
97章 艺术品、收藏品及古物	Works of art，collectors' pieces and antiques	148.54	23.05	63.79	9.59
第二十二类 特殊交易品及未分类商品	**COMMODITIES AND TRANSACTIONS NOT CLASSIFIED ACCORDING TO KIND**	**2411.17**	**372.31**	**3349.44**	**499.94**
98章 特殊交易品及未分类商品	Commodities and transactions not classified according to kind	**2255.99**	**348.28**	**2946.31**	**440.16**
99章 跨境电商B2B简化申报商品	Simplified Declaration of Cross-border E-commerce B2B Commodities	**155.19**	**24.02**	**403.12**	**59.77**

6-18 按商品类章分进口商品金额
Value of Imports of Goods by HS

类 章	HS Section and Division	2021 亿元人民币 RMB 100 million	2021 亿美元 USD 100 million	2022 亿元人民币 RMB 100 million	2022 亿美元 USD 100 million
总 额	**Total**	**173159.38**	**26797.68**	**180600.06**	**27095.74**
第一类 活动物；动物产品	**LIVE ANIMALS；ANIMAL PRODUCTS**	**3689.77**	**570.74**	**4101.73**	**614.37**
01章 活动物	Live animals	60.96	9.42	59.65	8.93
02章 肉及食用杂碎	Meat and edible meat offal	2042.09	315.84	2062.92	308.72
03章 鱼、甲壳动物、软体动物及其他水生无脊椎动物	Fish and crustaceans molluscs and other aquatic invertebrates	892.19	138.06	1256.57	187.74
04章 乳品；蛋品；天然蜂蜜；其他食用动物产品	Dairy produce；birds' eggs；natural honey；edible products of animal origin，not elsewhere specified or included	626.79	96.93	632.51	95.46
05章 其他动物产品	Products of animal origin，not elsewhere specified or included	67.74	10.49	90.08	13.52
第二类 植物产品	**VEGETABLE PRODUCTS**	**6681.95**	**1033.77**	**7542.94**	**1133.57**
06章 活树及其他活植物；鳞茎、根及类似品；插花及装饰用簇叶	Live tree and other plants；bulbs，roots and the like；cut flowers and ornamental foliage	15.80	2.44	16.01	2.38
07章 食用蔬菜、根及块茎	Edible vegetables and certain roots and tubers	184.63	28.55	256.59	38.91
08章 食用水果及坚果；甜瓜或柑桔属水果的果皮	Edible fruit and nuts；peel of citrus fruit or melons	1029.82	159.16	1108.56	167.05
09章 咖啡、茶、马黛茶及调味香料	Coffee，tea，mate and spices	108.69	16.81	105.20	15.68
10章 谷物	Cereals	1291.12	199.66	1285.00	194.51
11章 制粉工业产品；麦芽；淀粉；菊粉；面筋	Products of the milling industry；malt；starches；inulin；wheat gluten	126.50	19.58	167.07	25.16
12章 含油子仁及果实；杂项子仁及果实；工业用或药用植物；稻草、秸秆及饲料	Oil seeds and oleaginous fruits；miscellaneous grains，seeds and fruit；industrial or medicinal plants；straw and fodder	3881.68	600.80	4556.35	682.65
13章 虫胶；树胶、树脂及其他植物液、汁	Lac；gums，resins and other vegetable saps and extracts	30.18	4.67	35.27	5.28
14章 编结用植物材料；其他植物产品	Vegetable plaiting materials；vegetable products not elsewhere specified or included	13.52	2.09	12.89	1.95
第三类 动、植物油、脂及其分解产品；精制的食用油脂；动、植物蜡	**ANIMAL OR VEGETABLE FATS AND OILS AND THEIR CLEAVAGE PRODUCTS；PREPARED EDIBLE FATS；ANIMAL OR VEGETABLE WAXES**	**1032.42**	**159.69**	**1032.10**	**153.55**
15章 动、植物油、脂及其分解产品；精制的食用油脂；动、植物蜡	Animal or vegetable fats and oils and their cleavage products；prepared edible fats；animal or vegetable waxes	1032.42	159.69	1032.10	153.55
第四类 食品；饮料、酒及醋；烟草、烟草及烟草代用品的制品	**PREPARED FOODSTUFFS；BEVERAGES, SPIRITS AND VINEGAR；TOBACCO AND MANUFACTURED TOBACCO SUBSTITUTES**	**2101.60**	**325.17**	**2246.97**	**335.34**
16章 肉、鱼、甲壳动物、软体动物及其他水生无脊椎动物的制品	Preparations of meat，of fish or of crustaceans，molluscs or other aquatic invertebrates	25.38	3.93	24.99	3.71
17章 糖及糖食	Sugars and sugar confectionery	203.52	31.49	243.41	36.28
18章 可可及可可制品	Cocoa and cocoa preparations	67.46	10.45	63.63	9.44
19章 谷物、粮食粉、淀粉或乳的制品；糕饼点心	Preparations of cereals，flour，starch or milk；pastry-cooks' products	441.30	68.27	456.35	68.11

6-18 续表 1 Continued 1

类 章		HS Section and Division	2021		2022	
			亿 元 人民币 RMB 100 million	亿美元 USD 100 million	亿 元 人民币 RMB 100 million	亿美元 USD 100 million
20章	蔬菜、水果、坚果或植物其他部分的制品	Preparations of vegetables, fruit, nuts or other parts of plants	109.63	16.98	122.90	18.28
21章	杂项食品	Miscellaneous edible preparations	312.64	48.30	363.34	54.18
22章	饮料、酒及醋	Beverages, spirits and vinegar	426.00	65.94	362.79	54.02
23章	食品工业的残渣及废料；配制的动物饲料	Residues and waste from the food industries；prepared animal fodder	421.47	65.24	496.83	74.43
24章	烟草、烟草及烟草代用品的制品	Tobacco and manufactured tobacco substitutes	94.19	14.59	112.72	16.89
第五类	**矿产品**	**MINERAL PRODUCTS**	**44373.47**	**6868.31**	**51728.48**	**7765.07**
25章	盐；硫磺；泥土及石料；石膏料、石灰及水泥	Salt；sulphur；earths and stone；plastering materials, lime and cement	627.53	97.16	1127.67	168.24
26章	矿砂、矿渣及矿灰	Ores, slag and ash	17563.88	2716.82	14874.03	2239.69
27章	矿物燃料、矿物油及其蒸馏产品；沥青物质；矿物蜡	Mineral fuels, mineral oils and products of their distillation; bituminous substances; mineral waxes	26182.07	4054.33	35726.78	5357.14
第六类	**化学工业及其相关工业的产品**	**PRODUCTS OF THE CHEMICAL OR INDUSTRIES ALLIED**	**12277.00**	**1899.78**	**13242.63**	**1985.01**
28章	无机化学品；贵金属、稀土金属、放射性元素及其同位素的有机及无机化合物	Inorganic chemicals；organic or inorganic compounds of precious metals, of rare- earth metals, of radioactive elements or of isotopes	962.30	148.97	1739.47	259.59
29章	有机化学品	Organic chemicals	3890.52	602.14	3856.36	580.66
30章	药品	Pharmaceutical products	2703.77	418.62	2672.62	398.87
31章	肥料	Fertilizers	178.72	27.65	331.08	49.54
32章	鞣料浸膏及染料浸膏；鞣酸及其衍生物；染料、颜料及其他色料；油漆及清漆；油灰及其他类似胶粘剂；墨水、油墨	Tanning or dyeing extracts；tannins and their derivatives；dyes, pigments and other colouring matter；paints and varnishes； putty and other mastics；inks	390.23	60.36	347.18	52.20
33章	精油及香膏； 芳香料制品及化妆盥洗品	Essential oils and retinoid；perfumery, cosmetic or toilet preparations	1557.52	240.69	1438.06	215.33
34章	肥皂、有机表面活性剂、洗涤剂、润滑剂、人造蜡、调制蜡、光洁剂、蜡烛及类似品、塑型用膏、“牙科用蜡”及牙科用熟石膏制剂	Soap, organic surface-active agents, washing preparations, lubricating preparations, artificial waxes, prepared waxes, polishing or scouring preparations, candles and similar articles, modelling pastes, “dental waxes” and dental preparations with a basis of plast	480.54	74.34	448.77	67.34
35章	蛋白类物质；改性淀粉；胶；酶	Albuminoidal substances；modified starches；glues；enzymes	307.47	47.58	311.10	46.66
36章	炸药；烟火制品；火柴；引火合金；易燃材料制品	Explosives；pyrotechnic products；matches；pyrophoric alloys；certain combustible preparations	7.30	1.13	8.15	1.21
37章	照相及电影用品	Photographic or cinematographic goods	234.70	36.28	233.64	35.12
38章	杂项化学产品	Miscellaneous chemical products	1563.93	242.00	1856.20	278.48
第七类	**塑料及其制品，橡胶及其制品**	**PLASTICS AND ARTICLES THEREOF RUBBER AND ARTICLES THEREOF**	**6541.35**	**1012.22**	**6231.87**	**936.82**
39章	塑料及其制品	Plastics and articles thereof	5351.42	828.09	4996.03	751.31
40章	橡胶及其制品	Rubber and articles thereof	1189.93	184.13	1235.84	185.51
第八类	**生皮、皮革、毛皮及其制品；鞍具及挽具；旅行用品、手提包及类似品；动物肠线(蚕胶丝除外)制品**	**RAW HIDES AND SKINS, LEATHER, FUR SKINS AND ARTICLES THEREOF；SADDLERY AND HARNESS；TRAVEL GOODS, HANDBAGS AND SIMILAR CONTAINERS；ARTICLES OF ANIMAL GUT(OTHER THAN SILK-WORM GUT)**	**757.19**	**117.09**	**648.81**	**97.27**
41章	生皮(毛皮除外)及皮革	Raw hides and skins(other than fur skins) and leather	244.47	37.85	216.15	32.58

6-18 续表 2 Continued 2

类 章	HS Section and Division	2021 亿元人民币 RMB 100 million	2021 亿美元 USD 100 million	2022 亿元人民币 RMB 100 million	2022 亿美元 USD 100 million
42章 皮革制品；鞍具及挽具；旅行用品、手提包及类似容器；动物肠线(蚕胶丝除外)制品	Articles of Leather; Saddlery and Harness; Travel Goods, Handbags and Similar Containers; Articles of Animal Gut	451.60	69.78	400.39	59.97
43章 毛皮、人造毛皮及其制品	Fur skins and artificial fur；manufactures thereof	61.11	9.47	32.28	4.72
第九类 木及木制品；木炭；软木及软木制品；稻草，秸秆、针茅或其他编结材料制品；篮筐及柳条编结品	**WOOD AND ARTICLES OF WOOD；WOOD CHAR-COAL；CORK AND ARTICLES OF CORK；MANUFACTURES OF STRAW，OF ESPARTO OR OF OTHER PLAITING MATERIALS；BASKET WARE AND WICKERWORK**	**1570.69**	**243.07**	**1480.55**	**222.54**
44章 木及木制品；木炭	Wood and articles of wood；wood charcoal	1566.31	242.39	1476.32	221.90
45章 软木及软木制品	Cork and articles of cork	3.11	0.48	2.71	0.41
46章 稻草、秸秆、针茅或其他编结材料制品；篮筐及柳条编结品	Manufactures of straw，of esparto or of other plaiting Materials；basket ware and wickerwork	1.27	0.20	1.52	0.23
第十类 木浆及其他纤维状纤维素浆；纸及纸板的废碎品；纸、纸板及其制品	**Pulp of Wood or of Other Fibrous Cellulosic Material; Recycled Waste and Scrap of Paper or Paperboard; Paperboard and Articles Thereof**	**2027.13**	**313.66**	**2117.83**	**317.28**
47章 木浆及其他纤维状纤维素浆；纸及纸板的废碎品	Pulp of Wood or of Other Fibrous Cellulosic Material; Waste and Scrap of Paper or Paperboard	1303.76	201.71	1501.51	224.85
48章 纸及纸板；纸浆、纸或纸板制品	Paper and paperboard；articles of paper pulp，of paper or paperboard	570.23	88.26	465.18	69.78
49章 书籍、报纸、印刷图画及其他印制品；手稿、打字稿及设计图纸	Printed books，newspapers，pictures and other products of the printing industry；manuscripts，typescripts and plans	153.14	23.69	151.14	22.65
第十一类 纺织原料及纺织制品	**TEXTILES AND TEXTILE ARTICLES**	**2288.00**	**353.85**	**2092.97**	**314.39**
50章 蚕丝	Silk	5.94	0.92	5.45	0.81
51章 羊毛、动物细毛或粗毛；马毛纱线及其机织物	Wool，fine or coarse animal hair；horsehair yarn and woven fabric	206.73	32.00	206.21	31.02
52章 棉花	Cotton	681.26	105.35	615.29	92.96
53章 其他植物纺织纤维；纸纱线及其机织物	Other vegetable textile fibres；paper yarn and woven fabrics of paper yarn	66.12	10.23	71.86	10.80
54章 化学纤维长丝	Man-Made Filaments	178.61	27.65	152.60	22.93
55章 化学纤维短纤	Man-made short fibres	116.46	18.03	104.14	15.61
56章 絮胎、毡呢及无纺织物；特种纱线；线、绳、索、缆及其制品	Wadding，felt and nonwoven；special yarns；twine，cordage，ropes and cables and articles thereof	93.21	14.42	82.06	12.30
57章 地毯及纺织材料的其他铺地制品	Carpets and other textile floor coverings	7.05	1.09	5.97	0.90
58章 特种机织物；簇绒织物；花边；装饰毯； 装饰带； 刺绣品	Special woven fabrics；tufted textile fabrics；lace；tapestries；trimmings；embroidery	25.90	4.01	22.72	3.41
59章 浸渍、涂布、包覆或层压的纺织物；工业用纺织制品	Impregnated，coated，covered or laminated textile fabrics；textile articles of a kind suitable for industrial use	107.60	16.65	100.41	15.08
60章 针织物及钩编织物	Knitted or crocheted fabrics	74.08	11.47	60.43	9.08
61章 针织或钩编的服装及衣着附件	Articles of apparel and clothing accessories，knitted or crocheted	301.80	46.60	279.60	41.81
62章 非针织或非钩编的服装及衣着附件	Articles of apparel and clothing accessories，not knitted or crocheted	392.33	60.66	360.63	53.85

6-18 续表 3 Continued 3

类　章	HS Section and Division	2021 亿元人民币 RMB 100 million	2021 亿美元 USD 100 million	2022 亿元人民币 RMB 100 million	2022 亿美元 USD 100 million
63章 其他纺织制成品；成套物品；旧衣着及旧纺织品；碎织物	Other made up textile articles；sets；worn clothing and worn textile articles；rags articles；rags	30.89	4.78	25.60	3.84
第十二类 鞋、帽、伞、杖、鞭及其零件；已加工的羽毛及其制品；人造花；人发制品	**FOOTWEAR，HEADGEAR，UMBRELLAS，SUN UMBRELLAS，WALKING-STICKS，SEAT-STICKS，WHIPS，RIDING-CROPS AND PARTS THEREOF；PREPARED FEATHERS AND ARTICLES MADE THEREWITH；ARTIFICIAL FLOWERS；ARTICLES OF HUMAN HAIR**	**498.83**	**77.03**	**501.26**	**74.86**
64章 鞋靴、护腿和类似品及其零件	Footwear，gaiters and the like；parts of such articles	418.34	64.57	416.13	62.17
65章 帽类及其零件	Headgear and parts thereof	18.03	2.78	16.82	2.51
66章 雨伞、阳伞、手杖、鞭子、马鞭及其零件	Umbrellas，sun umbrellas，walking-sticks，seat-sticks，whips，riding-crops and parts thereof	0.72	0.11	0.67	0.10
67章 已加工羽毛、羽绒及其制品；人造花；人发制品	Prepared feathers and down and articles made of feathers or of down；artificial flowers；articles of human hair	61.74	9.56	67.63	10.07
第十三类 石料、石膏、水泥、石棉、云母及类似材料的制品；陶瓷产品；玻璃及其制品	**ARTICLES OF STONE，PLASTER，CEMENT，ASBESTOS，MICA OR SIMILAR MATERIALS；CERAMIC PRODUCTS；GLASS AND GLASSWARE**	**823.30**	**127.33**	**735.91**	**110.58**
68章 石料、石膏、水泥、石棉、云母及类似材料的制品	Articles of stone，plaster，cement，asbestos，mica or similar materials；ceramic products；glass and glassware	147.05	22.76	146.94	22.05
69章 陶瓷产品	Ceramic products	122.79	18.99	107.41	16.15
70章 玻璃及其制品	Glass and glassware	553.46	85.58	481.56	72.38
第十四类 天然或养殖珍珠、宝石或半宝石、贵金属、包贵金属及其制品；仿首饰；硬币	**NATURAL OR CULTURED PEARLS，PRECIOUS OR SEMI-PRECIOUS STONES，PRECIOUS METALS，METALS CLAD WITH PRECIOUS METAL AND STONES，PRECIOUS METALS，METALS CLAD WITH PRECIOUS METAL AND ARTICLES THEREOF；IMITATION JEWELLERY；COIN**	**4998.19**	**774.17**	**6975.63**	**1034.28**
71章 天然或养殖珍珠、宝石或半宝石、贵金属、包贵金属及其制品；仿首饰；硬币	Natural or cultured pearls，precious or semi-precious stones，precious metals，metals clad with precious metal and articles thereof；imitation jewellery；coin	4998.19	774.17	6975.63	1034.28
第十五类 贱金属及其制品	**BASE METALS AND ARTICLES OF BASE METAL**	**10012.45**	**1549.98**	**10666.02**	**1603.07**
72章 钢铁	Iron and steel	2813.56	435.48	2913.23	437.68
73章 钢铁制品	Articles of iron or steel	689.02	106.55	631.12	94.73
74章 铜及其制品	Copper and articles thereof	4269.96	661.14	4562.47	686.54
75章 镍及其制品	Nickel and articles thereof	546.51	84.65	852.94	127.65
76章 铝及其制品	Aluminium and articles thereof	806.44	124.88	780.03	116.85
78章 铅及其制品	Lead and articles thereof	7.40	1.15	6.31	0.94
79章 锌及其制品	Zinc and articles thereof	108.95	16.85	39.79	6.03
80章 锡及其制品	Tin and articles thereof	18.32	2.84	76.44	11.50
81章 其他贱金属、金属陶瓷及其制品	Other base metals；cermets；articles thereof	383.02	59.32	474.28	71.72
82章 贱金属工具、器具、利口器、餐匙、餐叉及其零件	Tools，implements，cutlery，spoons and forks，of base metal；parts thereof of base metal	224.22	34.69	199.31	29.88
83章 贱金属杂项制品	Miscellaneous articles of base metal	145.04	22.44	130.12	19.55

6-18 续表 4 Continued 4

类 章	HS Section and Division	2021 亿元人民币 RMB 100 million	2021 亿美元 USD 100 million	2022 亿元人民币 RMB 100 million	2022 亿美元 USD 100 million
第十六类 机器、机械器具、电气设备及其零件；录音机及放声机、电视图像、声音的录制和重放设备及其零件、附件	**MACHINERY AND MECHANICAL APPLIANCES；ELECTRICAL EQUIPMENT；PARTS THEREOF；SOUND RECORDERS AND REPRODUCERS，TELEVISION IMAGE AND SOUND RECORDERS AND REPRODUCERS；AND PARTS AND ACCESSORIES OF RECORDERS AND REPRODUCERS；AND PARTS AND ACCESSORIES OF SUCH ARTICLES**	**57988.72**	**8975.73**	**56198.32**	**8438.81**
84章 核反应堆、锅炉、机器、机械器具及其零件	Nuclear reactors，boilers，machinery and mechanical appliances；parts thereof	14931.76	2309.94	13407.22	2015.10
85章 电机、电气设备及其零件；录音机及放声机、电视图像、声音的录制和重放设备及其零件、附件	Electrical machinery and equipment and parts thereof；sound recorders and reproducers，television image and sound recorders and reproducers，and parts and accessories of such articles	43019.02	6659.92	42791.10	6423.71
第十七类 车辆、航空器、船舶及有关运输设备	**VEHICLES，AIRCRAFT，VESSELS AND ASSOCIATED TRANSPORT EQUIPMENT**	**6568.97**	**1015.18**	**6172.38**	**928.69**
86章 铁道及电车道机车、车辆及其零件；铁道及电车轨道固定装置及其零件、附件；各种机械(包括电动机械)交通信号设备	Railway or tramway locomotives，rolling-stock and parts thereof；railway or tramway track fixtures and fittings and parts thereof；mechanical(including electro-mechanical) traffic signalling equipment of all kinds	37.95	5.87	36.05	5.40
87章 车辆及其零件、附件，但铁道及电车道车辆除外	Vehicles other than railway or tramway rolling-stock，and parts and accessories thereof	5591.03	863.82	5356.13	807.42
88章 航空器、航天器及其零件	Aircraft，spacecraft，and parts thereof	742.18	114.88	687.49	101.91
89章 船舶及浮动结构体	Ships，boats and floating structures	197.80	30.60	92.71	13.96
第十八类 光学、照相、电影、计量、检验、医疗或外科用仪器及设备、精密仪器及设备；钟表；乐器；上述物品的零件、附件	**OPTICAL，PHOTOGRAPHIC，CINEMATOGRAPHIC，MEASURING，CHECKING，PRECISION，MEDICAL OR SURGICAL INSTRUMENTS AND APPARATUS；CLOCKS AND WATCHES；MUSICAL INSTRUMENTS；PARTS AND ACCESSORIES THEREOF**	**7423.00**	**1148.81**	**5756.48**	**862.32**
90章 光学、照相、电影、计量、检验、医疗或外科用仪器及设备、精密仪器及设备；上述物品的零件、附件	Optical，photographic，cinematographic，measuring，checking，precision medical or surgical instruments and apparatus；parts and accessories thereof	7013.87	1085.59	5434.06	813.95
91章 钟表及其零件	Clocks and watches and parts thereof	372.22	57.51	284.67	42.72
92章 乐器及其零件、附件	Musical instruments；parts and accessories of such articles	36.91	5.71	37.75	5.64
第十九类 武器、弹药及其零件、附件	**ARMS AND AMMUNITION；PARTS AND ACCESSORIES THEREOF**	**0.49**	**0.08**	**0.27**	**0.04**
93章 武器、弹药及其零件、附件	Arms and ammunition；parts and accessories thereof	0.49	0.08	0.27	0.04
第二十类 杂项制品	**MISCELLANEOUS MANUFACTURED ARTICLES**	**530.22**	**82.01**	**483.70**	**72.35**
94章 家具；寝具、褥垫、弹簧床垫、软坐垫及类似的填充制品；未列名灯具及照明装置；发光标志、发光名牌及类似品；活动房屋	Furniture；bedding，mattresses，mattress supports，cushions and similar stuffed furnishings；lamps and lighting fittings，not elsewhere specified or included；illuminated signs，illuminated	204.74	31.69	188.62	28.23
95章 玩具、游戏品、运动用品及其零件、附件	Toys，games and sports requisites；parts and accessories thereof	193.05	29.85	186.33	27.81
96章 杂项制品	Miscellaneous manufactured articles	132.44	20.47	108.76	16.31
第二十一类 艺术品、收藏品及古物	**WORKS OF ART，COLLECTORS' PIECES AND ANTIQUES**	**158.58**	**24.55**	**121.67**	**17.76**
97章 艺术品、收藏品及古物	Works of art，collectors' pieces and antiques	158.58	24.55	121.67	17.76
第二十二类 特殊交易品及未分类商品	**COMMODITIES AND TRANSACTIONS NOT CLASSIFIED ACCORDING TO KIND**	**854.00**	**131.31**	**521.53**	**77.79**
98章 特殊交易品及未分类商品	Commodities and transactions not classified according to kind	**854.00**	**131.31**	**521.53**	**77.79**
99章 跨境电商B2B简化申报商品	Simplified Declaration of Cross-border E-commerce B2B Commodities				

6-19 按商品类章分一般贸易进出口金额(2022年)

Value of Imports and Exports in Ordinary by HS(2022)

类 章	HS Section and Division	出 口 Exports 亿元人民币 RMB 100 million	亿美元 USD 100 million	进 口 Imports 亿元人民币 RMB 100 million	亿美元 USD 100 million
总 额	**Total**	**150700.13**	**22608.99**	**115573.67**	**17350.25**
第一类 活动物；动物产品	**LIVE ANIMALS；ANIMAL PRODUCTS**	**778.84**	**116.93**	**3656.01**	**547.75**
01章 活动物	Live animals	36.30	5.41	59.21	8.87
02章 肉及食用杂碎	Meat and edible meat offal	65.54	9.82	1988.82	297.59
03章 鱼、甲壳动物、软体动物及其他水生无脊椎动物	Fish and crustaceans molluscs and other aquatic invertebrates	522.94	78.51	972.29	145.37
04章 乳品；蛋品；天然蜂蜜；其他食用动物产品	Dairy produce；birds' eggs；natural honey；edible products of animal origin，not elsewhere specified or included	45.44	6.82	568.36	85.82
05章 其他动物产品	Products of animal origin，not elsewhere specified or included	108.62	16.37	67.33	10.10
第二类 植物产品	**VEGETABLE PRODUCTS**	**1689.45**	**252.77**	**6989.08**	**1050.09**
06章 活树及其他活植物；鳞茎、根及类似品；插花及装饰用簇叶	Live tree and other plants；bulbs，roots and the like; cut flowers and ornamental foliage	36.50	5.47	15.99	2.38
07章 食用蔬菜、根及块茎	Edible vegetables and certain roots and tubers	613.79	91.80	248.24	37.66
08章 食用水果及坚果；甜瓜或柑桔属水果的果皮	Edible fruit and nuts； peel of citrus fruit or melons	301.25	44.78	996.32	150.43
09章 咖啡、茶、马黛茶及调味香料	Coffee，tea，mate and spices	221.75	33.32	76.35	11.39
10章 谷物	Cereals	65.91	9.88	1146.21	173.24
11章 制粉工业产品；麦芽；淀粉；菊粉；面筋	Products of the milling industry；malt；starches；inulin；wheat gluten	66.49	9.94	157.84	23.76
12章 含油子仁及果实；杂项子仁及果实；工业用或药用植物；稻草、秸秆及饲料	Oil seeds and oleaginous fruits；miscellaneous grains，seeds and fruit；industrial or medicinal plants；straw and fodder	203.87	30.58	4307.34	645.10
13章 虫胶；树胶、树脂及其他植物液、汁	Lac；gums，resins and other vegetable saps and extracts	163.46	24.53	28.81	4.31
14章 编结用植物材料；其他植物产品	Vegetable plaiting materials； vegetable products not elsewhere specified or included	16.43	2.47	11.98	1.81
第三类 动、植物油、脂及其分解产品；精制的食用油脂；动、植物蜡	**ANIMAL OR VEGETABLE FATS AND OILS AND THEIR CLEAVAGE PRODUCTS；PREPARED EDIBLE FATS；ANIMAL OR VEGETABLE WAXES**	**187.00**	**28.16**	**924.11**	**137.49**
15章 动、植物油、脂及其分解产品；精制的食用油脂；动、植物蜡	Animal or vegetable fats and oils and their cleavage products；prepared edible fats；animal or vegetable waxes	187.00	28.16	924.11	137.49
第四类 食品；饮料、酒及醋；烟草、烟草及烟草代用品的制品	**PREPARED FOODSTUFFS；BEVERAGES, SPIRITS AND VINEGAR; TOBACCO AND MANUFACTURED TOBACCO SUBSTITUTES**	**2793.27**	**418.91**	**1765.72**	**263.76**
16章 肉、鱼、甲壳动物、软体动物及其他水生无脊椎动物的制品	Preparations of meat，of fish or of crustaceans，molluscs or other aquatic invertebrates	714.00	107.35	22.18	3.30
17章 糖及糖食	Sugars and sugar confectionery	144.40	21.66	164.04	24.46
18章 可可及可可制品	Cocoa and cocoa preparations	19.28	2.87	49.25	7.31
19章 谷物、粮食粉、淀粉或乳的制品；糕饼点心	Preparations of cereals，flour，starch or milk；pastry-cooks' products	129.31	19.38	355.80	53.13

类 章	HS Section and Division	出 口 Exports 亿元人民币 RMB 100 million	出 口 Exports 亿美元 USD 100 million	进 口 Imports 亿元人民币 RMB 100 million	进 口 Imports 亿美元 USD 100 million
20章 蔬菜、水果、坚果或植物其他部分的制品	Preparations of vegetables, fruit, nuts or other parts of plants	584.12	87.60	93.62	13.96
21章 杂项食品	Miscellaneous edible preparations	370.43	55.57	328.52	48.97
22章 饮料、酒及醋	Beverages, spirits and vinegar	137.26	20.56	175.37	26.21
23章 食品工业的残渣及废料；配制的动物饲料	Residues and waste from the food industries; prepared animal fodder	232.61	35.06	481.25	72.09
24章 烟草、烟草及烟草代用品的制品	Tobacco and manufactured tobacco substitutes	461.87	68.85	95.68	14.32
第五类 矿产品	**MINERAL PRODUCTS**	**2976.50**	**444.58**	**41916.47**	**6293.91**
25章 盐；硫磺；泥土及石料；石膏料、石灰及水泥	Salt; sulphur; earths and stone; plastering materials, lime and cement	268.57	40.24	1103.49	164.62
26章 矿砂、矿渣及矿灰	Ores, slag and ash	18.03	2.70	12070.00	1817.96
27章 矿物燃料、矿物油及其蒸馏产品；沥青物质；矿物蜡	Mineral fuels, mineral oils and products of their distillation; bituminous substances; mineral waxes	2689.90	401.64	28742.97	4311.33
第六类 化学工业及其相关工业的产品	**PRODUCTS OF THE CHEMICAL OR INDUSTRIES ALLIED**	**14438.91**	**2173.86**	**8183.88**	**1228.08**
28章 无机化学品；贵金属、稀土金属、放射性元素及其同位素的有机及无机化合物	Inorganic chemicals; organic or inorganic compounds of precious metals, of rare- earth metals, of radioactive elements or of isotopes	2324.64	348.49	1335.44	199.68
29章 有机化学品	Organic chemicals	6153.99	927.44	2914.03	438.81
30章 药品	Pharmaceutical products	573.13	86.35	745.58	111.55
31章 肥料	Fertilizers	738.48	110.39	247.62	37.01
32章 鞣料浸膏及染料浸膏；鞣酸及其衍生物；染料、颜料及其他色料；油漆及清漆；油灰及其他类似胶粘剂；墨水、油墨	Tanning or dyeing extracts; tannins and their derivatives; dyes, pigments and other colouring matter; paints and varnishes; putty and other mastics; inks	623.31	93.99	265.59	39.95
33章 精油及香膏； 芳香料制品及化妆盥洗品	Essential oils and retinoid; perfumery, cosmetic or toilet preparations	360.33	53.93	702.96	104.92
34章 肥皂、有机表面活性剂、洗涤剂、润滑剂、人造蜡、调制蜡、光洁剂、蜡烛及类似品、塑型用膏、“牙科用蜡”及牙科用熟石膏制剂	Soap, organic surface-active agents, washing preparations, lubricating preparations, artificial waxes, prepared waxes, polishing or scouring preparations, candles and similar articles, modelling pastes, “dental waxes” and dental preparations with a basis of plast	391.10	58.65	346.52	52.02
35章 蛋白类物质；改性淀粉；胶；酶	Albuminoidal substances; modified starches; glues; enzymes	292.00	43.83	222.98	33.44
36章 炸药；烟火制品；火柴；引火合金；易燃材料制品	Explosives; pyrotechnic products; matches; pyrophoric alloys; certain combustible preparations	80.68	12.17	5.58	0.82
37章 照相及电影用品	Photographic or cinematographic goods	76.28	11.46	147.75	22.23
38章 杂项化学产品	Miscellaneous chemical products	2824.98	427.17	1249.83	187.65
第七类 塑料及其制品，橡胶及其制品	**PLASTICS AND ARTICLES THEREOF RUBBER AND ARTICLES THEREOF**	**7940.39**	**1192.37**	**4322.92**	**649.56**
39章 塑料及其制品	Plastics and articles thereof	6914.43	1038.42	3528.64	530.46
40章 橡胶及其制品	Rubber and articles thereof	1025.95	153.95	794.28	119.10
第八类 生皮、皮革、毛皮及其制品；鞍具及挽具；旅行用品、手提包及类似品；动物肠线(蚕胶丝除外)制品	**RAW HIDES AND SKINS, LEATHER, FUR SKINS AND ARTICLES THEREOF; SADDLERY AND HARNESS; TRAVEL GOODS, HANDBAGS AND SIMILAR CONTAINERS; ARTICLES OF ANIMAL GUT(OTHER THAN SILK-WORM GUT)**	**2054.35**	**307.05**	**486.53**	**72.80**
41章 生皮(毛皮除外)及皮革	Raw hides and skins(other than fur skins) and leather	19.32	2.91	125.44	18.90

6-19 续表 2 Continued 2

类 章		HS Section and Division	出口 Exports		进口 Imports	
			亿元人民币 RMB 100 million	亿美元 USD 100 million	亿元人民币 RMB 100 million	亿美元 USD 100 million
42章	皮革制品；鞍具及挽具；旅行用品、手提包及类似容器；动物肠线(蚕胶丝除外)制品	Articles of Leather; Saddlery and Harness; Travel Goods, Handbags and Similar Containers; Articles of Animal Gut	1915.16	286.44	330.74	49.47
43章	毛皮、人造毛皮及其制品	Fur skins and artificial fur；manufactures thereof	119.87	17.70	30.36	4.43
第九类	**木及木制品；木炭；软木及软木制品；稻草，秸秆、针茅或其他编结材料制品；篮筐及柳条编结品**	**WOOD AND ARTICLES OF WOOD；WOOD CHAR-COAL；CORK AND ARTICLES OF CORK；MANUFACTURES OF STRAW，OF ESPARTO OR OF OTHER PLAITING MATERIALS ；BASKET WARE AND WICKERWORK**	**1199.97**	**180.74**	**1273.50**	**191.51**
44章	木及木制品；木炭	Wood and articles of wood；wood charcoal	1078.37	162.38	1270.05	190.99
45章	软木及软木制品	Cork and articles of cork	2.45	0.37	2.40	0.36
46章	稻草、 秸秆、 针茅或其他编结材料制品； 篮筐及柳条编结品	Manufactures of straw，of esparto or of other plaiting Materials；basket ware and wickerwork	119.15	17.99	1.05	0.16
第十类	**木浆及其他纤维状纤维素浆；纸及纸板的废碎品；纸、纸板及其制品**	**Pulp of Wood or of Other Fibrous Cellulosic Material; Recycled Waste and Scrap of Paper or Paperboard; Paperboard and Articles Thereof**	**1533.53**	**229.65**	**1692.40**	**253.62**
47章	木浆及其他纤维状纤维素浆；纸及纸板的废碎品	Pulp of Wood or of Other Fibrous Cellulosic Material; Waste and Scrap of Paper or Paperboard	16.86	2.54	1176.41	176.23
48章	纸及纸板；纸浆、纸或纸板制品	Paper and paperboard；articles of paper pulp，of paper or paperboard	1334.33	199.75	394.86	59.24
49章	书籍、报纸、印刷图画及其他印制品；手稿、打字稿及设计图纸	Printed books，newspapers，pictures and other products of the printing industry；manuscripts，typescripts and plans	182.34	27.36	121.14	18.16
第十一类	**纺织原料及纺织制品**	**TEXTILES AND TEXTILE ARTICLES**	**17279.50**	**2595.79**	**1467.64**	**220.27**
50章	蚕丝	Silk	60.36	9.07	4.48	0.67
51章	羊毛、动物细毛或粗毛；马毛纱线及其机织物	Wool，fine or coarse animal hair；horsehair yarn and woven fabric	108.26	16.28	142.05	21.35
52章	棉花	Cotton	774.01	116.68	424.86	64.10
53章	其他植物纺织纤维；纸纱线及其机织物	Other vegetable textile fibres；paper yarn and woven fabrics of paper yarn	102.40	15.22	56.52	8.49
54章	化学纤维长丝	Man-Made Filaments	1782.66	268.30	86.78	13.05
55章	化学纤维短纤	Man-made short fibres	881.73	132.85	52.42	7.87
56章	絮胎、毡呢及无纺织物；特种纱线；线、绳、索、缆及其制品	Wadding，felt and nonwoven；special yarns；twine，cordage，ropes and cables and articles thereof	447.04	67.15	56.31	8.44
57章	地毯及纺织材料的其他铺地制品	Carpets and other textile floor coverings	216.53	32.49	3.20	0.48
58章	特种机织物；簇绒织物；花边；装饰毯； 装饰带； 刺绣品	Special woven fabrics；tufted textile fabrics；lace；tapestries；trimmings；embroidery	347.05	52.17	9.40	1.41
59章	浸渍、涂布、包覆或层压的纺织物；工业用纺织制品	Impregnated，coated，covered or laminated textile fabrics；textile articles of a kind suitable for industrial use	608.12	91.46	53.40	8.02
60章	针织物及钩编织物	Knitted or crocheted fabrics	1318.40	198.78	20.36	3.06
61章	针织或钩编的服装及衣着附件	Articles of apparel and clothing accessories，Knitted or crocheted	4814.09	721.74	237.57	35.52
62章	非针织或非钩编的服装及衣着附件	Articles of apparel and clothing accessories，not knitted or crocheted	3722.09	558.17	306.85	45.80

类 章	HS Section and Division	出口 Exports 亿元人民币 RMB 100 million	出口 Exports 亿美元 USD 100 million	进口 Imports 亿元人民币 RMB 100 million	进口 Imports 亿美元 USD 100 million
63章 其他纺织制成品；成套物品；旧衣着及旧纺织品；碎织物	Other made up textile articles；sets；worn clothing and worn textile articles；rags articles；rags	2096.76	315.44	13.44	2.01
第十二类 鞋、帽、伞、杖、鞭及其零件；已加工的羽毛及其制品；人造花；人发制品	**FOOTWEAR，HEADGEAR，UMBRELLAS，SUN UMBRELLAS，WALKING-STICKS，SEAT-STICKS，WHIPS，RIDING-CROPS AND PARTS THEREOF；PREPARED FEATHERS AND ARTICLES MADE THEREWITH；ARTIFICIAL FLOWERS；ARTICLES OF HUMAN HAIR**	**3840.36**	**575.98**	**397.86**	**59.45**
64章 鞋靴、护腿和类似品及其零件	Footwear，gaiters and the like；parts of such articles	2739.60	410.71	368.03	54.98
65章 帽类及其零件	Headgear and parts thereof	333.03	49.89	14.67	2.19
66章 雨伞、阳伞、手杖、鞭子、马鞭及其零件	Umbrellas，sun umbrellas，walking-sticks，seat-sticks，whips，riding-crops and parts thereof	168.21	25.35	0.49	0.07
67章 已加工羽毛、羽绒及其制品；人造花；人发制品	Prepared feathers and down and articles made of feathers or of down；artificial flowers；articles of human hair	599.52	90.03	14.68	2.20
第十三类 石料、石膏、水泥、石棉、云母及类似材料的制品；陶瓷产品；玻璃及其制品	**ARTICLES OF STONE，PLASTER，CEMENT，ASBESTOS，MICA OR SIMILAR MATERIALS；CERAMIC PRODUCTS；GLASS AND GLASSWARE**	**3621.47**	**541.62**	**366.11**	**55.12**
68章 石料、石膏、水泥、石棉、云母及类似材料的制品	Articles of stone，plaster，cement，asbestos，mica or similar materials；ceramic products；glass and glassware	704.55	105.25	89.40	13.42
69章 陶瓷产品	Ceramic products	1554.24	232.17	71.13	10.72
70章 玻璃及其制品	Glass and glassware	1362.68	204.19	205.58	30.98
第十四类 天然或养殖珍珠、宝石或半宝石、贵金属、包贵金属及其制品；仿首饰；硬币	**NATURAL OR CULTURED PEARLS，PRECIOUS OR SEMI-PRECIOUS STONES，PRECIOUS METALS，METALS CLAD WITH PRECIOUS METAL AND STONES，PRECIOUS METALS，METALS CLAD WITH PRECIOUS METAL AND ARTICLES THEREOF；IMITATION JEWELLERY；COIN**	**349.69**	**52.35**	**4672.09**	**691.48**
71章 天然或养殖珍珠、宝石或半宝石、贵金属、包贵金属及其制品；仿首饰；硬币	Natural or cultured pearls，precious or semi-precious stones，precious metals，metals clad with precious metal and articles thereof；imitation jewellery；coin	349.69	52.35	4672.09	691.48
第十五类 贱金属及其制品	**BASE METALS AND ARTICLES OF BASE METAL**	**16605.95**	**2493.79**	**7915.20**	**1188.93**
72章 钢铁	Iron and steel	4644.23	698.92	2473.56	371.12
73章 钢铁制品	Articles of iron or steel	6087.57	911.87	425.45	63.88
74章 铜及其制品	Copper and articles thereof	340.96	51.41	3178.09	478.02
75章 镍及其制品	Nickel and articles thereof	30.57	4.58	598.01	89.43
76章 铝及其制品	Aluminium and articles thereof	2506.74	377.51	586.98	87.93
78章 铅及其制品	Lead and articles thereof	18.98	2.87	4.25	0.63
79章 锌及其制品	Zinc and articles thereof	20.06	3.05	16.86	2.53
80章 锡及其制品	Tin and articles thereof	2.74	0.42	64.57	9.72
81章 其他贱金属、金属陶瓷及其制品	Other base metals；cermets；articles thereof	385.61	58.30	334.81	50.76
82章 贱金属工具、器具、利口器、餐匙、餐叉及其零件	Tools，implements，cutlery，spoons and forks，of base metal；parts thereof of base metal	1166.26	174.75	138.33	20.74
83章 贱金属杂项制品	Miscellaneous articles of base metal	1402.22	210.12	94.30	14.18

6-19 续表 4 Continued 4

类 章	HS Section and Division	出口 Exports 亿元人民币 RMB 100 million	出口 Exports 亿美元 USD 100 million	进口 Imports 亿元人民币 RMB 100 million	进口 Imports 亿美元 USD 100 million
第十六类 机器、机械器具、电气设备及其零件；录音机及放声机、电视图像、声音的录制和重放设备及其零件、附件	**MACHINERY AND MECHANICAL APPLIANCES; ELECTRICAL EQUIPMENT; PARTS THEREOF; SOUND RECORDERS AND REPRODUCERS, TELEVISION IMAGE AND SOUND RECORDERS AND REPRODUCERS; AND PARTS AND ACCESSORIES OF RECORDERS AND REPRODUCERS; AND PARTS AND ACCESSORIES OF SUCH ARTICLES**	**46738.04**	**7009.16**	**21087.53**	**3173.92**
84章 核反应堆、锅炉、机器、机械器具及其零件	Nuclear reactors, boilers, machinery and mechanical appliances; parts thereof	17510.00	2627.75	7918.49	1190.52
85章 电机、电气设备及其零件；录音机及放声机、电视图像、声音的录制和重放设备及其零件、附件	Electrical machinery and equipment and parts thereof; sound recorders and reproducers, television image and sound recorders and reproducers, and parts and accessories of such articles	29228.03	4381.41	13169.04	1983.40
第十七类 车辆、航空器、船舶及有关运输设备	**VEHICLES, AIRCRAFT, VESSELS AND ASSOCIATED TRANSPORT EQUIPMENT**	**8736.87**	**1308.45**	**4582.21**	**691.81**
86章 铁道及电车道机车、车辆及其零件；铁道及电车轨道固定装置及其零件、附件；各种机械(包括电动机械)交通信号设备	Railway or tramway locomotives, rolling-stock and parts thereof; railway or tramway track fixtures and fittings and parts thereof; mechanical(including electro-mechanical) traffic signalling equipment of all kinds	807.85	122.81	24.55	3.68
87章 车辆及其零件、附件，但铁道及电车道车辆除外	Vehicles other than railway or tramway rolling-stock, and parts and accessories thereof	7727.33	1155.37	4429.39	669.15
88章 航空器、航天器及其零件	Aircraft, spacecraft, and parts thereof	113.87	17.10	74.39	10.92
89章 船舶及浮动结构体	Ships, boats and floating structures	87.82	13.17	53.88	8.06
第十八类 光学、照相、电影、计量、检验、医疗或外科用仪器及设备、精密仪器及设备；钟表；乐器；上述物品的零件、附件	**OPTICAL, PHOTOGRAPHIC, CINEMATOGRAPHIC, MEASURING, CHECKING, PRECISION, MEDICAL OR SURGICAL INSTRUMENTS AND APPARATUS; CLOCKS AND WATCHES; MUSICAL INSTRUMENTS; PARTS AND ACCESSORIES THEREOF**	**3100.01**	**464.22**	**3532.97**	**529.61**
90章 光学、照相、电影、计量、检验、医疗或外科用仪器及设备、精密仪器及设备；上述物品的零件、附件	Optical, photographic, cinematographic, measuring, checking, precision medical or surgical instruments and apparatus; parts and accessories thereof	2856.96	427.88	3318.90	497.53
91章 钟表及其零件	Clocks and watches and parts thereof	151.03	22.57	185.63	27.82
92章 乐器及其零件、附件	Musical instruments; parts and accessories of such articles	92.02	13.78	28.43	4.25
第十九类 武器、弹药及其零件、附件	**ARMS AND AMMUNITION; PARTS AND ACCESSORIES THEREOF**	**17.65**	**2.66**	**0.25**	**0.04**
93章 武器、弹药及其零件、附件	Arms and ammunition; parts and accessories thereof	17.65	2.66	0.25	0.04
第二十类 杂项制品	**MISCELLANEOUS MANUFACTURED ARTICLES**	**11890.14**	**1783.40**	**336.26**	**50.32**
94章 家具；寝具、褥垫、弹簧床垫、软坐垫及类似的填充制品；未列名灯具及照明装置；发光标志、发光名牌及类似品；活动房屋	Furniture; bedding, mattresses, mattress supports, cushions and similar stuffed furnishings; lamps and lighting fittings, not elsewhere specified or included; illuminated signs, illuminated	6987.87	1048.81	131.33	19.70
95章 玩具、游戏品、运动用品及其零件、附件	Toys, games and sports requisites; parts and accessories thereof	3590.34	538.06	124.16	18.52
96章 杂项制品	Miscellaneous manufactured articles	1311.93	196.53	80.76	12.10
第二十一类 艺术品、收藏品及古物	**WORKS OF ART, COLLECTORS' PIECES AND ANTIQUES**	**7.32**	**1.10**	**4.61**	**0.69**
97章 艺术品、收藏品及古物	Works of art, collectors' pieces and antiques	7.32	1.10	4.61	0.69
第二十二类 特殊交易品及未分类商品	**COMMODITIES AND TRANSACTIONS NOT CLASSIFIED ACCORDING TO KIND**	**2920.93**	**435.45**	**0.35**	**0.05**
98章 特殊交易品及未分类商品	Commodities and transactions not classified according to kind	2517.81	375.68	0.35	0.05
99章 跨境电商B2B简化申报商品	Simplified Declaration of Cross-border E-commerce B2B Commodities	403.12	59.77		

6-20 按商品类章分加工贸易进出口金额(2022年)

Value of Imports and Exports in Processing Trade by HS(2022)

类 章	HS Section and Division	出 口 Exports		进 口 Imports	
		亿 元 人民币 RMB 100 million	亿美元 USD 100 million	亿 元 人民币 RMB 100 million	亿美元 USD 100 million
总 额	**Total**	**53930.36**	**8090.73**	**30538.60**	**4584.06**
第一类 活动物；动物产品	**LIVE ANIMALS；ANIMAL PRODUCTS**	**311.02**	**46.37**	**188.58**	**28.10**
01章 活动物	Live animals				
02章 肉及食用杂碎	Meat and edible meat offal	0.26	0.04	2.40	0.36
03章 鱼、甲壳动物、软体动物及其他水生无脊椎动物	Fish and crustaceans molluscs and other aquatic invertebrates	285.56	42.56	166.59	24.80
04章 乳品；蛋品；天然蜂蜜；其他食用动物产品	Dairy produce；birds' eggs；natural honey；edible products of animal origin，not elsewhere specified or included	0.11	0.02	0.70	0.11
05章 其他动物产品	Products of animal origin，not elsewhere specified or included	25.09	3.76	18.89	2.84
第二类 植物产品	**VEGETABLE PRODUCTS**	**48.47**	**7.25**	**170.97**	**25.97**
06章 活树及其他活植物；鳞茎、根及类似品；插花及装饰用簇叶	Live tree and other plants；bulbs，roots and the like；cut flowers and ornamental foliage	0.57	0.09	0.00	0.00
07章 食用蔬菜、根及块茎	Edible vegetables and certain roots and tubers	1.02	0.15	1.23	0.19
08章 食用水果及坚果；甜瓜或柑桔属水果的果皮	Edible fruit and nuts；peel of citrus fruit or melons	24.37	3.62	31.28	4.62
09章 咖啡、茶、马黛茶及调味香料	Coffee，tea，mate and spices	3.82	0.58	4.81	0.72
10章 谷物	Cereals			42.81	6.69
11章 制粉工业产品；麦芽；淀粉；菊粉；面筋	Products of the milling industry；malt；starches；inulin；wheat gluten	2.71	0.41	5.29	0.79
12章 含油子仁及果实；杂项子仁及果实；工业用或药用植物；稻草、秸秆及饲料	Oil seeds and oleaginous fruits；miscellaneous grains，seeds and fruit；industrial or medicinal plants；straw and fodder	2.23	0.33	82.66	12.51
13章 虫胶；树胶、树脂及其他植物液、汁	Lac；gums，resins and other vegetable saps and extracts	13.73	2.06	2.69	0.41
14章 编结用植物材料；其他植物产品	Vegetable plaiting materials；vegetable products not elsewhere specified or included	0.01	0.00	0.19	0.03
第三类 动、植物油、脂及其分解产品；精制的食用油脂；动、植物蜡	**ANIMAL OR VEGETABLE FATS AND OILS AND THEIR CLEAVAGE PRODUCTS；PREPARED EDIBLE FATS；ANIMAL OR VEGETABLE WAXES**	**33.83**	**5.10**	**17.17**	**2.59**
15章 动、植物油、脂及其分解产品；精制的食用油脂；动、植物蜡	Animal or vegetable fats and oils and their cleavage products；prepared edible fats；animal or vegetable waxes	33.83	5.10	17.17	2.59
第四类 食品；饮料、酒及醋；烟草、烟草及烟草代用品的制品	**PREPARED FOODSTUFFS；BEVERAGES, SPIRITS AND VINEGAR；TOBACCO AND MANUFACTURED TOBACCO SUBSTITUTES**	**241.99**	**36.36**	**28.87**	**4.31**
16章 肉、鱼、甲壳动物、软体动物及其他水生无脊椎动物的制品	Preparations of meat，of fish or of crustaceans，molluscs or other aquatic invertebrates	56.68	8.51	0.83	0.13
17章 糖及糖食	Sugars and sugar confectionery	16.93	2.53	13.53	2.02
18章 可可及可可制品	Cocoa and cocoa preparations	7.86	1.16	4.28	0.63
19章 谷物、粮食粉、淀粉或乳的制品；糕饼点心	Preparations of cereals，flour，starch or milk；pastry-cooks' products	19.58	2.94	0.64	0.10

6-20 续表 1 Continued 1

类 章	HS Section and Division	出口 Exports 亿元人民币 RMB 100 million	出口 Exports 亿美元 USD 100 million	进口 Imports 亿元人民币 RMB 100 million	进口 Imports 亿美元 USD 100 million
20章 蔬菜、水果、坚果或植物其他部分的制品	Preparations of vegetables, fruit, nuts or other parts of plants	65.66	9.86	2.26	0.34
21章 杂项食品	Miscellaneous edible preparations	25.34	3.81	1.49	0.22
22章 饮料、酒及醋	Beverages, spirits and vinegar	1.28	0.19	1.10	0.16
23章 食品工业的残渣及废料；配制的动物饲料	Residues and waste from the food industries；prepared animal fodder	16.36	2.51	2.36	0.36
24章 烟草、烟草及烟草代用品的制品	Tobacco and manufactured tobacco substitutes	32.29	4.85	2.38	0.36
第五类 矿产品	**MINERAL PRODUCTS**	**90.49**	**13.56**	**2422.43**	**364.95**
25章 盐；硫磺；泥土及石料；石膏料、石灰及水泥	Salt；sulphur；earths and stone；plastering materials, lime and cement	0.17	0.03	2.72	0.41
26章 矿砂、矿渣及矿灰	Ores, slag and ash	17.10	2.55	1205.44	181.78
27章 矿物燃料、矿物油及其蒸馏产品；沥青物质；矿物蜡	Mineral fuels, mineral oils and products of their distillation; bituminous substances; mineral waxes	73.22	10.98	1214.27	182.76
第六类 化学工业及其相关工业的产品	**PRODUCTS OF THE CHEMICAL OR INDUSTRIES ALLIED**	**1147.43**	**172.90**	**1210.03**	**181.91**
28章 无机化学品；贵金属、稀土金属、放射性元素及其同位素的有机及无机化合物	Inorganic chemicals；organic or inorganic compounds of precious metals, of rare- earth metals, of radioactive elements or of isotopes	100.34	15.07	186.25	27.95
29章 有机化学品	Organic chemicals	476.34	71.85	532.03	80.14
30章 药品	Pharmaceutical products	252.13	38.03	62.05	9.29
31章 肥料	Fertilizers			0.00	0.00
32章 鞣料浸膏及染料浸膏；鞣酸及其衍生物；染料、颜料及其他色料；油漆及清漆；油灰及其他类似胶粘剂；墨水、油墨	Tanning or dyeing extracts；tannins and their derivatives；dyes, pigments and other colouring matter；paints and varnishes； putty and other mastics；inks	23.26	3.54	48.69	7.32
33章 精油及香膏； 芳香料制品及化妆盥洗品	Essential oils and retinoid；perfumery, cosmetic or toilet preparations	61.86	9.25	15.92	2.39
34章 肥皂、有机表面活性剂、洗涤剂、润滑剂、人造蜡、调制蜡、光洁剂、蜡烛及类似品、塑型用膏、"牙科用蜡"及牙科用熟石膏制剂	Soap, organic surface-active agents, washing preparations, lubricating preparations, artificial waxes, prepared waxes, polishing or scouring preparations, candles and similar articles, modelling pastes, "dental waxes" and dental preparations with a basis of plast	25.71	3.87	24.09	3.61
35章 蛋白类物质；改性淀粉；胶；酶	Albuminoidal substances；modified starches；glues；enzymes	9.83	1.48	48.95	7.35
36章 炸药；烟火制品；火柴；引火合金；易燃材料制品	Explosives；pyrotechnic products；matches；pyrophoric alloys；certain combustible preparations	0.68	0.10	2.57	0.38
37章 照相及电影用品	Photographic or cinematographic goods	10.64	1.60	73.58	11.05
38章 杂项化学产品	Miscellaneous chemical products	186.63	28.10	215.89	32.43
第七类 塑料及其制品，橡胶及其制品	**PLASTICS AND ARTICLES THEREOF RUBBER AND ARTICLES THEREOF**	**2139.86**	**322.25**	**1144.58**	**172.39**
39章 塑料及其制品	Plastics and articles thereof	1228.55	185.26	953.03	143.61
40章 橡胶及其制品	Rubber and articles thereof	911.31	136.98	191.55	28.78
第八类 生皮、皮革、毛皮及其制品；鞍具及挽具；旅行用品、手提包及类似品；动物肠线(蚕胶丝除外)制品	**RAW HIDES AND SKINS, LEATHER, FUR SKINS AND ARTICLES THEREOF；SADDLERY AND HARNESS；TRAVEL GOODS, HANDBAGS AND SIMILAR CONTAINERS；ARTICLES OF ANIMAL GUT(OTHER THAN SILK-WORM GUT)**	**141.32**	**21.24**	**88.28**	**13.31**
41章 生皮(毛皮除外)及皮革	Raw hides and skins(other than fur skins) and leather	36.26	5.48	79.66	12.01

6-20 续表 2 Continued 2

类 章	HS Section and Division	出口 Exports 亿元人民币 RMB 100 million	出口 Exports 亿美元 USD 100 million	进口 Imports 亿元人民币 RMB 100 million	进口 Imports 亿美元 USD 100 million
42章 皮革制品；鞍具及挽具；旅行用品、手提包及类似容器；动物肠线(蚕胶丝除外)制品	Articles of Leather; Saddlery and Harness; Travel Goods, Handbags and Similar Containers; Articles of Animal Gut	97.67	14.64	7.65	1.15
43章 毛皮、人造毛皮及其制品	Fur skins and artificial fur；manufactures thereof	7.39	1.12	0.97	0.15
第九类 木及木制品；木炭；软木及软木制品；稻草，秸秆、针茅或其他编结材料制品；篮筐及柳条编结品	**WOOD AND ARTICLES OF WOOD；WOOD CHAR-COAL；CORK AND ARTICLES OF CORK；MANUFACTURES OF STRAW，OF ESPARTO OR OF OTHER PLAITING MATERIALS ；BASKET WARE AND WICKERWORK**	**52.48**	**7.90**	**116.91**	**17.50**
44章 木及木制品；木炭	Wood and articles of wood；wood charcoal	51.29	7.72	116.80	17.49
45章 软木及软木制品	Cork and articles of cork			0.09	0.01
46章 稻草、 秸秆、 针茅或其他编结材料制品； 篮筐及柳条编结品	Manufactures of straw，of esparto or of other plaiting Materials；basket ware and wickerwork	1.19	0.18	0.02	0.00
第十类 木浆及其他纤维状纤维素浆；纸及纸板的废碎品；纸、纸板及其制品	**Pulp of Wood or of Other Fibrous Cellulosic Material; Recycled Waste and Scrap of Paper or Paperboard; Paperboard and Articles Thereof**	**524.99**	**78.93**	**226.28**	**33.91**
47章 木浆及其他纤维状纤维素浆；纸及纸板的废碎品	Pulp of Wood or of Other Fibrous Cellulosic Material; Waste and Scrap of Paper or Paperboard	2.84	0.42	168.90	25.29
48章 纸及纸板；纸浆、纸或纸板制品	Paper and paperboard；articles of paper pulp，of paper or paperboard	455.73	68.51	49.15	7.38
49章 书籍、报纸、印刷图画及其他印制品；手稿、打字稿及设计图纸	Printed books，newspapers，pictures and other products of the printing industry；manuscripts，typescripts and plans	66.41	10.01	8.23	1.24
第十一类 纺织原料及纺织制品	**TEXTILES AND TEXTILE ARTICLES**	**1057.33**	**159.08**	**294.88**	**44.43**
50章 蚕丝	Silk	0.31	0.05	0.86	0.13
51章 羊毛、动物细毛或粗毛；马毛纱线及其机织物	Wool，fine or coarse animal hair；horsehair yarn and woven fabric	34.87	5.22	28.59	4.30
52章 棉花	Cotton	66.34	10.05	57.98	8.83
53章 其他植物纺织纤维；纸纱线及其机织物	Other vegetable textile fibres；paper yarn and woven fabrics of paper yarn	2.49	0.37	4.50	0.68
54章 化学纤维长丝	Man-Made Filaments	60.97	9.16	56.22	8.45
55章 化学纤维短纤	Man-made short fibres	27.53	4.16	26.79	4.02
56章 絮胎、毡呢及无纺织物；特种纱线；线、绳、索、缆及其制品	Wadding，felt and nonwoven；special yarns；twine，cordage，ropes and cables and articles thereof	21.99	3.32	19.68	2.96
57章 地毯及纺织材料的其他铺地制品	Carpets and other textile floor coverings	5.64	0.85	0.29	0.04
58章 特种机织物；簇绒织物；花边；装饰毯； 装饰带； 刺绣品	Special woven fabrics；tufted textile fabrics；lace；tapestries；trimmings；embroidery	10.57	1.60	12.27	1.84
59章 浸渍、涂布、包覆或层压的纺织物；工业用纺织制品	Impregnated，coated，covered or laminated textile fabrics；textile articles of a kind suitable for industrial use	30.48	4.59	40.63	6.11
60章 针织物及钩编织物	Knitted or crocheted fabrics	108.09	16.40	38.08	5.73
61章 针织或钩编的服装及衣着附件	Articles of apparel and clothing accessories，Knitted or crocheted	222.27	33.43	1.38	0.21
62章 非针织或非钩编的服装及衣着附件	Articles of apparel and clothing accessories，not knitted or crocheted	357.56	53.53	2.92	0.44

6-20　续表 3　Continued 3

类　章	HS Section and Division	出口 Exports 亿元人民币 RMB 100 million	出口 Exports 亿美元 USD 100 million	进口 Imports 亿元人民币 RMB 100 million	进口 Imports 亿美元 USD 100 million
63章　其他纺织制成品；成套物品；旧衣着及旧纺织品；碎织物	Other made up textile articles；sets；worn clothing and worn textile articles；rags articles；rags	108.22	16.36	4.70	0.71
第十二类　鞋、帽、伞、杖、鞭及其零件；已加工的羽毛及其制品；人造花；人发制品	**FOOTWEAR，HEADGEAR，UMBRELLAS，SUN UMBRELLAS，WALKING-STICKS，SEAT-STICKS，WHIPS，RIDING-CROPS AND PARTS THEREOF；PREPARED FEATHERS AND ARTICLES MADE THEREWITH；ARTIFICIAL FLOWERS；ARTICLES OF HUMAN HAIR**	**512.49**	**77.19**	**35.75**	**5.38**
64章　鞋靴、护腿和类似品及其零件	Footwear，gaiters and the like；parts of such articles	390.30	58.77	18.18	2.73
65章　帽类及其零件	Headgear and parts thereof	45.35	6.83	0.51	0.08
66章　雨伞、阳伞、手杖、鞭子、马鞭及其零件	Umbrellas，sun umbrellas，walking-sticks，seat-sticks，whips，riding-crops and parts thereof	9.39	1.44	0.00	0.00
67章　已加工羽毛、羽绒及其制品；人造花；人发制品	Prepared feathers and down and articles made of feathers or of down；artificial flowers；articles of human hair	67.45	10.15	17.05	2.56
第十三类　石料、石膏、水泥、石棉、云母及类似材料的制品；陶瓷产品；玻璃及其制品	**ARTICLES OF STONE，PLASTER，CEMENT，ASBESTOS，MICA OR SIMILAR MATERIALS；CERAMIC PRODUCTS；GLASS AND GLASSWARE**	**101.98**	**15.31**	**213.18**	**32.03**
68章　石料、石膏、水泥、石棉、云母及类似材料的制品	Articles of stone，plaster，cement，asbestos，mica or similar materials；ceramic products；glass and glassware	17.82	2.67	40.85	6.12
69章　陶瓷产品	Ceramic products	12.16	1.82	10.65	1.60
70章　玻璃及其制品	Glass and glassware	72.00	10.82	161.68	24.30
第十四类　天然或养殖珍珠、宝石或半宝石、贵金属、包贵金属及其制品；仿首饰；硬币	**NATURAL OR CULTURED PEARLS，PRECIOUS OR SEMI-PRECIOUS STONES，PRECIOUS METALS，METALS CLAD WITH PRECIOUS METAL AND STONES，PRECIOUS METALS，METALS CLAD WITH PRECIOUS METAL AND ARTICLES THEREOF；IMITATION JEWELLERY；COIN**	**1399.31**	**207.81**	**1269.34**	**188.53**
71章　天然或养殖珍珠、宝石或半宝石、贵金属、包贵金属及其制品；仿首饰；硬币	Natural or cultured pearls，precious or semi-precious stones，precious metals，metals clad with precious metal and articles thereof；imitation jewellery；coin	1399.31	207.81	1269.34	188.53
第十五类　贱金属及其制品	**BASE METALS AND ARTICLES OF BASE METAL**	**997.06**	**150.38**	**1250.35**	**188.45**
72章　钢铁	Iron and steel	154.51	23.47	295.50	44.67
73章　钢铁制品	Articles of iron or steel	244.57	36.65	136.69	20.50
74章　铜及其制品	Copper and articles thereof	284.48	43.14	523.22	78.94
75章　镍及其制品	Nickel and articles thereof	2.95	0.44	43.37	6.50
76章　铝及其制品	Aluminium and articles thereof	112.62	16.90	117.38	17.63
78章　铅及其制品	Lead and articles thereof	0.03	0.00	0.74	0.11
79章　锌及其制品	Zinc and articles thereof	0.84	0.13	6.70	1.01
80章　锡及其制品	Tin and articles thereof	20.77	3.14	5.93	0.90
81章　其他贱金属、金属陶瓷及其制品	Other base metals；cermets；articles thereof	6.81	1.02	78.20	11.79
82章　贱金属工具、器具、利口器、餐匙、餐叉及其零件	Tools，implements，cutlery，spoons and forks，of base metal；parts thereof of base metal	89.47	13.44	20.84	3.14
83章　贱金属杂项制品	Miscellaneous articles of base metal	80.01	12.04	21.78	3.27

类　章	HS Section and Division	出口 Exports 亿元人民币 RMB 100 million	出口 Exports 亿美元 USD 100 million	进口 Imports 亿元人民币 RMB 100 million	进口 Imports 亿美元 USD 100 million
第十六类 机器、机械器具、电气设备及其零件；录音机及放声机、电视图像、声音的录制和重放设备及其零件、附件	**MACHINERY AND MECHANICAL APPLIANCES; ELECTRICAL EQUIPMENT; PARTS THEREOF; SOUND RECORDERS AND REPRODUCERS, TELEVISION IMAGE AND SOUND RECORDERS AND REPRODUCERS; AND PARTS AND ACCESSORIES OF RECORDERS AND REPRODUCERS; AND PARTS AND ACCESSORIES OF SUCH ARTICLES**	**38271.67**	**5743.89**	**20699.84**	**3106.09**
84章 核反应堆、锅炉、机器、机械器具及其零件	Nuclear reactors, boilers, machinery and mechanical appliances; parts thereof	13795.12	2071.86	1941.31	291.60
85章 电机、电气设备及其零件；录音机及放声机、电视图像、声音的录制和重放设备及其零件、附件	Electrical machinery and equipment and parts thereof; sound recorders and reproducers, television image and sound recorders and reproducers, and parts and accessories of such articles	24476.55	3672.03	18758.53	2814.49
第十七类 车辆、航空器、船舶及有关运输设备	**VEHICLES, AIRCRAFT, VESSELS AND ASSOCIATED TRANSPORT EQUIPMENT**	**3244.88**	**484.27**	**332.49**	**49.92**
86章 铁道及电车道机车、车辆及其零件；铁道及电车轨道固定装置及其零件、附件；各种机械(包括电动机械)交通信号设备	Railway or tramway locomotives, rolling-stock and parts thereof; railway or tramway track fixtures and fittings and parts thereof; mechanical(including electro-mechanical) traffic signalling equipment of all kinds	369.39	55.26	7.19	1.08
87章 车辆及其零件、附件，但铁道及电车道车辆除外	Vehicles other than railway or tramway rolling-stock, and parts and accessories thereof	1351.86	201.67	162.90	24.35
88章 航空器、航天器及其零件	Aircraft, spacecraft, and parts thereof	79.17	11.85	161.06	24.29
89章 船舶及浮动结构体	Ships, boats and floating structures	1444.46	215.49	1.35	0.20
第十八类 光学、照相、电影、计量、检验、医疗或外科用仪器及设备、精密仪器及设备；钟表；乐器；上述物品的零件、附件	**OPTICAL, PHOTOGRAPHIC, CINEMATOGRAPHIC, MEASURING, CHECKING, PRECISION, MEDICAL OR SURGICAL INSTRUMENTS AND APPARATUS; CLOCKS AND WATCHES; MUSICAL INSTRUMENTS; PARTS AND ACCESSORIES THEREOF**	**1312.19**	**196.38**	**745.58**	**111.90**
90章 光学、照相、电影、计量、检验、医疗或外科用仪器及设备、精密仪器及设备；上述物品的零件、附件	Optical, photographic, cinematographic, measuring, checking, precision medical or surgical instruments and apparatus; parts and accessories thereof	1188.16	177.78	716.19	107.50
91章 钟表及其零件	Clocks and watches and parts thereof	90.56	13.57	26.90	4.02
92章 乐器及其零件、附件	Musical instruments; parts and accessories of such articles	33.47	5.04	2.49	0.37
第十九类 武器、弹药及其零件、附件	**ARMS AND AMMUNITION; PARTS AND ACCESSORIES THEREOF**				
93章 武器、弹药及其零件、附件	Arms and ammunition; parts and accessories thereof				
第二十类 杂项制品	**MISCELLANEOUS MANUFACTURED ARTICLES**	**2301.56**	**344.57**	**83.04**	**12.39**
94章 家具；寝具、褥垫、弹簧床垫、软坐垫及类似的填充制品；未列名灯具及照明装置；发光标志、发光名牌及类似品；活动房屋	Furniture; bedding, mattresses, mattress supports, cushions and similar stuffed furnishings; lamps and lighting fittings, not elsewhere specified or included; illuminated signs, illuminated	422.22	63.73	24.68	3.65
95章 玩具、游戏品、运动用品及其零件、附件	Toys, games and sports requisites; parts and accessories thereof	1760.62	262.96	43.42	6.50
96章 杂项制品	Miscellaneous manufactured articles	118.72	17.88	14.93	2.24
第二十一类 艺术品、收藏品及古物	**WORKS OF ART, COLLECTORS' PIECES AND ANTIQUES**			**0.05**	**0.01**
97章 艺术品、收藏品及古物	Works of art, collectors' pieces and antiques			0.05	0.01
第二十二类 特殊交易品及未分类商品	**COMMODITIES AND TRANSACTIONS NOT CLASSIFIED ACCORDING TO KIND**	**0.01**	**0.00**		
98章 特殊交易品及未分类商品	Commodities and transactions not classified according to kind	0.01	0.00		

6-21 对欧洲联盟进出口商品分类金额
Value of Exports to and Imports from EU by HS

单位：亿美元
Unit: USD 100 million

类　　章	HS Section and Division	2021 出口 Exports	2021 进口 Imports	2022 出口 Exports	2022 进口 Imports
总　　额	**Total**	**5128.16**	**3088.80**	**5593.76**	**2844.73**
第一类　活动物；动物产品	**LIVE ANIMALS；ANIMAL PRODUCTS**	**20.68**	**106.87**	**24.43**	**62.64**
01章　活动物	Live animals	0.01	0.62	0.03	0.42
02章　肉及食用杂碎	Meat and edible meat offal	0.15	77.60	0.13	36.68
03章　鱼、甲壳动物、软体动物及其他水生无脊椎动物	Fish and crustaceans molluscs and other aquatic invertebrates	13.15	2.92	16.40	3.78
04章　乳品；蛋品；天然蜂蜜；其他食用动物产品	Dairy produce；birds' eggs；natural honey；edible products of animal origin，not elsewhere specified or included	1.12	23.58	1.36	19.61
05章　其他动物产品	Products of animal origin，not elsewhere specified or included	6.24	2.14	6.51	2.16
第二类　植物产品	**VEGETABLE PRODUCTS**	**24.46**	**23.38**	**26.83**	**18.65**
06章　活树及其他活植物；鳞茎、根及类似品；插花及装饰用簇叶	Live tree and other plants；bulbs，roots and the like; cut flowers and ornamental foliage	0.97	1.32693	0.81	1.48525
07章　食用蔬菜、根及块茎	Edible vegetables and certain roots and tubers	5.00	0.22	5.31	0.27
08章　食用水果及坚果；甜瓜或柑桔属水果的果皮	Edible fruit and nuts；peel of citrus fruit or melons	3.52	0.74	3.07	0.97
09章　咖啡、茶、马黛茶及调味香料	Coffee，tea，mate and spices	4.84	0.60	5.01	0.75
10章　谷物	Cereals	0.19	15.61	0.35	10.25
11章　制粉工业产品；麦芽；淀粉；菊粉；面筋	Products of the milling industry；malt；starches；inulin；wheat gluten	1.13	1.04	1.80	0.64
12章　含油子仁及果实；杂项子仁及果实；工业用或药用植物；稻草、秸秆及饲料	Oil seeds and oleaginous fruits；miscellaneous grains，seeds and fruit；industrial or medicinal plants；straw and fodder	4.30	2.74	4.25	3.24
13章　虫胶；树胶、树脂及其他植物液、汁	Lac；gums，resins and other vegetable saps and extracts	3.82	1.07	5.34	1.02
14章　编结用植物材料；其他植物产品	Vegetable plaiting materials；vegetable products not elsewhere specified or included	0.68	0.03	0.88	0.03
第三类　动、植物油、脂及其分解产品；精制的食用油脂；动、植物蜡	**ANIMAL OR VEGETABLE FATS AND OILS AND THEIR CLEAVAGE PRODUCTS；PREPARED EDIBLE FATS；ANIMAL OR VEGETABLE WAXES**	**13.36**	**7.25**	**19.69**	**4.36**
15章　动、植物油、脂及其分解产品；精制的食用油脂；动、植物蜡	Animal or vegetable fats and oils and their cleavage products；prepared edible fats；animal or vegetable waxes	13.36	7.25	19.69	4.36
第四类　食品；饮料、酒及醋；烟草、烟草及烟草代用品的制品	**PREPARED FOODSTUFFS；BEVERAGES, SPIRITS AND VINEGAR；TOBACCO AND MANUFACTURED TOBACCO SUBSTITUTES**	**27.21**	**91.42**	**41.02**	**88.59**
16章　肉、鱼、甲壳动物、软体动物及其他水生无脊椎动物的制品	Preparations of meat，of fish or of crustaceans，molluscs or other aquatic invertebrates	3.80	0.14	4.61	0.15
17章　糖及糖食	Sugars and sugar confectionery	0.76	1.46	1.36	1.35
18章　可可及可可制品	Cocoa and cocoa preparations	0.17	3.11	0.10	2.86
19章　谷物、粮食粉、淀粉或乳的制品；糕饼点心	Preparations of cereals，flour，starch or milk；pastry-cooks' products	1.47	33.88	1.74	35.02

6-21 续表 1 Continued 1

单位：亿美元
Unit: USD 100 million

类 章	HS Section and Division	2021 出 口 Exports	2021 进 口 Imports	2022 出 口 Exports	2022 进 口 Imports
20章 蔬菜、水果、坚果或植物其他部分的制品	Preparations of vegetables, fruit, nuts or other parts of plants	7.18	1.78	7.90	1.61
21章 杂项食品	Miscellaneous edible preparations	4.57	9.00	4.80	10.66
22章 饮料、酒及醋	Beverages, spirits and vinegar	1.46	37.57	1.73	31.71
23章 食品工业的残渣及废料；配制的动物饲料	Residues and waste from the food industries；prepared animal fodder	6.76	4.32	7.33	5.00
24章 烟草、烟草及烟草代用品的制品	Tobacco and manufactured tobacco substitutes	1.03	0.17	11.45	0.22
第五类 矿产品	**MINERAL PRODUCTS**	**23.84**	**38.70**	**64.47**	**47.47**
25章 盐；硫磺；泥土及石料；石膏料、石灰及水泥	Salt；sulphur；earths and stone；plastering materials, lime and cement	4.76	9.19	4.53	6.72
26章 矿砂、矿渣及矿灰	Ores, slag and ash	0.52	17.50	0.72	22.82
27章 矿物燃料、矿物油及其蒸馏产品；沥青物质；矿物蜡	Mineral fuels, mineral oils and products of their distillation; bituminous substances; mineral waxes	18.55	12.01	59.22	17.93
第六类 化学工业及其相关工业的产品	**PRODUCTS OF THE CHEMICAL OR INDUSTRIES ALLIED**	**348.48**	**517.37**	**411.98**	**521.78**
28章 无机化学品；贵金属、稀土金属、放射性元素及其同位素的有机及无机化合物	Inorganic chemicals；organic or inorganic compounds of precious metals, of rare- earth metals, of radioactive elements or of isotopes	22.61	20.85	42.88	27.54
29章 有机化学品	Organic chemicals	155.49	63.11	207.11	60.55
30章 药品	Pharmaceutical products	91.29	263.74	32.06	249.60
31章 肥料	Fertilizers	0.38	2.74	3.19	2.29
32章 鞣料浸膏及染料浸膏；鞣酸及其衍生物；染料、颜料及其他色料；油漆及清漆；油灰及其他类似胶粘剂；墨水、油墨	Tanning or dyeing extracts；tannins and their derivatives；dyes, pigments and other colouring matter；paints and varnishes； putty and other mastics；inks	14.01	12.66	13.16	10.56
33章 精油及香膏； 芳香料制品及化妆盥洗品	Essential oils and retinoid；perfumery, cosmetic or toilet preparations	7.10	78.02	7.43	77.13
34章 肥皂、有机表面活性剂、洗涤剂、润滑剂、人造蜡、调制蜡、光洁剂、蜡烛及类似品、塑型用膏、“牙科用蜡”及牙科用熟石膏制剂	Soap, organic surface-active agents, washing preparations, lubricating preparations, artificial waxes, prepared waxes, polishing or scouring preparations, candles and similar articles, modelling pastes, “dental waxes” and dental preparations with a basis of plast	5.91	18.77	7.59	17.29
35章 蛋白类物质；改性淀粉；胶；酶	Albuminoidal substances；modified starches；glues；enzymes	4.52	11.93	4.38	12.46
36章 炸药；烟火制品；火柴；引火合金；易燃材料制品	Explosives；pyrotechnic products；matches；pyrophoric alloys；certain combustible preparations	1.15	0.31	2.35	0.33
37章 照相及电影用品	Photographic or cinematographic goods	2.04	1.33	2.48	1.97
38章 杂项化学产品	Miscellaneous chemical products	44.00	43.91	89.35	62.06
第七类 塑料及其制品，橡胶及其制品	**PLASTICS AND ARTICLES THEREOF RUBBER AND ARTICLES THEREOF**	**194.46**	**118.22**	**194.47**	**108.49**
39章 塑料及其制品	Plastics and articles thereof	148.85	93.63	152.26	87.44
40章 橡胶及其制品	Rubber and articles thereof	45.61	24.58	42.21	21.05
第八类 生皮、皮革、毛皮及其制品；鞍具及挽具；旅行用品、手提包及类似品；动物肠线(蚕胶丝除外)制品	**RAW HIDES AND SKINS, LEATHER, FUR SKINS AND ARTICLES THEREOF；SADDLERY AND HARNESS；TRAVEL GOODS, HANDBAGS AND SIMILAR CONTAINERS；ARTICLES OF ANIMAL GUT(OTHER THAN SILK-WORM GUT)**	**61.50**	**62.58**	**74.98**	**52.63**
41章 生皮(毛皮除外)及皮革	Raw hides and skins(other than fur skins) and leather	0.54	6.59	1.07	5.59

6-21 续表 2 Continued 2

单位：亿美元
Unit: USD 100 million

类 章	HS Section and Division	2021 出口 Exports	2021 进口 Imports	2022 出口 Exports	2022 进口 Imports
42章 皮革制品；鞍具及挽具；旅行用品、手提包及类似容器；动物肠线(蚕胶丝除外)制品	Articles of Leather; Saddlery and Harness; Travel Goods, Handbags and Similar Containers; Articles of Animal Gut	59.88	53.76	73.05	45.81
43章 毛皮、人造毛皮及其制品	Fur skins and artificial fur；manufactures thereof	1.08	2.24	0.86	1.22
第九类 木及木制品；木炭；软木及软木制品；稻草，秸秆、针茅或其他编结材料制品；篮筐及柳条编结品	**WOOD AND ARTICLES OF WOOD；WOOD CHAR-COAL；CORK AND ARTICLES OF CORK；MANUFACTURES OF STRAW，OF ESPARTO OR OF OTHER PLAITING MATERIALS ；BASKET WARE AND WICKERWORK**	**34.21**	**44.57**	**34.35**	**36.17**
44章 木及木制品；木炭	Wood and articles of wood；wood charcoal	27.15	44.05	28.33	35.69
45章 软木及软木制品	Cork and articles of cork	0.09	0.43	0.11	0.37
46章 稻草、秸秆、针茅或其他编结材料制品；篮筐及柳条编结品	Manufactures of straw，of esparto or of other plaiting Materials；basket ware and wickerwork	6.97	0.09	5.91	0.11
第十类 木浆及其他纤维状纤维素浆；纸及纸板的废碎品；纸、纸板及其制品	**Pulp of Wood or of Other Fibrous Cellulosic Material; Recycled Waste and Scrap of Paper or Paperboard; Paperboard and Articles Thereof**	**28.54**	**47.33**	**35.18**	**39.14**
47章 木浆及其他纤维状纤维素浆；纸及纸板的废碎品	Pulp of Wood or of Other Fibrous Cellulosic Material; Waste and Scrap of Paper or Paperboard	0.29	26.46	0.68	22.55
48章 纸及纸板；纸浆、纸或纸板制品	Paper and paperboard；articles of paper pulp，of paper or paperboard	24.09	16.51	29.52	11.56
49章 书籍、报纸、印刷图画及其他印制品；手稿、打字稿及设计图纸	Printed books，newspapers，pictures and other products of the printing industry；manuscripts，typescripts and plans	4.17	4.36	4.98	5.03
第十一类 纺织原料及纺织制品	**TEXTILES AND TEXTILE ARTICLES**	**451.19**	**67.03**	**462.68**	**62.89**
50章 蚕丝	Silk	2.10	0.10	2.92	0.10
51章 羊毛、动物细毛或粗毛；马毛纱线及其机织物	Wool，fine or coarse animal hair；horsehair yarn and woven fabric	4.54	2.90	7.13	3.07
52章 棉花	Cotton	5.33	0.86	5.34	0.74
53章 其他植物纺织纤维；纸纱线及其机织物	Other vegetable textile fibres；paper yarn and woven fabrics of paper yarn	2.95	5.46	3.45	6.13
54章 化学纤维长丝	Man-Made Filaments	20.38	3.11	23.36	2.79
55章 化学纤维短纤	Man-made short fibres	7.61	4.15	9.05	4.48
56章 絮胎、毡呢及无纺织物；特种纱线；线、绳、索、缆及其制品	Wadding，felt and nonwoven；special yarns；twine，cordage，ropes and cables and articles thereof	10.34	3.06	8.92	2.52
57章 地毯及纺织材料的其他铺地制品	Carpets and other textile floor coverings	5.34	0.24	4.25	0.22
58章 特种机织物；簇绒织物；花边；装饰毯；装饰带；刺绣品	Special woven fabrics；tufted textile fabrics；lace；tapestries；trimmings；embroidery	4.58	0.61	4.89	0.56
59章 浸渍、涂布、包覆或层压的纺织物；工业用纺织制品	Impregnated，coated，covered or laminated textile fabrics；textile articles of a kind suitable for industrial use	8.72	4.09	8.88	3.43
60章 针织物及钩编织物	Knitted or crocheted fabrics	8.32	1.02	9.40	0.91
61章 针织或钩编的服装及衣着附件	Articles of apparel and clothing accessories，Knitted or crocheted	153.40	15.11	165.07	14.12
62章 非针织或非钩编的服装及衣着附件	Articles of apparel and clothing accessories，not knitted or crocheted	145.90	25.40	156.55	23.05

单位：亿美元
Unit: USD 100 million

类 章	HS Section and Division	2021 出口 Exports	2021 进口 Imports	2022 出口 Exports	2022 进口 Imports
63章 其他纺织制成品；成套物品；旧衣着及旧纺织品；碎织物	Other made up textile articles；sets；worn clothing and worn textile articles；rags articles；rags	71.68	0.93	53.46	0.76
第十二类 鞋、帽、伞、杖、鞭及其零件；已加工的羽毛及其制品；人造花；人发制品	**FOOTWEAR，HEADGEAR，UMBRELLAS，SUN UMBRELLAS，WALKING-STICKS，SEAT-STICKS，WHIPS，RIDING-CROPS AND PARTS THEREOF；PREPARED FEATHERS AND ARTICLES MADE THEREWITH；ARTIFICIAL FLOWERS；ARTICLES OF HUMAN HAIR**	**121.45**	**18.41**	**149.93**	**17.19**
64章 鞋靴、护腿和类似品及其零件	Footwear，gaiters and the like；parts of such articles	85.85	17.47	110.15	16.30
65章 帽类及其零件	Headgear and parts thereof	12.98	0.88	16.49	0.83
66章 雨伞、阳伞、手杖、鞭子、马鞭及其零件	Umbrellas，sun umbrellas，walking-sticks，seat-sticks，whips，riding-crops and parts thereof	7.63	0.02	7.77	0.01
67章 已加工羽毛、羽绒及其制品；人造花；人发制品	Prepared feathers and down and articles made of feathers or of down；artificial flowers；articles of human hair	14.99	0.04	15.53	0.05
第十三类 石料、石膏、水泥、石棉、云母及类似材料的制品；陶瓷产品；玻璃及其制品	**ARTICLES OF STONE，PLASTER，CEMENT，ASBESTOS，MICA OR SIMILAR MATERIALS；CERAMIC PRODUCTS；GLASS AND GLASSWARE**	**80.75**	**21.13**	**76.49**	**17.70**
68章 石料、石膏、水泥、石棉、云母及类似材料的制品	Articles of stone，plaster，cement，asbestos，mica or similar materials；ceramic products；glass and glassware	16.06	5.46	13.65	4.57
69章 陶瓷产品	Ceramic products	36.30	5.56	34.20	4.57
70章 玻璃及其制品	Glass and glassware	28.39	10.11	28.64	8.56
第十四类 天然或养殖珍珠、宝石或半宝石、贵金属、包贵金属及其制品；仿首饰；硬币	**NATURAL OR CULTURED PEARLS，PRECIOUS OR SEMI-PRECIOUS STONES，PRECIOUS METALS，METALS CLAD WITH PRECIOUS METAL AND STONES，PRECIOUS METALS，METALS CLAD WITH PRECIOUS METAL AND ARTICLES THEREOF；IMITATION JEWELLERY；COIN**	**16.33**	**71.68**	**17.80**	**76.01**
71章 天然或养殖珍珠、宝石或半宝石、贵金属、包贵金属及其制品；仿首饰；硬币	Natural or cultured pearls，precious or semi-precious stones，precious metals，metals clad with precious metal and articles thereof；imitation jewellery；coin	16.33	71.68	17.80	76.01
第十五类 贱金属及其制品	**BASE METALS AND ARTICLES OF BASE METAL**	**316.73**	**148.99**	**353.24**	**132.82**
72章 钢铁	Iron and steel	34.54	24.46	56.17	21.74
73章 钢铁制品	Articles of iron or steel	124.38	34.44	125.60	29.57
74章 铜及其制品	Copper and articles thereof	10.83	47.43	11.18	39.19
75章 镍及其制品	Nickel and articles thereof	0.42	5.82	0.86	9.17
76章 铝及其制品	Aluminium and articles thereof	43.65	11.47	53.55	11.38
78章 铅及其制品	Lead and articles thereof	0.28	0.07	0.38	0.05
79章 锌及其制品	Zinc and articles thereof	0.38	0.50	0.33	0.37
80章 锡及其制品	Tin and articles thereof	0.69	0.07	1.04	0.10
81章 其他贱金属、金属陶瓷及其制品	Other base metals；cermets；articles thereof	14.56	2.27	18.77	2.42
82章 贱金属工具、器具、利口器、餐匙、餐叉及其零件	Tools，implements，cutlery，spoons and forks，of base metal；parts thereof of base metal	46.57	10.81	46.59	8.89
83章 贱金属杂项制品	Miscellaneous articles of base metal	40.42	11.65	38.77	9.94

6-21 续表 4 Continued 4

单位：亿美元
Unit: USD 100 million

类 章	HS Section and Division	2021 出口 Exports	2021 进口 Imports	2022 出口 Exports	2022 进口 Imports
第十六类 机器、机械器具、电气设备及其零件；录音机及放声机、电视图像、声音的录制和重放设备及其零件、附件	**MACHINERY AND MECHANICAL APPLIANCES；ELECTRICAL EQUIPMENT；PARTS THEREOF；SOUND RECORDERS AND REPRODUCERS，TELEVISION IMAGE AND SOUND RECORDERS AND REPRODUCERS；AND PARTS AND CCESSORIES OF RECORDERS AND EPRODUCERS；AND PARTS AND ACCESSORIES OF SUCH ARTICLES**	**2319.05**	**921.36**	**2588.77**	**834.80**
84章 核反应堆、锅炉、机器、机械器具及其零件	Nuclear reactors，boilers，machinery and mechanical appliances；parts thereof	996.80	510.32	968.13	442.75
85章 电机、电气设备及其零件；录音机及放声机、电视图像、声音的录制和重放设备及其零件、附件	Electrical machinery and equipment and parts thereof；sound recorders and reproducers，television image and sound recorders and reproducers，and parts and accessories of such articles	1322.25	411.03	1620.64	392.05
第十七类 车辆、航空器、船舶及有关运输设备	**VEHICLES，AIRCRAFT，VESSELS AND ASSOCIATED TRANSPORT EQUIPMENT**	**300.40**	**526.31**	**349.53**	**486.44**
86章 铁道及电车道机车、车辆及其零件；铁道及电车轨道固定装置及其零件、附件；各种机械(包括电动机械)交通信号设备	Railway or tramway locomotives，rolling-stock and parts thereof；railway or tramway track fixtures and fittings and parts thereof；mechanical(including electro- mechanical) traffic signalling equipment of all kinds	45.18	4.01	27.67	3.40
87章 车辆及其零件、附件，但铁道及电车道车辆除外	Vehicles other than railway or tramway rolling-stock，and parts and accessories thereof	209.16	432.63	276.30	422.07
88章 航空器、航天器及其零件	Aircraft，spacecraft，and parts thereof	4.56	82.82	10.29	60.40
89章 船舶及浮动结构体	Ships，boats and floating structures	41.50	6.85	35.28	0.57
第十八类 光学、照相、电影、计量、检验、医疗或外科用仪器及设备、精密仪器及设备；钟表；乐器；上述物品的零件、附件	**OPTICAL，PHOTOGRAPHIC，CINEMATOGRAPHIC，MEASURING，CHECKING，PRECISION，MEDICAL OR SURGICAL INSTRUMENTS AND APPARATUS；CLOCKS AND WATCHES；MUSICAL INSTRUMENTS；PARTS AND ACCESSORIES THEREOF**	**186.37**	**219.63**	**142.19**	**207.48**
90章 光学、照相、电影、计量、检验、医疗或外科用仪器及设备、精密仪器及设备；上述物品的零件、附件	Optical，photographic，cinematographic，measuring，checking，precision medical or surgical instruments and apparatus；parts and accessories thereof	176.94	217.34	133.72	205.30
91章 钟表及其零件	Clocks and watches and parts thereof	4.44	1.12	4.42	1.04
92章 乐器及其零件、附件	Musical instruments；parts and accessories of such articles	4.99	1.18	4.06	1.13
第十九类 武器、弹药及其零件、附件	**ARMS AND AMMUNITION；PARTS AND ACCESSORIES THEREOF**	**0.44**	**0.05**	**0.58**	**0.02**
93章 武器、弹药及其零件、附件	Arms and ammunition；parts and accessories thereof	0.44	0.05	0.58	0.02
第二十类 杂项制品	**MISCELLANEOUS MANUFACTURED ARTICLES**	**475.09**	**26.67**	**426.47**	**22.66**
94章 家具；寝具、褥垫、弹簧床垫、软坐垫及类似的填充制品；未列名灯具及照明装置；发光标志、发光名牌及类似品；活动房屋	Furniture；bedding，mattresses，mattress supports，cushions and similar stuffed furnishings；lamps and lighting fittings，not elsewhere specified or included；illuminated signs，illuminated	252.98	17.61	214.94	15.16
95章 玩具、游戏品、运动用品及其零件、附件	Toys，games and sports requisites；parts and accessories thereof	191.25	5.50	180.42	4.35
96章 杂项制品	Miscellaneous manufactured articles	30.86	3.57	31.11	3.15
第二十一类 艺术品、收藏品及古物	**WORKS OF ART，COLLECTORS' PIECES AND ANTIQUES**	**8.63**	**6.21**	**1.14**	**3.93**
97章 艺术品、收藏品及古物	Works of art，collectors' pieces and antiques	8.63	6.2124	1.14	3.9303
第二十二类 特殊交易品及未分类商品	**COMMODITIES AND TRANSACTIONS NOT CLASSIFIED ACCORDING TO KIND**	**74.99**	**3.64**	**97.53**	**2.88**
98章 特殊交易品及未分类商品	Commodities and transactions not classified according to kind	68.36	3.64	86.06	2.88
99章 跨境电商B2B简化申报商品	Simplified Declaration of Cross-border E-commerce B2B Commodities	6.63		11.47	

6-22 对美国进出口商品分类金额

Value of Exports and Imports from United States by HS

单位：亿美元

Unit: USD 100 million

类 章	HS Section and Division	2021 出口 Exports	2021 进口 Imports	2022 出口 Exports	2022 进口 Imports
总 额	**Total**	**5671.57**	**1787.25**	**5775.17**	**1769.35**
第一类 活动物；动物产品	**LIVE ANIMALS；ANIMAL PRODUCTS**	**13.98**	**59.63**	**16.81**	**62.97**
01章 活动物	Live animals	0.04	0.47	0.06	0.24
02章 肉及食用杂碎	Meat and edible meat offal	0.03	41.13	0.03	40.41
03章 鱼、甲壳动物、软体动物及其他水生无脊椎动物	Fish and crustaceans molluscs and other aquatic invertebrates	11.20	9.75	14.22	11.34
04章 乳品；蛋品；天然蜂蜜；其他食用动物产品	Dairy produce；birds' eggs；natural honey；edible products of animal origin，not elsewhere specified or included	0.18	4.85	0.18	4.84
05章 其他动物产品	Products of animal origin，not elsewhere specified or included	2.53	3.44	2.32	6.14
第二类 植物产品	**VEGETABLE PRODUCTS**	**18.13**	**274.83**	**18.21**	**284.72**
06章 活树及其他活植物；鳞茎、根及类似品；插花及装饰用簇叶	Live tree and other plants；bulbs，roots and the like; cut flowers and ornamental foliage	0.86	0.08	0.82	0.04
07章 食用蔬菜、根及块茎	Edible vegetables and certain roots and tubers	6.06	0.48	6.10	0.29
08章 食用水果及坚果；甜瓜或柑桔属水果的果皮	Edible fruit and nuts；peel of citrus fruit or melons	2.35	10.21	2.54	6.55
09章 咖啡、茶、马黛茶及调味香料	Coffee，tea，mate and spices	2.31	0.17	2.17	0.22
10章 谷物	Cereals	0.01	85.78	0.01	79.41
11章 制粉工业产品；麦芽；淀粉；菊粉；面筋	Products of the milling industry；malt；starches；inulin；wheat gluten	0.23	0.08	0.23	0.08
12章 含油子仁及果实；杂项子仁及果实；工业用或药用植物；稻草、秸秆及饲料	Oil seeds and oleaginous fruits；miscellaneous grains，seeds and fruit；industrial or medicinal plants；straw and fodder	1.50	177.71	1.61	197.85
13章 虫胶；树胶、树脂及其他植物液、汁	Lac；gums，resins and other vegetable saps and extracts	4.66	0.24	4.58	0.23
14章 编结用植物材料；其他植物产品	Vegetable plaiting materials；vegetable products not elsewhere specified or included	0.15	0.09	0.15	0.06
第三类 动、植物油、脂及其分解产品；精制的食用油脂；动、植物蜡	**ANIMAL OR VEGETABLE FATS AND OILS AND THEIR CLEAVAGE PRODUCTS；PREPARED EDIBLE FATS；ANIMAL OR VEGETABLE WAXES**	**1.10**	**1.33**	**1.68**	**1.35**
15章 动、植物油、脂及其分解产品；精制的食用油脂；动、植物蜡	Animal or vegetable fats and oils and their cleavage products；prepared edible fats；animal or vegetable waxes	1.10	1.33	1.68	1.35
第四类 食品；饮料、酒及醋；烟草、烟草及烟草代用品的制品	**PREPARED FOODSTUFFS；BEVERAGES, SPIRITS AND VINEGAR；TOBACCO AND MANUFACTURED TOBACCO SUBSTITUTES**	**39.01**	**29.18**	**63.47**	**29.31**
16章 肉、鱼、甲壳动物、软体动物及其他水生无脊椎动物的制品	Preparations of meat，of fish or of crustaceans，molluscs or other aquatic invertebrates	12.70	0.03	10.99	0.08
17章 糖及糖食	Sugars and sugar confectionery	2.41	1.40	3.08	1.69
18章 可可及可可制品	Cocoa and cocoa preparations	0.41	0.48	0.36	0.32
19章 谷物、粮食粉、淀粉或乳的制品；糕饼点心	Preparations of cereals，flour，starch or milk；pastry-cooks' products	2.46	0.80	2.67	0.61

6-22 续表 1 Continued 1

单位：亿美元
Unit: USD 100 million

类　章	HS Section and Division	2021 出口 Exports	2021 进口 Imports	2022 出口 Exports	2022 进口 Imports
20章 蔬菜、水果、坚果或植物其他部分的制品	Preparations of vegetables, fruit，nuts or other parts of plants	8.93	3.37	10.71	4.34
21章 杂项食品	Miscellaneous edible preparations	7.36	9.88	7.71	11.93
22章 饮料、酒及醋	Beverages，spirits and vinegar	0.49	4.23	0.55	1.60
23章 食品工业的残渣及废料；配制的动物饲料	Residues and waste from the food industries；prepared animal fodder	4.24	7.18	3.65	8.32
24章 烟草、烟草及烟草代用品的制品	Tobacco and manufactured tobacco substitutes	0.00	1.81	23.75	0.43
第五类 矿产品	**MINERAL PRODUCTS**	**8.13**	**243.10**	**12.19**	**219.55**
25章 盐；硫磺；泥土及石料；石膏料、石灰及水泥	Salt；sulphur；earths and stone；plastering materials，lime and cement	3.12	6.15	4.71	9.07
26章 矿砂、矿渣及矿灰	Ores，slag and ash	0.15	23.09	0.18	19.70
27章 矿物燃料、矿物油及其蒸馏产品；沥青物质；矿物蜡	Mineral fuels，mineral oils and products of their distillation; bituminous substances; mineral waxes	4.86	213.85	7.30	190.78
第六类 化学工业及其相关工业的产品	**PRODUCTS OF THE CHEMICAL OR INDUSTRIES ALLIED**	**200.17**	**210.02**	**232.73**	**232.70**
28章 无机化学品；贵金属、稀土金属、放射性元素及其同位素的有机及无机化合物	Inorganic chemicals；organic or inorganic compounds of precious metals，of rare- earth metals, of radioactive elements or of isotopes	11.75	10.86	17.32	11.40
29章 有机化学品	Organic chemicals	105.46	40.68	117.58	57.46
30章 药品	Pharmaceutical products	28.37	62.44	23.73	60.67
31章 肥料	Fertilizers	0.08	0.18	0.23	0.69
32章 鞣料浸膏及染料浸膏；鞣酸及其衍生物；染料、颜料及其他色料；油漆及清漆；油灰及其他类似胶粘剂；墨水、油墨	Tanning or dyeing extracts；tannins and their derivatives；dyes，pigments and other colouring matter；paints and varnishes；putty and other mastics；inks	4.62	4.36	4.27	4.00
33章 精油及香膏； 芳香料制品及化妆盥洗品	Essential oils and retinoid；perfumery，cosmetic or toilet preparations	13.51	25.09	13.53	24.73
34章 肥皂、有机表面活性剂、洗涤剂、润滑剂、人造蜡、调制蜡、光洁剂、蜡烛及类似品、塑型用膏、“牙科用蜡”及牙科用熟石膏制剂	Soap，organic surface-active agents，washing preparations，lubricating preparations，artificial waxes，prepared waxes，polishing or scouring preparations，candles and similar articles，modelling pastes，“dental waxes” and dental preparations with a basis of plast	5.91	10.12	6.08	9.68
35章 蛋白类物质；改性淀粉；胶；酶	Albuminoidal substances；modified starches；glues；enzymes	3.49	5.61	3.69	5.82
36章 炸药；烟火制品；火柴；引火合金；易燃材料制品	Explosives；pyrotechnic products；matches；pyrophoric alloys；certain combustible preparations	4.98	0.28	5.58	0.33
37章 照相及电影用品	Photographic or cinematographic goods	0.14	5.95	0.33	5.55
38章 杂项化学产品	Miscellaneous chemical products	21.86	44.45	40.39	52.38
第七类 塑料及其制品，橡胶及其制品	**PLASTICS AND ARTICLES THEREOF RUBBER AND ARTICLES THEREOF**	**322.07**	**81.23**	**302.20**	**84.83**
39章 塑料及其制品	Plastics and articles thereof	273.79	73.98	269.14	77.97
40章 橡胶及其制品	Rubber and articles thereof	48.28	7.25	33.06	6.86
第八类 生皮、皮革、毛皮及其制品；鞍具及挽具；旅行用品、手提包及类似品；动物肠线(蚕胶丝除外)制品	**RAW HIDES AND SKINS，LEATHER，FUR SKINS AND ARTICLES THEREOF；SADDLERY AND HARNESS；TRAVEL GOODS，HANDBAGS AND SIMILAR CONTAINERS；ARTICLES OF ANIMAL GUT(OTHER THAN SILK-WORM GUT)**	**62.43**	**7.62**	**68.76**	**7.18**
41章 生皮(毛皮除外)及皮革	Raw hides and skins(other than fur skins) and leather	0.09	7.02	0.09	6.37

6–22 续表 2 Continued 2

单位：亿美元
Unit: USD 100 million

类 章	HS Section and Division	2021 出口 Exports	2021 进口 Imports	2022 出口 Exports	2022 进口 Imports
42章 皮革制品；鞍具及挽具；旅行用品、手提包及类似容器；动物肠线(蚕胶丝除外)制品	Articles of Leather; Saddlery and Harness; Travel Goods, Handbags and Similar Containers; Articles of Animal Gut	62.01	0.59	68.34	0.81
43章 毛皮、人造毛皮及其制品	Fur skins and artificial fur；manufactures thereof	0.33	0.01	0.33	0.00
第九类 木及木制品；木炭；软木及软木制品；稻草，秸秆、针茅或其他编结材料制品；篮筐及柳条编结品	**WOOD AND ARTICLES OF WOOD；WOOD CHAR-COAL；CORK AND ARTICLES OF CORK；MANUFACTURES OF STRAW，OF ESPARTO OR OF OTHER PLAITING MATERIALS；BASKET WARE AND WICKERWORK**	**44.84**	**19.67**	**41.68**	**17.38**
44章 木及木制品；木炭	Wood and articles of wood；wood charcoal	38.61	19.66	36.21	17.38
45章 软木及软木制品	Cork and articles of cork	0.07	0.00	0.05	0.00
46章 稻草、秸秆、针茅或其他编结材料制品；篮筐及柳条编结品	Manufactures of straw，of esparto or of other plaiting Materials；basket ware and wickerwork	6.16	0.00	5.42	0.00
第十类 木浆及其他纤维状纤维素浆；纸及纸板的废碎品；纸、纸板及其制品	**Pulp of Wood or of Other Fibrous Cellulosic Material; Recycled Waste and Scrap of Paper or Paperboard; Paperboard and Articles Thereof**	**52.02**	**31.61**	**58.45**	**32.34**
47章 木浆及其他纤维状纤维素浆；纸及纸板的废碎品	Pulp of Wood or of Other Fibrous Cellulosic Material; Waste and Scrap of Paper or Paperboard	0.03	16.82	0.09	18.02
48章 纸及纸板；纸浆、纸或纸板制品	Paper and paperboard；articles of paper pulp，of paper or paperboard	35.35	8.00	40.95	7.07
49章 书籍、报纸、印刷图画及其他印制品；手稿、打字稿及设计图纸	Printed books，newspapers，pictures and other products of the printing industry；manuscripts，typescripts and plans	16.64	6.80	17.41	7.25
第十一类 纺织原料及纺织制品	**TEXTILES AND TEXTILE ARTICLES**	**510.69**	**21.97**	**514.83**	**36.30**
50章 蚕丝	Silk	0.16	0.00	0.21	0.00
51章 羊毛、动物细毛或粗毛；马毛纱线及其机织物	Wool，fine or coarse animal hair；horsehair yarn and woven fabric	0.48	0.09	0.58	0.10
52章 棉花	Cotton	1.42	15.91	0.99	30.52
53章 其他植物纺织纤维；纸纱线及其机织物	Other vegetable textile fibres；paper yarn and woven fabrics of paper yarn	0.27	0.00	0.27	0.00
54章 化学纤维长丝	Man-Made Filaments	5.01	1.07	4.97	1.03
55章 化学纤维短纤	Man-made short fibres	2.87	0.90	2.17	0.82
56章 絮胎、毡呢及无纺织物；特种纱线；线、绳、索、缆及其制品	Wadding，felt and nonwoven；special yarns；twine，cordage，ropes and cables and articles thereof	9.33	2.03	8.05	1.88
57章 地毯及纺织材料的其他铺地制品	Carpets and other textile floor coverings	7.15	0.06	7.01	0.07
58章 特种机织物；簇绒织物；花边；装饰毯；装饰带；刺绣品	Special woven fabrics；tufted textile fabrics；lace；tapestries；trimmings；embroidery	3.55	0.16	3.82	0.16
59章 浸渍、涂布、包覆或层压的纺织物；工业用纺织制品	Impregnated，coated，covered or laminated textile fabrics；textile articles of a kind suitable for industrial use	5.11	0.86	5.37	0.87
60章 针织物及钩编织物	Knitted or crocheted fabrics	5.26	0.10	3.95	0.11
61章 针织或钩编的服装及衣着附件	Articles of apparel and clothing accessories，Knitted or crocheted	214.02	0.29	214.67	0.29
62章 非针织或非钩编的服装及衣着附件	Articles of apparel and clothing accessories，not knitted or crocheted	128.78	0.32	150.28	0.26

单位：亿美元
Unit: USD 100 million

类 章	HS Section and Division	2021 出口 Exports	2021 进口 Imports	2022 出口 Exports	2022 进口 Imports
63章 其他纺织制成品；成套物品；旧衣着及旧纺织品；碎织物	Other made up textile articles；sets；worn clothing and worn textile articles；rags articles；rags	127.30	0.19	112.50	0.18
第十二类 鞋、帽、伞、杖、鞭及其零件；已加工的羽毛及其制品；人造花；人发制品	**FOOTWEAR，HEADGEAR，UMBRELLAS，SUN UMBRELLAS，WALKING-STICKS，SEAT-STICKS，WHIPS，RIDING-CROPS AND PARTS THEREOF；PREPARED FEATHERS AND ARTICLES MADE THEREWITH；ARTIFICIAL FLOWERS；ARTICLES OF HUMAN HAIR**	**199.53**	**1.21**	**211.03**	**1.32**
64章 鞋靴、护腿和类似品及其零件	Footwear，gaiters and the like；parts of such articles	120.23	1.08	131.66	1.22
65章 帽类及其零件	Headgear and parts thereof	15.56	0.06	18.21	0.04
66章 雨伞、阳伞、手杖、鞭子、马鞭及其零件	Umbrellas，sun umbrellas，walking-sticks，seat-sticks，whips，riding-crops and parts thereof	7.45	0.00	7.47	0.00
67章 已加工羽毛、羽绒及其制品；人造花；人发制品	Prepared feathers and down and articles made of feathers or of down；artificial flowers；articles of human hair	56.29	0.07	53.70	0.06
第十三类 石料、石膏、水泥、石棉、云母及类似材料的制品；陶瓷产品；玻璃及其制品	**ARTICLES OF STONE，PLASTER，CEMENT，ASBESTOS，MICA OR SIMILAR MATERIALS；CERAMIC PRODUCTS；GLASS AND GLASSWARE**	**103.63**	**15.24**	**102.71**	**15.50**
68章 石料、石膏、水泥、石棉、云母及类似材料的制品	Articles of stone，plaster，cement，asbestos，mica or similar materials；ceramic products；glass and glassware	17.11	2.97	19.18	3.24
69章 陶瓷产品	Ceramic products	45.96	2.47	42.08	2.01
70章 玻璃及其制品	Glass and glassware	40.56	9.80	41.45	10.25
第十四类 天然或养殖珍珠、宝石或半宝石、贵金属、包贵金属及其制品；仿首饰；硬币	**NATURAL OR CULTURED PEARLS，PRECIOUS OR SEMI-PRECIOUS STONES，PRECIOUS METALS，METALS CLAD WITH PRECIOUS METAL AND STONES，PRECIOUS METALS，METALS CLAD WITH PRECIOUS METAL AND ARTICLES THEREOF；IMITATION JEWELLERY；COIN**	**25.92**	**10.82**	**28.13**	**7.67**
71章 天然或养殖珍珠、宝石或半宝石、贵金属、包贵金属及其制品；仿首饰；硬币	Natural or cultured pearls，precious or semi-precious stones，precious metals，metals clad with precious metal and articles thereof；imitation jewellery；coin	25.92	10.82	28.13	7.67
第十五类 贱金属及其制品	**BASE METALS AND ARTICLES OF BASE METAL**	**327.83**	**51.71**	**339.75**	**62.00**
72章 钢铁	Iron and steel	8.50	3.04	12.88	3.64
73章 钢铁制品	Articles of iron or steel	158.23	10.97	157.41	10.76
74章 铜及其制品	Copper and articles thereof	6.26	21.70	8.26	27.85
75章 镍及其制品	Nickel and articles thereof	0.19	4.20	0.38	4.65
76章 铝及其制品	Aluminium and articles thereof	43.64	4.10	46.98	7.12
78章 铅及其制品	Lead and articles thereof	0.87	0.04	0.72	0.03
79章 锌及其制品	Zinc and articles thereof	0.35	0.24	0.46	0.23
80章 锡及其制品	Tin and articles thereof	0.02	0.03	0.03	0.04
81章 其他贱金属、金属陶瓷及其制品	Other base metals；cermets；articles thereof	4.37	3.22	7.43	3.70
82章 贱金属工具、器具、利口器、餐匙、餐叉及其零件	Tools，implements，cutlery，spoons and forks，of base metal；parts thereof of base metal	52.57	2.35	50.43	2.50
83章 贱金属杂项制品	Miscellaneous articles of base metal	52.82	1.82	54.76	1.48

单位：亿美元
Unit: USD 100 million

类 章	HS Section and Division	2021 出口 Exports	2021 进口 Imports	2022 出口 Exports	2022 进口 Imports
第十六类 机器、机械器具、电气设备及其零件；录音机及放声机、电视图像、声音的录制和重放设备及其零件、附件	**MACHINERY AND MECHANICAL APPLIANCES；ELECTRICAL EQUIPMENT；PARTS THEREOF；SOUND RECORDERS AND REPRODUCERS，TELEVISION IMAGE AND SOUND RECORDERS AND REPRODUCERS；AND PARTS AND CCESSORIES OF RECORDERS AND EPRODUCERS；AND PARTS AND ACCESSORIES OF SUCH ARTICLES**	**2462.21**	**421.65**	**2506.92**	**380.13**
84章 核反应堆、锅炉、机器、机械器具及其零件	Nuclear reactors，boilers，machinery and mechanical appliances；parts thereof	1132.63	196.74	1090.87	196.94
85章 电机、电气设备及其零件；录音机及放声机、电视图像、声音的录制和重放设备及其零件、附件	Electrical machinery and equipment and parts thereof；sound recorders and reproducers，television image and sound recorders and reproducers，and parts and accessories of such articles	1329.58	224.91	1416.05	183.19
第十七类 车辆、航空器、船舶及有关运输设备	**VEHICLES，AIRCRAFT，VESSELS AND ASSOCIATED TRANSPORT EQUIPMENT**	**257.64**	**160.92**	**241.77**	**150.12**
86章 铁道及电车道机车、车辆及其零件；铁道及电车轨道固定装置及其零件、附件；各种机械(包括电动机械)交通信号设备	Railway or tramway locomotives，rolling-stock and parts thereof；railway or tramway track fixtures and fittings and parts thereof；mechanical(including electro-mechanical) traffic signalling equipment of all kinds	59.59	0.45	27.06	0.47
87章 车辆及其零件、附件，但铁道及电车道车辆除外	Vehicles other than railway or tramway rolling-stock，and parts and accessories thereof	190.20	138.37	195.98	117.72
88章 航空器、航天器及其零件	Aircraft，spacecraft，and parts thereof	5.60	21.80	15.36	31.66
89章 船舶及浮动结构体	Ships，boats and floating structures	2.25	0.29	3.37	0.27
第十八类 光学、照相、电影、计量、检验、医疗或外科用仪器及设备、精密仪器及设备；钟表；乐器；上述物品的零件、附件	**OPTICAL，PHOTOGRAPHIC，CINEMATOGRAPHIC，MEASURING，CHECKING，PRECISION，MEDICAL OR SURGICAL INSTRUMENTS AND APPARATUS；CLOCKS AND WATCHES；MUSICAL INSTRUMENTS；PARTS AND ACCESSORIES THEREOF**	**143.87**	**128.87**	**137.00**	**131.63**
90章 光学、照相、电影、计量、检验、医疗或外科用仪器及设备、精密仪器及设备；上述物品的零件、附件	Optical，photographic，cinematographic，measuring，checking，precision medical or surgical instruments and apparatus；parts and accessories thereof	131.93	128.41	125.26	131.02
91章 钟表及其零件	Clocks and watches and parts thereof	5.21	0.11	5.06	0.09
92章 乐器及其零件、附件	Musical instruments；parts and accessories of such articles	6.74	0.35	6.67	0.53
第十九类 武器、弹药及其零件、附件	**ARMS AND AMMUNITION；PARTS AND ACCESSORIES THEREOF**	**2.15**	**0.00**	**1.56**	**0.01**
93章 武器、弹药及其零件、附件	Arms and ammunition；parts and accessories thereof	2.15	0.00	1.56	0.01
第二十类 杂项制品	**MISCELLANEOUS MANUFACTURED ARTICLES**	**787.82**	**4.14**	**757.12**	**3.70**
94章 家具；寝具、褥垫、弹簧床垫、软坐垫及类似的填充制品；未列名灯具及照明装置；发光标志、发光名牌及类似品；活动房屋	Furniture；bedding，mattresses，mattress supports，cushions and similar stuffed furnishings；lamps and lighting fittings，not elsewhere specified or included；illuminated signs，illuminated	379.797	1.8	338.704	1.7
95章 玩具、游戏品、运动用品及其零件、附件	Toys，games and sports requisites；parts and accessories thereof	354.14	1.32	361.37	1.20
96章 杂项制品	Miscellaneous manufactured articles	53.88	1.00	57.05	0.82
第二十一类 艺术品、收藏品及古物	**WORKS OF ART，COLLECTORS' PIECES AND ANTIQUES**	**1.02**	**5.33**	**0.73**	**2.61**
97章 艺术品、收藏品及古物	Works of art，collectors' pieces and antiques	1.02	5.33	0.73	2.61
第二十二类 特殊交易品及未分类商品	**COMMODITIES AND TRANSACTIONS NOT CLASSIFIED ACCORDING TO KIND**	**87.37**	**7.17**	**117.47**	**6.04**
98章 特殊交易品及未分类商品	Commodities and transactions not classified according to kind	82.56	7.17	94.59	6.04
99章 跨境电商B2B简化申报商品	Simplified Declaration of Cross-border E-commerce B2B Commodities	4.81		22.88	

6-23 对日本进出口商品分类金额
Value of Exports and Imports from Japan by HS

单位：亿美元
Unit: USD 100 million

类　章		HS Section and Division	2021 出口 Exports	2021 进口 Imports	2022 出口 Exports	2022 进口 Imports
总　额		**Total**	**1646.26**	**2049.64**	**1723.45**	**1843.95**
第一类	**活动物；动物产品**	**LIVE ANIMALS；ANIMAL PRODUCTS**	**20.19**	**4.05**	**21.44**	**5.18**
01章	活动物	Live animals	0.01	0.03	0.02	0.05
02章	肉及食用杂碎	Meat and edible meat offal	0.02		0.05	
03章	鱼、甲壳动物、软体动物及其他水生无脊椎动物	Fish and crustaceans molluscs and other aquatic invertebrates	17.43	3.91	18.52	5.05
04章	乳品；蛋品；天然蜂蜜；其他食用动物产品	Dairy produce；birds' eggs；natural honey；edible products of animal origin，not elsewhere specified or included	0.92	0.00	0.92	0.01
05章	其他动物产品	Products of animal origin，not elsewhere specified or included	1.81	0.10	1.94	0.07
第二类	**植物产品**	**VEGETABLE PRODUCTS**	**23.81**	**1.65**	**25.90**	**1.11**
06章	活树及其他活植物；鳞茎、根及类似品；插花及装饰用簇叶	Live tree and other plants；bulbs，roots and the like; cut flowers and ornamental foliage	1.28	0.32	1.18	0.25
07章	食用蔬菜、根及块茎	Edible vegetables and certain roots and tubers	12.88	0.00	14.45	0.00
08章	食用水果及坚果；甜瓜或柑桔属水果的果皮	Edible fruit and nuts；peel of citrus fruit or melons	1.27	0.03	1.27	0.02
09章	咖啡、茶、马黛茶及调味香料	Coffee，tea，mate and spices	1.93	0.26	1.78	0.20
10章	谷物	Cereals	0.62	0.02	0.79	0.02
11章	制粉工业产品；麦芽；淀粉；菊粉；面筋	Products of the milling industry；malt；starches；inulin；wheat gluten	0.48	0.23	0.51	0.27
12章	含油子仁及果实；杂项子仁及果实；工业用或药用植物；稻草、秸秆及饲料	Oil seeds and oleaginous fruits；miscellaneous grains，seeds and fruit；industrial or medicinal plants；straw and fodder	3.10	0.73	3.40	0.29
13章	虫胶；树胶、树脂及其他植物液、汁	Lac；gums，resins and other vegetable saps and extracts	2.03	0.05	2.28	0.05
14章	编结用植物材料；其他植物产品	Vegetable plaiting materials；vegetable products not elsewhere specified or included	0.20	0.00	0.23	0.00
第三类	**动、植物油、脂及其分解产品；精制的食用油脂；动、植物蜡**	**ANIMAL OR VEGETABLE FATS AND OILS AND THEIR CLEAVAGE PRODUCTS；PREPARED EDIBLE FATS；ANIMAL OR VEGETABLE WAXES**	**0.48**	**0.09**	**0.56**	**0.11**
15章	动、植物油、脂及其分解产品；精制的食用油脂；动、植物蜡	Animal or vegetable fats and oils and their cleavage products；prepared edible fats；animal or vegetable waxes	0.48	0.09	0.56	0.11
第四类	**食品；饮料、酒及醋；烟草、烟草及烟草代用品的制品**	**PREPARED FOODSTUFFS；BEVERAGES, SPIRITS AND VINEGAR；TOBACCO AND MANUFACTURED TOBACCO SUBSTITUTES**	**56.87**	**10.15**	**56.60**	**10.60**
16章	肉、鱼、甲壳动物、软体动物及其他水生无脊椎动物的制品	Preparations of meat，of fish or of crustaceans，molluscs or other aquatic invertebrates	27.68	0.33	27.43	0.67
17章	糖及糖食	Sugars and sugar confectionery	0.23	0.54	0.35	0.51
18章	可可及可可制品	Cocoa and cocoa preparations	0.17	0.24	0.21	0.24
19章	谷物、粮食粉、淀粉或乳的制品；糕饼点心	Preparations of cereals，flour，starch or milk；pastry-cooks' products	2.20	1.59	2.04	1.37

6-23 续表 1 Continued 1

单位：亿美元
Unit: USD 100 million

商品分类	HS Section and Division	2021 出口 Exports	2021 进口 Imports	2022 出口 Exports	2022 进口 Imports
20章 蔬菜、水果、坚果或植物其他部分的制品	Preparations of vegetables, fruit, nuts or other parts of plants	16.69	0.14	17.78	0.15
21章 杂项食品	Miscellaneous edible preparations	2.38	4.03	2.50	4.23
22章 饮料、酒及醋	Beverages, spirits and vinegar	0.48	2.82	0.42	2.83
23章 食品工业的残渣及废料；配制的动物饲料	Residues and waste from the food industries; prepared animal fodder	6.94	0.20	5.33	0.25
24章 烟草、烟草及烟草代用品的制品	Tobacco and manufactured tobacco substitutes	0.10	0.26	0.53	0.34
第五类 矿产品	**MINERAL PRODUCTS**	**46.34**	**16.11**	**43.80**	**16.25**
25章 盐；硫磺；泥土及石料；石膏料、石灰及水泥	Salt; sulphur; earths and stone; plastering materials, lime and cement	5.73	2.91	5.52	3.18
26章 矿砂、矿渣及矿灰	Ores, slag and ash	24.66	0.02	20.38	0.01
27章 矿物燃料、矿物油及其蒸馏产品；沥青物质；矿物蜡	Mineral fuels, mineral oils and products of their distillation; bituminous substances; mineral waxes	15.96	13.18	17.90	13.06
第六类 化学工业及其相关工业的产品	**PRODUCTS OF THE CHEMICAL OR INDUSTRIES ALLIED**	**106.40**	**259.69**	**136.82**	**242.85**
28章 无机化学品；贵金属、稀土金属、放射性元素及其同位素的有机及无机化合物	Inorganic chemicals; organic or inorganic compounds of precious metals, of rare- earth metals, of radioactive elements or of isotopes	32.21	14.01	52.24	15.07
29章 有机化学品	Organic chemicals	42.36	58.08	46.62	56.57
30章 药品	Pharmaceutical products	3.18	17.29	2.90	15.23
31章 肥料	Fertilizers	4.05	0.11	4.35	0.10
32章 鞣料浸膏及染料浸膏；鞣酸及其衍生物；染料、颜料及其他色料；油漆及清漆；油灰及其他类似胶粘剂；墨水、油墨	Tanning or dyeing extracts; tannins and their derivatives; dyes, pigments and other colouring matter; paints and varnishes; putty and other mastics; inks	2.84	15.85	2.78	13.33
33章 精油及香膏；芳香料制品及化妆盥洗品	Essential oils and retinoid; perfumery, cosmetic or toilet preparations	4.24	56.43	4.76	50.84
34章 肥皂、有机表面活性剂、洗涤剂、润滑剂、人造蜡、调制蜡、光洁剂、蜡烛及类似品、塑型用膏、"牙科用蜡"及牙科用熟石膏制剂	Soap, organic surface-active agents, washing preparations, lubricating preparations, artificial waxes, prepared waxes, polishing or scouring preparations, candles and similar articles, modelling pastes, "dental waxes" and dental preparations with a basis of plast	3.04	21.90	3.69	19.89
35章 蛋白类物质；改性淀粉；胶；酶	Albuminoidal substances; modified starches; glues; enzymes	1.66	10.83	1.85	9.77
36章 炸药；烟火制品；火柴；引火合金；易燃材料制品	Explosives; pyrotechnic products; matches; pyrophoric alloys; certain combustible preparations	0.22	0.08	0.22	0.05
37章 照相及电影用品	Photographic or cinematographic goods	0.66	16.76	0.57	16.10
38章 杂项化学产品	Miscellaneous chemical products	11.93	48.35	16.85	45.91
第七类 塑料及其制品，橡胶及其制品	**PLASTICS AND ARTICLES THEREOF RUBBER AND ARTICLES THEREOF**	**71.36**	**135.16**	**72.53**	**120.45**
39章 塑料及其制品	Plastics and articles thereof	61.03	118.91	62.85	105.31
40章 橡胶及其制品	Rubber and articles thereof	10.32	16.25	9.68	15.14
第八类 生皮、皮革、毛皮及其制品；鞍具及挽具；旅行用品、手提包及类似品；动物肠线(蚕胶丝除外)制品	**RAW HIDES AND SKINS, LEATHER, FUR SKINS AND ARTICLES THEREOF; SADDLERY AND HARNESS; TRAVEL GOODS, HANDBAGS AND SIMILAR CONTAINERS; ARTICLES OF ANIMAL GUT(OTHER THAN SILK-WORM GUT)**	**23.75**	**0.46**	**27.03**	**0.50**
41章 生皮(毛皮除外)及皮革	Raw hides and skins(other than fur skins) and leather	0.10	0.19	0.12	0.19

6-23 续表 2 Continued 2

单位：亿美元
Unit: USD 100 million

类 章	HS Section and Division	2021 出口 Exports	2021 进口 Imports	2022 出口 Exports	2022 进口 Imports
42章 皮革制品；鞍具及挽具；旅行用品、手提包及类似容器；动物肠线(蚕胶丝除外)制品	Articles of Leather; Saddlery and Harness; Travel Goods, Handbags and Similar Containers; Articles of Animal Gut	23.49	0.27	26.76	0.31
43章 毛皮、人造毛皮及其制品	Fur skins and artificial fur；manufactures thereof	0.16	0.00	0.15	0.00
第九类 木及木制品；木炭；软木及软木制品；稻草，秸秆、针茅或其他编结材料制品；篮筐及柳条编结品	**WOOD AND ARTICLES OF WOOD；WOOD CHAR-COAL；CORK AND ARTICLES OF CORK；MANUFACTURES OF STRAW，OF ESPARTO OR OF OTHER PLAITING MATERIALS；BASKET WARE AND WICKERWORK**	**15.58**	**2.37**	**16.45**	**2.03**
44章 木及木制品；木炭	Wood and articles of wood；wood charcoal	13.83	2.36	14.77	2.02
45章 软木及软木制品	Cork and articles of cork	0.02	0.00	0.02	0.00
46章 稻草、秸秆、针茅或其他编结材料制品；篮筐及柳条编结品	Manufactures of straw，of esparto or of other plaiting Materials；basket ware and wickerwork	1.73	0.01	1.66	0.01
第十类 木浆及其他纤维状纤维素浆；纸及纸板的废碎品；纸、纸板及其制品	**Pulp of Wood or of Other Fibrous Cellulosic Material; Recycled Waste and Scrap of Paper or Paperboard; Paperboard and Articles Thereof**	**14.14**	**11.90**	**14.08**	**11.32**
47章 木浆及其他纤维状纤维素浆；纸及纸板的废碎品	Pulp of Wood or of Other Fibrous Cellulosic Material; Waste and Scrap of Paper or Paperboard	0.17	1.85	0.33	2.12
48章 纸及纸板；纸浆、纸或纸板制品	Paper and paperboard；articles of paper pulp，of paper or paperboard	12.80	8.74	12.66	8.09
49章 书籍、报纸、印刷图画及其他印制品；手稿、打字稿及设计图纸	Printed books，newspapers，pictures and other products of the printing industry；manuscripts，typescripts and plans	1.17	1.31	1.09	1.11
第十一类 纺织原料及纺织制品	**TEXTILES AND TEXTILE ARTICLES**	**191.90**	**23.80**	**195.10**	**21.72**
50章 蚕丝	Silk	0.50	0.05	0.60	0.03
51章 羊毛、动物细毛或粗毛；马毛纱线及其机织物	Wool，fine or coarse animal hair；horsehair yarn and woven fabric	0.89	0.69	1.35	0.63
52章 棉花	Cotton	0.97	1.09	0.96	0.94
53章 其他植物纺织纤维；纸纱线及其机织物	Other vegetable textile fibres；paper yarn and woven fabrics of paper yarn	0.33	0.06	0.36	0.06
54章 化学纤维长丝	Man-Made Filaments	2.65	6.23	2.84	5.78
55章 化学纤维短纤	Man-made short fibres	1.01	3.18	1.14	2.78
56章 絮胎、毡呢及无纺织物；特种纱线；线、绳、索、缆及其制品	Wadding，felt and nonwoven；special yarns；twine，cordage，ropes and cables and articles thereof	5.49	4.43	5.50	4.32
57章 地毯及纺织材料的其他铺地制品	Carpets and other textile floor coverings	3.89	0.11	3.74	0.09
58章 特种机织物；簇绒织物；花边；装饰毯；装饰带；刺绣品	Special woven fabrics；tufted textile fabrics；lace；tapestries；trimmings；embroidery	0.82	0.88	0.74	0.89
59章 浸渍、涂布、包覆或层压的纺织物；工业用纺织制品	Impregnated，coated，covered or laminated textile fabrics；textile articles of a kind suitable for industrial use	2.11	3.09	2.06	2.47
60章 针织物及钩编织物	Knitted or crocheted fabrics	0.57	1.83	0.56	1.70
61章 针织或钩编的服装及衣着附件	Articles of apparel and clothing accessories，Knitted or crocheted	76.94	0.82	77.67	0.74
62章 非针织或非钩编的服装及衣着附件	Articles of apparel and clothing accessories，not knitted or crocheted	60.70	0.99	62.91	1.03

单位：亿美元
Unit: USD 100 million

类 章	HS Section and Division	2021 出口 Exports	2021 进口 Imports	2022 出口 Exports	2022 进口 Imports
63章 其他纺织制成品；成套物品；旧衣着及旧纺织品；碎织物	Other made up textile articles; sets; worn clothing and worn textile articles; rags articles; rags	35.04	0.34	34.68	0.26
第十二类 鞋、帽、伞、杖、鞭及其零件；已加工的羽毛及其制品；人造花；人发制品	**FOOTWEAR, HEADGEAR, UMBRELLAS, SUN UMBRELLAS, WALKING-STICKS, SEAT-STICKS, WHIPS, RIDING-CROPS AND PARTS THEREOF; PREPARED FEATHERS AND ARTICLES MADE THEREWITH; ARTIFICIAL FLOWERS; ARTICLES OF HUMAN HAIR**	**27.31**	**0.69**	**31.14**	**0.69**
64章 鞋靴、护腿和类似品及其零件	Footwear, gaiters and the like; parts of such articles	20.84	0.21	23.23	0.23
65章 帽类及其零件	Headgear and parts thereof	2.71	0.42	3.36	0.42
66章 雨伞、阳伞、手杖、鞭子、马鞭及其零件	Umbrellas, sun umbrellas, walking-sticks, seat-sticks, whips, riding-crops and parts thereof	1.72	0.00	1.99	0.00
67章 已加工羽毛、羽绒及其制品；人造花；人发制品	Prepared feathers and down and articles made of feathers or of down; artificial flowers; articles of human hair	2.05	0.06	2.55	0.04
第十三类 石料、石膏、水泥、石棉、云母及类似材料的制品；陶瓷产品；玻璃及其制品	**ARTICLES OF STONE, PLASTER, CEMENT, ASBESTOS, MICA OR SIMILAR MATERIALS; CERAMIC PRODUCTS; GLASS AND GLASSWARE**	**20.72**	**22.95**	**21.82**	**22.87**
68章 石料、石膏、水泥、石棉、云母及类似材料的制品	Articles of stone, plaster, cement, asbestos, mica or similar materials; ceramic products; glass and glassware	6.17	6.66	6.85	6.84
69章 陶瓷产品	Ceramic products	6.39	3.99	6.54	3.91
70章 玻璃及其制品	Glass and glassware	8.17	12.30	8.44	12.11
第十四类 天然或养殖珍珠、宝石或半宝石、贵金属、包贵金属及其制品；仿首饰；硬币	**NATURAL OR CULTURED PEARLS, PRECIOUS OR SEMI-PRECIOUS STONES, PRECIOUS METALS, METALS CLAD WITH PRECIOUS METAL AND STONES, PRECIOUS METALS, METALS CLAD WITH PRECIOUS METAL AND ARTICLES THEREOF; IMITATION JEWELLERY; COIN**	**2.87**	**36.30**	**2.61**	**35.08**
71章 天然或养殖珍珠、宝石或半宝石、贵金属、包贵金属及其制品；仿首饰；硬币	Natural or cultured pearls, precious or semi-precious stones, precious metals, metals clad with precious metal and articles thereof; imitation jewellery; coin	2.87	36.30	2.61	35.08
第十五类 贱金属及其制品	**BASE METALS AND ARTICLES OF BASE METAL**	**106.56**	**176.05**	**114.64**	**164.85**
72章 钢铁	Iron and steel	15.92	58.96	20.07	55.04
73章 钢铁制品	Articles of iron or steel	42.39	26.46	43.92	23.61
74章 铜及其制品	Copper and articles thereof	5.10	56.22	4.97	55.25
75章 镍及其制品	Nickel and articles thereof	0.32	3.45	0.52	2.69
76章 铝及其制品	Aluminium and articles thereof	21.72	14.26	23.08	13.86
78章 铅及其制品	Lead and articles thereof	0.10	0.05	0.14	0.05
79章 锌及其制品	Zinc and articles thereof	0.20	0.68	0.18	0.66
80章 锡及其制品	Tin and articles thereof	0.49	0.46	0.34	0.45
81章 其他贱金属、金属陶瓷及其制品	Other base metals; cermets; articles thereof	5.42	2.91	6.15	2.41
82章 贱金属工具、器具、利口器、餐匙、餐叉及其零件	Tools, implements, cutlery, spoons and forks, of base metal; parts thereof of base metal	7.84	10.25	7.76	8.71
83章 贱金属杂项制品	Miscellaneous articles of base metal	7.05	2.34	7.50	2.13

6-23 续表 4 Continued 4

单位：亿美元

Unit: USD 100 million

类 章	HS Section and Division	2021		2022	
		出 口 Exports	进 口 Imports	出 口 Exports	进 口 Imports
第十六类 机器、机械器具、电气设备及其零件；录音机及放声机、电视图像、声音的录制和重放设备及其零件、附件	**MACHINERY AND MECHANICAL APPLIANCES；ELECTRICAL EQUIPMENT；PARTS THEREOF；SOUND RECORDERS AND REPRODUCERS，TELEVISION IMAGE AND SOUND RECORDERS AND REPRODUCERS；AND PARTS AND ACCESSORIES OF RECORDERS AND REPRODUCERS；AND PARTS AND ACCESSORIES OF SUCH ARTICLES**	**670.24**	**976.81**	**688.78**	**865.26**
84章 核反应堆、锅炉、机器、机械器具及其零件	Nuclear reactors，boilers，machinery and mechanical appliances；parts thereof	289.47	441.42	284.83	368.83
85章 电机、电气设备及其零件；录音机及放声机、电视图像、声音的录制和重放设备及其零件、附件	Electrical machinery and equipment and parts thereof；sound recorders and reproducers，television image and sound recorders and reproducers，and parts and accessories of such articles	380.77	535.39	403.95	496.44
第十七类 车辆、航空器、船舶及有关运输设备	**VEHICLES，AIRCRAFT，VESSELS AND ASSOCIATED TRANSPORT EQUIPMENT**	**57.97**	**162.30**	**60.65**	**159.17**
86章 铁道及电车道机车、车辆及其零件；铁道及电车轨道固定装置及其零件、附件；各种机械(包括电动机械)交通信号设备	Railway or tramway locomotives，rolling-stock and parts thereof；railway or tramway track fixtures and fittings and parts thereof；mechanical(including electro-mechanical) traffic signalling equipment of all kinds	2.20	0.60	5.32	0.37
87章 车辆及其零件、附件，但铁道及电车道车辆除外	Vehicles other than railway or tramway rolling-stock，and parts and accessories thereof	52.72	160.57	53.32	155.97
88章 航空器、航天器及其零件	Aircraft，spacecraft，and parts thereof	1.21	0.32	1.36	0.32
89章 船舶及浮动结构体	Ships，boats and floating structures	1.84	0.81	0.65	2.51
第十八类 光学、照相、电影、计量、检验、医疗或外科用仪器及设备、精密仪器及设备；钟表；乐器；上述物品的零件、附件	**OPTICAL，PHOTOGRAPHIC，CINEMATOGRAPHIC，MEASURING，CHECKING，PRECISION，MEDICAL OR SURGICAL INSTRUMENTS AND APPARATUS；CLOCKS AND WATCHES；MUSICAL INSTRUMENTS；PARTS AND ACCESSORIES THEREOF**	**53.41**	**186.32**	**50.48**	**144.21**
90章 光学、照相、电影、计量、检验、医疗或外科用仪器及设备、精密仪器及设备；上述物品的零件、附件	Optical，photographic，cinematographic，measuring，checking，precision medical or surgical instruments and apparatus；parts and accessories thereof	48.76	180.11	45.68	138.84
91章 钟表及其零件	Clocks and watches and parts thereof	3.05	4.33	3.27	3.71
92章 乐器及其零件、附件	Musical instruments；parts and accessories of such articles	1.60	1.89	1.53	1.66
第十九类 武器、弹药及其零件、附件	**ARMS AND AMMUNITION；PARTS AND ACCESSORIES THEREOF**	**0.04**	**0.00**	**0.05**	**0.00**
93章 武器、弹药及其零件、附件	Arms and ammunition；parts and accessories thereof	0.04	0.00	0.05	0.00
第二十类 杂项制品	**MISCELLANEOUS MANUFACTURED ARTICLES**	**121.27**	**16.92**	**126.28**	**14.45**
94章 家具；寝具、褥垫、弹簧床垫、软坐垫及类似的填充制品；未列名灯具及照明装置；发光标志、发光名牌及类似品；活动房屋	Furniture；bedding，mattresses，mattress supports，cushions and similar stuffed furnishings；lamps and lighting fittings，not elsewhere specified or included；illuminated signs，illuminated	63.73	2.06	61.50	1.88
95章 玩具、游戏品、运动用品及其零件、附件	Toys，games and sports requisites；parts and accessories thereof	48.36	4.73	55.26	5.11
96章 杂项制品	Miscellaneous manufactured articles	9.18	10.13	9.52	7.46
第二十一类 艺术品、收藏品及古物	**WORKS OF ART，COLLECTORS' PIECES AND ANTIQUES**	**0.07**	**0.98**	**0.15**	**0.56**
97章 艺术品、收藏品及古物	Works of art，collectors' pieces and antiques	0.07	0.98	0.15	0.56
第二十二类 特殊交易品及未分类商品	**COMMODITIES AND TRANSACTIONS NOT CLASSIFIED ACCORDING TO KIND**	**14.98**	**4.86**	**16.54**	**4.68**
98章 特殊交易品及未分类商品	Commodities and transactions not classified according to kind	12.00	4.86	12.11	4.68
99章 跨境电商B2B简化申报商品	Simplified Declaration of Cross-border E-commerce B2B Commodities	2.98		4.43	

6-24 对香港地区进出口商品分类金额

Value of Exports and Imports from Hongkong by HS

单位：亿美元

Unit: USD 100 million

类　章	HS Section and Division	2021 出口 Exports	2021 进口 Imports	2022 出口 Exports	2022 进口 Imports
总　额	**Total**	**3464.73**	**96.15**	**2939.10**	**77.51**
第一类　活动物；动物产品	**LIVE ANIMALS；ANIMAL PRODUCTS**	**25.95**	**0.53**	**27.19**	**1.63**
01章　活动物	Live animals	4.81	0.00	4.60	0.00
02章　肉及食用杂碎	Meat and edible meat offal	6.77		7.22	
03章　鱼、甲壳动物、软体动物及其他水生无脊椎动物	Fish and crustaceans molluscs and other aquatic invertebrates	11.55	0.53	12.06	1.63
04章　乳品；蛋品；天然蜂蜜；其他食用动物产品	Dairy produce；birds' eggs；natural honey；edible products of animal origin，not elsewhere specified or included	1.88	0.00	2.63	0.00
05章　其他动物产品	Products of animal origin，not elsewhere specified or included	0.94	0.00	0.67	
第二类　植物产品	**VEGETABLE PRODUCTS**	**35.86**	**0.02**	**34.60**	**0.01**
06章　活树及其他活植物；鳞茎、根及类似品；插花及装饰用簇叶	Live tree and other plants；bulbs，roots and the like; cut flowers and ornamental foliage	0.21		0.16	
07章　食用蔬菜、根及块茎	Edible vegetables and certain roots and tubers	20.16	0.00	19.65	0.00
08章　食用水果及坚果；甜瓜或柑桔属水果的果皮	Edible fruit and nuts；peel of citrus fruit or melons	4.20	0.00	4.16	0.00
09章　咖啡、茶、马黛茶及调味香料	Coffee，tea，mate and spices	6.65	0.01	4.31	0.01
10章　谷物	Cereals	0.17	0.00	0.16	
11章　制粉工业产品；麦芽；淀粉；菊粉；面筋	Products of the milling industry；malt；starches；inulin；wheat gluten	0.46	0.00	0.56	
12章　含油子仁及果实；杂项子仁及果实；工业用或药用植物；稻草、秸秆及饲料	Oil seeds and oleaginous fruits；miscellaneous grains，seeds and fruit；industrial or medicinal plants；straw and fodder	2.33	0.00	1.79	0.00
13章　虫胶；树胶、树脂及其他植物液、汁	Lac；gums，resins and other vegetable saps and extracts	1.56	0.00	3.69	0.00
14章　编结用植物材料；其他植物产品	Vegetable plaiting materials；vegetable products not elsewhere specified or included	0.11		0.12	0.00
第三类　动、植物油、脂及其分解产品；精制的食用油脂；动、植物蜡	**ANIMAL OR VEGETABLE FATS AND OILS AND THEIR CLEAVAGE PRODUCTS；PREPARED EDIBLE FATS；ANIMAL OR VEGETABLE WAXES**	**1.16**	**0.02**	**1.21**	**0.02**
15章　动、植物油、脂及其分解产品；精制的食用油脂；动、植物蜡	Animal or vegetable fats and oils and their cleavage products；prepared edible fats；animal or vegetable waxes	1.16	0.02	1.21	0.02
第四类　食品；饮料、酒及醋；烟草、烟草及烟草代用品的制品	**PREPARED FOODSTUFFS；BEVERAGES, SPIRITS AND VINEGAR；TOBACCO AND MANUFACTURED TOBACCO SUBSTITUTES**	**41.79**	**5.58**	**49.88**	**6.09**
16章　肉、鱼、甲壳动物、软体动物及其他水生无脊椎动物的制品	Preparations of meat，of fish or of crustaceans，molluscs or other aquatic invertebrates	10.04		8.54	
17章　糖及糖食	Sugars and sugar confectionery	0.45	0.07	0.48	0.06
18章　可可及可可制品	Cocoa and cocoa preparations	0.79	0.01	0.52	0.01
19章　谷物、粮食粉、淀粉或乳的制品；糕饼点心	Preparations of cereals，flour，starch or milk；pastry-cooks' products	6.43	3.21	5.17	3.50

6-24 续表 1 Continued 1

单位：亿美元
Unit: USD 100 million

类 章	HS Section and Division	2021 出口 Exports	2021 进口 Imports	2022 出口 Exports	2022 进口 Imports
20章 蔬菜、水果、坚果或植物其他部分的制品	Preparations of vegetables, fruit, nuts or other parts of plants	4.99	0.27	10.10	0.21
21章 杂项食品	Miscellaneous edible preparations	7.94	1.42	11.77	1.72
22章 饮料、酒及醋	Beverages, spirits and vinegar	10.14	0.26	10.86	0.22
23章 食品工业的残渣及废料；配制的动物饲料	Residues and waste from the food industries; prepared animal fodder	0.30	0.00	1.04	
24章 烟草、烟草及烟草代用品的制品	Tobacco and manufactured tobacco substitutes	0.72	0.34	1.41	0.37
第五类 矿产品	**MINERAL PRODUCTS**	**77.80**	**1.11**	**109.83**	**1.38**
25章 盐；硫磺；泥土及石料；石膏料、石灰及水泥	Salt; sulphur; earths and stone; plastering materials, lime and cement	2.85	0.00	2.23	0.00
26章 矿砂、矿渣及矿灰	Ores, slag and ash	0.07		0.10	
27章 矿物燃料、矿物油及其蒸馏产品；沥青物质；矿物蜡	Mineral fuels, mineral oils and products of their distillation; bituminous substances; mineral waxes	74.88	1.10	107.50	1.38
第六类 化学工业及其相关工业的产品	**PRODUCTS OF THE CHEMICAL OR INDUSTRIES ALLIED**	**35.65**	**6.71**	**44.43**	**7.47**
28章 无机化学品；贵金属、稀土金属、放射性元素及其同位素的有机及无机化合物	Inorganic chemicals; organic or inorganic compounds of precious metals, of rare- earth metals, of radioactive elements or of isotopes	3.09	0.29	1.33	0.12
29章 有机化学品	Organic chemicals	2.80	0.04	4.02	0.03
30章 药品	Pharmaceutical products	9.61	4.34	10.40	5.37
31章 肥料	Fertilizers	0.21		0.07	0.00
32章 鞣料浸膏及染料浸膏；鞣酸及其衍生物；染料、颜料及其他色料；油漆及清漆；油灰及其他类似胶粘剂；墨水、油墨	Tanning or dyeing extracts; tannins and their derivatives; dyes, pigments and other colouring matter; paints and varnishes; putty and other mastics; inks	1.11	0.02	1.21	0.02
33章 精油及香膏； 芳香料制品及化妆盥洗品	Essential oils and retinoid; perfumery, cosmetic or toilet preparations	9.09	0.79	9.81	0.65
34章 肥皂、有机表面活性剂、洗涤剂、润滑剂、人造蜡、调制蜡、光洁剂、蜡烛及类似品、塑型用膏、“牙科用蜡”及牙科用熟石膏制剂	Soap, organic surface-active agents, washing preparations, lubricating preparations, artificial waxes, prepared waxes, polishing or scouring preparations, candles and similar articles, modelling pastes, “dental waxes” and dental preparations with a basis of plast	1.97	0.25	2.81	0.28
35章 蛋白类物质；改性淀粉；胶；酶	Albuminoidal substances; modified starches; glues; enzymes	1.78	0.00	1.38	0.01
36章 炸药；烟火制品；火柴；引火合金；易燃材料制品	Explosives; pyrotechnic products; matches; pyrophoric alloys; certain combustible preparations	0.00		0.00	0.00
37章 照相及电影用品	Photographic or cinematographic goods	0.52	0.09	0.41	0.11
38章 杂项化学产品	Miscellaneous chemical products	5.46	0.88	13.00	0.88
第七类 塑料及其制品，橡胶及其制品	**PLASTICS AND ARTICLES THEREOF RUBBER AND ARTICLES THEREOF**	**33.78**	**8.08**	**27.90**	**6.62**
39章 塑料及其制品	Plastics and articles thereof	31.70	7.89	26.04	6.50
40章 橡胶及其制品	Rubber and articles thereof	2.08	0.19	1.87	0.11
第八类 生皮、皮革、毛皮及其制品；鞍具及挽具；旅行用品、手提包及类似品；动物肠线(蚕胶丝除外)制品	**RAW HIDES AND SKINS, LEATHER, FUR SKINS AND ARTICLES THEREOF; SADDLERY AND HARNESS; TRAVEL GOODS, HANDBAGS AND SIMILAR CONTAINERS; ARTICLES OF ANIMAL GUT(OTHER THAN SILK-WORM GUT)**	**11.38**	**0.16**	**9.02**	**0.16**
41章 生皮(毛皮除外)及皮革	Raw hides and skins(other than fur skins) and leather	1.47	0.03	1.07	0.00

6-24 续表 2 Continued 2

单位：亿美元

Unit: USD 100 million

类 章	HS Section and Division	2021 出口 Exports	2021 进口 Imports	2022 出口 Exports	2022 进口 Imports
42章 皮革制品；鞍具及挽具；旅行用品、手提包及类似容器；动物肠线(蚕胶丝除外)制品	Articles of Leather; Saddlery and Harness; Travel Goods, Handbags and Similar Containers; Articles of Animal Gut	7.51	0.12	5.71	0.15
43章 毛皮、人造毛皮及其制品	Fur skins and artificial fur；manufactures thereof	2.40	0.01	2.23	0.01
第九类 木及木制品；木炭；软木及软木制品；稻草，秸秆、针茅或其他编结材料制品；篮筐及柳条编结品	**WOOD AND ARTICLES OF WOOD；WOOD CHAR-COAL；CORK AND ARTICLES OF CORK；MANUFACTURES OF STRAW，OF ESPARTO OR OF OTHER PLAITING MATERIALS；BASKET WARE AND WICKERWORK**	**3.50**	**0.00**	**4.24**	**0.00**
44章 木及木制品；木炭	Wood and articles of wood；wood charcoal	3.37	0.00	4.05	0.00
45章 软木及软木制品	Cork and articles of cork	0.00		0.00	
46章 稻草、秸秆、针茅或其他编结材料制品；篮筐及柳条编结品	Manufactures of straw，of esparto or of other plaiting Materials；basket ware and wickerwork	0.13	0.00	0.19	0.00
第十类 木浆及其他纤维状纤维素浆；纸及纸板的废碎品；纸、纸板及其制品	**Pulp of Wood or of Other Fibrous Cellulosic Material; Recycled Waste and Scrap of Paper or Paperboard; Paperboard and Articles Thereof**	**17.61**	**2.74**	**14.46**	**2.46**
47章 木浆及其他纤维状纤维素浆；纸及纸板的废碎品	Pulp of Wood or of Other Fibrous Cellulosic Material; Waste and Scrap of Paper or Paperboard	0.00	1.28	0.00	1.32
48章 纸及纸板；纸浆、纸或纸板制品	Paper and paperboard；articles of paper pulp，of paper or paperboard	11.03	0.17	10.88	0.14
49章 书籍、报纸、印刷图画及其他印制品；手稿、打字稿及设计图纸	Printed books，newspapers，pictures and other products of the printing industry；manuscripts，typescripts and plans	6.58	1.29	3.57	1.01
第十一类 纺织原料及纺织制品	**TEXTILES AND TEXTILE ARTICLES**	**55.71**	**0.80**	**41.01**	**0.41**
50章 蚕丝	Silk	0.53	0.00	0.31	0.00
51章 羊毛、动物细毛或粗毛；马毛纱线及其机织物	Wool，fine or coarse animal hair；horsehair yarn and woven fabric	2.21	0.00	0.88	0.00
52章 棉花	Cotton	4.52	0.04	1.80	0.02
53章 其他植物纺织纤维；纸纱线及其机织物	Other vegetable textile fibres；paper yarn and woven fabrics of paper yarn	0.28	0.00	0.14	0.00
54章 化学纤维长丝	Man-Made Filaments	1.32	0.04	1.06	0.02
55章 化学纤维短纤	Man-made short fibres	1.39	0.01	0.58	0.00
56章 絮胎、毡呢及无纺织物；特种纱线；线、绳、索、缆及其制品	Wadding，felt and nonwoven；special yarns；twine，cordage，ropes and cables and articles thereof	1.83	0.04	1.25	0.04
57章 地毯及纺织材料的其他铺地制品	Carpets and other textile floor coverings	0.30	0.00	0.28	0.00
58章 特种机织物；簇绒织物；花边；装饰毯；装饰带；刺绣品	Special woven fabrics；tufted textile fabrics；lace；tapestries；trimmings；embroidery	5.20	0.18	4.02	0.12
59章 浸渍、涂布、包覆或层压的纺织物；工业用纺织制品	Impregnated，coated，covered or laminated textile fabrics；textile articles of a kind suitable for industrial use	2.72	0.02	2.45	0.02
60章 针织物及钩编织物	Knitted or crocheted fabrics	10.58	0.12	4.08	0.01
61章 针织或钩编的服装及衣着附件	Articles of apparel and clothing accessories，knitted or crocheted	11.95	0.25	9.27	0.13
62章 非针织或非钩编的服装及衣着附件	Articles of apparel and clothing accessories，not knitted or crocheted	10.90	0.07	11.54	0.03

6–24 续表 3 Continued 3

单位：亿美元
Unit: USD 100 million

类 章	HS Section and Division	2021 出口 Exports	2021 进口 Imports	2022 出口 Exports	2022 进口 Imports
63章 其他纺织制成品；成套物品；旧衣着及旧纺织品；碎织物	Other made up textile articles；sets；worn clothing and worn textile articles；rags articles；rags	1.96	0.02	3.36	0.01
第十二类 鞋、帽、伞、杖、鞭及其零件；已加工的羽毛及其制品；人造花；人发制品	**FOOTWEAR，HEADGEAR，UMBRELLAS，SUN UMBRELLAS，WALKING-STICKS，SEAT-STICKS，WHIPS，RIDING-CROPS AND PARTS THEREOF；PREPARED FEATHERS AND ARTICLES MADE THEREWITH；ARTIFICIAL FLOWERS；ARTICLES OF HUMAN HAIR**	**9.46**	**0.07**	**7.45**	**0.03**
64章 鞋靴、护腿和类似品及其零件	Footwear，gaiters and the like；parts of such articles	6.16	0.05	5.06	0.02
65章 帽类及其零件	Headgear and parts thereof	0.19	0.01	0.24	0.00
66章 雨伞、阳伞、手杖、鞭子、马鞭及其零件	Umbrellas，sun umbrellas，walking-sticks，seat-sticks，whips，riding-crops and parts thereof	0.03	0.00	0.04	0.00
67章 已加工羽毛、羽绒及其制品；人造花；人发制品	Prepared feathers and down and articles made of feathers or of down；artificial flowers；articles of human hair	3.08	0.00	2.11	0.00
第十三类 石料、石膏、水泥、石棉、云母及类似材料的制品；陶瓷产品；玻璃及其制品	**ARTICLES OF STONE，PLASTER，CEMENT，ASBESTOS，MICA OR SIMILAR MATERIALS；CERAMIC PRODUCTS；GLASS AND GLASSWARE**	**27.77**	**0.46**	**26.34**	**0.35**
68章 石料、石膏、水泥、石棉、云母及类似材料的制品	Articles of stone，plaster，cement，asbestos，mica or similar materials；ceramic products；glass and glassware	4.93	0.00	5.80	0.01
69章 陶瓷产品	Ceramic products	7.12	0.00	8.84	0.00
70章 玻璃及其制品	Glass and glassware	15.72	0.46	11.70	0.35
第十四类 天然或养殖珍珠、宝石或半宝石、贵金属、包贵金属及其制品；仿首饰；硬币	**NATURAL OR CULTURED PEARLS，PRECIOUS OR SEMI-PRECIOUS STONES，PRECIOUS METALS，METALS CLAD WITH PRECIOUS METAL AND STONES，PRECIOUS METALS，METALS CLAD WITH PRECIOUS METAL AND ARTICLES THEREOF；IMITATION JEWELLERY；COIN**	**205.51**	**43.70**	**202.95**	**34.41**
71章 天然或养殖珍珠、宝石或半宝石、贵金属、包贵金属及其制品；仿首饰；硬币	Natural or cultured pearls，precious or semi-precious stones，precious metals，metals clad with precious metal and articles thereof；imitation jewellery；coin	205.51	43.70	202.95	34.41
第十五类 贱金属及其制品	**BASE METALS AND ARTICLES OF BASE METAL**	**46.00**	**9.94**	**41.77**	**2.02**
72章 钢铁	Iron and steel	6.45	0.14	4.40	0.04
73章 钢铁制品	Articles of iron or steel	19.58	0.07	21.10	0.06
74章 铜及其制品	Copper and articles thereof	3.80	5.54	1.80	0.92
75章 镍及其制品	Nickel and articles thereof	0.14	0.01	0.13	0.01
76章 铝及其制品	Aluminium and articles thereof	7.82	4.05	8.29	0.93
78章 铅及其制品	Lead and articles thereof	0.03	0.00	0.02	
79章 锌及其制品	Zinc and articles thereof	0.07	0.06	0.03	0.03
80章 锡及其制品	Tin and articles thereof	0.83	0.00	0.10	0.00
81章 其他贱金属、金属陶瓷及其制品	Other base metals；cermets；articles thereof	0.83	0.03	0.83	0.00
82章 贱金属工具、器具、利口器、餐匙、餐叉及其零件	Tools，implements，cutlery，spoons and forks，of base metal；parts thereof of base metal	1.63	0.02	1.26	0.01
83章 贱金属杂项制品	Miscellaneous articles of base metal	4.82	0.03	3.81	0.02

6-24 续表 4 Continued 4

单位：亿美元
Unit: USD 100 million

类 章	HS Section and Division	2021 出 口 Exports	2021 进 口 Imports	2022 出 口 Exports	2022 进 口 Imports
第十六类 机器、机械器具、电气设备及其零件；录音机及放声机、电视图像、声音的录制和重放设备及其零件、附件	**MACHINERY AND MECHANICAL APPLIANCES；ELECTRICAL EQUIPMENT；PARTS THEREOF；SOUND RECORDERS AND REPRODUCERS，TELEVISION IMAGE AND SOUND RECORDERS AND REPRODUCERS；AND PARTS AND ACCESSORIES OF RECORDERS AND REPRODUCERS；AND PARTS AND ACCESSORIES OF SUCH ARTICLES**	**2482.74**	**9.21**	**2050.57**	**7.42**
84章 核反应堆、锅炉、机器、机械器具及其零件	Nuclear reactors，boilers，machinery and mechanical appliances；parts thereof	545.32	2.04	437.53	1.31
85章 电机、电气设备及其零件；录音机及放声机、电视图像、声音的录制和重放设备及其零件、附件	Electrical machinery and equipment and parts thereof；sound recorders and reproducers，television image and sound recorders and reproducers，and parts and accessories of such articles	1937.42	7.16	1613.04	6.11
第十七类 车辆、航空器、船舶及有关运输设备	**VEHICLES，AIRCRAFT，VESSELS AND ASSOCIATED TRANSPORT EQUIPMENT**	**141.61**	**0.04**	**104.38**	**0.00**
86章 铁道及电车道机车、车辆及其零件；铁道及电车轨道固定装置及其零件、附件；各种机械(包括电动机械)交通信号设备	Railway or tramway locomotives，rolling-stock and parts thereof；railway or tramway track fixtures and fittings and parts thereof；mechanical(including electro-mechanical) traffic signalling equipment of all kinds	81.05		50.34	0.00
87章 车辆及其零件、附件，但铁道及电车道车辆除外	Vehicles other than railway or tramway rolling-stock，and parts and accessories thereof	10.35	0.01	8.57	0.00
88章 航空器、航天器及其零件	Aircraft，spacecraft，and parts thereof	2.54	0.00	1.43	0.00
89章 船舶及浮动结构体	Ships，boats and floating structures	47.67	0.03	44.04	
第十八类 光学、照相、电影、计量、检验、医疗或外科用仪器及设备、精密仪器及设备；钟表；乐器；上述物品的零件、附件	**OPTICAL，PHOTOGRAPHIC，CINEMATOGRAPHIC，MEASURING，CHECKING，PRECISION，MEDICAL OR SURGICAL INSTRUMENTS AND APPARATUS；CLOCKS AND WATCHES；MUSICAL INSTRUMENTS；PARTS AND ACCESSORIES THEREOF**	**144.68**	**2.44**	**79.50**	**3.21**
90章 光学、照相、电影、计量、检验、医疗或外科用仪器及设备、精密仪器及设备；上述物品的零件、附件	Optical，photographic，cinematographic，measuring，checking，precision medical or surgical instruments and apparatus；parts and accessories thereof	127.78	1.65	64.61	2.99
91章 钟表及其零件	Clocks and watches and parts thereof	16.55	0.80	14.63	0.22
92章 乐器及其零件、附件	Musical instruments；parts and accessories of such articles	0.35	0.00	0.26	0.00
第十九类 武器、弹药及其零件、附件	**ARMS AND AMMUNITION；PARTS AND ACCESSORIES THEREOF**	**0.03**		**0.02**	
93章 武器、弹药及其零件、附件	Arms and ammunition；parts and accessories thereof	0.03		0.02	
第二十类 杂项制品	**MISCELLANEOUS MANUFACTURED ARTICLES**	**46.26**	**0.24**	**50.81**	**0.45**
94章 家具；寝具、褥垫、弹簧床垫、软坐垫及类似的填充制品；未列名灯具及照明装置；发光标志、发光名牌及类似品；活动房屋	Furniture；bedding，mattresses，mattress supports，cushions and similar stuffed furnishings；lamps and lighting fittings，not elsewhere specified or included；illuminated signs，illuminated	19.37	0.03	27.94	0.38
95章 玩具、游戏品、运动用品及其零件、附件	Toys，games and sports requisites；parts and accessories thereof	18.32	0.03	11.88	0.01
96章 杂项制品	Miscellaneous manufactured articles	8.57	0.18	10.98	0.06
第二十一类 艺术品、收藏品及古物	**WORKS OF ART，COLLECTORS' PIECES AND ANTIQUES**	**10.90**	**0.16**	**4.76**	**0.32**
97章 艺术品、收藏品及古物	Works of art，collectors' pieces and antiques	10.90	0.16	4.76	0.32
第二十二类 特殊交易品及未分类商品	**COMMODITIES AND TRANSACTIONS NOT CLASSIFIED ACCORDING TO KIND**	**9.60**	**4.14**	**6.78**	**3.05**
98章 特殊交易品及未分类商品	Commodities and transactions not classified according to kind	9.60	4.14	6.75	3.05
99章 跨境电商B2B简化申报商品	Simplified Declaration of Cross-border E-commerce B2B Commodities	0.01		0.02	

6−25 对台湾地区进出口商品分类金额
Value of Exports and Imports from Taiwan Province by HS

单位：亿美元
Unit: USD 100 million

类　章	HS Section and Division	2021 出口 Exports	2021 进口 Imports	2022 出口 Exports	2022 进口 Imports
总　额	**Total**	**778.75**	**2483.48**	**816.26**	**2369.37**
第一类　活动物；动物产品	**LIVE ANIMALS；ANIMAL PRODUCTS**	**5.42**	**3.02**	**6.28**	**1.94**
01章　活动物	Live animals	0.00	0.00	0.00	0.00
02章　肉及食用杂碎	Meat and edible meat offal				
03章　鱼、甲壳动物、软体动物及其他水生无脊椎动物	Fish and crustaceans molluscs and other aquatic invertebrates	4.66	2.22	5.59	1.13
04章　乳品；蛋品；天然蜂蜜；其他食用动物产品	Dairy produce；birds' eggs；natural honey；edible products of animal origin，not elsewhere specified or included	0.00	0.09	0.00	0.06
05章　其他动物产品	Products of animal origin，not elsewhere specified or included	0.76	0.71	0.69	0.75
第二类　植物产品	**VEGETABLE PRODUCTS**	**4.03**	**1.59**	**4.11**	**0.41**
06章　活树及其他活植物；鳞茎、根及类似品；插花及装饰用簇叶	Live tree and other plants；bulbs，roots and the like; cut flowers and ornamental foliage	0.04	0.01	0.06	0.00
07章　食用蔬菜、根及块茎	Edible vegetables and certain roots and tubers	0.66	0.02	0.64	0.01
08章　食用水果及坚果；甜瓜或柑桔属水果的果皮	Edible fruit and nuts； peel of citrus fruit or melons	0.34	0.86	0.31	0.02
09章　咖啡、茶、马黛茶及调味香料	Coffee，tea，mate and spices	0.40	0.34	0.31	0.22
10章　谷物	Cereals	0.01	0.32	0.01	0.09
11章　制粉工业产品；麦芽；淀粉；菊粉；面筋	Products of the milling industry；malt；starches；inulin；wheat gluten	0.26	0.00	0.34	0.00
12章　含油子仁及果实；杂项子仁及果实；工业用或药用植物；稻草、秸秆及饲料	Oil seeds and oleaginous fruits；miscellaneous grains，seeds and fruit；industrial or medicinal plants；straw and fodder	1.86	0.02	1.87	0.05
13章　虫胶；树胶、树脂及其他植物液、汁	Lac；gums，resins and other vegetable saps and extracts	0.31	0.01	0.34	0.02
14章　编结用植物材料；其他植物产品	Vegetable plaiting materials；vegetable products not elsewhere specified or included	0.14	0.00	0.22	0.00
第三类　动、植物油、脂及其分解产品；精制的食用油脂；动、植物蜡	**ANIMAL OR VEGETABLE FATS AND OILS AND THEIR CLEAVAGE PRODUCTS；PREPARED EDIBLE FATS；ANIMAL OR VEGETABLE WAXES**	**0.18**	**0.09**	**0.16**	**0.07**
15章　动、植物油、脂及其分解产品；精制的食用油脂；动、植物蜡	Animal or vegetable fats and oils and their cleavage products；prepared edible fats；animal or vegetable waxes	0.18	0.09	0.16	0.07
第四类　食品；饮料、酒及醋；烟草、烟草及烟草代用品的制品	**PREPARED FOODSTUFFS；BEVERAGES, SPIRITS AND VINEGAR；TOBACCO AND MANUFACTURED TOBACCO SUBSTITUTES**	**11.31**	**4.86**	**10.97**	**3.09**
16章　肉、鱼、甲壳动物、软体动物及其他水生无脊椎动物的制品	Preparations of meat，of fish or of crustaceans，molluscs or other aquatic invertebrates	7.50	0.06	7.05	0.03
17章　糖及糖食	Sugars and sugar confectionery	0.25	0.30	0.25	0.16
18章　可可及可可制品	Cocoa and cocoa preparations	0.05	0.02	0.04	0.00
19章　谷物、粮食粉、淀粉或乳的制品；糕饼点心	Preparations of cereals，flour，starch or milk；pastry-cooks' products	0.10	1.08	0.10	0.56

6-25 续表 1 Continued 1

单位：亿美元
Unit: USD 100 million

类 章	HS Section and Division	2021 出口 Exports	2021 进口 Imports	2022 出口 Exports	2022 进口 Imports
20章 蔬菜、水果、坚果或植物其他部分的制品	Preparations of vegetables, fruit, nuts or other parts of plants	1.48	0.18	1.45	0.09
21章 杂项食品	Miscellaneous edible preparations	0.71	1.61	0.71	1.10
22章 饮料、酒及醋	Beverages, spirits and vinegar	0.86	1.49	1.03	1.05
23章 食品工业的残渣及废料；配制的动物饲料	Residues and waste from the food industries; prepared animal fodder	0.33	0.08	0.32	0.06
24章 烟草、烟草及烟草代用品的制品	Tobacco and manufactured tobacco substitutes	0.02	0.04	0.02	0.06
第五类 矿产品	**MINERAL PRODUCTS**	**15.23**	**7.02**	**14.50**	**8.11**
25章 盐；硫磺；泥土及石料；石膏料、石灰及水泥	Salt; sulphur; earths and stone; plastering materials, lime and cement	2.26	0.51	2.16	0.79
26章 矿砂、矿渣及矿灰	Ores, slag and ash	11.06	0.71	9.66	0.53
27章 矿物燃料、矿物油及其蒸馏产品；沥青物质；矿物蜡	Mineral fuels, mineral oils and products of their distillation; bituminous substances; mineral waxes	1.91	5.81	2.68	6.79
第六类 化学工业及其相关工业的产品	**PRODUCTS OF THE CHEMICAL OR INDUSTRIES ALLIED**	**50.81**	**92.01**	**56.17**	**81.03**
28章 无机化学品；贵金属、稀土金属、放射性元素及其同位素的有机及无机化合物	Inorganic chemicals; organic or inorganic compounds of precious metals, of rare- earth metals, of radioactive elements or of isotopes	8.08	4.40	9.74	4.73
29章 有机化学品	Organic chemicals	21.13	54.30	21.97	47.13
30章 药品	Pharmaceutical products	0.40	2.77	0.58	2.39
31章 肥料	Fertilizers	0.52	0.13	0.88	0.10
32章 鞣料浸膏及染料浸膏；鞣酸及其衍生物；染料、颜料及其他色料；油漆及清漆；油灰及其他类似胶粘剂；墨水、油墨	Tanning or dyeing extracts; tannins and their derivatives; dyes, pigments and other colouring matter; paints and varnishes; putty and other mastics; inks	3.38	4.88	2.78	3.97
33章 精油及香膏；芳香料制品及化妆盥洗品	Essential oils and retinoid; perfumery, cosmetic or toilet preparations	1.33	1.89	1.51	1.44
34章 肥皂、有机表面活性剂、洗涤剂、润滑剂、人造蜡、调制蜡、光洁剂、蜡烛及类似品、塑型用膏、“牙科用蜡”及牙科用熟石膏制剂	Soap, organic surface-active agents, washing preparations, lubricating preparations, artificial waxes, prepared waxes, polishing or scouring preparations, candles and similar articles, modelling pastes, “dental waxes” and dental preparations with a basis of plast	1.74	3.17	1.71	2.95
35章 蛋白类物质；改性淀粉；胶；酶	Albuminoidal substances; modified starches; glues; enzymes	1.70	3.31	1.66	2.58
36章 炸药；烟火制品；火柴；引火合金；易燃材料制品	Explosives; pyrotechnic products; matches; pyrophoric alloys; certain combustible preparations	0.15		0.28	
37章 照相及电影用品	Photographic or cinematographic goods	0.88	3.39	0.96	2.88
38章 杂项化学产品	Miscellaneous chemical products	11.49	13.75	14.10	12.86
第七类 塑料及其制品，橡胶及其制品	**PLASTICS AND ARTICLES THEREOF RUBBER AND ARTICLES THEREOF**	**28.19**	**109.90**	**27.69**	**85.10**
39章 塑料及其制品	Plastics and articles thereof	24.79	105.58	24.08	81.43
40章 橡胶及其制品	Rubber and articles thereof	3.40	4.32	3.61	3.67
第八类 生皮、皮革、毛皮及其制品；鞍具及挽具；旅行用品、手提包及类似品；动物肠线(蚕胶丝除外)制品	**RAW HIDES AND SKINS, LEATHER, FUR SKINS AND ARTICLES THEREOF; SADDLERY AND HARNESS; TRAVEL GOODS, HANDBAGS AND SIMILAR CONTAINERS; ARTICLES OF ANIMAL GUT(OTHER THAN SILK-WORM GUT)**	**3.55**	**0.73**	**3.92**	**0.63**
41章 生皮(毛皮除外)及皮革	Raw hides and skins(other than fur skins) and leather	0.06	0.65	0.03	0.57

6-25 续表 2 Continued 2

单位：亿美元
Unit: USD 100 million

商品分类	HS Section and Division	2021 出口 Exports	2021 进口 Imports	2022 出口 Exports	2022 进口 Imports
42章 皮革制品；鞍具及挽具；旅行用品、手提包及类似容器；动物肠线(蚕胶丝除外)制品	Articles of Leather; Saddlery and Harness; Travel Goods, Handbags and Similar Containers; Articles of Animal Gut	3.49	0.08	3.88	0.06
43章 毛皮、人造毛皮及其制品	Fur skins and artificial fur；manufactures thereof	0.01	0.00	0.01	0.00
第九类 木及木制品；木炭；软木及软木制品；稻草，秸秆、针茅或其他编结材料制品；篮筐及柳条编结品	**WOOD AND ARTICLES OF WOOD；WOOD CHAR-COAL；CORK AND ARTICLES OF CORK；MANUFACTURES OF STRAW，OF ESPARTO OR OF OTHER PLAITING MATERIALS ；BASKET WARE AND WICKERWORK**	**4.22**	**0.33**	**4.11**	**0.25**
44章 木及木制品；木炭	Wood and articles of wood；wood charcoal	4.08	0.33	3.96	0.24
45章 软木及软木制品	Cork and articles of cork	0.01	0.00	0.01	0.00
46章 稻草、秸秆、针茅或其他编结材料制品；篮筐及柳条编结品	Manufactures of straw，of esparto or of other plaiting Materials；basket ware and wickerwork	0.13	0.01	0.14	0.00
第十类 木浆及其他纤维状纤维素浆；纸及纸板的废碎品；纸、纸板及其制品	**Pulp of Wood or of Other Fibrous Cellulosic Material; Recycled Waste and Scrap of Paper or Paperboard; Paperboard and Articles Thereof**	**5.92**	**7.58**	**6.33**	**8.34**
47章 木浆及其他纤维状纤维素浆；纸及纸板的废碎品	Pulp of Wood or of Other Fibrous Cellulosic Material; Waste and Scrap of Paper or Paperboard	0.01	0.68	0.02	0.56
48章 纸及纸板；纸浆、纸或纸板制品	Paper and paperboard；articles of paper pulp，of paper or paperboard	5.60	5.60	5.97	6.46
49章 书籍、报纸、印刷图画及其他印制品；手稿、打字稿及设计图纸	Printed books，newspapers，pictures and other products of the printing industry；manuscripts，typescripts and plans	0.30	1.30	0.34	1.32
第十一类 纺织原料及纺织制品	**TEXTILES AND TEXTILE ARTICLES**	**26.25**	**17.31**	**25.07**	**14.39**
50章 蚕丝	Silk	0.01	0.00	0.02	0.00
51章 羊毛、动物细毛或粗毛；马毛纱线及其机织物	Wool，fine or coarse animal hair；horsehair yarn and woven fabric	0.27	0.02	0.17	0.03
52章 棉花	Cotton	0.22	1.73	0.23	1.59
53章 其他植物纺织纤维；纸纱线及其机织物	Other vegetable textile fibres；paper yarn and woven fabrics of paper yarn	0.02	0.01	0.02	0.01
54章 化学纤维长丝	Man-Made Filaments	1.79	6.34	1.56	4.82
55章 化学纤维短纤	Man-made short fibres	0.77	1.40	0.58	1.07
56章 絮胎、毡呢及无纺织物；特种纱线；线、绳、索、缆及其制品	Wadding，felt and nonwoven；special yarns；twine，cordage，ropes and cables and articles thereof	1.23	1.21	1.07	0.91
57章 地毯及纺织材料的其他铺地制品	Carpets and other textile floor coverings	0.30	0.02	0.38	0.01
58章 特种机织物；簇绒织物；花边；装饰毯；装饰带；刺绣品	Special woven fabrics；tufted textile fabrics；lace；tapestries；trimmings；embroidery	0.14	0.44	0.14	0.37
59章 浸渍、涂布、包覆或层压的纺织物；工业用纺织制品	Impregnated，coated，covered or laminated textile fabrics；textile articles of a kind suitable for industrial use	1.02	2.52	1.01	2.49
60章 针织物及钩编织物	Knitted or crocheted fabrics	0.15	3.05	0.11	2.62
61章 针织或钩编的服装及衣着附件	Articles of apparel and clothing accessories，knitted or crocheted	11.58	0.13	11.78	0.14
62章 非针织或非钩编的服装及衣着附件	Articles of apparel and clothing accessories，not knitted or crocheted	6.30	0.11	5.43	0.06

6-25 续表 3 Continued 3

单位：亿美元
Unit: USD 100 million

类 章	HS Section and Division	2021 出口 Exports	2021 进口 Imports	2022 出口 Exports	2022 进口 Imports
63章 其他纺织制成品；成套物品；旧衣着及旧纺织品；碎织物	Other made up textile articles；sets；worn clothing and worn textile articles；rags articles；rags	2.45	0.32	2.56	0.26
第十二类 鞋、帽、伞、杖、鞭及其零件；已加工的羽毛及其制品；人造花；人发制品	**FOOTWEAR，HEADGEAR，UMBRELLAS，SUN UMBRELLAS，WALKING-STICKS，SEAT-STICKS，WHIPS，RIDING-CROPS AND PARTS THEREOF；PREPARED FEATHERS AND ARTICLES MADE THEREWITH；ARTIFICIAL FLOWERS；ARTICLES OF HUMAN HAIR**	**2.87**	**0.55**	**3.64**	**0.52**
64章 鞋靴、护腿和类似品及其零件	Footwear，gaiters and the like；parts of such articles	2.36	0.45	2.97	0.43
65章 帽类及其零件	Headgear and parts thereof	0.21	0.09	0.24	0.07
66章 雨伞、阳伞、手杖、鞭子、马鞭及其零件	Umbrellas，sun umbrellas，walking-sticks，seat-sticks，whips，riding-crops and parts thereof	0.25	0.02	0.37	0.02
67章 已加工羽毛、羽绒及其制品；人造花；人发制品	Prepared feathers and down and articles made of feathers or of down；artificial flowers；articles of human hair	0.06	0.00	0.06	0.00
第十三类 石料、石膏、水泥、石棉、云母及类似材料的制品；陶瓷产品；玻璃及其制品	**ARTICLES OF STONE，PLASTER，CEMENT，ASBESTOS，MICA OR SIMILAR MATERIALS；CERAMIC PRODUCTS；GLASS AND GLASSWARE**	**9.56**	**18.63**	**11.50**	**13.43**
68章 石料、石膏、水泥、石棉、云母及类似材料的制品	Articles of stone，plaster，cement，asbestos，mica or similar materials；ceramic products；glass and glassware	2.27	1.79	2.91	1.63
69章 陶瓷产品	Ceramic products	3.75	0.47	4.67	0.42
70章 玻璃及其制品	Glass and glassware	3.54	16.38	3.92	11.38
第十四类 天然或养殖珍珠、宝石或半宝石、贵金属、包贵金属及其制品；仿首饰；硬币	**NATURAL OR CULTURED PEARLS，PRECIOUS OR SEMI-PRECIOUS STONES，PRECIOUS METALS，METALS CLAD WITH PRECIOUS METAL AND STONES，PRECIOUS METALS，METALS CLAD WITH PRECIOUS METAL AND ARTICLES THEREOF；IMITATION JEWELLERY；COIN**	**2.08**	**2.55**	**1.24**	**2.93**
71章 天然或养殖珍珠、宝石或半宝石、贵金属、包贵金属及其制品；仿首饰；硬币	Natural or cultured pearls，precious or semi-precious stones，precious metals，metals clad with precious metal and articles thereof；imitation jewellery；coin	2.08	2.55	1.24	2.93
第十五类 贱金属及其制品	**BASE METALS AND ARTICLES OF BASE METAL**	**52.18**	**65.08**	**55.54**	**53.04**
72章 钢铁	Iron and steel	17.57	15.72	13.77	10.81
73章 钢铁制品	Articles of iron or steel	10.58	6.75	12.18	5.86
74章 铜及其制品	Copper and articles thereof	10.68	33.17	12.05	26.36
75章 镍及其制品	Nickel and articles thereof	0.37	0.13	2.68	0.10
76章 铝及其制品	Aluminium and articles thereof	3.59	3.07	4.02	4.58
78章 铅及其制品	Lead and articles thereof	0.40	0.03	0.26	0.00
79章 锌及其制品	Zinc and articles thereof	0.09	0.18	1.60	0.07
80章 锡及其制品	Tin and articles thereof	1.10	0.24	0.86	0.28
81章 其他贱金属、金属陶瓷及其制品	Other base metals；cermets；articles thereof	2.17	0.32	2.88	0.28
82章 贱金属工具、器具、利口器、餐匙、餐叉及其零件	Tools，implements，cutlery，spoons and forks，of base metal；parts thereof of base metal	3.01	3.81	2.78	3.24
83章 贱金属杂项制品	Miscellaneous articles of base metal	2.61	1.67	2.46	1.44

6-25 续表 4 Continued 4

单位：亿美元
Unit: USD 100 million

类 章		HS Section and Division	2021 出口 Exports	2021 进口 Imports	2022 出口 Exports	2022 进口 Imports
第十六类	**机器、机械器具、电气设备及其零件；录音机及放声机、电视图像、声音的录制和重放设备及其零件、附件**	**MACHINERY AND MECHANICAL APPLIANCES；ELECTRICAL EQUIPMENT；PARTS THEREOF；SOUND RECORDERS AND REPRODUCERS，TELEVISION IMAGE AND SOUND RECORDERS AND REPRODUCERS；AND PARTS AND ACCESSORIES OF RECORDERS AND REPRODUCERS；AND PARTS AND ACCESSORIES OF SUCH ARTICLES**	**459.60**	**1972.12**	**491.93**	**2028.07**
84章	核反应堆、锅炉、机器、机械器具及其零件	Nuclear reactors，boilers，machinery and mechanical appliances；parts thereof	110.43	238.91	125.19	206.81
85章	电机、电气设备及其零件；录音机及放声机、电视图像、声音的录制和重放设备及其零件、附件	Electrical machinery and equipment and parts thereof；sound recorders and reproducers，television image and sound recorders and reproducers，and parts and accessories of such articles	349.17	1733.21	366.75	1821.25
第十七类	**车辆、航空器、船舶及有关运输设备**	**VEHICLES，AIRCRAFT，VESSELS AND ASSOCIATED TRANSPORT EQUIPMENT**	**25.44**	**7.34**	**22.22**	**6.66**
86章	铁道及电车道机车、车辆及其零件；铁道及电车轨道固定装置及其零件、附件；各种机械(包括电动机械)交通信号设备	Railway or tramway locomotives，rolling-stock and parts thereof；railway or tramway track fixtures and fittings and parts thereof；mechanical(including electro-mechanical) traffic signalling equipment of all kinds	8.06	0.02	3.53	0.01
87章	车辆及其零件、附件，但铁道及电车道车辆除外	Vehicles other than railway or tramway rolling-stock，and parts and accessories thereof	17.24	7.18	17.23	6.45
88章	航空器、航天器及其零件	Aircraft，spacecraft，and parts thereof	0.09	0.12	0.32	0.19
89章	船舶及浮动结构体	Ships，boats and floating structures	0.05	0.02	1.14	0.00
第十八类	**光学、照相、电影、计量、检验、医疗或外科用仪器及设备、精密仪器及设备；钟表；乐器；上述物品的零件、附件**	**OPTICAL，PHOTOGRAPHIC，CINEMATOGRAPHIC，MEASURING，CHECKING，PRECISION，MEDICAL OR SURGICAL INSTRUMENTS AND APPARATUS；CLOCKS AND WATCHES；MUSICAL INSTRUMENTS；PARTS AND ACCESSORIES THEREOF**	**30.17**	**166.46**	**15.95**	**55.13**
90章	光学、照相、电影、计量、检验、医疗或外科用仪器及设备、精密仪器及设备；上述物品的零件、附件	Optical，photographic，cinematographic，measuring，checking，precision medical or surgical instruments and apparatus；parts and accessories thereof	29.71	166.21	15.44	54.86
91章	钟表及其零件	Clocks and watches and parts thereof	0.31	0.05	0.34	0.04
92章	乐器及其零件、附件	Musical instruments；parts and accessories of such articles	0.15	0.20	0.17	0.23
第十九类	**武器、弹药及其零件、附件**	**ARMS AND AMMUNITION；PARTS AND ACCESSORIES THEREOF**	**0.02**	**0.00**	**0.02**	**0.00**
93章	武器、弹药及其零件、附件	Arms and ammunition；parts and accessories thereof	0.02	0.00	0.02	0.00
第二十类	**杂项制品**	**MISCELLANEOUS MANUFACTURED ARTICLES**	**21.99**	**4.58**	**22.28**	**4.82**
94章	家具；寝具、褥垫、弹簧床垫、软坐垫及类似的填充制品；未列名灯具及照明装置；发光标志、发光名牌及类似品；活动房屋	Furniture；bedding，mattresses，mattress supports，cushions and similar stuffed furnishings；lamps and lighting fittings，not elsewhere specified or included；illuminated signs，illuminated	12.38	1.14	12.60	1.06
95章	玩具、游戏品、运动用品及其零件、附件	Toys，games and sports requisites；parts and accessories thereof	7.58	2.70	7.28	3.14
96章	杂项制品	Miscellaneous manufactured articles	2.03	0.73	2.40	0.62
第二十一类	**艺术品、收藏品及古物**	**WORKS OF ART，COLLECTORS' PIECES AND ANTIQUES**	**0.68**	**0.17**	**1.16**	**0.03**
97章	艺术品、收藏品及古物	Works of art，collectors' pieces and antiques	0.68	0.17	1.16	0.03
第二十二类	**特殊交易品及未分类商品**	**COMMODITIES AND TRANSACTIONS NOT CLASSIFIED ACCORDING TO KIND**	**19.05**	**1.55**	**31.46**	**1.38**
98章	特殊交易品及未分类商品	Commodities and transactions not classified according to kind	17.80	1.55	29.60	1.38
99章	跨境电商B2B简化申报商品	Simplified Declaration of Cross-border E-commerce B2B Commodities	1.25		1.86	

6-26 主要出口商品数量和金额
Major Export Commodities in Quantity and Value

单位：万美元

Unit: USD 10 000

商 品	Commodities	单 位	Unit	数 量 Quantity 2021	数 量 Quantity 2022	金 额 Value 2021	金 额 Value 2022
农产品	Agricultural Products					8424956	9807969
肉类(包含杂碎)	Meat (including entrails)	万吨	10 000 tons	35	40	178926	194935
水产品	Aquatic Products	万吨	10 000 tons	374	370	2156984	2258413
食用水产品	Edible Aquatic Products	万吨	10 000 tons	373	369	2151971	2253396
蔬菜及食用菌	Vegetables and Edible Fungi	万吨	10 000 tons	896	934	1224934	1236186
鲜或冷藏蔬菜	Fresh or Refrigerated Vegetables	万吨	10 000 tons	587	614	591679	606161
鲜、干水果及坚果	Fresh and Dried Fruits and Nuts	万吨	10 000 tons	362	334	609913	525431
苹果	Apples	万吨	10 000 tons	108	82	142973	104017
茶叶	Tea	吨	ton	369354	375195	229910	207854
粮食	Grain	万吨	10 000 tons	331	320	176371	185981
稻谷和大米	Paddy and Rice	万吨	10 000 tons	242	219	94070	94567
罐头	Canned Food	吨	ton	1992411	2292388	321808	427041
蔬菜罐头	Vegetable Can	吨	ton	1386475	1610040	225889	313718
酒类及饮料	Alcohol and Beverages					266341	322339
果蔬汁	Fruit and vegetable juice	万吨	10 000 tons	50	49	64176	91951
啤酒	Beer	万升	10 000 liters	42381	47944	27816	32705
烟草及其制品	Tobacco and Tobacco Manufactures	吨	ton	216162	243908	71084	75157
烤烟	Fluecured Tobacco	吨	ton	122429	139307	37528	44737
卷烟	Cigarettes	万条	cartons	6927	6143	16354	13571
制盐	Salt Manufacturing	吨	ton	1538944	1384957	14323	14129
水泥及水泥熟料	Cement and Cement Clinkers	万吨	10 000 tons	217	188	17618	19472
钨品	Tungsten products	吨	ton	24042	24922	80189	95705
煤及褐煤	Coal and Lignite	万吨	10 000 tons	260	400	50407	123148
焦炭及半焦炭	Coke and Semicoke	万吨	10 000 tons	639	892	234700	401570
成品油	Product Oil	万吨	10 000 tons	6030	5371	3247895	4814202
汽油	Gasoline	万吨	10 000 tons	1454	1257	868481	1163361
航空煤油	Aviation Kerosene	万吨	10 000 tons	856	1091	495671	1052691
柴油	Diesel Oil	万吨	10 000 tons	1721	1093	867868	1055699
氧化铝	Aluminum Oxide	万吨	10 000 tons	12	101	11559	56750
稀土及其制品	Rare Earth and Its Products	吨	ton	107760	112793	377150	570679
稀土	Rare Earth	吨	ton	48918	48728	65337	106377
基本有机化学品	Basic Organic Chemicals					6095302	7750137
柠檬酸	Citric Acid	万吨	10 000 tons	107	123	108276	200947
医药材及药品	Pharmaceutical Materials and Drugs	吨	ton	1459479	1620004	4958748	3603474
中药材	Traditional Chinese Medicine	吨	ton	125757	134760	96237	98899
中式成药	Medicaments of Chinese Type	吨	ton	11556	12837	30432	37735
人用疫苗	Human Vaccine	千克	kg	4994111	830033	1565589	99328
抗菌素(制剂除外)	Antibiotics (except preparations)	吨	ton	84972	77399	419274	428156
医用敷料	Medical Dressing	吨	ton	222416	254142	200060	230567
肥料	Chemical Fertilizers	万吨	10 000 tons	3291	2481	1164030	1144691
尿素	Urea	万吨	10 000 tons	528	283	213973	157025
硫酸铵	Ammonium Sulphate	万吨	10 000 tons	1061	1241	211939	324620
磷酸氢二铵	Diammonium Hydrogen Phosphate	万吨	10 000 tons	625	358	334767	298810
磷酸二氢铵	Ammonium Dihydrogen Phosphate	万吨	10 000 tons	378	203	192705	175842
合成有机染料	Synthetic Organic Dyestuffs	吨	ton	275332	238770	169046	152852
美容化妆品及洗护用品	Beauty Cosmetics and Toiletries	吨	ton	966302	1027980	483855	561418
烟花、爆竹	Fireworks and Firecrackers	吨	ton	322901	407596	80461	114091
塑料制品	Plastic Articles					9618730	10583244
橡胶轮胎	Rubber Tire	万吨	10 000 tons	729	764	1750541	1971118
新的充气橡胶轮胎	New Pneumatic Rubber Tyres	万吨	10 000 tons	700	736	1668682	1886515

6-26 续表 1 Continued 1

单位：万美元
Unit: USD 10 000

商 品	Commodities	单位	Unit	数量 Quantity		金额 Value	
				2021	2022	2021	2022
皮革、毛皮及其制品	Leather, Fur and Their Products					782657	763561
裘皮服装	Fur Garment	吨	ton	3915	2999	169033	122738
箱包及类似容器	Luggage and Similar Containers	万吨	10 000 tons	240	294	2678634	3474249
皮革箱包及类似容器	Leather Cases, Bags and Similar Containers	吨	ton	99018	106708	258798	296182
木及其制品	Wood and Its Products	万吨	10 000 tons	1335	1176	1818963	1790117
家用或装饰用木制品	Household or Decorative Wood Products	万吨	10 000 tons	89	85	351486	349159
胶合板及类似多层板	Plywood and Similar Multilayer Boards	万立方米	10 000 m³	1224	1064	588427	562170
植物材料编结品	Plant Material Braid	吨	ton	356179	296271	212619	188929
纸浆、纸及其制品	Pulp, Paper and Its Products	万吨	10 000 tons	928	1303	2347817	3142486
纺织原料	Textile Raw Materials	万吨	10 000 tons	149	164	298185	391535
化学纤维纺织原料	Chemical Fiber Textile Raw Materials	万吨	10 000 tons	143	155	205462	243439
纺织纱线、织物及其制品	Textile Yarn, Fabric and Its Products					14400651	14706835
纺织纱线	Textile Yarn					1380647	1499810
纺织织物	Textile Fabric					6644043	7117289
纺织制品	Textile Products					6375961	6089736
服装及衣着附件	Clothing and Accessories					16716874	17350048
服装	Garments					14308465	15330250
鞋靴	Footwear	万双	10 000 pairs	864364	919117	4707513	5680022
帽类	Hat Class	万个	10 000 units	1198681	1113853	533558	664541
伞	Umbrellas	万把	10 000	59055	79969	251857	303671
花岗岩石材及其制品	Granite Stone and Its Products	万吨	10 000 tons	386	377	281957	401753
陶瓷产品	Ceramic Products	万吨	10 000 tons	1839	1814	2901271	3132231
日用陶瓷	Household Ceramics	万吨	10 000 tons	500	491	2150886	2169886
建筑用陶瓷	Architectural Ceramics	万吨	10 000 tons	1302	1286	675241	869282
玻璃及其制品	Glass and Its Products					2366070	2663525
珍珠、宝石及半宝石	Pearls, Precious Stones and Semi Precious Stones					332891	350096
贵金属或包贵金属的首饰	Precious Metal or Jewelry Wrapped in Precious Metal	吨	ton	2110	788	1423524	1548345
铁合金	Ferroalloy	万吨	10 000 tons	92	106	235779	314247
钢材	Rolled Steel	万吨	10 000 tons	6615	6671	7933661	9461882
钢铁棒材	Steel Bar	万吨	10 000 tons	772	760	693723	793129
角钢及型钢	Angle Steel and Section Steel	万吨	10 000 tons	252	360	254130	411783
钢铁板材	Steel Sheet	万吨	10 000 tons	4467	4263	4925809	5435991
钢铁线材	Steel Wire Rod	万吨	10 000 tons	198	198	420814	581654
未锻轧铜及铜材	Unwrought Copper and Copper Products	吨	ton	930719	915478	933949	956422
未锻轧铝及铝材	Unwrought Aluminum and Aluminum Products	吨	ton	5612539	6598605	1942482	2596430
家具及其零件	Furniture and Parts					7185433	6829745
玩具	Toys					4363103	4692334
体育用品及设备	Sporting Goods and Equipment					2233024	1747030
笔及其零件	Pen and Its Parts					261317	344403
机电产品	Mechanical and Electrical Products					196291908	203384274
机械基础件	Mechanical Foundation Parts					2862987	3212915
紧固件	Fastener	吨	ton	4865081	4949901	1133147	1339804
轴承	Bearings	吨	ton	776944	786769	511650	533058
手用或机用工具	Hand Tools and Tools for Machines	万吨	10 000 tons	237	223	1618944	1679221
农业机械	Agricultural Machinery					638543	632082
拖拉机	Tractors	辆	unit	138875	128354	69836	81653
食品加工机械	Food Processing Machinery	万台	10 000 sets	1017	947	180072	206159
包装机械	Packaging Machinery	台	sets	18565680	17205990	356335	387755
印刷、装订机械及其零件	Printing and Binding Machinery and Its Parts					1488178	1585341

6-26 续表 2 Continued 2

单位：万美元

Unit: USD 10 000

商　品	Commodities	单位	Unit	数量 Quantity		金额 Value	
				2021	2022	2021	2022
打印机、复印机及一体机	Printer Copier and All-in-one Machine	台	set	49834409	49863628	827380	910885
通用机械设备	General Mechanical Equipment					5204803	5535301
泵	Pump	万台	10 000 sets	460163	384153	807824	807513
压缩机	Compressor	万台	10 000 sets	15971	14447	771615	770520
分离设备	Separation Equipment					572998	566024
阀门及类似装置	Valves and Similar Devices	万套	10 000 units	580255	531110	1586788	1703837
纺织机械及其零件	Textile Machinery and Its Parts					470212	546928
缝制机械及其零件	Sewing Machinery and Its Parts					234111	245249
机床	Machine Tool	台	set	28261011	20753708	852071	940568
自动数据处理设备及其零部件	Automatic Data Processing Equipment and Its Parts					25453397	23554834
自动数据处理设备	Automatic Data Processing Equipment	万台	10 000 sets	37886	30814	14775073	13462800
平板电脑	Tablet PC	万台	10 000 sets	14253	13079	3049695	3086473
笔记本电脑	Notebook Computer	万台	10 000 sets	22179	16560	10848388	9688975
中央处理部件	Central Processing Unit	万台	10 000 sets	4260	4059	2029532	2192302
存储部件	Storage Unit	万台	10 000 sets	27195	21149	1840708	1371412
自动数据处理设备的零件、附件	Parts and Accessories of Automatic Data Processing Equipment	吨	ton	624859	546077	3546379	3357923
液晶监视器	LCD Monitor	万台	10 000 sets	10926	10527	1455628	1383651
电工器材	Electrical Equipment					13729197	17443795
变压器	Transformer	万个	10 000 units	336499	321829	365750	441900
原电池	Primary Cells and Batteries	亿个	100 million units	310	292	239290	236976
蓄电池	Electric Accumulators	万个	10 000 units	410449	442517	3232758	5542712
锂离子蓄电池	Lithium-ion Battery	万个	10 000 units	341829	376912	2832015	5089401
电气控制装置	Electrical Control Device					3368396	3571400
高压开关及控制装置	High Voltage Switch and Control Device					221907	260072
低压开关及控制装置	Low Voltage Switch and Control Device					3146490	3311328
电线及电缆	Wires and Cables	万吨	10 000 tons	233	227	2377909	2532733
手机	Mobile Phone	万台	10 000 sets	95401	82178	14631988	14265716
家用电器	Household Electric Appliances	万台	10 000 sets	384955	334943	9772285	8481247
电扇	Fans	万台	10 000 sets	35598	34706	532385	562175
空调	Air Conditioner	万台	10 000 sets	5276	4590	808012	769706
冰箱	Refrigerator	万台	10 000 sets	7111	5486	1010943	778949
洗衣机	Washing Machine	万台	10 000 sets	2190	2060	312025	287980
吸尘器	Vacuum Cleaner	万台	10 000 sets	16203	12134	664941	530581
微波炉	Microwave Oven	万个	10 000 units	7268	6051	383413	343043
电视机	TV	万台	10 000 sets	8442	9290	1616999	1272935
液晶电视机	LCD TV	万台	10 000 sets	8349	9218	1582570	1244104
音视频设备及其零件	Audio and Video Equipment and Its Parts					4035982	3759087
电视摄像机，数字照相机及视频摄录一体机	TV Camera Digital Camera and Video Recorder	万台	10 000 sets	57920	42009	1310003	1053280
数字照相机	Digital camera	万台	10 000 sets	1903	1154	311562	105631
无线电广播接收设备	Radio Broadcasting Receiving Equipment	万台	10 000 sets	21983	19797	355732	328578
音视频设备的零件	Parts of Audio and Video Equipment					1117905	1126192
有机发光二极管显示屏	Organic Light Emitting Diode Display	万块	10 000 blocks				
电子元件	Electronic Component					26714786	28181474
印刷电路	Printed Circuit	亿块	100 million units	480	433	2079391	1969706
二极管及类似半导体器件	Diode and Semi Conductors	亿个	100 million units	7547	6545	4744459	6416686
太阳能电池	Solar Cell	万个	10 000 units	320024	407091	2842740	4634405
集成电路	Integrated Circuits	亿个	100 million units	3093	2731	15277212	15273828

6-26 续表 3 Continued 3

单位：万美元
Unit: USD 10 000

商品	Commodities	单位 Unit	数量 Quantity 2021	数量 Quantity 2022	金额 Value 2021	金额 Value 2022
集装箱	Containers	万个 10 000 units	484	321	2342672	1467107
摩托车	Motorcycle	万辆 10 000 units	3488	2641	1228569	1192735
#内燃机摩托车	Internal Combustion Engine Motorcycle	万辆 10 000 units	1192	1012	700275	657163
电动摩托车及脚踏车	Electric Motorcycle and Bicycle	万辆 10 000 units	2279	1612	525731	531987
自行车	Bicycles	万辆 10 000 units	6850	4128	501523	363410
摩托车及自行车的零配件	Spare Parts for Motorcycles and Bicycles				1253477	1305755
汽车(包含底盘)	Automobile (including chassis)	万辆 10 000 units	212	332	3442756	6012536
#乘用车	Passenger Car	辆 unit	1639118	2668260	2241963	4242845
商用车	Commercial Vehicle	辆 unit	477866	648855	1200792	1769691
客车(十座及以上)	Passenger Cars (ten seats and above)	辆 unit	39843	48316	203841	261482
货车	Trucks	辆 unit	360274	491488	590427	870041
专用汽车	Special Purpose Vehicle	辆 unit	17512	23915	133165	201930
#汽车零配件	Auto Parts				7511514	8062422
车用发动机	Vehicle Engine	万台 10 000 sets	360	296	230577	211720
汽车轮胎	Automobile Tire	吨 ton	6163329	6510823	1433203	1616204
婴孩车及其零件	Baby Carriages and Parts	吨 ton	203019	221432	146935	165696
船舶	Shipping	艘 unit	4291	4015	2126586	2145145
#液货船	Tanker	艘 unit	146	136	586231	521580
集装箱船	Container Ship	艘 unit	99	114	376999	444930
散货船	Bulk Cargo Ship	艘 unit	230	295	681737	583048
眼镜及其零件	Glasses and Parts Thereof				659260	737198
液晶显示板	Liquid Crystal Display Panel	万个 10 000 units				
计量检测分析自控仪器及器具	Automatic Control Instruments and Apparatus for Measurement, Detection and Analysis	吨 ton			2767254	2895863
#分析仪器	Analysis instrument	台 set	90659796	90247760	225076	243911
医疗仪器及器械	Medical Instruments and Appliances				2013718	1900637
钟表及其零件	Clocks and Watches and Their Parts				457790	476032
#手表	Wrist Watches	万只 10 000 units	41650	52371	193510	195798
灯具、照明装置及其零件	Lamps, Lighting Devices and Their Parts	-			4658319	4488800
游戏机及其零附件	Game Console and Its Accessories	吨 ton	227558	248466	1513445	1883827
高新技术产品	New and High-tech Product	-			97494299	94669285
生物技术	Biotechnology	-			1675952	216836
生命科学技术	Life Science and Technology	-			5915339	6529440
光电技术	Photoelectric Technology	-			3677740	3647753
计算机与通信技术	Computer and Communication Technology	-			57706451	53033450
电子技术	Electronic Technique	-			24193989	25906852
计算机集成制造技术	Computer Integrated Manufacturing Technology	-			2480996	2886702
材料技术	Material Technology	吨 ton	591058	611305	1002271	1332777
航空航天技术	Aviation and Aerospace Technology	吨 ton			695480	995392
其他技术	Other Technologies	-			146082	120083
电动载人汽车	Electric manned vehicle	辆 unit	553276	1061048	1085541	2412048
混合动力客车(10座及以上)	Hybrid Electric Bus (10 seats and above)	辆 unit	400	768	7012	10505
纯电动客车(10座及以上)	Pure Electric Bus (10 seats and above)	辆 unit	2807	6797	64820	111401
非插电式混合动力乘用车	Non Plug in Hybrid Passenger Vehicle	辆 unit	8643	17113	10956	28971
插电式混合动力乘用车	Plug in Hybrid Passenger Car	辆 unit	43170	94447	143355	252825
纯电动乘用车	Pure Electric Passenger Car	辆 unit	498256	941923	859398	2008347
文化产品	Cultural Products	-			14690686	15965497
食品	Food	-			7159036	7612581

6-27 主要进口商品数量和金额
Major Import Commodities in Quantity and Value

单位：万美元

Unit: USD 10 000

商品	Commodities	单位	Unit	数量 Quantity 2021	数量 Quantity 2022	金额 Value 2021	金额 Value 2022
农产品	Agricultural Products	-		-	-	21967869	23570810
肉类(包含杂碎)	Meat (including entrails)	万吨	10 000 tons	938	740	3215376	3172831
牛肉及牛杂碎	Beef and Cattle Entrails	万吨	10 000 tons	236	273	1263480	1799855
牛肉	Beef	万吨	10 000 tons	233	269	1248811	1775493
猪肉及猪杂碎	Pork and Pig Entrails	万吨	10 000 tons	500	286	1318421	676073
猪肉	Pork	万吨	10 000 tons	371	176	1017395	389733
羊肉	Mutton	吨	ton	410602	357861	237688	207595
禽肉	Meat of Poultry	吨	ton	696787	583568	144947	141275
水产品	Aquatic Products	万吨	10 000 tons	377	453	1460999	1982807
食用水产品	Edible Aquatic Products	万吨	10 000 tons	363	437	1437526	1938336
冻鱼	Frozen Fish	万吨	10 000 tons	162	206	350950	509995
乳品	Dairy Products	万吨	10 000 tons	395	327	1383008	1392547
奶粉	Milk Powder	万吨	10 000 tons	154	130	891890	885472
鲜、干水果及坚果	Fresh and Dried Fruits and Nuts	万吨	10 000 tons	814	753	1525700	1571625
粮食	Grain	万吨	10 000 tons	16434	14632	7473770	8230931
薯类	Tubers	吨	ton	28	407	1	19
谷物及谷物粉	Cereals and Cereals Flour	万吨	10 000 tons	6536	5319	2008335	1964555
小麦	Wheat	万吨	10 000 tons	977	996	307859	383671
大麦	Barley	万吨	10 000 tons	1248	576	355834	205233
玉米	Corn	万吨	10 000 tons	2835	2062	802859	710187
稻谷及大米	Paddy and Rice	万吨	10 000 tons	496	619	223400	266290
高粱	Jowar	万吨	10 000 tons	942	1014	302956	374295
豆类	Beans	万吨	10 000 tons	9895	9312	5462326	6264556
大豆	Soybeans	万吨	10 000 tons	9632	9053	5343708	6089854
食用油	Edible Oil	万吨	10 000 tons	1174	822	1277433	1179911
食用植物油	Edible Vegetable Oil	万吨	10 000 tons	1038	648	1091858	897634
豆油	Soybean Oil	万吨	10 000 tons	111	34	105146	47859
棕榈油	RBD Palm Oil	万吨	10 000 tons	465	341	416469	400373
菜子油及芥子油	Rapeseed Oil and Mustard Oil	万吨	10 000 tons	215	106	239843	165444
食糖	Sugar	万吨	10 000 tons	567	527	228277	256376
酒类及饮料	Alcohol and Beverages			-	-	664555	594200
啤酒	Beer	万升	10 000 liters	52427	48204	70983	65015
葡萄酒	Wine	万升	10 000 liters	42656	33672	169656	142960
制盐	Salt Manufacturing	吨	ton	5184737	9552650	29277	56041
金属矿及矿砂	Metal Ore and Ore	万吨	10 000 tons	135207	135494	27211365	22465524
铁矿砂及其精矿	Iron Ore and Concentrates	万吨	10 000 tons	112007	110617	18174838	12772880
铜矿砂及其精矿	Copper Ores and Concentrates	万吨	10 000 tons	2328	2523	5666748	5599042
铝矿砂及其精矿	Aluminum Ores and Concentrates	万吨	10 000 tons	10727	12528	513305	736908
煤及褐煤	Coal and Lignite	万吨	10 000 tons	32294	29320	3616308	4268329
原油	Crude Oil	万吨	10 000 tons	51292	50823	25852289	36572586
成品油	Petroleum Products Refined	万吨	10 000 tons	2712	2645	1671753	1962782
石脑油	Naphtha	万吨	10 000 tons	761	926	486671	711390
航空煤油	Aviation Kerosene	万吨	10 000 tons	137	87	80534	84571
天然气	Natural Gas	万吨	10 000 tons	12127	10917	5572134	7003176
液化天然气	Liquified Natural Gas	万吨	10 000 tons	7879	6336	4407534	5217898
气态天然气	Natural Gas	万吨	10 000 tons	4248	4581	1164600	1785278
多晶硅	Polysilicon	吨	ton	114143	87913	203968	265016
基本有机化学品	Basic Organic Chemicals	-		-	-	5781682	5726222
二甲苯	Xylene	万吨	10 000 tons	1388	1069	1174755	1165013
乙二醇	Ethylene Glycol	万吨	10 000 tons	843	751	563503	449361
医药材及药品	Pharmaceutical Materials and Drugs	吨	ton	225926	311550	4466736	4803710
中药材	Traditional Chinese Medicine	吨	ton	67574	131240	30481	38147
人用疫苗	Human Vaccine	千克	kg	1248839	1300619	353732	393506
肥料	Chemical Fertilizers	万吨	10 000 tons	909	894	273424	491414
氯化钾	Potassium Chloride	万吨	10 000 tons	757	793	194155	419900
氮磷钾三元复合肥	N-P-K Compound Fertilizer	万吨	10 000 tons	121	70	64443	51698
美容化妆品及洗护用品	Beauty Cosmetics and Toiletries	吨	ton	473730	417895	2488036	2225530
初级形状的塑料	Plastics in Primary Forms	万吨	10 000 tons	3395	3057	6113414	5615347
塑料制品	Plastic Articles			-	-	2236171	1959856

6-27 续表 1 Continued 1

单位：万美元
Unit: USD 10 000

商品	Commodities	单位 Unit	数量 Quantity 2021	数量 Quantity 2022	金额 Value 2021	金额 Value 2022
天然及合成橡胶(包括胶乳)	Natural and Synthetic Rubber (including latex)	万吨 10 000 tons	665	736	1193254	1295321
皮革、毛皮及其制品	Leather, Fur and Their Products	-	-	-	721228	592011
牛皮革及马皮革	Cow Leather and Horse Leather	吨 ton	612208	509742	209510	169410
木及其制品	Wood and Its Products	万吨 10 000 tons	7608	5728	2138312	1797811
原木	Logs	万立方米 10 000 m³	6357	4360	1159490	853201
锯材	Wood Sawn	万立方米 10 000 m³	2848	2647	785605	752848
纸浆、纸及其制品	Pulp, Paper and Its Products	万吨 10 000 tons	4160	3811	2886461	2932687
纸浆	Paper Pulp	万吨 10 000 tons	2967	2916	2003888	2234906
纺织原料	Textile Raw Materials	万吨 10 000 tons	391	356	890825	994909
羊毛及毛条	Wool and Wool Tops	吨 ton	288320	285629	241536	223462
棉花	Cotton	万吨 10 000 tons	212	194	405857	524590
纺织纱线、织物及其制品	Textile Yarn, Fabric and Its Products		-	-	1569402	1188185
纺织纱线	Textile Yarn		-	-	807213	528016
棉纱线	Cotton Yarn	万吨 10 000 tons	212	118	594966	360693
合成纤维纱线	Synthetic Fiber Yarn	吨 ton	276196	203714	151045	115801
服装及衣着附件	Clothing and Accessories		-	-	1200803	1053136
玻璃及其制品	Glass and Its Products		-	-	857680	725912
玻璃纤维及其制品	Glass Fiber and Its Products	吨 ton	185868	129233	107763	89524
珍珠、宝石及半宝石	Pearls, Precious Stones and Semi Precious Stones		-	-	1165854	1334280
钻石	Diamonds	千克 kg	2525	2045	988689	847669
钢材	Rolled Steel	万吨 10 000 tons	1427	1056	1872661	1708255
未锻轧铜及铜材	Unwrought Copper and Copper Products	吨 ton	5527492	5870442	5247437	5425021
未锻轧铝及铝材	Unwrought Aluminum and Aluminum Products	吨 ton	3213253	2391214	956906	751440
机电产品	Mechanical and Electrical Products		-	-	113397208	104100875
机械基础件	Mechanical Foundation Parts		-	-	1296626	1103929
农业机械	Agricultural Machinery		-	-	70295	91839
收获机械	Harvesting Machinery	台 set	2892	2816	27338	42170
拖拉机	Tractors	辆 unit	732	703	7632	7474
食品加工机械	Food Processing Machinery	万台 10 000 sets	16	16	75590	64918
包装机械	Packaging Machinery	台 set	89101	49271	190039	164918
印刷、装订机械及其零件	Printing and Binding Machinery and Its Parts		-	-	749455	628482
打印机、复印机及一体机	Printer, Copier and All-in-one Machine	台 set	10951272	10615533	295892	248864
通用机械设备	General Mechanical Equipment			-	2327708	2142764
泵	Pump	万台 10 000 sets	11538	9496	480438	454438
压缩机	Compressor	万台 10 000 sets	787	718	219770	196783
分离设备	Separation Equipment		-	-	396161	380608
阀门及类似装置	Valves and Similar Devices	万套 10 000 units	111284	108501	898562	826885
机床	Machine Tool	台 set	107269	91676	822575	715335
自动数据处理设备及其零部件	Automatic Data Processing Equipment and Its Parts		-	-	6717026	5672656
自动数据处理设备	Automatic Data Processing Equipment	万台 10 000 sets	181	138	98016	115955
中央处理部件	Central Processing Unit	万台 10 000 sets	1310	1070	323851	316490
存储部件	Storage Unit	万台 10 000 sets	36513	27946	2922726	2296996
自动数据处理设备的零件、附件	Parts and Accessories of Automatic Data Processing Equipment	吨 ton	81001	47661	2554011	2207875
半导体制造设备	Semiconductor Manufacturing Equipment	台 set	88801	73098	3398152	2881710
制造单晶柱或晶圆用的机器及装置	Machines and Devices for Manufacturing Single Crystal Columns or Wafers	台 set	4358	3262	155729	172084
制造半导体器件或集成电路用的机器及装置	Machines and Devices for Manufacturing Semiconductor Devices or Integrated Circuits	台 set	15811	15656	2117042	1870476
制造平板显示器用的机器及装置	Machine and Device for Manufacturing Flat Panel Display	台 set	7970	9483	584289	361895
电工器材	Electrical Equipment		-	-	4833507	4326427
变压器	Transformer	万个 10 000 units	112307	93137	82564	70356
蓄电池	Electric Accumulators	万个 10 000 units	161185	114780	425808	340067
锂离子蓄电池	Lithium-ion Battery	万个 10 000 units	154021	110862	384575	298425

6-27 续表 2 Continued 2

单位：万美元
Unit: USD 10 000

商　　品	Commodities	单位	Unit	数量 Quantity 2021	2022	金额 Value 2021	2022
电气控制装置	Electrical Control Device			-	-	2420419	2148532
电线及电缆	Wires and Cables	万吨	10 000 sets	22	19	570167	542260
家用电器	Household Electric Appliances	万台	sets	3478	2881	307424	271948
电视机	Televisions	万台	sets	46	37	22914	20406
液晶电视机	LCD Televisions	万台	sets	46	37	22819	20167
音视频设备及其零件	Audio and Video Equipment and Its Parts			-	-	1890798	1940129
电视摄像机，数字照相机及视频摄录一体机	TV Camera, Digital Camera and Video Recorder	万台	10 000 units	7941	3024	265310	240206
音视频设备的零件	Parts of Audio and Video Equipment			-	-	1566141	1661617
有机发光二极管显示屏	Organic Light Emitting Diode Display	万块	10 000 stocks	-	-		
电子元件	Electronic Component			-	-	49798199	47504899
#电容器	Electrical Capacitors	万吨	10 000 sets	8	6	1315172	1023964
印刷电路	Printed Circuit	亿块	100 million units	530	354	1226871	1071682
二极管及类似半导体器件	Diode and Semi Conductorst	亿个	100 million units	7491	5960	2963023	2898681
集成电路	Integrated Circuits	亿个	100 million units	6341	5380	43145326	41459934
汽车(包含底盘)	Automobile (including chassis)	万辆	10 000 units	94	88	5390883	5323375
乘用车	Passenger Car	辆	unit	927229	863852	5284312	5225868
商用车	Commercial Vehicle	辆	unit	11646	13657	106571	97507
货车	Trucks	辆	unit	5471	11512	48354	76193
专用汽车	Special Purpose Vehicle	辆	unit	189	152	13652	8228
汽车零配件	Auto Parts			-	-	3762995	3123056
#车用发动机	Vehicle Engine	万台	10 000 sets	44	25	126832	88935
汽车轮胎	Automobile Tire	吨	ton	119915	96150	74409	59968
飞机及其他航空器	Aircraft and Others	架	unit	571	43643	876861	775672
空载重量超过2吨的飞机	Aircraft with an Unloaded Weight of More Than 2 Tons	架	unit	161	131	865817	764186
航空器零部件	Aircraft Parts	-		-	-	905476	968735
#涡轮喷气发动机	Turbojet Engine	台	set	839	754	342650	365070
涡轮螺桨发动机	Turboprop Engine	台	set	42	31	1194	619
船舶	Shipping	艘	unit	2811	3434	263944	103697
计量检测分析自控仪器及器具	Automatic Control Instruments and Apparatus for Measurement, Detection and Analysis			-	-	4414099	4322592
医疗仪器及器械	Medical Instruments and Appliances			-	-	1557289	1436910
钟表及其零件	Clocks and Watches and Their Parts			-	-	575150	427183
#手表	Wrist Watches	万只	10 000 units	3028	1327	505070	369395
电动手表	Electric Watch	万只	10 000 units	2772	1165	148886	86568
机械手表	Mechanical Watch	万只	10 000 units	255	162	356184	282827
高新技术产品	New and High-tech Product			-	-	83415594	76056873
生物技术	Biotechnology			-	-	633488	649490
生命科学技术	Life Science and Technology			-	-	4922115	5189007
光电技术	Photoelectric Technology			-	-	3782971	3160745
计算机与通信技术	Computer and Communication Technology			-	-	15225662	10941079
电子技术	Electronic Technique			-	-	48922523	47031162
计算机集成制造技术	Computer Integrated Manufacturing Technology			-	-	6974851	6011309
材料技术	Material Technology	吨	ton	44916	38122	643653	704003
航空航天技术	Aviation and Aerospace Technology			-	-	2238978	2226261
其他技术	Other Technologies			-	-	71353	143818
电动载人汽车	Electric Manned Vehicle	辆	unit	143708	132130	765715	765952
混合动力客车(10座及以上)	Hybrid Bus(10 seats and above)	辆	unit	-	-		
纯电动客车(10座及以上)	Pure Electric Bus (10 seats and above)	辆	unit	7	-	327	
非插电式混合动力乘用车	Non Plug in Hybrid Passenger Vehicle	辆	unit	109985	89323	474614	409962
插电式混合动力乘用车	Plug in Hybrid Passenger Car	辆	unit	24900	24618	211065	211535
纯电动乘用车	Pure Electric Passenger Car	辆	unit	8816	18189	79709	144456
文化产品	Cultural Products			-	-	1963657	1587436
食品	Food			-	-	19438139	20760179

6-28 各地区进出口总额(按境内目的地、货源地分)
Import and Export Value by Region in Border According to Destination or Source of Goods

单位：万美元
Unit: USD 10 000

地区	Region	2021 出口 Exports	2021 进口 Imports	2022 出口 Exports	2022 进口 Imports
全国	**Total**	**331602213**	**267976810**	**356053925**	**270957432**
北京	Beijing	5136045	10621468	3402649	11119332
天津	Tianjin	5619603	10025216	5574475	10804687
河北	Hebei	6554547	6963527	7367120	6707949
山西	Shanxi	2385108	1144194	2354655	830942
内蒙古	Inner Mongolia	961161	1899699	1197131	2075329
辽宁	Liaoning	5961772	9227488	6437899	9340563
吉林	Jilin	583626	1853702	797692	1510375
黑龙江	Heilongjiang	764941	2106390	827039	2633252
上海	Shanghai	20231069	40208397	20642307	39325369
江苏	Jiangsu	50294216	36009730	54184981	34765525
浙江	Zhejiang	45806536	15990890	49791645	18529486
安徽	Anhui	6608741	3640735	7795746	3651103
福建	Fujian	15599997	8960042	17341118	9279713
江西	Jiangxi	4772250	2006841	6971814	2493084
山东	Shandong	27255630	24616017	31166996	27011681
河南	Henan	8554505	5006912	8994432	5081211
湖北	Huboi	4976126	2856593	5915361	3330156
湖南	Hunan	3634367	1767155	5241031	1702982
广东	Guangdong	88285304	57201956	88330979	53892163
广西	Guangxi	3021109	6983186	3953707	6641605
海南	Hainan	445222	1561215	847209	1903080
重庆	Chongqing	7166372	3676747	7013268	3516607
四川	Sichuan	8179257	5925478	8923247	6480920
贵州	Guizhou	728684	286530	693017	350307
云南	Yunnan	1877918	2183011	2449418	2630846
西藏	Tibet	39709	22619	33827	1927
陕西	Shaanxi	3777441	2917870	4104344	2148007
甘肃	Gansu	214729	549835	282229	685260
青海	Qinghai	29722	8858	57037	7381
宁夏	Ningxia	362726	81266	463758	116185
新疆	Xinjiang	1773783	1673245	2897797	2390406

6-29 各地区进出口总额(按收发货人所在地分)

Import and Export Value by Location of Importers and Exporters

单位：万美元

Unit: USD 10 000

地 区	Region	2021 出口 Exports	2021 进口 Imports	2022 出口 Exports	2022 进口 Imports
全 国	**Total**	**331602213**	**267976810**	**356053925**	**270957432**
北 京	Beijing	9470518	37625247	8808774	45800122
天 津	Tianjin	5928081	7039466	5608194	6852909
河 北	Hebei	4575865	3685521	4927893	3310966
山 西	Shanxi	2020353	1276118	1801701	949113
内蒙古	Inner Mongolia	735550	1169256	919382	1333291
辽 宁	Liaoning	5102342	6819878	5369380	6496438
吉 林	Jilin	546322	1777513	751536	1587424
黑龙江	Heilongjiang	692573	2392862	813118	3155550
上 海	Shanghai	24323000	38528588	25585490	36995765
江 苏	Jiangsu	49650568	30240578	51932067	29499034
浙 江	Zhejiang	46591117	17482020	51591358	18738908
安 徽	Anhui	6164716	4359259	7134425	4174540
福 建	Fujian	16606840	11777441	18205107	11533580
江 西	Jiangxi	5673919	2023255	7555843	2381877
山 东	Shandong	25725698	18073606	28835729	19450150
河 南	Henan	7647115	4914146	7808295	4902430
湖 北	Hubei	5244292	2871894	6259401	2950479
湖 南	Hunan	5907134	2593893	7685715	2823784
广 东	Guangdong	77911277	49747841	79905255	44645092
广 西	Guangxi	4542862	4626553	5295988	4303806
海 南	Hainan	493673	1766250	1073332	1928719
重 庆	Chongqing	7852009	4374765	7835771	4364389
四 川	Sichuan	8647168	5902129	9274090	5795214
贵 州	Guizhou	751464	253525	682302	403140
云 南	Yunnan	2449422	2130434	2295662	2561071
西 藏	Tibet	34075	27380	64662	4386
陕 西	Shaanxi	3944633	3370027	4471679	2676507
甘 肃	Gansu	146062	586205	179810	678434
青 海	Qinghai	26409	22662	35856	24724
宁 夏	Ningxia	243602	59534	242225	79919
新 疆	Xinjiang	1953554	458962	3103885	555672

6-30 外商投资企业进出口额

Exports of Foreign-funded Enterprises

单位：万美元
Unit: USD 10 000

年　份 Year	进出口总额 Total	出口额 Exports	进口额 Imports
1980	4265	824	3441
1981	14322	3235	11087
1982	32929	5287	27642
1983	61837	33036	28801
1984	46815	6894	39921
1985	236080	29670	206410
1986	301234	58203	243031
1987	433027	120809	312218
1988	820313	245642	574671
1989	1370937	491320	879617
1990	2012012	781379	1230633
1991	2895425	1204725	1690700
1992	4372689	1735619	2637070
1993	6707037	2523717	4183320
1994	8764715	3471297	5293418
1995	10981858	4687587	6294271
1996	13711016	6150636	7560380
1997	15262121	7489986	7772135
1998	15767938	8096189	7671749
1999	17451127	8862766	8588361
2000	23671390	11944121	11727269
2001	25906106	13321810	12584296
2002	33023948	16998509	16025439
2003	47216996	24030598	23186398
2004	66304033	33859184	32444849
2005	83163864	44418252	38745612
2006	103625950	56377905	47248045
2007	125516381	69537077	55979304
2008	140992119	79049270	61942848
2009	121747896	67207409	54540486
2010	161708545	86222882	75485663
2011	185989874	99522704	86467170
2012	189412020	102262008	87150012
2013	191831458	104372410	87459048
2014	198355768	107461992	90893776
2015	183348065	100461441	82886624
2016	168753653	91676690	77076962
2017	183913510	97755948	86157562
2018	196766370	103584415	93181955
2019	182383669	96600957	85782712
2020	179896419	93208205	86688215
2021	216878679	115162674	101716005
2022	207532654	112289426	95243228

注：1989年以前中外合资数据包含了合作企业数据(下表同)。
Note: Figures of equity joint venture before 1989 include contractual joint ventures.The same applies to the table following.

6-31 各地区外商投资企业进出口额
Exports and Imports of Foreign-funded Enterprises by Region in Border

单位：万美元
Unit: USD 10 000

地区	Region	2021 出口 Exports	2021 进口 Imports	2022 出口 Exports	2022 进口 Imports
全国	**Total**	**115162674**	**101716005**	**112289426**	**95243228**
北京	Beijing	3463588	6969030	2507207	6558982
天津	Tianjin	2721737	3949369	2473759	3474436
河北	Hebei	742420	538722	813596	465895
山西	Shanxi	1292816	350673	1204409	53072
内蒙古	Inner Mongolia	63315	64962	98860	71483
辽宁	Liaoning	2045718	2481682	1971088	2401834
吉林	Jilin	137545	953322	160559	772311
黑龙江	Heilongjiang	70300	103947	74565	79456
上海	Shanghai	14104464	24640830	14045272	24219471
江苏	Jiangsu	24068602	18221757	24076883	17047779
浙江	Zhejiang	6307902	3943735	6333257	3739993
安徽	Anhui	1566543	1150923	1582338	1165590
福建	Fujian	4206487	2701636	4109012	2463125
厦门	Xiamen	2371621	1585062	2234102	1163076
江西	Jiangxi	994259	773932	1213001	838925
山东	Shandong	5794810	3237406	5864937	3077483
河南	Henan	4500701	1377444	4089345	1502471
湖北	Hubei	803929	742184	878640	671666
湖南	Hunan	445679	347942	475020	226122
广东	Guangdong	29185111	19701868	27561916	18005507
深圳	Shenzhen	10338352	7868127	10202221	6912433
珠海	Zhuhai	1156887	1165815	1237559	995344
汕头	Shantou	85480	49625	80329	64949
广西	Guangxi	755314	839704	880703	824227
海南	Hainan	264640	237511	533790	329457
重庆	Chongqing	4101639	1818483	3841917	1916233
四川	Sichuan	5152015	4280107	4910675	3725058
贵州	Guizhou	31508	20974	30482	18218
云南	Yunnan	36603	25846	55819	32036
西藏	Tibet	42	628	0	108
陕西	Shaanxi	2268000	2204546	2460429	1524596
甘肃	Gansu	1941	7136	2156	3918
青海	Qinghai	525	-	1261	121
宁夏	Ningxia	30081	22939	35367	15285
新疆	Xinjiang	4442	6768	3162	18370

6-32 服务进出口分类金额(2022年)
Total Value of Imports and Exports of Services by Sector(2022)

单位：亿美元
Unit: USD 100 million

类 别	Classification	进出口 Imports and Exports	出口 Exports	进口 Imports
总 额	**Total**	**8891.1**	**4240.6**	**4650.5**
运输	Transport	3137.2	1448.9	1688.3
旅行	Travel	1272.6	95.8	1176.8
建筑	Construction	358.3	282.3	76.0
保险服务	Insurance Services	253.5	44.6	208.8
金融服务	Financial Services	88.3	50.8	37.5
电信、计算机和信息服务	Telecommunications, Computer and Information Services	1241.8	861.5	380.3
知识产权使用费	Charges For The Use of Intellectual Property	577.0	132.7	444.3
个人、文化和娱乐服务	Personal, Cultural, and Recreational Services	43.9	17.8	26.1
维护和维修服务	Maintenance and Repair Services	125.9	82.6	43.3
加工服务	Processing Services	217.1	208.7	8.3
其他商业服务	Other Business Services	1522.5	997.9	524.6
政府服务	Government Services	52.9	16.8	36.1

注：本表按照国际货币基金组织《国际收支和国际头寸手册》(第六版)标准统计，下表同。
Note: Data in this table are compiled on Balance of Payments and International Investment Position Manual (6th edition) of IMF.

6-33 服务进出口分类金额(2022年)
Total Value of Imports and Exports of Services by Sector(2022)

单位：亿元人民币
Unit: RMB 100 million

类 别	Classification	进出口 Imports and Exports	出口 Exports	进口 Imports
总 额	**Total**	**59801.9**	**28522.4**	**31279.5**
运输	Transport	21101.0	9745.3	11355.7
旅行	Travel	8559.8	644.4	7915.3
建筑	Construction	2410.0	1899.0	510.9
保险服务	Insurance Services	1704.8	300.1	1404.6
金融服务	Financial Services	594.0	341.8	252.2
电信、计算机和信息服务	Telecommunications, Computer and Information Services	8352.7	5794.6	2558.1
知识产权使用费	Charges For The Use of Intellectual Property	3881.2	892.8	2988.4
个人、文化和娱乐服务	Personal, Cultural, and Recreational Services	295.5	119.8	175.7
维护和维修服务	Maintenance and Repair Services	847.1	555.8	291.3
加工服务	Processing Services	1459.9	1403.9	56.0
其他商业服务	Other Business Services	10240.3	6711.7	3528.6
政府服务	Government Services	355.6	113.0	242.5

利用外资

UTILIZATION OF FOREIGN CAPITAL

第7篇

7–1　外商直接投资情况
FDI of China

年　份 Year	新设立企业 (个) Newly Establishment of Enterprises (unit)	实际使用外资金额 (亿美元) Realized FDI Value (USD 100 million)
1979–1982	920	17.7
1983	638	9.2
1984	2166	14.2
1985	3073	19.6
1986	1498	22.4
1987	2233	23.1
1988	5945	31.9
1989	5779	33.9
1990	7273	34.9
1991	12978	43.7
1992	48764	110.1
1993	83437	275.1
1994	47549	337.7
1995	37011	375.2
1996	24556	417.3
1997	21001	452.6
1998	19799	454.6
1999	16918	403.2
2000	22347	407.2
2001	26140	468.8
2002	34171	527.4
2003	41081	535.0
2004	43664	606.3
2005	44019	724.1
2006	41496	727.2
2007	37892	835.2
2008	27537	1083.1
2009	23442	940.6
2010	27420	1147.3
2011	27717	1239.9
2012	24934	1210.7
2013	22819	1239.1
2014	23794	1285.0
2015	26584	1355.8
2016	27908	1337.1
2017	35662	1363.2
2018	60560	1383.1
2019	40910	1412.2
2020	38578	1493.4
2021	47647	1809.6
2022	38497	1891.3
2021	47647	1809.6
2022	38497	1891.3

注：2005年起，实际使用外资为包含银行、证券、保险领域全口径数据。
Since 2005, total amount of realized FDI value included comprehensive data in the fields of banking, securities, and insurance.

7-2 外商直接投资行业分布(2022年)
Foreign Direct Investment by Sector (2022)

单位：万美元
Unit：USD 10 000

行　业	Sector	合同项目(个) Number of Contracts (unit)	实际使用金额 Realized FDI Value
总　计	**Total**	**38497**	**18913241**
农、林、牧、渔业	Agriculture, Forestry, Animal Husbandry and Fishery	420	124194
采矿业	Mining	28	154356
制造业	Manufacturing	3570	4967046
电力、热力、燃气及水生产和供应业	Production and Supply of Electricity, Heat, Gas and Water	523	415476
建筑业	Construction	505	178593
批发和零售业	Wholesale and Retail Trades	10894	1455746
交通运输、仓储和邮政业	Transport, Storage and Post	602	531723
住宿和餐饮业	Hotels and Catering Services	828	51574
信息传输、软件和信息技术服务业	Information Transmission, Software and Information Technology	3059	2386850
金融业	Financial Intermediation	353	685142
房地产业	Real Estate	581	1415183
租赁和商务服务业	Leasing and Business Services	7473	3306489
科学研究和技术服务业	Scientific Research and Technical Services	7280	3018159
水利、环境和公共设施管理业	Management of Water Conservancy, Environment and Public Facilities	96	70923
居民服务、修理和其他服务业	Service to Households, Repair and Other Services	411	28800
教育	Education	84	11660
卫生和社会工作	Health and Social Service	109	57289
文化、体育和娱乐业	Culture, Sports and Entertainment	1678	45011
公共管理和社会组织	Public Management and Social Organizations	1	9027
国际组织	International Organizations	2	

7-3 分国别(地区)外商直接投资
Foreign Direct Investment by Country or Region

单位：万美元

Unit: USD 10 000

国别(地区)	Country/Region	2021		2022	
		外商直接投资合同项目(个) Number of FDI Contracts (unit)	外商直接投资 Foreign Direct Investment	外商直接投资合同项目(个) Number of FDI Contracts (unit)	外商直接投资 Foreign Direct Investment
总　计	**Total**	**47643**	**18095721**	**38497**	**18913241**
亚洲	**Asia**	**36301**	**15364464**	**30027**	**16356555**
阿富汗	Afghanistan	49		57	
巴林	Bahrain			1	
孟加拉国	Bangladesh	69	1	49	100
不丹	Bhutan	1			
文莱	Brunei	4	658	1	257
缅甸	Myanmar	24	54	57	
柬埔寨	Cambodia	23	3369	19	5217
塞浦路斯	Cyprus	9	460	5	15075
朝鲜	Korea DPR	4			
中国香港	Hong Kong, China	19289	13175642	15814	13724149
印度	India	186	632	198	225
印度尼西亚	Indonesia	73	2434	53	3750
伊朗	Iran	117		113	
伊拉克	Iraq	90		89	8
以色列	Israel	90	4255	51	8101
日本	Japan	998	391325	828	460508
约旦	Jordan	82	344	48	7
科威特	Kuwait	3	192	1	
老挝	Laos	6		13	18
黎巴嫩	Lebanon	25	10	35	3
中国澳门	Macao, China	2932	218948	2313	124291
马来西亚	Malaysia	366	5770	309	112697
蒙古	Mongolia	19	506	18	844
尼泊尔联邦民主共和国	Nepal	29		34	
阿曼	Oman	4			
巴基斯坦	Pakistan	425	5	411	
巴勒斯坦	Palestine	29		30	
菲律宾	Philippines	65	941	31	1493
卡塔尔	Qatar	1	5		24
沙特阿拉伯	Saudi Arabia	10	7300	20	7898
新加坡	Singapore	1416	1033164	1176	1059894
韩国	Korea Rep.	2478	404469	1593	659872
斯里兰卡	Sri Lanka	17	63	9	
叙利亚	Syria	57		57	
泰国	Thailand	110	10741	84	6809
土耳其	Turkey	97	5243	75	1643
阿联酋	United Arab Emirates	37	2229	37	96424
也门	Republic of Yemen	249	68	278	22
越南	Vietnam	57	603	90	708
中国台湾	Taiwan, China	6595	93990	5852	66110
东帝汶	Timor Leste		550		
哈萨克斯坦	Kazakhstan	56		46	
吉尔吉斯斯坦	Kirghizia	24		12	
塔吉克斯坦	Tadzhikistan	16		24	
土库曼斯坦	Turkmenistan	28	10	40	
乌兹别克斯坦	Uzbekistan	42	483	56	408
亚洲其他国家(地区)	Other Countries (Regions) in Asia				

注：2021年各国家(地区)数据不包含银行、证券、保险领域。

Note: The data for each country(region) in 2021 does not include data in the fields of banking, securities and insurance.

7-3 续表 1 Continued 1

单位：万美元

Unit: USD 10 000

国别(地区)	Country/Region	2021		2022	
		外商直接投资合同项目(个) Number of FDI Contracts (unit)	外商直接投资 Foreign Direct Investment	外商直接投资合同项目(个) Number of FDI Contracts (unit)	外商直接投资 Foreign Direct Investment
非洲	**Africa**	**2164**	**108884**	**1289**	**33765**
阿尔及利亚	Algeria	35		31	
安哥拉	Angola	18		**20**	
贝宁	Benin	18		8	
博茨瓦纳	Botswana	6		5	
布隆迪	Burundi	14		27	
喀麦隆	Cameroon	149	501	68	664
佛得角	Cape Verde	2			
中非	Central Africa	1		2	
乍得	Chad	5		11	
科摩罗	Comoros	7		5	
刚果(布)	Congo	45		22	24
吉布提	Djibouti	5		3	
埃及	Egypt	102	20	106	
赤道几内亚	Eq. Guinea	6		3	
埃塞俄比亚	Ethiopia	51		40	204
加蓬	Gabon	6		7	
冈比亚	Gambia	10		6	
加纳	Ghana	320		74	28
几内亚	Guinea	60		36	
科特迪瓦	Cote d'lvoire	33		24	
肯尼亚	Kenya	63		40	
利比里亚	Liberia	16		9	
利比亚	Libya	21		26	
马达加斯加	Madagascar	12		12	
马拉维	Malawi	4		1	
马里	Mali	59		28	43
毛里塔尼亚	Mauritania	7	396	11	200
毛里求斯	Mauritius	17	89774	6	6594
摩洛哥	Morocco	78		49	28
莫桑比克	Mozambique	9		4	
纳米比亚	Namibia	5	853	2	
尼日尔	Niger	54		26	
尼日利亚	Nigeria	286		174	
卢旺达	Rwanda	41		29	
塞内加尔	Senegal	24		23	
塞舌尔	Seychelles	69	16868	46	14572
塞拉利昂	Sierra Leone	11		16	
索马里	Somalia	25		17	
南非	South Africa	74	384	61	10319
苏丹	Sudan	17		31	
坦桑尼亚	Tanzania	37	9	38	174
多哥	Togo	31		12	
突尼斯	Tunisia	17		7	
乌干达	Uganda	88		25	1
布基纳法索	Burkina Faso	13		6	
刚果(金)	Congo DR	44		24	
赞比亚	Zambia	34	2	18	133
津巴布韦	Zimbabwe	107		47	
莱索托	Lesotho	3			
斯威士兰	Swaziland			1	
厄立特里亚	Eritrea	3		2	
非洲其他国家(地区)	Other Countries (Regions) in Africa	2	77		781

7-3 续表 2 Continued 2

单位：万美元

Unit: USD 10 000

国别(地区)	Country/Region	2021		2022	
		外商直接投资合同项目(个) Number of FDI Contracts (unit)	外商直接投资 Foreign Direct Investment	外商直接投资合同项目(个) Number of FDI Contracts (unit)	外商直接投资 Foreign Direct Investment
欧洲	**Europe**	**3876**	**711570**	**2755**	**1197604**
比利时	Belgium	71	11519	45	18353
丹麦	Denmark	52	21713	41	42596
英国	United Kingdom	612	119971	609	159819
德国	Germany	536	168019	422	256643
法国	France	364	71013	186	75650
爱尔兰	Ireland	33	19341	27	17095
意大利	Italy	284	17756	176	14847
卢森堡	Luxembourg	24	31091	20	16059
荷兰	Netherlands	176	110544	103	449402
希腊	Greece	11	13	8	9
葡萄牙	Portugal	23	720	13	810
西班牙	Spain	130	8936	101	12335
阿尔巴尼亚	Albania	6		3	
安道尔	Andorra	1	10		
奥地利	Austria	54	9368	47	15530
保加利亚	Bulgaria	11	52	12	8
芬兰	Finland	40	6333	26	1235
匈牙利	Gibraltar	37	720	20	31
冰岛	Iceland	5	79	3	10
列支敦士登	Liechtenstein		1077	1	470
马耳他	Malta	1		1	
摩纳哥	Monaco	3	260	1	7
挪威	Norway	26	5559	17	6623
波兰	Poland	53	444	31	1462
罗马尼亚	Romania	17	202	8	9
瑞典	Sweden	97	30141	54	54233
瑞士	Switzerland	117	73144	74	39152
爱沙尼亚	Estonia	8	30	4	10111
拉脱维亚	Latvia	8		4	
立陶宛	Lithuania	8	37	4	
格鲁吉亚	Georgia	8		17	
亚美尼亚	Armenia	56		29	
阿塞拜疆	Azerbaijan	34	4	37	
白俄罗斯	Byelorussia	78	16	45	17
摩尔多瓦	Moldavia	4		2	
俄罗斯联邦	Russia	631	754	440	3895
乌克兰	Ukraine	169		83	
斯洛文尼亚	Slovenia	4	1023	1	768
克罗地亚	Croatia	5	17	2	11
捷克	Czech	13	408	8	391
斯洛伐克	Slovak	9		7	21
马其顿	North Macedonia	6			
波黑	Bosnia & Herzegovina	3		2	
塞尔维亚	Serbia	43	1	20	2
黑山	Montenegro	3		1	
欧洲其他国家(地区)	Other Countries (Regions) in Europe	2	1255		

7-3 续表 3 Continued 3

单位：万美元
Unit: USD 10 000

国别(地区)	Country/Region	2021		2022	
		外商直接投资合同项目(个) Number of FDI Contracts (unit)	外商直接投资 Foreign Direct Investment	外商直接投资合同项目(个) Number of FDI Contracts (unit)	外商直接投资 Foreign Direct Investment
拉丁美洲	**South America**	**876**	**783725**	**625**	**916876**
安提瓜和巴布达	Antigua and Barbuda	2		3	59
阿根廷	Argentina	30		13	15
巴哈马	Bahamas			1	
巴巴多斯	Barbados		1353		1105
伯利兹	Belize	10	2538	4	3450
多民族玻利维亚国	Bolivia	6		3	
巴西	Brazil	100	1553	53	2581
开曼群岛	Cayman Is.	191	246157	157	241631
智利	Chile	29	427	16	205
哥伦比亚	Colombia	64		54	
多米尼克	Dominica	4		3	
哥斯达黎加	Costa Rica	7		5	
古巴	Cuba	8	29	7	
多米尼加共和国	Dominica Rep.	8		3	9
厄瓜多尔	Ecuador	7		2	
格林纳达	Granada			2	
危地马拉	Guatemala	1	43	3	15
圭亚那	Guyana		10		5
海地	Haiti	2		2	
洪都拉斯	Honduras	4		2	
牙买加	Jamaica	5			
墨西哥	Mexico	44	373	37	133
巴拿马	Panama	8	144	6	1072
巴拉圭	Paraguay	1			
秘鲁	Peru	11	120	6	104
圣文森特和格林纳丁斯	Saint Vincent & Grenadines			1	
萨尔瓦多	El Salvador			1	
苏里南	Surinam	3			
特立尼达和多巴哥	Trinidad and Tobago	5		2	
特克斯和凯科斯群岛	Turks & Caicos Is.				266
乌拉圭	Uruguay	4	19	2	332
委内瑞拉	Venezuela	21		11	
英属维尔京群岛	Virgin Is. (E)	291	528097	218	663493
圣其茨和尼维斯	St. Kitts-Nevis	5	725	4	
拉丁美洲其他国家(地区)	Other Countries (Regions)in Latin America	5	2137	4	2401
北美洲	**North America**	**3013**	**279199**	**2336**	**287839**
加拿大	Canada	930	20269	750	16571
美国	United States	2068	246746	1583	221457
百慕大	Bermuda	15	12184	3	49811
大洋洲及太平洋岛屿	**Oceanic and Pacific Islands**	**748**	**98004**	**645**	**120516**
澳大利亚	Australia	510	29953	453	40211
库克群岛	Cook Islands				132
斐济	Fiji	2		2	
瓦努阿图	Vanuatu	6		32	
新西兰	New Zealand	129	1782	83	1168
巴布亚新几内亚	Papua New Guinea	1			
汤加	Tonga			2	
萨摩亚	Samoa	72	62144	65	74734
马绍尔群岛	Marshall. Is.	15	2705	8	4271
大洋洲其他国家(地区)	Other Countries (Regions)in Oceania	13	1420		
其他	**Others**		**2485**		**86**

7-4 历年外商投资企业登记概况

Status of Registered Enterprises with Foreign Capital

年 份 Year	企业数 (户) Number of Enterprises (unit)	投资总额 (万美元) Total Investment (USD 10 000)	注册资本(万美元) Registered Capital (USD 10 000)	
			小 计 Subtotal	#外 方 Foreign Partner
1980	7	470	432	179
1981	82	13248	11411	6646
1982	330	65085	60697	44201
1983	616	176747	143037	89589
1984	1999	434644	325086	207109
1985	4912	1641154	834410	508846
1986	6524	2140438	1163741	582717
1987	8546	2641308	1466820	827307
1988	13747	3780628	2154354	1169072
1989	18968	4690829	2759003	1501813
1990	25389	5457370	3304208	1866511
1991	37215	7178332	4465808	2577358
1992	84371	17845550	11598693	6866484
1993	167507	38238877	24563127	15018236
1994	206096	49072446	31227534	19631486
1995	233564	63900854	39912302	25688422
1996	240447	71532202	44148483	28979610
1997	235681	75347010	45981372	30298675
1998	227807	77422942	46728674	31371224
1999	212436	77856752	46354938	31668255
2000	203208	82467505	48394975	33719912
2001	202306	87501079	50579271	35968275
2002	208056	98189328	55211904	40199985
2003	226373	111735062	62264052	46577863
2004	242284	131118108	72848575	55799291
2005	260000	146399267	81203319	63193522
2006	274863	170756477	94647381	74062533
2007	286232	210878940	115541864	92114807
2008	434937	232413047	130055348	103885057
2009	434248	249996531	140348130	113694532
2010	445244	270593108	157384290	125896928
2011	446487	299312402	172942962	138102850
2012	440609	326104777	188141484	149034975
2013	445962	351760847	202802980	160771193
2014	460699	379772862	218351038	174138864
2015	481179	453902025	266815811	207567406
2016	505151	512400783	312433576	239184522
2017	539345	689924356	371071855	282661856
2018	593276	777379774	427385951	323419281
2019	627223	884006368	501597454	378944846
2020	635402	1364369528	843342495	628231332
2021	663562	1795715804	1119639829	855970331
2022	674140	2004248092	1387307707	1092354203

注：本数据来源于国家市场监督管理总局，从2008年起企业户数包含分支机构。
Note: Data in this table is from State Administration for Market Regulation. The number of enterprises includes branches Since 2008.

7-5 年末登记外商投资企业行业分布情况(2022年)

Registered Foreign-funded Enterprises by Sector at the Year-end(2022)

行业	Sector	企业数(户) Number of Enterprises (unit)	投资额(万美元) Total Investment (USD 10 000)	注册资本(万美元) Registered Capital (USD 10000)	
				小计 Subtotal	#外方 Foreign Partner
总计	**Total**	**674140**	**2004248092**	**1387307707**	**1092354203**
农、林、牧、渔业	Agriculture, Forestry, Animal Husbandry and Fishery	6809	108274445	17938056	16014819
采矿业	Mining	743	2846298	1792978	1202562
制造业	Manufacturing	121415	297138646	182787608	126159896
电力、热力、燃气及水生产和供应业	Production and Supply of Electricity, Heat, Gas and Water	6078	39270621	19235406	12855126
建筑业	Construction	7958	21344321	16278419	10048343
批发和零售业	Wholesale and Retail Trades	205902	132491065	108507633	80663885
交通运输、仓储和邮政业	Transport, Storage and Post	13890	30523731	15355932	9363612
住宿和餐饮业	Hotels and Catering Services	44856	5754504	4425224	3712001
信息传输、软件和信息技术服务业	Information Transmission, Software and Information Technology	53959	201730787	166423276	153067698
金融业	Financial Intermediation	16556	55128918	49476745	31052150
房地产业	Real Estate	18716	221230698	144771477	128541206
租赁和商务服务业	Leasing and Business Services	89328	475595582	353455736	253709536
科学研究和技术服务业	Scientific Research and Technical Services	64851	329966705	239596832	207609289
水利、环境和公共设施管理业	Management of Water Conservancy, Environment and Public Facilities	1683	11694942	10140590	6952367
居民服务、修理和其他服务业	Service to Households, Repair and Other Services	6624	13272779	6783241	4398136
教育	Education	940	1502938	1012505	943342
卫生和社会工作	Health and Social Service	904	8146973	3382786	2749206
文化、体育和娱乐业	Culture, Sports and Entertainment	11364	15089646	13146415	10867601
其他	Others	1564	33244492	32796848	32443428

7-6 各地区年末登记的外商投资企业数及投资额
Number and Investment of Registered Enterprises with Foreign Capital by Region or Department at the Year-end

地　区	Region	企业数（户）Number of Enterprises (unit)		投资总额（万美元）Total Investment (USD 10 000)	
		2021	2022	2021	2022
总　计	**Total**	**663562**	**674140**	**1795715804**	**2004248092**
北　京	Beijing	34079	34426	71718060	75400421
天　津	Tianjin	15021	14616	102167259	30574588
河　北	Hebei	10187	10494	23538115	26671778
山　西	Shanxi	3730	3780	8903882	6172397
内蒙古	Inner Mongolia	3200	3186	6061543	5064145
辽　宁	Liaoning	16363	16309	46026427	51706013
吉　林	Jilin	4250	4221	14375456	12642204
黑龙江	Heilongjiang	5888	5853	17340098	17976083
上　海	Shanghai	97342	98408	121553662	125590036
江　苏	Jiangsu	64643	65078	143085978	149157040
浙　江	Zhejiang	45922	46944	66732222	70689906
安　徽	Anhui	8490	8407	32476547	33874135
福　建	Fujian	32450	33062	33715497	39403929
江　西	Jiangxi	7033	7308	15179629	16119875
山　东	Shandong	36756	37099	163280515	255172392
河　南	Henan	10307	10217	10515432	10296546
湖　北	Hubei	12940	13230	23269891	25281050
湖　南	Hunan	11698	12599	23571460	24640063
广　东	Guangdong	185553	189439	232847080	241414751
广　西	Guangxi	7028	7276	90055139	97066615
海　南	Hainan	6071	7161	452723326	567040204
重　庆	Chongqing	6873	6936	13352877	15604190
四　川	Sichuan	14733	14918	23856723	26819348
贵　州	Guizhou	3488	3582	9456017	21471448
云　南	Yunnan	6130	6322	16413695	23686391
西　藏	Tibet	300	288	273333	272925
陕　西	Shaanxi	7082	7392	19549024	20048802
甘　肃	Gansu	2396	2037	4180826	4103473
青　海	Qinghai	734	728	1019876	1081659
宁　夏	Ningxia	910	865	2795622	3042430
新　疆	Xinjiang	1965	1959	5680594	6163256

7-7 各地区外商投资企业年末注册资本

Registered Capital of Foreign-funded Enterprises by Region or Department at the Year-end

单位：万美元

Unit: USD 10 000

地　区	Region	注册资本 Registered Capital		外方注册资本 Registered Foreign Capital	
		2021	2022	2021	2022
总　计	**Total**	**1119639829**	**1387307707**	**855970331**	**1092354203**
北　京	Beijing	47848703	51714407	30086812	34043583
天　津	Tianjin	25994803	26118871	19735582	20150474
河　北	Hebei	11431602	14463619	8899431	11665667
山　西	Shanxi	6614451	6172397	4046016	5864051
内蒙古	Inner Mongolia	2373822	2432492	1652073	1632494
辽　宁	Liaoning	25983053	27063068	19831468	21010150
吉　林	Jilin	11544536	7735044	4293028	4847062
黑龙江	Heilongjiang	15195748	15806671	8412634	8680834
上　海	Shanghai	80650841	83076186	60859923	64071747
江　苏	Jiangsu	80578962	88258439	64541007	68445821
浙　江	Zhejiang	45188029	48262647	32675628	34442662
安　徽	Anhui	23629032	16555897	14853517	9253483
福　建	Fujian	21921577	28125275	16399472	19875233
江　西	Jiangxi	10443940	10704783	6915916	7892800
山　东	Shandong	106652039	196917530	78568586	155005225
河　南	Henan	7495408	7430271	5753367	5738610
湖　北	Hubei	15618466	17395619	10930878	12466307
湖　南	Hunan	12546549	13450334	8925855	10220275
广　东	Guangdong	107237736	113631817	81297634	85212722
广　西	Guangxi	11952513	15803586	9739947	13427688
海　南	Hainan	396577054	519850821	330194725	440450990
重　庆	Chongqing	8778722	11001827	6775403	7846726
四　川	Sichuan	11876352	14006271	8839757	10970432
贵　州	Guizhou	5092595	16608913	4250942	15337357
云　南	Yunnan	8240491	14868562	6488608	12380936
西　藏	Tibet	209779	214151	174690	178829
陕　西	Shaanxi	10085290	10534622	5150372	5401469
甘　肃	Gansu	3300404	3332025	2675472	2693906
青　海	Qinghai	564634	580763	277292	297478
宁　夏	Ningxia	1352058	1592770	957876	1052614
新　疆	Xinjiang	2660640	3598026	1766421	1796577

对外投资与经济合作

OVERSEAS DIRECT INVESTMENT AND ECONOMIC COOPERATION

第8篇

8-1 按主要国别(地区)分对外直接投资
Outward Foreign Direct Investment by Country or Region

单位：万美元

Unit: USD 10 000

国家（地区）	Country or Region	对外直接投资流量 Outward FDI Flows		截至2022年对外直接投资存量 Outward FDI Stock at the End of 2022
		2021	2022	
总　计	**Total**	**17881932**	**16312100**	**275481407**
亚洲	**Asia**	**12810205**	**12428354**	**183185842**
#中国香港*	Hong Kong, China	10119088	9753423	158867384
印度	India	27946	-33120	348339
印度尼西亚	Indonesia	437251	454960	2472206
日本	Japan	76214	39648	507519
中国澳门*	Macao, China	88192	212752	1268642
新加坡*	Singapore	840504	829538	7344991
韩国*	Republic of Korea	47804	53714	667415
泰国*	Thailand	148601	127180	1056778
越南*	Vietnam	220762	170301	1166072
非洲	**Africa**	**498664**	**181183**	**4090118**
#阿尔及利亚*	Algeria	18471	2145	162192
苏丹	Sudan	9429	-17190	88595
几内亚	Guinea	48717	3911	104504
马达加斯加	Madagascar	-962	-6239	28194
尼日利亚*	Nigeria	20167	11964	232399
南非*	South Africa	36359	68309	574169
欧洲	**Europe**	**1087480**	**1033598**	**14107293**
#英国*	United Kingdom	190355	282306	1934889
德国	Germany	271113	197864	1855056
法国	France	-15167	4848	481426
俄罗斯联邦*	Russia	-107230	23362	990155
拉丁美洲	**Latin America**	**2615851**	**1634515**	**59615291**
#巴西*	Brazil	14645	22386	340999
开曼群岛*	Cayman Islands	1075356	576238	21150887
墨西哥	Mexico	23183	48852	168391
英属维尔京群岛*	Virgin Is. (E)	1397101	911595	36728119
北美洲	**North America**	**658090**	**727119**	**10348722**
#加拿大*	Canada	93017	14676	1330599
美国*	United States	558435	729208	7917190
大洋洲	**Oceania**	**211642**	**307331**	**4134142**
#澳大利亚*	Australia	192254	278588	3578829
新西兰*	New Zealand	22461	11654	269040

注：“*”表示该国家(地区)2022年年末存量数据中包含对以往历史数据进行调整。
Note: "*" The stock for 2022 are recomputed after adjustment of historical Data.

8-2 按行业分对外直接投资

Outward Foreign Direct Investment by Sector

单位：万美元

Unit: USD 10 000

行　业	Sector	对外直接投资流量 Outward FDI Flows 2021	2022	截至2022年对外直接投资存量 Outward FDI Stock at the End of 2022
总　计	**Total**	**17881932**	**16312100**	**275481407**
农、林、牧、渔业	Agriculture, Forestry, Animal Husbandry and Fishery	93075	51171	1870758
采矿业	Mining	841498	1510082	21012660
制造业	Manufacturing	2686673	2715370	26800418
电力、热力、燃气及水生产和供应业	Production and Supply of Electricity, Heat, Gas and Water	438908	544673	5480235
建筑业	Construction	461908	144150	5119943
批发和零售业	Wholesale and Retail Trades	2815201	2116908	36159321
交通运输、仓储和邮政业	Transport, Storage and Post	1222621	1503813	9684013
住宿和餐饮业	Hotels and Catering Services	26933	1398	383212
信息传输、软件和信息技术服务业	Information Transmission, Software and Information Technology	513591	169329	13849128
金融业	Financial Intermediation	2679879	2212554	30390595
房地产业	Real Estate	409785	220654	8802764
租赁和商务服务业	Leasing and Business Services	4935732	4347973	107373450
科学研究和技术服务业	Scientific Research and Technical Services	507213	481719	4455413
水利、环境和公共设施管理业	Management of Water Conservancy, Environment and Public Facilities	22494	18270	291224
居民服务、修理和其他服务业	Service to Households, Repair and Other Services	180948	67915	1414860
教育	Education	2825	24093	938188
卫生和社会工作	Health and Social Service	33877	28626	334214
文化、体育和娱乐业	Culture, Sports and Entertainment	8773	153403	1121011
公共管理、社会保障和社会组织	Public Management, Social Security and Social Organization	--	--	--

8-3 对外经济合作概况
Foreign Economic Cooperation

年　份 Year	对外承包工程 Foreign Engineering Projects				对外劳务合作 Foreign Labour Services	
	合同数 (份) Number of Contracts (unit)	合同金额 (亿美元) Contract Value (USD 100 million)	完成营业额 (亿美元) Turnover (USD 100 million)	年末在外人数 (万人) Personnel Abroad by the End of Year (10 000 persons)	派出劳务人数 (万人) Dispatched Labor (10 000 persons)	年末在外人数 (万人) Personnel Abroad by the End of Year (10 000 persons)
1979	27	0.33				
1980	138	1.40				
1981	250	2.76	1.23			
1982	195	3.46	1.89			
1983	280	7.99	3.16			
1984	344	15.38	4.94	2.19		2.76
1985	465	11.16	6.63	3.06		2.49
1986	486	11.89	8.19	2.74		1.90
1987	616	16.48	10.73	3.13		3.19
1988	642	18.13	12.53	3.00		3.98
1989	776	17.81	14.84	2.40		4.31
1990	920	21.25	16.44	2.18		3.61
1991	1171	25.24	19.70	2.15		6.83
1992	1164	52.51	24.03	2.54		10.56
1993	1393	51.89	36.69	3.42		13.09
1994	1702	60.28	48.83	3.83		18.43
1995	1558	76.65	52.41	3.84		22.59
1996	1634	79.93	59.85	3.88		24.66
1997	2085	88.07	62.18	4.78		28.55
1998	2322	93.83	78.58	6.11		29.08
1999	2527	103.70	86.12	5.53		32.65
2000	2597	119.52	85.13	5.56		36.93
2001	5836	131.27	89.62	6.00		41.47
2002	4036	151.37	112.80	7.85		41.04
2003	3708	178.40	139.22	9.40		42.97
2004	6694	241.95	176.15	11.47	17.30	41.94
2005	9502	299.68	219.90	14.48	18.34	41.87
2006	12996	664.16	303.21	19.86	21.48	47.52
2007	6282	786.32	411.26	23.60	21.49	50.51
2008	5411	1054.51	570.60	27.16	22.49	46.71
2009	7280	1262.10	777.06	32.69	18.01	45.03
2010	9544	1343.67	921.70	37.65	18.68	47.01
2011	6381	1423.32	1034.24	32.40	20.91	48.84
2012	6710	1565.29	1165.97	34.46	27.84	50.56
2013	11578	1716.29	1371.43	37.01	25.57	48.26
2014	7740	1917.56	1424.11	40.89	29.26	59.69
2015	8662	2100.74	1540.74	40.86	27.68	61.83
2016	19157	2440.10	1594.17	37.29	26.40	59.60
2017	22774	2652.76	1685.87	37.68	30.02	60.23
2018	10985	2418.04	1690.44	39.07	26.50	60.61
2019	11932	2602.45	1729.01	36.81	27.60	62.41
2020	9933	2555.36	1559.35	27.34	16.23	34.98
2021	10786	2584.94	1549.43	25.84	18.98	33.39
2022	9823	2530.70	1549.92	21.68	17.92	32.66

8-4 分国别(地区)对外承包工程合同金额
Contract Value of Foreign Engineering Projects by Country or Region

单位：万美元

Unit: USD 10 000

国别(地区)	Country/Region	2019	2020	2021	2022
总　计	**Total**	**26024542**	**25553561**	**25849446**	**25306990**
亚洲	**Asia**	**14112776**	**14297668**	**12247438**	**12321019**
阿富汗	Afghanistan	4110	10633	13	
巴林	Bahrain	4		23	1154
孟加拉国	Bangladesh	1348362	1317370	420307	303722
文莱	Brunei	13289	19718	5251	5627
缅甸	Myanmar	630710	540983	97148	94969
柬埔寨	Cambodia	557610	662194	329878	367091
塞浦路斯	Cyprus	57676			2669
中国香港	Hong Kong, China	805556	1554882	1068954	986361
印度	India	517278	228346	166836	142729
印度尼西亚	Indonesia	1408053	1192314	1616803	1424954
伊朗	Iran	311455		5647	66651
伊拉克	Iraq	538670	507211	538200	1054305
以色列	Israel	138642	195682	87771	157823
日本	Japan	42486	43663	38162	17782
约旦	Jordan	2069	2211	5497	5460
科威特	Kuwait	103831	42489	175710	72449
老挝	Laos	215527	263443	111228	204874
黎巴嫩	Lebanon	5627			
中国澳门	Macao, China	336934	309261	252662	113664
马来西亚	Malaysia	733104	533098	817481	903315
马尔代夫	Maldives	41137	36688	10279	57095
蒙古	Mongolia	405644	239278	382212	409668
尼泊尔	Nepal	102554	186772	128155	111376
阿曼	Oman	19800	75859	66185	66047
巴基斯坦	Pakistan	706300	636957	440265	326713
巴勒斯坦	Palestine	103		1076	378
菲律宾	Philippines	624058	959723	1110501	1051171
卡塔尔	Qatar	52999	59968	41350	110099
沙特阿拉伯	Saudi Arabia	1128667	768051	588451	971041
新加坡	Singapore	506046	477605	619412	532204
韩国	Korea	82649	75121	91165	42845
斯里兰卡	Sri Lanka	278608	104279	372513	215848
叙利亚	Syria				1840
泰国	Thailand	332860	966819	549803	312011
土耳其	Turkey	134195	459917	253496	131281
阿联酋	United Arab Emirates	662390	610119	465646	479925
也门	Yemen	857		4274	5559
越南	Vietnam	439110	494758	806815	638459
中国台湾	Taiwan, China	6037	26972	4340	23142
东帝汶	East Timor	101131	3846	26010	11340
哈萨克斯坦	Kazakhstan	535712	162774	344701	429677
吉尔吉斯斯坦	Kirghizia	3535	15250	15153	20442
塔吉克斯坦	Tadzhikistan	41344	50866	42911	92056
土库曼斯坦	Turkmenistan	17726	45680	75012	19117
乌兹别克斯坦	Uzbekistan	118320	277053	70141	336089

8-4 续表 1 Continued 1

单位：万美元
Unit: USD 10 000

国别(地区)	Country/Region	2019	2020	2021	2022
非洲	**Africa**	**5592753**	**6790041**	**7788133**	**7322464**
阿尔及利亚	Algeria	373014	205687	154934	398470
安哥拉	Angola	80906	125327	268177	500652
贝宁	Benin	1392	38740	153919	40431
博茨瓦纳	Botswana	12535	57934	71364	90513
布隆迪	Burundi	5379	1127	4656	774
喀麦隆	Cameroon	86285	111053	124938	83847
佛得角	Cape Verde	4	2241	1081	
中非	Central African	2352	5696	4294	6169
乍得	Chad	67293	84934	40030	52259
科摩罗	Comoros	4932	1336	1143	5833
刚果(布)	Congo	29726	49362	33947	136052
吉布提	Djibouti	4643	15859	23582	7074
埃及	Egypt	258992	316561	396071	329937
赤道几内亚	Eq. Guinea	68364	26369	53149	8756
埃塞俄比亚	Ethiopia	269104	265288	332433	302270
加蓬	Gabon	25119	79919	35667	4292
冈比亚	Gambia	8089	1662	2305	3717
加纳	Ghana	429176	1241632	568647	543354
几内亚	Guinea	266217	286731	924930	530781
几内亚(比绍)	Guinea Bissau	1231	2728	9015	402
科特迪瓦	Cote d'Ivoire	349068	598506	223897	334555
肯尼亚	Kenya	137806	323698	464463	185946
利比里亚	Liberia	30361	35811	32571	36740
利比亚	Libya	7747		877	2956
马达加斯加	Madagascar	92250	68921	66449	48001
马拉维	Malawi	17931	13716	47715	52481
马里	Mali	13486	5048	95641	1809
毛里塔尼亚	Mauritania	20856	2086	5612	17588
毛里求斯	Mauritius	30445	29637	5045	18143
摩洛哥	Morocco	23134	74977	94192	25820
莫桑比克	Mozambique	98681	285950	165564	119573
纳米比亚	Namibia	34074	26918	66452	6998
尼日尔	Niger	95475	42862	174884	27603
尼日利亚	Nigeria	1255716	783322	1006733	995661
卢旺达	Rwanda	49475	57365	50392	45539
圣多美和普林西比	Sao Tome and Principe	238		7	63
塞内加尔	Senegal	102501	148907	91714	230813
塞舌尔	Seychelles	702	1930	675	2011
塞拉利昂	Sierra Leone	7185	58761	30836	52123
索马里	Somali	2971		3460	48720
南非	S. Africa	106113	72207	177247	232738
苏丹	Sudan	24007	77862	85606	55495
坦桑尼亚	Tanzania	125824	116377	306804	467168
多哥	Togo	1731	9751	9889	30483
突尼斯	Tunisia	17737	10132	7576	5518
乌干达	Uganda	118336	95966	142743	305499
布基纳法索	Burkina Faso	14032		17054	9502
刚果(金)	Congo DR	356270	203233	366080	432950
赞比亚	Zambia	220912	332160	300119	113903
津巴布韦	Zimbabwe	84581	255041	513015	113569
莱索托	Lesotho	41564	13092	13981	6919
厄立特里亚	Eritrea	13	446	280	95221
南苏丹	Republic of South Sudan	116778	89292	16281	154771

8-4 续表 2 Continued 2

单位：万美元

Unit: USD 10 000

国别(地区)	Country/Region	2019	2020	2021	2022
欧洲	**Europe**	**3230692**	**2088434**	**2724196**	**2052590**
比利时	Belgium	16753	25662	1801	4531
丹麦	Denmark	1788	3154	2140	981
英国	United Kingdom	60675	83027	43914	46306
德国	Germany	62042	52283	67446	65500
法国	France	163303	145761	121867	129425
爱尔兰	Ireland	1155		9237	1
意大利	Italy	9213	3072	13022	21163
卢森堡	Luxembourg			120	832
荷兰	Netherlands	14115	10216	10605	8020
希腊	Greece	44874	13352	9322	40899
葡萄牙	Portugal	7480	8721	56498	55781
西班牙	Spain	229643	158786	138842	159708
阿尔巴尼亚	Albania	3900		23200	
奥地利	Austria	16652	5996	8814	5750
保加利亚	Bulgaria	5749	14594	5546	8619
芬兰	Finland	85006	1127	1149	131
直布罗陀	Gibraltar				2979
匈牙利	Hungary	59613	121829	4414	35413
冰岛	Iceland				
马耳他	Malta	12187			82
摩纳哥	Monaco				
挪威	Norway	40221	26900	7042	778
波兰	Poland	109589	145171	154716	138817
罗马尼亚	Romania	8914	14180	12479	92008
瑞典	Sweden	10614	5097	14041	12078
瑞士	Switaerland	5919		2220	389
爱沙尼亚	Estonia	3			
拉脱维亚	Latvia	1040			
立陶宛	Lithuania	253			
格鲁吉亚	Georgia	49833	39736	8058	23035
亚美尼亚	Armenia			4585	209
阿塞拜疆	Azerbaijan	12372	3906	5036	34524
白俄罗斯	Byelorussia	66705	171264	15387	19274
摩尔多瓦	Moldavia	13433			
俄罗斯	Russia	1691792	587047	510810	475293
乌克兰	Ukraine	257529	213592	738965	50154
斯洛文尼亚	Slovenia				10
克罗地亚	Croatia	9944	19701	1873	10918
捷克	Czech Rep.	5907	6725	8471	7916
斯洛伐克	Slovak	500		6862	6754
马其顿	Macedonia	22019	5156	3984	26353
波黑	Bosnia and Hercegovina	2654		59407	99865
塞尔维亚	Serbia	121245	156717	652247	464576
黑山	Montenegro	6058	7713	76	3517

单位：万美元

Unit: USD 10 000

国别(地区)	Country/Region	2019	2020	2021	2022
拉丁美洲	**Latin America**	**1987218**	**1483811**	**1997880**	**2712761**
安提瓜和巴布达	Antigua Barbuda	10035	10050	195	9069
阿根廷	Aruba	179789	83179	406733	334473
巴哈马	Bahamas	3998		470	421
巴巴多斯	Barbados	48		1580	21252
伯利兹	Belize				
玻利维亚	Bolivia	87937	35444	46695	166376
巴西	Brazil	303418	325022	167602	179642
智利	Chile	23913	59035	195860	297747
哥伦比亚	Colombia	512286	281262	157681	554165
多米尼克	Dominica	5616	9212	2673	1204
哥斯达黎加	CostaRica	972	1521	122	3919
古巴	Cuba	27336		24030	7792
库腊索岛	Curacao				
多米尼加共和国	Dominican Rep.	14644	2056	11415	1122
厄瓜多尔	Ecuador	80612	81392	44784	85292
格林纳达	Grenada	177511			6
危地马拉	Guatemala				61
圭亚那	Guyana	2317	28496	11884	73064
洪都拉斯	Honduras	10100		37	231
牙买加	Jamaica	5905	5847	38616	19859
墨西哥	Mexico	186559	253397	303687	502636
尼加拉瓜	Nicaragua	369		31	2073
巴拿马	Panama	18223	18961	7044	1686
巴拉圭	Paraguay	1183			
秘鲁	Peru	166294	171488	382407	265677
萨尔瓦多	El Salvador	100		4276	788
苏里南	Suriname	1650	9176	1255	12744
特立尼达和多巴哥	Trinidad & Tobago	26177	16687	131260	12172
乌拉圭	Uruguay	94		20652	87120
委内瑞拉	Venezuela	140131	53641	36892	72170
北美洲	**North America**	**276215**	**113322**	**120835**	**123944**
加拿大	Canada	28773	21146	29357	23019
美国	United States	247441	92176	91478	100925
格陵兰	Greenland				
大洋洲及太平洋岛屿	**Oceania and Pacific Is.**	**824872**	**780285**	**927636**	**751101**
澳大利亚	Australia	541512		613896	527818
库克群岛	Cook Islands				
斐济	Fiji	35754	18048	5999	51280
瑙鲁	Nauru			1431	
瓦努阿图	Vanuatu	10477	5070	6864	71576
新西兰	New Zealand	32834	9251	39652	17860
巴布亚新几内亚	Papua New Guinea	93680	69890	160438	72331
所罗门群岛	Solomon Is.	82693		88910	7427
汤加	Tonga	133	1106	579	
萨摩亚	Samoa	2389	189	4001	
基里巴斯	Kiribati			50	2786
图瓦卢	Tuvalu				24
密克罗尼西亚联邦	Micronesia Commonwealth	1081			
马绍尔群岛共和国	Marshall. Is.	448		1907	
帕劳共和国	Republic of Palau	22691			
纽埃	Niue	1180			
其他	**Others**	**17**		**43326**	**23111**

8-5 分国别(地区)对外承包工程营业额
Turnover of Foreign Engineering Projects by Country or Region

单位：万美元

Unit: USD 10 000

国别(地区)	Country/Region	2019	2020	2021	2022
总　　计	**Total**	**17290137**	**15593516**	**15494331**	**15499166**
亚洲	**Asia**	**9814559**	**8913866**	**8634511**	**8242702**
阿富汗	Afghanistan	9094	3425	1958	
巴林	Bahrain	777		14919	23815
孟加拉国	Bangladesh	530261	550183	597627	554289
文莱	Brunei	95842	10338	7455	6829
缅甸	Myanmar	186295	186185	63215	32568
柬埔寨	Cambodia	277501	348846	268029	224989
塞浦路斯	Cyprus	9		2724	11430
朝鲜	Korea DPR				
中国香港	Hong Kong, China	636979	789962	716177	893799
印度	India	253864	180072	190167	201815
印度尼西亚	Indonesia	870537	712110	697737	684303
伊朗	Iran	104580		49496	39675
伊拉克	Iraq	414119	328905	294484	338277
以色列	Israel	117498	148805	156100	173008
日本	Japan	36324	39536	41372	32028
约旦	Jordan	33464	12813	4038	3987
科威特	Kuwait	257476	202205	143840	140102
老挝	Laos	520725	382892	240152	72831
黎巴嫩	Lebanon	177		772	1555
中国澳门	Macao, China	132498	131782	177100	194000
马来西亚	Malaysia	730343	685330	632797	639983
马尔代夫	Maldives	109055	48094	28685	28268
蒙古	Mongolia	67100	62989	100344	83026
尼泊尔	Nepal	63821	39965	39501	55569
阿曼	Oman	69384	48919	54320	108908
巴基斯坦	Pakistan	967401	732401	673461	455664
巴勒斯坦	Palestine	2394		1375	497
菲律宾	Philippines	275952	282550	325104	339250
卡塔尔	Qatar	50686	42344	63095	53194
沙特阿拉伯	Saudi Arabia	620768	618904	515554	664150
新加坡	Singapore	354948	235736	292664	428575
韩国	Korea	133503	72691	43533	52350
斯里兰卡	Sri Lanka	222470	128719	129898	98575
叙利亚	Syria				736
泰国	Thailand	287001	263427	270380	262958
土耳其	Turkey	66849	92180	116140	114118
阿联酋	United Arab Emirates	512286	818541	865749	538515
也门共和国	Yemen Rep.	1043		3083	4061
越南	Vietnam	394010	292980	471574	289720
中国台湾	Taiwan, China	10322		2846	15678
东帝汶	East Timor	25926	23359	19706	7898
哈萨克斯坦	Kazakhstan	198174	149105	116299	116515
吉尔吉斯斯坦	Kirghizia	26562	13765	18988	16707
塔吉克斯坦	Tadzhikistan	23957	36891	50630	46730
土库曼斯坦	Turkmenistan	33699	16522	27420	41204
乌兹别克斯坦	Uzbekistan	88881	95709	104002	150550

8-5 续表 1 Continued 1

单位：万美元
Unit: USD 10 000

国别(地区)	Country/Region	2019	2020	2021	2022
非洲	**Africa**	**4601260**	**3833046**	**3711556**	**3784445**
阿尔及利亚	Algeria	633548	468811	382422	284332
安哥拉	Angola	286588	151473	209946	288716
贝宁	Benin	24418	23431	27116	66910
博茨瓦纳	Botswana	16828	19391	39541	48798
布隆迪	Burundi	8619	5046	5941	2817
喀麦隆	Cameroon	139905	89251	85344	65996
佛得角	Cape Verde	6671	2600	1983	168
中非	Central African	8743	4995	7226	5006
乍得	Chad	73283	53709	74812	65887
科摩罗	Comoros	3247	3859	3763	3023
刚果(布)	Congo	36912	57338	62324	28492
吉布提	Djibouti	22901	12174	16055	14198
埃及	Egypt	318959	299339	194545	273486
赤道几内亚	Eq.Guinea	58197	34048	36375	36874
埃塞俄比亚	Ethiopia	249597	292473	201984	158414
加蓬	Gabon	27101	6831	21656	14652
冈比亚	Gambia	7432	5570	1640	269
加纳	Ghana	81703	112219	158413	128975
几内亚	Guinea	121800	177794	110059	125368
几内亚(比绍)	Guinea Bissau	988	1374	1651	3112
科特迪瓦	Cote d'Ivoire	109277	91750	106657	156614
肯尼亚	Kenya	416763	295700	242120	210631
利比里亚	Liberia	44020	22727	20662	13116
利比亚	Libya	2108		1149	2000
马达加斯加	Madagascar	11482	19954	36865	32063
马拉维	Malawi	15374	16598	17494	44971
马里	Mali	42572	28204	44219	43037
毛里塔尼亚	Mauritania	29504	13882	4668	4537
毛里求斯	Mauritius	11815	18691	12113	14330
摩洛哥	Morocco	33525	21984	22361	24217
莫桑比克	Mozambique	100144	67568	77074	75171
纳米比亚	Namibia	44571	27891	29048	28687
尼日尔	Niger	29965	40047	63917	101569
尼日利亚	Nigeria	459559	351036	411301	459042
卢旺达	Rwanda	30873	31770	33421	37029
圣多美和普林西比	Sao Tome & Principe	90		303	454
塞内加尔	Senegal	88416	52107	82485	78018
塞舌尔	Seychelles	2600	1393	1098	2424
塞拉利昂	Sierra Leone	12831	9208	9961	7677
索马里	Somalia			3081	2000
南非	S. Africa	55788	49127	80539	64079
苏丹	Sudan	38128	31721	35075	34393
坦桑尼亚	Tanzania	128283	145623	166600	130181
多哥	Togo	11941	8497	9553	7250
突尼斯	Tunisia	9367	8522	12075	9486
乌干达	Uganda	154038	121940	105430	110898
布基纳法索	Burkina Faso	1354		3252	7479
刚果(金)	Congo DR	244650	202503	207005	256488
赞比亚	Zambia	257497	202219	124999	115202
津巴布韦	Zimbabwe	55569	72961	69895	56633

8-5 续表 2 Continued 2

单位：万美元
Unit: USD 10 000

国别(地区)	Country/Region	2019	2020	2021	2022
莱索托	Lesotho	7170	7927	10622	11132
斯威士兰	Swaziland		2164		
厄立特里亚	Eritrea	256	29461	381	6978
南苏丹	Republic of South Sudan	24291		23338	21163
欧洲	**Europe**	**1062769**	**1396201**	**1568408**	**1595272**
比利时	Belgium	15945	11550	705	5208
丹麦	Denmark	1918	1955	942	2286
英国	United Kingdom	64045	68011	49126	39586
德国	Germany	50129	50441	81282	70446
法国	France	127388	147180	121762	111465
爱尔兰	Ireland	100		349	1
意大利	Italy	19426	9156	15290	13599
卢森堡	Luxembourg			297	1562
荷兰	Netherlands	17496	14228	9463	9536
希腊	Greece	18125	8666	13992	11327
葡萄牙	Portugal	13361	7415	40974	12423
西班牙	Spain	78236	89611	77101	111268
阿尔巴尼亚	Albania	2458		18	
奥地利	Austria	6137	6256	10222	9267
保加利亚	Bulgaria	7984	5219	7479	7904
芬兰	Finland	130	480	1355	520
直布罗陀	Gibraltar				2363
匈牙利	Hungary	2668	10563	11851	16328
冰岛	Iceland				
马耳他	Malta				82
摩纳哥	Monaco	766		191	81
挪威	Norway	25739	23672	14102	4093
波兰	Poland	5515	46575	79030	51695
罗马尼亚	Romania	6997	8826	10717	14147
瑞典	Sweden	8026	6814	7171	10763
瑞士	Switzerland	1884		1606	1927
爱沙尼亚	Estonia	3		4	
拉脱维亚	Latvia	40			
立陶宛	Lithuania	25			
格鲁吉亚	Georgia	29936	41016	49295	61839
亚美尼亚	Armenia	5037		3438	2517
阿塞拜疆	Azerbaijan	2626	1824	2042	4051
白俄罗斯	Belorussia	63714	104052	40014	62595
摩尔多瓦	Moldavia			1003	
俄罗斯	Russia	276681	426451	556905	652668
乌克兰	Ukraine	72809	66566	55318	45391
斯洛文尼亚	Slovenia	250			10
克罗地亚	Croatia	21505	32776	27171	19911
捷克	Czech Rep.	5880	7686	9638	8754
斯洛伐克	Slovak	500		65	873
马其顿共和国	Macedonia,FYR	12569	9194	15117	3152
波黑	Bosnia & Herzegovina	190		15541	15090
塞尔维亚	Serbia	61743	149651	207939	191510
黑山	Montenegro	34789	15869	29892	19035
拉丁美洲	**Latin America**	**1163818**	**788900**	**797039**	**1132964**
安提瓜和巴布达	Antigua & Barbuda	8631	7335	3756	5403
阿根廷	Argentina	161327	114033	87497	113981
阿鲁巴岛	Aruba				

8–5 续表 3 Continued 3

单位：万美元
Unit: USD 10 000

国别(地区)	Country/Region	2019	2020	2021	2022
巴哈马	Bahamas	2110		343	488
巴巴多斯	Barbados	2065		3680	17892
伯利兹	Belize				
玻利维亚	Bolivia	143034	42824	83527	69055
巴西	Brazil	225237	163649	115896	165784
智利	Chile	14086	22703	30373	85132
哥伦比亚	Colombia	26138	25727	60624	78510
多米尼克	Dominica	7594	4170	2344	828
哥斯达黎加	Costa Rica	13983	11656	17236	16877
古巴	Cuba	32000		9456	8608
库腊索岛	Curacao	31			
多米尼加共和国	Republic of Dominica	6684	307	3130	7452
厄瓜多尔	Ecuador	89466	47667	71320	70638
格林纳达	Grenade	1468		1172	3623
危地马拉	Guatemala	500		55	227
圭亚那	Guyana	10628	7772	10943	8673
洪都拉斯	Honduras	8634		8580	979
牙买加	Jamaica	22918	20519	30498	27203
墨西哥	Mexico	90731	129634	75475	140560
尼加拉瓜	Nicaragua	4		413	400
巴拿马	Panama	34510	10469	16941	21336
巴拉圭	Paraguay			106	
秘鲁	Peru	110587	92355	110014	229309
萨尔瓦多	El Salvador	108		1750	3981
苏里南	Suriname	3009	5375	459	4662
特立尼达和多巴哥	Trinidad & Tobago	49834	11376	8620	10504
乌拉圭	Uruguay	2247		2077	3126
委内瑞拉	Venezuela	96254	41089	40754	37732
北美洲	**North America**	**127013**	**146504**	**226938**	**144922**
加拿大	Canada	24185	25028	38244	38915
美国	United States	102815	121476	188694	106007
格陵兰	Greenland	13			
大洋洲及太平洋岛屿	**Oceania and Pacific Is.**	**520718**	**509870**	**555580**	**590828**
澳大利亚	Australia	391614	390368	436379	461759
库克群岛	Cook Islands				
斐济	Fiji	17474	20647	17237	17191
瑙鲁	Nauru	2192		2618	1747
新喀里多尼亚	New Caledonia				
瓦努阿图	Vanuatu	9290	5864	4429	1038
新西兰	New Zealand	24921	15870	22090	12982
巴布亚新几内亚	Papua New Guinea	71928	75607	63697	80409
所罗门群岛	Solomon Is.	23		6535	15096
汤加	Tonga	14	731	451	3
萨摩亚	Samoa	2574	783	692	429
基里巴斯	Kiribati			11	171
图瓦卢	Tuvalu			852	3
密克罗尼西亚	Micronesia	642		328	
马绍尔群岛共和国	Marshall. Is.	16		259	
帕劳共和国	Republic of Palau				
纽埃	Niue	29			
其他	**Others**			**299**	**8033**

8-6 分国别(地区)年末在境外从事承包工程人员
Personnel Abroad for Engineering Projects by Country or Region at the Year-end

单位：人
Unit: person

国别(地区)	Country/Region	2020	2021	2021	2022
总　　计	**Total**	**273434**	**258411**	**258411**	**216761**
亚洲	**Asia**	**155083**	**147695**	**147695**	**117284**
阿富汗	Afghanistan	86	1	1	5
巴林	Bahrain		625	625	36
孟加拉国	Bangladesh	7413	11626	11626	8722
文莱	Brunei	662	249	249	202
缅甸	Myanmar	1410	960	960	1091
柬埔寨	Cambodia	6331	5520	5520	5337
塞浦路斯	Cyprus			33	9
中国香港	Hongkong,China	1951	1211	1211	1953
印度	India	1292	1929	1929	893
印度尼西亚	Indonesia	18158	22364	22364	23039
伊朗	Iran		482	482	316
伊拉克	Iraq	9876	12441	12441	9015
以色列	Israel	3056	4621	4621	4908
日本	Japan	24	2	2	2
约旦	Jordan	1256	1070	1070	1069
科威特	Kuwait	2270	1795	1795	1583
老挝	Laos	16234	8518	8518	5121
黎巴嫩	Lebanon		95	95	7
中国澳门	Macao,China	992	879	879	712
马来西亚	Malaysia	7472	5564	5564	5691
马尔代夫	Maldives	1532	1024	1024	605
蒙古	Mongolia	1244	1391	1391	852
尼泊尔	Nepal	1059	1429	1429	1323
阿曼	Oman	880	1362	1362	547
巴基斯坦	Pakistan	14343	13455	13455	7730
巴勒斯坦	Balestine				1
菲律宾	Philippines	2928	2440	2440	2856
卡塔尔	Qatar	413	377	377	341
沙特阿拉伯	Saudi Arabia	19605	12469	12469	9714
新加坡	Singapore	2354	2940	2940	1840
韩国	Korea	185	138	138	111
斯里兰卡	Sri Lanka	3277	3458	3458	1828
叙利亚	Syria				25
泰国	Thailand	1561	1382	1382	1187
土耳其	Turkey	1289	2416	2416	610
阿联酋	United Arab Emirates	10558	9990	9990	5389
也门共和国	Yemen Rep.		21	21	
越南	Vietnam	6004	3483	3483	2711
中国台湾	Taiwan,China	2			10
东帝汶	Timor Leste	1131	1024	1024	449
哈萨克斯坦	Kazakhstan	2407	3087	3087	2986
吉尔吉斯斯坦	Kirghizia	675	654	654	946

8-6 续表 1 Continued 1

单位：人
Unit: person

国别(地区)	Country/Region	2019	2020	2021	2022
塔吉克斯坦	Tadzhikistan	974	1086	1754	1351
土库曼斯坦	Turkmenistan	321	116	302	191
乌兹别克斯坦	Uzbekstan	2379	2375	3114	3970
非洲	**Africa**	**120356**	**81556**	**72526**	**62686**
阿尔及利亚	Algeria	28961	13082	7951	5371
安哥拉	Angola	10725	5115	4445	3012
贝宁	Benin	987	789	595	1102
博茨瓦纳	Botswana	392	201	263	298
布隆迪	Burundi	598	232	280	153
喀麦隆	Cameroon	2398	2315	2058	1700
佛得角	Cape Verde	188	97	20	12
中非	Central African	329	194	198	142
乍得	Chad	2271	1656	1354	1101
科摩罗	Comoros	116	118	72	93
刚果(布)	Congo	2620	1295	1077	768
吉布提	Djibouti	413	542	390	309
埃及	Egypt	1663	1546	4412	6093
赤道几内亚	Eq. Guinea	2140	956	664	588
埃塞俄比亚	Ethiopia	7073	7540	5275	3474
加蓬	Gabon	746	536	229	200
冈比亚	Gambia	141	196	68	3
加纳	Ghana	1502	1903	1420	1434
几内亚	Guinea	3937	4847	4674	4213
几内亚(比绍)	Guinea bissau	16	55	114	100
科特迪瓦	Cote d'Ivoire	2179	1291	1818	2209
肯尼亚	Kenya	7596	3936	3599	3351
利比里亚	Liberia	499	282	227	273
利比亚	Libya	43			
马达加斯加	Madagascar	229	254	890	338
马拉维	Malawi	245	421	378	378
马里	Mali	885	700	381	187
毛里塔尼亚	Mauritania	967	559	504	273
毛里求斯	Mauritius	540	365	484	237
摩洛哥	Morocco	414	410	325	138
莫桑比克	Mozambique	2064	2107	1465	959
纳米比亚	Namibia	722	495	399	315
尼日尔	Niger	838	1244	971	1867
尼日利亚	Nigeria	7720	6325	5636	4478
卢旺达	Rwanda	858	753	727	579
圣多美和普林西比	Sao Tome & Principe	8		32	
塞内加尔	Senegal	1912	905	1386	1227
塞舌尔	Seychelles	166	138	94	76

8-6 续表 2 Continued 2

单位：人
Unit: person

国别(地区)	Country/Region	2019	2020	2021	2022
塞拉利昂	Sierra Leone	575	252	194	201
索马里	Somalia	1		5	2
南非	S. Africa	598	181	254	388
苏丹	Sudan	3078	1196	1088	777
坦桑尼亚	Tanzania	4222	2884	2964	2400
多哥	Togo	116	154	235	201
突尼斯	Tunisia	232	162	139	166
乌干达	Uganda	3608	1821	1848	1653
布基纳法索	Burkina Faso	3		59	322
刚果(金)	Congo DR	4806	5209	5425	4579
赞比亚	Zambia	6114	4185	3338	3007
津巴布韦	Zimbabwe	871	1033	1049	932
莱索托	Lesotho	188	156	237	238
厄立特里亚	Eritrea	166	160	175	478
南苏丹共和国	Republic of South Sudan	677	701	641	291
欧洲	**Europe**	**14084**	**13923**	**17780**	**15627**
丹麦			22	2	2
英国	United Kingdom	218	134	137	109
德国	Germany	71	86	84	71
法国	France	74	157	119	131
意大利	Italy	53	9	3	15
卢森堡	Luxembourg			5	27
荷兰	Netherlands	10	25	2	
希腊	Greece	14	10	44	33
葡萄牙	Portugal	4			
西班牙	Spain	62	57	16	9
阿尔巴尼亚	Albania	2		1	
奥地利	Austria	84	84	61	50
保加利亚	Bulgaria		3	3	3
芬兰	Finland	22	23	16	3
直布罗陀	Gibraltar				3
匈牙利	Hungary	1	23	53	97
冰岛	Iceland				
马耳他	Malta	1			
挪威	Norway	366			6
波兰	Poland	77	122	103	77
罗马尼亚	Romania	35	8	21	59
瑞典	Sweden		11	13	24
瑞士	Switzerland	57		56	59
拉脱维亚	Latvia				
立陶宛	Lithuania				
格鲁吉亚	Georgia	1768	1799	2783	2820
亚美尼亚	Armenia	96		123	110
阿塞拜疆	Azerbaijan	110	9	21	16
白俄罗斯	Byelorussia	2322	1434	1315	647
摩尔多瓦	Moldavia			7	7
俄罗斯	Russia	2778	3070	4738	4543
乌克兰	Ukraine	446	257	161	2
斯洛文尼亚	Slovenia				
克罗地亚	Croatia	917	568	787	628
马其顿共和国	Macedonia, FYR	501	386	203	48
波黑	Bosnia & Hercegovina	39		234	120
塞尔维亚	Serbia	1832	4552	6400	5700
黑山	Montenegro	2124	703	269	208

单位：人
Unit: person

国别(地区)	Country/Region	2019	2020	2021	2022
拉丁美洲	**Latin America**	**20332**	**18330**	**15950**	**17094**
安提瓜和巴布达	Antigua Barbuda	36	77	38	17
阿根廷	Argentina	1988	1831	1132	2541
巴哈马	Bahama	251		167	178
巴巴多斯	Barbados	9		203	612
玻利维亚	Bolivia	1857	1562	1617	1574
巴西	Brazil	328	186	189	94
智利	Chile	28	101	85	143
哥伦比亚	Colombia	130	605	560	421
多米尼克	Dominica	129	202	89	18
哥斯达黎加	CostaRica	296	566	531	536
古巴	Cuba	667		212	172
库腊索岛	Curacao				
多米尼加共和国	Dominica Rep.	13	37	22	207
厄瓜多尔	Ecuador	1687	596	384	308
格林纳达	Grenade	208		161	149
危地马拉	Guatemala	51			
圭亚那	Guyana	454	640	675	433
洪都拉斯	Honduras	181		48	18
牙买加	Jamaica	262	165	229	199
墨西哥	Mexico	304	267	327	442
尼加拉瓜	Nicaragua			11	11
巴拿马	Panama	482	327	338	348
秘鲁	Peru	9576	9526	8529	8242
萨尔瓦多	El Salvador	2		15	86
苏里南	Suriname	172	93	70	71
特立尼达和多巴哥	Trinidad & Tobago	69	213	98	96
乌拉圭	Uruguay	3		8	38
委内瑞拉	Venezuela	1149	313	212	140
圣基茨和尼维斯	St. Kitts-Nevis				
北美洲	**North America**	**5008**	**2150**	**1975**	**2174**
加拿大	Canada	157	43	49	52
美国	United States	4851	2107	1926	2122
大洋洲及太平洋岛屿	**Oceania and Pacific Is.**	**4327**	**2392**	**2485**	**1890**
澳大利亚	Australia	173	109	46	46
库克群岛	Cook Islands				
斐济	Fiji	837	364	406	209
瑙鲁	Nauru	24		250	250
新喀里多尼亚	New Caledonia			2	2
瓦努阿图	Vanuatu	647	128	136	67
新西兰	New Zealand	85	97	53	20
巴布亚新几内亚	Papua New Guinea	1913	1339	1388	1057
所罗门群岛	Solomon Is.			106	151
汤加	Tonga	229	16	7	2
萨摩亚	Samoa	388	220	72	30
基里巴斯	Kiribati			12	44
密克罗尼西亚	Micronesia	31		6	6
纽埃	Niue			1	6
其他	**Others**				**6**

8-7 分国别(地区)年末在境外从事劳务合作人员
Personnel Abroad for Labour Services by Country or Region at the Year-end

单位：人
Unit: person

国别(地区)	Country/Region	2019	2020	2021	2022
总 计	**Total**	**624077**	**349752**	**333852**	**326556**
亚洲	**Asia**	**507138**	**304860**	**292328**	**280212**
阿富汗			3	3	
巴林	Bahrain	1			1
孟加拉国	Bangladesh	303	248	458	372
文莱	Brunei	1240	154	105	
缅甸	Myanmar	897	192	186	292
柬埔寨	Cambodia	1933	240	276	553
塞浦路斯	Cyprus	411		251	270
中国香港	Hong Kong, China	60809	41035	41897	41876
印度	India	227	28	52	83
印度尼西亚	Indonesia	3845	1171	2692	5576
伊朗	Iran	222		5	4
伊拉克	Iraq	578	455	584	816
以色列	Israel	5518	5150	6778	8630
日本	Japan	143662	82630	58988	50466
约旦	Jordan	64	3		
科威特	Kuwait	1403	182	230	37
老挝	Laos	2691	850	777	907
黎巴嫩	Lebanon			29	29
中国澳门	Macao, China	134728	107625	113344	104706
马来西亚	Malaysia	6580	1167	2273	1717
马尔代夫	Maldives	1517	602	45	133
蒙古	Mongolia	1724	779	250	169
尼泊尔	Nepal	421	473	786	169
阿曼	Oman	31	3	186	77
巴基斯坦	Pakistan	1684	982	1321	1198
菲律宾	Philippines	572	393	534	550
卡塔尔	Qatar	1172	365	234	237
沙特阿拉伯	Saudi Arabia	7643	2158	1880	940
新加坡	Singapore	96949	41226	41129	43919
韩国	Korea	9706	5011	5148	5284
斯里兰卡	Sri Lanka	821	137	352	88
泰国	Thailand	880	146	24	169
土耳其	Turkey	540	521	35	38
阿联酋	United Arab Emirates	3971	1801	2037	1306
越南	Vietnam	2609	788	1022	1368
中国台湾	Taiwan, China	9718	7339	7412	7055
东帝汶	East Timor	7			
哈萨克斯坦	Kazakhstan	500	52	75	93
吉尔吉斯斯坦	Kirghizia	274	141	120	60
塔吉克斯坦	Tadzhikistan	112	30	182	253
土库曼斯坦	Turkmenistan	46	5	5	15
乌兹别克斯坦	Uzbekistan	1129	616	623	756

单位：人
Unit: person

国别(地区)	Country/Region	2019	2020	2021	2022
非洲	**Africa**	**62389**	**22518**	**21000**	**25685**
阿尔及利亚	Algeria	14038	4996	2268	2091
安哥拉	Angola	12143	964	1015	3772
贝宁	Benin	156	99	77	77
博茨瓦纳	Botswana	8		4	8
布隆迪	Burundi	293	21	14	11
喀麦隆	Cameroon	117	159	154	218
佛得角	Cape Verde				
中非	Central African				
乍得	Chad	147	74	215	145
科摩罗			13	24	47
刚果(布)	Congo	1044	226	277	376
吉布提	Djibouti	320	273	29	266
埃及	Egypt	354	345	608	1265
赤道几内亚	Eq. Guinea	905	144	130	145
埃塞俄比亚	Ethiopia	1034	479	688	1037
加蓬	Gabon	295	308	75	93
冈比亚	Gambia	433	26	19	8
加纳	Ghana	1858	404	613	329
几内亚	Guinea	1584	925	1768	1968
几内亚(比绍)	Guinea bissau	2	2		
科特迪瓦	Cote d' Ivoire	150	116	260	283
肯尼亚	Kenya	752	600	826	860
利比里亚	Liberia	2641	1820	1676	1630
利比亚	Libya	27		17	17
马达加斯加	Madagascar	322	104	115	121
马拉维	Malawi	70	38	44	93
马里	Mali		38	56	19
毛里塔尼亚	Mauritania	3644	3244	199	215
毛里求斯	Mauritius	454	17	38	39
摩洛哥	Morocco	77	80	80	73
莫桑比克	Mozambique	930	522	612	304
纳米比亚	Namibia	84	23	22	31
尼日尔	Niger	116	67	97	453
尼日利亚	Nigeria	4479	2291	2644	2473
卢旺达	Rwanda	1119	248	253	213
塞内加尔	Senegal	1055	200	599	628
塞舌尔	Seychelles	106	81	96	95
塞拉利昂	Sierra Leone	442	137	78	85
索马里	Somalia			3	2
南非	S. Africa			2	5
苏丹	Sudan	2815	134	82	57
坦桑尼亚	Tanzania	765	266	475	795
多哥	Togo	200	94	102	63
突尼斯	Tunisia	2			
乌干达	Uganda	2048	318	494	305
布基纳法索	Burkina Faso			19	56
刚果(金)	Congo DR	1679	1556	3280	3848

8-7 续表 2 Continued 2

单位：人
Unit: person

国别(地区)	Country/Region	2019	2020	2021	2022
赞比亚	Zambia	2792	635	481	618
津巴布韦	Zimbabwe	129	85	151	218
莱索托	Lesotho	577	277	181	171
厄立特里亚	Eritrea	127	7	7	7
南苏丹共和国	Republic of South Sudan	56	33	33	52
欧洲	**Europe**	**16888**	**7199**	**6720**	**8133**
比利时	Belgium	29	27	3	3
丹麦	Denmark	123	64	73	92
英国	United Kingdom	1334	935	1062	998
德国	Germany	6451	3212	2118	1550
法国	France	117	190	227	177
爱尔兰	Ireland	79		234	264
意大利	Italy	1224	211	52	77
卢森堡	Luxembourg				
荷兰	Netherlands	464	247	222	192
希腊	Greece	937	830	498	504
葡萄牙	Portugal	12	3	1	8
西班牙	Spain	26	24	19	7
阿尔巴尼亚	Albania	293		459	439
奥地利	Austria	22	22	20	40
保加利亚	Bulgaria			11	11
芬兰	Finland	1	6	5	12
直布罗陀	Gibraltar	81			10
匈牙利	Hungary	3	3	6	50
冰岛	Iceland	12		1	1
马耳他	Malta	354		64	62
摩纳哥	Monaco	186		118	81
挪威	Norway	250	340	358	295
波兰	Poland	19	5	1	
罗马尼亚	Romania			1	26
瑞典	Sweden	16	1		4
瑞士	Switzerland	812		15	18
拉脱维亚	Latvia	15			
立陶宛	Lithuania	15			
格鲁吉亚	Georgia		2	4	47
白俄罗斯	Belorussia	19	23	67	236
俄罗斯	Russia	3916	164	796	763
乌克兰	Ukraine	15			
克罗地亚	Croatia		1	1	1
捷克	Czech	5	5	5	5
马其顿共和国	Macedonia	12	10	32	47
波黑	Bosnia & Herzegovina	14		29	22
塞尔维亚	Serbia	32	63	218	2091
黑山	Montenegro				
拉丁美洲	**Latin America**	**23420**	**9783**	**8785**	**6897**
安提瓜和巴布达	Antigua & Barbuda	27			
阿根廷	Argentina	163	159	139	147

8-7 续表 3 Continued 3

单位：人
Unit: person

国别(地区)	Country/Region	2019	2020	2021	2022
巴哈马	Bahamas	3273		569	91
巴巴多斯	Barbados	10		43	40
伯利兹	Belize	1035		435	285
玻利维亚	Bolivia	135	140	27	84
巴西	Brazil	159	5	4	4
开曼群岛	Cayman Is.	286		211	135
智利	Chile	381	322	283	360
哥伦比亚	Colombia	32	1	63	63
多米尼克	Dominica	7	8	1	3
哥斯达黎加	Costa Rica	26	14	14	2
多米尼加共和国	Dominica Rep.	13	1	6	85
厄瓜多尔	Ecuador	1106	2	36	37
圭亚那	Guyana	54	54	20	73
洪都拉斯	Honduras	62		10	8
牙买加	Jamaica	461	376	402	363
墨西哥	Mexico	91	18	36	43
尼加拉瓜	Nicaragua				
巴拿马	Panama	14949	6997	6190	4731
秘鲁	Peru	331	119	135	167
圣文森特和格林纳丁斯	Saint Vincent & Grenadines	494		134	124
苏里南	Suriname	36	30	2	4
特立尼达和多巴哥	Trinidad & Tobago	97	97	16	37
乌拉圭	Uruguay			1	
委内瑞拉	Venezuela	58	9	8	11
英属维尔京群岛	Virgin Is.(E)	134			
圣其茨-尼维斯	St. Kitts-Nevis				
北美洲	**North America**	**6020**	**392**	**1137**	**1099**
加拿大	Canada	956	134	59	37
美国	United States	5056	253	1076	1054
百慕大群岛	Bermuda	8		2	8
大洋洲及太平洋岛屿	**Oceania and Pacific Is.**	**7565**	**4167**	**2870**	**3193**
澳大利亚	Australia	1351	690	601	532
库克群岛	Cook Is.	12		1	1
斐济	Fiji	64	44	18	63
瑙鲁	Nauru	4		1	1
瓦努阿图	Vanuatu	151	140	10	11
新西兰	New Zealand	987	738	518	928
巴布亚新几内亚	Papua New Guinea	971	488	103	143
所罗门群岛	Solomon Is.			7	14
汤加	Tonga				
萨摩亚	Samoa		71	67	68
东萨摩亚	E. Samoa			5	
基里巴斯	Kiribati	452		39	34
图瓦卢	Tuvalu	131		36	39
密克罗尼西亚	Micronesia	191			
马绍尔群岛	Marshall Is.	3136		1454	1342
帕劳共和国	Republic of Palau	78		9	8
纽埃	Niue	37		1	9
其他	**Others**	**657**	**833**	**1012**	**1337**

8-8 分地区签订对外承包工程合同数量及金额
Contracts Signed for Foreign Engineering Projects by Region

地区	Region	2021		2022	
		合同(份) Nunber of Contracts (unit)	金额(万美元) Contract Value (USD 10 000)	合同(份) Nunber of Contracts (unit)	金额(万美元) Contract Value (USD 10 000)
总计	**Total**	**10786**	**25849446**	**9823**	**25306990**
一、中央企业	**Enterprises Managed by the Central Government**	**2041**	**13578091**	**2209**	**12489112**
二、地方企业	**Provincial Enterprises**	**8745**	**12271355**	**7614**	**12817879**
北京	Beijing	181	476823	299	1011412
天津	Tianjin	144	665387	255	796068
河北	Hebei	129	316851	116	380424
山西	Shanxi	73	292186	33	160009
内蒙古	Inner Mongolia				
辽宁	Liaoning	82	205197	126	141230
吉林	Jilin	24	172370	7	139692
黑龙江	Heilongjiang	46	132779	93	90443
上海	Shanghai	1458	792352	1806	915506
江苏	Jiangsu	1244	559451	478	429393
浙江	Zhejiang	2187	446335	1634	457193
安徽	Anhui	105	443690	111	545602
福建	Fujian	39	84016	35	119268
江西	Jiangxi	147	360655	180	466551
山东	Shandong	296	1122204	197	894464
河南	Henan	802	371987	273	487774
湖北	Hubei	498	1980129	405	1752240
湖南	Hunan	47	285396	104	202521
广东	Guangdong	787	1835162	859	1979411
广西	Guangxi	24	122613	22	75534
海南	Hainan				
重庆	Chongqing	39	45188	54	36323
四川	Sichuan	108	903753	107	729551
贵州	Guizhou	3	15831	31	98669
云南	Yunnan	25	65700	22	90433
西藏	Tibet				
陕西	Shaanxi	128	302861	199	601349
甘肃	Gansu	40	43882	39	57783
青海	Qinghai			2	359
宁夏	Ningxia	10	2225	1	1127
新疆	Xinjiang	79	226328	126	157548

8-9 分地区对外承包工程营业额
Turnover of Foreign Engineering Projects by Region

单位：万美元
Unit: USD 10 000

地区	Region	2019	2020	2021	2022
总计	**Total**	**17290137**	**15593516**	**15494331**	**15499166**
一、中央企业	**Enterprises Managed by the Central Government**	**6422871**	**5976236**	**5389085**	**5999183**
二、地方企业	**Provincial Enterprises**	**10867266**	**9617280**	**10105246**	**9499983**
北京	Beijing	421872	364794	368370	532290
天津	Tianjin	542427	566535	594201	458776
河北	Hebei	307172	277463	278331	303785
山西	Shanxi	157638	128040	159885	156075
内蒙古	Inner Mongolia		126		1764
辽宁	Liaoning	143029	113666	93444	138915
吉林	Jiling	33302	28773	15885	5240
黑龙江	Heilongjiang	178940	143723	130044	107364
上海	Shanghai	940116	967064	1037831	938476
江苏	Jiangsu	778352	624428	595277	560200
浙江	Zhejiang	762622	644118	792502	640004
安徽	Anhui	334508	250222	238506	239225
福建	Fujian	101827	128901	173681	116670
江西	Jiangxi	449005	406373	412195	387001
山东	Shandong	1147942	942980	931382	900231
河南	Henan	401518	335194	390817	344601
湖北	Hubei	661042	641470	666973	693956
湖南	Hunan	302044	225301	275998	176228
广东	Guangdong	1670589	1566539	1562286	1620215
广西	Guangxi	68232	27009	37389	35766
海南	Hainan				
重庆	Chongqing	79561	57223	42509	30883
四川	Sichuan	637360	518056	646784	657716
贵州	Guizhou	128367	97471	103770	80010
云南	Yunnan	131466	97014	88608	70523
西藏	Tibet				
陕西	Shaanxi	303830	263417	239844	157185
甘肃	Gansu	39146	28598	34015	34554
青海	Qinghai	38832	17614	20050	1236
宁夏	Ningxia	1880	8204	3632	4955
新疆	Xingjiang	104647	146968	171036	106139

8-10 分地区年末在境外从事承包工程人数

Personnel Abroad for Foreign Engineering Projects by Region at the Year-end

单位：人
Unit: person

地 区	Region	2019	2020	2021	2022
总 计	**Total**	**368063**	**273434**	**258411**	**216761**
一、中央企业	**Enterprises Managed by the Central Government**	**100024**	**63139**	**51594**	**50312**
二、地方企业	**Provincial Enterprises**	**268039**	**210295**	**206817**	**166449**
北 京	Beijing	11043	9575	8738	8190
天 津	Tianjin	15083	12879	15553	6232
河 北	Hebei	9912	6455	8184	7087
山 西	Shanxi	3484	4314	4804	4726
内蒙古	Inner Mongolia	66			5
辽 宁	Liaoning	6969	3770	4102	3846
吉 林	Jiling	2748	987	566	330
黑龙江	Heilongjiang	2201	1587	1976	2200
上 海	Shanghai	14582	11942	15514	13152
江 苏	Jiangsu	34053	19241	16669	14592
浙 江	Zhejiang	25292	17467	17542	19470
安 徽	Anhui	9130	7716	9852	5527
福 建	Fujian	2581	3021	3719	2547
江 西	Jiangxi	12105	3184	3703	3612
山 东	Shandong	33449	31177	23532	15233
河 南	Henan	14292	10251	10410	8883
湖 北	Hubei	15917	19228	19273	18038
湖 南	Hunan	7039	6532	6945	6554
广 东	Guangdong	9025	10542	10601	8617
广 西	Guangxi	3014	1482	986	592
海 南	Hainan				
重 庆	Chongqing	1715	1027	932	605
四 川	Sichuan	8653	10033	9156	3798
贵 州	Guizhou	1820	2388	1299	1370
云 南	Yunnan	7692	3590	1863	1897
西 藏	Tibet		11	12	4
陕 西	Shaanxi	10872	8496	7035	6018
甘 肃	Gansu	1443	1030	1171	1547
青 海	Qinghai	543	515	516	562
宁 夏	Ningxia	482	190	141	105
新 疆	Xingjiang	2834	1665	2023	1110

8-11 分地区年末在境外从事劳务合作人数

Personnel Abroad for Foreign Labour Services by Region at the Year-end

单位：人
Unit: person

地　区	Region	2019	2020	2021	2022
总　计	**Total**	**624077**	**349752**	**333852**	**326556**
一、中央企业	**Enterprises Managed by the Central Government**				
二、地方企业	**Provincial Enterprises**	**624077**	**349752**	**333852**	**326556**
北　京	Beijing	53899	32813	34959	27511
天　津	Tianjin	6085	4224	4145	3466
河　北	Hebei	4142	1404	2251	3262
山　西	Shanxi	65	68	43	88
内蒙古	Inner Mongolia	1595	767	182	30
辽　宁	Liaoning	46443	31992	27109	24002
吉　林	Jiling	28518	13871	11839	15271
黑龙江	Heilongjiang	1500	1479	863	680
上　海	Shanghai	26863	17982	17468	15191
江　苏	Jiangsu	64860	30325	25346	29298
浙　江	Zhejiang	7290	3460	2999	2236
安　徽	Anhui	6660	4675	3732	2206
福　建	Fujian	65587	54012	56938	59390
江　西	Jiangxi	3488	933	730	708
山　东	Shandong	100400	57985	47686	45575
河　南	Henan	42316	14862	16366	15883
湖　北	Hubei	11180	4696	4838	5632
湖　南	Hunan	45571	4019	6395	6731
广　东	Guangdong	84216	60035	59696	58453
广　西	Guangxi	516	209	325	434
海　南	Hainan	9	6	97	86
重　庆	Chongqing	1649	77	46	387
四　川	Sichuan	8062	5879	6949	7637
贵　州	Guizhou	9			
云　南	Yunnan	2572	549	304	365
西　藏	Tibet				
陕　西	Shaanxi	4204	2303	1207	893
甘　肃	Gansu	6140	1004	1264	1086
青　海	Qinghai	5	5	12	33
宁　夏	Ningxia	233	118	63	22
新　疆	Xingjiang				

旅　游

TOURISM

第9篇

9-1 历年入境游客
Visitor Arrivals

单位：万人次

Unit: 10000 person-times

年 份 Year	合 计 Total	#入境过夜游客 Overnight Tourists	外国人 Foreigners	港澳台同胞* Compatriot*	#台湾同胞 Taiwan Province
1978	180.92	71.60	22.96	156.15	
1979	420.39	152.90	36.24	382.06	
1980	570.25	350.00	52.91	513.90	
1981	776.71	376.70	67.52	705.31	
1982	792.43	392.40	76.45	711.70	
1983	947.70	379.10	87.25	856.41	
1984	1285.22	514.10	113.43	1167.04	
1985	1783.31	713.30	137.05	1637.78	
1986	2281.95	900.10	148.23	2126.90	
1987	2690.23	1076.00	172.78	2508.74	
1988	3169.48	1236.10	184.22	2977.33	43.77
1989	2450.14	936.10	146.10	2297.19	54.10
1990	2746.18	1048.40	174.73	2562.34	94.80
1991	3334.98	1246.40	271.01	3050.62	94.66
1992	3811.49	1651.20	400.64	3394.34	131.78
1993	4152.69	1898.20	465.59	3670.49	152.70
1994	4368.45	2107.00	518.21	3838.72	139.02
1995	4638.65	2003.40	588.67	4038.40	153.23
1996	5112.75	2276.50	674.43	4422.86	173.39
1997	5758.79	2377.00	742.80	5006.09	211.76
1998	6347.84	2507.29	710.77	5625.00	217.46
1999	7279.56	2704.66	843.23	6425.52	258.46
2000	8344.39	3122.88	1016.04	7320.80	310.86
2001	8901.29	3316.67	1122.64	7778.65	344.20
2002	9790.83	3680.26	1343.95	8446.88	366.06
2003	9166.21	3297.05	1140.29	8025.92	273.19
2004	10903.82	4176.14	1693.25	9210.57	368.53
2005	12029.23	4680.90	2025.51	10003.71	410.92
2006	12494.21	4991.34	2221.03	10273.19	441.35
2007	13187.33	5471.98	2610.97	10576.36	462.79
2008	13002.74	5304.92	2432.53	10570.21	438.56
2009	12647.59	5087.52	2193.75	10453.84	448.40
2010	13376.22	5566.45	2612.69	10763.53	514.06
2011	13542.35	5758.07	2711.20	10831.15	526.30
2012	13240.53	5772.49	2719.16	10521.37	534.02
2013	12907.78	5568.59	2629.03	10278.75	516.25
2014	12849.83	5562.20	2636.08	10213.75	536.59
2015	13382.04	5688.57	2598.54	10783.50	549.86
2016	13844.38	5926.73	2815.12	11029.26	573.00
2017	13948.24	6073.84	2916.53	11031.71	587.13
2018	14119.83	6289.57	3054.29	11065.53	613.61
2019	14530.78	6572.52	3188.34	11342.43	613.42

注：港澳台同胞来自香港特别行政区、澳门特别行政区和台湾省(下同)。

Note: Compatriot From Hong Kong, Macao and Taiwan Province.(next the same)

9-2 历年入境游客增长速度
Growth Rates of Visitor Arrivals

单位：%
unit: %

年 份 Year	合 计 Total	#入境过夜游客 Overnight Tourists	外国人 Foreigners	港澳台同胞 Compatriot	#台湾同胞 Taiwan Province
1979	132.4	113.5	57.8	144.7	
1980	35.6	128.9	46.0	34.5	
1981	36.2	7.6	27.6	37.2	
1982	2.0	4.2	13.2	0.9	
1983	19.6	-3.4	14.1	20.3	
1984	35.6	35.6	30.0	36.3	
1985	38.8	38.7	20.8	40.3	
1986	28.0	26.2	8.2	29.9	
1987	17.9	19.5	16.6	18.0	
1988	17.8	14.9	6.6	18.7	
1989	-22.7	-24.3	-20.7	-22.8	23.6
1990	12.1	12.0	19.6	11.5	75.2
1991	21.4	18.9	55.1	19.1	-0.1
1992	14.3	32.5	47.8	11.3	39.2
1993	9.0	15.0	16.2	8.1	15.9
1994	5.2	11.0	11.3	4.6	-9.0
1995	6.2	-4.9	13.6	5.2	10.2
1996	10.2	13.6	14.6	9.5	13.2
1997	12.6	4.4	10.1	13.2	22.1
1998	10.2	5.5	-4.3	12.4	2.7
1999	14.7	7.9	18.6	14.2	18.9
2000	14.6	15.5	20.5	13.9	20.3
2001	6.7	6.2	10.5	6.3	10.7
2002	10.0	11.0	19.7	8.6	6.4
2003	-6.4	-10.4	-15.2	-5.0	-25.4
2004	19.0	26.7	48.5	14.8	34.9
2005	10.3	12.1	19.6	8.6	11.5
2006	3.9	6.6	9.7	2.7	7.4
2007	5.5	9.6	17.6	3.0	4.9
2008	-1.4	-3.1	-6.8	-0.1	-5.2
2009	-2.7	-4.1	-9.8	-1.1	2.2
2010	5.8	9.4	19.1	3.0	14.6
2011	1.2	3.4	3.8	0.6	2.4
2012	-2.2	0.3	0.3	-2.9	1.5
2013	-2.5	-3.5	-3.3	-2.3	-3.3
2014	-0.5	-0.1	0.3	-0.6	3.9
2015	4.1	2.3	-1.4	5.6	2.5
2016	3.5	4.2	8.3	2.3	4.2
2017	0.8	2.5	3.6	0.0	2.5
2018	1.2	3.6	4.7	0.3	4.5
2019	2.9	4.5	4.4	2.5	0.0

9-3 历年入境过夜游客和国际旅游收入

International Tourism Receipts and Oversea Vistitor Arrivals

年份 Year	入境过夜游客 (万人次) Oversea Visitor Arrivals (10 000 person-time)	入境过夜游客 增速(%) Growth Rates (%)	入境过夜游客 居世界位次 Rank	国际旅游收入 合计(亿美元) Tourism Receipts (USD 100 Million)	国际旅游 收入增速(%) Growth Rates (%)	国际旅游收入 居世界位次 Rank
1978	71.60			2.63		
1979	152.90	113.5		4.49	70.7	
1980	350.00	128.9	18	6.17	37.4	34
1981	376.70	7.6	17	7.85	27.2	34
1982	392.40	4.2	16	8.43	7.4	29
1983	379.10	-3.4	16	9.41	11.6	26
1984	514.10	35.6	14	11.31	20.2	21
1985	713.30	38.7	13	12.50	10.5	21
1986	900.10	26.2	12	15.31	22.5	22
1987	1076.00	19.5	12	18.62	21.6	26
1988	1236.10	14.9	10	22.47	20.7	26
1989	936.10	-24.3	12	18.60	-17.2	27
1990	1048.40	12.0	11	22.18	19.2	25
1991	1246.40	18.9	12	28.45	28.3	21
1992	1651.20	32.5	9	39.47	38.7	17
1993	1898.20	15.0	7	46.83	18.6	15
1994	2107.00	11.0	6	73.23	56.4	10
1995	2003.40	-4.9	8	87.33	19.3	10
1996	2276.50	13.6	6	102.00	16.8	9
1997	2377.00	4.4	6	120.74	18.4	8
1998	2507.29	5.5	6	126.02	4.4	7
1999	2704.66	7.9	5	140.99	11.9	7
2000	3122.88	15.5	5	162.24	15.1	7
2001	3316.67	6.2	5	177.92	9.7	5
2002	3680.26	11.0	5	203.85	14.6	5
2003	3297.05	-10.4	5	174.06	-14.6	7
2004	4176.14	26.7	4	257.39	47.9	7
2005	4680.90	12.1	4	292.96	13.8	6
2006	4991.34	6.6	4	339.49	15.9	5
2007	5471.98	9.6	4	419.19	23.5	5
2008	5304.92	-3.1	4	408.43	-2.6	5
2009	5087.52	-4.1	4	396.75	-2.9	5
2010	5566.45	9.4	3	458.14	15.5	4
2011	5758.07	3.4	3	484.64	5.8	4
2012	5772.49	0.3	3	500.28	3.2	4
2013	5568.59	-3.5	4	516.64	3.3	4
2014	5562.20	-0.1	4	569.13	10.2	4
2015	5688.57	2.3	4	1136.50	7.8	2
2016	5926.73	4.2	4	1200.00	5.6	2
2017	6073.84	2.5	4	1234.17	2.8	2
2018	6289.57	3.6	4	1271.03	3.0	2
2019	6572.52	4.5	3	1312.54	3.3	2

注：2015年起"国际旅游收入"补充完善了停留时间为3—12个月的入境游客花费和游客在华短期旅居的花费，与以前年度不可比（下同）。

Note: Since 2015, Foreign Exchange Earnings from International Tourism has supplemented and improved the cost of inbound tourists and short-term tourists for the term of 3-12 months in China, so it is not comparable with the previous year(The same applies in the following tables).

9-4 入境外国游客分组构成

Foreign Visitor Arrivals by Sex, Age, Purpose and Mode of Transport

单位：万人次

Unit: 10000 person-time

项 目	Item	2018		2019	
		人次数 person-time	比 重 structure (%)	人次数 person-time	比 重 structure (%)
总 计	**Total**	**4795.11**	**100.0**	**4911.36**	**100.0**
按性别分	**By Sex**				
男	Male	2859.71	59.6	2881.29	58.7
女	Female	1935.39	40.4	2030.07	41.3
按年龄分	**By Age**				
14岁及以下	Under 14	161.18	3.4	184.92	3.8
15～24岁	15～24	656.71	13.7	686.20	14.0
25～44岁	25～44	2394.69	49.9	2439.71	49.7
45～64岁	46～64	1363.24	28.4	1365.75	27.8
65岁以上	Over 65	219.28	4.6	234.77	4.8
按事由分	**By Purpose**				
会议/商务	Meeting/Business	614.70	12.8	628.47	12.8
观光/休闲	Sightseeing/Leisure	1608.57	33.5	1740.31	35.4
探亲/访友	Visiting Relatives and Friends	132.24	2.8	143.17	2.9
服务员工	Work and Crew	744.86	15.5	714.01	14.5
其他	Others	1694.74	35.3	1685.40	34.3
按入境方式分	**By Mode Of Transport**				
船舶	Sea	276.26	5.8	260.67	5.3
飞机	Air	1827.17	38.1	1912.14	38.9
火车	Rail	51.72	1.1	68.96	1.4
汽车	Motor	790.17	16.5	756.44	15.4
徒步	Foot	1849.78	38.6	1913.15	39.0

注：2016年起含边民来华旅游人数。

Note:since 2016,including international arrivals from the border areas to china.

9-5 国际旅游收入构成
Breakdown of International Tourism Receipts

单位：亿美元
Unit: USD 100 million

指　标	Item	2016	2017	2018	2019
总　计	**Total**	**1200.00**	**1234.17**	**1271.03**	**1312.54**
一、商品收入	**Commodities**	**305.70**	**333.02**	**470.16**	**463.38**
1.商品销售	Shopping	209.50	229.95	327.61	302.97
2.餐饮	Food and Beverage	96.20	103.07	142.55	160.41
二、劳务收入	**Services**	**894.30**	**901.15**	**800.85**	**849.16**
1.长途交通	Long-Distance Transportation	446.50	449.46	366.31	401.91
民航	Air	290.60	304.87	333.53	369.02
铁路	Rail	53.20	49.52	13.52	14.10
汽车	Motor	31.60	29.43	13.72	15.93
轮船	Sea	71.00	65.65	5.54	2.85
2.游览	Sightseeing	67.10	65.04	53.71	58.66
3.住宿	Accommodation	116.30	122.08	181.09	200.49
4.娱乐	Entertainment	77.10	74.16	45.82	44.21
5.邮电通讯	Communication	28.90	27.57	11.62	7.47
6.市内交通	Local Transportation	40.40	39.20	27.76	34.53
7.其他服务	Others	118.00	123.64	114.54	101.89

9-6 各地区国际旅游收入
International Tourism Receipts by Locality

单位：亿美元
Unit: USD 100 million

地　区	Region	2016	2017	2018	2019
北　京	Beijing	50.70	51.30	55.16	51.92
天　津	Tianjin	35.57	37.51	11.10	11.83
河　北	Hebei	5.52	5.79	6.47	7.40
山　西	Shanxi	3.17	3.50	3.78	4.10
内蒙古	Inner Mongolia	11.39	12.46	12.72	13.40
辽　宁	Liaoning	18.24	17.78	17.40	17.39
吉　林	Jilin	7.91	7.66	6.86	6.15
黑龙江	Heilongjiang	4.58	4.80	5.37	6.46
上　海	Shanghai	64.19	66.99	72.61	82.44
江　苏	Jiangsu	38.04	41.95	46.48	47.44
浙　江	Zhejiang	31.28	35.86	25.96	26.68
安　徽	Anhui	25.42	28.81	31.88	33.88
福　建	Fujian	66.26	75.88	28.28	33.98
江　西	Jiangxi	5.85	6.30	7.45	8.65
山　东	Shandong	30.63	31.74	32.93	34.13
河　南	Henan	6.47	6.62	7.23	9.47
湖　北	Hubei	18.72	21.05	23.80	26.54
湖　南	Hunan	10.05	12.95	15.20	22.51
广　东	Guangdong	185.77	199.60	205.12	205.21
广　西	Guangxi	21.64	23.96	27.78	35.11
海　南	Hainan	3.50	6.81	7.71	9.72
重　庆	Chongqing	16.87	19.48	21.90	25.25
四　川	Sichuan	15.82	14.47	15.12	20.24
贵　州	Guizhou	2.53	2.83	3.18	3.45
云　南	Yunnan	30.75	35.50	44.18	51.47
西　藏	Tibet	1.94	1.96	2.47	2.79
陕　西	Shaanxi	23.39	27.04	31.27	33.68
甘　肃	Gansu	0.19	0.21	0.28	0.59
青　海	Qinghai	0.44	0.38	0.36	0.33
宁　夏	Ningxia	0.41	0.38	0.56	0.69
新　疆	Xinjiang	5.19	8.11	9.46	4.54

注：2018年和2019年天津、黑龙江、安徽、广东、重庆、贵州、云南、陕西、新疆含少量一日游游客花费。
Note: Data of 2018 and 2019 of Tianjin, Heilongjiang, Anhui, Guangdong, Chongqing, Guizhou, Yunnan, Shaanxi, Xinjiang include a small amount of one-day.

9-7 各地区接待入境过夜游客情况
International Tourists by Region

地　　区	Region	人数（万人次）Tourist Arrivals (10000 person-time)		#外国人 Foreigners		人天数（万人天）Tourist Arrivals Night (10000 person-night)		#外国人 Foreigners	
		2019	2018	2019	2018	2019	2018	2019	2018
北　京	Beijing	376.90	400.41	320.71	339.77	1714.71	1721.75	1459.08	1461.00
天　津	Tianjin	56.10	58.96	50.76	55.93	401.64	378.61	361.16	373.16
河　北	Hebei	97.08	98.86	73.56	74.50	385.10	366.65	385.10	288.50
山　西	Shanxi	76.22	71.35	49.80	46.60	201.89	187.15	136.22	125.78
内蒙古	Inner Mongolia	195.83	188.08	186.56	178.82	602.40	592.40	565.13	550.88
辽　宁	Liaoning	294.14	287.70	236.93	229.84	890.47	779.06	715.00	640.05
吉　林	Jilin	136.58	143.75	121.11	123.84	383.80	409.79	338.23	361.23
黑龙江	Heilongjiang	110.69	109.16	99.29	104.13	405.29	261.97	353.64	252.37
上　海	Shanghai	734.69	742.04	599.16	601.99	2867.79	2741.47	2336.72	2227.36
江　苏	Jiangsu	399.46	400.85	266.46	264.69	1533.44	1523.91	940.00	926.00
浙　江	Zhejiang	467.11	456.76	329.83	323.41	1160.66	1134.77	866.07	850.91
安　徽	Anhui	379.74	370.75	210.74	218.79	1022.74	939.24	556.13	548.30
福　建	Fujian	566.03	513.55	239.98	218.29	1456.72	1324.59	694.86	639.44
江　西	Jiangxi	197.17	191.78	61.14	57.25	391.07	396.63	121.71	120.33
山　东	Shandong	404.22	422.00	294.41	306.20	1291.39	1383.03	803.63	1017.57
河　南	Henan	180.35	167.25	113.76	105.02	455.62	390.01	301.74	250.89
湖　北	Hubei	450.02	405.11	349.94	307.03	1131.94	1020.90	881.90	793.19
湖　南	Hunan	466.95	365.08	250.14	178.74	1088.55	781.01	610.81	402.90
广　东	Guangdong	3731.39	3748.06	856.96	862.37	10507.31	9496.44	2612.65	2602.70
广　西	Guangxi	623.96	562.33	294.80	270.19	1456.86	1245.89	712.15	610.40
海　南	Hainan	143.59	126.36	107.91	89.68	438.19	338.94	373.82	273.48
重　庆	Chongqing	297.11	279.98	169.72	159.00	1473.67	1357.89	841.81	771.15
四　川	Sichuan	414.78	369.82	313.09	276.47	753.79	675.77	579.03	509.37
贵　州	Guizhou	47.18	39.69	23.50	17.53	125.76	87.65	62.04	40.33
云　南	Yunnan	739.02	706.08	586.50	549.94	1546.12	1451.27	1227.07	1137.34
西　藏	Tibet	54.19	47.62	36.91	24.16	202.13	135.79	137.69	78.06
陕　西	Shaanxi	465.72	437.14	329.61	307.30	1342.85	1396.31	1027.88	1068.96
甘　肃	Gansu	19.82	10.01	11.37	5.69	31.84	15.80	18.98	9.11
青　海	Qinghai	7.31	6.92	4.70	5.36	21.93	21.44	15.03	17.37
宁　夏	Ningxia	12.66	8.82	3.61	3.43	46.69	32.71	11.55	9.61
新　疆	Xinjiang	34.67	99.30	25.78	85.63	177.99	421.20	135.95	361.47

9-8 各地区入境过夜游客人均天花费额

Average Daily Per Capita Expenditure of International Tourists by Region

单位：美元/人天

Unit: USD/night per capita

地 区	Region	人均天花费 Average Expenditure		外国人 Foreigners		香港同胞 Hongkong SAR	
		2019	2018	2019	2018	2019	2018
北 京	Beijing	309.66	286.38	316.70	300.10	250.71	234.98
天 津	Tianjin	256.83	250.34	265.56	262.31	210.47	208.16
河 北	Hebei	200.16	180.51	199.24	183.90	208.54	185.70
山 西	Shanxi	161.81	197.11	163.96	203.97	143.55	215.19
内蒙古	Inner Mongolia	200.40	200.07	205.96	210.86	186.26	195.63
辽 宁	Liaoning	213.04	197.42	221.03	195.87	265.34	228.32
吉 林	Jilin	194.46	189.75	209.70	191.70	170.68	181.07
黑龙江	Heilongjiang	193.47	206.07	191.04	206.02	208.59	228.20
上 海	Shanghai	288.75	266.63	293.08	267.00	251.39	265.34
江 苏	Jiangsu	295.99	269.62	307.04	275.38	287.21	262.25
浙 江	Zhejiang	247.39	233.52	250.99	226.96	230.91	217.19
安 徽	Anhui	204.48	212.78	208.83	214.37	174.31	190.15
福 建	Fujian	241.69	223.05	278.54	242.28	174.25	181.92
江 西	Jiangxi	230.77	192.93	231.11	196.28	215.08	184.13
山 东	Shandong	260.09	235.47	282.58	242.23	200.59	228.78
河 南	Henan	205.50	185.04	199.87	186.03	230.73	193.75
湖 北	Hubei	211.63	218.10	223.08	221.46	187.06	189.28
湖 南	Hunan	206.64	197.17	214.95	198.54	168.81	184.02
广 东	Guangdong	200.34	190.50	220.74	205.15	179.28	170.06
广 西	Guangxi	216.35	215.26	219.17	219.16	195.86	199.13
海 南	Hainan	211.46	209.27	209.00	207.43	212.67	238.19
重 庆	Chongqing	239.09	215.81	241.94	224.88	224.75	214.39
四 川	Sichuan	195.31	193.82	199.84	200.44	185.82	178.12
贵 州	Guizhou	181.41	213.90	208.09	221.03	163.90	195.48
云 南	Yunnan	283.29	245.51	300.74	273.68	236.00	198.60
西 藏	Tibet	259.55	227.38	257.48	231.02	207.51	193.49
陕 西	Shaanxi	250.73	224.85	248.88	223.68	259.75	221.35
甘 肃	Gansu	194.83	181.03	197.22	190.69	194.77	166.81
青 海	Qinghai	157.25	172.20	162.09	180.42	145.05	163.44
宁 夏	Ningxia	162.45	200.15	180.80	204.36	124.15	135.06
新 疆	Xinjiang	250.30	197.49	258.70	197.49	——	——

9-8 续表 Continued

单位：美元/人天

Unit: USD/night per capita

地　区	Region	澳门同胞 Macao SAR		台湾同胞 Taiwan Province	
		2019	2018	2019	2018
北　京	Beijing	258.96	298.36	283.97	255.87
天　津	Tianjin	241.41	207.34	244.50	210.06
河　北	Hebei	173.39	164.48	181.52	165.52
山　西	Shanxi	140.70	210.65	151.85	180.36
内蒙古	Inner Mongolia	228.56	191.62	185.27	205.46
辽　宁	Liaoning	219.56	190.16	196.83	201.78
吉　林	Jilin	135.57	159.25	153.98	166.63
黑龙江	Heilongjiang	181.05	224.40	200.29	202.70
上　海	Shanghai	236.04	243.30	271.05	250.14
江　苏	Jiangsu	243.49	252.62	273.63	253.43
浙　江	Zhejiang	216.76	253.14	230.11	221.36
安　徽	Anhui	166.72	195.32	160.63	198.21
福　建	Fujian	180.44	199.56	195.60	184.79
江　西	Jiangxi	211.26	179.07	224.60	189.44
山　东	Shandong	185.82	205.76	198.48	199.64
河　南	Henan	219.02	184.04	219.97	193.13
湖　北	Hubei	197.61	200.77	214.31	212.96
湖　南	Hunan	179.87	196.22	207.28	204.57
广　东	Guangdong	154.96	163.93	211.79	191.14
广　西	Guangxi	215.78	207.23	224.15	213.23
海　南	Hainan	234.03	191.71	216.39	315.06
重　庆	Chongqing	232.88	223.36	251.74	223.99
四　川	Sichuan	174.39	189.99	189.71	187.66
贵　州	Guizhou	153.19	179.04	152.52	179.85
云　南	Yunnan	263.72	233.05	269.41	239.27
西　藏	Tibet	259.84	187.26	239.16	211.63
陕　西	Shaanxi	241.58	233.28	263.99	223.45
甘　肃	Gansu	180.23	179.88	149.45	158.70
青　海	Qinghai	140.42	145.31	144.52	167.55
宁　夏	Ningxia	153.75	170.94	145.40	158.27
新　疆	Xinjiang	——	——	230.88	——

9-9 历年国内旅游情况
Major Statistics of Domestic Tourism

年 份	国内游客(亿人次) Domestic Travelers (100 million person-time)	城镇居民 Urban Residents	农村居民 Rural Residents	旅游总花费(亿元) Tourism Earnings (100 million yuan)	城镇居民 Urban Residents	农村居民 Rural Residents	人均花费(元) Average Expenditure Per Capita (yuan)	城镇居民 Urban Residents	农村居民 Rural Residents
1994	5.24	2.05	3.19	1023.51	848.21	175.30	195.33	414.67	54.88
1995	6.29	2.46	3.83	1375.70	1140.10	235.60	218.71	464.02	61.47
1996	6.40	2.56	3.83	1638.38	1368.36	270.02	256.20	534.10	70.45
1997	6.44	2.59	3.85	2112.70	1551.83	560.87	328.06	599.80	145.68
1998	6.94	2.50	4.45	2391.18	1515.10	876.05	345.00	607.00	197.00
1999	7.19	2.84	4.35	2831.92	1748.23	1083.69	394.00	614.80	249.50
2000	7.44	3.29	4.15	3175.54	2235.30	940.28	426.60	678.60	226.60
2001	7.84	3.75	4.09	3522.40	2651.70	870.70	449.50	708.30	212.70
2002	8.78	3.85	4.93	3878.36	2848.09	1030.27	441.80	739.70	209.10
2003	8.70	3.51	5.19	3442.27	2404.08	1038.19	395.70	684.90	200.00
2004	11.02	4.59	6.43	4710.70	3359.00	1351.70	427.50	731.80	210.20
2005	12.12	4.96	7.16	5285.90	3656.10	1629.70	436.10	737.10	227.60
2006	13.94	5.76	8.18	6229.74	4414.74	1815.00	446.90	766.40	221.90
2007	16.10	6.12	9.98	7770.60	5550.40	2220.20	482.60	906.90	222.50
2008	17.12	7.03	10.09	8749.30	5971.75	2777.55	511.03	849.36	275.28
2009	19.02	9.03	9.99	10183.69	7233.79	2949.90	535.40	801.10	295.30
2010	21.03	10.65	10.38	12579.77	9403.81	3175.96	598.20	883.00	306.00
2011	26.41	16.87	9.54	19305.39	14808.61	4496.78	731.00	877.80	471.40
2012	29.57	19.33	10.24	22706.22	17678.03	5028.19	767.90	914.50	491.00
2013	32.62	21.86	10.76	26276.12	20692.59	5583.53	805.50	946.60	518.90
2014	36.11	24.83	11.28	30311.86	24219.76	6092.11	839.70	975.40	540.20
2015	39.90	28.02	11.88	34195.05	27610.90	6584.15	857.00	985.50	554.20
2016	44.35	31.95	12.40	39389.82	32241.95	7147.87	888.20	1009.10	576.40
2017	50.01	36.77	13.24	45660.77	37673.03	7987.74	913.00	1024.60	603.30
2018	55.39	41.19	14.20	51278.29	42589.99	8688.30	925.77	1033.99	611.85
2019	60.06	44.71	15.35	57250.92	47508.99	9741.93	953.25	1062.64	634.66
2020	28.79	20.65	8.14	22286.30	17966.50	4319.80	774.14	870.25	530.47
2021	32.46	23.42	9.04	29190.74	23644.17	5546.57	899.28	1009.57	613.56
2022	25.30	19.28	6.01	20444.00	16881.32	3562.68	808.06	875.59	592.79

附　录

APPENDIX

附录Ⅰ　简要说明和主要统计指标解释

一、国内贸易部分

（一）主要内容

这一部分主要反映中国国内消费品市场、批发和零售业、住宿和餐饮业的发展变化情况。主要内容包括限额以上批发和零售业的基本情况、商品流转情况和财务状况，限额以上住宿和餐饮业的基本情况、经营情况和财务状况，社会消费品零售总额，商品交易市场成交情况，连锁零售业、餐饮业经营情况等。

（二）统计范围

1．**批发和零售业、住宿和餐饮业**：限额以上批发和零售业、住宿和餐饮业法人企业和个体户。统计限额标准为：批发业，年主营业务收入2000万元及以上；零售业，年主营业务收入500万元及以上；住宿和餐饮业，年主营业务收入200万元及以上。

2．**社会消费品零售总额**：从事商品零售活动或提供餐饮服务的法人企业、产业活动单位和个体户。

3．**商品交易市场**：年商品成交额在亿元及以上的商品交易市场。

4．**连锁经营情况**：零售业连锁总店（总部）、餐饮业连锁总店（总部）。

（三）资料来源

国家统计局贸易外经司根据《批发和零售业统计报表制度》、《住宿和餐饮业统计报表制度》进行搜集和加工整理而得。

（四）统计调查方法

限额以上批发和零售业、住宿和餐饮业单位（包括法人企业、产业活动单位和个体户，下同）、商品交易市场以及连锁总店（总部）采用全面调查方法，限额以下批发和零售业、住宿和餐饮业单位采用抽样调查方法。

（五）主要指标解释

1. 批发和零售业

批发业　指向其他批发或零售单位（含个体经营者）及其他企事业单位、机关团体等批量销售生活用品、生产资料的活动，以及从事进出口贸易和贸易经纪与代理的活动，包括拥有货物所有权，并以本单位(公司）的名义进行交易活动,也包括不拥有货物的所有权，收取佣金的商品代理、商品代售活动；本类还包括各类商品批发市场中固定摊位的批发活动，以及以销售为目的的收购活动。

零售业　指百货商店、超级市场、专门零售商店、品牌专卖店、售货摊等主要面向最终消费者（如居民等）的销售活动，以互联网、邮政、电话、售货机等方式的销售活动，还包括在同一地点，后面加工生产，前面销售的店铺（如面包房）；谷物、种子、饲料、牲畜、矿产品、生产用原料、化工原料、农用化工产品、机械设备（乘用车、计算机及通信设备除外）等生产资料的销售不作为零售活动；多数零售商对其销售的货物拥有所有权，但有些则是充当委托人的代理人，进行委托销售或以收取佣金的方式进行销售；零售业按销售渠道分为有店铺零售和无店铺零售，其中有店铺零售分为综合零售和专门零售。

商品购进额　指从本企业以外的单位和个人购进（包括从国外直接进口）作为转卖或加工后转卖的商品金额（含增值税）。本指标反映批发和零售业从国内外市场上购进商品的总价。

商品购进包括：（1）从工农业生产者、批发和零售业、住宿和餐饮业、出版社或报社的出版发行部门和其他服务业等企事业单位和个体经营户购进的商品；（2）从机关、社会团体购进的商品；（3）从海关、市场管理部门购进的缉私和没收的商品；（4）从居民收购的废旧商品等。

不包括：（1）企业为本单位自身经营用，不是作为转卖而购进的商品，如材料物资、包装物、低值易耗品、办公用品等；（2）未通过买卖行为而收入的商品，如接受其他部门移交的商品、借入的商品、收入代其他单位保管的商品、其他单位赠送的样品、加工回收的成品等；（3）经本单位介绍，由买卖双方直接结算，本单位只收取手续费的业务；（4）销售退回和买方拒付货款的商品；（5）商品溢余；（6）期货交易商品。

商品销售额 指对本单位以外的单位和个人出售的商品金额（包括售给本单位消费用的商品，含增值税），在批发和零售业中，本指标反映在国内市场上销售商品以及出口商品的总价。

商品销售包括：（1）售给个人和社会集团消费用的商品；（2）售给农业、工业、建筑业、服务业等国民经济各行业用于生产、经营用的商品，包括售予批发和零售业作为转卖或加工后转卖的商品；（3）对国（境）外直接出口的商品。

商品销售不包括：（1）未通过买卖行为付出的商品，如因机构变动移交给其他企业单位的商品、借出的商品、归还受其他单位委托代保管的商品、付出的加工原料和赠送给其他单位的样品等；（2）促销返券所销售的、不计入营业收入的商品；（3）经本单位介绍，由买卖双方直接结算，本单位只收取手续费的业务；（4）未发生所有权转移的商品预付卡销售，如加油卡；（5）汽车维修、电话卡销售等服务性经济活动；（6）购货退回的商品；（7）商品损耗和损失；（8）出售本单位自用的废旧物资；（9）期货交易商品；（10）自来水供应企业、电力企业、天然气供应企业提供的水、电、气。

期末商品库存额 对于批发和零售业法人单位和个体经营户，是指报告期末取得所有权的全部商品金额（含增值税）；对于批发和零售业产业活动单位，是指报告期末实际在库且归属法人具有所有权的全部商品金额（含增值税）。这个指标反映批发和零售业的商品库存情况，以及对市场商品供应的保证程度。

库存商品包括：（1）存放在本单位（如门市部、批发站、采购站、经营处）的仓库、货场、货柜和货架中的商品；（2）挑选、整理、包装中的商品；（3）已记入购进而尚未运到本单位的商品，即发货单或银行承兑凭证已到而货未到的商品；（4）寄放他处的商品，如因购货方拒绝付款而暂时存在购货方的商品；（5）委托其他单位代销（未作销售或调出）尚未售出的商品；（6）代其他单位购进尚未交付的商品。

库存商品不包括：（1）所有权不属于本单位的商品，如商品已作销售但买方尚未取走的商品，代替他人保管、运输、加工的商品，代其他单位销售（未做购进或调入）而未售出的商品；（2）委托外单位加工的商品（包括本单位所属加工厂和其他生产单位加工生产尚未收回成品的商品）；（3）外贸企业代理其他单位从国外进口，尚未付给订货单位的商品；（4）代国家储备部门保管的商品。

2. 住宿和餐饮业

住宿业 指为旅行者提供短期留宿场所的活动，有些单位只提供住宿，也有些单位提供住宿、饮食、商务、娱乐一体的服务，本类不包括主要按月或按年长期出租房屋住所的活动。

餐饮业 指通过即时制作加工、商业销售和服务性劳动等，向消费者提供食品和消费场所及设施的服务。

营业额 指住宿和餐饮业单位在经营活动中因提供服务或销售商品等取得的全部收入（含增值税），收入主要来源于提供客房、餐费服务、商品销售和其他服务，如商务服务。不包括多产业法人企业附营的其他行业产业活动单位的餐费收入、商品销售收入等各项收入。

客房收入 指住宿和餐饮业单位在经营活动中因提供住宿服务取得的收入（含增值税）。不包括多产业法人企业附营的其他行业产业活动单位的客房收入。

餐费收入 指本单位为顾客提供就餐服务取得的收入（含增值税）。包括：经烹饪、调制加工后出售的各种食品，如主食、炒菜、凉拌菜等的收入。不包括多产业法人企业附营的其他行业产业活动单位的餐费收入。

3．商品交易市场

商品交易市场 指经有关部门和组织批准设立，有固定场所、设施，有经营管理部门和监管人员，若干市场经营者入内，常年或实际开业三个月以上，集中、公开、独立地进行生活消费品、生产资料等现货商品交易以及提供相关服务的交易场所，包括各类消费品市场、生产资料市场等。

商品交易市场成交额 指市场内所有摊位、写字间或门面的全年商品交易额之合计。

4．连锁经营

连锁总店（总部） 负责连锁企业资源（商号、商誉、经营模式、服务标准、管理模式等）的开发、配置、控制或使用等功能的企业核心管理机构。连锁经营是指经营同类商品或服务，使用统一商号的若干店铺，在同一总店（总部）的管理下，采取统一采购或特许经营等方式，实现规模效益的组织形式，包括直营连锁、特许连锁和自愿连锁三种形式。

直营连锁 指连锁店铺由连锁公司全资或控股开设，在总部的直接控制下，开展统一经营的连锁经营形式。

特许连锁 指拥有注册商标、企业标志、专利、专有技术等经营资源的企业（特许人），以合同形式将其拥有的经营资源许可其他经营者（被特许人）使用，被特许人按合同约定在统一的经营模式下开展经营，并向特许人支付特许经营费用的连锁经营形式。

自愿连锁 指若干个店铺或企业自愿组合起来，在不改变各自资产所有权关系的情况下，以同一个品牌形象面对消费者，以共同进货为纽带开展的连锁经营形式。

5．社会消费品零售总额

社会消费品零售总额 指企业（单位、个体户）通过交易直接售给个人、社会集团非生产、非经营用的实物商品金额，以及提供餐饮服务所取得的收入金额。个人包括城乡居民和入境人员，社会集团包括机关、社会团体、部队、学校、企事业单位、居委会或村委会等。

网上零售额 指通过公共网络交易平台（包括自建网站和第三方平台）实现的商品和服务零售额之和。商品和服务包括实物商品和非实物商品（如虚拟商品、服务类商品等）。

二、对外经济贸易和旅游部分

（一）货物贸易

1．主要内容：包括进出口货物的品种、数(重）量、金额、国别（地区）、收发货人所在地、境内目的地、境内货源地、贸易方式等项目。

2．统计范围：货物贸易统计范围是按照联合国国际商品（货物）贸易统计原则制定的，即凡是引起中华人民共和国关境内物质资源存量增加或减少的进出口货物（除制度另有规定者外）均列入该项统计。

3．资料来源：货物贸易统计资料来源于海关总署，调查方法是全面调查，统计原始资料是海关确认的《中华人民共和国海关进口货物报关单》、《中华人民共和国海关出口货物报关单》以及其他申报单证。

4．商品分类：进出口商品目录是在海关合作理事会（世界海关组织 WCO）制定的《商品名称和编码协调制度》（HS）的基础上，结合我国进出口实际情况制定的。历年出口商品分类金额和历年进口商品分类金额按照联合国《国际贸易标准分类》（SITC）进行统计。

5．货物进出口国家（地区）：进口货物统计原产国（地区），出口货物统计最终目的地国（地区）。

原产国（地区）是指进口货物生产、开采或加工制造的国家（地区），对经过两个以上国家（地区）加工制造的进口货物，则以最后一个对货物进行经济上可以视为实质性加工的国家（地区）作为该货物的原产国，原产国确实不详时，按“国别不详”统计；最终目的地国（地区）是指出口货物已知的消费、使用或进一步加工制造国家（地区），包括直接使用或进行加工的国家（地区），最终目的地国（地区）不能确定时，按货物出口时尽可能预知的最后运往国（地区）统计。

6. 主要指标解释

货物进出口总额 指实际进出我国关境的货物总金额。包括对外贸易实际进出口货物，来料加工装配进出口货物，国家间、联合国及国际组织无偿援助物资和赠送品，华侨、港澳台同胞和外籍华人捐赠品，租赁期满归承租人所有的租赁货物，进料加工进出口货物，边境地方贸易及边境地区小额贸易进出口货物，中外合资企业、中外合作经营企业、外商独资经营企业进出口货物和公用物品，到、离岸价格在规定限额以上的进出口货样和广告品（无商业价值、无使用价值和免费提供出口的除外），从保税仓库提取在中国境内销售的进口货物，以及其他进出口货物。该指标可以观察一个国家在货物贸易方面的总规模。我国规定出口货物按离岸价格统计，进口货物按到岸价格统计。

商品收发货人所在地进、出口额 指在所在地海关注册登记的有进出口经营权的企业实际进、出口额。

商品境内目的地/货源地进、出口额 指按进口货物的消费、使用或最终抵运地以及按出口货物的产地或原始发货地汇总的进、出口额。

（二）服务进出口

1. **主要内容：**包括服务提供者从中国关境内向其他国家或地区的服务消费者提供的服务，即服务出口；以及境外服务提供者从其他国家或地区向中国关境内的服务消费者提供的服务即服务进口。

2. **资料来源：**资料来源于商务部。

3. 主要指标解释

服务进出口 指常住单位与非常住单位之间相互提供的服务。包括运输，旅行，建筑，保险服务，金融服务，电信计算机和信息服务，知识产权使用费，个人、文化和娱乐服务，维护和维修服务，加工服务，其他商业服务，政府服务。

（三）利用外资

1. **主要内容：**包括外商直接投资和外商投资企业登记注册情况。

2. **统计范围：**外商直接投资情况统计范围是在中华人民共和国境内设立的外商投资企业和合作开发项目（包括港澳台地区投资企业）。外商投资企业登记注册情况的统计范围是经市场监督管理机关核准登记的外商投资企业，在境内从事经营活动的外国及港澳台地区企业以及外商投资企业分支机构。

3. **资料来源：**外商直接投资统计资料来源于商务部，外商投资企业登记注册情况资料来源于国家市场监督管理总局，调查方法是全面调查。利用外资统计1985年及以前为政府统计部门的调查汇总数，1986年及以后全部来源于商务部（2003年以前为对外贸易经济合作部）。

4. 主要指标解释

外商投资 指国外及港澳台地区的法人和自然人在中国大陆地区以现金、实物、无形资产、股权等方式进行投资。其中外商直接投资是指国外及港澳台地区投资者在非上市公司中的全部投资及在单个外国投资者所占股权比例不低于10%的上市公司中的投资。

批准企业（项目）个数 指外商直接投资管理部门批准设立的外商投资企业个数、批准的合作开发项目个数。

利用外资的国家（地区） 指外资来源或投资者的法人注册地所在的国家和地区。除政府贷款按贷款国家名称统计外，其它方式吸收的外资按外国公司、企业或其它经济组织归属法人的注册地所在国家（地区）统计。

实际使用外资金额 指合同外资金额的实际执行数，包括境外投资者实际缴付的注册资本、营运资金，以及受让境内投资者股权实际支付的交易对价。

（四）对外投资和经济合作

1．主要内容：包括对外直接投资、对外承包工程的合同数、合同金额、完成营业额，按国别、地区分的对外经济合作完成营业额和对外劳务合作派出劳务人数、期末在外人数等。

2．统计范围：境内投资者通过直接投资方式在境外拥有或控制10%或以上股权、投票权或其他等价利益的各类公司型和非公司型的境外直接投资企业。经各级商务主管部门批准的从事对外承包和劳务合作业务并具有法人地位的对外承包劳务企业或单位。

3．资料来源：对外投资和经济合作统计资料来源于商务部，调查方法是全面调查。需要说明的是，自2009年起，对外承包工程涵盖了对外设计咨询业务，对外设计咨询不再单独列出。

4．主要指标解释

对外直接投资　指境内投资者以控制国（境）外企业的经营管理权为核心的经济活动，体现在一经济体通过投资于另一经济体而实现其持久利益的目标。

对外承包工程　根据《对外承包工程管理条例》，对外承包工程是指中国的企业或者其他单位承包境外建设工程项目的活动。

对外劳务合作　指组织劳务人员赴其他国家或地区为国外的企业或机构工作的经营性活动。

完成营业额　指企业在报告期内完成的以货币形式表现的工作量。

派出人数　指企业在报告期内派往国（境）外执行对外承包工程和劳务合作项目的人数。

（五）旅游

1．主要内容：包括旅行社、星级饭店基本情况，入境、出境旅游人数、国内居民旅游人数，以及国际、国内旅游收入等。

2．统计范围：旅行社、星级饭店和游客。

3．资料来源：旅游业有关资料主要根据公安部、文化和旅游部的资料编制而成。旅游数据中的国际、国内旅游收入和国内出游人数等指标采取抽样调查方法，其余数据均为全面调查统计取得。

4．指标解释

游客　指任何为休闲、娱乐、观光、度假、探亲访友、就医疗养、购物、参加会议或从事经济、文化、体育、宗教活动，离开常住国（或常住地）到其他国家（或地方），其连续停留时间不超过12个月，并且在其他国家（或其他地方）的主要目的不是通过所从事的活动获取报酬的人。游客不包括因工作或学习在两地有规律往返的人，按出游时间分为旅游者（过夜游客）和一日游游客（不过夜游客）。

入境游客　指报告期内来中国（大陆）观光、度假、探亲访友、就医疗养、购物、参加会议或从事经济、文化、体育、宗教活动的外国人、港澳台同胞等游客（即入境旅游人数）。统计时，入境游客按每入境一次统计1人次。入境旅游人数包括入境（过夜）游客和入境一日游游客。

国内游客　指报告期内在中国（大陆）观光游览、度假、探亲访友、就医疗养、购物、参加会议或从事经济、文化、体育、宗教活动的中国（大陆）居民，其出游的目的不是通过所从事的活动谋取报酬。统计时，国内游客按每出游一次统计1人次。

出境人数（出境游客）　指中国（大陆）公民因公或因私出境前往其他国家、中国香港特别行政区、澳门特别行政区和台湾省观光、度假、探亲访友、就医疗养、购物、参加会议或从事经济、文化、体育、宗教活动的人数（即出境游客）。统计时，出境游客按每出境一次统计1人次。

旅游收入　指游客（入境游客和国内游客）在旅游过程中（由游客或游客的代表为游客）支付的一切旅游支出。旅游支出应包括（过夜）旅游者和一日游游客在整个游程中行、游、住、食、购、娱，以及为亲友、家人购买纪念品、礼品等方面的旅游支出，不包括为商业目的购物、购买房、地、车、船等资本性或交易性的投资、馈赠亲友的现金及给公共机构的捐赠。旅游收入包括国际旅游收入和国内旅游收入。

（1）国际旅游收入指入境旅游者在中国（大陆）境内旅行、游览过程中用于交通、参观游览、住宿、餐饮、购物、娱乐等全部花费。

（2）国内旅游收入指国内旅游者在国内旅行、游览过程中用于交通、参观游览、住宿、餐饮、购物、娱乐等全部花费。

（六）其他

1．国际收支平衡表：由国家外汇管理局依据国际货币基金组织编写的《国际收支和国际投资头寸手册》（第六版）编制。

2．历年人民币对美元、日元、港币的年平均汇价：资料来源于国家外汇管理局。

3．黄金和国家外汇储备：资料来源于国家外汇管理局。

APPENDIX I Brief Introduction and Explanatory Notes on Main Statistical Indicators

Domestic Trade

I Main Content

Data reflect the development and change of China's domestic consumer goods market, wholesale and retail trades, hotels and catering services. Main contents include basic condition, circulation of commodities and financial status of wholesale and retail trades above designated size; basic condition, business and financial status of hotels and catering services above designated size; total retail sales of consumer goods; turnover of huge commodity exchange markets; development of chain stores of retail trades and catering service, etc.

II Coverage of Statistics

1. Wholesale and retail trades, hotels and catering services: corporation enterprises, establishments and self-employed individuals of wholesale and retail trades, hotels and catering services above the designated size.

The designated size of wholesale and retail trades, hotels and catering services is defined as follows: wholesale trade, with annual revenue from principal business over 20 million yuan(including 20 million yuan); retail trade, with annual revenue from principle business over 5 million yuan(including 5 million yuan); hotels and catering services, with annual revenue from principal business over 2 million yuan(including 2 million yuan).

2. Total retail sales of consumer goods: corporation enterprises, establishments and self-employed individuals engaged in commodity retail activities or providing catering services.

3. Commodity exchange markets: the commodity markets with an annual transaction over 100 million yuan (including 100 million yuan).

4. Chain stores: Chain stores of retail trades and catering services.

III Sources of Data

Data are collected and processed in accordance with the statistical reporting scheme on wholesale and retail trades, hotels and catering services by the Department of Trade and External Economic Relations of the National Bureau of Statistics.

IV Survey Methodology

Data of all enterprises of wholesale and retail trades, hotels and catering services above the designated size (Including corporation enterprises, establishments and self-employed individuals, the same below), commodity exchange markets and chain head stores (headquarter) are collected through comprehensive reporting systems. Data of enterprises below the designated size are according to sampling surveys.

V Explanatory Notes on Main Statistical Indicators

1. Wholesale and Retail Trades

Wholesale Trade refers to the activities of selling wholesale commodities for daily use and capital goods to enterprises of wholesale and retail trades (including self-employed individuals) and other enterprises, institutions and government organs and organizations, and the activities of engaging in import and export and acting as a trade agent. The wholesaler may have the ownership of commodities for wholesale and trade in the name of its own (a company), and the wholesaler can act as commission agent or commodity broker without the ownership of commodities. Also included are the wholesale activities at the fixed stalls in wholesale market and the acquisition for sales purpose.

Retail Trade refers to the activities of department store, supermarket, franchised store, brand store, retail stall and on-the-spot-making-selling store selling commodities to the final consumers (residents) by any means including internet, post, telephone, sales machine. It also includes shops with sales and production located in the same places (such as bakeries). Retail trade excludes the activities of sales of capital goods such as grain, seed, feed, livestock, mineral products, raw material for production, industrial chemicals, chemical products for agricultural use, machine and equipment (excluding vehicles, computers and communication equipment). Most retailers have the ownership of commodities to sell, but some are acting as agent or brokers to make transactions for a commission. According to the sales channels, retail trade can be divided into store retail and non-store retail, among which store retail is divided into comprehensive retail and special retail.

Total Purchases of Commodities refers to the total value of purchases of commodities by enterprises (establishments) from other establishments or individuals (including direct import from abroad) for the purpose of re-selling, either with or without further processing of the commodities purchased(including VAT).This indicator reflects the total value of goods purchased by the wholesale and retail industries from domestic and foreign markets.

The commodities include: (1) commodities purchased from agricultural and industrial producers, wholesaler, retailers, hotels and catering services publishing houses, other service business and individual operators; (2) commodities purchased from institutions and government departments; (3) smuggled or confiscated goods purchased from the customs authorities or market management agencies; (4) second-hand goods and wastes purchased from residents.

The commodities exclude: (1) commodities purchased by enterprises (establishments) for use in their own business operation, commodities obtained without buying or selling procedures such as materials, consumable goods of low value, office appliances, etc;(2) received goods without trading, such as goods handed over from others, borrowed goods, goods kept for others, donated goods from others, processed and retrieved goods, etc;(3)goods of direct settlement between buyer and seller with handling fees introduced by others; (4)goods returned or refused to pay by the buyer;(5)excessive goods.(6) commodities of futures trading.

Total Sales of Commodities refers to the value of commodities sold by the establishments to other establishments and individuals (including goods sold for self consumption, including the value-added tax).In the wholesale and retail trades, this indicator reflects the total value of the commodities sold in the domestic market and exported to abroad.

The commodities include: (1) commodities sold to individuals and social groups for their consumption; (2) commodities sold to establishments in all industries for their production and operation, including agriculture, industry, construction, catering services, including commodities sold to wholesale and retail establishments for re-selling, with or without further processing; (3) commodities for direct export to abroad.

The commodities exclude: (1) extended commodities without trading, such as goods handed over to other enterprises and institutions because of the change of organizations, lent goods, returned goods kept for others, extended processing materials and samples donated to others; (2) goods sold by coupon rebates that are not included in business income; (3) goods of direct settlement between buyer and seller with handling fees introduced by others; (4) sales of prepaid cards for goods that have not undergone ownership transfer, such as fuel cards; (5) service economic activities such as vehicle maintenance and telephone card sales; (6) goods returned after purchase; (7) damaged and spoiled goods; (8) waste and used goods of self use; (9) commodities of futures trading; (10) water, electricity and gas provided by water supply enterprises, electric power companies and natural gas supply enterprises.

Total Stock of Commodities For the legal entities and self-employed individuals engaged in wholesale and retail trade, it refers to total value (including VAT) of commodities possessed at the end of the reference period; and for wholesale and retail establishments, it refers to the value (including VAT) of all commodities actually in stock and owned by their corporate units at the end of reference period. This indicator reflects the inventory of goods in the wholesale and retail industries, as well as the degree of assurance of the supply of goods in the market.

The stock commodities include: (1)commodities located in storage, garages, counters, and shelves of operating places (such as sale stores, wholesale centres, procurement stations and operating offices); (2) commodities in the process of being selected, sorted, and packed; (3) commodities not arrived but recorded as purchased in the account, i.e. commodities not arrived but payment receipts for the commodities from the sellers or the banks arrived; (4)commodities deposited in other places rather than places mentioned above, for instance: commodities in the hold of purchasers temporarily due to the refusal of payment; (5) commodities entrusted to other units to sell but not sold yet; (6) commodities purchased for other units but not delivered yet.

The commodities exclude: (1) commodities not owned by the enterprises (units), such as goods that have been sold but not taken by the buyer; commodities on commission for keeping, transporting, and processing; unsold commodities that sold for other units (not purchased or adjusted); (2) commodities processed by the commissioned external unit(including finished productions, processed by owned plants and other plants, that have not been delivered).(3) commodities purchased by agent of foreign trade enterprises that have not been delivered to the ordering unit; (4) commodities that are put in stock on behalf of the state material reserves units.

2. Hotel Services and Catering Services

Hotel Services refer to the short-term accommodation services provided to visitors. Some units may provide only accommodation while others provide a combination of accommodation, meals, business services and/or recreational facilities. It excludes activities related to the provision of long-term primary residences in facilities such as apartments typically leased on a monthly or annual basis.

Catering Services refer to the activities of providing foods, serving locations and facilities to customers through instant processing, commercial sales and service-type labor.

Business Revenue refers to the total revenue (including VAT) of hotels and catering services received from providing services or selling commodities through operating activities, including revenue from hotels, catering services, selling of commodities and other services, for example, business service. Excluded are the revenue from meals, merchandise sales and other items of establishments affiliated to the multi-industrial corporate enterprises.

Income from hotels refers to the income (including VAT) of enterprises and establishments engaged in hotel and catering services by providing lodging services. Excluding the income of establishments affiliated to the multi-industrial operate enterprises.

Income from catering services refers to income (including VAT) of enterprises and establishments engaged in hotel and catering services by providing catering services. Including selling of cooked or prepared foods, such as staple food, cooked dishes, or cold dishes. Excluding the income of establishments affiliated to the multi-industrial operate enterprises.

3. Commodity Exchange Markets

The commodity Exchange markets refers to the markets approved and managed by related departments, where there are fixed sites, facilities, managers and administration offices, where there are a certain number of traders to operate for three month and above or all the year, where the commodities including the articles for daily consumption and capital goods and services are traded in a centralized, independent and open way. Such market includes markets of daily goods and market of capital goods, etc.

Volume of Transaction in Commidity Trading Market refers to total annual commodity transaction volume of all stores and shops in the market.

4. Chain stores

Chain Head Stores (headquarter) refers to the core leading stores responsible for development, allocation, administration and unitization of resources (name of stores, goodwill, operation model, service standard, management way, ect.) of chain stores. Chain stores refers to the stores engaged in providing homogeneous commodities or services, with the central leadership of head store and guided by common policies, conduct centralized purchase and distributed selling of commodities, in order to gain better efficiency through standardized operation. The chain stores include regular chain stores, franchise chain stores and voluntary chain stores.

Regular Chain store refers to chain stores that are invested or controlled by the headquarters. They operate under direct and unified management from the headquarters.

Franchise chain store refers to the chain stores (franchisees) which are franchised with operation resources such as trade marks, names, patent and operation know-how by the franchisors in form of contract and pay the operation fees to the franchisors.

Voluntary chain store refers to the stores operate jointly on the voluntary bases while maintaining their status of independent legal entities with full ownership of their assets. They sell goods of same brand from same channel of resource to the consumers.

5. Total Retail Sales of Consumer Goods

Total retail sales of consumer goods refers to the revenue of non-productive, non-operating physical goods sold to individuals and social groups directly through transaction or the income of catering services provided by corporation enterprises (establishments, getihus). Individuals include urban and rural residents and persons entering the country. Social groups include government agencies, social organizations, army, schools, enterprises and institutions, neighborhood or village committee, etc.

Online Retail Sales refer to the total retail sales of goods and services through public online trading platforms (including self-built websites and third-party platforms). Goods and services include physical goods and non-physical goods (such as virtual goods, service goods, etc.).

Foreign Trade, External Economic Transaction and Tourism

I. Trade in Goods

1.Data on foreign trade include: varieties of imports and exports, amount (weight), value, countries (regions), consignee and shipper location, destination within territory, origin of goods within territory, mode of trade and so on.

2.The scope of trade in goods statistics: are designed according to United Nations' principles on international trade statistics, that is: all imports or exports that will lead to stock changes of material resources with the territory of People's Republic of China; excluding goods by escape clause.

3.Sources of data on trade in goods: are from the General Administration of Customs of the People's Republic of China through a comprehensive reporting system. Original data comes from *Customs Declaration for Import of the People's Republic of China*, *Customs Declaration for Export of the People's Republic of China*, and other declaration vouchers that are confirmed by customs.

4.Import and export commodity classification: the list of import and export commodities is compiled based on the *Harmonized Commodity Description and Coding System (HS)* stipulated by the Customs Cooperation Council (World Customs Organization) and China's reality of imports and exports. Customs statstics in value terms for both imports and exports are compiled according to the classifications of *UN Standard International Trade Classification (SITC).*

5. Trading partner: the country (region) of origin is recorded for imports while the country (region) of final destination for exports.

The country (region) of origin refers to the country or region where the import goods have been grown, mined or manufactured. If two or more countries (regions) were involved in the manufacture of the products, the place where the last substantial working or processing was carried out will be recorded as the country (region) of origin. However, commodities whose nature or states have not been substantially changed will not be considered as having been processed or remanufactured.

The country (region) of final destination refers to the country or region where the export goods are to be consumed, utilized or further processed or manufactured. In instance where the country of final destination can not be ascertained, the exports will be credited to the final country (region) dispatched to as known at the time of exportation.

6.Explanatory notes on main statistical indicators

Total Import and Export of Goods refer to the real value of commodities imported and exported across the border of China. They include the actual imports and exports through foreign trade, imported and exported goods under the processing and assembling trades and materials, supplies and gifts as aid given gratis between governments and by United Nations and other international organizations, and contributions donated by overseas Chinese, compatriots in Hong Kong and Macao and Chinese with foreign citizenship, leasing commodities owned by tenant at the expiration of leasing period, the imported and exported commodities processed with imported materials, commodities trading in border areas, the imported and exported commodities and articles for public use of the Sino-foreign joint ventures, cooperative enterprises and ventures with sole foreign investment. Also included is import or export of samples and advertising goods for which CIF or FOB value are beyond the permitted ceiling (excluding goods of no trading or use value and free commodities for export), imported goods sold in china from bonded warehouses and other imported and exported goods. The indicator of the total imports and exports at customs can be used to observe the total size of external trade in a country. In accordance with the stipulation of the Chinese government, imports are calculated at CIF, while exports are calculated at FOB.

Import / Export by Location of Importers/Exporters the location of importers or exporters refers to the place inside China's Customs temitory where the importers or exporters are registered.

Import / Export by Location of Domestic Consumers / Producers the location of domestic consumers refers to the place inside China's customs territory where the imported goods are cosumed, utilized or destined for The location of dornestic producers refers to the place inside China's customs territory where exported goods are produced, manufactured initially delivered.

II. Imports and Exports in Services

1.Sources on imports and exports in services: statistics are compiles according to Balance of Payments (BOP) and from the Ministry of Commerce.

2. Explanatory notes on main statistical indicators

Imports and Exports in Services refers to services provided between resident and non-resident units, including transportation, travel, construction, insurance, finance, telecommunications, computer and informations, technology, professional and management consultancy, intellectual property fee, individual, culture and recreation, maintenance and repair, and other services, but excluding government service.

III. Utilization of Foreign Capitals

1.Data on foreign capitals include: foreign direct investments and the basic condition of registration of foreign invested enterprises.

2.The statistical scope: The statistical scope of foreign direct investment of China is the foreign invested enterprises and cooperative development projects (including enterprises with investment from Hong Kong, Macao and Taiwan) established within the territory of the People's Republic of China. The statistical scope of the basic condition of registration of foreign invested enterprises includes foreign invested enterprises approved and registered by the market supervision and administration organ, foreign and Hong Kong, Macao and Taiwan enterprises engaged in business activities in China and branches of foreign-invested enterprises.

3.Sources of data on foreign capitals: data on foreign direct investments are from the Ministry of Commerce, data on basic condition of registration of foreign invested enterprises are from State Administration for Market Regulation, through comprehensive reporting system. Special notice: data on utilization of foreign capitals before 1985 were survey results from governmental statistical agencies, since 1986 all data are from the Ministry of Commerce (formerly MOFTEC before 2003).

4.Explanatory notes on main statistical indicators

Foreign Investment refers to investment in China by legal or natural persons of foreign countries and of Hong Kong, Macao and Taiwan, in the form of cash, physical assets, intangible assets and equity and others. Foreign direct investment refers to investment by investors from foreign countries and from Hong Kong, Macao and Taiwan in a non-listed company, or the investment of over 10 percent or more in a listed company.

Number of approval enterprises (projects) refers to the number of foreign-invested enterprises and cooperative development projects approved by the foreign direct investment management division.

Country (region) of foreign capital refers to the country and region where the investor registers as a juridical Person and the foreign capital and investment comes. In the statistic classification, as the other ways in utilizing foreign investment, country (region) refers to the place where the foreign companies, enterprises and other economic organization register as juridical persons, except government loans just in terms of the name of the country.

Realized FDI refers to the amount of contractual foreign investment that is actually paid, including the registered capital and working capital that is actually paid by the foreign investor, and the transaction consideration that is actually paid by the foreign investor for the transfer of the equity of the domestic investor.

IV. Overseas Direct Investment and Foreign Economic Cooperation

1.Data on overseas direct investment and economic cooperation include: Overseas direct investment, number of contracts for overseas contracted projects, contracted volume, complete business turnover, business turnover by countries (regions), dispatched workers of overseas labour services, persons abroad by the end of year and so on.

2.The scope of foreign economic cooperation:all types of overseas corporations and non-corporations that domestic investors own or control 10% or more equity, voting rights or other equivalent interests through direct investment. corporate enterprise engaged in contracted projects and labour services cooperation with foreign countries and has been approved by the department of commerce at various levels.

3.Sources of data on overseas direct investment and economic cooperation: data on foreign economic cooperation are from the Ministry of Commerce through a comprehensive reporting system. Data on contracted projects include design & consultation service since 2009.

4.Explanatory notes on main statistical indicators

Overseas Direct Investment refers to the economic activities centring on operation and managemerot of those enterprises are under the control of domestic investors. The content of overseas direct investment mainly reflects one economic entity by investing in another economic entity to achieve its goal of lasting interest.

Overseas Contracted Projects refer to activities of contracting overseas construction projects by Chinese enterprises or any other units, which are stipulated in the *Regulations on Administration of Foreign Contracted Project.*

Overseas Labour Services refer to operational activities of organizing labour force to go abroad providing services to foreign enterprises or agencies.

Accomplished Turnover refers to the workload enterprises completed in the form of currency during the reporting period.

Dispatched Labor refers to the number of overseas labours in the overseas project contracting and labor cooperation businesses.

V. Tourism

1.Main Contents: the basic conditions of travel agencies and star-rated hotels; number of international tourists and Chinese residents going abroad, number of domestic tourists and income from international and domestic tourism.

2.Scope of Statistics: data in this chapter cover travel agencies, star-rated hotels and tourists.

3.Sources of Data: the data on tourism are from the Ministry of Public Security, the Ministry of Culture and Tourism. The data on tourism are from the comprehensive reporting form system except those on the earnings from international and domestic tourism and number of domestic tourists going abroad from sample surveys.

4.Explanatory notes on main statistical indicators

Visitors refers to any person who travels to a country (or place) other than that of his or her residence for a period not exceeding 12 months for leisure, entertainment, sightseeing, holiday, visiting relatives or friends, medical care, shopping, meeting, or taking part in economic, cultural, sports or religious activities, where the main purpose of the travel is not for remuneration. A visitor does not refer to any person who commutes between two places regularly for career or education. According to the length of stay, visitors are classified as tourists (i.e., overnight visitors) and same day visitors (non overnight visitors).

Overseas Visitor Arrivals refer to the number of tourists of foreigners, Chinese compatriots from Hong Kong, Macao and Taiwan who come to China (mainland) within the reference period for sight-seeing, vacation, visiting relatives, medical treatment, shopping, attending conference, or to engage in economic, cultural, sports and religious activities (namely the number of overseas visitor arrivals). In compiling statistics, each arrival is counted as one person-time. Overseas visitor arrivals includes inbound overnight tourists and one-day tourists.

Number of Domestic Tourists refers to the number of Chinese (mainland) residents who travel within China (mainland) for sight-seeing, vacation, visiting relatives, medical treatment, shopping, attending conference, or to engage in economic, cultural, sports and religious activities. In compiling statistics, each travel is counted as one person-time.

Number of Chinese Residents Going Abroad (Chinese Outbound Visitors) refers to the number of Chinese (mainland) residents going to other countries, Hong Kong Special Administrative Region, Macao Special Administrative Region and Taiwan Province on official or private purposes, for sight-seeing, vacation, visiting relatives, medical treatment, shopping, attending conference, or to engage in economic, cultural, sports and religious activities (namely the Chinese outbound visitors). In compiling statistics, each outbound travel is counted as one person-time.

Tourism receipts refer to all the expenditures made by visitors (inbound visitors and domestic visitors) or by representatives of the visitors in the course of their travel constitute the tourism receipts of a country (province, region, city). Tourism expenditures of visitors should include expenses made by (overnight) tourists and same day visitors throughout their travel on transport, tours, lodging, food, shopping, entertainment, and souvenirs and gifts for friends and relatives. Tourism expenditures do not include purchases of goods, real estate, house, motor vehicle, water vessel for commercial purposes, neither include capital nor transactional investments, cash given to friends and relatives, donations to public organizations. Tourism receipts include international tourism receipts and domestic tourism receipts.

1) Foreign Exchange Earnings from International Tourism refer to the total expenditure of overseas visitors during their stay in the mainland of China on transportation, sighting, accommodation, food, shopping and entertainment.

2)Income from Domestic Tourism refer to expenditure of domestic tourists on transportation, sighting, accommodation, food, shopping and entertainment while they travel.

VI. Others

1.The Balance of Payments Table is compiled by the State Administration of Foreign Exchange in accordance with the 6th edition of the *Balance of Payments and International Investment Position. Manual (BPM6)* prepared by the International Monetary Fund.

2.The average exchange rates of RMB yuan to US dollar, Japanese yen and Hong Kong dollar over the years come from the State Administration of Foreign Exchange.

3. The data on gold and foreign exchange reserves are also from the State Administration of Foreign Exchange.

附录II　英文缩略语及符号

APPENDIX II　Abbreviations and Symbols in English

APEC	Asia-Pacific Economic Cooperation
ASEAN	Association of Southeast Asian Nations
Co, Ltd	Corporation Limited
Corp	Corporation
DPR	Democratic People's Republic
EU	European Union
IMF	International Monetary Fund
Is	Islands
No	Number of items
Prov	Province
RMB	Renminbi Yuan
SDR	Special Drawing Rights
USD	Dollar of United States of America